KEYGUIDE

GUIA CANADÁ

PUBLIFOLHA

SUMÁRIO

LEGENDA

- Localização no mapa
- Endereço
- Telefone
- Horários de funcionamento
- Entrada paga
- Estação de metrô
- Número do ônibus
- Estação de trem
- Ferryboat/barco
- Orientações
- Informação turística
- Visitas guiadas
- Guia turístico
- Restaurante
- Café
- Bar
- Loja
- Número de quartos
- Ar-condicionado
- Piscina
- Sala de ginástica
- Mais informações
- Proibido fumar
- ▷ Outras referências
- ★ Início do percurso

262

147

122

217

INTRODUÇÃO AO CANADÁ

"Introdução ao Canadá" traz um amplo panorama do país, com informações sobre a geografia, a economia, a história e o povo. O cotidiano atual da nação é apresentado em "Canadá vivo", enquanto "A história do Canadá" reconstitui o rico passado do país.

INTRODUÇÃO AO CANADÁ

O Canadá é um dos países mais interessantes do mundo para visitar, com grande variedade de atrações. Deslumbrantes picos montanhosos competem com amplas pradarias, grandes lagos, florestas densas e praias banhadas por ondas fortes. Do sol da meia-noite no norte aos vinhedos e pomares no sul, o país se descortina como um mosaico sem fim. Cidades sofisticadas e comunidades rurais abrigam uma população tão diferenciada quanto a terra. E, no Norte, o céu de inverno brilha com a luminosidade da aurora boreal.

VASTO GIGANTE CONGELADO

Quando se fala em Canadá, os três primeiros adjetivos em que a maioria das pessoas pensa são "enorme", "frio" e "vazio". Esse estereótipo de gigante glacial deixa alguns canadenses irritados, pois é bastante simplista; mas, como todos os estereótipos, tem um fundo de verdade. O país é de fato imenso, maior do que qualquer outro, com exceção da Rússia, e se estende por mais de 6 mil km do Atlântico ao Pacífico, ocupando seis fusos horários e meio. Um funcionário de escritório de St. John's, na Terra Nova, chega em casa para jantar quase ao mesmo tempo que seu colega de Vancouver, na Costa Oeste, volta ao trabalho depois do almoço. Do sul ao norte, o país tem quase a mesma vastidão. Ele se estende dos vinhedos da península de Niágara, onde o pôr do sol é determinado pelas horas, até a beira da gelada calota polar, onde é determinado pelo mês. Até as províncias canadenses são imensas. É preciso dirigir 24 horas sem parar a fim de atravessar, por exemplo, a província de Ontário, e são necessárias três vezes a área do Estado de São Paulo para preencher o espaço da Colúmbia Britânica –e ainda sobra lugar para encaixar o Paraná.

E, de fato, faz muito frio. Se você ficar parado por mais de cinco minutos na esquina das ruas Victoria e Albert, em Regina, Saskatchewan, em meados de janeiro, seu rosto vai congelar. Mas na mesma esquina em meados de julho dá para fritar ovos na calçada. E quanto a Victoria, na Costa Oeste? Em fevereiro, quando os moradores de Montreal e de Calgary ainda lutam para se libertar da neve acumulada, quem mora em Victoria já aprecia as flores – campânulas-brancas, narcisos, lírios, peônias, prímulas e violetas. O Canadá é frio? Bem frio, mas não em todos os lugares nem o tempo todo.

POPULAÇÃO URBANA

Dizer que o Canadá é vazio não corresponde inteiramente à verdade, mesmo com apenas 31,6 milhões de habitantes (censo de 2010), quase a metade da população da França. Cerca de 70% dos canadenses vivem a uma distância de 200km da fronteira com os EUA, e a população em algumas partes desta comprida e estreita faixa pode ser bem densa. Na realidade, a maior parte dos canadenses é urbanita, e cerca de um terço deles mora em apenas três cidades: Montreal, Toronto e Vancouver.

À esq. *Silhueta de Vancouver refletida na água*

Montreal e a província de Quebec são quase tão francesas quanto Nice e a Normandia. A Nova Escócia e a Terra Nova possuem sólidas comunidades que descendem, respectivamente, de imigrantes escoceses e irlandeses; outros europeus foram para Ontário e as Pradarias; a capital da Colúmbia Britânica ainda tem um jeito bem inglês, e muitos colonos chineses se instalaram em Vancouver. Contudo, atualmente há uma propagação muito maior de nacionalidades, e Montreal, Toronto e Vancouver contam com quase 20 grupos linguísticos diferentes. A tentativa de cobrir todas as paisagens e culturas numa viagem curta é praticamente impossível. O trajeto de carro de Montreal até Toronto, por exemplo, leva pelo menos cinco horas, e de Toronto a Vancouver são três dias e quatro noites no trem transcontinental da Via Rail. Mas os voos entre as grandes cidades dão a você acesso rápido a uma grande variedade de paisagens e povos.

Toronto é a porta de entrada para as Cataratas do Niágara, os Grandes Lagos e o núcleo industrial do Canadá; Montreal abre caminho para a exploração do Canadá francês, das vilas pesqueiras da península de Gaspé até as estações de esqui das montanhas Laurencianas; e Vancouver é a entrada para o litoral do Pacífico e para o interior da Colúmbia Britânica. Há sempre áreas despovoadas por perto. O Parc de Mont-Tremblant, por exemplo, área montanhosa e cheia de lagos, com metade do tamanho de Luxemburgo, fica a duas horas de carro do centro de Montreal. E não ignore as cidades menores. O antigo porto de Halifax constitui uma ótima base para explorar as vilas que falam francês e gaélico nas Províncias do Atlântico, e Calgary e Edmonton dão passagem para as Rochosas e os trigais das Pradarias.

DIVISÕES POLÍTICAS

O Canadá é a única monarquia da América do Norte, e o chefe de Estado do país ainda é a soberana britânica, a rainha Elizabeth 2ª. O representante dela em Ottawa é o governador-geral, cargo outrora exercido por nobres britânicos e pela pequena nobreza, mas que agora cabe a um canadense de destaque, escolhido para exercer a função por cinco anos ou mais. Trata-se de um papel puramente cerimonial. O governador-geral dá aprovação real a todas as leis sancionadas pelo Parlamento.

As dez províncias têm, ao menos teoricamente, autonomia igual, com suas próprias leis, sistemas de saúde e educação (e seus próprios vice-governadores para ocasiões cerimoniais). Mas elas são muito desiguais em quase todo o resto. Quebec, por exemplo, com território de mais de 1,5 milhão de km^2, tem quase três vezes o tamanho da França. A pequena Ilha Prince Edward, por sua vez, tem menos de 6 mil km^2, o que é bastante, considerando que sua população de 133 mil pessoas é menor que a de um bairro de Toronto, na província mais populosa do Canadá: Ontário. E elas sequer falam a mesma língua. Quebec é francófona, New Brunswick é bilíngue (francês e inglês) e o restante fala inglês, embora seus acordos variem em relação aos cidadãos de fala francesa.

Três territórios, o Yukon, os Territórios do Noroeste e Nunavut, também têm leis próprias, mas submetem-se ao governo federal em várias questões. Muitas pessoas em Nunavut, o território mais novo, são nativos inuit e as discussões de suas leis escritas em iqaluit são muitas vezes em inuktitut, em vez de em francês ou inglês.

DEMOGRAFIA

O Canadá começou como um conflito entre franceses e britânicos, mais uma pitada de nativos norte-americanos. Não demorou muito e apareceram escoceses e irlandeses, que acrescentaram um toque gaélico à mistura. Sucessivas ondas de europeus orientais, judeus (primeiro os sefardis e depois os asquenazes), italianos, gregos, alemães, libaneses, chineses e japoneses transformaram o Canadá numa das nações mais multiculturais do planeta. Mais recentemente vieram imigrantes do Sudeste Asiático (Vietnã e Camboja), indianos, paquistaneses, iranianos, árabes, e latinos da Nicarágua, Guatemala e México.

CLIMA

Segundo uma velha piada,os canadenses dividem o ano em duas partes: dez meses de inverno e dois meses péssimos para esquiar. Outra diz que o ano é dividido em quatro: quase inverno, inverno, ainda inverno e época de arrumar as estradas. Apesar do exagero, pois as áreas ao sul são quentes de maio ao fim de setembro, os invernos canadenses dão o que falar. As temperaturas de janeiro em Montreal, que tem a mesma latitude que Veneza, costumam cair para -20°C. Em cidades como Edmonton, Winnipeg e Regina, o termômetro despenca regularmente para -40°C e aí permanece por uma ou duas semanas. Por sua vez, o verão nas Pradarias pode ser causticante, com temperaturas acima dos 40°C. O único alívio são as violentas chuvaradas.

Os invernos brutais e os verões ardentes, porém, não são regra. Em Victoria, na Colúmbia Britânica, a temperatura raramente chega abaixo de zero. Janeiro em Vancouver é mais úmido do que gelado, e às vezes o tempo quente do Pacífico escoa pelos vales das Rochosas até Calgary na forma de ventos chamados *chinooks*, que podem fazer a temperatura subir 20°C em um dia.

Victoria e Vancouver têm outro destaque: são as únicas partes do país com uma primavera de verdade, estação que começa em fevereiro na Costa Oeste e dura até maio. Em contrapartida, o período pós-inverno no restante do Canadá é desagradável, lamacento e curto, levando ao verão numa velocidade quase rude. Mas a falta de primavera no leste é compensada pelo glorioso outono. Os morros e vales de Ontário, Quebec e das Marítimas, em particular, explodem num espetáculo de folhas coloridas. A folha vermelha de bordo na bandeira do Canadá é um símbolo muito apropriado.

REGIÕES DO CANADÁ

TERRA NOVA E LABRADOR

A província é uma só, apesar do nome. Ela se juntou à federação canadense em 1949, tornando-se a mais nova província e um lugar um pouco apartado, com forte noção de identidade e sotaque diferenciado. A maior parte dos 510 mil habitantes vive na Terra Nova, muitos em pequenas vilas com nomes sugestivos, como Heart's Delight e Heart's Content, incrustadas no litoral rochoso.

PROVÍNCIAS DO ATLÂNTICO

Mesmo que as três Províncias do Atlântico –Nova Escócia, New Brunswick e Ilha Prince Edward– se unissem numa só, o resultado continuaria sendo a menor das províncias. Mas o tamanho reduzido das Marítimas é compensado por sua história. Elas estão entre as regiões mais colonizadas do Canadá, e sua linha litorânea está salpicada de vilas históricas, onde se fala francês, inglês e até gaélico. As viçosas terras agrícolas do vale do rio St. John's, as marés da baía de Fundy, as praias de águas mornas da Ilha Prince Edward e New Brunswick e as montanhas de Cape Breton estão entre as atrações mais famosas da região.

QUEBEC

Esta é a área central do Canadá francês. Mais de 80% da população de 7,6 milhões de habitantes fala francês, o que a distingue dos demais habitantes da América do Norte. A maior parte das cidades e vilas se enfileira ao longo das margens do rio São Lourenço, e seu ponto mais setentrional fica na mesma latitude que a Groenlândia. A capital, Cidade de Quebec, é um dos assentamentos mais antigos na América do Norte e a única cidade murada do continente ao norte do México. E, mesmo não sendo uma província marítima, nem considerada uma província do Atlântico, Quebec possui um dos mais bonitos, extensos e variados litorais da Costa Leste.

ONTÁRIO

Província mais populosa e rica do Canadá. Sua riqueza se concentra nas cidades industriais dos Grandes Lagos –Toronto, Windsor, Hamilton, Oshawa e Thunder Bay– e nas cidades mineiras do norte, como Timmins e Sudbury. Mas a região não se limita à indústria e ao comércio. Toronto é o núcleo cultural do Canadá britânico e uma das mais importantes cidades do mundo em espetáculos teatrais. A península de Niágara está na mesma latitude que o norte da Califórnia e possui algumas das melhores áreas agrícolas e vinícolas do país. Para o norte, uma região descampada se estende até a beira de James Bay.

AS PRADARIAS

Manitoba, Saskatchewan e Alberta são citadas como as Pradarias; a maior parte da paisagem é plana e cheia de fazendas de trigo e de gado, mas este panorama é mais variado do que se imagina. Mais da metade da região é coberta por bosques, e o lago Winnipeg, em Manitoba, é tão grande que foi classificado como mar interior. As Badlands, no sul de Alberta, são ricas em fósseis de dinossauros e em histórias de bandidos fugitivos. O oeste de Alberta possui alguns dos picos mais altos das Montanhas Rochosas e dispõe de dois dos parques nacionais: Banff e Jasper.

COLÚMBIA BRITÂNICA

A abertura do Canadá para o Pacífico tem um litoral de fiordes profundos e florestas tropicais. As montanhas da Costa se estendem ao longo das praias do Pacífico desde o norte dos limites da cidade de Vancouver até o Alasca,

UTC= Tempo Universal Coordenado

POPULAÇÃO DO CANADÁ POR LÍNGUA MATERNA	
Inglês	18 milhões
Francês	6,9 milhões
Chinês	1 milhão
Italiano, alemão (cada)	500 mil
Árabe, punjabi e espanhol	350 mil
Português, polonês, tagalo (filipino)	250 mil
Holandês, urdu, ucraniano, vietnamita	150 mil
Outras	2 milhões
Cree	79 mil
Inuktitut	32 mil
Outras nações indígenas	100 mil

enquanto Purcell, Kootenay, Selkirk, Monashee, Cariboo e a cadeia de montanhas de Colúmbia ondulam pelo interior meridional como ondas de pedra. Entre elas existem vales profundos e longos sistemas de lagos estreitos. A maior parte da população de 4,3 milhões de pessoas vive na área de planícies ao redor de Vancouver, onde o rio Fraser deságua no estreito de Georgia. Victoria, capital da província, tem o clima mais ameno do país e atrai tantos aposentados que os locais a chamam de "sala de espera de Deus".

O EXTREMO NORTE

O imenso trecho de terra e gelo ao norte do paralelo 60 é a última fronteira do Canadá. Suas três jurisdições –o Yukon, os Territórios do Noroeste e Nunavut– são bem diferentes. Florestas de decíduas e montanhas altas fazem com que parte do Yukon pareça mais uma extensão da Colúmbia Britânica do que uma área do Ártico. O Kluane National Park dispõe das montanhas mais altas do país e de alguns dos rios mais caudalosos. Quem visita os Territórios do Noroeste pode velejar no lago Great Slave ou viajar para oeste, a partir de Yellowknife, para ver Virginia Falls no Nahanni National Park. Nunavut é a mais nova jurisdição do Canadá, administrada pelos inuit. Aqui se encontram três dos parques nacionais mais remotos do mundo: Auyuittuq, Sirmilik e Quittinirpaaq.

Abaixo *Urso-pardo brinca com tronco*
Pág. ao lado, da esq. p/ dir. *Farol de Point Amour, Terra Nova e Labrador; Western Brook Pond, no Gros Morne National Park*

O MELHOR DO CANADÁ

MONTREAL

Basilique Notre-Dame de Montréal (▷ 64-5) Esta majestosa basílica é um marco da cidade desde que suas torres foram concluídas, em 1880.
Mont-Royal (▷ 69) No centro da cidade, esta área oferece atrações, caminhadas e passeios.
Réseau Piétonnier Souterrain (▷ 72-3) Passagens que formam a Underground City.
Vieux-Montréal (▷ 74-5) Prédios históricos se alinham em rua antiga e abrigam restaurantes, galerias e lojas.

CIDADE DE QUEBEC

Auberge St.-Antoine (▷ 110) Hotel de destaque na histórica Basse-Ville (Cidade Baixa).
Chute Montmorency (▷ 97) Inesperada cachoeira bem próxima da Cidade de Quebec.
Citadelle (▷ 98) Iniciada em 1820 pelos franceses e ampliada pelos ingleses, esta guarnição ainda funciona.
Terrasse Dufferin (▷ 102) No verão conta com artistas de rua e no inverno um tobogã desce as escadas.

PROVÍNCIA DE QUEBEC

Canadian Museum of Civilization, Gatineau (▷ 116) Inigualável arquitetonicamente, com mostras tão diversas quanto o próprio Canadá.
Observação de baleias em Tadoussac (▷ 118) No verão, as baleias aparecem nas águas ricas em plâncton do rio São Lourenço.

PROVÍNCIAS DO ATLÂNTICO

Cape Breton Highlands National Park (▷ 144) Cenário de tirar o fôlego ao longo de um litoral rochoso e ermo.
Gros Morne National Park (▷ 145) Espetacular, com geologia de importância internacional.
Kings Landing, New Brunswick (▷ 145) Reconstituição primorosa de assentamento legalista do século 19.
Louisbourg, Nova Escócia (▷ 150) A grande fortaleza da Nova França vigia a entrada do rio São Lourenço.
Lunenburg, Nova Escócia (▷ 151) Patrimônio da Humanidade e uma das cidades históricas mais atraentes da Nova Escócia.
Marés da baía de Fundy (▷ 146) Uma das maravilhas marinhas do mundo, as marés de Fundy avançam e recuam 16m.
Murray Premises Hotel, St. John's (▷ 173) Hotel de luxo localizado em antigo armazém do porto.
Ryan Duffy's, Halifax (▷ 171) Famoso pelos bifes e frutos do mar.
St. Andrews-by-the-Sea, New Brunswick (▷ 155) Cidade pitoresca com casas elegantes e ruas arborizadas.

Sentido horário, a partir do alto *Concorrido passeio de barco para observar baleias, em Whitless Bay, Terra Nova e Labrador; O sol se põe no Riding Mountain National Park; Igreja Luterana do Sião, em Lunenburg*

TORONTO

CN Tower (▷ 182-3) Erguida em 1976, esta torre de 553,33m ainda é um símbolo da cidade.
Harbourfront Centre (▷ 186-7) A antiga zona portuária é uma vibrante área de atividades comerciais e de lazer.
Royal Ontario Museum (▷ 190-2) Coleção de nível internacional, com obras para todos os gostos.
North 44 (▷ 204) Este restaurante chique tem ótima comida e atrai celebridades.

ONTÁRIO

Kakabeka Falls, Ontário (▷ 226) Catarata impressionante, às vezes chamada Niágara do Norte.
Cataratas do Niágara, Ontário (▷ 214-7) Uma das mais famosas quedas-d'água do mundo.
Niagara-on-the-Lake, Ontário (▷ 219) Um dos mais interessantes e históricos distritos de Ontário.
Pillar and Post Inn, Niagara-on-the-Lake (▷ 247) Hospedaria campestre em um vilarejo simpático.
Science North, Sudbury (▷ 226) Este centro de ciências fica em dois prédios em forma de flocos de neve.
Upper Canada Village, Ontário (▷ 227) Reconstituição criativa da vida em Ontário nos primeiros tempos.

AS PRADARIAS

Badlands of Alberta (▷ 252) Região de beleza selvagem, com solo avermelhado e paisagens áridas.
Heritage Park, Alberta (▷ 259) Vila histórica que transporta você até a Calgary do início do século 20.
Manitoba Museum, Winnipeg (▷ 265) Museu espetacular com excelentes dioramas e mostras históricas.
Ursos-polares em Churchill (▷ 251) Verdadeiro paraíso de vida selvagem à margem da baía de Hudson.
Riding Mountain National Park (▷ 261) Ergue-se como uma ilha em meio ao campo, com paisagens diversas.
Calories, Saskatoon (▷ 281) O chef francês Remy Cousyn continua a receber elogios por seu excelente restaurante.

COLÚMBIA BRITÂNICA E AS ROCHOSAS

Athabasca Falls, Alberta (▷ 295) Muito bonita esta queda do rio Athabasca pelas suas bordas rochosas.
Banff e Banff National Park (▷ 286-90) Use a cidade como base para visitar as atrações do parque nacional, que possui lagos espetaculares, fontes termais e montanhas.
Fort Langley, Colúmbia Britânica (▷ 292-3) Reconstituição cuidadosa do posto comercial da Hudson Bay Company.
Jasper National Park (▷ 296-7) Lagos de tonalidades azuis, fontes termais muito quentes e picos impressionantes.
Museum of Anthropology, Vancouver (▷ 306) Ótimo museu de arte e da vida indígena das Primeiras Nações.
Pacific Rim National Park (▷ 302-3) Florestas virgens, praias fantásticas e remotas ilhas litorâneas.
Arrebentação na ilha de Vancouver (▷ 312) As ondas do Pacífico quebram diretamente em Long Beach.
Takakkaw Falls, Colúmbia Britânica (▷ 317) Cachoeira espetacular em um cenário fantástico.

O NORTE

Dawson City, Yukon (▷ 348) Lugar cheio de história e uma das comunidades mais inusitadas do Canadá.
Kluane National Park (▷ 349) Paisagens imponentes nas montanhas mais altas do país.
Aurora boreal em Yellowknife (▷ 353) Vida selvagem e a aurora boreal refletida no lago Great Slave.
Virginia Falls, Territórios do Noroeste (▷ 349) Remotas, impressionantes e com o dobro da altura de Niágara.

PONTOS ALTOS

Caminhe até o Signal Hill National Historic Site, na Terra Nova, para ter uma vista grandiosa de St. John's e de seu porto protegido.

Passeie no ferryboat de passageiros em Halifax para ver um dos portos mais fascinantes da América do Norte.

Vá a um *ceilidh* em Cape Breton e dance a noite inteira ao som de alguns dos melhores violinistas do mundo.

Alugue um caiaque em Tadoussac e suba o rio Saguenay remando para ver as baleias belugas.

Caminhe pelas defesas da Cidade de Quebec, a única cidade murada da América do Norte acima do México.

Faça um passeio romântico à noite até o posto de observação de Mont Royal para ter uma vista de Montreal, única metrópole de fala francesa na América do Norte.

Assista à missa solene na Basilique Notre-Dame de Montréal, ricamente ornamentada, no domingo de manhã.

Escolha um bar, qualquer um, na rue St.-Denis de Montréal e sente-se no lado de fora para saborear uma cerveja, um copo de vinho ou um conhaque, e observar os homens e as mulheres elegantes que passam por ali.

Veja um jogo da National Hockey League em Montreal, Ottawa, Toronto ou Vancouver. Na falta disso, vá a um rinque de bairro e assista a um campeonato *pee wee* (infantil).

Patine no Rideau Canal em pleno coração de Ottawa, capital do Canadá.

Pegue uma canoa e reme pelos canais do Algonquin Park de Ontário, uma das áreas selvagens mais acessíveis do país.

No sábado, vá às compras no Kensington Market, em Toronto, onde reina uma fusão caótica de culturas, aromas, comidas, artigos de segunda mão e artistas de rua.

Faça um passeio de trem pela Algoma Central Railway nas fulgurantes reentrâncias do Agawa Canyon, ao norte de Sault Ste. Marie, Ontário.

Tome o trem (ou avião) de Winnipeg até Churchill e chegue à margem da baía de Hudson para ver ursos-polares.

Passe uma noite numa *tepee* (tenda indígena) no Wanuskewin Heritage Park, perto de Saskatoon. Os indígenas canadenses começaram a acampar aqui há mais de 1.500 anos.

Divirta-se com as corridas de carroção em Calgary Stampede. É uma animação incomparável.

Alugue um cavalo e contrate um guia ou junte-se a um grupo, em Jasper ou Banff, e cavalgue pelas Montanhas Rochosas.

Caminhe pelo consagrado lago Louise no Banff National Park e suba até o lago Agnes, rodeado de picos nevados.

Dê uma volta de bicicleta pelo Stanley Park, em Vancouver. Se tiver preparo físico, corra ou caminhe.

Num dia ou numa noite sem nuvens faça um passeio de 1,6km até o topo da Grouse Mountain no Skyride para ter uma vista fantástica de Vancouver e do Pacífico.

Tome um hidroavião em Vancouver para um passeio de pesca ou só para turismo.

Observe a aurora boreal de um ponto de observação fora da cidade ou vá até Midnight Dome, perto de Dawson City, no dia 21 de junho, para ver o sol da meia-noite.

Abaixo *Ponto de observação em Signal Hill, St. John's, Terra Nova*

CANADÁ VIVO

A SOCIEDADE CANADENSE

O escritor Peter Newman, de Toronto, certa vez lamentou que os canadenses fossem o único povo da Terra que gostaria de ser Clark Kent em vez do Super-Homem –grande ironia, pois um dos criadores do Homem de Aço foi o canadense Joe Shuster. Exageros à parte, os canadenses formam, em geral, um grupo de pessoas reservadas (exceto nos jogos de hóquei, é claro). Costumam terminar todas as frases com a expressão interrogativa "eh" (certo?), como se não tivessem certeza das coisas. Eles também tendem a se identificar como algo que não são –os canadenses que falam inglês, por exemplo, são "não americanos", e, curiosamente, um número significativo de francófonos se identifica como "não canadense". Parte disso se deve provavelmente às origens fragmentadas do país. As nacionalidades dos fundadores –franceses e ingleses– passaram o primeiro século de ocupação tentando se impor. A isso se acrescentaram levas de imigrantes celtas, judeus, ucranianos, italianos, gregos, asiáticos, portugueses e latino-americanos, que também se impuseram e formaram o que os canadenses preferem chamar de mosaico cultural. O resultado final não é harmônico nem homogêneo, mas muito interessante.

Sentido horário, a partir do alto *Comemorações animadas no Montreal International Jazz Festival; Lagoa e lojas no West Edmonton Mall; Escritor canadense Neil Bissoondath*

DESFILES CONTAM A HISTÓRIA

No passado, nada refletia melhor as diferenças e os compromissos culturais do Canadá do que os desfiles de Montreal. Em 24 de junho –a Fête Nationale de Québec–, milhares de separatistas e nacionalistas iam às ruas para um desfile enorme. Atualmente, esta parada vem se tornando cada vez mais representativa da diversidade de Quebec, com dançarinos étnicos e bandas de gaitas de fole escocesas. Uma semana depois, no Dia do Canadá, os federalistas realizavam uma marcha mais modesta, hoje uma grande festa multinacional que termina com fogos de artifício. Em 17 de março, os habitantes de Montreal de variados grupos políticos, linguísticos e étnicos celebram o St. Patrick's Day, que marca o fim do inverno. E costuma-se dizer que "todos são irlandeses nesse dia".

PREVISÃO DO TEMPO

Frases comuns no Canadá: "Cold enough for ya?" (no inverno, "Está frio o bastante para você?") e "Hot enough for ya?" (no verão, "Está quente o bastante para você?"). O clima é uma obsessão –nada surpreendente, pois, se o termômetro chega a -40ºC com neve pesada, você precisa estar prevenido. E, no verão, terá de saber que fator de protetor solar usar. Há detalhes que, somados à previsão básica, a tornam ainda mais fascinante: há o fator vento gelado (maior sensação de frio) e os níveis de umidade (maior sensação de calor), visibilidade, pressão, alerta de neblina urbana, além de tendências e comparações. O Canadá está entre os países mais verdes do mundo, mas é um dos mais afetados pelo agravamento da situação global; por isso, as mudanças climáticas constituem uma preocupação importante aqui.

AMBIENTES FECHADOS

O Canadá é um paraíso para quem gosta de vida ao ar livre, mas no inverno muitos canadenses preferem ambientes fechados ou os Great Indoors. Quem mora em Alberta, por exemplo, tem o West Edmonton Mall (⊳ 275), com mais de 800 lojas, cem lugares para comer, 20 cinemas e o maior parque de diversões do mundo em ambiente fechado. Em Montreal, pode-se viver sem sair para ambientes abertos, graças à Underground City (⊳ 72-3), com acesso a 2 mil lojas, restaurantes e serviços, sete hotéis, 40 locais de diversão, dez estações de metrô e duas de trem, dois terminais de ônibus e diversos escritórios e prédios de apartamentos. Do mesmo modo, Toronto possui o sistema PATH, 27km com 1.200 lojas, serviços, diversão e acesso a transportes.

NADA DE HIFENS

O romancista Neil Bissoondath poderia ser o garoto-propaganda do "mosaico cultural" do país. Descendente de caribenhos, ele nasceu em Trinidad e veio para o Canadá na década de 1960 –o perfeito canadense multicultural. Mas ele se recusou terminantemente a adotar o processo de hifenização que criou os "greco-canadenses" e os "ítalo-canadenses", em parte porque não queria descrever a si mesmo como um caribenho-trinitário-tobago-canadense, mas principalmente porque achava que isso estava errado. Em seu livro *Selling Illusions*, de 1994, Bissoondath afirma que o multiculturalismo, com seus festivais e comemorações, é paternalista e condescendente, e cria um tipo de "apartheid cultural suave e pérfido". Ele escreveu: "O multiculturalismo nada fez além de levar um país já dividido a uma trajetória social ainda mais divergente".

SÍMBOLOS NACIONAIS

Os comediantes canadenses ridicularizam o fato de seus símbolos nacionais serem uma folha e um castor, mas a nação obviamente refletiu muito antes de chegar a tais escolhas. O Canadá, enquanto país, passou a existir em 1867, mas quase cem anos antes já tinha uma bandeira oficial com a folha de bordo. Levou mais tempo para a adoção do hino nacional –*Oh Canada*–, uma canção patriótica secular adotada apenas em 1980.

O castor representa a fonte da prosperidade da colônia original, quando o comércio de peles criou fortunas que, por sua vez, fundaram cidades e ajudaram a formar a nação. Caçados quase até a extinção em meados do século 19, essas criaturas ameaçadas e engenhosas agora são protegidas e, novamente, prosperam na vida selvagem.

AS ARTES E A MÍDIA

"Afinal, ele/ela é canadense." É comum ouvir isso quando o assunto é algum ator ou músico famoso e o orgulho nacional faz os canadenses esclarecerem logo qualquer confusão relativa ao sotaque. Muita gente supõe que Keanu Reeves, William Shatner, Pamela Anderson, Kim Cattrall, Jim Carrey... –e a lista poderia se estender bastante– são americanos, mas isso é um equívoco! Na realidade, há um número impressionante de astros de Hollywood e da TV nascidos no Canadá. Durante anos, na seara musical, o Canadá parecia exportar apenas divas pop –Celine Dion, Alanis Morissette, Avril Lavigne, Shania Twain– e mulheres brilhando em outros gêneros, como a cantora de jazz Diana Krall, a cantora e letrista Alannah Myles e a violinista Natalie MacMaster, de Cape Breton. Mais recentemente, o crooner Michael Buble, o ídolo adolescente Justin Bieber e a banda Nickelback vêm restaurando o equilíbrio. Além das fronteiras da música, os diretores de cinema Denys Arcand e Atom Egoyan, os dramaturgos Michel Tremblay e Luc Plamondon, por exemplo, ganharam notoriedade em palcos e telas com suas obras. Escritores e escritoras canadenses são premiados com o Booker Prize. Michael Ondaatje o recebeu em 1992 pelo romance *O Paciente Inglês*, por exemplo, e Margaret Atwood ganhou o prêmio em 2000 por *O Assassino Cego*. Quando Yann Martel recebeu o Booker por *A Vida de Pi*, em 2002, entre os concorrentes estavam Rohinton Mistry e Carol Shields, também canadenses. Em 2010 Emma Donoghue, nascida em Dublin e radicada em London, Ontário, também conseguiu uma indicação por seu romance *Room*.

Sentido horário, a partir do alto *Típica lona azul e amarela do Cirque du Soleil, de Montreal; A cantora canadense Avril Lavigne; Entrada do CBC Building, em Toronto, com brilhante pilar de aço que sustenta a fachada semicircular de vidro espelhado*

O CIRCO REINVENTADO

Em 1984, Guy Laliberté, engolidor de fogo e músico, reuniu artistas de rua do mundo todo para criar o Cirque du Soleil. Eles resolveram revolucionar a antiga arte do circo. Em vez de tigres irritados e de uma sequência aleatória de atos separados, o Cirque du Soleil misturou teatro, música, luzes, danças, acrobacias e trajes fantásticos num espetáculo sem cortes que se tornou um sucesso internacional.

Atualmente, a trupe dispõe de 21 shows diferentes, que incluem excursões com espetáculos internacionais, shows de arena e apresentações locais fixas em Las Vegas (sete), Walt Disney World, Nova York (duas) Macau e Japão. Em 2007 o circo atraiu 10 milhões de fãs.

A enorme sede internacional do Cirque ainda é Montreal, localizada ao longo da TOHU Cité des Arts du Cirque, com Escola de Arte Circense e espaço de apresentações.

PARA TODOS

Atrair uma população culturalmente diferenciada e oficialmente bilíngue, espalhada pelo país todo, tem sido a assustadora tarefa da CBC, desde que a emissora estatal foi fundada, em 1936. Suas duas redes nacionais de televisão (uma em francês, outra em inglês) e quatro redes nacionais de rádio (duas em francês e duas em inglês) alcançam todos os cantos do país, desde o centro de Toronto até Inuvik, chegando ao Círculo Polar Ártico, no norte.

A proliferação de redes e canais a cabo privados diminuíram o papel da CBC, mas ela ainda oferece uma plataforma importante para artistas e jornalistas canadenses. A programação em inglês se concentra mais em variedades e informações, enquanto a rede de televisão francesa tem produzido melodramas clássicos como *La Famille Plouffe* e *Il Lance, Il Compte*.

FAMÍLIA MIRVISH EM TORONTO

Filho de imigrantes judeus russos, Ed Mirvish (1914-2007) se tornou um nome familiar na cidade que adotou na década de 1920. Com a esposa Anne, ele abriu o Honest Ed's (⊳ 197), uma loja de descontos. Voltando-se para a atividade teatral, ele salvou o Royal Alexandra Theatre da demolição e, com o filho David, construiu o moderníssimo Princess of Wales Theatre. Desde 1987, David Mirvish comanda a Mirvish Productions, que se tornou a maior empresa do ramo no Canadá. Em 2008 ela adquiriu o histórico Canon Theatre e o formidável Panasonic Theatre, ambos localizados na Yonge Street. Apresentando musicais de sucesso, comédias e shows comportados, os teatros da Mirvish são um pilar da área de entretenimento em Toronto.

A CONSTRUÇÃO DE UM IMPÉRIO

Na década de 1920, Roy Thomson fazia uma incursão pelas cidades mineiras ao norte de Ontário, na tentativa de vender rádios De Forest Crosley, sem ter muita sorte. Percebeu que venderia mais se a recepção fosse melhor, e resolveu que a única maneira de consegui-lo seria abrindo uma emissora de rádio. E assim fez, em North Bay.

Esse foi o início do que se tornaria um dos maiores impérios mundiais da mídia. Por volta de 1964, a família Thomson controlava centenas de jornais e emissoras de rádio e televisão no Canadá, nos Estados Unidos e na Grã-Bretanha (inclusive o consagrado *Times* de Londres). Roy, um rapaz da classe operária, criado na pensão de sua mãe em Toronto, tornou-se lorde Thomson of Fleet, título que lhe custou a cidadania canadense.

CULTURA CONTROLADA

Definir o que é ou não "música canadense" é uma questão séria para os burocratas –e para cantores, músicos e emissoras de rádio do país. O Canadá elaborou um conjunto de regras de rádio e televisão para proteger as "indústrias culturais" de seu gigantesco vizinho americano. As emissoras de rádio, por exemplo, são obrigadas a transmitir pelo menos 35% de músicas canadenses, de acordo com as definições de diretrizes burocráticas. Às vezes, o resultado é um pouco inconsistente. Exemplo disso é o caso em que os álbuns do pop star Bryan Adams foram excluídos porque havia a coautoria de um americano. Embora alguns acreditem que essa regra interfira na liberdade de escolha e favoreça artistas já estabelecidos, os partidários do protocolo afirmam que ele ajudou a criar as condições que produziram artistas como Avril Lavigne e Shania Twain.

ESPORTES

As três palavras mais importantes do esporte canadense são hóquei, hóquei e hóquei – isto é, hóquei no gelo, não a versão jogada na grama. O jogo de lacrosse iroquês, esporte nacional oficial por muitos anos, hoje divide as honras com o hóquei (um para o verão, outro para o inverno), a verdadeira paixão dos canadenses. Segundo o escritor Stuart McLean, "não se gosta de hóquei, acredita-se nele". Isso explica por que existem no país quase tantos rinques de gelo cobertos quanto igrejas. Mesmo nas cidades menores, as crianças logo aprendem a patinar e a manusear os bastões. O *curling*, outra obsessão do Canadá, é mais excêntrico. Esse esporte de origem escocesa, que consiste em deslizar pedras de granito de 18kg para o mais próximo do alvo, tem mais de 1 milhão de aficionados em mais de 1.200 clubes por todo o país. A rede de televisão canadense se programa para transmitir o campeonato nacional, ou *brier*. Outros esportes de inverno também são populares, como esqui e caminhada na neve, enquanto o futebol é um fracasso como esporte coletivo, mas atrai milhares de crianças no verão. Há também times de críquete, um dos quais surpreendeu o mundo e os canadenses ao vencer um jogo contra Bangladesh na Copa do Mundo de 2003, na África do Sul.

Sentido horário, a partir do alto *Don Walchuk compete pela medalha de ouro numa partida masculina de* curling, *durante os Jogos Olímpicos de Inverno em Salt Lake City; Evento no Calgary Stampede; Time de hóquei no gelo de Saskatoon em ação*

CURLING

Quem, além dos canadenses, se atreveria a fazer um filme sobre *curling*? O resultado –*Men with Brooms (Homens com Vassouras)*– não foi o sucesso de bilheteria esperado pelos produtores, apesar da presença dos atores canadenses Paul Gross e Leslie Nielsen. Mesmo assim, o filme, de 2002, tem momentos hilários, com seus quatro heróis de araque de uma cidadezinha mineira do norte que procuram ganhar o respeito dos vizinhos ao vencerem a cobiçada Golden Broom (Vassoura de Ouro). As cenas finais até conseguem fazer o chamado "boliche no gelo" parecer emocionante. Mas o melhor do filme é que ele é um retrato da importância que o *curling* assume nas cidadezinhas canadenses de todo o interior.

SEGUIDORES DE REGRAS

Por um momento mágico dos Jogos Olímpicos de 1988, o Canadá pensou que possuía o velocista mais rápido do planeta, quando o imigrante jamaicano Ben Johnson, de Toronto, ganhou o ouro ao correr os 100m em 9,79s. Mas Johnson foi pego no exame antidoping e perdeu a medalha –duro golpe para a autoimagem do país como nação reservada, com adeptos seguidores de regras.

No entanto, o Canadá readquiriu parte da honra perdida em 1996, quando outro imigrante jamaicano, Donovan Bailey, ganhou a medalha de ouro nos 100m, com o excelente tempo de 9,84s. A promessa para as Olimpíadas de 2012 é Sam Effah, de Calgary, famoso não só pela velocidade, mas também pela humildade.

HÓQUEI FEMININO

Quando o time feminino de hóquei ganhou o ouro para o Canadá nos Jogos Olímpicos de Inverno de 2002, em Salt Lake City, nos jogos de 2006, em Turim, na Itália, e nos de 2010, em Vancouver, foi uma prova eloquente de que o hóquei, um dos jogos mais violentos do mundo, não era mais uma conquista só para homens. As jogadoras não podem empurrar violentamente umas às outras, como os homens fazem, mas seu jogo é rápido e emocionante. Até agora, a elite da National Hockey League não contratou nenhuma mulher, mas dois times de ligas menores usaram goleiras, e uma do time olímpico, Hayley Wickenheiser, jogou como atacante com o time masculino profissional na Finlândia em 2004.

O SURGIMENTO DO SNOWMOBILE

Em 1958, o quebequense Joseph-Armand Bombardier inventou um dispositivo que parecia uma motocicleta, mas com esteira e esquis no lugar de rodas. Esse novo veículo de neve foi um sucesso imediato. Os caçadores inuit, por exemplo, agora deslizam pelo Ártico em snowmobiles em vez de usarem trenós puxados por cães. Mais ao sul, cerca de 2 milhões de canadenses passeiam em trilhas que dispõem de tudo, desde postos de combustível e oficinas até alojamentos e restaurantes. Existe até um Grand Prix de snowmobile em Valcourt, em Quebec, local de nascimento e da fábrica da Bombardier. O Grand Prix Ski-doo de Valcourt, o evento mais importante do Canadá e um dos mais significativos da América do Norte, reúne corredores de elite para competir em eventos de *snowcross*.

SOLUÇÃO POPULAR

Um dos esportes mais populares do mundo deve sua origem à engenhosidade de um jovem professor canadense que procurava uma atividade para manter os alunos interessados nas aulas de educação física. O ano era 1891, e James Naismith, natural de Ontário e recém-formado pela McGill University and Presbyterian Theological College, de Montreal, tentava ensinar educação física na Associação Internacional Cristã de Moços em Springfield, Massachusetts. Era inverno e não dava para fazer exercícios ao ar livre. Naismith prendeu dois cestos de pêssegos na parede do ginásio e assim nasceu o basquetebol (ou simplesmente basquete). Ele pedia ao zelador que subisse numa escada para retirar a bola do cesto cada vez que se fazia um ponto –o furo no fundo foi uma inovação na qual ele não pensou.

INFLUÊNCIA FRANCESA

Conforme o ângulo pelo qual se observa, o Canadá foi abençoado por duas culturas que o formaram ou foi amaldiçoado por dois parceiros antagônicos. Mas até para os pessimistas não há dúvida de que *le fait français* (o fator francês) conferiu movimento e cor ao que poderia ter sido uma cultura monocromática. Há comunidades de fala francesa (ou francófonas) por todo o país, principalmente no nordeste de Ontário e ao longo dos litorais acadianos de New Brunswick, Nova Escócia e Ilha Prince Edward, mas a província de Quebec é o coração do Canadá francês. Mais de 80% dos 7,6 milhões de cidadãos de Quebec são considerados francófonos, e em algumas partes da província os moradores anglófonos são raros. Isso permitiu que Quebec desenvolvesse uma cultura rica e ímpar, com seus próprios pop stars, novelas, escritores, pintores e músicos. Escolas como a Université de Montréal, a Université de Québec à Montréal e a Université Laval da Cidade de Quebec estão entre as melhores instituições de língua francesa do mundo. E não há como negar que o Canadá francês, com seu senso de moda e estilo e seus prazeres da comida sofisticada e da vida noturna, enriqueceu o país.

PARLEZ-VOUS ANGLAIS?

Montreal é a única metrópole da América do Norte de fala francesa e a segunda maior cidade francófona do mundo. Contudo, também possui uma grande população que fala inglês, e, enquanto os anglófonos às vezes reclamam de restrições linguísticas impostas pelo governo da província na Cidade de Quebec, eles também gostam de viver numa das cidades mais diferenciadas e cosmopolitas do continente. Sua linguagem é temperada com expressões francesas (como *dépanneur* para loja de conveniência) e as conversas nos bares e restaurantes da moda das ruas St.-Denis e Crescent muitas vezes passam sem esforço de uma língua para a outra. Constantes levas de italianos, gregos, portugueses, e grupos do sul e do leste da Ásia, do Haiti e da América Latina acrescentaram ainda mais tempero a este rico caldo cultural da cidade.

Da esq. p/ dir. *Rue St.-Louis, em Quebec; Antigo posto de combustível; Placa bilíngue com advertência sobre animais na estrada, em Manitoba*

AS TENDÊNCIAS

Até que o descontente René Lévesque rompesse com o Partido Liberal de Quebec no início da década de 1960, o movimento separatista em Quebec não passava de uma posição alternativa com pouco apoio das tendências políticas. Lévesque, porém, tinha um apelo que o tornou admirado por todos os quebequenses. Também havia sido jornalista de televisão e sabia expor suas ideias de forma atraente. Ele se abstinha de falar em "separatismo" e se autointitulava partidário da soberania –mas esse conceito ficava pouco claro. Ele sempre vinculava essa posição a uma associação especial com o restante do Canadá, ambivalência que confundiu o movimento desde então, com a "linha dura" exigindo independência total e os nacionalistas mais flexíveis esperando uma solução menos drástica.

A PERDA DA FÉ

Um dos fenômenos mais alarmantes da última metade do século 20 foi o colapso da autoridade católica em Quebec. Por volta do início da década de 1960, a Igreja comandava as escolas de província, os hospitais e o serviço social. Famílias grandes e a presença quase universal nas missas eram a norma. Praticamente todos os lugarejos e bairros das cidades possuíam uma igreja de pedra do tamanho de uma catedral. Mas atualmente essas igrejas estão virtualmente vazias. Quebec possui uma das frequências mais baixas entre as igrejas do país e uma das menores taxas de natalidade do mundo. A reviravolta parece ser, para alguns, um pouco ingrata –os bispos de Quebec talvez tenham sido um pouco autoritários, mas nenhuma instituição fez mais do que a Igreja para preservar o lado francês do Canadá.

QUEBEC EM FILME

O cineasta Denys Arcand, aclamado pela crítica com seu *Declínio do Império Americano* (1986), oferece um retrato incisivo e pouco atraente da burguesia moderna e bem secular de Quebec. Os personagens principais, quatro professores universitários e suas parceiras, se reúnem numa festa e discutem problemas de sexualidade, sucesso, fidelidade, intimidades e envelhecimento. O filme ganhou uma indicação para o Oscar e quatro Junos canadenses. Seu filme de 1989, *Jesus de Montreal*, lança um olhar mais suave para a Quebec pós-católica. Acompanha as aventuras de um grupo de jovens atores, que de dia fazem filmes pornográficos e à noite encenam a crucificação de Cristo em um santuário. O filme mais recente ambientado em Montréal é a estrelada adaptação do romance de Mordecai Richler, *Barney's Version*, que estreou em setembro de 2010.

CONEXÃO IRLANDESA

Muitos quebequenses francófonos têm nome mais gaélico do que gaulês. Ryans e O'Neills são muito comuns. Muitos desses gaélicos de fala francesa refazem sua linhagem até os imigrantes que chegaram ao Canadá no século 19 para escapar da fome pela carência de batatas na Irlanda. Muitos viajaram em condições deploráveis a bordo de navios superlotados. Centenas de recém-chegados morreram de cólera nos abrigos dos centros de quarentena. Estimuladas por seus bispos e párocos a ajudar os sofredores companheiros católicos, muitas famílias franco-canadenses adotaram órfãos, mas em respeito permitiram que eles mantivessem os nomes irlandeses. Alguns sobrenomes irlandeses foram afrancesados –Bourque era Burke, Riel era Reilly, Morin era Moran... Não surpreende que o Dia de São Patrício seja tão festejado em Montreal.

POLÍTICA ATUAL

As dez províncias do Canadá são autônomas, com jurisdição própria no que se refere à educação, cultura, serviço de saúde e políticas sociais. Por isso, a política provincial é tão importante para a maioria dos canadenses quanto a política nacional. Na francófona Quebec e na industrializada e rica Ontário, quem administra o governo da província é muitas vezes mais importante do que quem está no poder em Ottawa. O Partido Liberal ocupou o governo nos últimos 70 anos, com exceção de apenas 15 anos. Apesar do fato de a campanha de Quebec por mais autonomia e até pela independência ter dominado a agenda nacional desde a década de 1960, o cargo de primeiro-ministro foi ocupado por quebequenses por 33 dos últimos 35 anos –uma estatística que irrita os moradores de Alberta e da Colúmbia Britânica, no oeste. O resultado desse descontentamento do oeste foi a criação da Aliança Canadense, que se fundiu aos Conservadores Progressistas em 2003 para formar o Partido Conservador, que venceu as eleições gerais de 2006 e 2008.

Acima *Ministros reunidos no Senado, em Ottawa*

O PARLAMENTO

O Parlamento canadense imita seu equivalente britânico, com 301 cadeiras de deputados (House of Commons), que detêm o poder real, e 105 de senadores (House of Lords), como uma "sóbria câmara reiterativa". É no ricamente decorado Senado que são realizadas as cerimônias de abertura do Parlamento e de posse do governo. Os senadores canadenses têm mandato vitalício. Como as cadeiras do Senado vêm junto com um belo salário e privilégios adicionais, e como elas são muitas vezes distribuídas ao partido fiel, o Senado canadense às vezes é chamado de Grateful Dead ("Mortos agradecidos", nome de um grupo de rock da década de 1970). E uma piada diz: "Como um senador pisca?". A resposta é: "Abre um dos olhos". Mas as anedotas não correspondem à realidade, pois os comitês do Senado realizam alguns dos trabalhos mais úteis e efetivos de Parliament Hill.

POLÍTICOS CRISTÃOS

O cristianismo teve um papel muitas vezes contraditório na política canadense, principalmente nas Pradarias. Bible Bill Eberhart, por exemplo, fundador de sua própria seita protestante, voltou-se para as Escrituras e as teorias sobre a falta de dinheiro circulante do major C. H. Douglas para criar o Partido do Crédito Social, populista e direitista, que assumiu o poder em Alberta entre 1935 e 1971. O pastor Tommy Douglas, por sua vez, inspirou-se no Evangelho social e nos sonhos de uma Nova Jerusalém para fundar a Federação Cooperativa da Commonwealth, precursora do Novo Partido Democrático, socialista. Em 1961, enquanto era primeiro-ministro de Saskatchewan, Douglas introduziu o primeiro plano de atendimento médico do Canadá, ignorando os protestos dos médicos da província. O resto do país fez a mesma coisa cinco anos depois.

A HISTÓRIA DO CANADÁ

OS PRIMEIROS TEMPOS

Os huronianos que receberam o explorador francês Jacques Cartier quando ele chegou ao Canadá, em 1534, eram descendentes de povos asiáticos que começaram a chegar às Américas 13 mil anos antes. É provável que a maioria tenha caminhado da Sibéria até o Alasca pela ligação terrestre agora inexistente e se espalhado pelo continente, criando um rico mosaico de culturas e línguas. O Canadá pré-colombiano era, de fato, tão diferenciado quanto a Europa. Os rios repletos de salmões e os mares da Costa Oeste, por exemplo, permitiram que os haidas, um povo navegante das Ilhas Queen Charlotte, desenvolvessem uma cultura complexa, rica em artes e esculturas. No Ártico, os inuits não apenas sobreviveram da caça de focas e baleias num dos climas mais hostis do mundo como floresceram e desenvolveram belas artes decorativas. As nações seminômades da Confederação Iroquesa criaram um sofisticado sistema político nos territórios do leste, com uma Constituição que estabelecia direitos e obrigações e emancipava as mulheres. Ao contrário do mito popular, porém, a América do Norte não era uma terra totalmente pacífica. Os huronianos e iroqueses, por exemplo, certamente nunca tinham ouvido falar do "bom selvagem" de Jean-Jacques Rousseau, e guerreavam por terras e recursos com a mesma violência, digamos, que britânicos e franceses.

Sentido horário, a partir do alto *Vila indígena Huron Ouendat, Georgian Bay ; Três totens no Stanley Park, em Vancouver; Quadro* Mah-Min *(1848), de Paul Kane, no Musée des Beaux-Arts de Montréal*

CANOAS

Não é de admirar que os caçadores e agricultores seminômades do que hoje é o leste do Canadá nunca tenham usado a roda; numa terra de florestas e morros, ela não teria utilidade. Em vez disso, algum gênio local inventou a canoa de casca de bétula, um veículo rápido, fácil de manobrar, superadaptado a essa terra de lagos e rios. Era forte e flexível, mas suficientemente leve para vencer as corredeiras. Se uma pedra furasse a casca grossa, a canoa podia ser remendada rapidamente com um pedaço de casca e um pouco de alcatrão (piche). As canoas se tornaram raras pela escassez de artesãos e de árvores apropriadas, mas o design sobreviveu com o uso de materiais modernos e variados.

PRIMEIRO ENCONTRO

Em algum momento do verão de 1007, uma mulher norueguesa chamada Gudrid, esposa de Thorfinn, deu à luz um menino chamado Snorri –fato sem importância se não tivesse ocorrido em l'Anse aux Meadows, hoje a Terra Nova. Snorri, portanto, foi a primeira criança europeia a nascer na América do Norte. Seus pais abandonaram esse assentamento no litoral escarpado depois de um dos muitos desentendimentos com os nativos do local.

Mas isso aconteceu 500 anos antes de Cristóvão Colombo desembarcar nas Antilhas. A exploração norueguesa do litoral leste do Canadá teve início em 1001, mas as tentativas de colonização duraram pouco. Contudo, relatos de suas aventuras se tornaram parte das tradições europeias.

XAROPE DE BORDO

Diz a lenda que um chefe iroquês e sua mulher foram os responsáveis pela descoberta de uma das doces delícias do Canadá. Aparentemente num acesso de raiva, o chefe arremessou o machado numa árvore. Intrigada e talvez temerosa, a esposa coletou a clara seiva que pingava do furo na casca. No dia seguinte, cozinhou a caça nessa seiva –assim, eles inventaram ao mesmo tempo o xarope de bordo e a carne de caça curtida no açúcar. Os plantadores de bordo ainda fervem a seiva para produzir 80% do xarope de bordo que abastece o mundo, embora atualmente usem tubos de plástico para coletar o material e caldeiras industriais para reduzir o líquido –um processo que exige 20L de seiva para produzir apenas 1L de xarope. O resultado é delicioso.

TOTENS

A maior parte dos totens da Costa Oeste é feita de cedro, fácil de esculpir e resistente. Mas aí terminam as semelhanças. Cada nação ou tribo tem um estilo individual. Os haidas, por exemplo, quase não esculpem seus totens, mas entalham figuras em baixo-relevo que parecem ter sido simplesmente enroladas em metade do tronco. Seus vizinhos tsimshians, no continente, entalham com mais vigor e criam aves com bicos protuberantes e homens com braços estendidos. Tanto para os haidas como para os tsimshians os totens não são simplesmente um conjunto aleatório de figuras entalhadas, mas um estandarte que proclama sua identidade. As figuras de homens e animais de cada totem representam uma colagem da família personificada, dos mitos tribais e da história do povo.

IGLU

Viver num iglu não é tão gelado e precário como pode parecer. Para começar, duas tochas e aquecedores de gordura de baleia mantêm a temperatura ao redor de 14°C –não exatamente quentinho, mas tampouco se trata de uma geladeira. Algumas peles não servem apenas para aquecer, mas também dão conforto. E os iglus são resistentes, mesmo quando feitos de blocos de gelo flutuantes. As construções abobadadas são boas estruturas, como descobriram os caçadores inuits há muito tempo, e o severo clima ártico confere ao iglu mais resistência. A neve fresca derrete quando atinge o iglu e depois volta a congelar, num processo constante que endurece a construção como uma massa sólida, que suporta muitas nevascas e até um grande urso-polar, caso algum resolva aparecer.

NOUVELLE FRANCE

O navegante francês Jacques Cartier procurava ouro, diamantes e um caminho para a China quando explorou o rio São Lourenço, em meados do século 16. Ele fracassou nos três intentos, mas suas viagens o levaram até a Montreal de hoje, abrindo caminho para aventureiros posteriores prosperarem com os produtos mais prosaicos. O bacalhau salgado, por exemplo, comida da Quaresma na França católica, trouxe dinheiro suficiente para construir a magnífica cidade murada de Louisbourg na ilha Cape Breton, enquanto comerciantes da Cidade de Quebec enriqueceram com a troca de pele de castor por armas e bebidas. Os missionários católicos seguiram os comerciantes pelos descampados, enfrentando privações e martírios para converter as tribos huronianas e iroquesas. Esse comércio e as conversões, junto com algumas tropas bem armadas, transformaram os territórios férteis da colônia em áreas razoavelmente seguras para agricultores e negociantes. Aos poucos, a Nouvelle France se desenvolveu como um espelho da metrópole, com cidades muradas cheias de casas de pedra e igrejas grandiosas, e um interior povoado por agricultores e senhores aristocráticos. Mas a colônia nunca teve uma boa defesa, e a Guerra dos Sete Anos pôs fim ao regime francês, com as tropas britânicas capturando a Cidade de Quebec em 1759 e Montreal um ano depois.

Sentido horário, a partir do alto The Death of General Wolfe, *de Benjamin West (1770), óleo da National Gallery, em Ottawa; Fortaleza de Louisbourg; Peles de animais no Glenbow Museum, Calgary*

PRIMEIRO CLUBE SOCIAL DO CANADÁ

Samuel de Champlain, explorador consagrado, foi também o primeiro bon-vivant do Canadá. Durante o terrível inverno de 1606, ele fundou a *Ordre du bon temps* (Ordem da alegria), para animar os espíritos no minúsculo posto avançado francês de Port-Royal, na atual Nova Escócia. Os altos funcionários preparavam banquetes para eles mesmos e para os líderes nativos do local, usando a caça e a pesca da região, e organizavam músicas, brincadeiras e esquetes para deixar todos contentes. Essas noitadas começavam com uma procissão cerimonial liderada pelo anfitrião do dia, que usava orgulhosamente no pescoço a corrente da ordem.

QUESTÃO DE MODA

A vaidade masculina enriqueceu muitos mercadores nos primeiros tempos do Canadá. Eles tinham peles de castor –não para casacos, mas para fazer as altas cartolas da moda, que viraram mania entre os europeus entre 1550 e 1850, aproximadamente. No início, os negociantes preferiam as peles velhas que os caçadores nativos haviam usado como agasalho por alguns anos. Esse tipo de uso eliminava os pelos mais espessos e facilitava o trabalho dos chapeleiros de chegar até a densa pelagem inferior que eles usavam para fazer o chapéu resistente e impermeável. Porém, técnicas russas mais baratas para remover os pelos supérfluos deixaram as peles novas mais desejáveis do que as "amaciadas".

OBSESSÃO ORIENTAL

Robert Cavalier Sieur de La Salle estava tão obcecado em encontrar um caminho pela América do Norte até a China que muitos de seus contemporâneos duvidavam de sua lucidez. E o homem viajou muito –para o lago Michigan em 1679 e para a foz do Mississippi em 1682, por exemplo. Nunca chegou à China, e foi assassinado no Texas por rebeldes quando tentava invadir o território espanhol, em 1687. De volta à ilha de Montreal, onde ele possuía terras perto das corredeiras que bloqueavam o caminho para oeste, seus vizinhos não se deixavam impressionar. Eles o ridicularizavam, referindo-se à propriedade dele como *la Chine* (China), um nome que até agora está ligado ao bairro de Lachine, na cidade, e às corredeiras próximas.

PODER FEMININO

Montreal deve boa parte de seu sucesso inicial ao fervor religioso de duas mulheres francesas. A primeira era Jeanne Mance, que abandonou o conforto de sua casa na França em 1635 para ajudar Paul Chomedy de Maisonneuve a fundar uma comunidade cristã modelar no meio do nada. Ela foi a primeira enfermeira leiga do Canadá e construiu o primeiro hospital canadense. A segunda, Marguerite Bourgeoys, tornou-se a primeira professora da cidade e fundadora de uma ordem religiosa que ainda tem escolas no país. As freiras de Marguerite Bourgeoys também ensinavam prendas domésticas às *"Filles du Roy"*, moças órfãs que tinham vindo para o Canadá com despesas pagas pela Corte, a fim de encontrar marido entre os colonos, parte importante na sedimentação da colônia.

CONEXÃO ESCOCESA

Ao que parece, o escocês James Johnstone tinha o hábito de lutar por causas perdidas. Primeiro, ele se juntou à fracassada rebelião do príncipe Charlie em 1745 e conseguiu sobreviver à desastrosa batalha de Culloden. Catorze anos depois, ele estava de uniforme francês lutando em outra batalha perdida contra os britânicos, desta vez para defender a Cidade de Quebec do exército do general James Wolfe, que servira como major no lado vitorioso de Culloden. Quando a rápida batalha terminou, tanto Wolfe como o general francês Louis-Joseph de Montcalm estavam mortos, deixando Johnstone, ajudante de Montcalm, para negociar um cessar-fogo com o companheiro escocês, o general James Murray, segundo em comando de Wolfe. Diz a lenda que o idioma dos dois na negociação foi o gaélico.

RUMO AO OESTE!

O Canadá deve sua expansão inicial a uma combinação de ousadia, ferroviários e os chamados "casacos vermelhos". Os "casacos vermelhos" eram a Polícia Montada do Noroeste (apelidada de *Redcoat* por causa do uniforme dos soldados), uma pequena tropa de 300 homens com armas leves que foi a cavalo para o oeste a fim de patrulhar um descampado do tamanho da Rússia europeia. Eles se valiam de coragem, disciplina e um pouco de enganação para tirar os comerciantes americanos de uísque das Pradarias, para pacificar as tribos nativas e tornar a terra segura para a colonização. Isso também abriu caminho para um projeto audacioso: a construção da Canadian Pacific Railway, que cortava 4 mil km de muskeg (tipo de turfa) e montanhas para ligar Montreal às colônias britânicas da Costa Oeste. O projeto quase levou à falência o pequeno domínio, mas seu término, em 1885, garantiu o status de nação ao Canadá. A Colúmbia Britânica entrou para a Confederação e novos colonos correram para o oeste, transformando as Pradarias num imenso silo de grãos e explorando as riquezas minerais e florestais das Montanhas Rochosas e da Costa Oeste. Mas essa abertura não ocorreu sem derramamento de sangue; duas revoltas lideradas pelos *métis* ("mestiços", em francês) de fala francesa de Manitoba e Saskatchewan deram ao Canadá seu primeiro e último sabor de guerra com tribos nativas e criaram uma amargura que durou décadas.

Sentido horário, a partir do alto *Donald Smith (1820-1914) marca o término da Canadian Pacific Railroad, que liga a costa leste a Vancouver; Cartaz de recrutamento para a Real Polícia Montada Canadense; O hotel Château Frontenac, na Cidade de Quebec, foi construído para servir à ferrovia*

LIBERTÁRIO OU TRAIDOR?

A maior resistência à expansão para o oeste veio dos *métis*, uma nação miscigenada de devotos católicos, de fala francesa, caçadores de búfalos e agricultores, que temiam que os novos colonos os tirassem de suas terras e destruíssem seu modo de vida. Como o governo pouco fez para tranquilizá-los, eles se rebelaram duas vezes. Em 1870, seu carismático líder Louis Riel instaurou um governo provisório e executou um colono branco que desafiou sua autoridade. Tropas canadenses subjugaram a segunda rebelião, de 1885, e Riel rendeu-se. O julgamento e a execução dele dividiram o Canadá de acordo com as linhas linguísticas: os franceses o saudavam como um batalhador visionário pela liberdade; os britânicos o condenavam como traidor meio maluco e assassino. A trágica verdade estava provavelmente no meio.

CARROÇAS DO RIO RED

Enquanto os colonos americanos transportavam seus bens para o oeste em enormes carroções cobertos, as primeiras famílias canadenses utilizavam carroças mais despojadas do rio Red, um veículo de duas rodas desenhado pelos *métis* para levar sua carga em viagens de caça. As carroças não eram bonitas, mas fáceis de construir e de consertar, e estavam muito bem adaptadas para viagens pelo interior. As rodas formavam um ângulo para fora, o que permitia que a carga ultrapassasse 360kg, sem que a carroça atolasse nos caminhos de terra fofa, e sua construção à prova d'água fazia com que a carroceria flutuasse como uma jangada, se as rodas fossem removidas. No entanto, essas carroças tinham uma característica irritante –o eixo das rodas, sem lubrificação, emitia um chiado agudo, ouvido a quilômetros de distância.

POLÍCIA MONTADA E TOURO SENTADO

Quando o superintendente James Morrow Walsh, da Polícia Montada do Noroeste, ouviu dizer que Touro Sentado e 5 mil seguidores haviam cruzado a fronteira dos Estados Unidos para o Canadá, em 1877, ele imaginou que seria melhor ir até lá e repreender severamente o líder sioux, cujos guerreiros haviam acabado de eliminar a Sétima Cavalaria americana.

Para cumprir essa tarefa assustadora, ele levou consigo apenas três homens. Por sorte, tudo deu certo. Walsh, bem elegante em seu casaco de camurça, deu-se bem com Touro Sentado. Os dois passaram a maior parte do dia juntos, e Touro Sentado concordou em respeitar as leis da Grande Mãe Branca (a rainha Vitória), o que foi ótimo, pois Walsh tinha apenas 90 homens sob seu comando para fazer cumprir tais leis.

GASSY JACK

Quando John Deighton (Gassy Jack ou Jack, o Fanfarrão) chegou num bote a remo à margem sul da baía de Burrard, em 1867, trazia "pouco mais de seis dólares no bolso, alguns móveis, um cão vira-lata e uma garrafa de uísque". Mas 24 horas depois ele tinha aberto o primeiro bar onde um dia seria Vancouver. O Globe Saloon não passava de uma cabana, porém, era como um oásis para os operários da serraria vizinha, que não tinham outro lugar para ir.

Mas a vida não era fácil. "Rodeado de índios, eu não ousava sair depois de escurecer", escreveu Jack para seu irmão Tom, que morava em Yorkshire. "Um amigo meu, a 1,5km daqui, foi encontrado com a cabeça rachada ao meio." Gassy Jack conservou a cabeça intacta e continuou a oferecer um refúgio para os madeireiros.

SABEDORIA TACITURNA

No oeste, boa parte do sucesso inicial da Polícia Montada do Noroeste ocorreu graças às habilidades de um homem baixinho, de pernas tortas, que gostava de beber, chamado Jerry Potts. Filho de um comerciante escocês e de uma mulher da tribo pé-preto, Potts raramente falava mais de duas palavras de uma vez. Muitas vezes, os policiais, desorientados, lhe perguntavam: "O que há além daquele morro, Jerry?". E ele sempre dizia: "Outro morro". Mas Potts era excelente guia, rastreador e caçador. Sua carreira de 22 anos com a polícia começou em Fort Benton em 1874, quando levou a coluna perdida do comissário George French até onde havia água e pasto, e encontrou local para acampar. Ele também ensinou a polícia a negociar com os povos das Primeiras Nações segundo as próprias tradições deles.

TEMPOS DE GUERRA

As duas guerras mundiais do século 20 tiveram curiosos efeitos contraditórios no Canadá. Por um lado, ajudaram o país a amadurecer e ocupar seu lugar na cena mundial; por outro, ameaçaram dividi-lo. A bravura das tropas canadenses na batalha de Vimy Ridge, na Primeira Guerra Mundial, foi insuperável, e a contribuição do país para a Segunda Guerra Mundial, principalmente no mar, foi prodigiosa para uma nação com menos de 15 milhões de habitantes.

Mas, em casa, os amargos recrutamentos para as duas guerras dividiram o país por áreas linguísticas, o que culminou em levantes e governos titubeantes. Os canadenses franceses reclamaram violentamente contra o fato de serem obrigados a combater em guerras que consideravam estrangeiras e imperialistas. Contudo, apesar da oposição ao recrutamento, eles foram voluntários para servir, em números até certo ponto proporcionais à sua participação na população.

Enquanto isso, a sociedade se modificava. Os canadenses abandonavam as terras e se mudavam para cidades grandes e pequenas, e na metade do século o Canadá havia se tornado um país urbano. Também estava mais multicultural do que antes, apesar das políticas de imigração nem sempre bem recebidas.

Acima, da esq. p/ dir. *Ex-combatentes britânicos e suas famílias chegam para começar uma vida nova no Canadá, 1927; Memorial aos soldados canadenses que morreram em Vimy Ridge, na França; Cartaz de empresa da marinha mercante Cunard*

NAÇÃO DE IMIGRANTES

O Canadá moderno se orgulha de ser uma nação de imigrantes, mas ao menos até a primeira metade do século 20 havia opiniões fortes a respeito de quem o país desejava receber. Agricultores britânicos e americanos encabeçavam a lista, seguidos de imigrantes da Europa continental. Os menos bem-vindos eram povos com cultura, religião e cor da pele diferentes. O Canadá demonstrou o quanto podia ser insensível em maio de 1914, quando o *Komagata Maru* aportou em Vancouver com 376 imigrantes da Índia. Depois de dois meses de adiamentos e manobras políticas, a Marinha canadense escoltou o navio e seus passageiros para fora do porto, enquanto os satisfeitos moradores de Vancouver observavam.

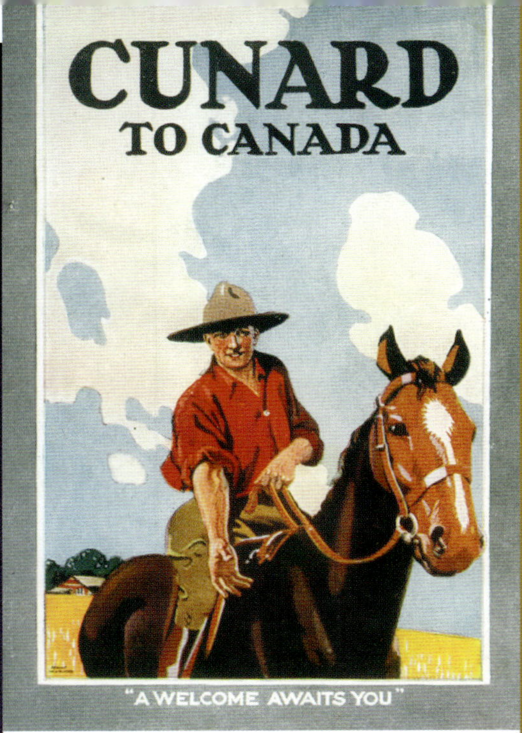

PRÊMIO NOBEL

Depois de ler um artigo sobre o pâncreas no outono de 1920, o dr. Frederick Banting fez anotações sobre uma ideia que levou, após dois anos de idas e vindas, à descoberta da insulina como tratamento para o diabetes. Infelizmente, isso também levou a uma disputa desagradável sobre quem levaria o crédito. Banting afirmou que ele e o estudante diplomado Charles Best tinham feito todo o trabalho importante e mereciam o reconhecimento. Deliberadamente, desacreditou seu supervisor na Universidade de Toronto, J. R. R. Macleod, e o protegido dele, James Collip. Quando o Comitê do Nobel dividiu o prêmio de medicina de 1923 entre Macleod e Banting, este ficou indignado e dividiu sua parte com Best, e Macleod também dividiu o prêmio com Collip.

GÂNGSTERES EM MOOSE JAW

Moose Jaw, em Saskatchewan, era um lugar animado na década de 1920 graças à Lei Seca dos EUA. Alguns dos maiores gângsteres do continente o utilizavam como esconderijo e depósito para a bebida contrabandeada nos EUA. River Street (ou Little Chicago) tornou-se o núcleo do jogo, da prostituição e das bebidas clandestinas. Havia uma rede de túneis sob a cidade, muito atraente para os mafiosos, que fora construída para esconder imigrantes chineses ilegais. Um visitante frequente era Al Capone, que se hospedava num hotel da River Street sempre que Chicago ficava perigosa. Diz a lenda que, ao ficar doente, Capone mandou trazer um médico a seu quarto para extrair as amígdalas infeccionadas –sem anestesia.

O HOMEM MAIS INTERESSANTE DO PAÍS

Quando o rei Jorge 6º visitou Montreal em 1939, seu anfitrião foi Camillien Houde, o irrepreensível prefeito da cidade. Conforme os dois passavam pela multidão entusiasmada, o popularíssimo Houde deu um largo sorriso e disse ao rei: "Parte disso é para Vossa Majestade". Mais tarde, no jantar, ele fez o rei gargalhar quando alegremente mostrou ao monarca uma lista cujos tópicos haviam sido proibidos por seus conselheiros preocupados. Um deles era a guerra iminente com a Alemanha. Depois, já no furor da luta, Houde foi detido por se opor ao alistamento. No entanto, apesar da política de Houde, diz-se que a rainha contou a amigos na Inglaterra que o prefeito era o homem mais interessante que conhecera no Canadá.

VITÓRIA NO MAR

Angus Walters não parece o melhor marujo que o Canadá já produziu. As fotos mostram um homem pequeno, quase mirrado, usando boné de pano e com sorriso enigmático. Mas Walters foi o comandante do lendário *Bluenose*, uma escuna elegante da Nova Escócia que pescava nos Grand Banks da Terra Nova, nas décadas de 1920 e 1930. Em 1921, Walters e o *Bluenose* tiraram a Fishermen's Cup dos americanos e a mantiveram pelos 17 anos seguintes, apesar dos grandes esforços dos projetistas de barco de portos americanos, como Gloucester, em Massachusetts, e Portsmouth, em New Hampshire, para ver se conseguiam um barco mais rápido para vencê-los. Certa vez Walters se gabou: "A madeira para o barco que vencerá o *Bluenose* ainda está crescendo".

A PERDA DA INOCÊNCIA

O Canadá comemorou seu centésimo aniversário em 1967, com um estonteante ano de festas, fogos de artifício e visitas reais. Houve uma canção, uma bandeira e centenas de projetos para a celebração do centenário, entre os quais a Feira Mundial em Montreal e uma plataforma para pouso de OVNIs em St. Paul, Alberta. Mas, apenas três anos depois dessa alegria, soldados armados patrulhavam as ruas de Montreal para protegê-la de sequestros terroristas. E seis anos depois disso, a francófona Quebec elegeu o primeiro governo separatista.

As raízes da agitação surgiram na década de 1950, quando o Canadá francês começou a perder seu fervor católico e se afirmar como uma potência política que queria reconhecimento. Naquele momento, a enorme geração pós-guerra, estimulada pela luta pelos direitos civis e pelo movimento antiguerra dos EUA, começou a procurar causas próprias.

Mas nem tudo era poder e protesto. As mesmas forças ainda produziram uma torrente de literatura, música e arte. Um pouco depois, em 1982, o Canadá também aprovou uma nova Constituição, junto com uma Carta de Direitos e Liberdades. O país começou a esculpir um papel para si mesmo no cenário mundial como pacifista e mediador entre nações ricas e pobres.

Sentido horário, a partir do alto *O presidente americano John F. Kennedy (centro) com o primeiro-ministro canadense John Diefenbaker (à dir.); A famosa CN Tower de Toronto; O primeiro-ministro canadense Pierre Trudeau (à dir.), com o ministro da Indústria, Herb Gray*

RELAÇÕES TENSAS

Os primeiros-ministros canadenses sempre tiveram uma relação tensa com os presidentes americanos. O primeiro-ministro John Diefenbaker, por exemplo, afirmou que o presidente John Kennedy se referira a ele como f. d. p., num informe oficial. Kennedy negou a acusação e disse: "Eu não poderia tê-lo chamado de f. d. p., pois nem sabia que ele era f. d. p., naquele momento". O sucessor de Diefenbaker, Lester Pearson, teve um encontro ainda mais áspero com o presidente Lyndon Johnson em 1964. Num discurso na Temple University, em Filadélfia, Pearson criticou a política americana no Vietnã e pediu uma pausa nos bombardeios de Hanói. Mais tarde, numa reunião presidencial em Washington, o presidente Johnson deu uma pancada no peito de Pearson e respondeu com raiva: "Você não pode vir aqui mijar no meu tapete".

YVETTE AUX BARRICADES!

Uma personagem de livro escolar infantil ajudou a salvar o Canadá da desintegração em 1980. Quebec se preparava para seu primeiro referendo sobre a independência, e as forças separatistas, sob comando de René Lévesque, eram bem apoiadas por homens, mas nem tanto pelas mulheres. Lise Payette, apresentadora de televisão que se tornara política separatista, sugeriu que era a suavidade e não a convicção que mantinha as mulheres no campo pró-Canadá. Ela as comparou à personagem Yvette, mãe de maneiras suaves de uma família tradicional que aparecia num livro usado para ensinar as crianças de Quebec a ler. Mulheres pró-Canadá deram seu voto e venceram no dia da unidade nacional.

TRUDEAUMANIA

Ao dirigir seu Mercedes conversível ou circular com alguma celebridade feminina, Pierre Elliott Trudeau mais parecia um astro de cinema do que um político. Primeiro-ministro do Canadá por 16 anos (1968-1984), foi um diplomata respeitado, cujo grande apelo popular no país criou a trudeaumania.

Por trás de seu charme indiscutível havia uma inteligência formidável. Seu objetivo era criar uma "sociedade justa", na qual todos os canadenses se sentissem à vontade e fossem tratados com igualdade.

Em 2000, as notícias da morte de Trudeau despertaram uma imensa manifestação de pesar. Para muitos canadenses, ele continua a ser a própria corporificação da nação.

ALÍVIO NO GELO

Era para ter sido a maior moleza. Os canadenses acreditavam firmemente que não havia como os amadores soviéticos ganharem dos profissionais tarimbados do hóquei do Canadá. Prever uma derrota era uma heresia. "Precisaremos de calculadoras para manter o placar", confidenciaram as autoridades, confiantes. Mas a série de oito jogos em 1972 abriu com uma vitória soviética de sete a três, que agitou o país. Dali em diante foi uma montanha-russa de tirar o fôlego, que fazia milhares de canadenses faltarem ao trabalho e cabularem as aulas para assistir aos jogos. Apenas quando Paul Henderson fez o gol da vitória nos momentos finais do último jogo, que dava ao Canadá um placar de quatro vitórias e um empate, a nação deu um suspiro de alívio e voltou ao trabalho.

CORRIDA DA ESPERANÇA

Após ter corrido 5.390km de St. John's, na Terra Nova, até a margem ocidental do lago Superior, Terry Fox fez uma parada fora da cidade de Thunder Bay. Estava cansado, com o peito arfante. Um exame médico confirmou seu grande medo: o câncer que atacara sua perna direita três anos antes havia se espalhado para os pulmões. Seu sonho de atravessar o Canadá correndo terminara.

Menos de um ano depois, em 28 de junho de 1981, Fox morreu em casa, na Colúmbia Britânica. Mas a imagem de Terry Fox, com os cabelos encaracolados que se agitavam quando ele corria, tomou conta da imaginação dos canadenses. Agora, todo ano, milhares de corredores mantêm viva sua Maratona da Esperança, cuja renda se destina à pesquisa para a cura do câncer.

INDECISÃO NERVOSA

O resultado não poderia ter sido mais apertado. Em 30 de outubro de 1995, os quebequenses votaram para permanecer no Canadá, mas a diferença foi muito pequena. Resultado: 49,4% pela independência e 50,6% contra. Essa votação, com resultado incerto até o fim, pôs um ponto final em uma década de idas e vindas constitucionais que obcecaram a classe política e os falastrões do país. Entretanto, para milhões de outras pessoas a disputa entre franceses e ingleses parecia estéril e irrelevante. Como acordos e crises se revezavam com frequência estonteante, canadenses com sobrenomes como Nguyen, Guiterrez e Singh começaram a se desligar cada vez mais da questão. Até alguns heróis de Quebec perderam o interesse. Quando o piloto de Fórmula 1 Jacques Villeneuve abriu um restaurante na Crescent Street, a rua da moda em Montreal, ele o chamou Newtown, tradução para o inglês de seu sobrenome. Mas parecia haver questões muito mais importantes. O Canadá enviou soldados e marinheiros para a Guerra do Golfo e mais soldados para manter a paz em meio às ruínas do que havia sido a Iugoslávia. Enquanto isso, escritores como Michael Ondaatje (*O Paciente Inglês*) e Margaret Atwood (*Olho de Gato*), pop stars como Céline Dion, Alanis Morissette e Bryan Adams, espetáculos como o Cirque du Soleil de Montreal e empresas de nível internacional como a Bombardier deram ao Canadá uma presença nova no cenário mundial.

BOUCHARD

Quando Lucien Bouchard passou a liderar as forças da independência de Quebec, em 1995, os nacionalistas deliraram. Político astuto propenso a mudar de partido, Bouchard começou com o populista Partido Creditista, passou para o separatista Partido Quebequense, transferiu-se para os Conservadores e depois fundou o Bloco Quebequense. Ele também serviu no Gabinete e foi embaixador na França. Primeiro-ministro do Quebec de 1996 até se aposentar, em 2001, Bouchard desanimou os nacionalistas quando, em 2010, declarou que a soberania era algo inatingível para a província. Ele disse que era mais urgente melhorar a economia.

Da esq. p/ dir. *Disputa entre pescadores espanhóis e canadenses; Lucien Bouchard, premiê de Quebec; Memorial à Paz, em Ottawa*

GUERRA DO LINGUADO

A Guerra do Linguado, em 1995, contrapôs a pequena Marinha do Canadá –sete navios e um submarino– e a frota de traineiras espanholas que pescava ao largo dos Grand Banks da Terra Nova. Como essas traineiras tinham como armas apenas arpões e redes, a disputa não foi equilibrada, mas o conflito transformou Brian Tobin, ministro da diminuta atividade pesqueira canadense, numa espécie de herói. Até os pescadores britânicos –nada simpatizantes das práticas de pesca espanholas– içaram bandeiras canadenses em homenagem a ele. Os canadenses acusavam os espanhóis de pesca predatória e de cortar suas redes, e confiscaram um dos barcos com rede de arrasto, escoltando-o em triunfo até o porto de St. John's. Os espanhóis declararam que tudo ocorrera em águas internacionais e que os canadenses estavam se comportando como piratas.

TILLEYS INDESTRUTÍVEIS

Alex Tilley afirma que produz o melhor chapéu do mundo para marujos, uma declaração bastante enfática para um empreendedor canadense. Mas a qualidade do elegante chapéu de lona com aba impressionou as Forças Armadas do Canadá, que encomendaram 6 mil peças para proteger os marinheiros do calor fortíssimo durante a Guerra do Golfo, em 1991. Os "Tilleys" logo se tornaram importante item de escambo entre as forças de outras nações também. Mas o endosso militar não foi o melhor apelo de marketing de Tilley. Cerca de dez anos antes, um tratador do zoo de Ontário contou que seu Tilley havia feito uma viagem pelo trato digestivo de um elefante e que aparecera do outro lado meio sujo, mas inteiro. Tilley diz que a história "funcionou como um fantástico estímulo para as vendas".

CORPO DE PAZ CANADENSE

Os canadenses se acostumaram de tal forma a considerar seus soldados como um corpo de paz que ficam constrangidos quando se mostrou que eles também sabem guerrear. Isso talvez explique por que o governo ficou tão calado a respeito da batalha do Medak Pocket, em 1991. Quase 900 membros da Infantaria Ligeira Canadense de Princess Patricia participaram daqueles dois dias de fogo cruzado para evitar que soldados croatas fossem mortos por aldeões sérvios. Os canadenses, metade deles reservistas de fim de semana, forçaram caminho entre os dois lados e conseguiram parar a matança. Na volta para casa, porém, não tiveram a recepção de heróis que talvez esperassem. Na realidade, aguardaram nove anos até o governo finalmente homenageá-los com um louvor militar.

OS MOHAWKS NÃO ENTRAM NO JOGO

Uma disputa num campo de golfe levou ao levante mais sério das Primeiras Nações no Canadá moderno. Em 1990, a cidade de Oka, perto de Montreal, tentou derrubar uma pequena floresta de pinheiros para acrescentar alguns buracos ao campo de golfe municipal. Mas os mohawks da comunidade vizinha de Kanehsatake consideravam a floresta campo sagrado e pegaram em armas para defendê-la. A cidade enviou a polícia provincial, os mohawks abriram fogo e um policial foi morto. O que se seguiu foram 78 dias de conflitos entre a polícia e os mohawks armados, que ocuparam um clube social do local e bloquearam uma das quatro pontes que levam à ilha de Montreal. Por fim, os mohawks se renderam, mas acabaram conseguindo o que queriam, pois a ampliação do campo de golfe nunca foi feita.

UMA NOVA ERA

Os primeiros anos do terceiro milênio assistiram a muitas perturbações políticas no Canadá. Em 2004, estourou o "escândalo dos patrocínios", revelando o mau uso de verbas públicas pelos governos liberais desde 1993, sob o comando dos primeiros-ministros Jean Chrétien e Paul Martin. Sentimentos de distanciamento no oeste do Canadá junto com afrontas em Quebec levaram à derrota dos liberais num voto de confiança no Parlamento em 2005, e, depois, nas eleições gerais de janeiro de 2006. Um novo governo conservador foi instalado, sob o comando de Stephen Harper, de Alberta, com a surpreendente e forte representação da província de Quebec. A maioria dos canadenses espera que este seja o início de um período de relativa calma.

DIAMANTES DO ÁRTICO

Desde 2003, na abertura da Mina de Diamantes Diavik, a capital dos Territórios do Noroeste, Yellowknife, se tornou a capital do diamante da América do Norte, e outras minas estão em implementação. Seus diamantes são de extrema pureza, muito bem cotados pelos especialistas. Agora, a região é a terceira maior produtora de diamantes do mundo.

Acima *Cerimônia de juramento dos membros da Assembleia Legislativa de Nunavut, em Iqaluit, 1º de abril de 1999*

CÍRCULO VICIOSO

A mudança climática já causa impacto na calota polar do Ártico, o que atraiu as atenções para esta região que tem pouco a ver com as questões ecológicas e tudo a ver com o petróleo existente sob estas terras e sua potencial exploração. O Canadá, os EUA (Alasca), a Rússia, a Dinamarca (à qual pertence a Groenlândia) e a Noruega formam um anel em volta do Círculo Polar Ártico e questões de soberania começam a esquentar. Seja qual for a resolução final, há muita ironia no fato de que eles estarão tirando vantagem do aquecimento global para usar mais combustíveis fósseis, que provocaram os problemas. Outra dor de cabeça para o Canadá será a necessidade de patrulhar a imensa fronteira setentrional, se e quando a Passagem do Noroeste for aberta o ano inteiro.

SONHO DO NORTE

Um sonho antigo se tornou realidade em 1999 para o povo inuit, do norte, quando o governo canadense dividiu a metade leste dos Territórios do Noroeste para criar Nunavut, uma grande extensão de terra com quatro vezes o tamanho da Espanha.

Os inuits constituem cerca de 85% da população de 29 mil habitantes desta região, e o inuktitut é a língua oficial dos tribunais e da Assembleia. Nunavut não possui a mesma autonomia que as províncias canadenses, mas sua existência confere ao povo inuit um nível de autogoverno sem precedentes. A Câmara de 19 membros procura mesclar as regras do parlamentarismo britânico com as tradições inuits de governo de consenso. Não existem partidos políticos, por exemplo, e a Câmara seleciona o premiê entre seus membros.

COMO CHEGAR E CIRCULAR

Esta seção oferece informações detalhadas sobre as várias opções de viagem para o Canadá e explica as melhores maneiras de circular pelo país depois de sua chegada. Dicas práticas vão ajudar você com tudo de que precisar, da compra de bilhetes ao aluguel de um carro.

CHEGADA

DE AVIÃO

Os aeroportos internacionais mais importantes do Canadá ficam em Toronto, Montreal e Vancouver. Os voos internacionais também ocorrem nos aeroportos de Ottawa e Cidade de Quebec, além de outras cidades importantes, como Halifax, Edmonton, Calgary e Winnipeg, que estão interconectadas e ligadas às cidades próximas dos EUA. Todas têm sites eficientes (quadro ▷ 39) com informações que incluem plantas de aeroporto e/ou de terminais, detalhes dos recursos dos terminais, opções de transporte e horários de voos.

PRINCIPAIS AEROPORTOS INTERNACIONAIS

Aeroporto Internacional de Vancouver (YVR)

Localizado 15km ao sul do centro, o Aeroporto Internacional de Vancouver (tel 604/207-7077) dispõe de todos os

TRANSPORTE PARA O CENTRO DE CIDADES IMPORTANTES

AEROPORTO	DISTÂNCIA DO CENTRO	TÁXI	CARRO	TREM/METRÔ
Internacional de Vancouver	15km	**Preço:** Reserve $28-$30. **Tempo de viagem:** Cerca de 30 min.	Ao sul da cidade via Highway 99, a Arthur Laing Bridge e a Grant McConachie Way.	A Canada Line, liga o aeroporto ao centro da cidade.
Pearson Internacional de Toronto	29km	**Preço:** Na região, de $45-$52. **Tempo de viagem:** 45 min (mais tempo nos horários de pico).	A noroeste do centro pelas Queensway ou Gardiner Expressway e Highway 427 norte.	Não disponível (mas veja detalhes de ônibus/ônibus interurbano).
Internacional Montreal-Trudeau	15km	**Preço fixo:** $38 (motoristas aceitam cartões de crédito). **Tempo de viagem:** 30 min (depende do trânsito).	A oeste do centro via Autoroute Ville-Marie (Highway 720) e Autoroute 20 oeste.	Micro-ônibus gratuito da estação Dorval da VIA Rail (2km).
Internacional de Ottawa	11km	**Preço:** Cerca de $29. **Tempo de viagem:** Por volta de 20 min.	Ao sul do centro via Bronson Avenue sul e Airport Parkway.	Não disponível.
Internacional Jean Lesage, Cidade de Quebec	16km	**Preço fixo:** $32,50. **Tempo de viagem:** Até 20 min.	A oeste do centro via Blvd. Charest, Highway 40 norte, Blvd. Wilfrid-Hamel e Route de l'Aéroport.	Não disponível.

recursos para atender os passageiros, como lojas duty-free, cafeterias, restaurantes, serviços de câmbio, informações turísticas e balcões de locação de carros. Uma Taxa de Melhoria do Aeroporto é cobrada de todos os passageiros que embarcam, que pagam $5 para voos dentro da Colúmbia Britânica ou de Yukon e $15 para viajar a outras partes do mundo. Mas isso não se aplica a passageiros em trânsito. Esta taxa não está incluída no preço da passagem.

Aeroporto Internacional Pearson de Toronto (YYZ)

O Aeroporto Lester B. Pearson (Terminal 1, tel 416/247-7678; Terminal 3, tel 416/776-5100; ligação gratuita 1-866/207-1690) fica 29km a noroeste do centro. Um projeto de melhoria e expansão de $4,5 bilhões resultou em dois excelentes terminais (curiosamente numerados como 1 e 3), ligados por um monotrilho circular gratuito. Eficientes, os terminais estão cheios de obras de arte originais e mostras de museus, e a grande variedade de serviços conta com restaurantes, lojas duty-free e de câmbio.

Todo passageiro que embarca tem de pagar $20 de Taxa de Melhoria do Aeroporto; pessoas em trânsito pagam $8.

Aeroporto Internacional Montreal-Trudeau

O aeroporto internacional de Montreal (foto à esq.; tel 514/394-7377 ou 1-800/465-1213) está 15km a oeste do centro. Tem muitos pontos de venda e lojas. As maiores locadoras de carro têm balcões no piso principal, onde também fica um posto de informações turísticas.

Os passageiros que embarcam têm de pagar a Taxa de Melhoria do Aeroporto de $15 (não os em trânsito); são aceitos cartões de crédito.

Aeroporto de Ottawa

Quase 11km ao sul do centro, o Aeroporto de Ottawa (tel 613/248-2125 ou 2141) é relativamente pequeno, mas foi ampliado em 2008 e recebeu melhorias para os passageiros.

SITES DOS AEROPORTOS

Aeroporto Internacional de Vancouver www.yvr.ca
Aeroporto Internacional Pearson de Toronto www.gtaa.com
Aeroporto Internacional Montreal-Trudeau www.admtl.com
Aeroporto de Ottawa www.ottawa-airport.ca
Aeroporto Internacional Jean Lesage www.aeroportdequebec.com

Também arrecada uma Taxa de Melhoria do Aeroporto de $15 dos passageiros que partem.

Aeroporto Internacional Jean Lesage

O aeroporto internacional da Cidade de Quebec (tel 418/640-3300) está localizado 18km a oeste do centro. Tem lanchonetes e restaurantes, duty-free e lojas de presentes, câmbio, caixas automáticos e postos de locação de carros. Uma Taxa de Melhoria do Aeroporto ($15) é incluída no preço de passagens de longo curso.

ÔNIBUS/ ÔNIBUS INTERURBANO

Os únicos ônibus para o centro são os gratuitos oferecidos pelos hotéis. Recomenda-se utilizar a Canada Line.

Ônibus expresso do aeroporto ida e volta dos hotéis do centro e do terminal de ônibus (tel 905/564-3232 ou 1-800/387-6787; www.torontoairportexpress.com).
Frequência: A cada 20-30 min.
Preço: $19,95 ida, $32,95 ida e volta.
Passagens: As reservas podem ser feitas on-line.
Tempo de viagem: Cerca de 45 min, conforme o trânsito.
Ônibus regular é a opção mais barata (tel 416/393-4636; www.ttc.ca), com diversas opções, todas com ponto nos Terminais 1 e 3.

» **192 "Airport Rocket"** serviço o dia todo até a estação de metrô Kipling na extremidade oeste da linha Bloor-Danforth (tempo de viagem: 20 min).
» 58A serviço Malton o dia todo até Lawrence West (tempo de viagem: 1 hora).
» 300A trajeto 24 horas ao longo do corredor Bloor-Danforth (tempo de viagem: 45 min).
» 307 serviço Eglinton West 24 horas até a estação Eglinton West (tempo de viagem: 45 min).
Preço: Trânsito regular $3 para todas as opções, até transferência de metrô.

Ônibus expresso 747, operado pela STM (tel 514/786-4636), liga o aeroporto à Gare d'Autocars de Montréal sobre a estação de metrô Berri-UQAM, com paradas em René-Levesque/Mansfield e na estação de metrô Lionel Groulx.
Frequência: A cada 20-30 min.
Preço: $7, válido por 24 horas em toda a rede STM.

Bilhetes: Vendidos nas casas de câmbio ICE no terminal de desembarques internacionais do aeroporto. **Tempo de viagem:** Cerca de 35 min.
A linha de **ônibus 204** também liga o aeroporto ao terminal Dorval de ônibus e bonde, e o **ônibus 209** leva até a estação de trem Roxboro-Pierrefonds. **Preço:** $2,75 ida, para qualquer um desses serviços.

Serviço de ônibus circular para hotéis importantes no centro (tel 613/260-2359; www.yowshuttle.com).
Frequência: Serviço regular a cada meia hora o dia todo.

Preço: $15 ida, $24 ida e volta.
» OC Transpo Route também oferece a ida para o aeroporto.
Frequência: 15 min. **Preço:** $1,25 (mínimo de dois bilhetes)

Ônibus 78, operado pelo Réseau du Transport de la Capitale (RTC; tel 418/627-2511), liga o aeroporto ao terminal rodoviário Les Saules.
Frequência: Seg-sex 16h03, 16h33 e 17h33, no aeroporto.

Preço: $2,60 ida, ou $6,40 por uma passe de 1 dia da RTC.
Tempo de viagem: 15 min.

COMO CIRCULAR

DE AVIÃO

Como o Canadá é um país enorme, o segundo maior do mundo, em geral a viagem aérea é o meio mais rápido e prático de ir de uma região a outra. No Norte, em alguns casos, é o único modo de chegar até certas comunidades.

EMPRESAS AÉREAS

Air Canada

A Air Canada (1-888/247-2262 - Canadá; 11/3254-6600 - São Paulo) é a maior empresa de transportes aéreos do país. A companhia opera no Brasil e oferece voos diretos ou com escalas para Toronto, Ottawa ou Montreal.

Além dos serviços regulares, a Air Canada Jazz (888/247-2262) oferece tarifas com descontos promocionais –disponíveis apenas para voos com reservas e pagamento realizados antecipadamente.

Outras empresas aéreas canadenses

» A WestJet, fundada em 1996 para oferecer serviço aéreo econômico no oeste do Canadá, agora serve 69 destinos dentro do país, nos EUA, no México e no Caribe. Para reservas, ligue 1-888/ 937-8538.

» Sediada em Montreal, a Air Transat (tel 1-877/872-6728) é mais conhecida pelos voos fretados para a Europa, no verão, e serviços para destinos de férias na Flórida e no Caribe, nos meses de inverno.

» A Porter Airlines (tel 888/619-8622 ou 416/619-8622), com sede no Billy Bishop Toronto City Airport, serve destinos em Ontário, Quebec e Províncias do Atlântico, além de Nova York, Boston, Chicago e Myrtle Beach, nos Estados Unidos.

» O Norte do Canadá (Yukon, Territórios do Noroeste e Nunavut) é servido pela Air Canada. Entre outras empresas que atendem a região estão a Canadian North (tel 1-800/661-1505 ou 867/873-4484), a First Air (tel 1-800/267-1247) e a Air Inuit (tel 1-800/361-2965). Esses voos são muito caros. Além disso, há empresas de fretamento com voos para áreas remotas; os centros de turismo podem oferecer informações extras sobre esse serviço (▷ 378).

Empresas aéreas internacionais

As companhias norte-americanas que operam no Brasil, como American Airlines (1-800/433-7300), United Airlines (1-800/241-6522) e Delta (1-800/221-1212), vendem passagens para a maioria das grandes cidades canadenses, com conexões em diferentes cidades dos Estados Unidos.

A brasileira TAM (0800-570-5700) oferece voos diretos para Toronto ou com escalas para outras cidades canadenses partindo de São Paulo e do Rio de Janeiro.

SEGURANÇA

É preciso levar identidade com foto, quando se anda de avião dentro do Canadá, e apresentá-la no check-in. O passaporte de visitantes estrangeiros substitui a identidade. Os canadenses podem usar a carteira de habilitação ou o cartão médico, desde que tenha foto recente. Antes de embarcar, todos os passageiros, junto com a bagagem de mão, precisam pas-

SITES DE EMPRESAS AÉREAS

EMPRESAS AÉREAS CANADENSES	EMPRESAS AÉREAS AMERICANAS	TAM - BRASIL
Air Canada www.aircanada.ca	American Airlines www.aa.com	www.tam.com.br
Air Canada Jazz www.flyjazz.ca	Delta www.delta.com	tel 4002 5700 (capitais),
WestJet www.westjet.com	Northwest www.nwa.com	0800 570 5700 (outras localidades)
Air Transat www.airtransat.com	United www.united.com	
Canadian North www.cdn-north.com	US Airways www.usairways.com	
First Air www.firstair.ca		
Air Inuit www.airinuit.com		
Porter www.flyporter.com		

PRINCIPAIS AEROPORTOS DE CADA PROVÍNCIA E TERRITÓRIO

St. John's, Terra Nova
Charlottetown, Ilha Prince Edward
Halifax, Nova Escócia
Saint John, New Brunswick
Cidade de Quebec e Montreal, Quebec
Ottawa e Toronto, Ontário
Winnipeg, Manitoba
Regina e Saskatoon, Saskatchewan
Calgary e Edmonton, Alberta
Victoria e Vancouver, Colúmbia Britânica
Yellowknife, Territórios do Noroeste
Whitehorse, Yukon
Iqaluit, Nunavut

sar pelas máquinas de raio X, se preparar para abrir todas as valises e deixar que verifiquem os dados pessoais antes de entrar no avião.

CHECK-IN

Uma regra prática para voos internacionais para os EUA ou outros destinos: os passageiros devem fazer o check-in ao menos três horas antes da partida. Para voos dentro do Canadá, esse tempo pode ser menor, conforme o aeroporto. Por exemplo: em St. John's, na Terra Nova, pode-se fazer o check-in uma hora antes, pois é um aeroporto pequeno. Em Lester B. Pearson, em Toronto, o maior e mais movimentado aeroporto do Canadá, é aconselhável se apresentar com duas horas de antecedência porque existe muito controle de segurança; você pode perder o voo se chegar mais tarde. E é sempre importante entrar em contato com a empresa aérea antes do voo e perguntar a que horas eles recomendam fazer o check-in.

AEROPORTOS DOMÉSTICOS

» **Aeroporto Internacional de Winnipeg James Armstrong Richardson** (tel 204/987-9400; www.waa.ca) fica a quase 20 minutos de carro a noroeste da cidade (prepara-se para trânsito pesado). Um táxi cobra $15,50 ou mais, e o ônibus urbano custa apenas $2,35 (tel 311; www.winnipegtransit.com).

» **Aeroporto Internacional de Calgary** (tel 403/735-1200; www.calgaryairport.com) se encontra 16km ao norte da cidade. A viagem até o centro leva cerca de 30 minutos e um táxi custa por volta de $40-$45. O serviço de traslado Allied Airport Shuttle (tel 403/299-9555 ou 877/299-9555; www.airportshuttle-calgary.ca) custa $15.

» **Aeroporto Internacional de Edmonton** (tel 1-800/268-7134, 780/890-8382 ou 1-800/268-7134; www.flyeia.com) está 30km ao sul da cidade. Um táxi vai custar no mínimo $48 e levar mais de meia hora. O ônibus circular Skyshuttle (tel 780/465-8515; www.edmontonskyshuttle.com) custa $15 e gasta mais de 1 hora.

» **Regina**, a capital de Saskatchewan, possui um pequeno aeroporto (tel 306/761-7555; www.yqr.ca) apenas 15 minutos de carro a oeste da cidade. Leva cinco minutos para fazer o check-in e outros cinco para a segurança; por isso, está ótimo se você chegar uma hora antes do voo.

» **Aeroporto Internacional Halifax Stanfield** (tel 902/873-4422; www.hiaa.com) fica 35km ao norte do centro, uma tentativa (nem sempre bem-sucedida) de evitar a neblina que afeta a área litorânea. Vale a pena verificar os atrasos nos voos antes de se apresentar.

Grandes obras na frente do prédio do terminal diminuíram o estacionamento e dificultaram o acesso à área de locação de carros; por isso, calcule algum tempo a mais antes do voo. Os táxis para o centro de Halifax cobram $53. Há um serviço de ônibus circular para os hotéis do centro (tel 902/873-2091) que custa $18 ida e $21 ida e volta; calcule um mínimo de 45 minutos para a viagem.

» **St. John's**, capital da Terra Nova, tem um pequeno aeroporto (tel 709/758-8500 ou 1-866/758-8581 www.stjohnsairport.com) a 4,5km do centro. Um táxi cobra entre $22 e $30 e leva 15 minutos.

Podem-se obter detalhes sobre outros aeroportos do Canadá nos centros de informações turísticas de cada província ou território.

DE TRANSPORTE URBANO: TORONTO

O excelente sistema de transporte público de Toronto será expandido –com mais duas linhas de metrô e planos para oito novas rotas de LRT–, e as obras já começaram. Atualmente há três linhas de metrô, uma linha de LRT, 11 rotas de bonde e mais de 140 rotas de ônibus no perímetro da cidade. Com uma tarifa fixa para distância ilimitada por viagem e conexões abrangentes entre diferentes tipos de transporte, a rede facilita muito a circulação. Em dias de semana comuns cerca de 1,5 milhão de passageiros utiliza esses meios de transporte.

TRANSPORTE PÚBLICO

A Toronto Transit Commission (TTC, tel 416/393-4636; www3.ttc.ca) opera ônibus, bondes, metrô e um sistema de transporte rápido (LRT). As tarifas de ida, que podem incluir transferências de um sistema para outro, custam $3 para adultos, $2 para estudantes e idosos, e 75¢ para crianças de até 12 anos. Os bilhetes (pequenas fichas de metal) podem ser adquiridos em todas as estações de metrô e outros locais que têm o símbolo da TTC.

Dicas da TTC

» Você precisa de um bilhete ou do dinheiro trocado em ônibus e bondes; os motoristas não dão troco, mas realizam transferências gratuitas, se você quiser continuar a viagem no metrô.

» Nas estações de metrô, procure uma máquina automática, do outro lado da catraca, para fazer baldeações.

» O visitante pode comprar passe para um dia por $10, válido para viagens ilimitadas em qualquer dia da semana (início do serviço até as 5h30 do dia seguinte), inclusive feriados. Há um passe semanal que custa $52.

» O site da TTC tem uma ferramenta de planejamento de viagens, além de indicar pontos de interesse e eventos na rota escolhida.

METRÔ DE TORONTO

O Toronto Subway tem três linhas: a Bloor-Danforth, que atravessa a área metropolitana de leste a oeste; a Yonge-University-Spadina, que forma um grande circuito norte-sul, e a Sheppard, de Sheppard-Yonge até Don Mills. Há 68 estações, e ônibus e bondes para o restante da cidade.

Dicas do metrô

» O metrô de Toronto abre às 6h todos os dias, menos domingo, quando abre às 9h; o sistema opera até a 1h30 diariamente.

» "Ride Guides" (guias de percurso) com mapas do metrô estão disponíveis em todas as estações, postos de informações turísticas e outros locais públicos.

TÁXIS

Pontos de táxi são encontrados ao lado dos hotéis principais. Também se pode parar um táxi na rua ou chamar por telefone. Sobre o total da tarifa, deve-se dar de 10% a 15% de gorjeta ao motorista.

Acima *Passageiros se preparam para embarcar num bonde em Toronto*
À esq. *Táxi em Vancouver*

Bonde e Metrô de Toronto

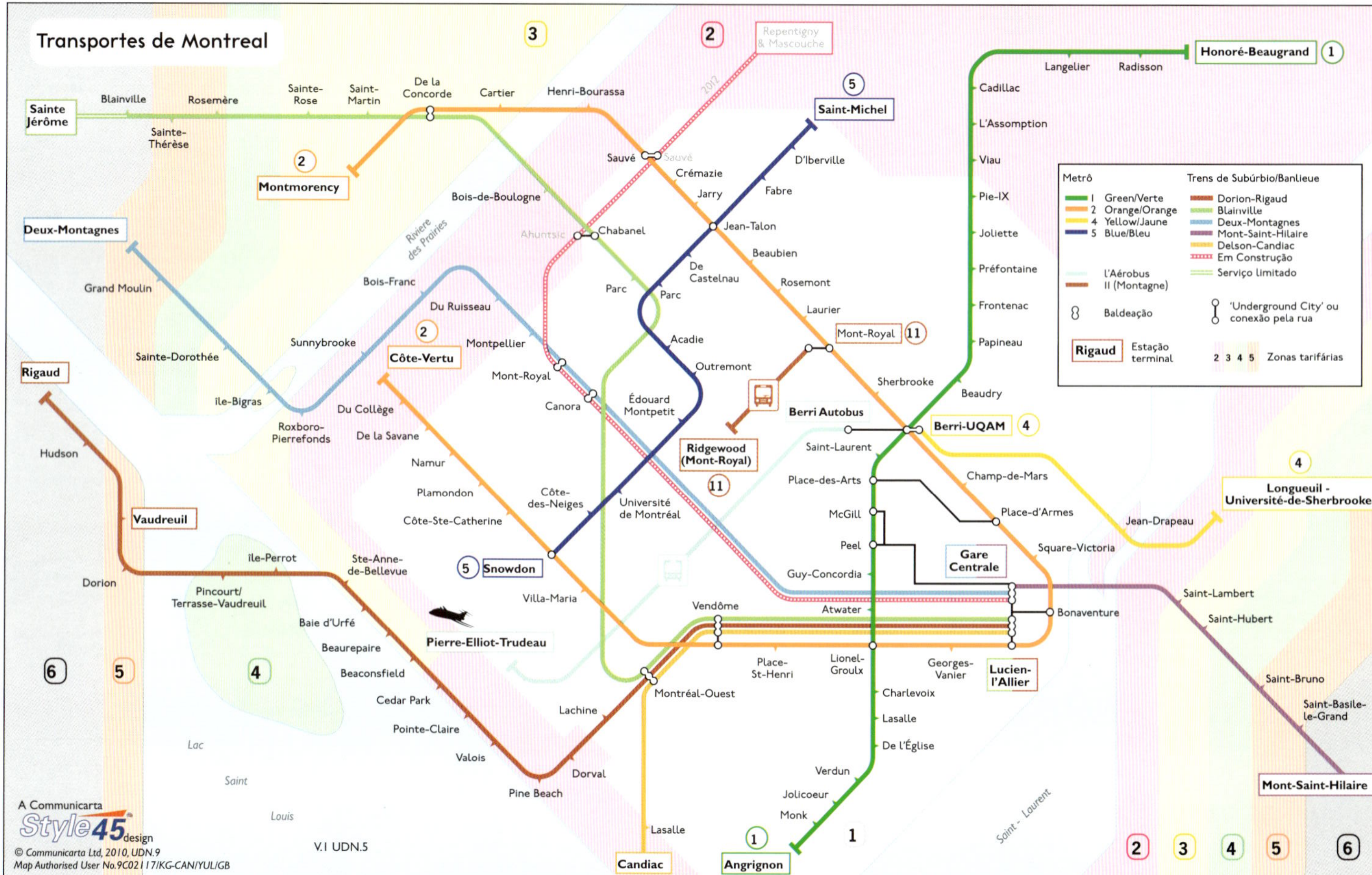
Transportes de Montreal
Metrô
1 Green/Verte
2 Orange/Orange
4 Yellow/Jaune
5 Blue/Bleu
L'Aérobus
II (Montagne)
Baldeação
Rigaud
Estação terminal
Trens de Subúrbio/Banlieue
Dorion-Rigaud
Blainville
Deux-Montagnes
Mont-Saint-Hilaire
Delson-Candiac
Em Construção
Serviço limitado
'Underground City' ou conexão pela rua
2 3 4 5 Zonas tarifárias
Honoré-Beaugrand
Radisson
Langelier
Cadillac
L'Assomption
Viau
Pie-IX
Joliette
Préfontaine
Frontenac
Papineau
Beaudry
Berri-UQAM
Saint-Laurent
Place-des-Arts
McGill
Peel
Guy-Concordia
Atwater
Lionel-Groulx
Charlevoix
Lasalle
De l'Église
Verdun
Jolicoeur
Monk
Angrignon
Sainte Jérôme
Blainville
Rosemère
Sainte-Thérèse
Sainte-Rose
Saint-Martin
De la Concorde
Cartier
Henri-Bourassa
Montmorency
Sauvé
Crémazie
Jarry
Jean-Talon
Beaubien
Rosemont
Laurier
Mont-Royal
Sherbrooke
Champ-de-Mars
Place-d'Armes
Square-Victoria
Bonaventure
Lucien-l'Allier
Georges-Vanier
Place-St-Henri
Vendôme
Villa-Maria
Snowdon
Côte-des-Neiges
Côte-Ste-Catherine
Plamondon
Namur
De la Savane
Du Collège
Côte-Vertu
Saint-Michel
D'Iberville
Fabre
De Castelnau
Parc
Acadie
Outremont
Édouard Montpetit
Université de Montréal
Repentigny & Mascouche
2012
Ahuntsic
Chabanel
Bois-de-Boulogne
Canora
Mont-Royal
Montpellier
Du Ruisseau
Bois-Franc
Sunnybrooke
Roxboro-Pierrefonds
Île-Bigras
Sainte-Dorothée
Grand Moulin
Deux-Montagnes
Berri Autobus
Ridgewood (Mont-Royal)
Gare Centrale
Jean-Drapeau
Longueuil - Université-de-Sherbrooke
Saint-Lambert
Saint-Hubert
Saint-Bruno
Saint-Basile-le-Grand
Mont-Saint-Hilaire
Rigaud
Hudson
Vaudreuil
Dorion
Pincourt/Terrasse-Vaudreuil
Île-Perrot
Ste-Anne-de-Bellevue
Baie d'Urfé
Beaurepaire
Beaconsfield
Cedar Park
Pointe-Claire
Valois
Pine Beach
Dorval
Lachine
Montréal-Ouest
Lasalle
Candiac
Pierre-Elliot-Trudeau
Rivière des Prairies
Lac Saint Louis
Saint - Laurent
A Communicarta Style45 design
© Communicarta Ltd, 2010, UDN.9
Map Authorised User No.9C02117/KG-CAN/YUL/GB
V.I UDN.5

À esq. *Estação de metrô moderna e arejada*

DE TRANSPORTE URBANO: MONTREAL

TRANSPORTE PÚBLICO

Montreal tem um sistema de transporte moderno e eficiente. A Société de Transport de Montréal (STM; tel 514/786-4636, digite 8 para inglês; www.stcum.qc.ca) administra todos os ônibus e o sistema de metrô locais, ao passo que a Agence Metrôpolitaine de Transport (AMT; tel 514/287-8726 ou 1-888/702-8726; www.amt.qc.ca) é responsável pelos trens de subúrbio.

A STM utiliza o cartão OPUS, disponível em estações de metrô e outros pontos de venda na cidade. Sempre que necessário, o cartão pode ser recarregado com créditos, incluindo passes para viagens unitárias, múltiplas, semanais e mensais. Para usar o cartão, encoste-o por um segundo no leitor nas catracas de metrô e no interior dos ônibus. Ele também dá direito a baldeação entre metrô e ônibus em uma só viagem. Guarde o cartão até o fim da viagem para comprovação. Uma viagem unitária custa $2,75, seis viagens, $13,25, e dez viagens, $21. Para idosos e menores (6-17 anos), os preços são respectivamente de $1,75, $7,50 e $12.

METRÔ

O metrô de Montreal é moderno, limpo e tranquilo. O sistema tem linhas identificadas por quatro cores, com 68 estações. As linhas verde e laranja cruzam a área central, a amarela vai às ilhas e à costa sul, e a azul atende a universidade. Em certas estações as linhas convergem, de forma que os passageiros podem mudar facilmente de direção. A sinalização nas estações de metrô usa o código de cores, com a direção da viagem indicada pelo nome das estações finais (mapa ⊳ 44). Por exemplo, se você estiver na Berri-UQAM e quiser ir para a Atwater, pegue a linha verde na direção do terminal Angrignon.

Dicas do metrô

» Passes de um dia para uso ilimitado custam $7; passes de três dias, $14. Há passes disponíveis em todas as estações na área central de maio a outubro, mas fora desse período é preciso comprá-los nas estações Berri-UQAM, Bonaventure e Peel.

» Há mapas gratuitos do sistema de metrô em todas as estações, incluindo um mapa da extensa Underground City (⊳ 72-3) de Montreal, com uma lista de tudo o que se encontra em cada estação.

» O metrô funciona diariamente a partir das 5h30. As últimas partidas são entre 0h15 e 1h30, dependendo da linha e da estação. O intervalo de tempo entre os trens é de 8 minutos.

» Se começar sua viagem de ônibus, você precisará de um bilhete ou da quantia exata em dinheiro; pergunte ao motorista como se transferir para o metrô.

» Cada estação tem sua própria arquitetura e é decorada com obras de arte. Vale a pena observar isso.

Trens de subúrbio

Há cinco linhas para os subúrbios cujos terminais são a Gare Central e a Lucien-L'Allier, onde se fazem conexões com o metrô. A rede usa oito zonas tarifárias na Grande Montreal com base na distância percorrida, e bilhetes unitários custam entre $4 e $7. Os trens começam a funcionar entre 5h45 e 7h em dias de semana e continuam até após a meia-noite, dependendo da estação; duas linhas também funcionam parcialmente no fim de semana.

TÁXIS

Os táxis constituem o meio de transporte mais caro, porém conveniente e abundante em Montreal. Há pontos de táxi em muitos hotéis e locais centrais estratégicos, mas também se pode pegar um na rua ou chamar por telefone. A gorjeta varia de 10% a 15% sobre o total da corrida.

DE TRANSPORTE URBANO: VANCOUVER

TRANSLINK

O sistema de trânsito de Vancouver, o Translink (tel 604/953-3333; www.translink.ca), conta com ônibus, bondes, ferryboats SeaBus e o trem de superfície Skytrain. Os serviços funcionam das 5h até a 1h (mais cedo aos domingos). O sistema de tarifas é meio complexo, com três zonas que operam no horário comercial dos dias úteis. A tarifa é a mesma para todos: $2,50 ida, para adultos, $1,75 para idosos e crianças. Se você ultrapassar uma zona, pagará mais durante o horário comercial dos dias úteis. Há uma taxa extra de $5 para utilizar a Canada Line em qualquer horário. Existem transferências entre os meios, e os passes de um dia custam $9 para adultos e $7 para idosos e crianças. Uma oferta de dez bilhetes FareSaver custa a partir de $21 para adultos e $17 para idosos e crianças.

O **Skytrain** possui 48 estações ao longo dos 69km de trilhos que ligam o centro de Vancouver, Burnaby, New Westminster, Surrey, Richmond e o aeroporto.

Os catamarãs **SeaBus** atravessam a enseada de Burrard até a margem norte da estação Waterfront. O passeio de 15 minutos é muito procurado.

Dicas da Translink

» Verifique se está com o bilhete ou com o dinheiro trocado para as viagens de ônibus e bonde; os motoristas não dão troco, mas podem dar transferências.

» Compre bilhetes em diversas lojas de conveniência e drugstores; procure a placa "FareDealer".

» No site, a ferramenta de planejamento de viagem oferece o número dos ônibus e outros detalhes para circular pelas maiores atrações turísticas da cidade e outras instalações, como parques.

TÁXIS

Há pontos de táxi nos hotéis importantes. Também se pode chamar um carro por telefone. Parar táxis na rua é menos comum do que em outras cidades grandes. Dê gorjeta de 10% a 15% sobre o valor da corrida.

Acima *BC Ferries parte da baía Schwartz, ilha de Vancouver*
Pág. ao lado *Táxi espera passageiro (acima); Skytrain se prepara para partir de Vancouver*

TRANSPORTE FORA DAS CIDADES

FERRYBOATS

Nas costas leste e oeste do Canadá, os ferryboats são importantes no sistema de transportes, além de oferecerem os principais meios de acesso para quem vem dos EUA.

Nova Escócia

» A Bay Ferries (tel 1-888/249-7245; www.nfl-bay.com) opera um ferryboat entre Digby, na Nova Escócia, e Saint John, em New Brunswick. A travessia de três horas pela baía de Fundy é espetacular e, por isso, concorrida, o que pede reserva bem antecipada.

Ilha Prince Edward (PEI)

Chega-se à província da Ilha Prince Edward pela Confederation Bridge (▷ 152), mas ainda existe um ferryboat em operação.

» A Northumberland Ferries (tel 1-877/635-7245 ou 902/566-3838; www.peiferry-bay.com) gerencia um serviço de maio a meados de dezembro entre a Nova Escócia e as ilhas Wood, PEI; a viagem leva 75 minutos. Como o pedágio da ponte, as tarifas são pagas apenas quando se sai da ilha. Para fazer reserva, é preciso pagar a taxa antes. O serviço vai e volta constantemente, mas pode ser preciso esperar.

Terra Nova

» Dois ferryboats diferentes operados pela Marine Atlantic fazem a travessia até a Terra Nova, saindo da Nova Escócia (tel 1-800/341-7981; www.marine-atlantic.ca). Um vai de North Sydney, Nova Escócia, até Port-aux-Basques, Terra Nova; funciona do final de fev a dez e leva de cinco a sete horas. O outro trafega entre North Sydney e Argentia, Terra Nova (meados jun-fim set, ter, qua e sáb), numa viagem de 14 horas. Muitos visitantes atravessam por um e voltam por outro. No verão é preciso fazer reserva.

Victoria, Colúmbia Britânica

Quatro ferryboats diferentes operam entre o Estado americano de Washington e Victoria, capital da Colúmbia Britânica.

» A Black Ball Ferry Lines (tel 250/386-2202; www.cohoferry.com) funciona com um serviço de 90 minutos entre Port Angeles e Victoria, transportando passageiros e carros.

» A Clipper Navigation (tel 1-800/888-2535 ou 250/382-8100; www.clippervacations.com) oferece um serviço de catamarãs que leva de duas a três horas, só para passageiros, entre Seattle e Victoria. Também opera de Seattle até as ilhas San Juan de fim mai a fim set.

» De junho a outubro, a San Juan Cruises (tel 1-800/443-4552; www.whales.com) opera um serviço de três horas entre Bellingham e Victoria, e inclui um jantar gratuito de salmão e frango na viagem de volta.

» A Victoria Express (tel 250/361-9144 no Canadá, ou 360/452-8088 nos EUA; www.victoriaexpress.com) opera ferryboats de Port Angeles a Victoria do fim de mai a meados set sex-seg (diariam fim jun-início set) e de Victoria às ilhas San Juan (fim jun-início set, sex-seg).

Litoral da Colúmbia Britânica

» A BC Ferries (tel 1-888/223-3779 ou 250/386-3431; www.bcferries.com) tem diversas rotas com quase 50 portos de escala. Seus principais serviços operam entre a Colúmbia Britânica, no continente, e a ilha de Vancouver, destacando-se a travessia de uma hora entre a baía Horseshoe (North Vancouver) e Nanaimo, e o

PRINCIPAIS SERVIÇOS DE FERRYBOAT

	de	para
Costa Leste	Digby, Nova Escócia	Saint John, New Brunswick
	Pictou, Nova Escócia	Wood Islands, Ilha Prince Edward
	North Sydney, Nova Escócia	Port-aux-Basques, Newfoundland
	North Sydney, Nova Escócia	Argentia, Newfoundland
	St. Barbe, Terra Nova	Blanc Sablon, Québec
Costa Oeste	Port Angeles, Washington	Victoria, Colúmbia Britânica
	Seattle, Washington	Victoria, Colúmbia Britânica
	Bellingham, Washington	Victoria, Colúmbia Britânica
	Horseshoe Bay (Vancouver)	Nanaimo, Colúmbia Britânica
	Tsawwassen (Vancouver)	Swartz Bay, Colúmbia Britânica
	Port Hardy (ilha de Vancouver)	Prince Rupert, Colúmbia Britânica
	Prince Rupert, Colúmbia Britânica	Ilhas Queen Charlotte

serviço de duas horas entre Tsawwassen (19km ao sul de Vancouver) e a baía Swartz, ao norte de Victoria. O famoso serviço Inside Passage da BC Ferries, que navega entre Port Hardy, na Ilha de Vancouver, e Prince Rupert leva 15 horas (reservas obrigatórias). Também existe um serviço excelente entre Prince Rupert e as Ilhas Queen Charlotte.

ÔNIBUS INTERURBANOS

Viajar de ônibus interurbano é relativamente barato e dá acesso à maior parte do país. A principal empresa é a Greyhound Canada (tel 1-800/661-8747; www.greyhound.ca), mas há muitas outras, menores. A Greyhound cobre a maior parte do oeste do Canadá, Yukon e Ontário, com ligações frequentes pela fronteira com cidades americanas; ela também possui a empresa Voyageur, sediada em Quebec, que opera rotas entre Montreal e Ottawa.

Discovery Pass

» A Greyhound oferece o Discovery Pass (www.discoverypass.com), de extensão variável e que assegura viagem ilimitada nos ônibus da Greyhound e em de parceiros selecionados (veja o site). Ela cobre a maior parte do país, menos a Terra Nova.

» O preços começam em $329 para um passe de sete dias (também existem os de 15, 30 e 60 dias).

» Há algumas restrições; por isso, é melhor se informar sobre elas antes de planejar os detalhes de sua viagem. Se adquiridos pela internet, os passes têm de ser comprados com pelo menos três semanas de antecedência (duas semanas para residentes no Canadá).

VIAJAR NO INVERNO

O Canadá funciona com relativa normalidade durante seu longo inverno gelado. Fortes tempestades atrapalham as viagens, mas tudo é ajustado para que as coisas voltem ao normal com a maior rapidez possível. Se não quiser dirigir na neve, pegue um trem ou um ônibus interurbano. Os dois serviços funcionam o ano todo e, surpreendentemente, há poucos atrasos por causa do mau tempo. O mesmo vale para os voos. Os aeroportos canadenses estão bem equipados para remover o gelo das aeronaves e tirar a neve das pistas.

Convém usar luvas, chapéu, cachecol, casaco quente e botas; também se aconselha o uso de ceroulas.

Cuidados para dirigir no inverno

Equipe seu carro com pneus de neve ou correntes. Em viagens longas, providencie os seguintes itens, para o caso de o carro quebrar ou ficar preso numa nevasca:

» comida extra;
» lanterna;
» cobertor;
» velas (elas mantêm a temperatura no carro acima do congelamento, mas é preciso deixar uma janela aberta para ventilar);
» celular com bateria carregada.

Veja mais sobre quebras ou acidentes ⊳ 52.

COMO CHEGAR E CIRCULAR | COMO CIRCULAR

LIVRARIA CULTURA S.A
SGCV/SUL LT 22 LOJA 4-A SEGUNDO PAVIMENTO
GUARA - BRASILIA - DF
CNPJ: 62.410.352/0005-04 IE : 07.466.739/002-69

24/04/2014 16:16:48 CCF:075841 COO:213571

CUPOM FISCAL

ITEM CÓDIGO DESCRIÇÃO
QTD. UN. VL UNIT R$ ST IAT VL ITEM R$

1 22514901 KEY GUIDE - CANADA 1Un X 85,00 I1 A 85,00¢

TOTAL R$ 85,00
CARTAO 85,00
Procon 151 AE do Cave Adm Guara(61)3212-1651
MD-5:483D294C8382FCD3EA646F421F73A8D5
Vl Aprox Tributos R$ 0,00(0,00%) Fonte:IBPT
CI 9056293-4

5L3d4 ka 49 8m 2d 3L i4 m8 ps un g0 jt 6p 1f 44 k8 ncjib
EPSON TM-T81 FBIII
ECF-IF VERSÃO:01.00.04 ECF:008 LJ:0005
uuuuuuuuuc/l</buc9 OPR:WLGALVAO 24/04/2014 16:18:31
FAB:EP081210000000030282

cultura,
a Cultura
entrega
livrariacultura.com.br
Pensou
cultura,
a Cultura
entrega
livrariacultura.com.br

DE TREM

Os trens canadenses são limpos, rápidos e eficientes, e constituem um modo agradável de apreciar este país panorâmico. A maior parte do serviço de passageiros é fornecida pela VIA Rail (tel 1-888/842-7245; www.viarail.ca).

SERVIÇOS DA VIA RAIL

The Canadian

O trem mais famoso do Canadá atravessa o país ligando Toronto a Vancouver três vezes por semana em cada direção, e os horários permitem que os passageiros observem as Montanhas Rochosas de dia. A viagem leva quatro dias e três noites. Assentos na classe econômica são confortáveis e oferecem travesseiros e cobertores, e a classe Sleeper Touring, com opções como beliches, cabines e suítes, inclui refeições, acesso exclusivo ao vagão panorâmico, prioridade no embarque e uso de uma sala VIP nas estações antes da viagem. Todos os passageiros têm acesso ao vagão panorâmico Skyline, com cúpula de observação, e ao que abriga o restaurante.

Winnipeg-Churchill

Ao deixar Winnipeg, este trem percorre 1.700km em meio à beleza selvagem do Norte do Canadá até Churchill, à margem da baía de Hudson. Ele trafega três vezes por semana em cada direção e a viagem leva um dia e meio (duas noites). Assim como nos trens da Canadian, há duas classes: Economy e Sleeping Tour.

The Ocean

Partindo à noite de Montreal, este trem acompanha o rio São Lourenço no rumo leste, oferecendo aos passageiros a chance de apreciar no início da manhã a bela Chaleur Bay. O trem então vai para o sul através das Maritimes até Halifax, na Nova Escócia. Mediante uma taxa adicional, pode-se usufruir os leitos e os vagões panorâmicos.

Outros trens da VIA

O Malahat circula entre Victoria

CONTATOS DA VIA RAIL NO CANADÁ
De todo o Canadá e os EUA
tel 1-888/842 7245; www.viarail.ca
De Montreal
tel 514/989-2626
De Moncton
tel 506/857-9830

Acima, à esq. *Viagem pela Icefields Parkway, lago Louise, a bordo de um ônibus projetado para viajar com segurança na neve*
Embaixo, à esq. *Parada no lago Bow, na Icefields Parkway*

e Courtenay, na ilha de Vancouver; o Skeena trafega de Prince Rupert pelas montanhas até Jasper, com parada de pernoite em Prince George. O Chaleur oferece um belo passeio de Montreal a Gaspé ao longo da margem da baía Des Chaleurs; e o Ocean liga Montreal a Halifax, no litoral do Atlântico.

AMTRAK

Dos EUA, a Amtrak (tel 1-800/872-7245; www.amtrak.com) dispõe de um serviço ferroviário regular até Montreal vindo de Nova York e Washington; até Toronto, vindo de Chicago e Nova York; e até Vancouver, saindo de Seattle.

OUTROS TRENS –EXCURSÕES E PASSEIOS DE 1 DIA

Rocky Mountaineer Railtours

A Rocky Mountaineer organiza passeio de dois dias entre Vancouver e Banff ou Jasper, pelas Montanhas Rochosas. Nas duas rotas há pernoite em Kamloops para que a viagem toda ocorra de dia, numa experiência espetacular. Informações: Rocky Mountaineer Railtours, em Vancouver (tel 604/606-7245 ou 1-877/460-3200; www.rockymountaineer.com).

Passeios de um dia

» De Skagway, no Alasca, a White Pass e a Yukon Narrow-Gauge Railway (▷ 351) oferecem passeios ao alto do White Pass diariamente, de início de maio a fim de setembro (tel 1-800/343-7373; www.whitepassrailroad.com). Exige-se passaporte com visto para cruzar a fronteira com os EUA.

Acima *Trem da Canadian VIA Rail*
Pág. ao lado *De carro pela rodovia que leva ao aeroporto de Montreal*
Pág. ao lado, embaixo *Placas rodoviárias*

DESCONTOS DE TARIFAS DA VIA RAIL

CANRAILPASS

» Oferece 12 dias de viagem na classe Economy num período de 30 dias.
» Na alta temporada (junho e meados de outubro) as tarifas são $941 para adultos, $847 para idosos, estudantes e crianças.
» As tarifas na baixa temporada são $588 para adultos, $529 para idosos, estudantes e crianças.
» Os assentos são limitados; por isso reserve bem antes.
» Há possibilidade de solicitar outros recursos e ampliação do passe.

CORRIDORPASS

» Oferece dez dias de viagem ilimitada no sul de Ontário e de Quebec.
» Econômica: adultos $337, idosos, crianças e estudantes $303; Executiva: adultos $804, idosos, crianças e estudantes $724.
» O preço é o mesmo o ano todo, e o passe tem de ser adquirido ao menos cinco dias antes da data da primeira viagem.
» Os viajantes não podem fazer mais do que uma viagem de ida e volta para a mesma cidade.

DE CARRO

Em geral, as rodovias canadenses têm boa manutenção e apresentam poucos problemas no sul, mais povoado, e entre as principais cidades. No entanto, se você se aventurar por caminhos pouco procurados, talvez encontre trechos sem pavimentação em que pode ser difícil trafegar com clima úmido. Os invernos severos também criam dificuldades, pois as encostas desmoronam e surgem buracos.

CARRO PARTICULAR

Ao sair dos EUA, cruzar a fronteira canadense apresenta alguns problemas. Você tem de mostrar identidade, registro do veículo e comprovar a cobertura de seguro. E prepare-se para inspeções em busca de substâncias ilegais.

REGRAS DA ESTRADA

» No Canadá, você dirige pela direita e ultrapassa pela esquerda.

» É permitido virar à direita no semáforo vermelho, depois da parada total, a menos que haja outra indicação –mas não em Montreal, onde isso é proibido.

» Todos dentro do veículo têm de usar cinto de segurança.

» Os limites de velocidade são dados em km/h e variam entre as províncias. Em geral, em rodovias os limites vão até 100-110km/h, e de 70-90km/h em outras estradas importantes; nas áreas urbanas o limite é de 50km/h ou menos.

POSTOS DE COMBUSTÍVEL

São encontrados ao longo dos principais trajetos e perto das cidades. No norte, convém encher o tanque com regularidade, pois os postos ficam muito longe um do outro. A distância até o próximo posto costuma estar assinalada. A gasolina é vendida por litro. Como em qualquer lugar do mundo, o preço varia de uma província para outra. Os visitantes brasileiros podem achar o preço baixo, mas, em comparação com o dos EUA, ele chega a ser 30% mais alto.

CARRO ALUGADO

Para alugar um carro é preciso ter mais de 21 anos, e ter identidade e habilitação válida tirada há um ano, no mínimo. Motoristas com mais de 80 anos talvez precisem oferecer uma certidão médica como garantia de sua competência. Em geral, as reservas só podem ser feitas com cartão de crédito, e no momento da locação a empresa emite uma nota do seu cartão para o total calculado. Algumas locadoras podem aceitar cartão de débito, mas verifique antes. Verifique também as restrições quanto a sair da província em que você fez a locação do veículo.

É fácil alugar um carro no Canadá, mas os veículos de aluguel são muito requisitados na alta temporada (meados de maio a meados de outubro), o que pede reserva bem antecipada.

Preços e empresas

Os preços de aluguel de carros variam muito dentro do Canadá, confor-

me a localização, a disponibilidade e por quanto tempo você quer um veículo. Os preços podem começar em $35 por dia para um modelo compacto, mas acréscimos para mais de um motorista ou seguro, por exemplo, podem fazer o preço dobrar (▷ Dicas para Locação). Pacotes "fly and drive", que incluem passagem aérea e aluguel de carro, muitas vezes valem a pena.

VEÍCULOS DE RECREAÇÃO

Trailers, motorhomes e outros tipos de veículos de recreação (VRs) estão sujeitos às mesmas exigências e regras que os carros. Eles podem ser alugados de empresas especializadas na maioria das províncias, mas a oferta de veículos muitas vezes é limitada; por isso, as reservas devem ser feitas com bastante antecedência, principalmente no verão. Há diversas empresas na internet, como a Cruise Canada (tel 1-800/671-8042; www.cruisecanada.com) e a Canada RV Rentals (tel 866/457-7991 ou 250/805-2251; www.canada-rv-rentals.com).

Diversos campings negociam VRs, pois muitos canadenses possuem um. Cada centro provincial de turismo pode oferecer uma lista de campings, com detalhes de recursos e custos (▷ 378).

COMO DIRIGIR EM ÁREAS REMOTAS OU NO INVERNO

Saiba mais sobre como dirigir em condições extremas em Viajar no Inverno ▷ 48.

QUEBRAS OU ACIDENTES

Se você for dirigir por distâncias longas no Canadá, em especial em áreas remotas, convém se tornar sócio da Canadian Automobile Association (tel 1-800/564-6222; www.caa.ca). Ela ou uma afiliada local podem ajudar em caso de problemas mecânicos.

Os membros da American Automobile Association têm direito a serviço completo com a CAA, mas têm de estar com o cartão de sócio.

Em caso de emergência ou acidente, chame 911 (▷ 375) onde for possível e comunique qualquer acidente à polícia. Isso costuma ser uma condição para a cobertura de seu seguro.

PRINCIPAIS LOCADORAS DE VEÍCULOS

NOME	TELEFONE CANADÁ	EUA	SITE
Avis	1-800/879-2847	1-800/331-1212	www.avis.com
Budget	1-800/268-8900	1-800/527-0700	www.budget.com
Dollar	1-800/848-8268	1-800/800-3665	www.dollar.com
Hertz	1-800/654-3131	1-800/654-3131	www.hertz.com
National	1-877/222-9058	1-877/222-9058	www.nationalcar.com
Thrifty	1-800/847-4389	1-800/847-4389	www.thrifty.com

DICAS PARA LOCAÇÃO

» Não se esqueça de que os impostos canadenses (▷ 372) serão acrescentados aos preços cotados de locação.

» Se quiser devolver o carro em local diferente, é provável que haja uma sobretaxa enorme para cobrir o custo de levá-lo de volta.

» A menos que você tenha seguro contra colisão (Loss Damage Waiver) fornecido por seu cartão de crédito, terá de pagar um extra para seguro contra acidentes ou danos. Isso aumenta bastante a conta.

» Tenha o cuidado de verificar se sua taxa diária de aluguel cobre quilometragem ilimitada ou se é cobrado um encargo adicional depois de um limite diário estabelecido.

» Todos os carros alugados em aeroportos estão sujeitos a uma sobretaxa. Vale a pena comparar os preços com os de locadoras no centro das cidades.

No alto *Placas indicam um longo caminho pela frente*

Abaixo, da esq. p/ dir. *Típicas placas de rua na Castlefield Avenue, Toronto; Um carro fica minúsculo na vastidão das Montanhas Rochosas canadenses*

	Calgary	Charlottetown	Dawson	Edmonton	Fredericton	Halifax	Montreal	Ottawa	Prince George	Quebec	Regina	Saskatoon	Thompson	Thunder Bay	Toronto	Vancouver	Victoria	Whitehorse	Winnipeg	Yellowknife
Calgary		8132	6232	335	7453	8222	*6150	*5903	1442	*6515	1142	1302	3301	3320	*5648	1407	1741	5053	2111	4045
Charlottetown	4675		14347	8311	700	415	1950	2221	9545	1630	7004	7427	7914	4811	2719	9631	9829	13157	6033	11934
Dawson	2795	7104		6049	13708	14437	12405	12123	4803	12731	7304	6929	8928	9536	11904	6342	6540	1218	8327	5757
Edmonton	294	4645	2468		7632	8402	*6330	*6048	1248	*6655	1228	853	2852	3500	*5828	1631	2005	4859	2251	3637
Fredericton	4315	375	6743	4285		750	1311	1542	8906	951	6325	6748	7235	4132	2040	8952	9150	12518	5354	11255
Halifax	4744	231	7173	4715	444		2040	2311	9635	1720	7054	7517	8005	4901	2809	9721	9919	13247	6123	12024
Montreal	*3530	1155	5958	*3500	795	1224		203	7604	242	5022	5445	5933	2830	539	*7650	*7848	11215	4051	9952
Ottawa	*3360	1328	5788	*3330	967	1397	199		7322	431	4740	5203	5651	2548	437	*7408	*5018	10933	3809	9711
Prince George	756	5381	2049	745	5021	5451	4236	4066		7929	2502	2127	4126	4734	7102	1552	1750	3624	3525	3832
Quebec	*3767	924	6196	*3737	564	993	252	445	4473		5348	5811	6258	3155	806	*8015	*8213	11541	4417	10318
Regina	751	3940	3235	776	3580	4010	2795	2625	1512	3032		344	2245	2153	4521	2641	2839	6114	944	4851
Saskatoon	816	4125	2984	526	3765	4194	2980	2810	1262	3217	256		2024	2616	4944	2716	2914	5738	1407	4516
Thompson	1588	4125	3759	1298	3765	4195	2980	2810	2034	3217	937	821		3103	5431	4715	4914	7738	1854	6515
Thunder Bay	1987	2688	4416	1957	2327	2757	1543	1373	2693	1780	1252	1437	1438		2328	4820	5018	8345	1221	7123
Toronto	*3277	1673	5705	*3247	1313	1743	542	450	3983	795	2542	2727	2727	1290		*7148	*7346	10714	3550	9451
Vancouver	972	5575	2777	1160	5215	5645	*4430	*4260	737	*4667	1651	1636	2408	2887	*4177		344	5203	3611	5013
Victoria	1054	5660	2862	1242	5299	5729	*4515	*4345	822	*4752	1736	1721	2493	2972	*4262	109		5401	3809	5211
Whitehorse	2327	6953	495	2318	6590	7022	5807	5637	1580	6044	3084	2833	3606	4265	5554	2308	2393		7137	4714
Winnipeg	1315	3348	3744	1285	2988	3417	2203	2033	2022	2440	580	765	766	660	1950	2216	2300	3593		5914
Yellowknife	1783	6129	2332	1494	5769	6199	4984	4814	1550	5221	2260	2010	2782	3442	4731	2324	2408	1901	2770	

Esta tabela registra os principais pontos na malha rodoviária do Canadá. Use-a para calcular a distância em quilômetros (verde) e a duração de uma viagem de carro em horas e minutos (azul). Um * indica a rota mais rápida via EUA.

PORTADORES DE DEFICIÊNCIA

A indústria turística do Canadá está cada vez mais consciente das necessidades dos viajantes portadores de deficiência. Infelizmente, o processo é lento e ainda há muito o que fazer. É comum a distância entre o que deveria existir e o que de fato existe. Às vezes, isso provoca bastante frustração, embora tenha havido progressos em tornar os recursos e os pontos turísticos acessíveis a todos.

CONSELHOS GERAIS

» Se você tem uma deficiência, planeje sua viagem com cuidado e verifique os recursos com antecedência.
» Onde for possível, viaje com amigos aptos ou veja se é possível recorrer a um agente de viagem especializado em passeios com portadores de deficiência e que tenha mais facilidade para providenciar as coisas.
» Contate antes os aeroportos de partida e chegada para que eles saibam que tipo de ajuda você precisa. Aeroportos e empresas aéreas são exemplares na ajuda a portadores de deficiência, desde que tenham conhecimento antecipado.
» Reserve hotéis bem antes e, novamente, seja específico sobre suas necessidades.
» Antes de viajar, pesquise e descubra quais são realmente seus direitos. Nunca hesite em reclamar, se encontrar comportamentos que não oferecem assistência ou atrapalham. Há sempre um requisito legal para atender às suas necessidades.

O QUE ESPERAR QUANDO ESTIVER NO PAÍS

» Por lei, todos os prédios públicos devem ter acesso a cadeira de rodas e oferecer toaletes especiais.
» Por decreto municipal, as guias dos grandes centros urbanos têm de ser rebaixadas para a travessia de ruas, a fim de facilitar a passagem de usuários de cadeira de rodas. Isso nem sempre ocorre fora das cidades maiores.

Transporte público

» Os ônibus nas grandes cidades estão cada vez mais adaptados para acomodar cadeirantes. Isso é menos frequente em áreas rurais. Uma cuidadosa verificação antecipada deixa você consciente dos maiores problemas.
» Todos os trens da VIA Rail acomodam cadeiras de rodas, desde que sejam avisados com 48 horas de antecedência. Em certas circunstâncias uma pessoa ou um cão-guia acompanhando um portador de deficiência podem viajar de graça. Sempre ligue com boa antecedência para agendar prioridade no embarque e refeições especiais e informar-se sobre outros serviços disponíveis.

Hotéis

» Alguns hotéis grandes dispõem de acesso a cadeira de rodas e suítes especiais para portadores de deficiência. Uma verificação antecipada evitará problemas.
» Saiba que leis rigorosas são cumpridas por estabelecimentos novos, mas os hotéis e restaurantes antigos talvez ainda possuam barreiras.
» Detalhes de hotéis acessíveis a portadores de deficiência podem ser obtidos nos centros de informações turísticas do local (▷ 378).

POLÍTICA OFICIAL

A Lei dos Transportes do Canadá (Canada Transportation Act) fala sobre o empenho do governo canadense em promover o acesso equitativo aos serviços de transportes para todos.

Com essa lei, a Canadian Transportation Agency (um ramo do governo federal) tem o poder de remover "obstáculos indevidos" da rede de transportes do país, e isso se aplica a aviões e aeroportos, trens e estações, e serviços de ferryboat e seus terminais.

Para mais informações, contate o Accessible Transportation Directorate, Canadian Transportation Agency, Ottawa, Ontario, K1A ON9, tel 1-888/222-2592; TTY: 1-800/669-5575; www.otc-cta.gc.ca.

Você deve indicar seu idioma de preferência (inglês ou francês) e o formato alternativo de que necessita. Essa agência produz diversas publicações, a exemplo de:
» *Take Charge of Your Travel: A Guide for Persons with Disabilities* é um livreto que aborda questões como escolha de poltronas, chegada ao terminal, check-in e embarque e desembarque em aviões, ônibus e barcos.

INSTITUIÇÕES ESPECIALIZADAS

» A Canadian Association of the Deaf (www.cad.ca) promove os direitos, as necessidades e as preocupações dos canadenses deficientes auditivos.
» O Canadian National Institute for the Blind (www.cnib.ca) fornece serviços para deficientes visuais.
» A Canadian Paraplegic Association (www.canparaplegic.org) dá assistência a quem sofreu lesão de coluna e apresenta outras deficiências.
» A National Federation of the Blind (www.nfb.org) reforça a consciência sobre os direitos e responsabilidades para deficientes visuais e auditivo-visuais e pessoas que enxergam parcialmente; edita a revista *Braille Monitor*, disponível em braile e e-mail.

OUTRAS FONTES DE INFORMAÇÃO TURÍSTICA
Society for Accessible Travel and Hospitality www.sath.org
Access to Travel www.accesstotravel.gc.ca
Access Guide Canada www.abilities.ca
Scoot Around America (entrega cadeiras de rodas em hotéis das grandes cidades de toda a América do Norte, entre as quais Montreal, Toronto, Vancouver e Victoria) www.scootaround.com
Mobility Unlimited (aluga cadeiras de rodas; diversas localidades em Ontário) www.mobilityunlimited.ca

REGIÕES

Este capítulo está dividido entre as nove regiões do Canadá (▷ 8-9).

Regiões do Canadá

MONTREAL

Bonita e vibrante, Montreal mistura a antiga alegria de viver e o otimismo empresarial do Novo Mundo. Trata-se da maior cidade de língua francesa depois de Paris, e goza da fama, bem merecida, de ser calorosa na acolhida aos visitantes. Programe sua visita para coincidir com uma das muitas festas locais, ou simplesmente junte-se à multidão no "cinq-à-sept" (uma espécie de happy hour das 17h-19h), às quintas-feiras, num pátio do centro da cidade, participando de uma das mais fantásticas experiências que a região oferece.

Embora os subúrbios se espalhem pelas terras do continente, Montreal ocupa principalmente uma ilha no caudaloso rio São Lourenço, e no coração da cidade desponta o magnífico Mont-Royal, um parque amplo com vistas panorâmicas. O rio e o morro não só se somam às atrações visuais da cidade como oferecem atividades de lazer de tirar o fôlego, que vão desde uma caminhada suave até um divertido passeio de jet-ski pelas corredeiras.

O centro dispõe de tudo que você poderia esperar: prédios altos; grandes shopping centers; amplos bulevares e praças arborizadas; locais culturais, galerias e museus de nível internacional; belas igrejas; e alguns dos melhores restaurantes e hotéis do continente. E, quando chega o inverno gelado, você pode se refugiar no subsolo e aproveitar os mesmos recursos por meio do Réseau Piétonnier Souterrain ("o Resô"). Além disso, existem pequenos bolsões históricos por perto, como a encantadora Vieux-Montréal, que abrigou os primeiros colonos, e a "Golden Square Mile", bairro que conserva as mansões do rico século 19.

Reserve tempo para explorar bairros como o Quartier Latin, Le Village, Mile End e Le Plateau, repletos de ruas de arquitetura residencial tradicional de Vieux-Montreal (casas geminadas com escadas externas e terraços), butiques da moda e restaurantes movimentados. Descubra aqui as tradicionais comunidades judaica, grega e italiana, que contribuíram muito para o ar cosmopolita desta cidade fascinante. Ela é canadense, francesa e muito mais.

MONTREAL
0
200 m
Biodôme de Montréal, Parc Olympique, Jardin Botanique de Montréal
Parc du Mont-Royal
Musée des Beaux Arts de Montréal
AVENUE DU PARC
RUE SHERBROOKE OUEST
138
Rue Kimberley
BOULEVARD ST.-LAURENT
RUE ST.-URBAIN
Rue de Montigny Ouest
Clark
Rue Bourque
Rue du Berger
St.-Dominique
R Charlotte
Pl du Marché
Rue Hutchison
Rue Durocher
Rue Aylmer
Rue de Bleury
Rue Burke
Rue de la Concorde
Rue Président-Kennedy
Avenue du Président-Kennedy
Place-des-Arts
Musée d'Art Contemporain, Places-des-Arts
Rue Balmoral
RUE STE.-CATHERINE OUEST
CHINATOWN
Rue Jeanne Mance
Rue Mayor
Rue City Councillors
Rue St.-Alexandre
Rue St.-Edouard
Rue Anderson
Avenue Union
Aylmer
Musée McCord d'Histoire Canadienne
McGill
Rue Victoria
Centre Eaton
Les Aîles de la Mode
Cathédrale Anglicane de Christ-Church
Square Phillips
Place Phillips
Rue Dowd
Rue de Bleury
Rue Hermine
Avenue Union
Côte du Beaver Hall
LEVESQUE
OUEST
VIGER
VILLE
MARIE
Rue Mansfield
Avenue McGill College
Rue Palace
Rue Cathcart
RUE UNIVERSITY
Réseau Piétonnier Souterrain (Underground City)
Place Ville-Marie
BOULEVARD RENÉ
Square-Victoria
AVENUE
AUTOROUTE
Pl Mount Royal
RUE STE.-CATHERINE OUEST
Rue Metcalfe
RUE PEEL
112
Square Dorchester
Rue Cypress
Rue Stanley
Rue Drummond
Place du Canada
Cathédrale Marie-Reine-du-Monde
Rue de la Cathédrale
Rue Mansfield
Rue Belmont
Rue de la Gauchetière Ouest
GARE CENTRALE
RUE ST. ANTOINE OUEST
720
1000 de la Gauchetière
Bonaventure
1
2
3
4
5
A
B
C

VIEUX-PORT
VIEUX-MONTRÉAL
VILLE-MARIE
Parc Jean-Drapeau, Biosphère
Bassin de l'Horloge
Quai de l'Horloge
Bassin Bonsecours
Quai Jacques-Cartier
Bassin Jacques-Cartier
Montréal Science Centre
Quai King-Edward
Cinema IMAX
Bassin King-Edward
Quai Alexandra
Bassin Alexandra
São Lourenço
Chapelle Notre-Dame-de-Bonsecours/Musée Marguerite-Bourgeoys
Hôtel-de-Ville
Champ-de-Mars
Place-d'Armes
Palais des Congrès
Place d'Armes
Basilique Notre-Dame de Montréal
Musée d'Archéologie et d'Histoire de Montréal
Place Jean-Paul-Riopelle
Square Victoria
Rue Sanguinet
Boulevard René Lévesque Est
Av de l'Hotel de Ville
Rue Ste.-Elisabeth
Rue de la Gauchetiere Est
Rue de Bullion
Rue St.-Dominique
Rue Clark
Allée Isaac
Rue St.-Urbain
Avenue Viger Est
Avenue Viger Ouest
Route Ville Marie
Auto-Route Ville Marie
Rue St.-Antoine Est
Rue St.-Antoine Ouest
Rue Notre-Dame Est
Rue St.-Louis
Rue du Champ de Mars
Rue Bonsecours
Rue Bonneau
R. de la Friponne
Rue St.-Claude
Rue St.-Paul Est
Rue de la Commune Est
Pl. J. Cartier
Rue St.-Vincent
R. St.-Amable
R. Ste.-Thérèse
Rue St.-Gabriel
Rue St.-Jean Baptiste
Boulevard St.-Laurent
Rue St.-Jacques
Rue St.-Dizier
Rue de Brésoles
Cours le Royer
Rue St.-Paul Ouest
Rue St.-Sulpice
Rue Cite
Rue J
Rue St.-Mance
Rue St.-François-Xavier
Rue St.-Pierre
Rue de la Capitale
Rue de l'Hopital
Rue St.-Jean
Rue St.-Sacrement
Rue St.-Eloi
Rue St.-Alexis
Rue St.-Nicolas
Rue de Callière
Rue du Port
Rue de la Commune Ouest
Rue Dollard
Rue Notre-Dame Ouest
Rue Recollets
Rue des Recollets
Rue Ste.-Helene
Rue Lemoyne
Rue d'Youville
Rue McGill
Rue Gauvin
Rue St.-Maurice
Rue de Longueuil
Rue Normand
Rue St.-Henri
Rue St.-Paul
Rue des Soeurs Grises
Rue King
Rue William
Rue Wellington
Rue Queen
Rue Dupré
Autoroute Bonaventure
720
D
E
F

ÍNDICE DE RUAS DE MONTREAL

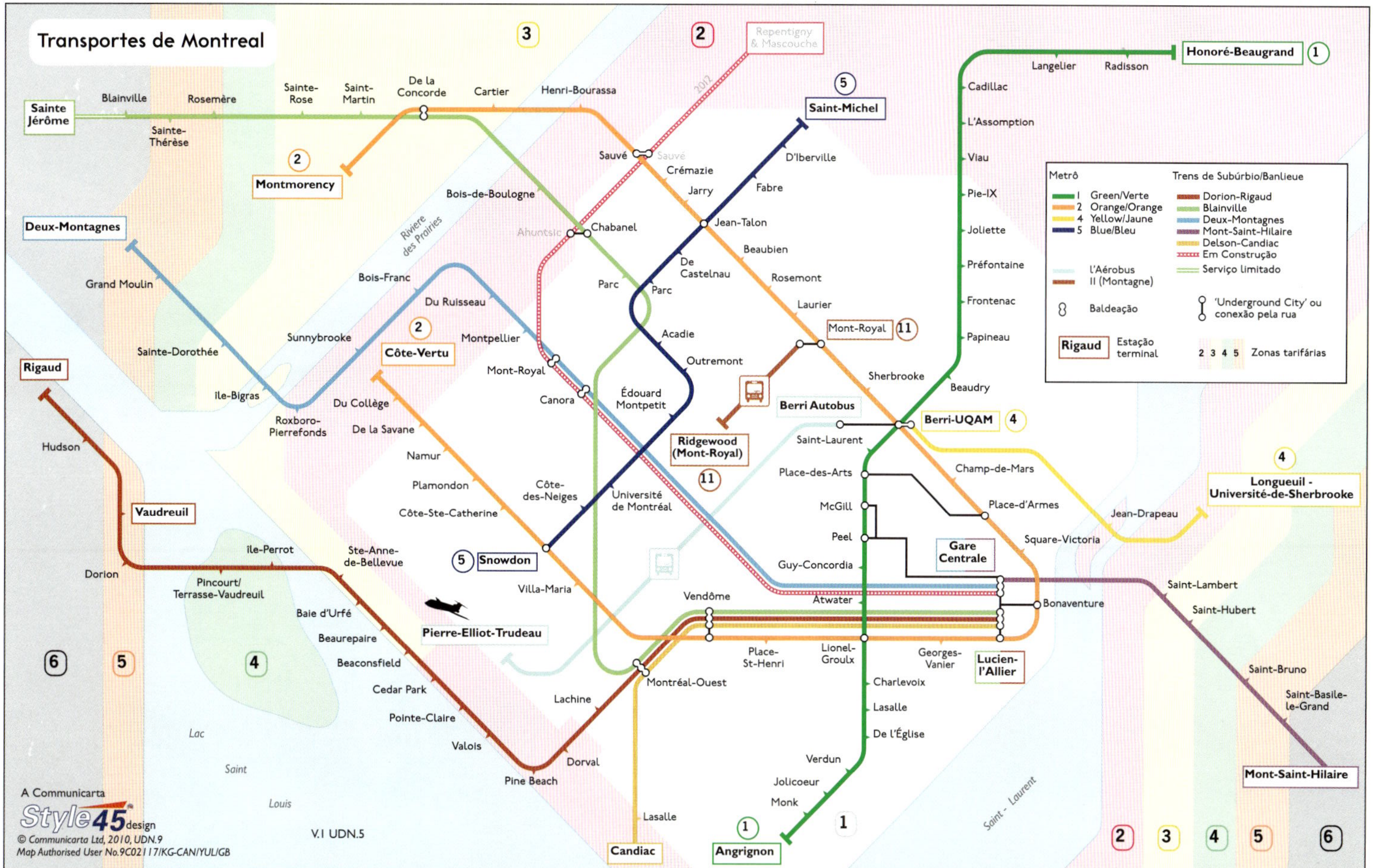

Transportes de Montreal
Metrô
1 Green/Verte
2 Orange/Orange
4 Yellow/Jaune
5 Blue/Bleu
L'Aérobus
II (Montagne)
Baldeação
Rigaud Estação terminal
Trens de Subúrbio/Banlieue
Dorion-Rigaud
Blainville
Deux-Montagnes
Mont-Saint-Hilaire
Delson-Candiac
Em Construção
Serviço limitado
'Underground City' ou conexão pela rua
2 3 4 5 Zonas tarifárias
Honoré-Beaugrand
Radisson
Langelier
Cadillac
L'Assomption
Viau
Pie-IX
Joliette
Préfontaine
Frontenac
Papineau
Beaudry
Berri-UQAM
Saint-Laurent
Place-des-Arts
McGill
Peel
Guy-Concordia
Atwater
Lionel-Groulx
Charlevoix
Lasalle
De L'Église
Verdun
Jolicoeur
Monk
Angrignon
Montmorency
De la Concorde
Cartier
Henri-Bourassa
Sauvé
Crémazie
Jarry
Jean-Talon
Beaubien
Rosemont
Laurier
Mont-Royal
Sherbrooke
Champ-de-Mars
Place-d'Armes
Square-Victoria
Bonaventure
Lucien-l'Allier
Georges-Vanier
Place-St-Henri
Vendôme
Villa-Maria
Snowdon
Côte-Ste-Catherine
Plamondon
Namur
De la Savane
Du Collège
Côte-Vertu
Longueuil - Université-de-Sherbrooke
Jean-Drapeau
Saint-Michel
D'Iberville
Fabre
De Castelnau
Parc
Acadie
Outremont
Édouard Montpetit
Université de Montréal
Côte-des-Neiges
Berri Autobus
Ridgewood (Mont-Royal)
Gare Centrale
Sainte Jérôme
Blainville
Rosemère
Sainte-Thérèse
Sainte-Rose
Saint-Martin
Bois-de-Boulogne
Ahuntsic
Chabanel
Montpellier
Canora
Deux-Montagnes
Grand Moulin
Sainte-Dorothée
Île-Bigras
Roxboro-Pierrefonds
Sunnybrooke
Bois-Franc
Du Ruisseau
Repentigny & Mascouche
2012
Rigaud
Hudson
Vaudreuil
Dorion
Île-Perrot
Pincourt/Terrasse-Vaudreuil
Ste-Anne-de-Bellevue
Baie d'Urfé
Beaurepaire
Beaconsfield
Cedar Park
Pointe-Claire
Valois
Pine Beach
Dorval
Lachine
Montréal-Ouest
Lasalle
Candiac
Pierre-Elliot-Trudeau
Saint-Lambert
Saint-Hubert
Saint-Bruno
Saint-Basile-le-Grand
Mont-Saint-Hilaire
Rivière des Prairies
Lac Saint Louis
Saint - Laurent
A Communicarta Style45 design
© Communicarta Ltd, 2010, UDN.9
Map Authorised User No.9C02117/KG-CAN/YUL/GB
V.I UDN.5

BASILIQUE NOTRE-DAME DE MONTRÉAL

▷ 64-5.

BIODÔME DE MONTRÉAL

www.biodome.qc.ca

Em 1992, o velódromo das Olimpíadas passou por profunda reforma e reabriu como parque ecológico coberto. Sob o vão de 190m de seu enorme telhado recortado foram recriados quatro ecossistemas que representam as Américas.

A Floresta Tropical –uma verdejante e úmida selva sul-americana– abriga animais como capivaras, micos-leões-dourados, sucuris, papagaios, piranhas e rãs venenosas. Madeiras de lei e coníferas florescem na floresta Laurenciana, por onde perambulam castores, porcos-espinhos, lontras e linces.

Na réplica do ecossistema do São Lourenço, as geladas águas salgadas acolhem centenas de peixes e aves marinhas. O Mundo Polar conta com um trecho rochoso do litoral de Labrador povoado por papagaios-do-mar do Atlântico, araus-comuns e os pretos, e um cenário antártico para as estrelas do Biodôme: os pinguins.

Fora do mapa, 58 B1 4777 avenue Pierre-de-Coubertin, Montreal, Quebec, H1V 1B3 514/868-3000 Fim jun-início set diariam 9h-19h; resto do ano ter-dom 9h-17h (fechado seg meados set-meados fev) Adulto $16, criança (5-17) $8 Viau La Brise, Café Vienne

BIOSPHÈRE

www.biosphere.ec.gc.ca

A Biosphère fica na cúpula geodésica criada pelo arquiteto americano Richard Buckminster Fuller (1895-1983) para servir de Pavilhão dos EUA na Feira Mundial de 1967. As exposições enfocam questões ambientais, e também há divertidas mostras interativas, incluindo Canada's Waterscapes, montada para o Ano Internacional da Biodiversidade, em 2010. O terraço no quarto andar tem vista para todo o complexo. Fora da Biosphere ficam a Ecological Solar House, as turbinas eólicas e três áreas pantanosas.

Fora do mapa, 59 F1 160 chemin Tour-de-l'Isle, Île-Ste.-Hélène, Montreal, Quebec, H3C 4G8 514/283-5000 Jun-fim out diariam 10h-18h; resto do ano ter-dom 10h-18h Adulto $12, criança (até 17) grátis Jean Drapeau 167 Casino, 169 Île Ronde (na temporada)

CATHÉDRALE ANGLICANE DE CHRIST-CHURCH

www.montreal.anglican.org/cathedral

A Catedral Anglicana é um ótimo exemplo de arquitetura neogótica, com pórtico triplo no estilo flamejante. Erguida em 1856-59, a Christ-Church teve problemas com a solidez de suas estruturas desde o início. Por volta de 1927, a agulha de pedra estava perigosamente inclinada e teve de ser retirada; a substituta, de alumínio, foi acrescentada em 1940. Na década de 1980, foi construída uma torre pós-moderna enorme atrás da igreja e um shopping center mais abaixo. Resultado: por fim, a catedral conseguiu estruturas firmes –tanto em termos financeiros como arquitetônicos.

A nave, com arcos góticos, leva à capela-mor, com telas de pedra entalhada e uma cópia feita por Poa de Drake da *Última Ceia*, de Leonardo da Vinci. Visite a Lady Chapel, onde foi colocada uma imagem da Santíssima Trindade, do artista Viorel Badoiu, de Montreal –uma majestosa obra de arte.

58 B3 635 rue Ste.-Catherine Ouest, Montreal, Quebec, H3A 2B8 514/843-6577 (digite 3 para informações gravadas) Diariam (ligue para saber de missas e concertos à tarde) Grátis McGill

CATHÉDRALE MARIE-REINE-DU-MONDE

www.cathedralecatholiquedemontreal.org

Reprodução em escala menor da Basílica de São Pedro em Roma, a catedral católica foi construída entre 1870 e 1894, no coração do setor comercial anglo-protestante da cidade naquele momento, como forte manifestação da herança católica de Montreal e da sua posição como "Roma no continente norte-americano". O projeto da catedral foi desenhado pelo arquiteto Victor Bourgeau, e sua fachada de pedra delicadamente entalhada é coroada pelos santos padroeiros das paróquias da cidade em 1890.

Internamente, a nave é dominada pelo dossel sobre o altar, uma excelente réplica do baldaquino barroco de Gian Lorenzo Bernini. Foi feito à mão em Roma em 1900 por Victor Vincent. De cobre avermelhado, é decorado com folhas de ouro. As grandes pinturas de Georges Delfosse representam episódios da história da Igreja canadense.

58 B5 1085 rue de la Cathédrale, Montreal, Quebec, H3B 2V4 (entrada principal no boulevard René Lévesque) 514/866-1661 Diariam; visitas guiadas no verão (tel para informações e horário das missas) Grátis Bonaventure

Pág. ao lado *Nossa Senhora e o Menino na Chapelle de Notre-Dame-de-Bonsecours*
Acima *Intricada estrutura da Biosphère, instalada na Île Ste.-Hélène, perto do Vieux-Port*

BASILIQUE NOTRE-DAME DE MONTRÉAL

INFORMAÇÕES
www.basiliquenddm.org
59 E3 110 rue Notre-Dame Ouest, Montreal, Quebec, H2Y 2V5 514/842-2925, 866/842-2925 Diariam, a partir de 7h30 para orações; visitas seg-sex 8h-16h30, sáb 8h-16h, dom 12h30-16h (às vezes fechado); shows de luz e som: ter-sáb noite em horários variados no ano (tel para saber hora exata) Adulto $4, criança (1-17) $2. Shows de luz e som: adulto $10, criança (1-17) $5 Visitas guiadas de 20 minutos em francês (grátis com ingresso) Place d'Armes
Presentes religiosos

INTRODUÇÃO

Luciano Pavarotti cantou aqui, Céline Dion se casou aqui e todos que visitam Montreal vêm aqui –ônibus de turismo fazem fila ao redor do quarteirão. As duas torres da igreja mais famosa da cidade alcançam 69m no lado sul da place d'Armes, no coração da Montreal Antiga. Outrora, elas dominavam a cidade toda, mas agora ficaram pequenas ao lado dos altos prédios de escritório.

A igreja, construída segundo princípios clássicos mas com notável ornamentação neogótica, foi projetada por James O'Donnell, arquiteto irlandês que morava em Nova York, e que supervisionou a construção desde 1824 até sua morte, em 1829. John Ostell completou as torres segundo o projeto original em 1843, e Victor Bourgeau foi responsável pelo interior, terminado por volta de 1880. Na fachada, chamam a atenção as imagens de Nossa Senhora (Notre-Dame), são José e são João Batista. O sino "Jean-Baptiste", de 11,8t, fica na torre leste e só toca em ocasiões especiais. A torre oeste dispõe de um carrilhão de dez sinos. Ao ser consagrada, em 1829, Notre-Dame era a maior igreja da América do Norte.

DESTAQUES

O INTERIOR

O magnífico interior da basílica continua a impressionar, com entalhes de madeira –principalmente pinheiro-vermelho– pintados e decorados com ouro de 22 quilates. Vale a pena caminhar pela nave –com 68m de comprimento, 21m de largura e 25m de altura–, em direção ao altar, e ser banhado pela luz que atravessa as três rosáceas. Os vitrais, que retratam cenas da história de Montreal, foram desenhados por J.-B. Lagacé e produzidos em Limoges em 1930-1.

O altar e o notável retábulo foram projetados por Victor Bourgeau e entalhados por Henri Bouriché, com imagens centrais de pinheiro-branco que representam cenas de sacrifícios da Bíblia. À esquerda fica o enorme púlpito, também desenhado por Bourgeau e entalhado por Louis-Philippe Hébert; observe as imagens de Ezequiel e Jeremias na base.

O sólido órgão de Notre-Dame, um dos maiores do Canadá, foi feito por Casavant e conta com cerca de 7 mil tubos, 97 registros, quatro teclados manuais e um registro de pedais. Graças à excelente acústica, a basílica é muito usada para concertos. Há também um show de luz e som com um final de tirar o fôlego, que comemora a fundação da cidade e da basílica, .

CHAPELLE DU SACRÉ COEUR

A Capela do Sagrado Coração original foi acrescentada à igreja em 1888-91 para serviços íntimos, principalmente casamentos. Em 1978, foi totalmente destruída por um incêndio criminoso. Mas ganhou reconstrução e reconsagração em 1982, e agora é uma obra-prima que combina a arquitetura da antiga capela com elementos contemporâneos. As galerias e os altares laterais foram reconstruídos como antes; a abóbada, porém, é de aço coberto com madeira de tília, e claraboias trazem a luz do dia.

Existe um impressionante retábulo de bronze que domina a capela, obra de Charles Daudelin. Fundido em 32 painéis pela Fundição Morris Singer, em Basingstoke, Inglaterra, tem 17m de altura e representa a humanidade trilhando os difíceis caminhos da vida rumo ao céu. Em tardes ensolaradas, a cabeça de Cristo no topo é banhada pela luz do sol que entra pelas claraboias, num efeito espetacular e inspirador.

DICAS

» Procure visitar a basílica na hora do almoço, quando há menos grupos turísticos.

» Outra opção é assistir à missa, único momento em que se pode ver o interior com todas as luzes acesas.

» Não é permitido caminhar pela basílica durante a missa.

Acima, à esq. *Interior da Basilique Notre-Dame, com pano de fundo iluminado que destaca o altar ornamentado*
À esq. *Um ponto de referência, de dia ou à noite*

CHAPELLE NOTRE-DAME-DE-BONSECOURS E MUSÉE MARGUERITE-BOURGEOYS

www.marguerite-bourgeoys.com

Com sua agulha de cobre e uma grande imagem da Virgem com os braços abertos em direção ao rio, esta capelinha é um antigo marco da cidade. Antes da ampliação do porto, a imagem era visível de longe, quando se descia o rio.

Marguerite Bourgeoys chegou a Montreal em 1653, fundou a primeira escola da cidade e uma ordem de freiras professoras, e construiu a capela original neste local em 1678. Canonizada em 1982, seu túmulo fica na capela. O museu expõe objetos relacionados à capela e à fundadora.

59 F1 400 rue St.-Paul Est, Montreal, Quebec, H2Y 1H4 514/282-8670 Mai-final out ter-dom 10h-17h30; fim out-meados jan, mar-abr ter-dom 11h-15h30 (tel para saber o horário das missas e das apresentações de verão sobre Marguerite Bourgeoys) Museu: adulto $6, criança (6-12) $4, família $12 Champ de Mars

JARDIN BOTANIQUE DE MONTRÉAL

www2.ville.montreal.qc.ca/jardin

Este jardim belíssimo se espalha por mais de 700 mil m² e exibe mais de 22 mil espécies de plantas, que incluem 3 mil árvores e 1.500 tipos de orquídeas. Criado em 1931 pelo irmão Marie-Victorin, dispõe de dez estufas de exposições e cerca de 30 jardins temáticos.

O Jardin Japonais transmite uma sensação de serenidade pelo equilíbrio dos elementos, enquanto o tranquilo Jardin de Chine foi inspirado em jardins da dinastia Ming (1368-1644). Estes dois jardins são lindos na primavera, no verão e no outono. O Jardin des Premières-Nations representa o meio ambiente natural e chega ao auge em meados do verão, assim como o Jardin des Plantes Vivaces.

Duas estufas abrangem as regiões tropicais, enquanto outra é dedicada às samambaias. Orquídeas floridas estão numa estufa que parece uma antiga fortaleza em ruínas. No Jardin Céleste há *penjings* –árvores em miniatura que incorporam a arte chinesa de escultura viva. O Roseraie, com mais de 10 mil roseiras, floresce em agosto.

O Insectarium, no formato de um inseto gigante, é muito divertido, e, apesar de muitos dos espécimes mostrados estarem mortos, eles oferecem muitas surpresas ao visitante que talvez espere apenas "rastejantes repulsivos". Existem besouros brilhantes, borboletas de cores maravilhosas e criaturas de aspecto estranho, como os fulgorídeos da Costa Rica. Outras seções dispõem de mostras fascinantes relativas aos hábitos sociais dos insetos, a exemplo de formigas e abelhas, e mais de 75 viveiros contêm exemplares vivos.

Fora do mapa, 58 B1 4101 rue Sherbrooke Est, Montreal, Quebec, H1X 2B2 514/872-1400 Meados mai-início set diariam 9h-18h; início set-out diariam 9h-21h; resto do ano ter-dom 9h-17h Meados mai-fim out: adulto $16,50, criança (5-17) $8,25. Resto do ano: adulto $14, criança (5-17) $7 (os ingressos incluem as estufas e o Insectarium) Pie 1X ou Viau

MONT-ROYAL

▷ 68-70.

MUSÉE D'ARCHÉOLOGIE ET D'HISTOIRE DE MONTRÉAL

▷ 71.

MUSÉE D'ART CONTEMPORAIN

www.macm.org

O Museu de Arte Contemporânea, com sua inconfundível arquitetura moderna, faz parte do grande complexo cultural de Montreal, na place des Arts. Ele se mudou para este local em 1992.

O acervo permanente compreende cerca de 7 mil obras, produzidas por 1.500 artistas, dos quais 1.200 (80%) estão vivos. Aqui está a maior coleção de arte que existe de Paul-Émile Borduas. As obras são mostradas em exposições temáticas que sempre mudam, e o museu faz aquisições constantes do que considera significativo nas últimas tendências, tanto na mídia tradicional como nos meios de expressão mais inovadores. Preste atenção nos lábios gigantes de Geneviève Cadieux, *La Voie Lactée,* que coroa o edifício.

58 B2 185 rue Ste.-Catherine Ouest, Montreal, Quebec, H2X 3X5 514/847-6226 Ter-dom 11h-18h (qua 6h-21h) Adulto $10, criança (mais de 12; exige identidade) $6, família $20 Sáb, dom 13, 15h (em francês e inglês), qua 18h30 (inglês), 17h, 18h, 19h30 (em francês) Place des Arts

MUSÉE DES BEAUX-ARTS DE MONTRÉAL

www.mmfa.qc.ca

O renomado Museum of Fine Arts, fundado em 1860, é um dos museus mais antigos e visitados do Canadá. Ele ocupa dois belos edifícios em lados opostos da Sherbrooke Street. O edifício principal, projetado por Moshe Safdie e inaugurado em 1991, fica no lado sul, e no lado norte está o imponente prédio neoclássico de 1912 concebido por Edward e William Maxwell. Um túnel sob a rua ligando os dois também é um espaço expositivo, e em 2011 um novo pavilhão de arte canadense seria inaugurado com o nome de seus mecenas, Claire e Marc Bourgie. Outro projeto irá restaurar uma velha igreja no entorno do museu, que será usada para shows e várias atividades culturais.

As coleções permanentes de belas-artes e artes decorativas cobrem desde a antiguidade à época atual. Elas incluem um formidável acervo de arte canadense, esculturas inuits mostrando o estilo de vida tradicional e as lendas desse povo do Polo Norte e obras de origem africana, oceânica, oriental, do Oriente Médio, pré-colombiana, romana, grega e egípcia. O museu também promove exposições temporárias.

Fora do mapa, 58 A3 1379 e 1380 rue Sherbrooke Ouest, Montreal, Quebec, H3G 2T9 514/285-2000, 800/899-6873 Ter, qui-sex 11h-18h, qua 11h-21h, sáb-dom 10h-17h Grátis para o acervo permanente –doações são bem-vindas; exposições temporárias: adulto $15 ($7,50 qua após 17h), criança (mais de 12) $7,50, família $30 ($15 qua após 17h) Guy-Concordia

MUSÉE MCCORD D'HISTOIRE CANADIENNE

www.mccord-museum.qc.ca

Em 1965, o McGill Union Building foi transformado em museu para abrigar as vastas coleções de David Ross McCord (1844-1930), cuja ambição era divulgar a história e as culturas do Canadá. Essa ambição foi concretizada e, atualmente, o museu é considerado uma das instituições históricas mais significativas da América do Norte.

O acervo soma mais de 1,3 milhão de objetos, entre os quais estão um ornato de cabeça indiano feito de contas, ferramentas forjadas à mão, porcelanas finas, negativos de vidro, cartas e documentos históricos. A famosa coleção de trajes e tecidos tem diversos vestidos e acessórios femininos, todos confeccionados e usados no Canadá. Uma coleção impressionante de pinturas evoca memórias visuais dos séculos 18 e 19. Há até um totem enorme no vão da escadaria, que foi construída em volta dele.

No entanto, o McCord é provavelmente mais famoso pelos Notman Archives. William Notman (1826-91), fotógrafo de Montreal, registrou pessoas, locais e eventos da cidade e do Canadá durante sua longa carreira. O acervo tem quase meio milhão de fotografias da vida no século 19 e início do século 20.

58 A3 690 rue Sherbrooke Ouest, Montreal, Quebec, H3A 1E9
514/398-7100 Ter-sex 10h-18h, sáb-dom 10h-17h; também no verão, seg após feriado no fim de semana 10h-17h Adulto $13, criança (6-12) $5, estudante (exige-se identidade) $7, família $26. Grátis 1º sáb do mês. McGill

PARC JEAN-DRAPEAU

www.parcjeandrapeau.com

O Parque Jean-Drapeau, formado por duas ilhas no rio São Lourenço, é um dos tesouros mais preciosos de Montreal. A Île Ste.-Hélène foi nomeada em 1611 por Samuel de Champlain em homenagem à esposa, Hélène Boulé. Em 1760, o Chevalier de Lévis queimou a bandeira de seu regimento antes de se render ao Exército britânico. Após a conquista, a ilha foi fortificada pelos britânicos e depois cedida às tropas canadenses, em seguida à Confederação de 1867. Tornou-se parque da cidade no início do século 20. Ligada a Montreal pela ponte Jacques Cartier desde 1930, seu tamanho foi muito aumentado na década de 1960 para receber a Feira Mundial Expo '67.

Agora, a Île Ste.-Hélène é mais conhecida pelo enorme parque de diversões, La Ronde (▷ 85), mas também tem a Biosphère (▷ 63) e o Stewart Museum (fechado para reforma), instalado no Vieux Fort e dedicado à colonização europeia de Quebec.

A Île Notre Dame, com um encantador parque florido e o Montréal Casino, é uma criação humana. Abriga o circuito automobilístico Gilles Villeneuve, usado no GP do Canadá de Fórmula 1, e, quando não há corridas, serve de estrada de acesso (limite de velocidade 30km/h).

Fora do mapa, 59 F1 Jean-Drapeau (Île-Ste.-Hélène) Partida do Vieux-Port nos meses de verão

Acima *A emblemática Montreal Tower, no Parc Olympique*

PARC OLYMPIQUE

www.rio.gouv.qc.ca

Em 1976, os XXI Jogos Olímpicos foram realizados em Montreal, deixando a cidade com uma dívida e 30 anos e uma bela coleção de instalações esportivas. Com formato elíptico, o Estádio Olímpico é dominado por uma torre que alcança 175m de altura, num ângulo de 45 graus, e pelo telhado estranho, que parece uma travessa de suspiros. Criação original do arquiteto francês Roger Taillebert, o estádio foi terminado com a perícia dos engenheiros locais. O "Big O", como os moradores de Montreal o chamam, não tem nenhuma coluna interna para atrapalhar a vista. Controverso, caríssimo e incompleto durante muitos anos, mesmo assim o estádio é um feito arquitetônico impressionante.

A "espinha" da torre pode ser escalada por um elevador funicular. Três enormes claraboias oferecem vistas espetaculares. Na base da torre, diversas piscinas olímpicas estão abertas ao público. O antigo velódromo foi transformado no Biodôme (▷ 63).

Fora do mapa, 58 A1 4141 avenue Pierre-de-Coubertin, Montreal, Quebec, H1V 3N7 514/252-4141 ou 877/997-0919 Torre de observação: diariam, meados jun-início set 9h-19h; resto do ano 9h-17h. Estádio e centro de esportes: diariam, apenas com visita guiada, meados jun-início set partidas regulares a partir das 10h; resto do ano 11h, 12h, 13h30, 14h30, 15h30 Subida na torre: adulto $15, criança (5-17) $7,50. Visitas guiadas: adulto $8, criança (5-17) $4 Pie IX ou Viau

POINTE-À-CALLIÈRE MUSÉE D'ARCHÉOLOGIE ET D'HISTOIRE DE MONTRÉAL

▷ 71.

MONT-ROYAL

INTRODUÇÃO

Em Montreal, "la Montagne" (a Montanha) não está apenas no coração da cidade, mas também faz parte de sua alma. A volumosa protuberância do Mont-Royal se eleva a 228m, enfeitado no pico principal por um encantador parque de 200ha, sempre procurado por moradores e querido por eles.

O Mont-Royal é um de uma série de oito picos no vale do São Lourenço que foram criados por atividades tectônicas, cerca de 60 milhões de anos atrás. Projetando-se da paisagem plana, eles constituem as Collines Montérégiennes (Monteregian Hills), da forma latina de Mont-Royal –*mons regius*. Segundo a maioria dos historiadores, o Mont-Royal forneceu o nome à cidade quando, em 1535, Jacques Cartier subiu até o topo e exclamou: "É uma montanha real!", ao perceber a vista. Há outras versões de como Montreal ganhou seu nome, mas esta é a mais aceita. O parque foi criado em 1876 pelo grande arquiteto paisagista Frederick Law Olmstead, famoso pela concepção do Central Park de Nova York.

Para o visitante, o maravilhoso parque oferece, no topo, algumas das vistas espetaculares da ilha toda e do rio São Lourenço. Criado artificialmente, o Lac aux Castors (lago dos Castores) tem atrativos o ano todo –nos meses de inverno, a neve é retirada da superfície e o gelo forma excelentes rinques de patinação; no verão, é possível alugar barcos a remo. Para subir a montanha a pé a partir do centro, caminhe para o topo da rue Peel e siga o caminho com pequenas escadarias até um lance íngreme de 200 degraus (reserve 20 minutos).

DESTAQUES

VISTA PANORÂMICA DO MONT-ROYAL

Numa caminhada de cinco minutos da área de estacionamento acha-se o Chalet e a vista panorâmica de Kondiaronk. Do grande "chalé" de pedra, construído em 1931-32, a vista é espetacular. O São Lourenço serpenteia em volta da cidade. Fora do centro, pode-se identificar diversas Collines Montérégiennes, principalmente o imponente volume do Mont St.-Hilaire. À noite, a visão da cidade iluminada também é maravilhosa. Reserve um momento para observar os esquilos entalhados no telhado do chalé. Do mirante Camilien Houde é possível ver as partes norte e leste da cidade, dominadas pela figura imensa do Olympic Stadium. Pode-se apreciar o São Lourenço correndo na direção da Cidade de Quebec. Ao sul, dá para ver algumas colinas, e ao norte ficam as montanhas Laurencianas (▷ 124).

A SMITH HOUSE

Ao lado do Lac aux Castors, ao longo do estacionamento principal, fica a Smith House, restaurada, construída como casa de fazenda em 1858. Agora, serve como centro de informação e é o núcleo das atividades do parque. O mais interessante, porém, é a exposição permanente que investiga a história do local, desde a presença das Primeiras Nações até as atuais preocupações e ações relacionadas à preservação do meio ambiente natural. Há também uma seção sobre trabalhos de arte espalhados pelo parque, o que faz da casa uma parada inicial perfeita para qualquer visita a Mont-Royal. O agradável café serve comidas e bebidas orgânicas e baratas, e também oferece um ponto para descansar.

Meados jun-início set 9h-18h; mai-meados jun 9h-17h; meados mar-abr diariam 10h-17h

ATIVIDADES NO PARQUE

Mont-Royal dispõe de um meio ambiente repleto de plantas e animais nativos, e os passeios guiados ajudam o visitante a apreciar a paisagem. Os bosques de decíduas atraem muitas aves, principalmente durante a temporada de migração. As cores das folhas no outono são maravilhosas. Entre as árvores, você pode

INFORMAÇÕES

www.lemontroyal.qc.ca

Fora do mapa, 58 A1 Les amis de la Montagne: 514/843-8240, ramal 0

Mont-Royal, depois ônibus 11

Pág. ao lado *Vista da silhueta de Montreal a partir do Mont-Royal*

DICA

» Os moradores de Montreal não gostam dos comentários sobre a altura de seus morros. Se você está acostumado a picos mais elevados, procure não falar nada.

Acima *O parque de Mont-Royal*
Abaixo *Subir até o Oratoire St.-Joseph é um esforço que vale a pena*

se divertir caminhando pelas trilhas inesquecíveis que rodeiam a cidade. No inverno, pratica-se esqui cross-country ou uma curta descida de esqui. Também é possível se juntar à força-tarefa de voluntários que ajudam a conservar o ambiente, mantendo as trilhas e arrancando ervas daninhas invasivas.

L'ORATOIRE ST.-JOSEPH

www.saint-joseph.org

Localizado na encosta norte do Mont-Royal, este famoso santuário católico é visitado anualmente por milhões de peregrinos. Sua imensa cúpula, uma das maiores do mundo, é visível em toda a parte setentrional da cidade. Fundada em 1904 pelo irmão André, canonizado em 2010, a basílica foi inaugurada em 1955. O interior tem uma austeridade que é por si só impressionante. Mas ela não é despojada de decoração e possui importantes obras de arte, a exemplo do mural (1954), de Canon Pruvost, na parede ao lado da escada rolante; *A Natividade* (1872), de Napoléon Bourassa, no fundo da nave; a série da *Via Crucis*, desenhada por Roger de Villiers, disposta ao redor da nave; e a iluminada decoração da Chapelle du Saint-Sacrament, composta por mármore e folhas de ouro. Os vitrais também são interessantes. Uma série (1958-61) retrata de que maneira são José, padroeiro do Canadá, parece ter ajudado em eventos específicos da história do país. Outros destaques que devem ser procurados são a cripta, sob a basílica principal, e o túmulo do irmão André.

O Oratory Museum tem quadros com cenas do Novo Testamento –incluindo a Natividade no Natal–, obras de arte sacra, estátuas e exposições temporárias. ✉ B3800 chemin Queen-Mary, Montreal, Quebec, H3L 2M1 ☎ 514/733-8211 🕔 Diariam (tel para saber o horário das missas) Ⓜ Snowdown ou Côte-des-Neiges ☕

OUTROS DESTAQUES

Mont-Royal dispõe de três cemitérios nas encostas do norte, junto com a Université de Montréal, a maior instituição acadêmica da cidade, cujo campus é dominado por uma torre Art Déco inconfundível. Westmount e Outremont, as áreas residenciais de maior prestígio de Montreal, também ficam nas encostas. Com 83m de altura, a cruz (La Croix) de metal no topo celebra a instauração de uma cruz de madeira sobre a montanha em janeiro de 1643 por Maisonneuve, fundador da cidade, depois que o novo núcleo foi salvo de uma enchente. À noite, cem lâmpadas iluminam a cruz para que ela possa ser vista da cidade toda. De dia, o que ganha destaque é a enorme torre de transmissão.

MUSÉE D'ARCHÉOLOGIE ET D'HISTOIRE DE MONTRÉAL

No local em que Montreal nasceu, em 1642, há um museu fascinante e inovador dedicado ao que poderia ser o árido tema da arqueologia. Inaugurada em 1992, no 350º aniversário da fundação da cidade, a instituição ocupa uma notável construção moderna projetada por Dan Hanganu. A edificação é dominada por uma torre estranha, pois a maior parte do que se vê internamente está no subsolo. O "local" de Pointe-à-Callière, onde a colônia original francesa foi estabelecida em 1642, não existe mais. Originalmente ele se encontrava à margem do rio St. Pierre, que corria ao lado da place d'Youville para desaguar no São Lourenço neste ponto, mas o St. Pierre foi canalizado no século 19. O nome Callière se refere ao segundo governador de Montreal, Hector de Callière, que construiu sua residência perto daqui.

O MUSEU POR DENTRO

Uma boa ideia é começar a visita pela introdução multimídia, que dura cerca de 15 minutos. Trata-se de uma apresentação de alta tecnologia, mas clara, sobre a cidade. Depois, você pode descer ao subsolo para ver o que restou das construções que existiram neste local desde o século 17. A seguir, caminhe por enormes dutos de tijolos, por onde foi canalizado o rio St. Pierre em 1832, até chegar a uma ampla cripta arqueológica, com remanescentes das estruturas das muralhas da cidade, de velhas ruas e de construções.

Você até encontra alguns antigos moradores no caminho, por meio de hologramas a laser. Eles respondem às suas perguntas em francês e inglês, e realmente dão vida ao lugar. Ao sair da cripta, tome o elevador para subir até a antiga Customs House, construída em 1836-38, onde há mais mostras sobre a história deste local. Para ter uma visão ampla, tome um elevador até um observatório ao ar livre no topo da torre, onde terá uma vista excelente do porto, do rio e de parte da Antiga Montreal; e há mais vistas excelentes e boa comida no restaurante do museu: L' Arrivage.

O museu também promove exposições temporárias e itinerantes, e um exemplo recente foi "Discovering Legends with Jean-Claude Dupont". O etnólogo viajou por áreas francófonas coletando lendas e representando-as em pinturas de estilo naïve. Essa exposição consistiu em cem pinturas e objetos relacionados ao tema.

INFORMAÇÕES

www.pacmuseum.qc.ca
59 E4 · 350 place Royale, Montreal, Quebec, H2Y 3Y5 · 514/872-9150 · Fim jun-fim ago seg-sex 10h-18h, sáb-dom 11h-18h; set-fim jun ter-sex 10h-17h, sáb-dom 11h-17h · Adulto $14, criança (6-12) $6 ou (mais de 12) $8, família $30 · Place d'Armes · L'Arrivage: menu fresco, criativo, além da melhor vista do Vieux-Port. É preciso fazer reserva pelo tel 514/872-9128

Abaixo *Caminhada informativa pela história de Montreal no Musée d'Archéologie et d'Histoire*

RÉSEAU PIÉTONNIER SOUTERRAIN (UNDERGROUND CITY)

INFORMAÇÕES
www.tourism-montreal.org
Centre Infotouriste, 1255 Peel Street, Montreal, Quebec 514/873-2015
Peel

INTRODUÇÃO

Ignore o clima e explore Montreal por meio de mais de 33km de galerias na Underground City. As temperaturas em Montreal mudam muito de uma estação para a outra. Quase 3m de neve caem em todos os invernos e as temperaturas podem despencar para até -35°C. Em julho, os termômetros sobem e atingem 35°C. Viver num clima desses traz muitos problemas, alguns dos quais foram resolvidos por um sistema fechado, protegido do clima, que dá prioridade aos pedestres, no bairro de comércio central. As conexões nem sempre são subterrâneas –há também átrios claros e arejados cheios de lojas e restaurantes.
As galerias ligam mais de 60 prédios, oito hotéis, quase 1.700 lojas, mais ou menos 200 restaurantes e bares, 1.600 apartamentos, cerca de 40 locais de diversão, duas estações de trem, dois terminais de ônibus, dez estações de metrô, quase 10 mil vagas de estacionamento coberto, umas 45 filiais de bancos, duas universidades, o centro cultural place des Arts, o Palais des Congrès, e aproximadamente 2,3 milhões de m^2 de área para escritórios.

Para avaliar o tamanho desta cidade subterrânea, basta dar uma volta em parte dela. Os destaques a seguir oferecem instruções sobre conexões e detalhes para chegar a cada atração isoladamente. A ideia de uma cidade no subsolo data da época de Leonardo da Vinci, mas a de Montreal foi iniciada nos anos 1960, com a construção do complexo da praça Ville-Marie sobre os trilhos da ferrovia. Ao mesmo tempo, o metrô foi construído com estações conectadas por uma malha de passagens cobertas até instalações do centro. Atualmente, todo o bairro comercial está interconectado por uma ampla rede de galerias embaixo da terra.

DESTAQUES

DA PLACE VILLE-MARIE ATÉ A PROMENADE CATHÉDRALE

Aqui teve início a Underground City. Uma enorme torre em forma de cruz e três prédios menores, erguidos em 1959-62, instalados numa praça de compras e num estacionamento, cobriam os trilhos da ferrovia quando se chegava à Central Station. Concebida por I. M. Pei, a place Ville-Marie, quando abriu, era o maior complexo do mundo que juntava escritórios e uma parte comercial. O formato em cruz reflete a origem de Montreal, como missão católica, e seu nome vem do primeiro nome da cidade: Ville-Marie (Cidade de Maria). Vá até a praça aberta e olhe para o norte –há uma bela vista da McGill College Avenue, da McGill University e do Mont-Royal. Da place Ville-Marie, pegue uma galeria subterrânea até o Centre Eaton e depois continue até Les Ailes de la Mode (a estação de metrô mais próxima é a McGill). Quando a loja de departamentos Eaton fechou, o sólido prédio foi remodelado para abrigar diversas lojas de roupas, com uma claraboia espetacular. Ligada a Les Ailes, no lado leste está a Promenade Cathédrale. A construção deste complexo de arquitetura impressionante foi importante para dar sustentação à Cathédrale Anglicane de Christ-Church (▷ 63), que afundava rapidamente.

Bonaventure ou McGill

DE LES COURS MONT-ROYAL A 1000 DE LA GAUCHETIÈRE

www.le1000.com

Este complexo elegante, com pátios internos fechados, abrigou originalmente o Mount Royal Hotel. Foi remodelado em 1988. Observe as enormes figuras de aves penduradas do teto. Obra do escultor inuit David Piqtoukun, representam os tingmiluks, xamãs capazes de se transformar em aves. Volte à place Ville-Marie e caminhe na outra direção, pela Central Station, até 1000 de la Gauchetière, onde está o prédio mais alto da cidade, de 205m, com um rinque de patinação interno, enorme e espetacular, no andar principal. Acompanhe a galeria até a place Bonaventure e depois siga as placas até a place de la Cité Internationale; em seguida, continue na direção da estação de metrô Square Victoria, virando à direita imediatamente antes da estação e seguindo as placas numa longa galeria até o Montreal World Trade Centre (veja abaixo).

1000 de la Gauchetière 514/395-0555 Adulto $6,50, criança (até 12) $4,50, família $18; aluguel de patins: $6 Peel ou Bonaventure

CENTRE DE COMMERCE MONDIAL DE MONTRÉAL

www.centredecommercemondial.com

Parte mais espetacular da Underground City, o Montreal World Trade Centre ocupa um quarteirão da cidade coberto como um átrio. Alto, claro e luminoso, o complexo está em volta de uma fonte fascinante e um pedaço do Muro de Berlim, oferecido a Montreal no 350º aniversário da cidade, em 1992, como um monumento à paz.

Square Victoria

DICAS

» A sinalização na Underground City não é tão boa como deveria ser. Leve um mapa e peça orientação aos moradores.

» Os habitantes de Montreal têm orgulho em dizer que seu sistema de metrô (▷ 45) é "a maior galeria de arte subterrânea do mundo". Muitas estações, projetadas por arquitetos diferentes para ligarem-se à área na qual estão situadas, possuem importantes obras de arte.

» Dentro das estações de metrô do Resô e de Montreal há poucas escadas rolantes e muito distantes, e as que existem muitas vezes não funcionam. Prepare-se para subir a pé algumas escadas.

Pág. ao lado *Patinação no gelo na 1000 de la Gauchetière* **Abaixo, da esq. p/ dir.** *O Montreal World Trade Centre; Entrada para a Underground City e o complexo de lojas, agora com 33km de galerias*

VIEUX-MONTRÉAL (ANTIGA MONTREAL)

INFORMAÇÕES

www.vieux.montreal.qc.ca

59 E3 174 rue Notre-Dame Est, na esquina da place Jacques Cartier, Montreal, Quebec 514/873-2015 ou 1-877-266-5687 Champ-de-Mars, place d'Armes ou Square Victoria

Acima *Rinque de patinação ao ar livre no Marché Bonsecours, cenário romântico à noite*

INTRODUÇÃO

Ruas estreitas calçadas com pedras são ladeadas por construções históricas também de pedra, muito bem restauradas, onde agora funcionam butiques, galerias de arte e restaurantes. Há dois modos de explorar esta área fascinante. Você consegue uma excelente visão geral ao passear numa *calèche* puxada a cavalo, fazendo um roteiro agradável e informativo, com comentários do cocheiro. Elas ficam estacionadas na place d'Armes, e escolhe-se o tempo do passeio. Depois de passar pelas ruas de pedra, dê uma volta a pé, sem destino. Procure arranjar tempo para um passeio à noite, quando bares e restaurantes estão no auge e alguns prédios estão iluminados de forma criativa para realçar a magnífica arquitetura.

O local do primeiro assentamento de Montreal, fundado pelos franceses em 1642, conserva boa parte de sua planta original, apesar de só restar uma das primeiras edificações –o Séminaire Saint-Sulpice, de 1685. As pitorescas casas de pedra e os armazéns reformados que se veem atualmente refletem o apogeu da cidade como porto importante no século 19 e na primeira metade do século 20. O porto foi substituído por instalações modernas rio acima, e esta área entrou em declínio, o que se revelou positivo. Quando sua importância histórica foi reconhecida na década de 1960, existiam construções antigas prontas para a restauração, e foi feito um excelente trabalho nesse sentido, combinando a preservação do legado com a criação de um bairro vibrante e movimentado.

DESTAQUES

RUE ST.-PAUL

A principal via pública é a rue St.-Paul, rua comercial mais antiga do Canadá. Embora fique lotada de visitantes em momentos de pico, ela não se tornou uma armadilha para turistas. As pessoas também vivem e trabalham (e se divertem) aqui, e esta mistura lhe confere um caráter atraente. É claro que há lugares para comprar cartões-postais e suvenires, mas também existem excelentes obras de arte para comércio e galerias de artesanato, além de butiques de grife. Artesanato da mais alta qualidade é exibido também no imponente Marché Bonsecours (350 rue St.-Paul Est, tel 514/872-7730), que conta com butique e galeria do conselho de artes de Quebec. A cúpula do prédio do mercado, uma das mais belas obras de arquitetura histórica do Canadá, destaca-se na silhueta da cidade.

AS PRAÇAS

Há praças incríveis na Vieux-Montréal, cada uma com personalidade diferente. O Champ-de-Mars liga as partes nova e antiga da cidade, e é bem amplo, com belos gramados e alguns resquícios das muralhas da cidade antiga. A place Jacques Cartier é espaçosa e pavimentada, com uma fileira dupla de árvores e tonéis plantados com flores. Contemplada pela estátua do almirante lorde Nelson no topo de uma coluna alta, é um lugar animado no verão, com cafés nas calçadas e artistas de rua. A place Royale, antigo mercado de comércio de peles, é agora um espaço elegante, com a majestosa Ancienne Douane (Customs House) em um dos lados e a chique Point-à-Callière (▷ 71) do outro lado. No meio da praça, uma esplanada comemora o Tratado de Paz de Montreal, de 1701. A place d'Youville tem aspecto moderno e também traços do passado.

RUAS SECUNDÁRIAS

Travessas das praças e das ruas principais também contêm maravilhas escondidas, e vale a pena xeretar as ruas secundárias que parecerem atraentes. Você vai descobrir lugares como a minúscula rue St.-Amable, quase despercebida no lado oeste da place Jacques Cartier, onde artistas locais expõem suas telas para vender. O Château Ramezay, na rue Notre-Dame Est, vale uma pesquisa. Construído em 1705 para o governador de Montreal, agora é um museu (280 rue Notre-Dame Est; tel 514/861-3708; www.chateauramezay.qc.ca; aberto jun-fim out diariam 10h-18h, resto do ano ter-dom 10h-16h30), com uma mostra única da história da cidade. As obras de arte vão desde objetos das Primeiras Nações até os trabalhos de destacados artistas de Montreal, que incluem paisagens, retratos, desenhos e gravuras. O mais fascinante é a Collection Ethnologique du Québec, que reflete a vida diária das pessoas do local nos séculos 18 e 19, e a Collection Photographique, que, novamente, mostra a vida dos habitantes. Existe um movimentado programa de exposições temporárias e eventos. E depois que você mergulhar em todos os legados dentro do prédio poderá passear por um encantador jardim do século 18, que combina arranjos formais, jardins ao estilo inglês, horta, jardim de ervas e um pequeno pomar.

DICAS

» Não desista de um passeio de carruagem puxada a cavalo *(calèche)*, se você chegar no tempo frio –mantas aconchegantes são enroladas em seus joelhos para mantê-lo aquecido.

» O bar na cobertura do Hotel Nelligan é um ótimo lugar para ir nas noites de verão.

» Caminhadas guiadas na Vieux-Montréal, conduzidas em inglês, francês e espanhol, têm início em frente à Basílica de Notre-Dame: diariam às 11h e 12h30 (também às 13h30 e 15h, só em inglês) do final de jun a meados de out; e nos fins de semana somente de meados mai ao final de jun (adultos $19,50, crianças (6-12) $10,50). As caminhadas envolvem o relato de casos fascinantes e informações históricas.

» Veja também o Vieux-Port (▷ 76), na borda da área da Vieux-Montréal.

Abaixo, da esq. p/ dir. *Vistas do imponente Marché Bonsecours*

SQUARE DORCHESTER

A Square Dorchester e sua continuação para o sul, a place du Canada, situa-se numa área de construções interessantes, no meio de um agradável espaço verde.

O Dominion Square Building, que tem o nome antigo da praça, é uma edificação florentina de pedra de 1927. No sentido anti-horário acha-se Le Windsor, antigo hotel e torre estreita de 45 andares, onde funciona o Canadian Imperial Bank of Commerce, construído em 1962. Por trás do Laurentienne Building desponta o IBM Marathon Building, de 50 andares. A St. George's Anglican Church, meio escondida na esquina, foi construída em 1870 em estilo neogótico, e a antiga estação de trem Windsor, cheia de torres, data da década de 1880. No lado sul, o Hôtel Marriott Château Champlain, com inconfundíveis janelas em meia-lua, é conhecido como "ralador de queijo". O edifício mais alto da cidade é o 1000 de la Gauchetière, com rotundas de cobre que refletem as cúpulas da Cathédrale Marie-Reine-du-Monde, em frente (▷ 63). O Sun Life Building, de granito prateado, ocupa todo o lado leste da praça.

58 A5

VIEUX-MONTRÉAL

▷ 74-5.

VIEUX-PORT (PORTO ANTIGO)

www.oldportofmontreal.com

Reformulado na década de 1980 como espaço de lazer na orla, o velho porto de Montreal possui uma história que remonta à chegada dos primeiros colonos, em 1642. Nos anos de comercialização de peles, dos negócios que dependiam do rio e dos vapores de linha internacional, o porto se desenvolveu para acompanhar o papel de Montreal como polo de transportes para todo o Canadá. Na década de 1980, o porto estava em declínio, mas, ao lado, a Vieux-Montréal (▷ 76) havia sido declarada bairro histórico e decidiu-se transformar o porto abandonado num parque linear, que se estendia por 2,5km ao longo do rio São Lourenço. Com tudo limpo, fez-se o traçado de uma calçada na orla e surgiram novas instalações. Em seu novo formato, o Vieux-Port foi inaugurado em 1992, comemorando os 350 anos da cidade. Três anos depois, o restaurado Lachine Canal, local histórico de importância nacional, reabriu para barcos de passeio, com uma pista para caminhada e ciclismo e um centro informativo.

Algumas edificações originais do porto sobreviveram, e a mais notável é a Tour de l'Horloge, agora restaurada como centro de informações e observatório, onde se chega por uma escada de 192 degraus de metal.

O Shed 16 (Galpão 16), antigo armazém, conserva quase toda a aparência original, mas agora ali funciona o Labyrinthe, espaço coberto para crianças. Um dos prédios novos do Vieux-Port, no píer King Edward, é o Montreal Science Centre (▷ 85), um local interessante que estimula o interesse e o conhecimento sobre diversos aspectos da ciência e da tecnologia. Aqui também funciona um cinema IMAX. Atrás do Quays Promenade, a rue de la Commune mostra uma atraente fileira de velhas construções de pedra, cheias de bares e restaurantes.

O porto tem muitas atividades para diversão o ano todo, com rinque de patinação no inverno, cruzeiros no verão, espaço para bicicletas e patins, festivais, fogos de artifício, concertos e exposições.

59 F2 Entradas na St.-Laurent ou na esquina rue de la Commune/rue Berri
514/496-7678, 1-800/971-7678
Champ de Mars, place d'Armes ou Square Victoria

Acima *A comunidade se diverte nas Winter Follies nos píeres do Vieux-Port*
À dir. *Os píers iluminados do Vieux-Port formam uma imagem fascinante*

VIEUX-MONTRÉAL E VIEUX-PORT

A caminhada pela Vieux-Montréal evoca os dias em que a pequenina missão francesa lutava para sobreviver, mas também fornece indícios do fenomenal crescimento da cidade no século 19. Entre os destaques estão a magnífica Basilique Notre-Dame, as edificações do século 19 na rue Ste.-Hélène e alguns belos panoramas das partes velha e nova da cidade.

O PASSEIO
Distância: 3,5km.
Duração: 2,5 horas (não inclui visitas).
Início/fim: place d'Armes.

COMO CHEGAR

Pegue o metrô para a estação place d'Armes, que fica a dois quarteirões do ponto de partida.

★ Comece o passeio pela place d'Armes, onde fará uma visita ao Séminaire de Saint-Sulpice, no lado sul da praça, e à Basilique Notre-Dame.

❶ Ao ser construída, em 1829, a Basilique Notre-Dame era a maior igreja da América do Norte (▷ 64-5). À esquerda fica o Séminaire de Saint-Sulpice. A construção rústica é a mais antiga da cidade, erguida em 1685 pelos padres de Saint-Sulpice, e constitui um ótimo exemplar de construção com pedra local, notável pelas águas-furtadas e relógio, de 1701.

Atravesse a place d'Armes até o Banque de Montreal na 119 St.-Jacques.

❷ A sede do banco ocupa uma imponente edificação neoclássica erguida em 1848 por John Wells, inspirada no Panteão de Roma. Dê uma olhada no interior grandioso.

Quando sair do banco vire à direita. Atravesse St.-Jacques para ver o Banque Royale, na 360 St.-Jacques.

❸ Este sólido palácio florentino, construído em 1928 por York e Sawyer, foi a primeira edificação de Montreal a ultrapassar a altura das torres de Notre-Dame. Suba as escadas até o enorme saguão para ver o magnífico teto. Os salões laterais têm tetos abobadados decorados com folhas de ouro.

Vire à esquerda quando sair do banco e siga pela rue Dollard. Cruze Notre-Dame, vire à direita, depois à esquerda e pegue a pitoresca rue Ste.-Hélène, com lampiões de gás e belos edifícios de pedra. Vire à esquerda em Lemoyne, depois à direita em St.-Pierre, e caminhe pela place d'Youville para visitar o Centre d'Histoire de Montréal na 335 St.-Pierre e as Écuries d'Youville (antigas cocheiras) na 298 place d'Youville.

❹ Erguida em 1903, a construção de tijolo à vista do Centre d'Histoire de Montréal já foi o Posto Central de Bombeiros. Agora, ela traça a história da cidade com uma série de mostras interessantes (verão ter-dom 10h-17h; inverno qua-dom 10h-17h). Pequenas mas interessantes, as Écuries d'Youville, de 1828, foram construídas como armazéns de potassa. Caminhe pelas cocheiras (antiga entrada de carruagens) e vá até o pátio central.

Continue pela place d'Youville até Pointe-à-Callière.

Pág. ao lado *O movimentado Vieux-Port, cheio de embarcações de lazer*

❺ Em 17 de maio de 1642, Montreal foi fundada aqui, onde o rio St. Pierre se juntava ao São Lourenço. A construção das instalações do porto empurrou o São Lourenço um pouco para fora, e o rio St. Pierre passou a correr sob a place d'Youville a partir do século 19. Agora, a Pointe-à-Callière é dominada por uma enorme construção de concreto onde fica o Musée d'Archéologie et d'Histoire de Montréal (▷ 71).

Atravesse a rue de la Commune. Vire à direita e ande até a entrada do Vieux-Port (onde se pode atravessar a ferrovia). Vire à esquerda e depois à esquerda, novamente, na Promenade du Vieux-Port para chegar à Esplanade du Vieux-Port.

❻ Este parque agradável oferece ampla variedade de atrações, assim como ótimas vistas da cidade e do rio. No píer King Edward fica o Montréal Science Centre (▷ 85).

Continue até o píer Jacques Cartier para apreciar mais vistas. Vire à esquerda, saia do Vieux-Port e atravesse a rue de la Commune para a place Jacques Cartier.

❼ Ladeada por cafés na calçada e cheia de artistas de rua, vendedores de flores e pintores, esta rua fica mais movimentada no verão, principalmente à noite.

Caminhe pela rue St.-Paul, à sua direita, e visite o Marché Bonsecours e depois a Chapelle Notre-Dame-de-Bonsecours.

❽ A notável fachada de pedra e a cúpula em estilo renascentista do antigo prédio do mercado Bonsecours, construído em 1845 por William Footner, hoje abriga um conjunto interessante de butiques, lojas de artesanato e restaurantes (▷ 83). Notre-Dame-de-Bonsecours (▷ 66), a "igreja dos marinheiros", ocupa há muito tempo um lugar especial no coração dos moradores de Montreal. Antes da expansão do porto foi necessária a recuperação das terras atrás da igreja, onde a imagem da Virgem era uma referência já de longe rio abaixo. Vale a pena dar uma olhada no interior e visitar o museu da igreja.

Atravesse a St.-Paul e suba a rue Bonsecours à sua esquerda. Dobre à esquerda na rue Notre-Dame; à esquerda, no nº 280, fica o Château Ramezay, erguido em 1705 (▷ 75).

❾ Atualmente, o Château Ramezay abriga um museu fascinante dedicado à história da cidade. Nos fundos do prédio, o Jardin du Gouverneur é cultivado com variedades de flores, frutas e verduras que devem ter crescido aqui durante o domínio francês. No outro lado da rua, no estilo Second Empire, fica o Hôtel de Ville, a prefeitura de Montreal. Erguido em 1878, o prédio foi reconstruído após um incêndio em 1922. Acima da entrada principal há um sacada, de onde o presidente francês Charles de Gaulle fez seu famoso discurso "Vive le Québec libre", em 1967.

Volte à place d'Armes pela rue St.-Paul –a rua mais antiga de Montreal, que data de 1672– e pelo Cours Le Royer, onde velhos armazéns de pedra, construídos em 1861-74, são agora condomínios de apartamentos. E aqui termina a caminhada.

QUANDO IR

Esta é uma caminhada para o ano todo, mas é especialmente fantástica no início de uma tarde de verão ou num dia fresco de outono.

ONDE COMER

BORIS BISTRO

Lugar elegante que oferece cozinha mediterrânea com influências asiáticas; menores de 18 anos só são aceitos no terraço.

✉ 465 rue McGill ☎ 514/848-9575

BONAPARTE

Restaurante charmoso, em histórica construção de pedra. Menu a preço fixo com boa relação custo-benefício.

✉ 447 rue François-Xavier ☎ 514/844-4368

MONTREAL INTERNACIONAL

Este passeio a pé explora o mais novo bairro da cidade –o Quartier International–, interessante mistura de arquitetura moderna, instalações de arte e praças revitalizadas. A partir daqui, explore Chinatown, passe pelos modernos shoppings e pelo principal centro de artes da cidade.

O PASSEIO
Distância: 4km
Duração: 3 horas (não inclui visitas)
Início: Place du Canada/Square Dorchester
Fim: Place des Arts

COMO CHEGAR

Tome o metrô para Bonaventure e saia pelo saguão do Marriott Chateau Champlain Hotel. A place du Canada está situada bem em frente.

★ A place du Canada e a square Dorchester são espaços contíguos no centro da cidade, cheios de árvores e monumentos, e rodeados de uma agradável mescla de construções históricas e modernas.

O movimentado boulevard René-Lévesque Ouest divide as duas áreas, mas os semáforos facilitam o cruzamento.

Da place du Canada, com o hotel Marriott atrás e a square Dorchester na frente, vá direto para a rue René-Lévesque.

❶ À direita você vai ver a Cathédrale Marie-Reine-du-Monde (▷ 63) e, depois de atravessar a rue Mansfield, você passa entre a place Ville-Marie e o Fairmont le Reine Elizabeth Hotel. A place Ville-Marie é uma inconfundível torre em formato de cruz, com uma praça de compras na base, que marca o núcleo da Underground City (▷ 72-3). O Fairmont le Reine Elizabeth é um dos hotéis mais grandiosos de Montreal, mas talvez seja mais conhecido como o lugar em que John Lennon e Yoko Ono passaram sete dias na cama, onde "Give Peace a Chance", em 1969.

Na rue University dobre à direita.

❷ Esta via larga foi transformada num imponente acesso ao Quartier International, com colunas modernistas nos dois lados, dotadas de iluminação indireta, projetadas para representar bandeiras internacionais. Na rue St.-Antoine Ouest vire à esquerda e continue até a square Victoria.

❸ Agora você está no novo Quartier International, uma área revitalizada, onde um desenvolvimento comercial indescritível foi transformado por praças elegantes, fantástica arquitetura moderna e muita arte dentro e fora dos edifícios. Como parte do plano, a square Victoria foi reformulada e ganhou novo paisagismo, e agora é um encantador espaço verde com gramados e árvores, 29 fontes e uma estátua da rainha Vitória em cima de um pedestal maciço. Há também uma autêntica entrada de metrô parisiense, em estilo Art Déco, um presente do povo da capital francesa para Montreal e única entrada do metrô da cidade que fica a céu aberto. A praça é cercada de notáveis edifícios modernos para escritórios, entre os quais o World Trade Centre (▷ 73).

Continue pela rue St.-Antoine e vire à esquerda na place Jean-Paul-Riopelle (retratada à esquerda).

❹ A place Jean-Paul Riopelle foi criada a partir de um estacionamento desativado, como centro para o Quartier International. Leva o nome do renomado artista de Quebec, e seu grande destaque é a fonte esculpida por ele, trazida para cá do Parc Olympique e rodeada por um anel de fogo. Depois do anoitecer (por volta das 18h30 até 23h), a iluminação subterrânea e aparelhos que espalham névoa criam um efeito impressionante. As árvores da praça são de variedades nativas e oferecem sombra no verão.

Da ponta norte da place Jean-Paul-Riopelle, dobre à esquerda na avenue Viger Ouest e à direita na rue St.-Alexandre; você pode fazer um pequeno desvio para visitar a Basilique St.-Patrick. Vire à direita (ou à esquerda, se estiver voltando de St.-Patrick) pela rue de la Gauchetière para entrar na Chinatown de Montreal, marcada por um portal em estilo tradicional.

❺ A Chinatown (Quartier Chinois) diminuiu, mas ainda é colorida e tem lojas de alimentos, restaurantes e herbanários. Aqui, a rue de la Gauchetière é só para pedestres e sempre recebe eventos ao ar livre. Alguns quarteirões adiante, na esquina da rue Clark, há um parque pequeno, com o nome de Sun-Yat-Sen, o "pai da China moderna". A igreja católica chinesa fica no nº 205 da rue de la Gauchetière. Na rue Viger, um quarteirão para o sul, o hotel Holiday Inn Select foi construído segundo os princípios do feng shui, e a instalação do ar-condicionado no telhado ficou disfarçada por pagodes em estilo chinês.

Continue pela rue de la Gauchetière até o boulevard St.-Laurent para sair de Chinatown. Vire à esquerda no boulevard St.-Laurent, atravesse o boulevard René-Lévesque e vire à esquerda na rue Ste.-Catherine, continuando entre o Complexe Desjardins e a place des Arts.

❻ O Complexe Desjardins reúne um shopping com 110 lojas, restaurantes e serviços ao redor da Grande-Place central, com uma fonte e um programa de eventos e atividades. Três altos edifícios de escritórios se elevam acima dele. Do outro lado da rua, a place des Arts é uma mostra da vida cultural de Montreal e dispõe de cinco salões de apresentações e do Musée d'Art Contemporain (▷ 66). O complexo também conta com um café-bistrô, lojas de presentes e centro de informações, tudo ligado no subsolo, mas também com excelente área aberta que acolhe festivais e shows ao ar livre. A área ao redor da Place des Arts está sendo transformada para virar um novo bairro, o Quartier des Spectacles. Com foco em cultura, dará prioridade aos pedestres e terá novos espaços para lazer ao ar livre. Até a obra acabar, podem acontecer paralisações.

Para voltar à place du Canada, você pode pegar o metrô a duas paradas da place des Arts para Peel (na direção de Angrignon), depois caminhar três quarteirões para o sul pela rue Peel. Se não quiser andar mais, continue de metrô até Lionel-Groulx e mude para a linha laranja rumo a Bonaventure (na direção de Montmorency). Se ainda tiver energia para gastar, dirija-se à esquerda da place des Arts, esquina com o boulevard de Maisonneuve, até a rue Metcalfe; vire à esquerda e prossiga até a place du Canada.

QUANDO IR

Em Montreal, o inverno pode ser severo, e no auge do verão às vezes fica muito quente para andar nas ruas. Contudo, qualquer dia seco é bom para este passeio a pé. Nos dias úteis, há mais movimento no Quartier International e mais animação nas praças. A experiência de caminhar ganhará um realce se coincidir com um dos muitos eventos de verão que animam Chinatown, a rue Prince-Arthur ou a place des Arts.

ONDE COMER

CHEZ CHINE

No Holiday Inn, todo em estilo chinês, é servida uma comida chinesa autêntica, a exemplo de ótimos almoços com dim sum (pequenas porções).

✉ 99 avenue Viger Ouest ☎ 514/878-988

BISTRO LE CONTEMPORAIN

O restaurante do Musée d'Art Contemporain é um lugar elegante para saborear a excelente cozinha provençal.

☎ 514/847-6900

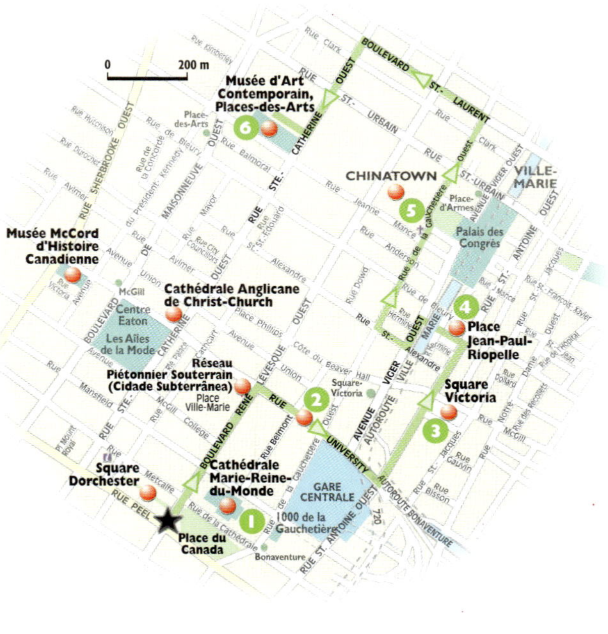

ARTE, COMPRAS, DIVERSÃO E NOITE

COMPRAS

MARCHÉ ATWATER

www.marche-atwater.com

Salva da demolição no final da década de 1960, esta construção inconfundível, com torre de relógio, mantém a longa tradição de fornecimento de produtos frescos. Conta com loja de alimentos gourmet e padaria.

138 avenue Atwater, Montreal, Quebec 514/937-7754 Seg-qua 7h-18h, qui-sex 7h-20h, sáb-dom 7h-17h Lionel-Groulx 36

BIDZ

www.bidz.ca

Aqui é possível encontrar uma enorme variedade de contas do mundo todo. Divirta-se formando fileiras para colares, pulseiras e brincos.

3945A rue St.-Denis, Montreal, Quebec, H2W 2M4 514/286-2421, 1-877/324-5537 Seg-qua e sáb 11h-18h, ter-sex 11h-19h, dom 12h-17h Sherbrooke 30

COMPLEXE DESJARDINS

www.complexedesjardins.com

Ligado à Underground City, este complexo de escritórios e de lojas é a maior construção do centro. A área de compras fica em volta da Grande-Place e possui mais de cem pontos que incluem confecções, presentes, serviços e restaurantes. Entre os eventos há exposições, programas beneficentes, festivais culturais e até sessões de doação de sangue.

150 rue Ste.-Catherine Ouest/175 boulevard René-Lévesque Ouest, Montreal, Quebec, H5B 1E9 514/845-4636 ou 514/281-1870 Seg-qua 9h-18h, qui-sex 9h30-21h, sáb 9h30-17h, dom 12h-17h Place-des-Arts 15, 80, 129, 150 Boas opções de cafés, bistrôs, fast-food e bons restaurantes

ESPACE VERRE

www.espaceverre.qc.ca

Um antigo posto dos bombeiros agora sedia um centro de artes em vidro e sua manufatura, com uma loja excelente para garimpar peças exclusivas.

1200 Mill Street, Montreal, Quebec, H3K 2B3 514/933-6849 Seg-sex 9h-17h McGill 168

HELMER

www.helmerjoseph.com

Caso você esteja em busca de roupas elegantes com um toque de ousadia, veja as coleções do *montréaler* Helmer Joseph, que trabalhou em grandes casas de moda em Paris, Itália, Espanha e Japão antes de voltar para sua cidade natal e abrir o próprio negócio.

2020 boulevard St.-Laurent, Montreal, Quebec, H2X 2T2 514/448-9736 Diariam 11h-18h (até 21h qui-sex) St-Laurent 55

HENRI HENRI

www.henrihenri.ca

Esta loja de chapéus não cunhou a expressão *"hat trick,"* mas certamente fez sua parte quando, nas décadas de 1940 e 1950, dava um chapéu para cada jogador de hóquei canadense que fizesse três pontos em um jogo. Oferece os clássicos para homens, como Stetson, Biltmore e Borsalino, além de bonés Donegal, de tweed.

189 rue Ste.-Catherine Est, Montreal, Quebec, H2X 1K8 514/288-0109, 1-888/388-0109 Seg-qui 10h-18h, sex 10h-21h, sáb-dom 9h-17h St.-Laurent ou Berri-UQAM 15

Acima *Barco em Lachine Rapids*

JEAN-TALON
www.marche-jean-talon.com
No centro da Petite Italie, este mercado é um destino de compras concorrido há tempos, e a variedade de produtos reflete sua diversidade cultural.
✉ 075 rue Henri-Julien, Montréal, Québec ☎ 514/937-7754 🕓 Seg-qua e sáb 8h-18h, qui-sex 8h-21h, dom 8h-17h Ⓜ Jean-Talon 🚌 31, 92, 93 🚗 Petite Italie, ao sul de Jean-Talon, a leste de St.-Laurent

MAISON SIMONS
www.simons.ca
Ótima loja com confecções femininas e masculinas e departamento de utensílios domésticos. Os clientes vêm de longe para adquirir as roupas daqui. Seu forte são confecções elegantes, de bom corte, para todas as ocasiões.
✉ 977 rue Ste.-Catherine Ouest, Montreal, Quebec, H3B 4W3 ☎ 514/282-1840 🕓 Seg-qua 10h-18h, qui-sex 10h-21h, sáb 9h30-17h, dom 12h-17h Ⓜ Peel ou McGill 🚌 15

MAISONNEUVE MARKET
www.marchemaisonneuve.com
Além de contar com vendedores de produtos locais, este mercado movimentado é um centro cultural para festivais, música, dança, teatro e outras atividades.
✉ 4445 rue Ontario Est, Montreal, Quebec ☎ 514/937-7754 🕓 Seg-qua 7h-18h, qui-sex 7h-20h, sáb 7h-18h, dom 7h-17h Ⓜ Pie IX 🚌 125 🚗 Hochelaga Maisonneuve

MARCHÉ BONSECOURS
www.marchebonsecours.qc.ca
Numa estação de metrô da moderníssima Underground City fica esta magnífica construção antiga, ex-mercado público e prefeitura. Aqui fica a sede do Institute de Design e o Conseil des Métiers d'Art du Québec (ambos dotados de galerias). Abriga 15 lojas com artesanato de alta qualidade, confecções, joias, móveis, itens para presentes e exposições de artesanato.
✉ 350 rue St.-Paul Est, Vieux-Montréal, Quebec, H2Y 1H2 ☎ 514/872-7730 🕓 Fim jun-início set diariam 10h-21h, resto do ano diariam 10h-18h (abre até 21h qui-sex mai-fim jun e início set-out) Ⓜ Champ-de-Mars 🍴 Dois restaurantes e um banquete histórico e um café

MONTREAL EATON CENTRE
http://centreeaton.shopping.ca
Ligado à Underground City e à estação de metrô McGill, este shopping tem 175 lojas de todos os tipos, bancos e restaurantes. Espaçoso e chique, é o maior destino de compras da cidade, e conta com casa de câmbio.
✉ 705 rue St.-Catherine Ouest, Montreal, Quebec, H3B 4G5 ☎ 514/288-3710 🕓 Seg-sex 10h-21h, sáb 10h-17h, dom 11h-17h Ⓜ McGill 🚌 15 🍴 Opções de fast-food, lanchonetes e três restaurantes

OGILVY
www.ogilvycanada.com
Esta ótima loja antiga tem uma atmosfera elegante e fama de artigos de alta qualidade. Aberta em 1866 e neste local desde 1912, acolhe cerca de 50 franquias elegantes, como Hugo Boss, Aquascutum e Anne Klein. Se você estiver lá ao meio-dia ouvirá o toque de uma gaita de fole, tradição que remonta a 1927.
✉ 1307 rue Ste.-Catherine Ouest, Montreal, Quebec, H3G 1P7 ☎ 514/842-7711 🕓 Seg-qua 10h-18h, qui-sex 10h-21h, sáb 9h-17h, dom 12h-17h Ⓜ Peel 🚌 15

PLACE MONTRÉAL TRUST
http://placemontrealtrust.shopping.ca
Conectado à Underground City, a meio caminho das duas estações de metrô mais movimentadas, este shopping claro e alto tem cerca de 170 lojas que incluem butiques e lojas especializadas.
✉ 1500 avenue McGill College, Montreal, Quebec, H3A 3J5 ☎ 514/843-8000 🕓 Seg-ter 10h-18h, qua-sex 10h-21h, sáb 10h-17h, dom 11h-17h Ⓜ McGill ou Peel 🚌 15 ☕ Praça de alimentação com comida vegetariana e oriental, mais três lanchonetes

S. W. WELCH
www.welchbooks.com
Anteriormente em St.-Laurent, esta livraria independente é uma arca do tesouro em termos de livros raros e de segunda mão, com uma ampla variedade de categorias.
✉ 225 rue St.-Viateur Ouest, Montreal, Quebec, H2T 2L6 ☎ 514/848-9358 🕓 Diariam, geralmente até tarde 🚌 46 🚗 Plateau-Mont-Royal, entre avenue du Parc e boulevard St.-Laurent

DIVERSÃO E NOITE

AMC FORUM 22
www.amcentertainment.com/Forum22
Nada menos que 22 cinemas de alta tecnologia, com todos os últimos lançamentos –além de películas em língua estrangeira e filmes de arte.
✉ Pepsi Forum, 2313 rue Ste.-Catherine Ouest, Montreal, Quebec, H3H 1N2 ☎ 514/904-1250 🕓 Diariam 🎟 Adulto $13 ($10 antes das 18h), criança (menor de 12) $8; $4 a mais para sessões 3-D Ⓜ Atwater 🚌 15, 57

CASINO DE MONTRÉAL
www.casinosduquebec.com/montreal
Esta espetacular edificação na orla de uma ilha no rio São Lourenço oferece cinco andares de jogos, diversões e jantares. Há mais de 115 mesas e 3.200 caça-níqueis, um salão de bingo e corrida de cavalos eletrônica. O cabaré apresenta artistas e dançarinos de fama internacional. Os clientes precisam ter mais de 18 anos e há exigências quanto aos trajes.
✉ 1 avenue du Casino, Montreal, Quebec, H3C 4W7 ☎ 514/392-2746, 1-800/665-2274 🕓 Diariam 24 horas 🎟 Entrada gratuita; ingresso para o cabaré Ⓜ Jean-Drapeau, depois 🚌 167 🍴 Bares e restaurantes

CENTRE PIERRE PELADEAU
www.centrepierrepeladeau.uqam.ca
Acústica excelente e tamanho aconchegante se combinam para concertos agradáveis, apresentando músicas e artistas do mundo todo, além de dança e teatro.
✉ 300 boulevard Maisonneuve Est, Montreal, Quebec, H1C 3R4 ☎ 514/987-6919 🕓 O ano todo 🎟 Varia Ⓜ Berri-UQAM 🚌 15

CLUB BALATTOU
www.balattou.com
Um ímã para fãs de world music, o Balattou tem shows ao vivo, sobretudo de som africano, latino--americano e caribenho, e noites dançantes com um DJ nos fins de semana.
✉ 4372 boulevard St.-Laurent, Montreal, Quebec, H2W 1Z5 ☎ 514/845-5447 🕓 Ter-dom 21h-3h 🎟 Geralmente $10-$15 Ⓜ Mont-Royal 🚌 55 🚗 Plateau-Mont-Royal, entre rue Rachel e avenue du Mont-Royal Est

CLUB-SODA

www.clubsoda.ca

Renomado há mais de 25 anos, este lugar apresenta música ao vivo a cargo de talentos consolidados e emergentes.

1225 boulevard St.-Laurent, Montreal, Québec, H2X 2S6 514/286-1010 Música ao vivo na maioria das noites. Às vezes fecha para eventos particulares Varia St.-Laurent 34, 55, 80

COMEDYWORKS

www.comedyworksmontreal.com

Sede oficial do Just for Laughs Comedy Festival, o Comedyworks tem uma ótima programação o ano inteiro, incluindo muitos comediantes de fama internacional. A participação do público é estimulada –seja indo para o palco em certas noites, seja interagindo com os artistas. Regularmente há comédia de improviso e atrações conhecidas nos fins de semana.

1238 Bishop Street, Montreal, Quebec, H3G 2E3 514/398-9661 Seg-sáb 20h30, show 23h sex-sáb Varia $5-$12 Lucien L'Allier ou Guy-Concordia 15, 150

ERNIE BUTLER'S COMEDY NEST

www.thecomedynest.com

Com elenco de comediantes internacionais de primeira, é o palco do show Just for Laughs. Às quartas-feiras o microfone fica aberto para comediantes iniciantes e na primeira sexta-feira do mês há um show de improviso. Também existem pacotes de jantar e show.

Pepsi Forum, 3º andar, 2313 rue Ste.-Catherine Ouest, Montreal, Quebec, H3H 1N2 514/932-6378 Qua-sáb 20h30; show extra 22h30 sex e sáb $12-$15. Jantar e show: $25 Atwater

HOUSE OF JAZZ

www.houseofjazz.ca

Este ainda é um dos principais clubes de jazz da cidade. Música ao vivo todas as noites, com nomes famosos e jam sessions.

2060 Rue Aylmer, Montreal, Quebec, H3A 2E3 514/842-8656 Seg-qua 11h30-1h30, qui 11h30-1h30, sex 11h30-2h30, sáb 18h-2h30; música ao vivo depois das 18h30 $5 de couvert para os shows noturnos; paletó obrigatório $2; consumação mínima sex-sáb McGill 15, 125 Restaurante em estilo americano serve costela, frango e casca de batata

PLACE DES ARTS

www.laplacedesarts.com

O complexo fica no meio de uma obra enorme destinada à criação do Quartier des Spectacles –que terá uma esplêndida sala de concertos e espaços para festivais ao ar livre–, mas o show não pode parar. Este continua sendo um lugar de nível internacional e um pilar da vida cultural de Montreal, com cinco salas totalizando 6 mil assentos e uma programação de música clássica, balé e ópera.

175 rue Ste.-Catherine Ouest, Montréal, Québec, H2X 1Z8 514/842-2112 ou 1-866/842-2112 Bilheteria: seg-sáb 12h-20h30 Varia Place des Arts 15, 80, 129 Restaurante Bistro

SEGAL CENTRE FOR THE PERFORMING ARTS

www.segalcentre.org

O centro conta com um teatro principal, um Studio de 177 lugares, o moderníssimo cinema de 77 assentos, o espaço de exposição ArtLounge e uma academia de artes cênicas –e é a sede do famoso Yiddish Theatre. A produção é variada, tem alta qualidade e quase sempre é em inglês.

5170 Chemin de la Côte Ste.-Catherine, Montreal, Quebec, H3W 1M7 514/739-2301, 1-866/842-2112 O ano todo A partir de $30 Côte-Ste.-Catherine ou Snowdon 17, 129 oeste

THEATRE ST.-DENIS

http://theatrestdenis.com

Aqui há dois espaços, com capacidade para 2.218 e 933 pessoas. Famoso pelas apresentações de gala durante o Just for Laughs Festival, o teatro também tem uma programação variada que inclui concertos e musicais.

1594 rue St.-Denis, Montreal, Quebec H2X 3K2 514/849-4211 Bilheteria seg-sáb 12h-18h; em dias de show, 12h até 30 min depois do término Berri-UQAM 24

TOHU

www.tohu.ca

No mesmo complexo da sede do Cirque du Soleil e da École Nationale de Cirque, este é um local aconchegante para shows originais que apresentam espetáculos inovadores. Produções recentes mesclaram arte circense com artes marciais e dança moderna, ou com fantasias extravagantes. Também recebe o show anual da École Nationale de Cirque.

2345 rue Jarry Est, Montreal, Quebec H1Z 4P3 Tel 514/376-8648, 1-888/376-8648 O ano todo; bilheteria diariam 9h-17h A partir de $20 Jarry, depois ônibus 193 leste, ou D'Iberville, depois ônibus 94 norte

ESPORTES E ATIVIDADES

PASSEIO A LACHINE RAPIDS

www.jetboatingmontreal.com

O caudaloso rio São Lourenço passa por Lachine Rapids pouco acima de Montreal, e ali você pode fazer um divertido passeio de uma hora num barco a jato. Também se podem subir as corredeiras de barco e fazer rafting para descê-las, ou fazer um emocionante passeio de lancha.

Clock Tower Pier, Vieux-Port, Montreal, Quebec 514/284-9607 Mai-out 10h-18h, a cada duas horas Adulto $65, criança (6-12) $45, jovem (13-18) $55; passeio de lancha adulto $25, criança (6-12) $18, jovem (13-18) $20 14 Champ de Mars

MONTRÉAL ALOUETTES

www.montrealalouettes.com

O estádio da McGill University aumentou sua capacidade para 25 mil espectadores. Recebe os jogos do time de futebol da casa, Alouettes de Montréal, desde 1998, e sempre vale a pena ver o time –cinco vezes vencedor da Coupe Grey.

Percival Molson Memorial Stadium, 475 avenue des Pins Ouest, Montreal, Quebec, H2W 1S4 514/871-2255 ou 1-800/361-4595 Meados jun-início nov $16-$50 McGill Ônibus circular grátis a cada 5 min de McGill e Square Victoria

CANADIENS DE MONTRÉAL

http://canadiens.nhl.com

Com um local magnífico e hóquei de alta qualidade dos campeões da Stanley Cup por 24 vezes, os Canadiens atraem uma torcida barulhenta. Assistir a um jogo é uma experiência e tanto. E na hora de escolher

quem você vai incentivar, siga a sugestão de quem está em volta.
✉ Bell Centre, 1909 avenue des Canadiens-de-Montréal, Montréal, Québec, H4B 5G0 ☎ 514/790-2525, 1-877/668-8269 ⊙ Set-fim mar 💲 A partir de $45 Ⓜ Bonaventure ou Lucien-L'Allier 🚌 61, 36, 107, 74, 75

PARA CRIANÇAS

BIODÔME DE MONTRÉAL

▷ 63

BIOSPHÈRE

▷ 63.

LABYRINTHE DU HANGAR 16

www.labyrintheduhangar16.com

Um armazém de 2.430m² foi transformado num grande labirinto para diversão, onde você tem de descobrir e esclarecer pistas que o levem pelos corredores enquanto enfrenta obstáculos e surpresas para achar a saída.
✉ Tour de l'Horloge, Vieux-Port, Montreal, Quebec, H2L 4K3 ☎ 514/499-0099 ⊙ Meados mai-meados jun, fim ago-início out sáb-dom 11h30-17h30 💲 Adulto $14, criança (4-12) $10,50, (13-17) $13 Ⓜ Champ-de-Mars

MONTRÉAL SCIENCE CENTRE

www.centredessciencesdemontreal.com

Uma enorme variedade de mostras envolventes mantêm crianças de todas as idades entretidas –brincando com água, editando filmes de animação, produzindo um noticiário de TV ou andando dentro de um cérebro humano. O cinema IMAX é outra atração.
✉ King Edward Pier, Vieux-Port, Montreal, Quebec H2Y 2E2 ☎ 514/496-4724, 877/496-4724 ⊙ Seg-sex a partir das 8h30, sáb-dom a partir das 9h30; o horário de fechamento varia com a estação 💲 Adulto $12, criança (4-12) $9 e (13-17) $11, família $38. Há também diversos ingressos combinados com IMAX Ⓜ Place d'Armes or Champ-de-Mars 🚌 55, 515 🍴 Origine Bistro, Café Arsenik, IMAX Snack Bar, sete restaurantes de fast-food 🎁

PEPSI FORUM

Este complexo enorme, com mais de 90 dos últimos jogos interativos e simuladores, conta com uma parede de 10,6m para escalada, cinemas, mesas de bilhar, boliche e uma sala de concertos.
✉ 2313 rue Ste.-Catherine Ouest, Montreal, Quebec, H3H 1N2 ☎ 514/933-6786, 888/613-6786 ⊙ Diariam 💲 As atividades têm preço individual (os jogos eletrônicos são caros) Ⓜ Atwater 🚌 15, 57

PLANETARIUM DE MONTREAL

www2.ville.montreal.qc.ca/planetarium

Shows de multimídia empolgantes e educativos são projetados no domo do Star Theatre, incluindo alguns elaborados especificamente para certas faixas de idade. Um novo planetário ao lado do Biodôme (▷ 63) deverá ser inaugurado em 2012. ✉ 1000 rue St.-Jacques Ouest, Montreal, Quebec, H3C 1G7 ☎ 514/872-4530 ⊙ Fim jun-início set seg 12h30-17h, ter-qui 9h30-17h, sex 9h30-16h30, 19h-21h30, sáb-dom 12h30-16h30, 19h-21h30; início set-meados dez ter-sex 12h45-17h (também 18h45-21h30 sex), sáb-dom 9h30-17h, 18h45-21h30 💲 Adulto $8, criança (5-17) $4 Ⓜ Bonaventure 🚌 36, 107

LA RONDE

www.laronde.com

Este é o maior parque temático no leste do Canadá. Com mais de 40 atrações, agrada a todos os públicos. Uma Minirail elevada circunda o parque. Bungee jump, kart e escaladas fazem parte da diversão.
✉ 22 chemin Macdonald, Île Ste.-Hélène, Montreal, Quebec, H3C 6A3 ☎ 514/397-2000 ⊙ Fim mai-ago seg-sex 11h-21h, sáb 11h-23h30, dom 11h-22h; meados mai-fim mai, set-out sáb-dom a partir de 11h; horário de fechamento varia 💲 O preço varia de acordo com a altura: mais de 137cm $39,87 ($34,87 on-line), menos de 137cm $25,50 ($20,50 on-line), crianças com menos de 2 gratuito; mais caro durante festival de fogos de artifício; estacionamento $15 por dia ($20 durante eventos especiais e fogos) ❓ Flash Passes disponíveis para não ficar na fila (requer identidade com foto) 🍴 Muitas opções Ⓜ Jean-Drapeau, depois ônibus 167, ou Papineau, depois ônibus 169 🚌 167, 169 🚗 Pela ponte Jacques-Cartier (Highway 134) na saída para o Parc Jean-Drapeau

FESTIVAIS E EVENTOS

MARÇO

ST. PATRICK'S DAY

Desfile com bandas e carros alegóricos, além de muitas músicas e danças tradicionais irlandesas.
✉ Rue Ste.-Catherine, Montreal, Quebec ☎ 514/932-0512

ABRIL

FESTIVAL LITERÁRIO INTERNACIONAL DE MONTREAL METROPOLIS BLEU

http://bluemetropolis.org

Mais de 120 escritores participam de entrevistas ao vivo, da apresentação dos prêmios e de leituras. Há eventos musicais e comédias.
✉ Montreal, Quebec ☎ 514/932-1112

JUNHO

GRAND PRIX DO CANADÁ

www.grandprix.ca

A F1 toma o Circuit Gilles Villeneuve, na Île Notre-Dame, no segundo fim de semana de junho.
✉ Parc Jean-Drapeau, Montréal, Québec

JULHO

FESTIVAL DE COMÉDIA JUST FOR LAUGHS

www.hahaha.com

Nestes 18 dias Montreal é a cidade mais feliz do mundo, pois comediantes de destaque de todas as partes vêm se apresentar aqui. Os shows são transmitidos para o mundo todo.
✉ Montreal, Quebec ☎ 888/244-3155, 514/845-2322

SETEMBRO

MARATONA DE MONTREAL

Milhares de corredores se reúnem na ponte Jacques-Cartier para a largada às 9h, então seguem um percurso que passa pelo circuito de corridas automobilísticas, pela Vieux-Montréal e por outras partes da cidade.
✉ Montreal, Quebec ☎ 450/679-4928

ONDE COMER

PREÇOS E SÍMBOLOS

Os restaurantes estão listados por ordem alfabética (sem levar em conta os artigos La, Le e Les). Os preços correspondem a um almoço (A) de dois pratos e um jantar (J) de três pratos, sem bebidas. O preço do vinho refere-se a uma garrafa da marca menos cara.

Para a legenda de símbolos, ▷ 2.

ALPENHAUS

www.restaurantalpenhaus.com

Você até imagina que está num chalé suíço neste excelente e pequeno restaurante especializado em fondues, com decoração rústica de madeira e teto com toras aparentes. Além das fondues de queijo e de carne, o menu oferece pratos europeus como schnitzel, linguiças e massas. Há ainda filés, costeletas de carneiro e salmão defumado.

✉ 1279 rue St.-Marc, Montreal, Quebec, H3H 2E8 ☎ 514/935-2285; 1-866/935-2285 🕒 Seg-qua , 17h30-22h, qui-sex 11h30-14h30, 17h30-22h30, sáb 16h30-22h30, dom 17h30-22h 💳 A $30, J $45, vinho $26 Ⓜ Guy-Concordia

AUBERGE LE ST.-GABRIEL

www.lesaint-gabriel.com

Parte do Marriott Springhill Suites Hotel, este restaurante se diz o mais antigo da América do Norte, com um salão de jantar histórico e bonito terraço. A comida é uma mistura criativa de pratos tradicionais da França e de Quebec. Boas opções internacionais na carta de vinhos.

✉ 426 rue St.-Gabriel, Montreal, Quebec, H2Y 2Z9 ☎ 514/878-3561 🕒 Ter-sex 12h-14h30, 18h-22h 💳 A $35, J $50, vinho $35 🚌 14, 55, 129, 515

BEAVER HALL

www.beaverhall.ca

Este restaurante moderno foi sucesso imediato na comunidade empresarial de Montreal pelo interessante menu de comida clássica de bistrô preparada com produtos frescos e bem apresentada. O ambiente é barulhento e os clientes satisfeitos conversam animadamente.

✉ 1073 côte du Beaverhall, Montreal, Quebec H2Z 1S5 ☎ 514/866-1331 🕒 Seg 11h30-15h, ter-sex 11h30-24h, sáb 17h-24h 💳 A $25, J $35, vinho $35 Ⓜ Square Victoria

BONAPARTE

www.bonaparte.com

Este restaurante na Vieux-Montréal é ótimo para jantares em ocasiões especiais e românticas –mas venha mesmo se não houver nada para comemorar. A comida é fantástica e tem ambiente elegante, acolhedor e confortável. O menu francês apresenta o que há de melhor em termos de produtos regionais para os pratos principais, a exemplo da lagosta temperada com baunilha e servida com creme de espinafre, veado com peras escaldadas e molho bordelaise ou confit de coxa de pato com fricassê de cogumelos e alho doce. Há também menu de degustação ($62) com seis pratos e uma notável carta de vinhos com mais de 500 rótulos.

✉ 447 rue St.-François-Xavier, Montreal, Quebec, H2Y 2T1 ☎ 514/844-4368 🕒 Seg-sex 12h-14h30, 17h30-22h30, sáb-dom 17h30-22h30 (menu para teatro 17h30-18h30) 💳 A $25, J $50, vinho $35 Ⓜ Place d'Armes Ⓜ Vieux-Montréal, entre rue Notre-Dame e rue St.-Paul Ouest

BORIS BISTRO

www.borisbistro.com

Bistrô delicioso, com charmoso terraço de verão, localizado na beira da Vieux-Montréal. O menu apresenta iguarias como truta grelhada com nozes caramelizadas, magret de pato ao molho de cardamomo e búfalo grelhado com moranga e ketchup de pimenta vermelha. De sobremesa, peça a torta de amêndoas com mel.

465 rue McGill, Montreal, Quebec, H2Y 2H1 514/848-9575 Primavera/verão seg-sex 11h30-23h, sáb-dom 12h-23h; outono/inverno seg 11h30-14h, ter-sex 11h30-14h, 17h-21h, sáb 18h-21h A $28, J $35, vinho $26 Square Victoria 61

BOULANGERIE OLIVE ET GOURMANDO

www.oliveetgourmando.com

Pequena lanchonete e padaria com café delicioso, croissants e doces, sanduíches gourmet e pratos do dia. Tudo é muito fresco, feito no local. Não aceita cartões de crédito.

351 rue St.-Paul Ouest, Montreal, Quebec, 1Y3 514/350-1083 Ter-sáb 8h-18h; fecha dom e seg A $10-$15 Square Victoria 515

BRUTOPIA

www.brutopia.net

Lugar movimentado, com três bares em três andares, três terraços e atrações noturnas. A comida de pub tem influência do mundo todo, de lulas mediterrâneas até os clássicos hambúrgueres canadenses. Os pratos mexicanos são muito pedidos e também há opções vegetarianas. A cerveja é produzida no local: Ale clara, ao estilo alemão; IPA e Nut Brown Ale do jeito britânico; cervejas com mel e toques frutados; e variedades sazonais.

1219 rue Crescent, Montreal, Quebec H3G 2B1 514/393-9277 Sáb-seg 15h-3h, sex 12h-3h (serve comida até 23h) A $15, J $20 Lucien-L'Allier, Guy-Concordia 15, 150

CAFÉ DES BEAUX-ARTS

www.mmfa.qc.ca

Bistrô elegante, com paredes forradas de painéis de madeira escura, com toalhas de mesa brancas e bar chique. O menu oferece pratos como vieiras assadas com purê de batata Ratte de duas cores, alho-poró e fondue de erva-doce, manteiga de trufas à la cardamone e caviar de mujold.

Musée des Beaux-Arts, 1384 rue Sherbrooke Ouest, Montreal, Quebec, H3G 1J5 514/843-3233 Ter, qui-dom 11h30-14h30, qua 18h-21h A $23, J $30, vinho $30 Guy-Concordia 24 No centro, em Sherbrooke e Bishop

CAFÉ VASCO DA GAMA

www.vascodagama.ca

Obviamente, este café serve basicamente comida portuguesa; mas, como o próprio navegante, os pratos se aventuram para muito além. Entre as opções do café da manhã há omeletes, bagels, bolinhos e um saudável iogurte de leite de cabra com mel e frutas. No resto do dia, o menu oferece sanduíches e saladas, com tira-gostos servidos após as 16h e diversas sobremesas tradicionais, como um tipo de farofa de maçã e crème brûlée. Se quiser fazer piquenique, você pode optar por uma caixa de almoço para viagem.

1472 rue Peel, Montreal, Quebec, H3A 1S8 514/286-2688 Seg-qua 7h-19h, qui-sex 7h-21h, sáb-dom 9h-18h A $13, J $20, vinho $32 Peel

CASA DE MATEO

www.casademateo.com

Paredes de tijolos aparentes e tons terrosos, arte e artefatos mexicanos, música de mariachis... este é o cenário perfeito para um menu de autênticos pratos regionais do México. Você pode começar pelos corações de cacto salteados com queijo e manteiga de alho, e depois pedir caranho vermelho com arroz condimentado ou peito de frango recheado com pimentões, cebolas, cogumelos e queijo. Há também tortillas e fajitas. Cuidado com o apimentado molho Diabla!

438 rue St-François-Xavier, Montreal, Quebec, H2Y 2T3 514/286-9489 Diariam 11h-23h A $17, J $24, vinho $20 Place-d'Armes 55, 129, 515

CASA GALICIA

www.casagaliciamontreal.com

Tradicional culinária espanhola, acompanhada por shows de flamenco nos fins de semana. Paella autêntica e deliciosa e tapas reunidas no menu a especialidades portuguesas, como sardinhas na brasa.

2087 rue St.-Denis, Montreal, Quebec, H2X 3K8 514/843-6698 Ter-sex 11h30-14h e 17h-23h, sáb 17h-24h, dom-seg 17h-23h A $20, J $35, vinho $30. Sherbrooke 24, 125

CHEZ CHINE

Não desanime com a localização no Holiday Inn –afinal, este Holiday Inn Select foi totalmente construído segundo os princípios do feng shui, e há um "pagode" no telhado (na realidade ele disfarça a instalação do ar-condicionado). O Chez Chine oferece cozinha cantonesa gourmet e cara, em ambiente fabuloso, no salão ou no jardim sombreado por um pagode, com lago de peixes. O dim sum é uma opção de almoço muito pedida, e os pratos de frutos do mar são excelentes. O menu também conta com pratos europeus e norte-americanos, e café da manhã.

99 avenue Viger Ouest, Montreal, Quebec, H2Z 1E9 514/878-9888, 1-888/878-9888 Diariam 11h30-14h30, 17h-23h A $18, J $30, vinho $25 Place d'Armes 55

CLUB CHASSE ET PÊCHE

www.leclubchasseetpeche.com

Este lugar é tão difícil de encontrar que parece que querem sua comida maravilhosa em segredo. Procure a placa com o brasão –não tem o nome do restaurante. Depois sente-se no salão de paredes de pedra e prepare-se para saborear itens como ostras com caranguejo do Ártico, nabo mexicano e maracujá, seguidas por lombo de bisão com acelga e cebolas-pérola.

423 rue St.-Claude, Montreal, Quebec, H2Y 3B6 514/861-1112 Ter-sáb 18h-22h30 J $60, vinho $35 Champ-de-Mars, Place d'Armes

LE COMMENSAL

www.commensal.com

Filial de uma concorrida rede de restaurantes vegetarianos (há outra filial na St.-Denis, 1720), oferece bufê

variado que inclui algumas opções vegan. Você se serve e paga por quilo, mas há um preço máximo, o que impede surpresas desagradáveis na hora de pagar. Há mais de dez sobremesas, também com opções veganas.
✉ 1204 avenue McGill College, Montreal, Quebec, H3B 4J8 ☎ 514/871-1480 ⏲ Diariam 11h30-22h ✋ A $12,95 (mínimo), J $15,95 (máximo) Ⓜ McGill 🚌 15

DECCA77

www.decca77.com

Cozinha contemporânea elegante, com decoração à altura, é servida neste restaurante de três andares. As adegas de vinho envidraçadas são estupendas, e a cozinha aberta deixa entrever a criação dos pratos inovadores. Há entradas como nuggets de salmão e bordo ou polvo ao vapor com salsicha defumada, wasabi e daikon, enquanto os pratos principais variam de pescado a filé de lombo bovino grelhado com polenta de lagosta cremosa, aspargos, cogumelos e sumo de estragão. Menus de preço fixo são mais acessíveis.
✉ 1077 rue Drummond, Montreal, Quebec H3B 4X4 ☎ 514/934-1077 ⏲ Seg-sex 11h30-14h30, 17h30-22h30, sáb desde 17h ✋ A $45, J $60, vinho $40 Ⓜ Bonaventure 🚌 150

L'EXPRESS

Num salão comprido e estreito, com piso xadrez, bar de zinco e decoração de pub, este bistrô clássico e despojado serve comidas como patê, caviar, bouillabaisse, bife tártaro, peixes frescos e steak-frîtes. A carta de vinhos é exclusivamente francesa, e há também coquetéis. É melhor fazer reservas; ao ligar, peça orientação, pois não é fácil localizá-lo.
✉ 3927 rue St.-Denis, Montreal, Quebec, H2W 2M4 ☎ 514/845-5333 ⏲ Ter-sex 8h-2h, sáb-dom 10h-2h ✋ A $20, J $30, vinho $29 Ⓜ Sherbrooke 🚌 30, 144

LE JOLI MOULIN

www.lejolimoulin.com

O local que estimulou os proprietários a abandonar a aposentadoria logo ganhou fama pelo ambiente simpático e serviço eficiente, além da qualidade da comida. Especializado em bifes de carne maturada de Alberta, costelas de boi grelhadas e frutos do mar, também oferece cardápio da casa com boa relação custo-benefício e excelente variedade de vinhos franceses, italianos e americanos.
✉ 1201 avenue Van Horne, Montreal, Quebec H2V 1K4 ☎ 514/276-5654 ⏲ Ter-qui 11h30-22h, sex 11h30-24h, sáb 17h-24h, dom 17h-22h ✋ A $35, J $50, vinho $29 Ⓜ Outremont 🚌 161

MAIKO SUSHI

www.maiko-sushi.com

Sente-se no sushi bar e observe o preparo. Depois, escolha entre as ofertas artísticas ou pegue uma mesa e escolha no menu, que tem teriyaki, frutos do mar, costeleta grelhada de carneiro e filé-mignon.
✉ 387 rue Bernard Ouest, Montreal, Quebec H2V 1T6 ☎ 514/490-1225 ⏲ Seg-sex 11h30-14h, 17h-23h, sáb-dom 17h-23h ✋ A $25, J $50, vinho $24 Ⓜ Outremont

MANGO BAY

www.mangobay.ca

Uma experiência tropical autêntica é oferecida por este restaurante com decoração alaranjada, cheia de viçosas folhagens exóticas e até uma cascata. Os donos e chefs têm origem caribenha. Por isso a comida é autêntica –suculento curry de cabra, frango charqueado, rabada e ackee with salt fish (castanha-da--áfrica com bacalhau) estão entre as especialidades. Há uma boa oferta de bebidas à base de rum. Apresentações regulares de artistas.
✉ 1202 rue Bishop, Montreal, Quebec, H3G 2E3 ☎ 514/875-7082 ⏲ Seg-qua 12h-22h, qui 12h-23h, sex 12h-24h, sáb 15h-24h, dom 17h-22h ✋ A $17, J $30, vinho $25 Ⓜ Guy-Concordia

NARCISSE

www.restaurantlesremparts.com

Nas adegas de pedra do Auberge du Vieux-Port (▷ 90), este bistrô e bar de vinhos contemporâneo oferece um menu clássico de bistrô francês –escargots à provençal, bavette de carne, fígado de vitela à lyonnaise–, com algumas influências canadenses: peito de pato com caldo de bordo, medalhões de cervo com arando. Há jazz ao vivo nas noites de quinta e sábado.
✉ 97 rue de la Commune Est, Montréal, Québec, H2Y 1J1 ☎ 514/392-1649 ⏲ Dom-qui 17h-22h; sex-sáb 17h-22h30 ✋ J$45, vinho $41 Ⓜ Champ-de-Mars ou Place d'Armes 🚌 55

LE NEWTOWN

www.lenewtown.com

O sofisticado Le Newtown –uma tradução de Villeneuve, sobrenome de Jacques, o ex-piloto de automobilismo e dono do local– tem um menu interessante com algumas combinações inovadoras de sabores. Um bom início é o cassoulet de frutos do mar com aipo-rábano e curry de Madras ou a coxa de pato com vinagrete de alho-poró, ovos de codorna e purê de pimentão Espelette. Recentemente o menu tinha vieiras e barriga de javali com lentilhas, cebolas verdes, cenouras e cogumelos, além de steak maturado ao molho de lapsang souchong.

1476 rue Crescent, Montreal, Quebec, H3G 2B6 514/284-6555 Ter-sáb 17h30-22h J $50, vinho $35 Peel 15

NUANCES

www.restaurantnuances.com

O Nuances é um dos restaurantes mais conceituados da América do Norte. Apresenta cozinha francesa gourmet e ambiente formal. As combinações de sabores e texturas também têm belas apresentações: lombo de cordeiro do Quebec com temperos da Etiópia; confit de lagosta com aroma de café; peito de pato ao molho de foie gras, ravióli de cogumelo e queijo Comté e purê de alcachofras-de-jerusalém caramelizadas. O traje exigido é o formal. Não atende menores de 18 anos.

Casino du Montréal, 1 avenue du Casino, Montreal, Quebec, H3C 4W7 514/392-2708, 1-800/665-2274 ramal 2708 Qua, qui, dom 18h-22h, sex-sáb 17h30-23h, dom 18h-22h J $100, vinho $55 Jean-Drapeau, depois ônibus circular gratuito Ônibus do cassino 167

PHILINOS

www.philinos.com

Sabores mediterrâneos, como apenas os gregos sabem preparar, são oferecidos neste restaurante perto do Parc Mont-Royal. A leveza da decoração reflete o tratamento simples dos clássicos gregos, a exemplo de charutinho de uva, moussaka, souvlaki e kotopoulo, com especialidades que incluem travessas para dois, com frutos do mar, uma coleção de carnes ou pratos vegetarianos. A carta de vinhos é internacional, com muitos rótulos gregos.

4806 avenue du Parc, Montreal, Quebec, H2V 4E6 514/271-9099 Dom-qui 12h-23h, sex-sáb 12h-24h A $20, J $45, vinho $32 80

LE PIMENT ROUGE

www.lepimentrouge.com

Considera-se que este restaurante chique, num prédio histórico, serve a melhor culinária chinesa de Szechuan na cidade. Entre os pratos caprichosamente preparados e apresentados estão camarão à Szechuan e carne com tiras de manga e molho Kahlua. O traje pode ser informal.

1170 rue Peel, Montreal, Quebec, H3B 4P2 514/866-7816 Seg-sex 11h30-23h, sáb-dom 12-23h; feriados somente jantar A $23, J $45, vinho $35 Peel, Bonaventure 15, 107, 150

RESTAURANT LE CAVEAU

www.lecaveau.ca

Uma espécie de instituição de Montreal, este restaurante oferece culinária tradicional francesa, como pato, costeleta de carneiro e frutos do mar.

2063 rue Victoria, Montreal, Quebec, H3A 2A3 514/844-1624 Seg-sex 11h30-23h, sáb 17h-23h A $35, J $45, vinho $30 McGill 24

REUBEN'S

www.reubensdeli.com

Provar a carne defumada é uma das famosas "experiências" de Montreal, e o Reuben's é um dos melhores lugares para isso, com carne magra suculenta e saborosa servida sobre um bom pão de centeio. O sanduíche de 330g de carne defumada é o destaque do menu, mas você também pode pedir bifes e frango na brasa, massa e pizza, hambúrgueres, sanduíches gourmet e saladas. O ambiente é agradável e acolhedor, com cabines simpáticas e grandes murais de jazz nas paredes.

1116 rue Ste.-Catherine Ouest, Montreal, Quebec, H3B 1H4 514/866-1029 Seg-qua 6h30-24h, qui-sáb 8h-1h30, dom 8-24h A $25, J $40, vinho $28 Peel

Acima *Weinstein and Gavino's Pasta Bar*

SCHWARTZ'S

www.schwartzsdeli.com

Uma visita à delicatéssen mais antiga do Canadá, que foi fundada em 1928, é quase obrigatória. O lugar vive apinhado de gente, mas isso faz parte da experiência. O principal é provar a carne defumada de fama mundial, que fica marinando dez dias em uma mistura secreta de ervas e temperos. Observe o frenesi dos funcionários para atender o público.

3895 boulevard St.-Laurent, Montréal, Québec, H2W 1X9 514/842-4813 Seg-qui 8h-12h30, sex 8h-1h30, sáb 8h-2h30 (refeições quentes a partir das 10h) $5,50-$20 St.-Laurent, depois ônibus 55 para norte

WEINSTEIN AND GAVINO'S PASTA BAR

www.weinsteinandgavinos.com

Há sempre um burburinho neste lugar italiano da moda. Existe uma galeria aberta no andar de cima e um terraço para os dias quentes. Longa lista de antepastos frescos e caseiros, sopas, saladas, massas e pizzas, junto com os pratos principais.

1434 rue Crescent, Montreal, Quebec, H3G 2B6 514/288-2231 Dom-qua 11h-23h, qui-sáb 11h-24h A $25, J $45, vinho $31 Guy-Concordia 15, 24

PREÇOS E SÍMBOLOS

Os preços correspondem à diária de um quarto duplo, com café da manhã, a menos que indicado o contrário. A não ser que esteja especificado, todos os hotéis da lista aceitam cartões de crédito. Note que os preços variam ao longo do ano.

Para a legenda de símbolos, ⊳ 2.

ANNE MA SOEUR ANNE

www.annemasoeuranne.com

Numa bonita construção do final do século 19, no bairro chique de Plateau, este é um elegante hotel-butique no coração da melhor área de lojas e restaurantes do Quartier Latin. A decoração é moderna e tem estilo, com muito granito e madeira. Entre os excelentes recursos dos quartos estão internet de banda larga sem fio, correio de voz e mini-cozinha. Há um agradável jardinzinho e algumas das famosas sacadas de Montreal.

✉ 4119 rue St.-Denis, Montreal, Quebec, H2W 2M7 ☎ 514/281-3187, 1-877/281-3187 $80-$265, inclui café da manhã, que é servido no quarto 17 Mont-Royal, Sherbrooke

AUBERGE DE LA FONTAINE

www.aubergedelafontaine.com

B&B (foto acima) em local tranquilo no Mont-Royal, de frente para o Parc Lafontaine. Quartos e suítes de bom gosto, alguns com hidromassagem, sacada ou vista do parque. Bufê de café da manhã com pães, doces, queijos e frios, iogurte e frutas frescas. O hóspede tem livre acesso à cozinha, das 12h às 24h, para pedir bebidas e lanches, ou para usar o fogão ou o micro-ondas.

✉ 1301 rue Rachel Est, Montreal, Quebec, H2J 2K1 ☎ 514/597-0166, 800/597-0597 $139-$259 21 Mont-Royal 29

AUBERGE DU VIEUX-PORT

www.aubergeduvieuxport.com

Instalado numa edificação de 1882, este ótimo hotel tem paredes de pedra, vigas de madeira e piso lustroso de madeira de lei. Quartos com enormes camas de latão ou madeira, banheiro, TV a cabo, sistema de som e correio de voz –há até um guarda-chuva. O terraço de cobertura oferece bela vista, e o jantar gourmet é servido ali quando a cidade tem shows de fogos de artifício.

✉ 97 rue de la Commune Est, Montreal, Quebec, H2Y 1J1 ☎ 514/876-0081, 888/660-7678 $185-$360 27 (todos para não fumantes) Champ-de-Mars 55

CASA BIANCA

www.casabianca.ca

Opção de hospedagem muito especial. Em um terreno verdejante voltado para o parque Mont-Royal, o belo edifício renascentista francês é uma joia arquitetônica que preserva muitos traços originais. Os quartos espaçosos têm pé-direito alto, piso de madeira original, frisos e lambris, e os banheiros luxuosos dispõem de banheira com pés de garra e um box de vidro e tijolos com ducha. A roupa de cama, os colchões de látex e o café da manhã são todos orgânicos.

✉ 4351 avenue de l'Esplanade, Montreal, Quebec, H2W 1T2 ☎ 514/312-3837, 1-866/775-4431 $119-$229 5 Mont-Royal 29, 55

CHÂTEAU VERSAILLES

www.versailleshotels.com

A reforma acrescentou toques criativos ao caráter histórico da arquitetura deste hotel de luxo, de cores ousadas compensadas por frisos de estuque branco e grandes lareiras antigas. Nas paredes há reproduções de Matisse e os móveis de madeira foram feitos sob encomenda. Roupão e produtos Fruits et Passion no banheiro. Quartos com TV a cabo, Nintendo, frigobar, secador de cabelo, cafeteira e tomada de modem.

1659 rue Sherbrooke Ouest, Montreal, Quebec, H3H 1E3 514/933-3611, 1-888/933-8111 $158-$438 65 Guy-Concordia 15, 57, 165

FAIRMONT QUEEN ELIZABETH

www.fairmont.com

Opção da realeza e das celebridades desde que inaugurou, em 1958. O famoso episódio de John Lennon, durante o qual ele compôs e gravou "Give Peace a Chance", ocorreu aqui em 1969, na suíte 1742. Quartos com TV a cabo, Play Station e uma instalação para vídeo. Os principais quartos e suítes têm as melhores vistas. O restaurante Beaver Club ganhou fama pelo jantar gastronômico. Acesso direto à Underground City.

900 boulevard René Lévesque Ouest, Montreal, Quebec, H3B 4A5 514/861-3511, 1-866/540-4483 $199-$642 1.037 Coberta Bonaventure 150, 515

LE GERMAIN

www.germainmontreal.com

O tema em Le Germain é um espaço elegante tipo loft, com iluminação natural que realça os tons de terra, as cadeiras de couro, a madeira escura, os vidros e espelhos. Os móveis são modernos e chiques; as roupas de cama são de alta qualidade. Entre outros luxos estão frutas frescas, água mineral, roupão, TV de tela grande (com cabo e vídeo), frigobar e rádio-relógio-CD.

2050 rue Mansfield, Montreal, Quebec, H3A 1Y9 514/849-2050, 1-877/333-2050 $230-$280, inclui café da manhã 101 (todos para não fumantes) Peel 15, 24

HI-MONTREAL

www.hihostels.ca

Em ótima localização central nas cercanias do Bell Centre, este albergue animado organiza passeios e atividades. Há quartos single e de casal, dormitórios de diversos tamanhos, um café-bar, sala comunitária, cozinha, lavanderia, armários com chave e Wi-Fi grátis. Os jovens predominam entre os hóspedes.

1030 rue Mackay, Montreal, Quebec, H3G 2H1 514/843-3317, 1-866/843-3317 $26-$86 (descontos com carteirinha da Hostelling International) 55 Lucien-L'Allier 15, 150

HOTEL LE SAINT-MALO

www.hotel-saint-malo.com

Perto do Musée des Beaux-Arts e das lojas de alto padrão do Faubourg Ste.-Catherine, este é um hotel elegante, de estilo europeu. Quartos claros, em tons calmantes, acentuados por boas gravuras modernas e tecidos coordenados. Cada quarto dispõe de controle individual de temperatura, internet de banda larga, TV a cabo, frigobar e banheiro.

1455 rue du Fort, Montreal, Quebec, H3H 2C2 514/931-7366 $184-$115 14 Guy-Concordia

PIERRE DU CALVET

www.pierreducalvet.ca

Não existe lugar mais histórico para se hospedar em Montreal. Construído em 1725, o hotel tem o nome de um influente livre-pensador (alguém da equipe lhe contará a história dele, se você pedir). Erguido em típico estilo colonial francês, contém agradável conjunto de antiguidades, peças de família e retratos. Quartos com camas antigas e enormes, algumas com dossel, e recursos modernos como tomada para modem. O café da manhã é servido na Greenhouse, uma estufa vitoriana com plantas, chafariz e aves exóticas.

405 rue Bonsecours, Montreal, Quebec, H2Y 3C3 514/282-1725 A partir de 295 9 Champ-de-Mars 55

LE SIMONE

www.lesimone.com

Este lugar tem preço excelente quando se considera sua ótima localização no Quartier Latin. Os quartos são belamente decorados, alguns com paredes de tijolos aparentes, e todos têm banheiro e cama queen-size ou de casal. Há um apartamento com dois quartos e terraço. Os hóspedes podem usar a cozinha entre meio-dia e 22h, e há Wi-Fi grátis.

1571 rue St.-André, Montreal, Quebec, H2L 3T5 514/524-2002, 1-888/849-8866 $54-$119 10 Berri-UQAM 15

SQUARE PHILLIPS

www.squarephillips.com

Este prédio histórico de dez andares foi completamente remodelado e agora é um magnífico apart-hotel. Oferece opções de estúdios e suítes modernos, com um ou dois quartos, espaço de trabalho, internet de banda larga grátis e cozinha totalmente equipada, com fogão, geladeira, micro-ondas, lava-louças e muitas panelas. Aqui, você é autossuficiente. Mas o hotel também possui salão para café da manhã, camareira e serviço de recepção 24 horas, além de diversos outros serviços.

1193 Place Phillips, Montreal, Quebec H3B 3C9 514/393-1193; 866/393-1193 $150-$236 160 Coberta McGill

LE TERRA NOSTRA

www.leterranostra.com

A 10 minutos da área central, este atraente bed-and-breakfast tem quartos espaçosos com temas elegantes e banheiros modernos com piso aquecido. Os hóspedes podem usar a sala de estar e o gabinete de leitura, e o café da manhã, farto e saudável, é servido no belo salão de refeições ou, no verão, no jardim projetado com feng shui. O local também se ocupa integralmente dos animais de estimação dos hóspedes, além de oferecer estacionamento e Wi-Fi grátis.

277 rue Beatty, Montreal, Quebec, H4H 1X7 514/762-1223, 1-866/550-5235 $124-$169 3 (todos para não fumantes) Partial Angrignon, depois ônibus 85

Pauline Pelletier
la petite galerie
JOAILLIER
LOUIS PERRIER
MONTREAL LTEE

CIDADE DE QUEBEC

Com mais de 400 anos, a cidade de Quebec é a mais antiga do Canadá e foi considerada Patrimônio da Humanidade pela Unesco. É capital da província de Quebec, e apesar de ser menor que Montreal, é majestosa e possui um atraente estilo de arquitetura francês, ótimos museus, galerias e pontos históricos.

A cidade, na margem norte do rio São Lourenço, é cortada ao meio por um rochedo íngreme. No topo, a Cidade Alta ultrapassou as muralhas, ainda inteiras, que circundam por 4,6km esse núcleo urbano, e a área interna exibe um notável conjunto histórico de construções de pedra cinza. Aqui, a edificação de maior destaque é o hotel Château Frontenac, no estilo de um grandioso castelo francês, na place d'Armes. Daqui se espalham ruas estreitas com elegantes construções de granito e as amplas calçadas do Terrasse Dufferin e da Promenade des Gouverneurs, que rodeiam o topo do rochedo e oferecem bela vista do rio. Aqui também fica a Citadelle, que reflete a localização estratégica da cidade, e o terreno da batalha nas planícies de Abraham.

Desça os 170 degraus da íngreme Escalier Casse-Cou (Escadaria Perigosa) ou tome o funicular para chegar à Cidade Baixa, um atraente aglomerado de vielas calçadas com pedras e ladeadas de construções históricas também de pedra –em muitas delas funcionam lojas pequenas ou restaurantes. Em torno da place Royale há uma agradável área para passear e que leva até as calçadas à beira-rio. Aqui também fica a zona portuária, que foi reformada de modo a oferecer instalações culturais e de lazer.

Mas a Cidade de Quebec é muito mais do que apenas um conjunto de atrações históricas. O ambiente cultural é vibrante e abrangente, há um extenso calendário de festivais, como o Snow Goose Festival e o Festival de Verão, e muitas atividades aquáticas e terrestres.

CIDADE DE QUEBEC

GUIA DE RUAS DA CIDADE DE QUEBEC

Pág. ao lado *As águas de Montmorency descem das Laurencianas para o São Lourenço*
Acima *Interior muito antigo da Cathédrale Anglicaine de La Sainte-Trinité*

CATHÉDRALE ANGLICANE DE LA SAINTE-TRINITÉ

http://209.160.3.218

Por trás de um grupo de árvores, esta igreja com estrutura de madeira e agulha de 47m de altura foi a primeira catedral anglicana construída fora das ilhas Britânicas. Consagrada em 1804, espelhou-se na famosa igreja londrina de St. Martin-in-the-Fields.

A Santíssima Trindade tem ambiente completamente georgiano, o que não surpreende, pois foi financiada pelo rei Jorge 3º. O interior é bem espaçoso. Entre o mobiliário estão bancos reais –decorados em azul e reservados aos soberanos britânicos ou a seus representantes. Esses bancos, a cadeira do bispo e os assentos reservados ao clero foram feitos de carvalho da floresta real de Windsor.

94 B3 31 rue des Jardins, Cidade de Quebec, Quebec, G1R 4L6 418/692-2193 Diariam Grátis Visitas guiadas mai-fim de out

CATHÉDRALE NOTRE-DAME-DE-QUÉBEC

www.patrimoine-religieux.com

A catedral católica de Quebec fica no centro da Cidade Alta, na frente do Hôtel de Ville (prefeitura). Reconhecida pela fachada neoclássica e pelas duas torres diferentes, tem interior opulento. Ao entrar, seus olhos serão atraídos para o amplo dossel de madeira sobre o altar. Feito por André Vermare e com acabamento de ouro, ele é suntuoso.

Durante o cerco de 1759, a catedral foi destruída por bombardeios britânicos. Reerguida logo depois, foi novamente arrasada por um incêndio em 1922, e mais uma vez ganhou reconstrução segundo a planta original.

Em 1993, dedicou-se uma capela funerária ao primeiro bispo de Quebec, Monseigneur de Laval (1623-1708). No centro há uma estátua de bronze do bispo numa posição inclinada, com os olhos voltados para o céu. Um mapa de sua enorme diocese está gravado no piso de granito preto. Perto daqui, o Centre d'Animation François-de-Laval (mai-out seg-sáb 9h-16h; grátis) conta a história do bispo.

94 B2 16 rue de Buade, Cidade de Quebec, Quebec, G1R 4A1 (entrada principal pela rue Ste.-Famille) 418/692-2533; reservas para visitas guiadas 418/694-0665 Diariam, seg-sáb a partir das 7h30, dom a partir 8h30. Fecha às 16h, 17h ou 18h, conforme a estação Grátis Visitas guiadas: adultos $3, crianças (menores de 17 anos) $2

CHÂTEAU FRONTENAC

www.fairmont.com/frontenac

Esta construção sólida, com torres no telhado verde, é o hotel mais elegante da Cidade de Quebec (▷ 110-1), ligado à imagem da cidade. Com nome de um dos maiores e mais extravagantes governadores franceses, Louis de Buade, conde de Frontenac, o hotel original foi construído por Bruce Price em 1893 para a Canadian Pacific Railway, no estilo de um castelo do vale do Loire. A inconfundível torre central foi acrescentada em 1920-4.

Destacam-se entre os hóspedes o rei Jorge 6º e a rainha Elizabeth, a princesa Grace de Mônaco, Chiang Kai-shek, Charles de Gaulle, Ronald Reagan, François Mitterrand, o príncipe Andrew e Alfred Hitchcock. O Château Frontenac recebeu as Conferências de Quebec da Segunda Guerra Mundial, quando o presidente americano Franklin D. Roosevelt e o primeiro- ministro britânico Winston Churchill planejaram o desembarque na Normandia.

94 C3 1 rue de Carrières, Cidade de Quebec, Quebec, G1R 4P5 418/692-3861 Passeios: diariam Adultos $8,50, crianças (6-16) $6

CHUTE MONTMORENCY

www.sepaq.com

Nenhuma visita à Cidade de Quebec estaria completa sem um passeio até suas cachoeiras, a apenas 15 minutos de carro do centro. As quedas-d'água do rio Montmorency mergulham 83m do topo do rochedo até uma piscina em forma arredondada a uma taxa média de 35 mil litros por segundo –mais, no degelo da primavera. No 400º aniversário foi introduzida a iluminação da catarata ao anoitecer, o que cria um bonito visual. A visita começa com um passeio que sai do estacionamento num bondinho fechado, com vista espetacular das quedas, do rio São Lourenço e da Île d'Orléans.

No topo há um teatro e a imponente Manoir (Mansão) Montmorency, com centro explicativo e bom restaurante. Daqui, você anda por uma passarela ao longo do alto do rochedo até a ponte sobre as cachoeiras. Esta ponte suspensa, 100m acima do alto das cascatas, permite uma vista empolgante das quedas d'água verticais. O parque ao redor oferece caminhadas excelentes.

Fora do mapa, 94 A1 Parc de la Chute Montmorency, 2490 avenue Royal, Beauport, Quebec, G1C 1S1 418/663-3330 Diariam; Lower Park e bondinho final jun- final ago diariam 8h30-19h30; meados abr-final jun, final ago-out 9h-18h; 26 dez-2 jan 10h-16h; final jan-meados abr sáb-dom 10h-16h Bondinho: adulto $8,90, criança (6-17) $4, família $23, ida e volta $34,45 12km a leste ao lado da Highway 440

LA CITADELLE E FORTIFICAÇÕES

INFORMAÇÕES

www.lacitadelle.qc.ca

94 B5 Endereço de correspondência para a Citadelle: C.P. 6020, Succursale Haute-Ville, Cidade de Quebec, Quebec, G1R 4V7; acesso pela Côte de la Citadelle 418/694-2815 Admissão apenas para visitas guiadas (dura 1 hora), mai-fim de set diariam 9h-17h, resto de set 9h-16h; abr 10h-16h; out 10h-15h; nov-fim mar diariam 13h30 Adulto $10, criança (7-17) $5,50, família $22

INTRODUÇÃO

Esta ampla fortificação de defesa cobre 15ha e ainda é uma guarnição militar ativa. Se você quiser vê-la por dentro terá de se juntar a uma visita guiada bilíngue e permanecer com o grupo –nunca perambule sozinho, longe de seus companheiros. Assim que entrar no amplo conjunto de fossos e bastiões e tiver aderido a um grupo, você será levado a um imenso campo de desfiles rodeado de construções que levam os nomes de diversas operações militares do regimento, como Vimy, Somme, Normandia e Coreia. Vale a pena caminhar em volta das *enceintes* (defesas), num percurso completo ou parcial.

A Citadelle foi projetada segundo um sistema de defesa criado por Vauban, famoso engenheiro militar francês, e é um polígono de quatro pontas, cada uma formando um bastião. Iniciada em 1820, levou 30 anos para ser terminada e conta com duas construções erguidas por franceses, além de ampliações posteriores. Ainda é uma base militar, sede do Royal 22º Régiment de elite –chamados pelos anglófonos de "Van Doos" (de Vinte e Dois)–, único regimento totalmente francês do exército canadense. Também funciona como casa de verão do governador-geral.

DESTAQUES

MUSÉE DU ROYAL 22e RÉGIMENT

www.r22er.com

Este museu pequeno, que se visita no passeio, foi instalado num paiol de pólvora francês de 1750 e numa prisão militar britânica de 1842. Ele preserva documentos históricos, uma coleção de armas grandes e pequenas, insígnias, medalhas, uniformes e outras mostras que cobrem a história do Royal 22e. Não perca o diorama que ilustra as principais batalhas que ocorreram ao redor de Quebec sob o domínio francês. No verão, ocorrem cerimônias militares tradicionais, como a Troca da Guarda (24 de jun-início set diariam 10h) e a Batida em Retirada (jul-início set sex-sáb 18h), que merecem ser vistas. Soldados de casaco vermelho e chapéu de pele de urso são acompanhados por uma banda e por Batisse, a cabra do regimento.

FORTIFICAÇÕES E PORTÕES

www.pc.gc.ca

Uma rede de muralhas e portões instalada por franceses e britânicos envolve a parte antiga da Cidade de Quebec e se estende por 4,6km, o que faz dela a única área histórica da América do Norte a conservar suas defesas.

A Cidade de Quebec era um lugar de grande importância tática e estratégica, tanto para franceses como para britânicos –ponto nevrálgico das comunicações com as metrópoles, e local onde os suprimentos frescos eram armazenados e onde ficavam os reforços. Assim, o sistema de defesa reflete a evolução das técnicas de fortificação europeias do século 17 ao século 19, quando armas mais avançadas trouxeram o fim do período de cidades fortificadas. Depois que a guarnição britânica partiu, em 1871, havia planos para demolir o que restara, mas, em 1874, lorde Dufferin (governador-geral do Canadá, 1872-78) iniciou um movimento para preservar as defesas. Como resultado, o Terrasse Dufferin foi construído sobre os rochedos (▷ 102-3), e os estreitos portões originais foram substituídos para facilitar a movimentação entre as partes antigas e novas da cidade. Os atuais portões St.-Louis e Kent foram construídos entre 1878 e 1881, e o St.-Jean ergueu-se entre 1938 e 1939. Em 1983, os Parks Canada refizeram o portão Prescott sobre a Côte de la Montagne, a fim de completar a passagem.

Perto do portão St.-Louis estão o Centre d'initiation aux Fortifications et à la Poudrière de l'Esplanade (mai-meados out 10h-17h), abaixo das defesas da cidade. As exposições se concentram na história do sistema defensivo de Quebec. Existe uma interessante maquete que ilustra os diferentes projetos de fortificação criados para a cidade. O paiol de pólvora, de 1815, é o único restaurado entre os muitos localizados aqui.

✉ End. p/correspondência: 2 rue d'Auteuil, C.P. 10, Station B Postal Terminal, Cidade de Quebec, Quebec, G1K 7A1 ☎ 418/648-7016 ⏲ Centre d'initiation aux Fortifications et à la Poudrière de l'Esplanade: início mai-meados out diariam 10h-18h (fecha 17h início set-meados out); resto do ano só com reserva ✋ Adulto $3,90, criança (6-16) $1,90 ☞ Visitas guiadas jun-meados set (taxa extra)

PARC HISTORIQUE DE L'ARTILLERIE

www.pc.gc.ca

O Parque da Artilharia, no coração da Quebec Antiga, tem uma história notável. Usado de início por soldados franceses, foi ocupado pela guarnição britânica de 1763 a 1871. Seu nome vem do Regimento de Artilharia Real, aquartelado aqui na maior parte daquele período. Mais tarde ele se tornou um complexo industrial que continha fábrica de munições, oficinas e fundições –o Arsenal de Quebec, o primeiro deste tipo no Canadá. Quando finalmente foi desativado, em 1964, o local foi ocupado pelos Parcs Canada.

Na Fundição do Arsenal agora funciona um centro de informações e recepção, e existe uma excelente maquete da Cidade de Quebec, feita em 1808 na tradição da engenharia militar. O Reduto Dauphine, notável construção fortificada, foi originalmente equipado com uma bateria de canhões. Erguido pelos franceses em 1712, serviu de alojamento antes de se tornar residência dos superintendentes do Arsenal. Dentro, você pode visitar a cozinha do século 19, o luxuoso refeitório dos oficiais ingleses e o salão dos superintendentes do Arsenal. Os alojamentos dos oficiais foram restaurados com móveis de época.

✉ End. p/correspondência: 2 rue d'Auteuil, C.P. 10, Station B, Cidade de Quebec, Quebec, G1K 7A1 ☎ 418/648-7016 ⏲ Área da Artilharia: o ano todo; Fundição do Arsenal, Reduto Dauphine e Alojamentos dos Oficiais: início mai-início out diariam 10h-18h (17h início set-início out) ✋ Área da Artilharia: grátis. Fundição do Arsenal, Reduto Dauphine e Alojamentos dos Oficiais: adulto $3,90, criança (6-16) $1,90, família $9,80; atividades especiais: adulto $6,30, criança $2,90, família $14,70

DICAS

» Não chegue tarde para a Troca da Guarda –nem um minuto–, pois eles não deixam entrar.

» As cerimônias podem ser canceladas por causa do mau tempo ou por motivos operacionais.

» Procure não rir quando Batisse, a cabra do regimento, aparece.

Pág. ao lado *Este canhão, no topo da Citadelle, dá uma boa ideia do que os possíveis inimigos teriam enfrentado*
Abaixo *A colorida pompa militar ainda é uma característica desta guarnição ativa*

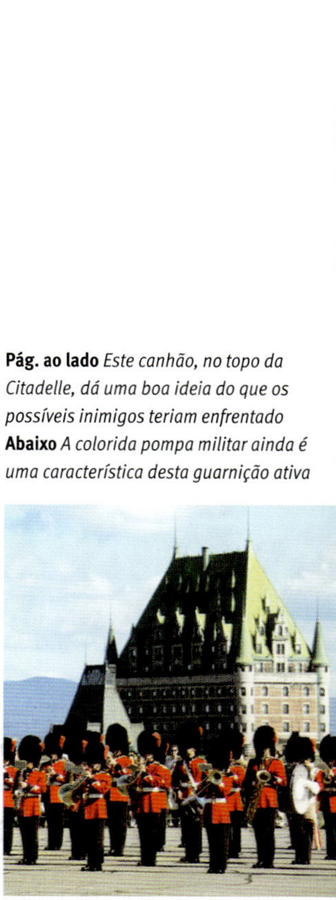

MUSÉE DE LA CIVILISATION

www.mcq.org

Localizado na Cidade Baixa, perto do rio, este museu, com projeto do arquiteto Moshe Safdie, ocupa um prédio moderno muito bem integrado à arquitetura da cidade antiga. Seu telhado de cobre é cortado por janelas estilizadas de águas-furtadas, e possui campanário de vidro e escadaria monumental. A Maison Estèbe, uma casa de pedra de 1751, com quatro andares no estilo Antigo Regime, está incorporada ao museu. Escavações realizadas durante a construção desenterraram muitos tesouros.

As exposições, temáticas e dedicadas à civilização em seu sentido mais amplo, exploram aspectos da vida cotidiana e problemas sociais por meio de apresentações audiovisuais e tecnologia interativa junto a artefatos históricos. A alegre abordagem integrada da história e da cultura contribui para o prazer de todas as idades na experiência da descoberta.

94 C2 85 rue Dalhousie, C.P. 155, Succursale B, Cidade de Quebec, Quebec, G1K 7A6 418/643-2158, 1-866/710-8031 Fim jun-início set diariam 9h30-18h30; resto do ano ter-dom 10h-17h Adulto $10, criança (12-16) $4; grátis ter nov-mai e sáb 10h-12h jan-fev

MUSÉE NATIONAL DES BEAUX-ARTS DU QUÉBEC

www.mnba.qc.ca

O Museu de Belas-Artes de Quebec ocupa dois prédios nas Planícies de Abraham. O original, construído em 1933, uniu-se a uma antiga prisão em 1991 por meio de uma ala moderna. O edifício da prisão, que conserva as celas originais, é mais interessante em termos de arquitetura do que o restante. O monumento a Wolfe, no exterior do museu, indica o local em que o general britânico James Wolfe morreu, na famosa batalha de 1759.

O acervo permanente, com quase 35 mil obras, é basicamente dedicado à arte de Quebec. Os primeiros trabalhos são marcados por temas religiosos e as esculturas foram feitas para igrejas e refletem a importância do catolicismo para a sociedade quebequense. Entre os trabalhos não religiosos estão quadros de Jean-Paul Lemieux e Jean-Paul Riopelle. A Collection d'Art Inuit Brousseau, com mais de 2.500 obras em diversas mídias, é um destaque do museu desde sua aquisição em 2005.

Fora do mapa, 94 A5 Parc des Champs-de-Bataille, Cidade de Quebec, Quebec, G1R 5H3 418/643-2150, 1-866/220-2150 Jun-set diariam 10h-18h (também qua 18h-21h); resto do ano ter-dom 10h-17h (também qua 17h-21h) Grátis; exposições temporárias: adulto $15, criança (12-17) $4, família $30 H11

PLACE ROYALE

A place Royale é uma encantadora praça calçada com pedras, no coração da Cidade Baixa. É cercada de altas casas de pedra ao estilo do Antigo Regime, reconstruídas para conferir à praça sua aparência original (antes de ser totalmente destruída pelos britânicos). No meio, acha-se um busto de Luís 14, cópia do original de 1686 e que deu nome à praça.

Vale a pena explorar as belas ruas vizinhas. Na rue Notre-Dame, o Centre d'Interprétation de Place-Royal (fim jun-início set diariam 9h30-17h; resto do ano ter-dom 10h-17h) tem um vibrante programa de exposições. A Maison Chevalier, na rue de Marché Champlain, oferece uma mostra grátis (jul, ago diariam; fins de semana de set-fim jun), que apresenta designs de interior dos séculos 18 e 19.

94 C3 Funicular Basse-Ville entre Terrasse Dufferin e Basse-Ville, $1,75 só ida (7h30-23h30 ou 0h)

Pág. ao lado *Vista aérea da place Royale*
Abaixo *Mural na place Royale*

PROMENADE DES GOUVERNEURS E TERRASSE DUFFERIN

INFORMAÇÕES

94 C3 Terrasse Dufferin (Esplanada Dufferin): vizinha da place d'Armes na frente do hotel Château Frontenac
94 B5 Promenade des Gouverneurs (Passeio dos Governadores): acesso pela ponta oeste da Terrasse Dufferin ou pela avenue du Cap-Diamant no National Battlefields Park A Promenade des Gouverneurs fecha com a neve e o gelo do inverno, nov-fim abr Grátis

Acima *A Terrasse Dufferin oferece belas vistas do rio*

INTRODUÇÃO

Estes dois passeios de madeira conectados se estendem ao longo do topo do rochedo e têm vistas deslumbrantes do rio e da Cidade Baixa. Começam bem no coração da Cidade Alta, ao lado do Château Frontenac Hotel, e dali formam um excelente percurso do alto do rochedo até as Planícies de Abraham –apesar de vertiginoso em alguns pontos. Se você se assustar com os 310 degraus até as Planícies de Abraham, pode simplesmente desistir ou fazer o caminho inverso: começar pelas Planícies de Abraham e descer a escada. A caminhada leva cerca de 20 minutos em cada sentido (sem contar a subida dos degraus). Como o rio se estreita na Cidade de Quebec, pode ocorrer um corredor de vento em dias de muita ventania. No inverno, a neve não é retirada, e o trecho da Promenade des Gouverneurs pode fechar. A não ser por isso, o passeio é agradável o ano todo e há lugares pelo caminho para beber algo ou tomar sorvete.

DESTAQUES

TERRASSE DUFFERIN

Esta ampla esplanada de tábuas tem um jeito de passeio à beira-mar no estilo eduardiano inglês, com um grandioso hotel na frente e seis gazebos atrás, feitos de ferro forjado –denominados Frontenac, Princess Louise, Lord Lorne, Victoria, Dufferin e Plessis–, que oferecem abrigo para o sol de verão. Mas essa imagem sossegada é totalmente enganosa. O lugar é animadíssimo e, se o tempo for bom, fica cheio de artistas de rua e de gente que caminha e faz jogging. A neve anuncia a abertura da emocionante corrida de tobogã escadaria abaixo. Existem também muitas estações de binóculos pelo caminho, no caso de alguma coisa distante chamar sua atenção. Perto do Château Frontenac, o Frontenac Kiosk abriga o topo do funicular, que desce até a Cidade Baixa (▷ 100).

A história da Terrasse Dufferin é interessante. Em 1630, Samuel de Champlain (cuja estátua está aqui) mudou-se do sopé do rochedo para o topo e lá construiu o primeiro Château St. Louis, como defesa contra os iroqueses e os ingleses. O castelo serviu de residência para governadores franceses e britânicos até ser destruído por um incêndio em 1834. Lorde Durham, governador britânico naquele momento, construiu sobre as ruínas uma plataforma acessível ao público. O local passou a ser tão visitado que a plataforma foi ampliada em 1854. Em 1878-79, o governador-geral lorde Dufferin trabalhou com o arquiteto Charles Baillairgé para aumentar a calçada outra vez, como parte de seu projeto de embelezamento de Quebec (▷ 99). Ela foi inaugurada em 9 de junho de 1879 e, desde então, tornou-se uma parte muito apreciada da cidade. Em 2005, começaram as obras de reconstituição, e os arqueólogos aproveitaram a oportunidade para pesquisar o sítio, revelando os restos de quatro fortes e dois castelos. Conhecidas hoje como St.-Louis Forts e Châteaux National Historic Site of Canada (início mai-meados out diariam), as escavações são abertas à visitação, e o público tem a oportunidade de ver um filme curto e artefatos.

PROMENADE DES GOUVERNEURS

A Promenade des Gouverneurs começa na extremidade da Terrasse Dufferin. Trata-se de um passeio ou calçada de madeira presa à lateral do rochedo, 90m acima do rio, e que circula abaixo do muro externo da Citadelle (▷ 98-9) e do Cap Diamant. A vista é magnífica e abrange a Cidade Baixa, o São Lourenço, a Île d'Orleans e a cidade de Lévis, na margem oposta. Em dias claros, dá para ver até o Mont-Ste.-Anne. A Promenade, inaugurada em 1960, culmina nos 310 degraus que vão até as Planícies de Abraham, local da batalha decisiva na Guerra dos Sete Anos em que o general britânico James Wolfe derrotou as tropas francesas do marquês de Montcalm.

DICA

» O nome da cidade de Lévis, vista do outro lado do rio, tem som de "le-vi". Não há maneira mais óbvia de se expor como turista do que pronunciar este nome do mesmo jeito que se pronuncia o nome da marca de jeans.

» No inverno, os visitantes podem descer no emocionante tobogã Glissades de la Terrasse, com 82m, em frente ao Château Frontenac.

À esq. *Um navio de cruzeiro brilha à noite, atracado no Vieux-Port*

DEFESAS DA CIDADE DE QUEBEC

Além de ser o núcleo urbano mais antigo do Canadá, Quebec é a única cidade murada da América do Norte, completa com sólida cidadela, portões e artilharia. A caminhada pelas fortificações impressionantes é o único modo de apreciar este sítio fantástico, sua arquitetura encantadora e suas belezas naturais. A Quebec histórica foi acrescentada à lista de Patrimônios da Humanidade da Unesco em 1985.

O PASSEIO
Distância: 5km
Duração: cerca de 2 horas
Início/fim: Place d'Armes na frente do centro de informações turísticas (Infotouriste) na rue Ste.-Anne

COMO CHEGAR

A place d'Armes fica no centro da Cidade de Quebec, perto do hotel Château Frontenac

★ Da place d'Armes, pegue a esquerda rumo ao monumento da Unesco. Atrás dele há um monumento em homenagem a Samuel de Champlain, que fundou Quebec em 1608. Você está agora na Terrasse Dufferin (▷ 102-3).

Continue a caminhar para a direita e passe pelo alto do bondinho (funicular) até a Cidade Baixa e os pavilhões cobertos. À esquerda, passando o Château Frontenac, fica o Jardin du Gouverneurs, com monumentos a Wolfe e Montcalm. Atravesse a ponta da rampa do tobogã até a rue des Carrières e pegue a Escalier de la Terrasse, com 65 degraus até a St.-Denis (há uma grande placa com o nome Parc des Champs de Bataille) e da Citadelle.

❶ Suba mais 50 degraus e terá uma vista fantástica. Bem acima do rio e da cidade, este lugar é ótimo para se sentar e fazer piquenique. Abaixo, você observa os fossos externos desta excelente fortaleza, cuja construção teve início em 1820, a mando do duque de Wellington.

Acompanhe o formato de estrela da Citadelle, à direita, até a entrada principal, que você verá abaixo. Atravesse a rua da entrada –Côte de la Citadelle. Mantenha-se à direita para seguir as muralhas da cidade. Talvez você prefira andar do lado de dentro das muralhas e não sobre elas. Adiante (fora das muralhas), há vistas do prédio do Parlamento e da Croix du Sacrifice,um memorial aos canadenses que perderam a vida na Primeira Guerra Mundial.

❷ Chega-se à Porte St.-Louis, um dos três portões pitorescos que foram construídos nas muralhas entre 1878 e 1881.

Você pode atravessar a rue St.-Louis no topo da muralha ou descê-la para visitar o Centre d'Initiation aux

Pág. ao lado *O notável Château Frontenac tem o nome de um governador francês, o conde de Frontenac*
Acima *O Château Frontenac em frente à Terrasse Dufferin, ampla calçada de tábuas*

Fortifications de Québec (só nos meses de verão). Volte aos muros e prossiga por cima. À esquerda fica o Parlamento de Quebec e o local onde o Palácio de Gelo é sempre construído em fevereiro para o Carnaval de inverno de Quebec.

❸ A seguir você chega à Porte Kent, cujo nome homenageia o duque de Kent, pai da rainha Vitória e governador-geral do Canadá em 1792-4. Cruze aqui para ir até a rue Dauphine.

A muralha e o caminho descem até a Porte St.-Jean, cruzam a rue St.-Jean e se tornam a place d'Youville, à esquerda. Depois de entrar pela Porte St.-Jean, você pode descer até o Parc de l'Artillerie.

❹ Logo na entrada desta parte da Cidade Baixa existem diversas construções, erguidas para propósitos militares e mais tarde usadas para a fabricação de armamentos. Até a Segunda Guerra Mundial, aqui funcionava o Canadian Arsenal de Quebec. À direita, no antigo prédio das armas, agora fica o centro de informações (aberto nos meses de verão). Atravesse a rue Richelieu. O Parc de l'Artillerie prossegue com o Redoute Dauphine (meses de verão), à direita. Construído em 1712-48, fazia parte do sistema de defesa que o governador Frontenac criou para proteger o lado oeste da cidade. Depois foi usado pelas tropas britânicas e se tornou fábrica de munições em 1882.

Acompanhe o muro e desça a escada. Cruze a Côte-du-Palais. Os prédios do Hôtel-Dieu estão mais à frente, à direita. Continue a acompanhar a muralha –agora você se encontra na rue des Remparts, perto do canto nordeste do muro, com ótima vista da cidade, abaixo. À direita está o mosteiro agostiniano. As freiras agostinianas fundaram o Hôtel-Dieu em 1637, o que faz dele o hospital mais antigo da América do Norte. Ele está neste local desde 1644. A rue des Remparts vira para a direita depois da rue Hébert, e mais adiante avista-se o Château Frontenac. Entre no Parc de Montmorency pela rue des Remparts.

❺ A Assembleia Nacional funcionou no Parc de Montmorency de 1850 a 1866, quando seus membros se reuniam no antigo Palais Episcopal. Este palácio pegou fogo e, quando foi reconstruído, o Parlamento já havia se mudado para Ottawa.
A partir do parque, pegue a ponte para pedestres que cruza a Côte de la Montagne e suba os 83 degraus para voltar à place d'Armes.

QUANDO IR

É possível fazer o passeio o ano todo, menos com neve pesada; é excelente numa noite amena de verão.

ONDE COMER

RESTAURANT GAMBRINUS

Culinárias italiana e provençal, servidas em um edifício histórico (almoço somente seg-sex).
✉ 15 rue du Fort, Cidade de Quebec ☎ 418/692-5144.

ONDE FICAR

LE CHÂTEAU DE PIERRE

✉ 17 avenue Ste.-Geneviève, Cidade de Quebec ☎ 418/694-0429.

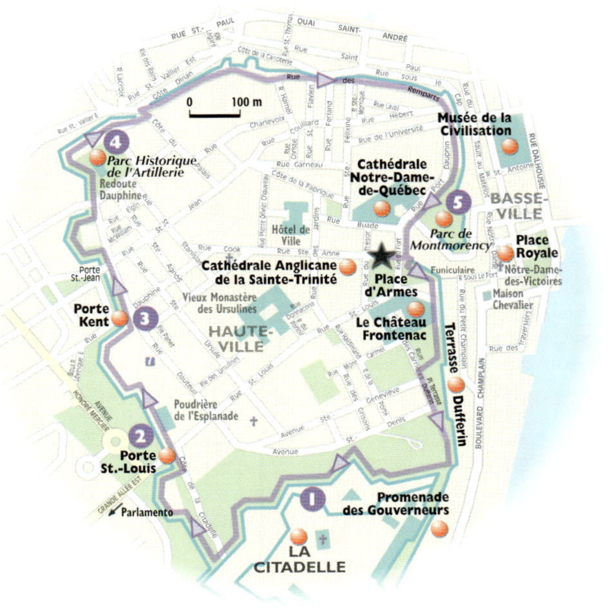

ARTE, COMPRAS, DIVERSÃO E NOITE

COMPRAS

ARTISANS DU BAS-CANADA

www.artisanscanada.com

Por mais de 50 anos, esta loja de gestão familiar exibe os trabalhos de quase 500 artistas e artesãos canadenses. Aqui, tudo tem garantia de autenticidade.

✉ 30 Côte de la Fabrique, Cidade de Quebec, Quebec, G1R 3V7 ☎ 418/692-2109, 888-339-2109 ⌚ Diariam 10h-18h 🚌 Ecolobus, 54, 133

BENJO

www.benjo.ca

Um trem elétrico circula nesta enorme loja de departamentos voltada a bebês e crianças até 12 anos. Há um café divertido e, obviamente, brinquedos, jogos, bonecas, livros e roupas à venda. Entre as atividades disponíveis, destaca-se uma oficina de pintura em cerâmica.

✉ 558 rue Charest Est, Cidade de Quebec, Quebec G1K 3J3 ☎ 418/640-0001 ⌚ Seg-qua 10h-17h30 (21h dez e feriados), qui-sex 10h-21h, sáb-dom 9h30-17h (18h dez e feriados) 🚌 Benjo Bus (grátis) meados jun-início out; Metrobus 800, 801

BOUTIQUE CANADEAU

www.canadeau.com

Numa das principais ruas de comércio da Antiga Cidade de Quebec, esta loja simpática dispõe de grande variedade de produtos feitos no Canadá. Além de esculturas de pedra-sabão inuit, há facas de colecionador, artigos de couro e pele, requintadas joias de ouro e suéteres com desenhos da tundra.

✉ 1124 rue St.-Jean, Cidade de Quebec, Quebec, G1R 1S4 ☎ 418/692-4850 ⌚ Diariam 10h-18h 🚌 7

BOUTIQUES AUX MEMOIRES ANTIQUITES

A variedade fascinante de antiguidades à venda aqui vai desde delicadas joias até móveis grandes.

✉ 105 rue St.-Paul, Cidade de Quebec, Quebec, G1K 3V8 ☎ 418/692-2180 ⌚ Seg-sáb 9h30-17h 🚌 1, Ecolobus

LE CAPITAINE D'A BORD/ PLEIN AIR D'A BORD

www.capitainedabord.com

Estas duas lojas (uma com atmosfera marítima, outra para marinheiros de água doce) são vizinhas na rua mais velha da América do Norte. Com a mesma gerência, possuem grande estoque de suéteres, calças, calçados, jaquetas impermeáveis e camisas de grife, como Lacoste, Paul and Shark e Dalmard Marine.

✉ 59 e 63 rue du Petit-Champlain, Cidade de Quebec, Quebec, G1K 4H5 ☎ 418/694-0624, 1-888/694-0624 ⌚ Meados de mai-meados de out diariam 9h-23h; resto do ano qui-sex 9h-21h, sáb-qua 9h-18h 🚌 Ecolobus, 1

CHOCO-MUSÉE ÉRICO

www.chocomusee.com

É claro que este museu que conta a história do chocolate é interessante, mas as grandes atrações são de fato os chocolates caseiros. Os melhores chocolates francês e belga cobrem recheios deliciosos, sem aromas artificiais nem conservantes.

✉ 634 rue St.-Jean, Faubourg St.-Jean Baptiste, Cidade de Quebec, Quebec, G1R 1P8 ☎ 418/524-2122 ⌚ Seg-sáb 10h-17h30 (até 21h qui-sex), dom 11h-17h30 (mai-fim set pode fechar mais tarde) 🚌 7

CUIR LA POMME

www.lapomme.qc.ca

Artigos de couro criados por mais de uma dezena de estilistas de moda de Quebec. Acessórios exclusivos são oferecidos a preços extremamente razoáveis, e funcionários poliglotas são simpáticos e prestativos. Se você não encontrar a peça que deseja, ela poderá ser feita sob medida.

✉ 47 rue Sous-le-Fort, Cidade de Quebec, Quebec, G1K 4G9 ☎ 418/692-2875 ⌚ Jun-fim de out diariam 9h-22h; resto do ano diariam 9h30-17h30 🚌 1 🚌 Petit Champlain, próximo à base do bondinho 🚌 Ecolobus, 1

GALERIES D'ART INUIT BROUSSEAU ET BROUSSEAU

www.inuitart.ca

Perto do Château Frontenac, esta galeria promove o trabalho de excelentes artistas inuit do Canadá Ártico, expondo peças fantásticas, com qualidade de museu e garantia de autenticidade. Os funcionários são bem informados, e as aquisições podem ser despachadas para você no exterior.

✉ 35 rue St.-Louis, Cidade de Quebec, Quebec, G1R 3Z2. Também em Pierres Vives, 23½ rue du Petit-Champlain e 428-A rue Victoria, St. Lambert, Quebec, G1K 4H5 ☎ 418/694-1828 🕒 Diariam 9h30-17h30 🚌 3, 11

LIBRAIRIE DU NOUVEAU MONDE

Atrás do Musée de la Civilisation, esta loja tem livros em inglês e francês sobre assuntos variados, com uma boa seleção de títulos interessantes que tratam de Quebec.

✉ 103 rue St.-Pierre, Cidade de Quebec, Quebec, G1K 7A1 ☎ 418/694-9475 🕒 Seg-sex 9h-18h, sáb-dom 10h-18h 🚌 1, Ecolobus

LOUIS PERRIER JOAILLIER

www.louisperrier.com

No meio da Cidade Antiga, a loja de Louis Perrier exibe conjuntos elegantes e fantásticos de joias de ouro e pedras preciosas. Com uma tradição familiar de 50 anos, Brigitte, filha de Louis, agora comanda um grupo de desenhistas jovens. As peças não são baratas, mas é difícil resistir a elas.

✉ 428-A rue Victoria St.-Lambert, Québec, City, Québec, J4P 2H9 ☎ 450/671-8993 🕒 sáb-qua 10h-17h, qui-sex 10h-21h 🚌 1

PEAU SUR PEAU

www.peausurpeau.qc.ca

Aqui, você se veste de couro da cabeça aos pés, e depois leva uma valise de couro para colocar tudo dentro. Mesmo que não queira comprar nada, vale a pena vir até a loja só para sentir o aroma do couro. Tudo vem de estilistas de Quebec ou internacionais que usam materiais da melhor qualidade para suas peças elegantes. Há também uma loja de calçados no nº 85 da rue du Petit-Champlain.

✉ 70 boulevard Champlain, Cidade de Quebec, Quebec, G1K 4H7 ☎ 418/692-5132 🕒 Sáb-qua 9h-18h, qui-sex 9h-21h 🚌 1, Ecolobus

PETITE CABANE A SUCRE DE QUÉBEC

www.petitecabaneasucre.com

Há gerações a família Fortier fabrica xarope de bordo e produtos relacionados –e este é o lugar para comprá-los. A família também tem a ótima confeitaria BeaverTail Pastry, por perto.

✉ 94 rue Petit Champlain, Cidade de Quebec, Quebec G1K 4H4 ☎ 418/692-5875 🕒 Jun-out diariam 9h-21h ou mais tarde; resto do ano 10h-17h (21h qui-sex) 🚌 1, Ecolobus

PLACE LAURIER

www.laurierquebec.com

Maior shopping center do leste do Canadá, tem 350 lojas, e as âncoras são Zellers, Sears e The Bay. Ampliado nove vezes desde a construção, é um espaço claro e ventilado, com opções quase ilimitadas de roupas, artigos esportivos e para a casa, além de lazer. Entre os serviços gratuitos do shopping estão chapelaria e empréstimo de carrinhos e cadeiras de rodas.

✉ 2700 boulevard Laurier, Ste.-Foy, Cidade de Quebec, Quebec, G1V 4J9 ☎ 418/651-5000, 800/322-1828 🕒 Seg-qua 10h-17h30, qui-sex 10h-21h, sáb 9-17h, dom 10h-17h (o horário das lojas varia) 🚗 5km a oeste perto das pontes do boulevard Laurier 🍴 Restaurantes e fast-food

LES PROMENADES DU VIEUX-QUÉBEC

Mais um espaço de comércio exclusivo, tem apenas por volta de dez butiques elegantes. A área em volta é igualmente chique, e mistura estilo moderno e madeira com latão à antiga. Moda masculina, feminina e infantil de grife, joias e cosméticos.

✉ Rue Buade ou rue du Trésor, Cidade de Quebec, Quebec, G1R 4A2 ☎ 418/692-6000 🕒 Diariam 10h-17h (até 22h jul-set) 🚌 3, 11, Ecolobus

MARCHÉ PUBLIC DE QUÉBEC

Os mercados são sempre divertidos. Se você acrescentar elementos franceses –principalmente as maravilhosas opções de queijo–, terá algo especial. Este é um bom lugar para comprar produtos com xarope de bordo. As frutas e verduras da região são excelentes.

✉ 160 Quai St.-André, Cidade de Quebec, Quebec, G1K 3Y2 ☎ 418/692-2517 🕒 Meados mar-fim nov diariam 9h-17h (18h qui-sex jul-início out); fim nov-dez 9h-18h (19h qui-sex); resto do ano qui dom 9h30-17h 🚗 Área do Vieux-Port

DIVERSÃO E VIDA NOTURNA

FOU-BAR

www.foubar.ca

Este lugar de música ao vivo não se prende a gêneros: apresenta jazz, roots, rock, música latina e country.

✉ 525 rue St.-Jean, Cidade de Quebec, Quebec G1R 1P5 ☎ 418/522-1987 🕒 Seg-sex 14h30-3h, sáb-dom 12h-3h; apresentações de música geralmente começam às 21h 🚌 7

GRAND THÉÂTRE DE QUÉBEC

www.grandtheatre.qc.ca

Este é o principal teatro da província, sede da Ópera e da Orquestra Sinfônica de Quebec. Duas salas de concertos oferecem programação completa de teatro, dança e música.

✉ 269 boulevard René-Lévesque Est, Cidade de Quebec, Quebec, G1R 2B3 ☎ 418/643-8131, 877/643-8131 🕒 O ano todo ✋ $36-$150 🚌 800, 801

THÉÂTRE PETIT CHAMPLAIN

www.theatrepetitchamplain.com

Teatro pequeno e aconchegante, tem paredes antigas de pedra. Há apresentações de músicos francófonos.

✉ 68 rue du Petit-Champlain, Cidade de Quebec, Quebec, G1K 4H4 ☎ 418/692-2631 🕒 Qua-sex à noite 🚌 1, Ecolobus

PARA CRIANÇAS

PARC AQUARIUM DU QUÉBEC

www.sepaq.com

Para aumentar a expectativa até a atração principal –um túnel de acrílico por onde se atravessa um tanque de 350 mil litros com mais de 650 animais marinhos– existem habitats ao ar livre para ursos-polares, morsas e focas. O aquário tem cerca de 10 mil animais marinhos, uma área lúdica aquática e um circuito de arvorismo. Apresenta, ainda, um interessante documentário sobre o Ártico. Vá bem agasalhado.

✉ 1675 avenue des Hotels, Ste.-Foy, Cidade de Quebec, Quebec, G1W 4S3 ☎ 418/890-6527, 1-800/665/6527 🕒 Diariam 8h30-20h (18h sáb-dom meados out-início mai) ✋ Adulto $17, criança (3-17) $8,50, família $34 ou $51 🚌 13

ONDE COMER

PREÇOS E SÍMBOLOS
Os restaurantes estão listados por ordem alfabética (sem levar em conta os artigos La, Le e Les). Os preços correspondem a um almoço (A) de dois pratos e um jantar (J) de três pratos, sem bebidas. O preço do vinho refere-se a uma garrafa da marca menos cara.

Para a legenda de símbolos, ▷ 2.

L'ASTRAL

www.loewshotels.com
Este restaurante giratório não atrai somente pela vista, pois a cozinha francesa, que utiliza ingredientes locais e frescos, é perfeita e saborosíssima. Você pode começar pelo abacate recheado de camarões e ao molho de champanhe, seguido por casserole de frutos do mar com molho Noilly Pratt ou um clássico coq au vin. O "Retro Menu" tem pratos como pernas de coelho adocicadas ao molho de mostarda e pitus empanados em estilo creole. A sofisticada atmosfera noturna é realçada por um pianista.
✉ Loews Hôtel Le Concorde, 1225 cours du Général-de-Montcalm, Cidade de Quebec, Quebec, G1R 4W6 ☎ 418/647-2222, 1-800/463-5256 🕘 Seg-sáb 6h30-10h30, 12h-15h, 18h-22h45 (o jantar começa às 17h45 no sáb), dom 9h-15h, 18h-22h45 ✋ A $35, J $45, vinho $30 🚌 1, Ecolobus

AUX ANCIENS CANADIENS

www.auxancienscanadiens.qc.ca
O melhor da culinária canadense servida no mais antigo edifício da Cidade de Quebec (1675). No cardápio, pratos locais como ragu de juntas de javali e porco com almôndegas, torta de carne com faisão, cassarola de búfalo e rena cozida com molho cremoso de vinho de mirtilo. Há muitas sobremesas com xarope de bordo, além de outras tentações doces como cheesecake de maçã com calda de caramelo.
✉ 34 rue St.-Louis, CP 175, Succursale Haute-Ville, Cidade de Quebec, Quebec, G1R 4P3 ☎ 418/692-1627 🕘 Diariam 12h-21h ✋ A $22, J $50, vinho $39 🚌 7, 11

BUFFET DE L'ANTIQUAIRE

Neste lugar minúsculo as mesas são muito disputadas não só pelo ambiente luxuoso, mas também porque a tradicional cozinha *québécoise* está em alta. Após um ragu de almôndegas, um peixe fresco ou uma tourtière (torta de carne), confira as deliciosas sobremesas caseiras. Quem acorda tarde vem aqui para o café da manhã, disponível o dia todo.
✉ 95 rue St.-Paul, Cidade de Quebec, Quebec G1K 3V8 ☎ 418 692 2661 🕘 Diariam 18h-21h ✋ A $12, J $15, vinho $27,50 🚌 1, Ecolobus

CAFE DU MONDE

www.lecafedumonde.com
Um grande mapa-múndi enfeita uma das paredes, mas este restaurante na orla é obviamente parisiense, desde o design elegante do interior até a rotisserie francesa com cinco espetos e o clássico menu de bistrô. Steak-frites, salsicha dijonnaise, de Toulouse, moules marinière, bouillabaisse, bife tártaro e chouriço com maçãs, cebolas e Calvados –está tudo lá, junto com algumas massas e fantásticos sanduíches abertos. Vale a pena dar atenção ao menu de brunch. Localizado no Terminal de Croisières, o café tem bela vista do rio, e você se diverte observando a cozinha aberta.

84 rue Dalhousie, Cidade de Quebec, Quebec, G1K 4B2 418/692-4455 Seg-sex 11h30-23h, sáb-dom 9h30-23h A $30, J $45, vinho $26 1, Ecolobus

LE COCHON DINGUE

www.cochondingue.com

Já faz muitos anos que este restaurante é um marco da cidade. Localizado numa casa secular, com belo terraço ajardinado, oferece excelentes pratos típicos de bistrô, como bife com fritas, ensopado borgonhês de carne de porco, mexilhões, tartiflette, mais sanduíches de tipo europeu, sopas caseiras, saladas, sobremesas deliciosas e também café da manhã. Menus a preço fixo são uma boa opção. Há filiais do Cochon Dingue na rue Maguire, no boulevard Champlain e na Lebourgneuf.

46 boulevard René-Lévesque Ouest, Cidade de Quebec, Quebec G1R 2A4 418/523-2013 Seg-qua 9h30-17h30, qui-sex 9h30-21h, sáb-dom 9h30-17h A $15, J $35, vinho $26

COMMENSAL

www.commensal.com

A Cidade de Quebec está cheia de restaurantes franceses que não chamam a atenção por serem vegetarianos, o que é um grande achado para quem não come carne. A comida saudável é preparada segundo receitas interessantes e você se serve de um bufê quente e frio, e depois paga pelo peso do prato. Traga seu próprio vinho.

80 rue St.-Jean, Cidade de Quebec, Quebec 418/647-3733 Diariam 11h-21h (22h qui-sáb) A $15, J $20

LA CRÉMAILLIÈRE

Este restaurante para ocasiões especiais, numa elegante construção histórica da Cidade Alta, é bem antigo e consagrado por sua excelente cozinha francesa e italiana. Menus "table d'hôte" oferecem quatro ou cinco pratos, e entre os pratos principais destacam-se linguado de Dover ao molho de amêndoas tostadas e manteiga, filé de salmão do Atlântico recheado com vieiras ao molho de manteiga de limão, pâncreas de vitela ao Porto e molho de ostras e cogumelo, e Châteaubriand ao molho Béarnaise.

73 rue Ste.-Anne, Cidade de Quebec, Quebec, G1R 3X4 418/692-2216 Diariam 11h-14h30, 17h30-23h A $35, J $60, vinho $35 3, 11, 54, Ecolobus

D'ORSAY

www.dorsayrestaurant.com

Paredes de pedra, madeira escura e lustrosa e toalhas brancas compõem o cenário para a cozinha internacional. Comece com salmão defumado com um toque de rum ou escargot com manteiga de alho, seguido de um prato quentíssimo de fajita, uma massa clássica, mexilhões cozidos em um dos diversos molhos, ou talvez ossobuco de bisão. Há muitas opções. Reserve espaço para uma das sobremesas deliciosas.

65 rue de Buade, Cidade de Quebec, Quebec G1R 4A2 418/694-1582 Diariam 11h30-3h A $35, J $45, vinho $24

LAURIE RAPHAEL

www.laurieraphael.com

Aqui, você saboreia as criações de Daniel Vézina, um dos grandes chefs de Quebec, muito premiado e elogiado pelo toque inovador, e apresentador de um programa de TV. Em meio à decoração estupenda, você saboreia combinações como perca silvestre com favas e confit de berinjela; nhoque de açafrão, geleia de laranja sanguínea e emulsão tailandesa; supreme de pato com licor de romã, purê de ruibarbo, cogumelos ao mel, ravióli de foie gras e pistache. As sobremesas clássicas têm um toque moderno. O menu de preço fixo "Chef! Chef!" oferece boa relação custo-benefício. O local também dá aulas de culinária, faz demonstrações e tem uma butique de alimentos e produtos artesanais do Quebec.

117 rue Dalhousie, Vieux-Port, Cidade de Quebec, Quebec G1K 9C8 418/692-4555 Ter-sex 11h30-14h, 17h30-22h, sáb 17h30-22h A $26, J $75, vinho $50 1, Ecolobus

PANACHE

www.saint-antoine.com

Um antigo armazém do século 19, com sólidas vigas de madeira e paredes rústicas de pedra, recebeu um toque chique e moderno, assim como a tradicional culinária franco-canadense do menu ganhou um viés moderno. Como os ingredientes são locais, você pode optar por salmão defumado do Fumoir Charlevoix, foie gras de pato de St.-Appolinaire, coelho de uma fazenda do Quebec ou lagosta das Îles-de-la-Madeleine ao molho de limão e tomilho, além de salada de salicórnia de Kamouraska. Caso possa gastar mais, há o Signature Menu, de seis pratos, incluindo vinhos, por $169.

Auberge St.-Antoine, 8 rue St.-Antoine, Québec City, Québec, G1K 4C9 418/692-1022 Seg-ter 6h30-10h30, 18h-22h; qua-sex 6h30-10h30, 12h-14h, 18h-22h; sáb-dom 7h-11h, 18h-22h A $22, J $75, vinho $50 1, Ecolobus

RIVIERA

www.riviera-quebec.com

A maravilhosa localização diante das águas é uma das atrações daqui. Outra é o ótimo menu, com uma mescla de especialidades de bistrô francês, massas e comida clássica de lanchonete norte-americana.

155 rue Abraham-Martin, Cidade de Quebec, Quebec G1K 8N1 418/694-4449 Diariam 11h-21h (a partir das 8h maimeados set) A $15, J $25, vinho $30 18, 25

VERSA

www.versarestaurant.com

Com luz fria e elegância simples, mas de estilo, este restaurante atrai pessoas modernas da cidade. O menu, interessante, tem opções como pudim preto assado com cebolas caramelizadas; salada de maçã e purê de aipo-rábano; robalo chileno assado com confit de tomate, cuscuz israelense, parmesão, pesto, creme e rúcula. Oferece um bar de ostras e um menu de canapés na hora do coquetel (17h-19h).

432 rue du Parvis, Nouvo St.-Roch, Cidade de Quebec, Quebec, G1K 6H8 418/523-9995 Seg-sex 11h30-23h, sáb 17h-22h; fechado seg almoço; o bar abre diariam até 3h A $15, J $30, vinho $35 1, 3, 4, 7; Metrobus 800, 801

ONDE FICAR

PREÇOS E SÍMBOLOS

Os preços correspondem à diária de um quarto duplo, com café da manhã, a menos que indicado o contrário. A não ser que esteja especificado, todos os hotéis da lista aceitam cartões de crédito. Note que os preços variam ao longo do ano.

Para a legenda de símbolos, ▷ 2.

APPARTEMENTS-HÔTEL BONSEJOURS

www.bonsejours.com

Por qualquer período de tempo, este apart-hotel no centro oferece espaço para você se sentir totalmente em casa. As suítes incluem banheiro e cozinha ou quitinete com todos os equipamentos; as maiores possuem um ou dois quartos separados da área de estar, e acomodam até seis pessoas. Apesar da cozinha, você não é obrigado a cozinhar –o hotel tem um café no local e serviço de quarto. Também dispõe de TV a cabo e chamadas telefônicas locais de graça.

237 rue St.-Joseph Est, Cidade de Quebec, Quebec, G1K 3A9 418/380-8080, 1-866/892-8080 $95-$295 15 (todos para não fumantes) 9, 29, 80, 85

AUBERGE INTERNATIONALE DE QUÉBEC

www.cisq.org

Este albergue não tem nada de inconveniente. Localizado dentro das antigas muralhas da cidade, fica a 15 minutos de caminhada das estações de trem e de ônibus e perto de todos os principais sítios tombados. Membro da Hostelling International Network, o albergue oferece quartos privativos e para famílias, com ou sem chuveiro próprio, além de dormitórios comunitários para acomodar de quatro a 12 hóspedes (mistos ou unissex).

19 rue Ste.-Ursule, Cidade de Quebec, Quebec, G1R 4E1 418/694-0755, 866/694-0950 Quarto duplo privativo: $74; dormitório $28-$34 por pessoa (diárias mais altas incluem café da manhã) 62 (todos para não fumantes) 3, 7, 11, 25, Ecolobus

AUBERGE ST.-ANTOINE

www.saint-antoine.com

A profunda restauração de um armazém abandonado criou um hotel de grande personalidade. Tanto as paredes de tijolo aparente, enormes vigas e decoração tradicional, como as linhas despojadas, com paredes lisas de cores claras e peças supermodernas são de muito bom gosto e têm um leve toque extravagante. Alguns quartos têm terraço de cobertura ou sacada.

8 rue St.-Antoine, Cidade de Quebec, Quebec, G1K 4C9 418/692-2211, 1-888/692-2211 $149-$459 95 (89 só para não fumantes) 1, Ecolobus

AUBERGE DU TRESOR INN

www.aubergedutresor.com

O local é muito famoso, entre outras coisas, por ser a hospedaria mais antiga da América do Norte. Na realidade, aqui já havia uma hospedaria desde 1640, e não há como negar o ambiente romântico até mesmo onde ele só existe no nome, como na oferta de "Pacotes Românticos" e "Jantares Românticos". A localização é perfeita, de frente para o Château Frontenac, atravessando a arborizada place d'Armes no miolo da Cidade Alta.

20 rue Ste.-Anne, Cidade de Quebec, Quebec, G1R 3X2 418/694-1876, 1-800/566-1876 A partir de $85 24 (todos para não fumantes) 54, Ecolobus

LE CHÂTEAU FRONTENAC

www.fairmont.com/frontenac

Este hotel é um marco da cidade e o lugar de maior prestígio para se hospedar, com presença marcante. Os quartos são serenos, com tons quentes de

outono, móveis clássicos de madeira escura e possuem controle de temperatura individual. Há uma fantástica suíte com uma piscina grande e outra pequena para crianças, hidromassagem, sauna, sala de exercícios e spa. Para comer, dispõe de opções que vão desde um restaurante formal até um bistrô incluindo local para o chá da tarde.
1 rue des Carrières, Québec City, Québec, G1R 4P5 418/692-3861, 1-866/540-4460 $189-$549 618 Coberta 3, 11, Ecolobus

GITE LA BOHÊME

www.gites-classifies.qc.ca/boheme.htm
Os quartos aconchegantes, de cores ornadas, têm decoração individualizada e piso de madeira de lei. O hóspede também pode usar uma sala de estar agradável e o terraço ajardinado. O café da manhã é muito bom, com muitas frutas frescas além de pratos quentes e frios.
650 rue de la Reine, Cidade de Quebec, Quebec, G1K 2S1 418/525-7832, 866/525-7832 $85-$129 5 (todos para não fumantes)

HAYDEN'S WEXFORD HOUSE

www.haydenwexfordhouse.com
De 1832, esta magnífica casa antiga de pedra, enfeitada com floreiras nas janelas, foi construída para James Hayden, de Wexford, Irlanda –daí o nome, que figura no brasão da fachada em seu formato original. Os quartos, com teto inclinado e águas-furtadas, têm decoração agradável e camas queen size; eles compartilham dois banheiros modernos e luxuosos.
450 rue Champlain, Cidade de Quebec, Quebec, G1K 4J3 418/524-0524 $110 3 (todos para não fumantes)

HÔTEL MANOIR DE L'ESPLANADE

www manoiresplanade.ca
Reformado com capricho, este prédio de 1845 oferece acomodações espaçosas cheias de personalidade. Algumas têm paredes com tijolos e pedras aparentes, lareiras antigas e tetos altos. Os quartos do sótão no quarto andar são muito bonitos e têm belas vistas, mas lembre-se de que não tem elevador. Entre os recursos modernos nos quartos há banheiro privativo, TV a cabo e acesso grátis à internet sem fio. Em determinados períodos, exige-se a permanência mínima de duas noites.
83 rue d'Auteuil, Cidade de Quebec, Quebec, G1R 4C3 418/694-0834 $115-$175 36 (todos para não fumantes) 3, 11, Ecolobus

HÔTEL-MUSÉE PREMIÈRES NATIONS

www.hotelpremieresnations.ca
Vale a pena gastar 15 ou 20 minutos de carro para sair da cidade e ficar neste luxuoso hotel inigualável, nas terras dos huron-wendat. Uma das edificações parece uma tipi (tenda cônica) parcialmente construída, com interior amplo e moderno. Obras de artesãos das Primeiras Nações adornam as paredes, e o restaurante gourmet oferece o sabor da cozinha tradicional. Quartos e suítes, de frente para o rio Akiawenrahk, dispõem de recursos modernos. A área oferece outras experiências tribais, além de caminhadas pela bela paisagem.
5 place de la Rencontre "Ekionkiestha," Wendlake, Quebec, G0A 4V0 418/847-2222, 866/551-9222 $119-$229 55 (todos para não fumantes) 72, 75 Ao norte da cidade pela Autoroute 73 (Highway 175) depois para leste na Highway 369 (saída 150) ou rue de la Faune (saída 154)

HÔTEL PUR

www.hotelpur.com
Aqui você encontra outra faceta de uma cidade famosa por sua história. Trata-se de um hotel de 18 andares com projeto moderníssimo, localizado numa rua central chique, cheia de butiques de confecções, restaurantes elegantes e vida noturna vibrante. Além de decoração requintada, roupa de cama luxuosa, camas com pillow-top e edredons, os quartos possuem despertadores compatíveis com iPod e grandes TVs de tela plana com filmes sob encomenda. O hotel também dispõe da maior piscina coberta da cidade e de uma sala de ginástica.
395 rue de la Couronne, Cidade de Quebec, Quebec, G1K 7X4 418/647-2611, 800/ 267-2002 $116 239 (215 só para não fumantes) Coberta

HÔTEL TERRASSE-DUFFERIN

www.terrasse-dufferin.com
Com localização sossegada mas espetacular, de frente para o rio São Lourenço, perto do Château Frontenac, este hotel pequeno tem quartos simples e suítes mais elaboradas, com recursos para cozinhar e bela vista. Os preços são bem razoáveis.
6 place de la Terrasse-Dufferin, Cidade de Quebec, Quebec, G1R 4N5 418/694-9472 $99-$169 22 quartos (todos para não fumantes), 8 apartamentos Na maioria das unidades 3, 11, Ecolobus

L'HÔTEL DU VIEUX-QUÉBEC

www.hvq.com
Este hotel particular, com localização fantástica, fica dentro das muralhas da única cidade fortificada da América do Norte. Há uma atmosfera muito simpática por toda parte, e os donos oferecem passeios guiados gratuitos em julho e agosto. Um conjunto excêntrico de escadarias leva a quartos sem requintes, que refletem a idade da construção, alguns com paredes de pedra e teto inclinado, e todos com banheiro privativo, TV a cabo e frigobar. Os telefonemas locais são grátis. Um animado bistrô-restaurante, que utiliza ingredientes produzidos no jardim orgânico no terraço, ocupa a calçada no verão.
1190 rue St.-Jean, Cidade de Quebec, Quebec, G1R 1S6 418/692-1850, 800/361-7787 $108-$228 45 (todos só para não fumantes) 7, 11, Ecolobus

LE VINCENT

www.aubergelevincent.com
O estilo contemporâneo é mesclado com as paredes de pedra e tijolos aparentes deste edifício histórico no bairro revitalizado de Saint-Roch. A parte externa tem uma enorme escultura floral de metal. Além de estilo, aqui também há substância. Os quartos têm finas roupas de cama e edredons de penas de ganso, TV de tela plana, internet de banda larga, geladeira e máquina de espresso, e os banheiros são ultramodernos.
295 rue St.-Vallier Est, Cidade de Quebec, Quebec G1K 3P5 418/523-5999 $149-$229 3, 7, 28, 37, 65, 86; Metrobus 801

PROVÍNCIA DE QUEBEC

Quebec é a maior província do Canadá e, como núcleo de sua população francesa, uma das duas províncias em que o francês é a língua oficial (mas poucos não entendem inglês). Seu território cobre mais de 1,5 milhão de km^2 e se estende por quase 2 mil km desde a fronteira com os EUA até o oceano Ártico. A variedade de paisagens impressiona –pastagens, florestas imensas, montanhas com mais de 1.600m de altitude, litoral escarpado, mais de 1 milhão de lagos e rios, e a tundra inóspita habitada apenas por animais resistentes.

A maioria da população vive no quadrante sul, e grande parte das cidades médias e grandes, entre as quais a Cidade de Quebec e Montreal, se aglomera ao longo do rio São Lourenço, via de comunicação histórica e ainda um curso d'água movimentado para cargas, navios de cruzeiro e embarcações de lazer. Ao sul do rio acham-se as terras férteis dos Cantões de Leste e, mais a leste, a península da Gaspésie, que se projeta no golfo de São Lourenço e contém um dos picos mais altos da província: o Mont Jacques-Cartier. Ao norte do rio fica o magnífico fiorde Saguenay, com o centro Tadoussac para observação de baleias na foz e o gracioso lago St.-Jean ao norte. Bem perto de Montreal fica a estação de esportes de inverno de Mont-Tremblant, enquanto a oeste fica o vale do Gatineau, famoso pelas notáveis cores de outono, que rivalizam com as de Vermont (EUA).

Embora o clima possa ser terrível no inverno, os verões de Quebec são ótimos e ganharam fama pela produção de alimentos –queijos maravilhosos, xarope de bordo, frutas e verduras orgânicas, todos os tipos de carnes e aves e até vinhedos. Há abundância de carne de caça e os lagos e rios ficam cheios de peixes de água doce, enquanto o golfo de São Lourenço produz pescados suculentos. Quando se une isso à tradição culinária francesa de Quebec, pode-se esperar uma das melhores comidas da América do Norte, em companhia de moradores simpáticos que sentem orgulho e prazer de compartilhá-la com você.

Pág. ao lado *A United Church refletida no lago em Knowlton* **Acima** *Lago Memphrémagog*

CANADIAN MUSEUM OF CIVILIZATION

▷ 116-7.

CANTONS-DE-L'EST

www.easterntownships.org

Região de montanhas, lagos e vilarejos encantadores, os Cantões do Leste constituem uma mistura singular do charme anglo-saxão e da alegria de viver quebequense. Apesar do nome, na realidade eles ficam no sudoeste da província, bem a leste de Montreal. Depois da Revolução Americana, as terras ao longo da fronteira a leste daquela cidade foram avaliadas e outorgadas aos legalistas, a maior parte deles da Nova Inglaterra, que preferiam viver em solo britânico a viver nos novos Estados Unidos. As cidades e os vilarejos refletem esse legado. De 1850 em diante, porém, cada vez mais francófonos se mudaram para a região e agora mais da metade da população fala francês.

Aqui, as montanhas fazem parte da cadeia dos Apalaches. Com altitude de quase 1.000m, elas são arredondadas e arborizadas, com muitos lagos nos vales. Os montrealenses fogem para as rampas de esqui, no inverno, e para os lagos, no verão. Para o visitante, há simpáticos vilarejos e uma abadia de localização fantástica.

Knowlton é uma vila vitoriana atraente, com diversas lojas de artesanato, galerias de arte, restaurantes e butiques em England Hill, que culmina no moinho do rio. Agora, a vila faz parte do município de Lac-Brome, e suas construções exibem uma mistura eclética de estilos, inclusive algumas residências suntuosas à beira do lago. Os patos criados aqui são uma iguaria em muitos restaurantes do local.

Magog está muito bem instalada na ponta norte do bonito lago Memphrémagog. Passeios de barco no verão (meados mai-fim set diariam) oferecem vista das ilhas e dos picos vizinhos dos Apalaches, principalmente do monte Orford. Um mosteiro, à beira do lago, tem ar de conto de fada, com edificações de granito branco e tijolos coloridos. A magnífica igreja moderna é aberta à visitação. Os monges são famosos pelos cantos gregorianos (Eucaristia 11h, Vésperas 17h). Eles também criam vacas charolesas e produzem queijo, com destaque para L' Ermite e St.-Benoît.

O arborizado Parc National du Mont-Orford cobre 57km² dos Apalaches e é dominado pela montanha homônima, que chega a 876m de altitude. É uma estação de esqui concorrida, e no verão às vezes é possível subir o monte Orford no bondinho híbrido para aproveitar a magnífica vista do lago Memphrémagog e das montanhas em volta.

O Granby Zoo é uma ótima atração para as crianças (▷ 132).

✚ 406 U17 **i** Tourisme Cantons-de-l'Est, 20 rue Don-Bosco Sud, Sherbrooke, Quebec, J1L 1W4 ☎ 819/820-2020, 1-800/355-5755

LITORAL DE CHARLEVOIX

▷ 118-9.

GASPÉSIE

▷ 120-2.

ÎLE D'ANTICOSTI

www.sepaq.com
www.ile-anticosti.com

Quem gosta de natureza e busca tranquilidade vai adorar Anticosti. Menos de 300 pessoas vivem nesta ilha enorme (que cobre uma área de quase 8 mil km²), parecida com uma rolha gigante na foz do rio São Lourenço. Ela é um paraíso para observadores de aves (aqui foram localizadas 220 espécies, como as águias-carecas). As notáveis formações rochosas, cavernas e cachoeiras foram esculpidas no calcário rico em fósseis, e cerca de 200 navios naufragados permanecem ao largo das praias rochosas da ilha.

Se puder, programe uma visita de ao menos dois dias; a Anticosti Reserve, gerida pela Sépaq (agência do governo), oferece pacotes de férias de verão (jun-fim ago) e de inverno (meados jan-meados abr) com caça e pesca e durações diferentes, que incluem baldeação de avião, acomodações em hospedarias ou cabanas, refeições e aluguel de veículo 4x4, fundamental para circular. Peça para incluir um passeio à espetacular Chute Vauréal. Os penhascos de pedra calcária chamam a atenção na Baie de la Tour, 24km a leste da Chute Vauréal; a cachoeira despenca 76m pela rocha íngreme.

Anticosti fazia parte da propriedade de Louis Jolliet, que explorou o Mississippi. Em 1895, foi adquirida por $125.000 pelo francês Henri Ménier, rico fabricante de chocolate, como reserva privativa de caça e pesca. Ali, Ménier introduziu, entre outras coisas, 220 cervos-de-cauda-branca; atualmente, estima-se que a manada atinja 120 mil indivíduos –a maior concentração dessa espécie na América do Norte. Ménier é homenageado com o nome da única comunidade da ilha: Port-Ménier.

✚ 407 W14 **i** Sépaq, Box 179, Port-Ménier, Quebec, G0G 2Y0 ☎ 418/890-0863, 800/463-0863 **i** Info-Anticosti, 7 chemin des Forestiers, Port-Menier, Anticosti, Québec, G0G 2Y0 ☎ 418/535-0250

CANADIAN MUSEUM OF CIVILIZATION

INFORMAÇÕES
www.civilization.ca
412 T18 · 100 Laurier Street, Gatineau, Québec, K1A 0M8 · 819/776-7000, 1-800/555-5621 · Mai-meados out seg-sex 9h-18h (até 20h qui-sex jul-início set), sáb-dom 9h30-18h; meados out-abr ter-sex 9h-17h (até 20h qui), sáb-dom 9h30-17h · Adulto $12, criança (3-12) $8 ou (acima de 12) $10, família $30; grátis qui 16h-20h, 1º jul, 11 nov. Dispõe de ingressos combinados com cinema IMAX, Canadian War Museum e exposições especiais · Audioguia $3; folheto informativo; aplicativo para celular gratuito na iTunes App Store ou BlackBerry App World · De Ontario: 8; de Quebec: 21, 31, 33, 35, 67, 77 · Café du Musée: restaurante elegante com terraço externo no verão · Voyageurs Cafeteria; Café Express; Café du Musée · Artesanato e suvenires canadenses

Acima *Este excelente museu apresenta a história do Canadá de maneira interessante e divertida*

INTRODUÇÃO

Este é um dos melhores museus do Canadá, com mostras fabulosas sobre a cultura e as tradições das Primeiras Nações e dos colonizadores, tudo instalado num prédio espetacular. Criado em 1856, é um dos mais antigos da América do Norte. Teve início em Montreal como coleção da Geological Survey of Canada, depois mudou-se para Ottawa, onde cresceu demais para sua sede na Metcalf Street. Em 1982, o governo federal lançou um plano com o objetivo de transferir o museu para um prédio projetado para ele do outro lado do rio. Sete anos depois, a um custo de $340 milhões, foi aberto na atual localização. Douglas Cardinal, de Edmonton, Alberta, foi o arquiteto, e sua construção arredondada, sem linhas retas, transformou-se não apenas num acréscimo muito apreciado na paisagem ribeirinha de Ottawa, como também se tornou um ícone da arquitetura canadense.

O museu possui quatro andares de galerias, além dos jardins e da cobertura. Por isso, mesmo que você tenha o dia inteiro para passar aqui, talvez haja coisa demais para ver. O primeiro passo seria pegar um mapa do museu no saguão e priorizar suas opções. Pode ser interessante também obter os horários das sessões do cinema IMAX.

DESTAQUES

O GRAND HALL E OS PRIMEIROS POVOS

De fora, as linhas curvas do museu e as características de estilo fornecem algumas pistas da rica cultura das Primeiras Nações que se encontra lá dentro, mas nada consegue preparar você para o Grand Hall, que se estende pela altura dos quatro andares do museu, com janelas do teto ao chão em uma das paredes. Aqui, as mostras se concentram nas tribos da Costa Oeste, extremamente artísticas, com a réplica de seis casas numa praia simulada e floresta ao fundo, cheias da maior e melhor coleção de totens do mundo. O arranjo de entalhes incríveis conta com obras do renomado artista Bill Reid (1920-98), cuja mãe era da nação haida.

SEGUNDO PISO

O segundo piso tem diversas áreas onde são exibidas exposições temporárias. Aqui também fica o Canadian Postal Museum, que mostra o desenvolvimento das comunicações neste vasto país, com os atuais sistemas de tecnologia avançada, e o Canadian Children's Museum. Esta área interativa leva crianças e jovens a uma Cidade Internacional, onde aprendem por meio de jogos e da interação com a equipe do museu. A entrada para o cinema IMAX fica neste piso.

CANADÁ, LUGARES E POVOS

No terceiro piso, o Canada Hall é um retrato fascinante de diversos ambientes que abrangem o país todo e mil anos de história, desde os primeiros visitantes *vikings* até a década de 1890. Aqui você pode explorar cerca de 20 ruas históricas reconstituídas e construções individuais, com os respectivos objetos. Entre os destaques estão a praça de uma cidade da Nova França, a mansão suntuosa de um negociante e uma rua de compras de Ontário. Enquanto você visita esta parte do museu, prepare-se para conversar com gente dos cenários. A Dramamuse, companhia teatral da casa, literalmente dá vida às cenas. Seus membros interpretam o que está exposto de modo interessante, misturando cenas de um roteiro com improvisação interativa, e respondem às perguntas dos visitantes sobre a vida de suas personagens, entre as quais estão um comerciante de peles, um estalajadeiro, senhoras vitorianas e outros.

QUARTO PISO

No quarto piso, a exposição "Face to Face", fala mais sobre pessoas do que sobre lugares. Você descobre diretamente, por registros e memórias, a história de 27 pessoas que, de algum modo, ajudaram a construir o país, além de apreciar fotografias e objetos relacionados a elas.

DICAS

» O Grand Hall dispõe de contador de história, apresentações nativas e demonstrações de artesanato.

» Os jardins do museu são muito agradáveis –o Japanese Garden, na cobertura, e o Canada Garden, no térreo, têm plantas nativas. Há também uma área para recreação infantil.

» O site não é apenas sobre o museu –tem vasto e fascinante material sobre civilizações pelo mundo, ótimo para consultas. "Online Exhibitions" e "Virtual Museum of New France" são muito interessantes; para entrar neles, basta clicar no banner "Explore".

À esq. *A história ganha vida no Canadian Museum of Civilization*

LITORAL DE CHARLEVOIX

INFORMAÇÕES
www.tourisme-charlevoix.com
406 U16 Association Touristique Régionale de Charlevoix, 495 boulevard de Comporté, La Malbaie, Quebec, G5A 3G3 418/665-4454, 800/667-2276

Visitor Centers
444 boulevard Mgr-de Laval (estrada 138), Baie-St.-Paul, Quebec, G3Z 2V3
O ano inteiro
6 rue St.-Jean-Baptiste, Baie-St.-Paul, Québec, G3Z 1L7 O ano inteiro
1024 chemin des Coudriers, Île-aux-Coudres, Quebec, G0A 3J0
Meados jun-início set
494 rue St.-Laurent, St.-Siméon, Quebec, G0T 1X0
Meados jun-início set

INTRODUÇÃO

O litoral de Charlevoix, na margem norte do rio São Lourenço, é uma Reserva da Biosfera da Unesco, com montanhas, rios e vilarejos encantadores. Oficialmente, ele começa em Beaupré, a nordeste da Cidade de Quebec, e termina em Tadoussac, no rio Saguenay. Trata-se de uma das regiões mais bonitas e variadas de Quebec, uma combinação de montanhas que descem até a beira do rio, com vilarejos atraentes em vales, e o caudaloso São Lourenço. A área é rural e selvagem, com vistas variadas do rio e da margem oposta que, num dia claro de verão, são impressionantes. Os passeios para a observação de baleias partem de Tadoussac, e a baía de Ste.-Catherine dispõe de um mirante acima do rio, sobre a Pointe-Noire na Highway 138, um pouco antes da descida para Saguenay –além das vistas, há expositores e filmes sobre mamíferos marinhos.

O nome Charlevoix vem do padre jesuíta François-Xavier de Charlevoix (1682-1761), primeiro historiador da Nova França. Desde a década de 1760 as pessoas visitam Charlevoix pela beleza. Mais tarde, elegantes casas de veraneio foram construídas em locais como La Malbaie, e os navios de cruzeiro trouxeram turistas endinheirados para estas praias. Em 1899, a Canada Steamship Lines construiu o Manoir Richelieu, enorme hotel de luxo que funciona até hoje.

DESTAQUES

BALEIAS

Em junho, as baleias do Atlântico sobem o rio São Lourenço até as águas profundas de Tadoussac, na foz do rio Saguenay. Estas águas são ricas em todos os tipos de fauna e flora. Com as marés do golfo de São Lourenço, o rio corre para seus afluentes e, ao mesmo tempo, é invadido pelas águas doces do Saguenay. Ali se cria um habitat com grande quantidade de plâncton, que atrai peixes pequenos e moluscos dos quais as baleias se alimentam. É uma emoção e tanto observar essas criaturas enormes. As espécies mais comuns são a fin e a minke, e há uma população residente de baleias-brancas (belugas). De vez em quando, são avistadas baleias-jubarte, e, se você tiver sorte, talvez veja a grande baleia-azul, o maior mamífero da Terra, que atinge 30m de comprimento. Durante o verão são realizados cruzeiros de observação de baleias que partem do cais de Tadoussac. Neste ponto, o rio São Lourenço tem mais de 10km de largura, e bem no meio as baleias aparecem na superfície. Grandes jatos d'água saem pelos respiradouros na hora que elas sobem, o que facilita sua localização. Há vistas maravilhosas de Tadoussac, da foz do Saguenay e do farol de 15m de altura que marca o encontro dos dois rios.

COMUNIDADES DE CHARLEVOIX

Uma sequência de comunidades encantadoras se enfileiram ao longo do Litoral de Charlevoix. A Baie-St.-Paul dispõe de um belo terreno entre os morros ondulados sobre a baía formada pelo rio Gouffre quando ele se junta ao São Lourenço. Este ponto inspirou muitos artistas e, atualmente, existe uma dezena de galerias de arte na cidade, o que confere à Baie-St.-Paul a invejável fama de centro cultural. O Musée d'Art Contemporain, na rue Ambroise-Fafard (fim jun-início set ter-dom 11h-17h, resto do ano 12h-17h), tem um belo acervo permanente e excelentes exposições temporárias, como a "Costumes from the Cirque du Soleil". O grupo circense de fama global teve origem aqui como Stiltwalkers da trupe da Baie-St.-Paul. No alto dos morros, no lado oeste, a Maison de Tourisme de Baie-St.-Paul apresenta mostras sobre a cratera de Charlevoix e lindas vistas.

St.-Joseph-de-la-Rive, antiga comunidade fabricante de construções navais, comprimida entre o São Lourenço e as montanhas a 300m acima do rio, tem bonita vista de Les Éboulements, do rio e da encantadora Isle-aux-Coudres, à qual se chega de ferryboat que sai de St.-Joseph. Esta ilha, com 11km de comprimento e quase 5km de largura, é um refúgio de tranquilidade e charme rural. Em 1535, Jacques Cartier deu-lhe este nome por causa das aveleiras (*coudriers*) que existiam ali. De Pointe-de-l'Islet, na ponta sul, há vistas excepcionais da Baie-St.-Paul, enquanto de Pointe-du-Bout-d'en-Bas, na extremidade norte, avista-se Les Éboulements no alto do rochedo. Ste.-Irénée é mais conhecida pelo famoso festival internacional de música realizado entre o fim de junho e agosto, na Domaine Forget Music and Dance Academy.

Três comunidades ocupam o litoral de La Malbaie –Pointe-au-Pic, Cap-à-Aigle e a própria La Malbaie. Diz a lenda que a baía ganhou o nome de *malle baye* (baía ruim) em 1608, dado por Samuel de Champlain, fundador da Cidade de Quebec, que ancorou seus navios na barra e, na maré seguinte, estavam todos encalhados. La Malbaie se tornou um balneário concorrido no século 19, e seu hotel mais famoso é o Manoir Richelieu em Pointe-au-Pic, um vasto castelo e cassino de frente para o São Lourenço. Recentemente, Pointe-au-Pic foi declarada Sítio Histórico Nacional do Canadá, considerado o próximo na lista de Patrimônio da Humanidade da Unesco por sua importância como balneário histórico.

A bonita angra de Port-au-Persil, no São Lourenço, já há tempos tem sido a preferida dos artistas; possui uma igrejinha e uma cachoeira pequena.

Pág. ao lado *Maré baixa no porto de Baie-St.-Paul*

Abaixo, da esq. p/ dir. *Detalhe do interior da Catedral de Ste.-Anne-de-Beaupré; A Baie-St.-Paul tem muitas galerias de artesanato encantadoras*

INTRODUÇÃO

Conhecida como Península de Gaspé, esta área escarpada do leste de Quebec se projeta no golfo de São Lourenço, entre a baía des Chaleurs e a foz do rio. Tem quase 240km de comprimento e 115-135km de largura, com interior montanhoso e arborizado, cortado por rios e lagos. O litoral panorâmico é dotado de camadas de fósseis de fama internacional e foi eleito o terceiro local mais bonito do mundo pela National Geographic Society. Seu pico mais alto é o Mont-Jacques Cartier (1.268m) nas montanhas Chic-Choc (passeio de carro ▷ 128-9 e a pé ▷ 130-1).

Em 1534, o explorador francês Jacques Cartier levantou uma cruz em Gaspé, apossando-se das terras em nome do rei da França. Ainda existem dúvidas sobre onde exatamente ele colocou esta cruz –um monumento de pedra na frente da catedral comemora o evento, mas existe outra cruz de bronze no alto do rochedo, na frente do Musée de la Gaspésie. Os dois lugares têm seus defensores. Desde os mi'kmaqs, as pessoas têm vindo para cá para explorar a pescaria abundante.

INFORMAÇÕES

www.tourisme-gaspesie.com
407 V15 Association Touristique Régionale de la Gaspésie, 357 Route de la Mer, Ste.-Flavie, Quebec, G0J 2L0
418/755-2223, 1-800/463-0323

DESTAQUES

FORILLON NATIONAL PARK

www.pc.gc.ca

Este bonito parque parece um bloco maciço inclinado que surge do mar. Esculpido pela erosão, possui litoral com penhascos de pedra calcária, principalmente Cap Bon Ami e Cap Gaspé no lado norte. O centro de informações em Cap-des-Rosiers dispõe de aquários, expositores e filmes. Placas numa pequena trilha explicam a geografia do parque e descrevem sua vida selvagem. Cruzeiros (fim jun-início set) partem do cais vizinho para observar os penhascos mais de perto.
407 W14 122 boulevard de Gaspé, Gaspé, Quebec, G4X 1A9 418/368-5505; 1-888/773-8888; diariam Adulto $7,80, criança (6-16) $3,90, família $19,60

GASPÉ

Centro administrativo e comercial da península, Gaspé tem ótima localização na encosta do morro, e é dominada por uma antiga construção religiosa que, agora, abriga

Acima *Tradicional casa de madeira de frente para o mar*
Pág. ao lado *O rio Ste.-Anne no Gaspésie Parc National*

Acima *Vista aérea da vila litorânea de Percé, com o Rocher Percé ao fundo*
Pág. ao lado *A Basilique du Rosaire, no Cap-de-la-Madeleine, em Trois-Rivières*

o hospital. A Cathédrale de Christ-Roi é uma estrutura de madeira construída em 1969; seu exterior exótico contrasta com o interior espaçoso e simples. Na parede do fundo, destaca-se um vitral abstrato, luminoso e colorido, de Claude Théberge e Pierre Osterrath. Foi em Gaspé que Jacques Cartier reivindicou a Nouvelle-France (Nova França) para a França em 1534, e o Musée de la Gaspésie tem ótima mostra sobre ele (jun-out diariam 9h-17h; resto do ano seg-sex 9h-12h, 13h-15h, sáb 13h-15h).
407 W14 27 boulevard York Est, Gaspé, Quebec, G4X 2K9 418/368-8525

PARC NATIONAL DE LA GASPÉSIE

www.sepaq.com/pq/gas

O parque cobre uma área de 802km^2 e engloba os picos mais altos das montanhas Chic-Choc, a exemplo de Mont-Jacques Cartier, Mont-Albert, cujo ecossistema ímpar favorece a sobrevivência de plantas raras, Mont-Richardson e Mont Ste.-Anne (▷ 130-1). Este parque tem importante papel preservacionista, protegendo uma amostra representativa da vida selvagem apalachiana de Quebec, como o caribu, o alce e o veado. Oferece 140km de trilhas para caminhadas nos vales profundos e encostas arborizadas, destacando-se a trilha do Mont Ernest-Laforce, de acesso fácil com carro. O centro de informações turísticas dá mais detalhes.
406 V15 900 Route du Parc, Ste.-Anne-des-Monts, Quebec, G4V 2E4 418/763-7494 Diariam Adulto $3,50, criança (6-17) $1,50, família $7

PERCÉ

www.rocherperce.qc.ca

Em termos panorâmicos, Percé se destaca na península de Gaspé. Aqui, as rochas foram comprimidas, dobradas e empurradas, criando grande variedade de penhascos, baías e morros. A mais famosa é um rochedo perfurado, o Rocher Percé, um bloco de calcário de 438m de comprimento e 88m de altura, formado por camadas de sedimentos depositados no leito do mar há cerca de 375 milhões de anos. Tinha dois arcos até 1848, quando um desmoronou e deixou apenas um buraco e um bloco isolado chamado Obelisk. Um passeio de barco até a Île Bonaventure (meados mai-meados out diariam) passa perto da rocha e depois circula a ilha, que é famosa pelas aves aquáticas, principalmente a enorme colônia de atobás-do-cabo (estimada em 110 mil aves) nos rochedos do lado mais distante.
407 W15 9 rue du Quai, Percé, Québec, GOC 2L0 418/782-2258

LIEU HISTORIQUE NATIONAL DU CANADA DE LA BATAILLE-DE-LA-RISTIGOUCHE

www.pc.gc.ca

A última batalha naval entre a França e a Grã-Bretanha pela posse da América do Norte ocorreu na foz do rio Restigouche. Os franceses foram derrotados em 8 de julho de 1760, selando o destino da Nova França. Estão expostos os restos da fragata francesa *Machault*, parte de uma expedição de reforço para retomar Quebec, que fora ocupada pelos britânicos. Uma representação teatral recria a batalha.
406 V15 Route 132, Pointe-à-la-Croix, Quebec, GOC 1L0 418/788-5676, 1-888/773-8888 Jun-meados out diariam 9h-17h Adulto $3,90, criança (6-16) $1,90, família $9,80

PARC NATIONAL DE MIGUASHA

www.sepaq.com

Os ricos depósitos de fósseis expostos num rochedo à beira da baía des Chaleurs estão protegidos pelo Parc du Miguasha e foram incluídos na lista de Patrimônios da Humanidade da Unesco. Uma caminhada de 2km pela trilha "Evolution de La Vie" documenta a evolução das criaturas vivas. O museu tem mais de 10 mil fósseis –entre eles, alguns exemplares impressionantes– que remontam a 380 milhões de anos.
406 V15 231 Route Miguasha Ouest, Nouvelle, Quebec, GOC 2E0 418/794-2475 Jun-meados out diariam 9h-17h; meados out-mai seg-sex 8h30-12h, 13h-16h30; fecha no período de Natal Parque: adulto $3,50, criança (6-17) $1,50, família $5-$7. Parque e museu: adulto $12,50, criança (6-17) $6, família $18,50-$29,50

ÎLE D'ORLÉANS

www.iledorleans.com

Fértil e bonita, a Île d'Orléans tem forma de amêndoa e cerca de 40km de comprimento. Fica no rio São Lourenço, onde ele se alarga após passar pela Cidade de Quebec. Colonizada por franceses no início do século 17, possui casas de pedra em estilo normando, velhas residências campestres e igrejas antigas. A Église St.-Pierre (mai-fim out diariam), erguida em 1717-9 e tombada como monumento histórico, é a mais velha do interior de Quebec.

A ilha é conhecida pelos produtos frescos, e no verão ela se transforma numa imensa feira livre, com verduras e frutas –principalmente morangos. Você pode visitar um laticínio de queijos, *cabanes à sucre* (cabanas onde se faz xarope de bordo), vinhedos, produtores de sidra e fazendas em que você colhe as frutas. Há também uma *chocolaterie* em Ste.-Pétronille (o ano todo), na ponta oeste da ilha.

A preciosidade da ilha é um solar francês de 1734, a Manoir Mauvide-Genest (fim jun-início set diariam; início set-meados out ter-dom; fim mai-fim jun sáb-dom), caprichosamente restaurada em St.-Jean. Guias vestidos a caráter recriam a vida de um senhor rico durante o domínio francês.

406 U16 Chambre de Commerce de l'Île d'Orléans, 490 Côte du Pont, St.-Pierre, Quebec, G0A 4E0 418/828-9411, 1-866/941-9411

LAC ST.-JEAN

www.saguenaylacsaintjean.ca

Com nome que homenageia o padre Jean Dequen, que visitou suas margens em 1647, o Lac St.-Jean era chamado Piékouagami (lago Liso) pelos inuítes. Tem 1.350km² e formato de pires, com a nascente do caudaloso rio Saguenay. No lago vive uma espécie de truta muito valorizada, conhecida como *ouananiche*.

Em 1912, o escritor francês Louis Hémon ficou na vila de Péribonka e se inspirou para escrever seu belo conto de amor, *Maria Chapdelaine*, celebrado no Louis Hémon Museum (meados jun-início set diariam; resto do ano ter-sex). A vida do autor é retratada desde o nascimento, na Bretanha, até a morte trágica, aos 33 anos, atropelado por um trem em Chapleau, Ontário.

Num local magnífico ao lado da cachoeira no rio Ouiatchouan fica a abandonada vila de Val-Jalbert (mai-fim out diariam), que já foi uma florescente cidade moendeira. Após o fechamento do moinho em 1927, a população saiu de lá e a vila se transformou em ruínas, mas foi reconstituída como atração turística. A subida dos 400 degraus (ou o trajeto de bondinho) até o topo da cachoeira de 72m de altura vale a pena pela bela vista.

406 U16 Fédération Touristique Régionale du Saguenay-Lac-St.-Jean, 412 boulevard Saguenay Est, Bureau 100, Chicoutimi, Quebec, G7H 7Y8 418/543-9778, 877/253-8387

LES LAURENTIDES

▷ 124-5.

FIORDE DE SAGUENAY

▷ 126-7.

TROIS-RIVIÈRES

www.tourismetroisrivieres.com

Polo industrial conhecido pelas fábricas de polpa e papel, Trois-Rivières se encontra na confluência dos rios São Lourenço e St.-Maurice. Na sua foz, este afluente caudaloso se ramifica ao redor de duas ilhas –por isso o nome Trois-Rivières (Três Rios). Em 1634, Samuel de Champlain enviou Sieur de Laviolette para aqui fundar um posto de comércio de peles, o que faz de Trois-Rivières o segundo povoado mais antigo da Nova França.

Alguns dos prédios mais antigos estão na rue des Ursulines. O mais notável é o Convento das Ursulinas, com abóbada prateada e grande relógio de sol, construído logo após a chegada das ursulinas em 1697. Um museu conta essa história (fim jun-início set diariam 10h-17h; mai-fim jun, início set-out ter-dom 10h-17h; meados mar-abr qua-dom 13h-17h; resto do ano com hora marcada). Entre outras atrações estão o Quebec Museum of Folk Culture (fim jun-início set diariam 10h-18h, resto do ano ter-dom 10h-17h). Uma nova atração importante é o Boréalis (diariam 10h-17h ou 18h), recriação multimilionária do antigo Pulp and Paper Industry Exhibition Centre. Instalado no local de uma estação de tratamento de água, ele terá exposições de nível internacional, catacumbas para explorar, fabricação manual de papel e torre de observação com vistas do rio.

Em Cap-de-la-Madeleine, o rio congelou-se misteriosamente no inverno ameno de 1878-9 durante tempo suficiente para os habitantes o atravessarem carregando pedras para construir uma igreja nova. Para dar graças, o padre da paróquia criou um santuário dedicado à Nossa Senhora na antiga capela, que atrai peregrinos. Em 1964, a Basilique du Rosaire (diariam) foi construída. Sem colunas para bloquear a visão, ela acomoda 6 mil pessoas.

Les Forges du St.-Maurice (início mai-meados out diariam 9h30-16h30 ou 17h30), antiga metalúrgica à margem do St.-Maurice, foi a primeira comunidade industrial do Canadá, e aqui o ferro foi fundido entre 1730 e 1883. O alto-forno e as forjas estão abertos à visitação.

406 U17 1457 rue Notre-Dame Centre, Trois-Rivières, Quebec, G9A 4X4 819/375-1122, 1-800/313-1123

LES LAURENTIDES

INFORMAÇÕES
www.laurentides.com
www.tremblant.ca
412 U17 Association Touristique des Laurentides, Porte du Nord (saída 51, Autoroute 15) 450/224-7007, 1-800/561-6673; endereço para correspondência: Tourisme Laurentides, 14 142 rue de la Chapelle, Mirabel, Quebec, J7J 2C8

Mont-Tremblant
412 T17 1000 chemin des Voyageurs, Mont-Tremblant, Quebec, J8E 1T1 819/681-2000, 1-866/356-2233 5080 montée Ryan, Mont-Tremblant, Quebec, J8E 1S4 819/425-2434, 877/425-2434

Acima *O Village Piétonnier fica no centro do balneário de Tremblant*
Pág. ao lado *Igreja em St.-Sauveur*

INTRODUÇÃO

As Laurencianas de Quebec cruzam a província ao norte do rio São Lourenço. Estas montanhas foram formadas no período pré-cambriano, há mais de 500 milhões de anos, e fazem parte do Escudo Canadense ou Laurenciano, um vasto território em forma de ferradura que quase fecha a baía de Hudson. Poucas pessoas viviam aqui antes da chegada, em meados do século 19, do padre católico Antoine Labelle, que dedicou a vida a convencer seus companheiros canadenses franceses a se estabelecerem nas Laurencianas em vez de procurar trabalho nos Estados Unidos "protestante". Labelle fundou mais de 20 paróquias ao norte de Montreal. Atualmente, a maioria delas ainda tem o nome de seu santo padroeiro, como St.-Jérôme, St.-Sauveur, Ste.-Adèle, Ste.-Agathe e Ste.-Marguerite.

BALNEÁRIOS LAURENCIANOS

A década de 1930 testemunhou a explosão da indústria do esqui, e as paróquias se transformaram em refúgios para moradores ricos de Montreal. Andar de barco, nadar, pescar, caminhar, cavalgar e jogar golfe são passatempos concorridos no verão, enquanto no outono as montanhas arborizadas apresentam uma magnífica composição de cores que atrai visitantes. St.-Sauveur-des-Monts,o balneário mais antigo, é rodeado por montanhas. Chamada de "La Petite Suisse des Laurentides", a vila tem muitos restaurantes. A rue Principale conta com pequenas butiques e lojas de artesanato, e a igreja paroquial exibe telhado e campanário prateados.

O movimentado balneário de Ste.-Agathe fica à margem do encantador Lac-des-Sables (lago das Areias). Um cruzeiro de barco pelo lago (final mai-meados out diariam) permite ver os palacetes onde se hospedaram muitos visitantes famosos, como Jacqueline Kennedy, a rainha Elizabeth 2ª e o barão Von Ribbentrop.

Cercada pela natureza, a estância de Mont-Tremblant é um lugar incrível. Suas construções interessantes abrigam diversos tipos de restaurantes, bares, butiques e acomodações. O nome do balneário se deve ao pico mais alto das Laurencianas, o Mont-Tremblant (960m), que se destaca no local –os rios despencando dessas alturas dão a sensação de tremor.

OUTROS DESTAQUES

PARQUE NATIONAL DE LA MAURICIE

www.pc.gc.ca

Protegido desde 1970, este parque de 536km² tem colinas revestidas de matas, lagos e animais como ursos-negros e lobos. Para ter noção do local, dirija na estrada interna parando para ver as paisagens e painéis ilustrados pelo caminho. Percorrer os 75km da Laurentian Trail leva cerca de cinco dias, mas há muitas trilhas de curta e média extensão, assim como pesca, canoagem, nado, mountain bike e esqui cross-country. Naturalistas do parque conduzem atividades interpretativas, passeios e palestras, e o Interpretation Centre inclui uma projeção de slides em 3-D.

406 T16 702 5th Street, Shawingan, Quebec, G9N 6T9 819/538-3232 (reservas para o camping: 1-877/737-3783) Diariam. Estrada: meados mai-meados out; centro de recepção: fim mai-início set 8h-21h30, meados-fim mai e início set-meados out 9h-16h30 (até 21h30 sex) Adulto $7,80, criança (6-16) $3,90, família $19,60 Lanchonetes nas áreas de piquenique de Shewenegan e Lac-Edouard

CARILLON

Na extremidade sul do Escudo Laurenciano, este lugar histórico no rio Ottawa foi abarcado pela represa da estação geradora de Carillon (fim jun-fim ago qua-dom; fim mai-fim jun seg-sex). A visita guiada na estação inclui o gerador de turbina e outros equipamentos impressionantes, e termina no topo, com uma vista espetacular do rio. O canal Carillon, construído em 1833 para que a navegação pudesse desviar das corredeiras, agora é um sítio histórico nacional (diariam), com uma eclusa que levanta e abaixa os barcos 20m em uma só operação. Há uma exposição sobre o canal na Collector's House (fim mai-meados out sáb-dom 11h-17h, também qua-sex meados jun-fim ago). Painéis informativos ladeiam o canal, e o antigo Carillon Barracks agora abriga o museu regional (tel 450 537 3861 para horários).

412 U17

FIORDE DE SAGUENAY

INFORMAÇÕES

www.tourismesaguenaylacsaintjean.qc.ca
406 U16 Fédération Touristique Régionale du Saguenay-Lac-St.-Jean, 412 boulevard Saguenay Est, Bureau 100, Chicoutimi, Quebec, G7H 7Y8
418/543-9778, 1-877/253-8387

Acima *O fiorde de Saguenay visto de cima de Ste.-Rose-du-Nord*

INTRODUÇÃO

O Saguenay não é um rio muito comprido, mas impressiona bastante. Nasce no Lac-St.-Jean (▷ 123), cai cerca de 90m em meio à natureza repleta de rochas; depois, nos últimos 60km, transforma-se num fiorde profundo e majestoso. Poucas rodovias o acessam, e a melhor maneira de apreciar sua notável beleza natural é da água. Há cruzeiros disponíveis em Tadoussac e Chicoutimi.

O profundo canal por onde o Saguenay corre depois de Chicoutimi foi esculpido por geleiras há 60 milhões de anos. Quando o gelo derreteu, o mar invadiu o local e, agora, as marés ainda atingem Chicoutimi. A parte superior do rio foi completamente equipada para a indústria –La Baie, em lugar magnífico numa passagem do fiorde, é dominada por instalações portuárias e fábricas de alumínio, mas a cidade também conta com o premiado Musée du Fjord (fim jun-início set diariam 9h-18h; resto do ano ter-sex 9h-16h30, sáb-dom 13h-17h), que explora a ecologia e a geologia da região. A baía é chamada Baie des Ha! Ha! –segundo uma lenda local, os primeiros exploradores, que a confundiram com o rio, deram-lhe o nome de "Ha! Ha!" para dizer que não tinha saída. Em contraste, a influência humana é mínima na parte inferior do rio, e a beleza do ambiente ficou preservada.

A área de Saguenay foi atingida por uma enchente repentina em meados de julho de 1996, que causou muita destruição em La Baie e Chicoutimi, arrasando bairros inteiros e provocando a evacuação de 16 mil pessoas. Primeiro desastre natural canadense a atingir 1 bilhão de dólares, teve a inesperada vantagem de cobrir os sedimentos altamente tóxicos no fundo dos rios Saguenay e Ha! Ha! com uma grossa camada de sedimentos novos, neutralizando a ameaça ao ecossistema. O Saguenay-St.-Lawrence Marine Park foi criado em 1998 para preservar esse importante ecossistema, e o Marine Environment Discovery Centre (diariam), em Les Escoumins, oferece uma vista do alto, assim como uma "subvista", na qual os visitantes podem se comunicar com um naturalista mergulhando com câmera subaquática.

DESTAQUES

CAP TRINITÉ

O destaque dos cruzeiros pelo fiorde é a chegada ao impressionante Cap Trinité, que sai das águas escuras e se eleva a 500m. Seu nome vem das três saliências que aparecem na superfície do cabo; na primeira, a quase 180m acima da água, há uma imagem da Virgem, esculpida em 1881 por Louis Jobin. Ele se encarregou da obra a pedido de Charles-Napoléon Robitaille, cuja vida fora salva duas vezes depois de uma prece a Nossa Senhora. A imagem, com 9m de altura, foi transportada para cá de barco, depois cuidadosamente erguida para a posição em três partes separadas. Visitantes bem dispostos podem caminhar pelo caminho íngreme do Parc du Saguenay (▷ abaixo) até o topo do Cap Trinité e depois descer até a imagem, de onde se tem vistas maravilhosas.

VISTAS PANORÂMICAS

É possível admirar o fiorde a partir da terra –mirantes são acessíveis pela Highway 172, no lado norte, e também pela Highway 170, no lado sul. A encantadora vila de Ste.-Rose-du-Nord dispõe de um local excepcional com vista excelente, principalmente do cais. De St.-Fulgence há uma vista do trecho final do fiorde. Da cidade de Chicoutimi tem-se um panorama maravilhoso da Croix de Ste.-Anne (Cruz de santa Ana) no lado norte de Saguenay. A luz do final da tarde é melhor para fotografar aqui. No cais, na comunidade de L'Anse-St.-Jean no rio St.-Jean, tem-se mais vistas fantásticas e uma ponte coberta. Tadoussac não oferece só lindas vistas –é também uma importante rota de aves migratórias.

PARC DU SAGUENAY

www.sepaq.com

O parque foi criado em 1983 para proteger as margens do fiorde, e cobre cerca de 284km^2 entre La Baie e Tadoussac. A seção mais procurada e acessível fica à margem da Baie-Éternité, onde o rio Éternité deságua no rio principal. Trata-se de uma das angras mais atraentes do Saguenay, dominada por dois cabos: Trinité e Éternité. Um centro de informações explica as origens do fiorde.

406 U16 · Saguenay National Marine Park Headquarters, 91 Notre-Dame, Rivière-Éternité, Québec, G0V 1P0 · 418/272-1556 · Diariam; quiosques de informações e centros de visitantes podem fechar fora da temporada · Adulto $3,50, criança (6-17) $1,50, família $7

DICA

» A trilha no Parc du Saguenay que leva à imagem da Virgem é infestada de mosquitos no verão. Por isso, use bastante repelente.

Acima *Os passeios para observar baleias são bem organizados e muito concorridos*

À esq. *Uma das baleias que frequentam o fiorde de Saguenay*

A PENÍNSULA DE GASPÉ

Este passeio de carro oferece algumas das paisagens mais deslumbrantes de todo o Quebec, a exemplo dos extraordinários rochedos do Parc National Forillon e as maravilhas panorâmicas de Percé. Os mi'kmaq, povo nativo, chamavam a península de *gespeq*, que significa "final da terra".

O PASSEIO
Distância: 237km.
Duração: 2 dias, se possível.
Início: Um pouco antes do Grande-Vallée na margem norte.
Fim: Grande-Rivière na margem sul, na Highway 132.

COMO CHEGAR

O ponto inicial fica na Highway 132, cerca de 400km ao leste de Rivière-du-Loup

★ Um pouco antes de a Highway 132 descer para o Grande-Vallée, existe um acostamento amplo com ótima vista da cidade, que se espalha ao redor da baía. Esta rodovia tem curvas que sobem e descem, às vezes até o nível do mar. Dirija 64km até Rivière-au-Renard.

❶ Rivière-au-Renard é a comunidade pesqueira mais importante da Gaspésie. Prossiga por 6km. Você passará por um centro de informações sobre o Parc National Forillon, à direita. Se você quiser passar o dia no parque (fim mai-out) é preciso obter uma permissão. A quase 10km de Rivière-au-Renard está L' Anse-au-Griffon.

❷ O nome desta pequena comunidade de pesca talvez venha de um navio, o *Griffon*, ou pode se referir ao colorido cinza do fundo do mar –*gris fond*. Ao passar por ela, observe a ampla casa de madeira amarela à direita. A Manoir LeBouthillier foi construída na década de 1850 por John LeBouthillier, rico negociante de bacalhau e exportador de Jersey, no Canal da Mancha. Esta era sua residência quando estava em viagens de negócios, e fica aberta à visitação (meados jun-meados out diariam).

Ande mais 11km para chegar a Cap-des-Rosiers.

❸ Pare no farol, o mais alto do Canadá, para avistar Cap Bon Ami e Cap Gaspé. Ele fica num parque com mesas para piquenique e instalações.

Após sair de Cap-des-Rosiers, você entra no Parc National Forillon.

❹ Este belo parque é como um imenso bloco curvado que se ergue do mar. Modelado pela erosão, tem um litoral acidentado de calcário. Vale a pena fazer um desvio até o Centro de Informações, 2km pela estrada Cap Bon Ami (início mai-meados out).

Continue pela Highway 132 e cruze a península. As montanhas fazem parte da cadeia dos Apalaches, que começa bem mais ao sul, no Alabama, EUA. Os 50km finais da International Appalachian Trail atravessam o parque e terminam em Cap Gaspé.

❺ Cerca de 8km mais à frente, você avista de repente a baía de Gaspé e além dela, na direção de Percé. Com tempo bom, talvez você reconheça a famosa pedra.

Siga por 11km até a península de Penouille e o Centro de Informações.

❻ Esta faixa de areia que avança baía adentro é famosa por ser a melhor praia da região. Pode-se andar a pé ou de bicicleta (carro não entra) pelos 4km de trilha, ou pegar um trenzinho (meados jun-fim ago, tarifa modesta).

A Highway 132 sai do Parc National Forillon e rodeia a baía de Gaspé, atravessando o rio Dartmouth na foz por uma ponte comprida. Depois de rodar 20km desde Penouille (ou 42km desde Cap-des-Rosiers), chega-se a Gaspé.

❼ Gaspé é o centro administrativo e comercial da península. Dominada por uma antiga construção religiosa, que agora abriga o hospital, a cidade dispõe de um local ótimo na encosta do morro que desce até o rio York, onde ele se junta ao rio Dartmouth quando este se alarga para formar a baía de Gaspé.

Saia de Gaspé pela ponte sobre o rio York e vire à esquerda, mantendo-se na Highway 132 (evite a Highway 198). Após 48km, em Pointe-St.-Pierre, pegue a rue du Quai, à esquerda, e logo verá o famoso rochedo de Percé. O Rocher Percé some da vista conforme você começa os 6km que faltam para entrar em Percé por uma estrada íngreme e sinuosa.

❽ Célebre por sua beleza, Percé é a grande atração da península de Gaspé. O que chama a atenção é a grande pedra perfurada que deu nome à cidade. O Rocher Percé é um enorme bloco de calcário, com 438m de comprimento e 88m de altura. Até 1848, tinha dois arcos. Um deles ruiu, deixando apenas um furo e um bloco separado conhecido como Obelisk. Você pode estacionar na cidade e andar (na maré baixa) até a pedra. É possível caminhar até o topo do Mont-Ste.-Anne (▷ 130-1), fazer um passeio de barco até a ilha Bonaventure (▷ 122), ou admirar a bela vista em todos os cabos de Percé. Percorra os 9km de Percé a L' Anse-à-Beaufils.

❾ Nesta pequena comunidade fica a Robin General Store, construída em 1928, e que ainda tem os painéis originais e uma porção de ferramentas da época (jun-meados set).

Continue mais 7km para chegar a Cap d'Espoir, último lugar com vista de Percé. Agora, o litoral vira para oeste por 16km até Grande-Rivière, onde termina o passeio de carro.

Pág. ao lado *Belas formações rochosas na costa do Parc National Forillon*
Abaixo *Uma queda-d'água desce por pedras lodosas no parque*

QUANDO IR

Barcos vão até a ilha Bonaventure só em mai-meados out; Percé é ótima o ano todo, mas costuma lotar na alta temporada.

ONDE COMER

RESTAURANT DE LA VALLÉE

✉ 44 St.-François-Xavier O, Grande-Vallée
☎ 418/393-2880

RESTAURANT ADAMS

✉ 20 rue Adams, Gaspé ☎ 418/368-2244

ONDE FICAR

MOTEL ATLANTIQUE

✉ 1334 Highway 132, Cap-des-Rosiers, Gaspé ☎ 418/892-5533

MOTEL ADAMS

✉ 20 rue Adams, Gaspé ☎ 418/368-2244

PANORAMA DO MONT-STE.-ANNE

O cume do Mont-Ste.-Anne de Quebec, visível de longe no golfo de São Lourenço, oferece panoramas magníficos da cidade de Percé, da área ao redor (que inclui a ilha Bonaventure) e, com tempo bom, do litoral de New Brunswick e da Île d'Anticosti. O conglomerado rochoso avermelhado forma um belo contraste com o calcário do Rocher Percé.

O PASSEIO
Distância: 5km.
Duração: 2h30min, no mínimo.
Início/fim: Igreja de St.-Michel-de-Percé, na rue de l'Église.
Subida: 320m.

COMO CHEGAR

Pegue a Highway 132 ao longo do litoral norte da Gaspésie, depois siga as orientações até Percé, como está detalhado no passeio, ⊳ 128-9.

★ Existem alguns estacionamentos perto da igreja e há áreas de estacionamento perto. Caminhe por trás da igreja e siga a rua de cascalho com a placa "Chemin du Mont-Ste.-Anne". Ande cerca de 500m até chegar ao cruzamento com a trilha; pegue a bifurcação da esquerda. A trilha continua e a subida é íngreme. Com mais 500m, você chega ao Belvédère Un.

❶ Daqui, tem-se uma bela vista da cidade, de sua pedra famosa e da igreja de pedra onde começou o passeio.

Em vez de continuar na trilha principal, pegue o Sentier des Belvédères ao lado do mirante à direita. Esta trilha no bosque é mais agradável que a principal, e passa por outros dois mirantes.

❷ Do Belvédère Deux, vê-se a ilha Bonaventure, famoso refúgio de aves (⊳ 122). Do Belvédère Trois, a vista é quase igual à do Belvédère Un, só que você está mais alto. A cidade de Percé, abaixo, foi importante centro pesqueiro por muitos anos. Os mi'kmaq vieram para cá atrás do bacalhau, e um posto de pesca francês foi instalado em 1673. Mas apenas

Acima *Imagem de Ste.- Anne*
Pág. ao lado *O famoso Rocher Percé*
Abaixo *O Belvédère Un do Mont-Ste.-Anne tem vista espetacular*

depois da conquista britânica é que o desenvolvimento realmente começou. Em 1781, Charles Robin veio de Jersey e fundou a Robins Company para comercializar bacalhau. Por volta de 1850, a empresa possuía cerca de 30 edificações, muitas das quais ainda existem, e no final do século, Percé era a capital do bacalhau no Canadá. A estrada de ferro chegou em 1912 e a de rodagem em 1920. Elas trouxeram turistas, atual força vital de Percé, pois praticamente não existe mais bacalhau.

O Sentier des Belvédères se junta à trilha principal, que é uma subida íngreme. Adiante, você verá o pico da montanha. A trilha sobe o lado norte do pico; e o lado sul cai de maneira muito abrupta. Nesse ponto, parece que você está quase diretamente em cima do *rocher*. Depois de 1km, verá o cruzamento com a trilha do Sentier de la Falaise, mas continue pela trilha principal –você pode percorrer esta trilha alternativa quando descer do pico. A trilha principal é clara, pois os buggies e veículos utilitários 4x4 a utilizam e, por isso, tem mais largura e é sulcada. Mais 500m, após subir 320m, e você chega ao topo.

❸ Neste ponto, a imagem de Ste.-Anne concentra as peregrinações no verão, principalmente no dia 26 de julho, dia da santa. A montanha era um lugar sagrado para os povos nativos, que falavam de "um deus da montanha". Os franceses dedicaram o pico à Ste.-Anne, padroeira dos pescadores, porque sua altura criava uma referência para a navegação no golfo. De lá, as vistas magníficas abrangem a baía toda, a ilha Bonaventure e, à direita, o litoral de New Brunswick. A terra que se avista em frente e à esquerda é a Île d'Anticosti (⊳ 115).

Pegue a trilha do Sentier de la Falaise para a primeira parte da descida. Ela é um pouco mais longa e menos íngreme do que a estrada. Após descer 500m, chega-se aos Belvédères Quatre e Cinq, que oferecem a melhor vista de Percé. Você pode ignorar o Belvédère Quatre e voltar diretamente para a trilha principal, se quiser economizar alguns minutos.

❹ As penínsulas avistadas abaixo são, da direita para a esquerda: Cap Blanc, Cap Canon, Mont Joli (com uma cruz), Cap Barré, Les Trois Soeurs e o Pic de l'Aurore.

Volte à trilha principal e se prepare para a descida íngreme. Não tente descer muito depressa e não olhe diretamente para baixo, se sofrer de tontura. À direita, você passará pelos pontos inicial e final do Sentier des Belvédères e outras trilhas. Na principal, as placas indicam que a descida será 10% mais íngreme no trecho seguinte. Ao chegar à interseção com o Chemin de la Grotte, dobre à direita para retornar à igreja.

QUANDO IR

A menos que queira participar, evite os dias de peregrinação, principalmente o dia 28 de julho, quando o percurso fica cheio de peregrinos.

BANHEIROS PÚBLICOS

Existem banheiros simples no topo.

ONDE COMER

RESTAURANT BRIARD

✉ 99 Route 132 Ouest, Percé
☎ 418/782-2873

Pode-se adquirir comida para piquenique na Boulangerie Le Fournand, na rua principal de Percé (194 Route 132 Ouest, tel 418/782-2211)

ONDE FICAR

HOTEL-MOTEL MANOIR DE PERCÉ

✉ 212 Highway 132 Ouest, Percé
☎ 418/782-2022

ARTE, COMPRAS, DIVERSÃO E NOITE

CHICOUTIMI

ECCE MUNDO

www.eccemundo.com

Show espetacular e sofisticado que apresenta a dança através dos tempos –do clássico ao jazz e rock'n'roll– mais acrobacias e canções (em seis línguas).

✉ C.P. 1252, Chicoutimi, Quebec, G7H 5G7 ☎ 418/549-4101, 800/563-4101 ⊕ Jul, ago ter-dom ✋ Adulto $55, criança (menor de 12) $29; jantar e show: adulto $85, criança (menor de 12) $44

GATINEAU

CASINO DU LAC-LEAMY

www.casinosduquebec.com/lacleamy

Complexo de jogos, diversão e conferências com mais de 60 mesas, 1.900 caça-níqueis, shows de bandas de cover no salão de apresentações e nos jardins internos. Os clientes têm de ter mais de 18 anos. Trajes formais.

✉ 1 Boulevard du Casino, Gatineau, Quebec, J8Y 6W3 ☎ 819/772-2100, 800/665-2274 ⊕ Diariam 24h ✋ Cassino grátis; apresentações a partir de $15 🚌 Ônibus Outaouais: 21 🚗 A leste do centro de Ottawa cruzando o rio Ottawa 🍴 Bares e restaurantes

IMAX

www.civilization.ca/imax

No Canadian Museum of Civilization (▷ 116-7), este cinema de tela grande exibe filmes de formato especial em 3D com som surround.

✉ 100 Laurier Street, Gatineau, Québec, K1A 0M8 ☎ 819/776-7000 ⊕ Diariam a partir das 10h ou 11h (ligue para saber sobre filmes em inglês) ✋ Adulto $12-$15, criança (menor de 13) $8-$15 ou (14-17) $10-$15. Ingressos combinados com museu 🚌 8 de Ottawa; 21, 31, 33, 35, 67, 77 de Quebec

GRANBY

GRANBY ZOO E AMAZOO

www.zoodegranby.com

Aqui há mais de 1.000 animais, incluindo os enormes que as crianças adoram –elefantes, girafas, ursos, gorilas, aligatores, camelos–, além dos pequenos, como suricatos, macacos e os minúsculos cavalos-de-przewalski. Há também um parque de diversões com brinquedos para todas as idades, de piscinas de bolinhas a montanhas-russas, além de um excelente parque aquático.

✉ 525 rue St.-Hubert, Granby, Québec, J2G 5P3; entrada pela 1050 boulevard David-Bouchard ☎ 450/372-9113, 1-877/472-6299 ⊕ Fim mai-out diariam 10h-17h ou 18h ✋ Adulto $33, criança (3-12) $21,50, família $100; bilhetes para dois dias disponíveis; alguns brinquedos do parque de diversões são cobrados à parte 🚗 Perto do cruzamento das rodovias 112 e 139 🍴 Diversos restaurantes

PALACE DE GRANBY

www.palacedegranby.com

Apresenta companhias de teatro itinerantes, músicas de todos os tipos –rock, clássica, ópera– e outros eventos.

✉ 135 Rue Principale, Bureau 20, Granby, Quebec, J2G 2V1 ☎ 450/375-2262, 800/387-2262 ⊕ O ano todo ✋ A partir de $12

KNOWLTON

THEATRE LAC BROOME

www.theatrelacbrome.ca

Aqui se apresenta um teatro profissional de verão, com repertório eclético de musicais e peças clássicas e inovadoras, tudo em inglês.

✉ 9 Mont-Echo, Knowlton, Quebec, J0E 1V0 ☎ 450/242-2270 (bilheteria) ⊕ Fim jun-início set qua-sáb 10h (e 14h qui)

$20-$35 No centro, ao sul do cruzamento das ruas Knowlton e Lakeside

MONT TREMBLANT

GRAY ROCKS RESORT GOLF COURSE

www.grayrocks.com

O resort tem dois belos campos, com 18 buracos cada e mais de 5.500m. Eleito o melhor resort familiar de golfe de Quebec por uma revista de esporte, oferece ótimo desafio também para golfistas experientes.

La Belle Golf Course: 100 chemin Champagne, Mont-Tremblant, Quebec, J8E 1V4; La Bête Golf Course: 1760 chemin du Golf, Mont-Tremblant, Quebec, J8E 2K6 819/425-2772, 1-800/567-6744 Primavera-fim out, conforme o clima $27-$109 5km ao norte de St.-Jovite pela Highway 327

HELLY HANSEN

www.hellyhansen.com

Se quiser subir o Mont Tremblant no inverno e não tiver equipamento, esta loja pode preparar você para todos os tipos de situações problemáticas. Ela dispõe de roupas, acessórios e equipamentos Lifa e Helly Hansen, calçados Merrell. Funcionários prestativos explicam o lado técnico das camadas de tecidos.

116 Chemin Kandahar, Mont Tremblant, Quebec, J8E 1B1 819/681-4990 Jul-mar diariam 10h-21h; abr-jun dom-qui 10h-17h, sex-sáb 10h-18h

VIA FERRATA DU DIABLE

www.tremblantactivities.com

A escalada em rochas é facilitada para novatos, que podem se segurar em cabos, pontes e escadas já afixados na face rochosa e são acompanhados por um guia. As expedições duram de três a cinco horas e incluem o fornecimento de equipamentos de segurança, mas é preciso usar roupas e calçados apropriados e trazer água potável e repelente de insetos.

The Activity Centre, Mont-Tremblant, Quebec, J8E 1T1 819/681-4848 Início jun-meados out; ligue para reservar Com guia: adulto a partir de $47, criança (7-15) a partir de $35, dependendo do tamanho da escalada; sem guia: adulto a partir de $39, criança (14-17) a partir de $37,50 40 min de Tremblant; ao reservar, peça indicações

MONTEBELLO

PARC OMEGA

www.parc-omega.com

Você anda de carro pelos 600ha cercados e vê animais selvagens, como bisão, urso, javali, alce e lobo, em seus habitats naturais. A emissora FM 88.1 no rádio do carro dá informações sobre os animais. Fora do carro, pode-se passear num cercado de veados e ver a piscina das lontras e aves de rapina.

Route 323 North, Montebello, Québec, J0V 1L0 819/423-5487 Verão diariam 9h-19h (última admissão 17h), inverno 10h-17h (última admissão 16h) Jun-out adulto $18, criança (2-5) $6, (6-15) $13; resto do ano adulto $14, criança (2-5) $5, (6-15) $10 2km ao norte de Montebello pela Highway 323 Cafeteria de madeira com terraço de frente para o lago. Serve refeições leves

PERCÉ

BOUTIQUE AU BON SECOURS

Esta butique pertence a um artesão. Já foi farmácia e agora é a loja mais antiga de Percé. Possui obras de arte originais feitas pelo dono e outros artistas. As esculturas de pássaros talhadas em arenito pela quebequense Suzanne Tétreault-Massé constituem um dos motivos para visitar a casa.

150 Route 132, Percé, Quebec, G0C 2L0 418/782-2011 (fora de temporada 514/245-0173) Mai-fim out diariam 9h-21h

PIÉDMONT

ANTIQUITÉS HIER POUR DEMAIN

Esta atraente casa de madeira branca é um antiquário especializado em móveis de pinho de Quebec, dos séculos 18 e 19. Dispõe de boa quantidade de itens pequenos, entre os quais belas peças de arte popular, esculturas de madeira e brinquedos antigos.

914 boulevard des Laurentides, Piédmont, Quebec, J0R 1K0 450/227-4231 Sex-dom 11h-17h Na Highway 117

PIERREVILLE

AU VIEUX THÉÂTRE DE PIERREVILLE

www.vieuxtheatre.com

Ex-cinema cheio de personalidade, com cadeiras como as de um cabaré. Apresentações musicais e comédias.

33 rue Maurault, Pierreville, Quebec, J0G 1J0 450/568-0909, 877/568-0909 Shows em alguns sábados à noite e na temporada de verão Na Highway 132, 30km a leste de Sorel

POINTE-CLAIRE

BOURBON STREET WEST

Mural com cenas de rua, paredes de tijolos, madeira polida e o ambiente simpático na pista de dança atraem todas as idades. Bandas ao vivo –blues (ter), soul e rock (qui-sáb)– e comédia (qua). Dispõe de serviço que leva o cliente em casa.

1866 boulevard des Sources, Pointe-Claire, Quebec, H9R 5B1 514/695-6545 Seg-sex 15h-3h, sáb 16h-3h. Shows 20h30 ou 21h seg-qui, 22h30 sex-sáb

STE.-ANNE-DE-BEAUPRÉ

PROMENADE STE.-ANNE

www.miromar.com

Para variar e escapar dos grandes shoppings e butiques chiques, você pode se divertir à procura de pechinchas neste shopping de descontos. Muita economia em roupas de grife, acessórios e utensílios para toda a família, com nomes como Levi's, Dockers e Energy Flamme.

10909 boulevard Ste.-Anne, Ste.-Anne-de-Beaupré, Quebec, G0A 3C0 418/827-3555 Seg-qua 9h30-17h30, qui-sex 9h30-21h, sáb-dom 9h30-17h 20 min a leste da Cidade de Quebec, 2km depois da Basílica de Ste.-Anne-de Beaupré pela Highway 138

ST.-FULGENCE

PARC AVENTURES CAP JASEUX

www.capjaseux.com

No fiorde de Saguenay, este empreendimento turístico de aventura oferece grande variedade de atividades, como arborismo sobre pistas aéreas de corda, iatismo, caiaque no mar e escaladas (seguras e fáceis) na superfície rochosa.

Chemin de la Pointe-aux-Pins, St.-Fulgence, Quebec, G0V 1S0 418/674-9114;

888/674-9114 (grátis) Diariam Adulto $4,39, criança (5-17) $3,51. Atividades: adulto desde $30, criança desde $15 Ao lado da Highway 172 entre St.-Fulgence e Ste.-Rose-du-Nord

ST.-JOACHIM

CAP-TOURMENTE

www.qc.ec.gc.ca
www.captourmente.com

Local mundialmente famoso para observar a migração de gansos-da--neve na primavera e no outono, com 2.400ha de área pantanosa com junco. Há muitas outras espécies, pontos de observação, centro de interpretação da biodiversidade e serviços de guia.
Canadian Wildlife Service, 570 chemin du Cap-Tourmente, St.-Joachim, Quebec, G0A 3X0 418/827-4591 Diariam 8h30-17h (fecha 16h início jan-meados mar) Adulto $6, criança (13-17) $5. Rota 13, saindo da Highway 360 perto de Beaupré

ST.-MARC-SUR-RICHELIEU

SPA GIVENCHY

www.spagivenchy.com

Spa de localização fantástica. Água salgada é bombeada do subsolo profundo para abastecer a piscina e os banhos terapêuticos. Os tratamentos se concentram em modelar, revitalizar, hidratar e realçar o rosto e o corpo.
Hostellerie Les Trois Tilleuls, 290 rue Richelieu, St.-Marc-sur-Richelieu, Quebec, J0L 2E0 514/856-7787, 1-800/263-2230 Diariam Tratamentos com preços separados; massagem desde $115, tratamentos corporais desde $65, faciais desde $100 Na Highway 223; para o leste de Montreal (sul do rio), pela Highway 20

SHAWINIGAN

LA CITÉ DE L'ÉNERGIE

www.citedelenergie.com

Uma velha área industrial foi revitalizada para formar este parque temático único, ao lado do rio St. Maurice. Conta com grande variedade de atividades, a exemplo de um museu de ciências com mostras interativas, show multimídia, passeios no rio em barcos de casco chato, visita à usina elétrica e à antiga fundição de alumínio, amplos jardins e subida de elevador a uma torre de transmissão de 115m para apreciar a bela vista.
1000 avenue Melville, C.P. 156, Shawinigan, Quebec, G9N 6T9 819/536-8516, 1-866/900-2483 Meados jun-início set diariam 10h-18h (última entrada 15h); resto do ano ter-dom 10h-17h (última admissão 14h). Algumas atrações são sazonais Adulto $17, criança (6-12) $10, família $37 ou $39. Show Eclyps $49,50 (menores de 13 anos $20); Shawinigan Space Art Exhibition: adulto $10, criança (6-12) $5, (mais de 13) $8, família $25 Na Highway 55 saída 211, ao sul de Shawinigan

SHERBROOKE

CARREFOUR DE L'ESTRIE

www.carrefourdelestrie.com

Este é o supershopping da região dos Cantões do Leste, com cerca de 200 lojas e 19 restaurantes. Está ancorado pelo costumeiro grupo de lojas de departamentos –Sears, The Bay, Zellers, Maison Simons–, todas em ambientes modernos e claros.
3050 boulevard de Portland, Sherbrooke, Quebec, J1L 1K1 819/563-1907 Seg-qua 8h30-17h30, qui-sex 8h30-21h, sáb 9h-17h, dom 10h-17h 1, 3, 4, 6, 11 Cruzamento da boulevard de Portland com a Autoroute 410

CENTRE CULTUREL DE L'UNIVERSITÉ DE SHERBROOKE

www.centrecultureludes.ca

Moderno teatro do campus, com programação eclética que inclui dança, teatro e concertos clássicos.
2500 boulevard de l'Université, Sherbrooke, Quebec, J1K 2R1 819/820-1000 O ano todo Varia

GRANADA

www.theatregranada.com

Teatro histórico com 1.200 lugares, que recebe companhias itinerantes, musicais, comédias e concertos clássicos ou populares.
53 rue Wellington Nord, Sherbrooke, Quebec, J1H 5A9 819/565-5656 O ano todo Varia de $17,50 a $60; dispõe de pacotes de jantar e show

LE VIEUX CLOCHER DE SHERBROOKE

www.vieuxclocher.com

Local de artistas itinerantes, como bandas de rock, artistas solo, comediantes e animadores.
1590 rue Galt Ouest, Sherbrooke, Quebec, J1H 2B5 819/820-1000 O ano todo $20-$50 3, 4, 5, 7, 8, 9

TERREBONNE

THÉÂTRE DU VIEUX-TERREBONNE

www.theatreduvieuxterrebonne.com

Este teatro apresenta peças, danças, canções, música clássica, jazz e comédia. Fala-se francês na maioria das produções, mas há apresentações em inglês.
866 rue St.-Pierre, Terrebonne, Quebec, J6W 1E5 450/492-4777, 1-866/404-4777 O ano todo Varia; $20-$60 Ao norte de Montreal, na margem norte do rio Thousand Islands

TROIS-RIVIÈRES

D'ARTAGNAN'S

http://ledartagnans.com

As paredes de tijolos e o interior cavernoso dão o tom desta casa noturna muito antiga, com DJs na sexta e no sábado e uma animada atmosfera de bar no restante da semana. O terraço aquecido fica tão lotado quanto a parte interna.
282 Des Forges, Trois-Rivières, Quebec G9A 2G8 819/694-4457 Diariam 24h-3h Cobra couvert sex-sáb No centro, entre rue Notre-Dame e rue Royale

VAL D'OR

CITÉ DE L'OR

www.citedelor.com

Desça 91m abaixo do solo e conheça o que resta de uma das minas de ouro mais produtivas do Canadá. Na superfície, você pode ver a engrenagem dos guinchos na Winch Room, mostras de geologia e mineração e uma casa histórica no povoado dos mineradores.
90 avenue Perreault, Val-d'Or, Québec, J9P 2G3 819/825-1274, 1-877/582-5367 Meados jun-início set diariam; resto do ano com hora marcada Adulto $18-$37,50, criança (6-11) $12-$18, família $48-$100,50 (preços variam de uma visita rápida a um passeio completo) Restaurantes no vilarejo 526km a noroeste de Montreal pela Highway 15, depois Trans-Canada Highway 117; na saída para Val-d'Or, vá para o sul na rue St-Jacques, depois vire à direita na avenue Perreault

FEVEREIRO

GRAND PRIX SKI-DOO

www.grandprixvalcourt.com

Na cidade em que foi inventado o snowmobile Bombardier, esta competição de três dias inclui velocidade e eventos radicais.

✉ Valcourt, Quebec ☎ 450/532-3443, 1-866/532-7543

MAIO

FESTIVAL INTERNATIONAL DE MUSIQUE ACTUELLE

www.fimav.qc.ca

Com quase 30 anos, este festival apresenta 26 concertos de rock progressivo, jazz, música eletroacústica e contemporânea. É o maior evento desse tipo na América do Norte.

✉ Victoriaville, Quebec ☎ 819/752-7912

JUNHO

FESTIVAL INTERNATIONAL DANSE ENCORE

http://festival-encore.com

A partir de 1995 este festival de dança foi melhorando cada vez mais, e produziu uma programação variada de altíssima qualidade, que inclui balé contemporâneo em teatros, outros tipos de danças –a exemplo de salsa e hip hop– em palcos ao ar livre, aulas magnas e competições.

✉ Trois-Rivières, Quebec ☎ 819/601-2673, 1-877/533-2673

INTERNATIONAL GARDEN FESTIVAL

www.jardinsmetis.com

Mais de 40 projetistas de jardim e arquitetos paisagistas do mundo todo criam belos e inovadores jardins para este festival, que vai até o início de outubro.

✉ Grand-Métis, Quebec ☎ 418/775-2222

L'OUTAOUAIS EN FÊTE

www.imperatif-francias.org

Para dar boas-vindas ao verão, Gatineau o festeja por cinco dias, com grande desfile, atividades ao ar livre, concertos, exibição de artesanato, fogos de artifício e, é claro, muita comida e bebida. Há parque de diversões e atividades infantis.

✉ Gatineau, Quebec ☎ 819/684-8460

JULHO

FÊTE DU LAC DES NATIONS

www.fetedulacdesnations.com

Monumental competição de fogos de artifício, com mais de 30 shows em seis dias. Há também uma vila de artesanato e outras atrações.

✉ Parc Jacques Cartier, Sherbrooke, Quebec ☎ 819/569-5888

TRAVERSÉE INTERNATIONALE DU LAC ST.-JEAN

www.traversee.qc.ca

Desde 1955, Lac St.-Jean é o local deste evento de natação em águas abertas, com competições de longa distância acompanhadas por pequenos barcos cheios de espectadores. Entre os eventos paralelos estão um banquete para 10 mil pessoas (sentadas), shows e fogos de artifício.

✉ Lac St.-Jean, Quebec ☎ 418/275-2851

AGOSTO

MOUNTAIN BIKE FESTIVAL

www.velirium.com

O Mont-Ste.-Anne tem programação completa de eventos em duas rodas, como descida do monte e cross-country, e também inclui corridas da World Cup e do Campeonato Nacional. Há também demonstrações de esportes radicais e corridas infantis. Dura mais de três semanas.

✉ Mont-Ste.-Anne, Quebec
☎ 418/827-1122

GRAND PRIX DE TROIS-RIVIÈRES

www.gp3r.com

Não se trata da Fórmula 1, mas as ruas da cidade viram pistas de corrida para Fórmula Ford, Fórmula 1600, Grand Am, CASCAR e outras, acompanhadas de atrações e fogos.

✉ Trois-Rivières, Quebec
☎ 819/370-4787, 1-866/866-4787

SETEMBRO

BIG BROME FAIR

www.bromefair.com

Esta feira agrícola (fim ago-set) tem mais de 150 anos e, além de premiações para gado e outros eventos do gênero, oferece muita diversão, uma via principal cheia de atrações e oportunidades para compras.

✉ 345 Stagecoach Road, Brome, Quebec
☎ 450/242-3976

FÊTE DE LA MUSIQUE

www.tremblant.ca/activities/events/fete_de_la_musique

Este festival de três dias programa cerca de 40 shows grátis de música clássica e jazz ao ar livre, cujo pano de fundo é o pitoresco povoado montanhês fechado ao trânsito de veículos.

✉ Tremblant, Quebec ☎ 819/681-2000, 866/356-2233

FÊTE DES VENDANGES MAGOG-ORFORD

www.fetedesvendanges.com

Mais de 150 vinhateiros e produtores de comida artesanal de Quebec fazem esta celebração da safra do vinho à margem do lago Memphrémagog.

✉ Magog-Orford, Quebec ☎ 819/847-2022

FESTIVAL WESTERN

www.festivalwestern.com

Rodeios, música country, desfile e outras atrações trazem vaqueiros à cidade durante 10 dias no maior evento Western no leste do Canadá.

✉ St.-Tite, Quebec ☎ 418/365-7524

OUTUBRO

FESTIVAL INTERNATIONAL DE LA POÉSIE

www.fiptr.com

Dez dias de eventos e atividades que envolvem muitos cafés, restaurantes e galerias de arte da cidade, além de teatros, para apresentar poetas de cerca de 30 países.

✉ Trois-Rivières, Quebec
☎ 819/379-9813

ONDE COMER

PREÇOS E SÍMBOLOS

Os restaurantes estão listados por ordem alfabética (sem levar em conta os artigos La, Le e Les). Os preços correspondem a um almoço (A) de dois pratos e um jantar (J) de três pratos, sem bebidas. O preço do vinho refere-se a uma garrafa da marca menos cara.

Para a legenda de símbolos, ▷ 2.

AYER'S CLIFF

AUBERGE RIPPLECOVE INN

www.ripplecove.com

Aqui são servidas as requintadas culinárias francesa e internacional, em um salão perto do lago. O menu de almoço oferece o peixe do dia aferventado em vinho branco com confit de alho-poró e macarrão de arroz, ou caneloni de confit de pato com molho cremoso de cogumelos. No jantar há um menu a preço fixo com quatro pratos, um menu canadense e um menu de Quebec. Um pianista embala a refeição com música clássica. É recomendável reservar.

✉ 700 Rue Ripplecove, Ayer's Cliff, Quebec, J0B 1C0 ☎ 819/838-4296, 800/668-4296 🕘 O ano todo para jantar 18h-21h; almoço jun-set diariam 12h-14h, dias ocasionais entre out-mai. A $22, J $55 (4 pratos), vinho $20 🚘 Na Highway 141, 8km ao sul da Highway 55, cruzamento 21

LA BAIE

L'AUBERGE DES 21

www.aubergedes21.com

À margem do fiorde de Saguenay, esta hospedaria encantadora serve excepcional culinária regional, com alguns pratos inspirados em receitas tradicionais das Primeiras Nações. Os menus são sazonais, mas incluem lagosta das Îles Madeleine com morangos Orléans em uma cama de espinafre, e carneiro de St-Nazaire com molho de hortelã. No jantar, os menus são de preço fixo, com cinco pratos.

✉ 621 rue Mars, Ville de la Baie, Quebec, G7B 4N1 ☎ 418/697-2121, 800/363-7298 🕘 Diariam 11h45-13h30, 18h-21h A $15, J $46, vinho $40 🚘 Ao lado da Highway 372 ou 170 em La Baie, seguindo pela rue Bagot

CHICOUTIMI

RESTAURANT LA CUISINE

www.restaurantlacuisine.ca

Aqui a comida fina incorpora elementos franceses, italianos e asiáticos. Você pode pedir escargots com parmesão ou meia porção de uma das massas, e depois continuar com atum com molho de cebola, tomate e pimentão, steak de contrafilé de costela ou uma fritura.

✉ 387 rue Racine Est, Chicoutimi, Quebec, G7H 1S8 ☎ 418/698-2822 🕘 Seg-sex 11h-14h, 17h-21h, sáb-dom 17h-21h A $16, J $35, vinho $20 🚘 Centro, perto do cruzamento da rue du Havre

GASPÉ

CAFÉ DES ARTISTES

A apenas 1km do Musée de la Gaspésie, este charmoso café também funciona como galeria para as obras de artistas locais, principalmente os donos. O menu simples a preço fixo conta com pizzas, saldas, sanduíches, sorvetes caseiros e café torrado no local.

✉ 101 rue de la Reine, Gaspé, Quebec, G4X 1T5 ☎ 418/368-3366 🕘 Diariam 7h-22h30 A $16, J $20, vinho $4,50 (taça)

KNOWLTON

AUBERGE KNOWLTON

www.aubergeknowlton.ca

Em um pitoresco edifício de 1849 belamente reformado, este é o lugar perfeito para provar o famoso pato do lago Brome e outros produtos locais, incluindo queijo e vinho. Os menus de almoço e jantar são extensos, incluindo opções vegetarianas e pratos do dia.

✉ 286 Knowlton Road, Knowlton, Quebec, J0E 1V0 ☎ 450/242-2232 ⌚ Diariam almoço e jantar ✋ A $20, J $40, vinho $32 🚗 No centro do vilarejo, no cruzamento das estradas 243 e 104

MAGOG

FONDISSIMO

www.fondissimo.ca

Há três tipos de fondue neste restaurante moderno e elegante –suíça, chinesa e de chocolate. Diversas fondues à base de queijo emmental e gruyère são preparadas com pesto e tomates secos ou vinho branco, molho de tomate e cebola, pimenta-de-caiena e cominho, e servidas com legumes frescos, batatas assadas, picles, pão e uma salada verde. Para as fondues chinesas, os clientes recebem uma panela de caldo fervente e porções de carnes e frutos do mar para cozinhar à mesa. A fondue de chocolate vem com pedaços de frutas. Traga o vinho.

✉ 119 rue Milette, Magog, Quebec, J1X 2E1 ☎ 819/843-8999 ⌚ Qui 17h-22h, sex 17h-23h, sáb 17h-24h, dom 17h-21h (jul-meados set também seg-qua 17h-21h). Fecha 24-25 e 31 dez, 1º jan ✋ J $45 🚗 Na saída 118 da Highway 10 (Autoroute des Cantons de l'Est), pegue a Highway 112 rumo a sudeste

MONT-TREMBLANT

AUX TRUFFES

www.auxtruffes.com

A cozinha inspirada e meticulosa do chef Martin Faucher produz pratos como lagosta salteada com geleia de kumquat e abacaxi, arroz imperial e confit de funcho, ou costeleta de vitela do Québec com mostarda de Dijon e molho de bordo, cebolas no bafo e polenta cremosa –além das trufas, sempre presentes. Na carte du vin, vinhos franceses têm destaque, mas há uma boa seleção internacional, incluindo dois do vale do Okanagan, no Canadá. O salão, elegante, é perfeito para uma ocasião especial.

✉ Place St.-Bernard, 3035 chemin de la Chapelle, Mont-Tremblant, Quebec, J8E 1B1 ☎ 819/681-4544 ⌚ Diariam 18h-21h ou 22h, jan-meados abr, jul-meados out e semana do Natal também 11h30-15h ✋ A $30, J $70, vinho $40 🚗 Carros não circulam em Mont-Tremblant

PERCÉ

LA NORMANDIE DINING ROOM

www.normandieperce.com

As paredes brancas e o teto vermelho-vivo se destacam na praia, e o restaurante do hotel fica de frente para o Rocher Percé e a ilha Bonaventure. É famoso por ter uma das melhores comidas da área, e oferece variado menu a preço fixo com quatro pratos.

✉ Hotel La Normandie, 221 Highway 132 Ouest, Percé, Quebec, G0C 2L0 ☎ 418/782-2112 ⌚ Jun-início out diariam 7h30-10h, 18h-21h ✋ J $25-$48, vinho $28 🚌 Orléans Express, Gaspé Route 🚗 No centro, na orla

ST.-FAUSTIN-LAC-CARRÉ

LA CABANE À SUCRE MILLETTE INC.

www.tremblant-sugar-shack.com

As cabanas de açúcar de bordo são ótimos passeios na época em que flui a seiva (mar-fim abr), mas é possível ver a sala da caldeira e o bosque de bordo o ano todo. E você vai provar a verdadeira comida caseira canadense numa casa de toras: sopa de ervilha laurenciana, presunto defumado com xarope de bordo, feijão e linguiça em xarope de bordo. Entre as sobremesas estão a deliciosa sugar pie, panquecas com xarope de bordo e maple taffy on snow (bala de xarope solidificada na neve). Só com reserva.

✉ 1357 rue St.-Faustin, St.-Faustin-Lac-Carré, Quebec, J0T 1J3 ☎ 819/688-2101, 1-877/688-2101 ⌚ Mar-fim abr ter-sáb 11h-20h, dom 11h-19h; resto do ano refeições apenas com reserva para grupos ✋ $18-$24 (todos os pratos; inclui maple taffy e chá ou café) 🚗 15 min de carro ao sul de Tremblant (Route 117)

ST.-LAURENT

LE CANARD HUPPÉ

www.canard-huppe.com

Encantadora hospedaria na ilha, gerida pelo chef Philip Rae, obviamente oferece um prazer especial em seu salão de jantar. O objetivo da cozinha é apresentar o sabor da ilha usando produtos locais, sempre que possível. Para começar, peça terrine de cordeiro com rabanetes e pepinos marinados, geleia caseira de cebola ou crème brûlée com camadas de maçã ao uísque, e foie gras de trufa por cima. Entre os deliciosos pratos principais há um quarteto de carnes de caça (lombo de cervo, magret de pato, costeleta de javali e filé de caribu) ou vieiras e camarões-pistola em um leito aromático de arroz basmati e gengibre, coulis de açafrão e ervilhas-de-cheiro. Faça reserva.

✉ 2198 chemin Royal, St.-Laurent, Île d'Orléans, Quebec, G0A 3Z0 ☎ 418/828-2292, 800/838-2292 ⌚ Diariam 18h-20h ✋ J menus a preço fixo $45-$65, vinho $32 🚗 Perto da ponta sul da ilha, a 6km da ponte

TADOUSSAC

RESTAURANT LE BÂTEAU

www.lebateau.com

Na placa, um grande desenho de veleiro anuncia sua chegada a este restaurante informal, com vista fantástica. O almoço e o jantar são servidos em bufês, com saborosos pratos quebequenses, entre os quais estão deliciosas sopas caseiras, carnes e legumes, frutos do mar, seguidos de tortas tradicionais para a sobremesa.

✉ 246 rue des Forgerons, Tadoussac, Quebec, G0T 2A0 ☎ 418/235-4427 ⌚ Mai-fim out diariam 11h-14h30, 17h-21h30; também sanduíches 11h-17h ✋ A $13, J $19,50, vinho $18 🚗 No centro

TROIS-RIVIÈRES

LE SACRISTAN

http://web.mac.com

Este lugar conveniente para um lanche rápido serve apetitosa seleção de sopas, saladas, sanduíches frios ou quentes e sobremesas. Você pode transformar isso numa refeição com a "Bistrot Formule" que tem sopa, salada, sanduíche quente, sobremesa e um copo de vinho por preço que inclui tudo, ou escolher o especial do dia, que pode ser carne na brasa, cuscuz com frango, linguiças com lentilhas ou chili com carne.

✉ 300 rue Bonaventure, Trois-Rivières, Quebec, G9A 2B1 ☎ 819/694-1344 ⌚ Seg-sex 8h-18h ✋ A menu a preço fixo $11,50-$19,50 🚗 No centro, entre rue Notre-Dame Centre e rue Royale

ONDE FICAR

PREÇOS E SÍMBOLOS

Os preços correspondem à diária de um quarto duplo, com café da manhã, a menos que indicado o contrário. A não ser que esteja especificado, todos os hotéis da lista aceitam cartões de crédito. Note que os preços variam ao longo do ano.

Para a legenda de símbolos, ▷ 2.

BAIE-ST.-PAUL

AUBERGE LA MAISON OTIS

www.maisonotis.com

Hotel tradicional ao estilo de Quebec, foi ampliado para oferecer suíte de beleza, piscina, restaurante e café. Quartos atraentes com diversos tamanhos e ótima decoração. Do lado de fora há belos jardins e um terraço elegante.

✉ 23 rue St. Jean Baptiste, Baie-St.-Paul, Quebec, G3Z 1M2 ☎ 418/435-2255, 800/267-2254 $113-$301 30 Coberta No centro, atrás da igreja

GASPÉ

L'HOTEL DES COMMANDANTS

www.hoteldescommandants.com

Suaves tons de terra dão a sensação de aquecer o ambiente deste hotel elegante, mas a espetacular vista da baía chama muito mais atenção. Além da variedade de quartos modernos, o hotel conta com health center, que oferece diversos tratamentos e terapias, cinema, shows de cabaré, bar-restaurante e o restaurante Terra Nova.

✉ 178 rue de la Reine, Gaspé, Quebec, G4X 1T6 ☎ 418/368-3355, 800/462-3355 $119-$139 70 (todos para não fumantes) No centro, um quarteirão atrás da rodovia litorânea (Highway 198)

LAC BROME

AUBERGE LAKEVIEW

www.aubergelakeviewinn.com

Esta construção tombada, erguida em 1874, fica numa localização conveniente para visitar Lac-Brome e outras atrações dos Cantões do Leste. Quartos em estilos variados, mas todos com decoração elegante e móveis artesanais. Os estúdios espaçosos dispõem de hidromassagem e terraço. O luxuoso salão de jantar oferece serviço formal e jantar gourmet de cinco pratos. Há também um pub à moda inglesa que serve pratos regionais ou locais e cervejas importadas.

✉ 50 rue Victoria, Lac-Brome, Knowlton, Quebec, J0E 1V0 ☎ 450/243-6183, 1-800/661-6183 $136-231 28 Externa aquecida Ao lado da Lakeside Road (Highway 243), perto da extremidade sul do lago

AUBERGE QUILLIAMS

www.aubergequilliams.com

O endereço diz tudo –este hotel agradável tem excelente localização bem no Lac Brome, e atrás dele está a reserva de vida selvagem Quilliams, um pântano rico em aves, onde se pode andar de canoa saindo do cais do hotel. Há diversos tipos de quartos, desde o padrão, com cama queen size, até as amplas suítes, com área de estar separada, quitinete e dois sofás-camas de casal. Todos os quartos dispõem de terraço, acesso à internet sem fio, cafeteira e roupões confortáveis. O restaurante serve cozinha francesa e tem carta de vinhos premiada. Há um spa que oferece diversos tratamentos.

✉ 572 chemin Lakeside, Lac-Brome, Quebec, J0E 1R0 ☎ 450/243-0404, 888/922-0404 $139-$169 38 (30 só para não fumantes) Coberta 5km ao sul da Highway 10 (saída 90, Knowlton/Lac-Brome), pela Route 243

MAGOG

AU MANOIR DE LA RUE MERRY

www.manoirmerry.com

Tão atraente quanto o nome da rua onde se encontra, este charmoso bed-and-breakfast é prático para ir aos restaurantes de Magog e à ciclovia Montagnarde. Os quartos individuais são bonitos e têm banheiro. Três deles oferecem vista para o lago, e dois são voltados para o jardim, onde há piscina e móveis leves. A aconchegante sala de estar tem lareira no inverno, e o café da manhã é servido no alegre salão de refeições.

92 rue Merry Sud, Magog, Québec J1X 3L3 1-819/868-1860, 1-800/450-1860 $80-$120 5 (todos só para não fumantes) Externa, aquecida No centro da cidade, ao sul da ponte, perto da intersecção com o chemin Hatley

MONT TREMBLANT

FAIRMONT TREMBLANT

www.fairmont.com/tremblant

Resort para o ano todo, instalado abaixo dos picos mais altos das Laurencianas. Apesar de procurado por fãs de esportes de inverno, também oferece atividades no resto do ano, muitas delas dentro do hotel, como piscinas, instalações para saúde e fitness e clube para crianças. Quartos e suítes comuns têm móveis padronizados, TV a cabo, cafeteira, secador de cabelos e frigobar. Os hóspedes Fairmont Gold recebem tratamento especial, com seu próprio saguão, concierge e check-in. Muitos quartos possuem vista das montanhas e janelas que se abrem para o ar puro entrar.

3045 chemin de la Chapelle, Mont-Tremblant, Quebec, J8E 1E1 819/681-7000 $159-$584 314 Coberta e externa, aquecida Na vila do resort

PERCÉ

LE MIRAGE

www.hotellemirage.com

De todos os quartos deste hotel simpático, de gestão familiar, avistam-se o famoso Rocher Percé e a ilha Bonaventure, com enormes janelas para aproveitar melhor a vista. Alguns quartos dispõem de piso lustroso de madeira de lei, enquanto outros são acarpetados, e todos possuem tecidos de qualidade, coordenados com design elegante. Contam com TV a cabo e secador de cabelos. O grande terreno inclui uma quadra de tênis e piscina. Pode-se contratar passeios de barco e de observação de baleias.

288 Highway 132 Ouest, Percé, Quebec, G0C 2L0 418/782-5151, 800/463-9011 meados mai-meados out $89-$168 70 (64 só para não fumantes) Externa, aquecida 60 A oeste de Percé pela Highway 132

ST.-LAURENT

LE CANARD HUPPÉ

www.canard-huppe.com

Com localização tranquila na área rural, este pequeno albergue charmoso é conhecido pelo restaurante (▷ 137) e pelas acomodações confortáveis. Seus dois chalés contêm quartos diferentes, mas todos com belos móveis antigos e decoração suave. Um deles oferece suíte com lareira e hidromassagem.

2198 chemin Royal, St.-Laurent, Île d'Orléans, Quebec, G0A 3Z0 418/828-2292, 800/838-2292 $128 Perto da ponta sul da ilha, a 6km da ponte

TADOUSSAC

AUBERGE MAISON GAGNE

www.aubergemaisongagne.ca

Este lugar encantador no fiorde de Saguenay fica perto de Anse, no lago Eau. Cada quarto tem banheiro, TV, cafeteira, micro-ondas e geladeira, e o café da manhã é farto.

139 Bâteau-Passeur, Tadoussac, Quebec, G0T 2A0 418/235-4526 $99-$135 11 (todos só para não fumantes) Na Highway 138 em Tadoussac, perto da esquina com a rue des Pionniers

TROIS-RIVIÈRES

GOUVERNEURE

www.gouverneur.com

A arquitetura moderna descaracterizada não tem muitos atrativos e os quartos lembram os de muitos outros hotéis, mas os padrões são elevados e esta é uma boa escolha por causa da localização central e das instalações. A piscina na cobertura, por exemplo, tem vistas magníficas, e as amplas opções de jantar incluem excelente bufê de frutos do mar nas noites de sexta e sábado. Quartos com cafeteira, internet de banda larga sem fio, mesa de trabalho e café da manhã grátis. Pacotes e promoções oferecem boa relação custo-benefício.

975 rue Hart, Trois-Rivières, Quebec, G9A 4S3 1-888/910-1111 A partir de $106 127 (114 só para não fumantes) Externa No centro, esquina da rue Laviolette

Acima *Wakefield Mill, em Wakefield*

WAKEFIELD

WAKEFIELD MILL

www.wakefieldmill.com

Esta hospedaria encantadora fica no coração dos morros e florestas do Parc Gatineau. Paredes de tijolo à vista, pisos de madeira de lei e tons suaves são acompanhados de sofás macios de algodão e quadros históricos. Alguns quartos dispõem de hidromassagem e lareira, e muitos têm belas vistas da cachoeira; todos possuem móveis canadenses antigos e TV por satélite. Existem também algumas suítes luxuosas.

60 Mill Road, Wakefield, Quebec, J0X 3G0 819/459-1838, 1-888/567-1838 $102 27 Meia hora de carro ao norte de Ottawa, ao lado da Highway 5 e ao longo da Highway 105

PROVÍNCIAS DO ATLÂNTICO

Se você juntar as quatro Províncias do Atlântico –New Brunswick, Nova Escócia, Ilha Prince Edward, e Terra Nova e Labrador–, ainda assim não atingirá a área de qualquer outra província canadense isolada. Mas apesar do tamanho, elas possuem riquezas históricas, culturais e geográficas que superam em muito a sua capacidade física.

Como esta é a parte do Canadá mais próxima da Europa, foi aqui que os primeiros exploradores e colonizadores desembarcaram – os *vikings* mil anos atrás, John Cabot em 1497, os primeiros colonos franceses em 1605, logo seguidos pelos britânicos. Mais tarde, navios a vapor trouxeram milhões de imigrantes pelo Atlântico, e o primeiro território ocupado foi Halifax, capital da Nova Escócia. Muitos gostaram do que viram e ficaram no litoral leste, e suas influências são presentes até hoje: o característico jeito escocês persiste na Nova Escócia, há um toque irlandês no sotaque de Terra Nova, e 50% da população de New Brunswick –única província canadense oficialmente bilíngue– tem o francês como primeira língua. Em 1867, fez-se história na Ilha Prince Edward, quando o Canadá foi declarado nação em Charlottetown.

As paisagens são todas incríveis, com grandes cadeias de montanhas, amplas florestas, as maiores marés do mundo na baía de Fundy, praias de areias intocadas, com as águas mais quentes ao norte das Carolinas, e a tundra do Labrador, com grandes manadas de caribus. A Ilha Prince Edward é mais amena, uma preciosidade rural com solo vermelho, muito famosa por causa das batatas e das histórias de *Anne de Green Gables,* de Lucy Maud Montgomery.

Halifax é a maior e mais movimentada cidade, ao passo que as outras capitais das províncias – Fredericton, Charlottetown e St. John's– conservam o charme das cidadezinhas. Em todo o litoral existem pitorescas vilas pesqueiras, angras rochosas e portos. Venha conhecer as paisagens, a música celta, os pontos históricos, ou fazer caminhadas e observar baleias, e não vá embora sem provar a lagosta do local.

ANNAPOLIS ROYAL

www.annapolisroyal.com

Na ampla bacia do rio Annapolis, onde ele deságua na baía de Fundy, Annapolis Royal é um lugar de grande charme histórico, e sua rua principal é ladeada de residências elegantes, lojas de artesanato, galerias de arte e restaurantes. Duas vezes ao dia ocorrem as marés de Fundy (▷ 146-7), que invertem o fluxo do rio com um impulso tão forte que gera energia para a cidade.

Annapolis Royal foi a primeira colônia francesa na América do Norte, fundada 15 anos antes de os peregrinos desembarcarem nos EUA. Também era o local mais disputado no Canadá durante as hostilidades entre ingleses e franceses. O Port Royal National Historic Site (meados mai-meados out diariam), 10,5km a oeste da cidade, lembra aqueles tempos. Construído em 1605, sobreviveu até 1613, mas o conjunto –reminiscência de uma antiga fazenda normanda– foi reconstituído.

Fort Anne (meados mai-meados out diariam), ao lado da Upper St. George Street, é o parque nacional histórico mais antigo do Canadá e foi construído pelos franceses em 1702-8, com ampliações posteriores feitas pelos britânicos. Contém mostras históricas e uma enorme tapeçaria que ilustra os quatro séculos de Annapolis Royal.

407 W16

L'ANSE AUX MEADOWS

A partir de Gros Morne, siga para o norte até a ponta setentrional da Terra Nova e encontrará um lugar de grande significado histórico para toda a América do Norte. L' Anse aux Meadows (jun-início out diariam) é uma escavação e reconstrução parcial do único assentamento viking encontrado no continente. Oferece uma noção fascinante do modo de vida desses primeiros exploradores, que se fixaram aqui para incursões sazonais vindos da Escandinávia em busca de peixes e frutas. Daqui, também fizeram viagens para o interior da América do Norte.

407 X12

PENÍNSULA DE AVALON

Esta é a porção mais a leste de todo o continente norte-americano, ligada por istmos ao restante da Terra Nova. É uma área bonita e selvagem, com a cidade de St. John's (▷ 154), no litoral leste, dotada de consciência histórica e estilo de vida diferenciado. A colonização europeia começou cedo, e pescadores britânicos fizeram as primeiras visitas por volta da década de 1520.

A bela costa acidentada se soma às maravilhas da natureza, como as baleias em St. Vincent e na reserva ecológica de Witless Bay (onde milhares de baleias-corcundas e minkes vêm se alimentar). Colônias de aves aquáticas nas ilhas da baía Witless e no cabo de St. Mary, no sudoeste, contam com gansos-patolas-do-norte, tordas-mergulheiras e araus. E na maior parte dos anos ocorre o espetáculo de icebergs de 10 mil anos que flutuam à deriva.

O ponto mais oriental é o cabo Spear. Daqui tem-se vista magnífica, e o lugar é ótimo para observar baleias. O Cape Spear Lighthouse National Historic Site (meados mai-meados out diariam 10h-18h; centro de visitantes 8h30 ou 9h meados mai-início set) tem o farol mais antigo da província, restaurado à sua aparência de 1839, e o centro de visitantes mostra a história do farol e sua manutenção tradicional. É muito tranquilo, mas a natureza também tem seus perigos: preste atenção nas recomendações de segurança.

A noroeste de St. John's, em Harbour Grace, o Conception Bay Museum (jul-início set) lembra o papel da cidade na aviação transatlântica –diversos voos pioneiros partiram daqui–, além de sua ligação com o rei pirata Peter Easton, do século 17. Mais ao norte, a baía Trinity tem três comunidades com nomes sugestivos: Heart's Delight, Heart's Desire e Heart's Content. Nesta última, em 1866, foram concluídos os cabos de comunicação transatlântica. Agora, a velha estação dos cabos funciona como centro histórico (meados mai-início out diariam).

No litoral oeste fica Placentia, cujo nome vem do francês *plaisance* ("aprazível"), dado a ela em 1662 quando se tornou capital da colônia da França. Localizada numa faixa estreita de terra, a cidade fica de frente para o que sobrou de uma fortaleza francesa do século 17, no topo de Castle Hill (centro de visitantes: meados mai-meados out diariam; terreno: o ano todo).

Acima *O conservado Douglas DC3* Spirit of Harbour Grace, *no Conception Bay Museum*
À esq. *Igreja em Harbour Grace*

407 Z13 2º andar, West Block, Confederation Building, Prince Phillip Drive, St. John's, Terra Nova e Labrador (endereço de entrega: Department of Tourism, Culture and Recreation, PO Box 8700, St John's, Newfoundland and Labrador, A1B 4J6) 709/729-2830, 1-800/563-6353

BADDECK

www.visitbaddeck.com

Baddeck se encontra na Ilha Cape Breton, à margem do St. Patrick's Channel, parte do enorme lago Bras d'Or. Em razão de sua localização panorâmica, a comunidade de mil habitantes expande-se com os visitantes de verão. A cidade possui longa tradição de atrair emigrantes escoceses, entre os quais Alexander Graham Bell (1847-1922), inventor e pesquisador que aqui construiu uma casa de veraneio em 1885.

As façanhas de Bell são lembradas no Alexander Graham Bell National Historic Site (mai-out diariam; 9h-17h ou 18; nov-abr com hora marcada; www.pc.gc.ca), na ponta leste da vila, na Chebucto Street (Highway 205). Sem dúvida, foi o telefone que tornou o inventor rico e famoso, mas ele trabalhou em muitas outras áreas. Em 1909, seu Silver Dart atravessou a baía Baddeck no primeiro voo tripulado no Canadá. Em 1919, um de seus hidrofólios, o HD-4, fixou um recorde mundial ao atingir 114km/h no lago Bras d'Or.

407 X15

Acima *Vista do litoral pela Cabot Trail* **À dir.** *Bandeira acadiana tremula na prefeitura, Fredericton* **Pág. ao lado** *Posto de observação de salva-vidas em Neil's Harbour, na Cabot Trail*

PENÍNSULA BONAVISTA

www.bonavista.net

Acredita-se que o primeiro avistamento de terras norte-americanas por John Cabot (na verdade, Giovanni Caboto) tenha sido este local no litoral leste da Terra Nova. "O buona vista," teria dito o explorador italiano, e poucos não concordariam com o que ele afirmou. A estátua do explorador fica acima do cabo Bonavista e do bater de suas ondas. O farol vermelho e branco (meados mai-início out diariam) data de 1843 e abriga uma exposição.

A quase 5km do cabo fica a tranquila comunidade de Bonavista, centro florescente de comércio internacional há apenas uma geração, quando este pequeno porto se enchia de escunas, e em seus píers se agitavam trabalhadores apressados. Ryan Premises (meados mai-meados out diariam; www.pc.gc.ca), na orla, é a antiga sede da James Ryan Ltd., que aqui criou um império econômico baseado na pesca litorânea da Terra Nova e Labrador. A empresa fechou em 1978, mas os prédios foram restaurados para contar a história. Também no porto está a réplica, construída por aqui, do navio de John Cabot, o *Matthew* (início jun-fim set diariam; www.matthewlegacy.com), com o qual ele cruzou o Atlântico após partir de Bristol, Inglaterra.

Outro explorador, o português Gaspar Corte Real, chegou no domingo da Trindade de 1501, e assim foi chamada a aldeia litorânea de Trinity. A fama atual da cidade vem da parada cívica da Terra Nova (jul-fim de semana do Dia do Trabalho qua, sáb e dom 14h), um desfile musical pela cidade, com vinhetas sobre personagens da história de Trinity. A Hiscock House (meados mai-meados out diariam) é uma típica residência dos comerciantes do início do século 20, onde guias com trajes de época mostram tudo para você.

407 Y12

CAMPOBELLO ISLAND

www.campobello.com

Campobello se localiza no ponto em que o oceano Atlântico entra bramindo na baía de Fundy. Esta é uma das ilhas Fundy (▷ 146-7), há muito tempo famosa pelo clima revigorante. No final do século 19 a ilha atraía ricos industriais americanos loucos para fugir da cidade. Entre os que tinham casa de férias aqui, estavam James e Sara Delano Roosevelt, cujo filho Franklin se tornou presidente dos EUA (1933-45). O jovem Franklin passava o verão em Campobello, que ele chamava de "ilha querida", e mais tarde ele e a esposa Eleanor também adquiriram uma casa aqui. Em 1921, Roosevelt contraiu pólio. Ele não voltou a Campobello por 12 anos, tempo em que foi presidente. Em estilo holandês, o Roosevelt Cottage, de 34 cômodos (fim mai-out diariam), é agora o destaque do Roosevelt-Campobello International Park (diariam; www.fdr.net) de 1.133ha, mantido impecável pelos governos canadense e americano, como parque da paz internacional. Com decoração simples, a casa é uma tocante volta no tempo, cheia de lembranças de seus ex-donos. Ali perto, o centro de visitantes (fim mai-out diariam) oferece excelentes mostras explicativas sobre a vida de Roosevelt.

Desça até o cais para captar a bela vista do litoral e de Eastport, Maine –se a famosa neblina não atrapalhar–, ou explore as trilhas de caminhadas e os passeios de carro que serpenteiam pelas florestas até os cabos e praias rochosas.

407 W16 De L'Etete (perto de St. George), New Brunswick, ou de Eastport, Maine (EUA); ambos via ilha Deer

CAPE BRETON HIGHLANDS NATIONAL PARK

www.pc.gc.ca

Cape Breton é um dos lugares mais bonitos do leste do Canadá, e suas paisagens são de tirar o fôlego na parte norte da ilha, onde a Cabot Trail (passeio de carro ▷ 160-1 e passeio a pé ▷ 162-3) serpenteia por florestas densas e margeia trechos da linha litorânea selvagem e rochosa. A maior parte desta estrada fica dentro do Cape Breton Highlands National Park, criado em 1936 e que ocupa 950km². É preciso autorização para entrar no parque e pode-se pegar a autorização e um mapa grátis nos centros de informação (veja abaixo), no Whale Centre da baía Pleasant ou na Celtic Bakery em Dingwall. O parque nacional tem 25 trilhas para caminhadas, que vão desde curtos trechos até aventuras cheias de desafios e com pernoite. Algumas levam a mirantes que oferecem panoramas espetaculares do litoral; outras exploram florestas e lagos isolados. Alces, ursos-pardos, linces e coiotes vêm se alimentar aqui, enquanto águias-carecas voam em círculos. Ao largo, baleias e golfinhos surgem na superfície, observados por uma multidão de aves aquáticas –não faltam passeios para observar baleias entre junho e setembro, principalmente de Chéticamp e da baía Pleasant (▷ 160-1), mas muitas vezes dá para ver esses mamíferos marinhos dos mirantes do litoral.

407 X15 Centros de Informações Turísticas de Ingonish e Chéticamp; meados-mai meados-out diariam 902/224-2306 autorização: adulto $8, criança (6-16) $4, menor de 6 grátis, família $19,60

FREDERICTON

www.tourismfredericton.ca

Numa ampla curva do rio Saint John, a capital de New Brunswick é uma cidade atraente, com ruas arborizadas e casas elegantes, que se pode explorar a pé. Seu centro cultural fica no Historic Garrison District, bairro restaurado, com museus, galerias, lojas de artesanato, encenação da troca da guarda e diversões grátis todas as noites de julho e agosto. A cidade também realiza muitos festivais, como a Winter Fest em fevereiro, o festival junino do rio, dos Highland Games em julho e do maior de todos, o Harvest Jazz e Blues Festival em setembro. Na frente do Legislative Building acha-se a moderna Beaverbrook Art Gallery (diariam; www.beaverbrookartgallery.org), a melhor galeria de arte no Canadá Atlântico e, agora, a galeria de arte da província de New Brunswick. O lugar de honra fica para o enorme *Santiago el Grande*, de Salvador Dalí, acima da entrada do saguão. Há também importantes coleções de pinturas canadenses e britânicas. De Fredericton, dirija 34km para leste pela Trans-Canada Highway 2 até chegar ao King's Landing Historical Settlement (meados-jun-meados out diariam; www.kingslanding.nb.ca), um assentamento legalista do século 19 muito bem reconstituído, em meio a bosques, pastagens e à margem do rio. Com atores vestidos a caráter, é um dos maiores sítios culturais desse tipo no Canadá, e conta com mais de 70 edifícios históricos, incluindo residências, fazendas e oficinas, além de uma serraria movida por um notável moinho d'água.

407 W16 11 Carleton Street, Fredericton, New Brunswick, E3B 4Y7 506/460-2041, 1-888/888-4768

FUNDY NATIONAL PARK E AS ILHAS

▷ 146-7.

GROS MORNE NATIONAL PARK

www.pc.gc.ca

Esta área natural de fiordes, mar, florestas e montanhas, na costa oeste da Terra Nova, foi declarada Patrimônio da Humanidade da Unesco em 1987, não apenas pela beleza panorâmica espetacular, mas também pela importância mundial de sua geologia. Os platôs quase estéreis, de topo plano e colorido ocre (a 4km a partir do Discovery Centre, pela Highway 431) são peridotitos do manto da Terra que se moveram centenas de quilômetros até a atual posição, há cerca de 450 milhões de anos.

A formação em Green Point, 12km do norte de Rocky Harbour, uma enorme pedra inclinada que se eleva abruptamente do mar, é considerada um dos melhores exemplos do mundo de uma rocha sedimentar exposta. Há caminhadas guiadas por naturalistas, no verão.

A melhor apresentação de Gros Morne está no Discovery Centre (meados mai-meados out diariam), em Woody Point, pela Highway 431. Possui excelente localização, e suas mostras explicam os fenômenos geológicos que atraem o interesse internacional. O Centro de Informações Turísticas do parque (final abr-out diariam), na Highway 430, perto de Rocky Harbour, também tem informações (▷ 156-7).

Cerca de 27km ao norte de Rocky Harbour fica Western Brook Pond. Para simplificar, trata-se de um lago com 16km de comprimento, rodeado de rochedos de até 700m de altura, e com 160m de profundidade e 3km de largura. Este é um lago oligotrófico, que quase não contém nutrientes e alimenta pouca vida vegetal –sua água é uma das mais puras do mundo.

Da Highway 430, tem-se uma bela vista do notável Western Brook Pond, mas a única maneira de apreciar completamente este lago-fiorde panorâmico é caminhar até a margem (6km de ida e volta) e fazer um passeio de barco de 2h30 (jun-fim set diariam). Ficar face a face com a natureza silvestre é impressionante.

6km ao sul do lago encontra-se Broom Point (meados mai-meados out diariam; reservas tel 709/458-2417), que dá uma noção do estilo de vida de uma família de pescadores em meados do século 20.

407 X13 Sede do Gros Morne National Park, Rocky Harbour, Terra Nova e Labrador, A0K 4N0 709/458-2417 Diariam Adulto $10, criança (6-16) $5, família $19,60 (inclui Discovery Centre) Deer Lake Airport (a 32km da entrada do parque) Conexões para Rocky Harbour a partir do aeroporto e ferryboats

FUNDY NATIONAL PARK E AS ILHAS

INFORMAÇÕES
www.pc.gc.ca
407 W16 Centro de Informações Turísticas, Highway 114, Alma, New Brunswick, E4H 1B4 506/887-6000 Fim jun-início set diariam 8h-21h45; meados mai-fim jun, início set-meados out diariam 8h30-16h15; meados out-meados mai seg-sex (ligue para saber os horários) Adulto $8, criança (6-16) $4, família $19,60

INTRODUÇÃO

Situado na baía de Fundy e ao sul da última reserva natural de New Brunswick, este parque de 206km^2 é uma interessante combinação de regiões montanhosas e praias. A baía, com águas frias e enorme variação entre as marés, influi em todo o parque. Você pode notar a flutuação da maré ao caminhar pela praia, observando a ida e vinda dos barcos de pesca. Há também mais de 100km de trilhas internas para explorar, além das ilhas da baía.

Uma das maravilhas marinhas do mundo (finalista na campanha da New-7Wonders of Nature), a baía de Fundy tem as marés mais altas do planeta. A força da gravidade do Sol e da Lua produz marés que sobem e descem uma distância de 16m duas vezes por dia, todos os dias. Este movimento notável é provocado por uma combinação de fatores –como a água numa banheira, o mar da baía tem um balanço natural, chamado *seiche*, que leva cerca de 12 horas para avançar da foz da baía até seu topo e voltar. Isso coincide com a frequência da pulsação das marés do Atlântico que alagam a baía. O que acentua ainda mais a subida é o formato da baía, pois como ela fica mais estreita e mais rasa em direção ao topo, a água é forçada a subir pelas praias.

Outros locais do mundo possuem marés bem altas, mas a variação atinge apenas 10m, e elas não movimentam tanta água; na baía de Fundy, o volume da maré é igual ao total diário da vazão de todos os rios do mundo.

DESTAQUES

LITORAL DO PARQUE NACIONAL

Na entrada leste do parque fica Alma Beach, onde muitos visitantes programam chegar na maré baixa para conseguir caminhar por toda sua extensão (1km). Um mastro na areia indica a profundidade da água na maré alta. Preste atenção para voltar antes que a maré suba, pois em menos de uma hora a água já bate na cintura.

No século 19, havia uma próspera serraria na foz do rio Point Wolfe, 10km a sudoeste de Alma. No entanto, por volta da década de 1920, todas as árvores disponíveis tinham sido cortadas e a empresa fechou. Você pode seguir por um caminho de frente para uma pequena garganta e represa e ver a angra que se enchia de escunas para transportar a madeira; painéis explicativos contam a história. Procure a antiga ponte coberta de madeira. Na maré baixa, pode-se caminhar pela praia longa, com larga barreira de pedregulho, tendo o cuidado de verificar a tábua de marés antes de se aventurar tão longe (é fácil ficar preso quando a maré sobe).

Em Herring Cove, 4km a sudoeste de Alma, pode-se explorar as piscinas naturais, as pedras cobertas de algas e o lodo da maré baixa –se voltar na maré alta vai descobrir que tudo desapareceu.

Uma boa maneira de observar o litoral de Fundy é participar de concorridos passeios de caiaque com guia, que partem de Alma (▷ 164). Outro passatempo divertido é catar as conchas trazidas pelo mar.

TERRAS ALTAS DE CALEDÔNIA

Terra adentro há uma área de floresta densa, rios com cachoeiras e muita vida selvagem. Fundy fica na rota de migração de aves do Atlântico, e mais de 260 espécies foram identificadas dentro do parque; 95 delas fizeram ninho no parque e o falcão-peregrino foi reintroduzido aqui. O parque conta com ótimos recursos para visitantes, entre os quais campings e um campo de golfe de nove buracos (meados mai-início out). A grande altitude das terras altas deu origem a uma interessante mescla de árvores que produzem belo colorido no outono. Essas florestas abrigam 38 espécies de mamíferos, de tâmias e esquilos-vermelhos a alces.

CAMPOBELLO ISLAND

▷ 144.

DEER ISLAND

www.deerisland.nb.ca

Esta e outras duas ilhas –Campobello e Grand Manan– ficam na desembocadura da baía Passamaquoddy. Estão sempre cobertas de vegetação, muitas vezes assoladas por ventos e neblina, mas são procuradas pela tranquilidade e porque têm muita vida selvagem, principalmente aves e baleias. A vida na ilha depende do mar, e as marés altas e os redemoinhos da baía atuam como bombas gigantes, que trazem nutrientes para os minúsculos organismos marinhos. Estes, por sua vez, constituem a alimentação de todos os tipos de criaturas marinhas. As mil pessoas que moram na Deer Island, que fica no paralelo 45, a meio caminho entre o equador e o polo Norte, vivem da caça da lagosta, da cata de mariscos e da criação de salmão. Perto da ponta sul de Deer surge o Old Sow Whirlpool, o maior redemoinho de maré no hemisfério ocidental. Dá para vê-lo melhor do Deer Island Point, três horas antes da maré alta nas luas nova e cheia. Há um camping, mesas para piqueniques e uma praia de pedras, mas não se recomenda entrar no mar.

407 W16 Lord's Cove, Deer Island, New Brunswick, E5V 1W2 O ferryboat grátis sai de L'Etete, perto de St. George, New Brunswick

GRAND MANAN ISLAND

www.grandmanannb.com

Grand Manan é a maior das ilhas Fundy. Possui penhascos altos, paisagem acidentada e uma população de quase 2.700 pessoas. Aqui fica a capital norte-americana da dulse, uma alga comestível usada para temperar ou ingerida crua, como petisco. A ilha é também um refúgio de aves, onde um total de 230 espécies foram avistadas, e a Machias Seal Island, ao largo, possui uma colônia de papagaios-do-mar. Curiosidade: Machias Seal é objeto de uma disputa de fronteira entre Canadá e EUA, um conflito não resolvido da Guerra de 1812.

407 W16 1441 Route 776, Grand Manan, New Brunswick, E5G 4K9 506/662-3442, 1-888/525-1655 Sai de Blacks Harbour, New Brunswick

DICAS

» Se você for andar na praia com a maré baixa, fique atento ao horário de mudança da maré. A água sobe depressa (atinge a cintura em menos de uma hora) e nem sempre é fácil escalar os rochedos.

» Às vezes, alces se juntam no acostamento à noite e podem perambular pela estrada. Por isso, o motorista tem de se precaver contra os riscos. Além de não querer ferir os alces, chocar-se com um deles é como atingir uma parede de tijolos, por causa de seu tamanho e peso, e é comum a ocorrência de acidentes fatais.

» Obras grandes na Highway 114, que corta o parque, podem estar ainda em andamento após a publicação deste guia. Depois de concluídas, resultarão em partes realinhadas e ampliadas, melhorias no mirante Butland Lookoff e mais segurança. Controles ambientais foram seguidos durante a obra, e traços culturais foram protegidos e catalogados.

Pág. ao lado *Point Wolfe é um ótimo lugar para observar pássaros e coletar conchas e outros objetos trazidos pelo mar*
Abaixo *Tempos atrás, a garganta do rio Point Wolfe tinha muito movimento de madeireiros e navios*

HALIFAX

INFORMAÇÕES

www.halifaxinfo.com
407 X16 Scotia Square Visitors Centre, 5251 Duke Street, Halifax, Nova Escócia 902/490-4000 Waterfront Visitor Info Centre, Sackville Landing, Halifax, Nova Escócia 902/424-4248

Acima *No enorme porto natural de Halifax era realizada a corrida de Tall Ships*

INTRODUÇÃO

Com o segundo maior porto natural do mundo, Halifax é a entrada internacional para as Províncias do Atlântico. A cidade costuma ter muita umidade e neblina, e pode ventar bastante, mas num dia claro de verão ou durante seu inverno comparativamente ameno, é um lugar encantador e interessante para visitar. Muitas atrações ficam ao longo da orla, mas o melhor local para começar é Citadel Hill, por sua fortaleza e vista panorâmica. Ferryboats cruzam o porto até a cidade vizinha de Dartmouth.

Halifax foi fundada em julho de 1749 numa área que os nativos chamavam de Chebucto (Porto Grande), e desde o início foi uma fortaleza militar. A história da cidade está cheia de acontecimentos, entre eles um episódio que deixou uma marca terrível. Em dezembro de 1917, na Primeira Guerra Mundial, o *Mont Blanc*, navio de munições francês, carregado de ácido pícrico, nitrocelulose (algodão-pólvora), TNT e benzol, colidiu com o *Imo*, navio de socorro belga, no porto. Ocorreu então a maior explosão artificial que o mundo já vira, antes do bombardeio de Hiroshima em 1945. Uma área enorme da cidade foi totalmente arrasada, mais de 2 mil pessoas morreram e 9 mil ficaram feridas, muitas cegas para o resto da vida.

DESTAQUES

CITADEL NATIONAL HISTORIC SITE

www.pc.gc.ca

Halifax tem ao alto a Citadel Hill, uma sólida fortaleza em forma de estrela que ainda domina a cidade apesar das modernas construções e arranha-céus. Tem-se vistas em todas as direções: da cidade (inclusive a famosa Town Clock), do porto, de Dartmouth, de The Narrows e das pontes que a ligam a Halifax. Fortificada desde 1749, a atual Citadel foi terminada em 1856. Dentro, volta-se até o ano de

1869, quando o 78th Highland Regiment estava estacionado aqui, agora representado por guias a caráter vestindo kilts com o tartan MacKenzie, capacetes com penas e casacos vermelhos. Pode-se visitar o Army Museum, os alojamentos, a sala da guarda, os aposentos da guarnição e o paiol de pólvora, e assistir a "Tides of History", uma apresentação audiovisual espetacular.

Halifax, Nova Escócia, B3K 5M7 902/426-5080 Diariam (animação mai-out 9h-17h ou 18h); terreno apenas nov-abr Jun-meados set adulto $11,70, criança (6-16) $5,80, família $29,40; mai, meados set-fim out adulto $7,80, criança $3,90, família $19,60

A ORLA

O porto natural de Halifax se estende por 16km terra adentro –apenas o porto de Sydney, na Austrália, é maior. Ele não congela no inverno e é quase dividido em dois por um trecho chamado The Narrows, que separa o porto externo da Bedford Basin. A movimentada área da orla é colorida e divertida, com uma calçada de 4km de extensão, restaurantes à beira-mar, museus ótimos e a constante maresia. Além de todas as atividades na água, há muito para ver e fazer em terra.

Um conjunto de velhos armazéns na Upper Water Street foi reformado na década de 1970 e ficou conhecido como Historic Properties. Um esquema de regeneração urbana antigo mas muito bem-sucedido permite que agora os armazéns abriguem restaurantes, lojas de artesanato e escritórios. No verão de 2010, o mercado de produtores mudou-se daqui para um edifício novo e deslumbrante no Pier 20, adaptado para incorporar características ecologicamente corretas. Daqui, você pode caminhar até o Píer 21 (▷ abaixo). Pelo caminho você passa pelo Maritime Museum (▷ abaixo), pelo *Bluenose II*, se estiver em visitação (▷ 151, Lunenburg), por rebocadores, pelo ferryboat de Dartmouth e pela Court House. A HMCS *Sackville* (mai-dez diariam jan-abr com hora marcada, tel 902/429-2132) é uma corveta da Segunda Guerra Mundial que flutua em Sackville Landing na HMC Dockyard. Única sobrevivente de mais de cem corvetas construídas para escoltar comboios, foi restaurada como museu para homenagear os que serviram na Marinha canadense.

DICAS

» Vale a pena pegar a balsa de Darmouth para apreciar as vistas espetaculares do porto. No caminho você também verá as fortificações do George's Island National Historic Site of Canada –ainda sob restauração antes da abertura ao público.

» Acerte seu relógio pelo tiro disparado diariamente ao meio-dia na cidadela, mas não o confunda com o tiro dado em algumas tardes

MARITIME MUSEUM OF THE ATLANTIC

A afamada história da navegação da cidade se reflete neste museu excelente na orla, parcialmente localizado numa fábrica de velas de 1879. Ele dispõe de uma coleção de navios em tamanho real, alguns flutuando, e maquetes e objetos recuperados do *Titanic* (150 dos afogados foram enterrados em Halifax, muitos sem identificação). Também relembra histórias da Cunard Steamship Line (Samuel Cunard era de Halifax) e passa um filme excelente sobre a Explosão em Halifax (▷ 148). Outras mostras falam de naufrágios, de tesouros escondidos e da reconstituição da fábrica de velas de mais de cem anos.

1675 Lower Water Street, Halifax, Nova Escócia, B3J 1S3 902/424-7490 Mai-out diariam 9h-17h30; resto do ano ter-dom 9h-17h30 (até 20h ter ano todo) Mai-out adulto $8,75, criança (6-17) $4,75, família $22,50; nov-abr adulto $4,75, criança $2,75, família $11

Acima *Mastro de Citadel*

Abaixo *O Town Clock (Relógio da Cidade) é uma das referências locais mais conhecidas*

PÍER 21

www.pier21.ca

O Píer 21, no final do calçadão da orla, foi a "porta da frente" do Canadá de 1928 a 1971. Mais de 1 milhão de imigrantes entraram no país por aqui (sem falar nos expatriados e refugiados em tempos de guerra). Agora, é um centro de visitantes interativo onde os canadenses podem gravar suas memórias. A apresentação multimídia é uma experiência fascinante e emocionante para imigrantes e seus descendentes. Inclui também uma galeria da Segunda Guerra Mundial, de frente para o porto, onde meio milhão de soldados embarcaram para servir na Europa. O Pier 21 será chamado de Museu Nacional da Imigração, em reconhecimento a sua importância para esta "nação de imigrantes".

1055 Marginal Road, Halifax, Nova Escócia, B3H 4P6 902/425-7770 Mai-out diariam 9h30-17h30; nov 9h30-17h; dez-fev, mar ter-sáb 10h-17h; abr seg-sáb 10h-17h Adulto $8,60, criança (7-16) $5, família $22 Ônibus "Fred" gratuito para turistas jul-out

HOPEWELL ROCKS

www.thehopewellrocks.ca

É uma experiência estranha caminhar no fundo do mar, sabendo que dali a algumas horas a água atingirá 10m de profundidade naquele mesmo ponto. Para aproveitar bem este lugar inigualável na baía Shepody, visite-o primeiro na maré alta, quando a baía fica cheia de ilhotas cobertas de árvores; depois volte na maré baixa para caminhar entre elas. De fato, as "ilhas" são colunas de arenito vermelho de até 15m de altura, mais largas em cima.

As Hopewell Rocks ficam a 47km para o sul de Moncton pela Highway 114, rumo ao Fundy National Park. No topo do rochedo há um centro de informações com mostras que explicam o fenômeno de Fundy. Tenha o cuidado de consultar as tabelas de maré para programar sua visita de modo a não ser surpreendido pelas águas que sobem até 2,4m por hora. Na maré baixa, você pode chegar à praia rochosa por uma escada de madeira íngreme.

407 W16 · 131 Discovery Road, Hopewell Cape, New Brunswick, E4H 4Z5 · 1-877/734-3429 (ligação grátis dentro do Canadá) · Meados jun-meados ago diariam 8h-20h; meados ago-início set 8h-18h; meados mai-meados jun, início set-meados out 9h-17h; resto do ano acesso a pé pela entrada da estrada (lojas e centro de informação fechados) · Adulto $8,50, criança (5-18) $6,25, família $23

LABRADOR

www.newfoundlandlabrador.com
www.tourismlabrador.com

Esta é uma das últimas grandes áreas não cultivadas na Terra, onde a ação glacial, a erosão e levantamentos das camadas internas esculpiram um terreno de beleza incomparável com uma incrível diversidade de vida silvestre.

Labrador se estende por 1.000km de sul a norte, desde o estreito da Belle Isle até as praias da baía Ungava, e cobre uma área de 1.560.000km^2. Boa parte de suas terras é inacessível. O único acesso viário é pela Baie Comeau, em Quebec, de onde você segue para o norte na Route 389 e cruza a divisa de província para Labrador City. Daqui, a Trans-Labrador Highway (Route 500) vai para o leste –trata-se de um nome pomposo para uma estrada de cascalho, e leva cerca de 14 horas para atravessar a costa do Atlântico. Ao longo do caminho fique atento a alces e outros animais e a obras, pois os estragos do inverno são consertados no verão. Esse percurso tem tantos imprevistos que o governo da província fornece aos viajantes telefones por satélite para contatar gratuitamente serviços de emergência, disponíveis em hotéis em Wabush, Churchill Falls, Happy Valley-Goose Bay e Port Hope Simpson. É também vital se informar sobre as condições da estrada (tel 709/896-7888) antes de partir. Quando a rodovia chega à costa em Cartwright, a panorâmica Route 510 vai para o sul até Blanc Sablon, onde uma balsa cruza para St. Barbe, na Terra Nova. Há balsa entre Goose Bay e Lewisporte, Terra Nova, e balsas locais (tel 709/535-6874) ligam as comunidades costeiras.

No século 16, a antiga comunidade basca da baía Red, a 78km de Blanc Sablon, agora National Historic Site, era a capital mundial da pesca de baleia. O centro de informações local (jun-início out diariam) dispõe de itens recuperados de naufrágios.

Cerca de 65km ao norte fica Mary's Harbour, de onde se pode atravessar (meados jun-meados set em ferryboats diários 11h e 18h) até Battle Harbour. Na década de 1770, aqui foi criada uma empresa comercial de peixes salgados e desenvolveu-se uma comunidade florescente, reconhecida como a "Capital do Labrador" por quase 200 anos. Há muito tempo desertas, suas estruturas históricas foram restauradas.

409 V12 · 365 Hamilton River Road, Happy Valley-Goose Bay, Terra Nova e Labrador (endereço para correspondência: PO Box 148, Station C, Happy Valley-Goose Bay, Newfoundland and Labrador, A0P 1C0) · 709/896-3489

LOUISBOURG FORTRESS

www.pc.gc.ca

A Fortaleza de Louisbourg monta guarda em meio a névoa, neblina e tempestades do Atlântico Norte, um símbolo poderoso da luta entre França e Grã-Bretanha. Esta era a maior fortaleza da Nouvelle-France, que vigiava a entrada para o rio São Lourenço e a aproximação de Quebec. Não só tinha a maior guarnição da América do Norte, como também era um núcleo comercial com porto, palácio do governador, hospital, casas, arsenais e armazéns.

A construção da cidade fortificada em forma de estrela teve início em 1719. Hoje, o governo canadense reconstituiu fielmente cerca de um quarto do local original para reproduzir uma cidade da década de 1740, que ocupava 4,8ha, com mais de 50 construções e grandes fortificações de pedra. Do centro de visitantes, você pode ir a pé ou de ônibus circular para a fortaleza.

407 Y15 · 259 Park Service Road, Louisbourg, Nova Escócia, B1C 2L2 · 902/733-2280 · Meados mai-fim out diariam 9h30-17h (até 17h30 jul-ago) · Adulto $17,60, criança (6-16) $8,80, família $44,10 · Padaria e restaurante

À esq. *Hopewell Rocks e suas ilhotas, expostas na maré baixa*

LUNENBURG

Uma das cidades históricas mais bonitas da Nova Escócia, Lunenburg possui ruas estreitas ladeadas de construções coloridas que refletem suas tradições marinhas e que, agora, vendem alguns produtos muito originais. As edificações das ruas Lincoln e Pelham têm antiquários e lojas de artesanato, ótimos para procurar preciosidades. Em 1995, a Unesco, ao adicionar Lunenburg à lista de Patrimônios da Humanidade, declarou que ela é um "exemplo notável" dos assentamentos coloniais britânicos na América do Norte. Instalada numa faixa de terra a 92km de Halifax, a cidade mantém seu padrão original, de formato retangular, e a bonita variedade de cores vivas das construções de madeira que os primeiros colonizadores ergueram aqui.

NA ORLA

A orla continua movimentada pelas atividades de pesca e construção de barcos, que constituem o principal sustento da prosperidade da cidade há 250 anos. Aqui, o Fisheries Museum of the Atlantic (mai-fim out diariam; resto do ano seg-sex), situado num grupo de construções vermelhas, conta com embarcações que flutuam junto ao cais.

O museu também possui três andares de exposições, uma sala de cinema, um aquário e uma mostra dedicada ao famoso *Bluenose*, construído em Lunenburg e consagrado como campeão imbatível da frota pesqueira do Atlântico Norte de 1921 a 1942. Em 1963, foi construída uma cópia exata com 43,6m de comprimento, o *Bluenose II*, que depois da restauração, em 2010, retomou seus passeios de verão e cruzeiros pelo litoral, entre Halifax e Lunenburg. O barco tem sua programação disponível no centro de informações turísticas ou em www.schoonerbluenose2.ca.

TRADIÇÃO MARÍTIMA

Fundada em 1753, Lunenburg era a segunda cidade colonial britânica na Nova Escócia depois de Halifax, e logo se tornou o exemplo de uma economia movimentada, cuja base era a pesca, a construção de embarcações e o comércio marítimo. No século 19, a cidade florescia, com porto cheio de mastros e velas. Atualmente, ela abriga uma das maiores indústrias mundiais de pesca e processamento de frutos do mar. E o produto mais importante da pesca em Lunenburg é a vieira.

INFORMAÇÕES

www.lunenburgns.com
www.explorelunenburg.ca
407 X16 Blockhouse Hill Road, Lunenburg, Nova Escócia 902/634-8100 Meados mai-out diariam; em outras épocas do ano as informações estão disponíveis seg-qui pela manhã no andar superior do escritório

Acima *As poucas docas comerciais são tão pitorescas como as de Lunenburg*

ILHA PRINCE EDWARD

INFORMAÇÕES

www.tourismpei.com

407 X15 6 Prince Street (Box 2000) Charlottetown, Ilha Prince Edward, C1A 7N8 902/368-4444, 1-800/463-4PEI

Acima *Ciclistas passeiam pelo perímetro da Ilha Prince Edward*

INTRODUÇÃO

A menor província do Canadá, com 230km de ponta a ponta, esta ilha tranquila é carinhosamente chamada de "Spud Island" (Ilha da Batata) em razão do principal produto agrícola cultivado no solo vermelho (procure a "PEI Dirt Shirt", uma camiseta de suvenir vermelho-tijolo, tingida com terra). Há muito tempo a ilha é um destino de férias, e agora atrai pessoas de longe devido à paisagem suave, boas praias e ritmo de vida tranquilo. Charlottetown também se tornou uma parada regular de navios de cruzeiro com itinerários na costa leste. Aqui existe uma tradição de música de violino que rivaliza com a de Cape Breton, além de uma paixão pelos frutos do mar –sem falar nos ótimos restaurantes, nos lugares mais estranhos, cujas placas convidam você para algo como "Lobster Suppers" (Jantares de Lagosta).

A adorada personagem do livro *Anne de Green Gables* também "vive" na ilha. Mais de um século após o lançamento do livro, fãs do mundo inteiro ainda vêm para cá em busca dos lugares descritos por Lucy Maud Montgomery de forma tão encantadora. Anne é evocada aqui com suvenires, pacotes de hotel, várias atrações e três musicais temáticos.

A partir de 1997, ficou fácil chegar à ilha, com a abertura da Confederation Bridge –com 13km, é a ponte mais longa do mundo sobre águas que congelam. Você atravessa de graça, mas na volta paga pedágio ($42,50 para carros). A ilha também está ligada por ferryboat a Caribou, Nova Escócia. Há uma boa rede de ruas quase sempre tranquilas.

O grande charme da ilha está nas paisagens bonitas e nas vistas do mar; e o governo da província projetou e sinalizou trajetos de três dias para percorrer a maioria delas –a North Cape Coastal Drive cobre o oeste da ilha, enquanto a Central Coastal Drive e a Points East Coastal Drive percorrem o restante do litoral. Basicamente, a ilha tem formato de lua crescente, e a linha litorânea bem recortada dispõe de faróis. Há muitas praias magníficas, algumas tingidas de vermelho pelo mesmo óxido que dá cor ao solo. Terra adentro, o que nunca alcança mais de 16km do litoral, a altitude raramente ultrapassa 90m.

DESTAQUES

CHARLOTTETOWN

www.walkandseacharlottetown.com

Como capital de província, Charlottetown é pouco povoada, sossegada, e tem tamanho modesto, mas na história canadense ocupa lugar importante. Foi aqui, em 1864, que representantes da ilha, de New Brunswick, da Nova Escócia, de Quebec e de Ontário se reuniram para discutir a criação de uma nova nação, o que culminou na Confederação do Canadá em 1867. O encontro foi realizado na Province House, grandioso prédio do legislativo da província e também sítio histórico nacional (jun-fim out diariam; fim out-fim mai seg-sex), parte do qual foi restaurado para retomar a aparência que tinha em 1864. Na orla, onde os delegados desembarcaram em 1864, o Founders Hall (meados mai-início nov diariam; início nov-meados mai ter-sáb) conta a história do Canadá por meio de mostras multimídia e teatro, e há uma calçada de madeira na orla com painéis explicativos. Além da história, esta é uma cidadezinha agradável à beira-mar, com boas compras e festas no verão.

407 X15 Prince Street, Charlottetown, Ilha Prince Edward, C1A 7N8 902/368-4444, 1-800/464-4PEI

PRINCE EDWARD ISLAND NATIONAL PARK

O parque nacional se estende por 40km ao longo do litoral do golfo de São Lourenço, de Cavendish até Dalvay, e engloba algumas dunas grandes e muito variáveis que são um fenômeno raro na América do Norte. Trilhas para caminhadas se cruzam numa paisagem de dunas, rochedos de arenito vermelho e algumas das melhores praias de água salgada do Canadá, e o Centro de Informações (meados jun-início set diariam), em Greenwich, tem mostras sobre a ecologia da área e maquetes de toda a península de Greenwich. Há também um centro de informação em Cavendish (meados mai-out diariam; também seg-sex 1as duas semanas de mai).

407 W15 2 Palmers Lane, Charlottetown, Ilha Prince Edward, C1A 5V6 902/672-6350 Diariam (serviço completo jul-ago) Adulto $7,80, criança (6-16) $3,90; família $19,60 meados set-meados mai grátis

CAVENDISH

Acima do litoral norte, no PEI National Park, Cavendish se tornou importante centro turístico por ser a terra da escritora Lucy Maud Montgomery, que deu fama mundial à Ilha Prince Edward. Ao menos oito casas da ilha dizem ter alguma ligação com a escritora, mas aqui você encontrará a Green Gables House original (mai-out diariam; nov-início dez e fim mar-abr dom-qui, mas fecha na semana da Páscoa), onde a jovem Maud, como era chamada pela família, sempre vinha visitar os parentes. Agora, é um sítio histórico nacional onde você pode conhecer a casa e a fazenda. Ali ocorrem eventos regulares no verão. O túmulo da escritora pode ser visto no Cavendish Community Cemetery. Para atender ao grande número de visitantes que procuram os locais de "Anne", surgiram diversas outras atrações, mas nem todas mantêm o bucolismo rural retratado nos livros. A reconstituição da Avonlea Village (▷ 164-5) tem certo encanto –que as crianças adoram–, mas talvez você prefira deixar de lado o grupo de parques de diversões, as figuras de cera, e as exposições temáticas que se aglomeram ao redor da Highway 6. Mais além, encontra-se uma bela praia com quilômetros de areias intocadas e águas rasas e mornas, e percursos com linda paisagem para lugares como a baía Rustico, a leste.

407 W15 Cruzamento das Routes 13 e 6 para entrar no PEI National Park 902/063-7830

BASIN HEAD FISHERIES MUSEUM

A Ilha Prince Edward conserva forte tradição pesqueira e a leste da Route 16, perto da cidadezinha de Souris (camundongo, em francês; a cidade ganhou tal nome após uma infestação no passado), este museu dá uma noção da vida dos pescadores em terra. Entre as mostras estão barracas de pesca e uma fábrica de conservas.

407 X15 336 Basin Head Road (Route 16), Basin Head, Ilha Prince Edward 902/357-7233 Jun-fim set diariam 9h-17h Adulto $4

DICAS

» Pare no centro de visitantes no lado de New Brunswick, na Confederation Bridge, a fim de apreciar a vista da estrutura graciosa.

» Com o PEI Heritage Passport você economiza 35% no ingresso para três de sete atrações do esquema (tel: 902/368-6600; www.peimuseum.com).

Abaixo *Green Gables House, no PEI National Park, perto de Cavendish*

INFORMAÇÕES

www.stjohns.ca

407 Z13 1º andar, Gentara Building, 348 Water Street, St. John's, Terra Nova e Labrador, A1C 5M2

709/576-8106

DICAS

» Pegue um barco de turismo em St. John's para observar baleias entre icebergs de 10 mil anos.

» Quando o sol se puser e as atrações fecharem, procure um pub com a tradicional música da Terra Nova ao vivo. A George Street é o melhor lugar para começar.

» Se você estiver na região em julho e agosto, assista ao toque de recolher militar, em Signal Hill, executado por estudantes em uniformes das Royal Newfoundland Companies do século 19.

Acima *Casas antigas de madeira, pintadas em tons pastel, se alinham na Gower Street*

ST. JOHN'S

A capital da Terra Nova, de frente para o Atlântico, na península de Avalon, tem localização espetacular, nos morros que se elevam por trás do porto natural, cuja entrada estreita é apropriadamente chamada The Narrows. As principais atrações ficam na grande rocha de Signal Hill e abaixo dela. No topo, costuma ventar forte, e é por isso que o local não tem árvores. Há ótimas trilhas que começam na Cabot Tower: para a Queen's Battery, com vista da cidade, e para Ladies Lookout, ponto mais alto de Signal Hill, com 160m; e pode-se descer a North Head até The Narrows por um caminho muito íngreme, do lado do mar (não recomendável se estiver ventando).

Há quem duvide das duas principais pretensões de St. John's à fama: a de que John Cabot entrou no porto em 1497 e "descobriu" o Novo Mundo, e a de que em 5 de agosto de 1583, sir Humphrey Gilbert escolheu o local para proclamar a soberania da rainha Elizabeth 1ª sobre a Terra Nova, primeiro ato da criação do Império Britânico. O que interessa é que esta cidade tem longa história. O primeiro assentamento surgiu por causa da riqueza da pesca, a cidade cresceu comercialmente no século 19 e o porto foi importante ponto de reunião de comboios na Segunda Guerra. St. John's possui personalidade própria, e seus moradores adoram a cidade.

SIGNAL HILL NATIONAL HISTORIC PARK

Atualmente, seria inconcebível visitar St. John's sem vir aqui e aproveitar a vista panorâmica da cidade, do porto e do litoral –dá para ver a sudeste o Cape Spear, ponto mais oriental da América do Norte. O morro, agora sítio histórico nacional (Signal Hill Road, St. John's; tel 709/ 772-5367; parque: diariam; centro de visitantes: meados mai-meados out diariam 10h-18h, meados out-meados mai seg-sex 8h30-16h30; adulto $4, criança 6-16 $2, família $10), tem em cima a Cabot Tower (jun-início set diariam 8h30-21h; abr-meados jan 9h-17h), uma referência muito conhecida na cidade, construída em 1897 para comemorar o 400º aniversário da chegada de John Cabot. Agora, ela abriga exposições sobre comunicações. Já em 1704, bandeiras de sinalização eram hasteadas no alto para anunciar a chegada de embarcações, e em 1901 a história das comunicações ganhou um marco quando Guglielmo Marconi recebeu aqui o primeiro sinal transatlântico sem fio –a letra "s" em código Morse–, de Poldhu, na Cornualha, Inglaterra, a mais de 2.700km de distância.

Signal Hill Road, St. John's, Terra Nova e Labrador, A1C 5M9 709/ 772-5367 Diariam. Centro de visitantes: meados mai-meados out diariam; meados out-meados mai seg-sex Adulto $4, criança (6-16) $2

ST. ANDREWS-BY-THE-SEA

www.standrewsbythesea.ca

St. Andrews se encontra na ponta da península que se projeta pela baía Passamaquoddy, parte da baía de Fundy, e é uma comunidade cativante, com casas elegantes em ruas amplas e arborizadas. Inicialmente povoada por antisseparatistas dos EUA após a Revolução Americana, acabou virando um retiro de verão para canadenses abastados e também atrai artistas e artesãos.

St. Andrews tem três sítios histórico nacionais: A Blockhouse (jun-ago diariam 10h-18h), datada da guerra de 1812; a Charlotte County Court House e Old Gaol (jul-set diariam 9h-17h; abr-mai, out-nov diariam 13h-16h), de 1840; e a Ministers Island (tel 877/386-3922), onde morou o presidente canadense do Pacífico sir William Van Horne. Outra atração é o encantador Kingsbrae Garden, de 11ha (fim mai-início out), com diversos estilos de jardim.

O pitoresco porto local tem pesca, barcos de lazer, incluindo os utilizados em saídas para ver baleias, e duas atrações que refletem a importância marinha da área. O Huntsman Marine Science Centre Aquarium (meados de mai-início set diariam, qui-dom até fim set) tem criaturas fascinantes, incluindo a enorme lagosta de 10kg resgatada de um peixeiro. Nos arredores da cidade, o Atlantic Salmon Interpretive Centre (meados mai-meados out diariam) inclui várias mostras abrangentes, trilhas junto às águas e uma sala com vista subaquática.

✚ 407 W16 ℹ Chamber of Commerce, 46 Reed Avenue, St. Andrews, New Brunswick, E5B 3S7 ☎ 506/529-3555

SAINT JOHN

www.tourismsaintjohn.com

Saint John, na foz do rio St. John, na baía de Fundy, é um lugar vibrante e multicultural onde há muito para ver e fazer, incluindo diversos festivais e eventos. Em 2010, seu 225º aniversário, ela foi nomeada Cidade Canadense da Cultura. Única cidade na baía, tem um porto movimentado, incluindo um terminal para navios de cruzeiro, e o calçadão Harbour Passage, bom lugar para observar o movimento.

Atração natural quase obrigatória, as Reversing Falls demonstram a força das marés da baía de Fundy (▷ 146-7). Visite-as primeiro na maré baixa, quando o rio St. John cria corredeiras e torvelinhos rumo ao mar; volte mais tarde e veja a água indo na direção oposta, empurrada pela maré montante.

Entre os vários museus locais, o melhor é o Museum of New Brunswick (meados mai-out diariam; fecha seg no resto do ano), cujo destaque é o Hall of Great Whales, com esqueletos de baleia e modelos em tamanho natural.

Primeira cidade incorporada pelo Canadá, Saint John tem algumas ruas interessantes, especialmente a Prince William Street e a área em torno do City Market, um polo de festividades e vida noturna que também sedia o mercado de alimentos frescos.

✚ 407 W16 ℹ 14 Market Square, Saint John, New Brunswick, E2L 4L1 ☎ 506/658-2855, 1-866/463-8639

ST. JOHN'S (TERRA NOVA)

▷ 154.

TERRA NOVA NATIONAL PARK

www.pc.gc.ca

No litoral leste da Terra Nova, este parque protege a costa e 400km² de floresta boreal. É fácil chegar aqui de carro pela Trans-Canada Highway, que corta o parque ao meio. A maior parte dos recursos se encontra em Newman Sound, e entre eles está o Centro de Informações ao Visitante (meados mai-meados out diariam) em Saltons Brook, com uma área de exposição marinha, aquários, expositores e filmes feitos por uma câmera subaquática. Daqui, você pode fazer passeios de barco (meados mai-fim out) para observar a vida selvagem.

✚ 407 Y13 ☎ 709/533-2801 🕘 Diariam. Centro de visitantes: meados mai-meados out diariam 🎟 Adulto $6, criança (6-16) $3, família $15

VILLAGE HISTORIQUE ACADIEN

www.villagehistoriqueacadien.com

Ao norte de New Brunswick, na península Acadiana, este local histórico oferece uma representação autêntica da vida dos acadianos –colonizadores descendentes de franceses– entre 1770 e 1939. O orgulho acadiano reflete-se na vila, a 50km para leste de Bathurst. Mais de 40 construções são ocupadas por atores com roupas de época. O visitante pode provar a cozinha acadiana em La Table des Ancêtres e pernoitar no Hôtel Château Albert.

✚ 407 W15 ✉ 14311 Route 11, Rivière-du-Nord, New Brunswick, E8N 2V6 ☎ 506/726-2600, 877/721-2200 🕘 Meados jun-meados out diariam 10h-18h 🎟 Adulto $16, criança (6-16) $11, família $38 (preços mais baixos fora de temporada) 🍴 🎁

Abaixo *Vista área do Terra Nov a National Park, Terra Nova*

BAÍA BONNE

A baía Bonne se estende terra adentro a partir do golfo de São Lourenço e é rodeada pelas Long Range Mountains e pelas mesetas do Gros Morne National Park. Ao penetrar pela terra, a baía a divide em duas partes; escolha se vai para o lado norte ou lado sul, ou para ambos.

O PASSEIO
Distância: Lado norte 39km; lado sul 52km.
Duração: Meio dia para cada passeio.
Início: Wiltondale.
Fim: No lado norte, no farol Lobster Cove Head, Rocky Harbour; no lado sul, em Trout River Pond.
Como chegar: Saia da Trans-Canada Highway e pegue a Highway 422, em Deer Lake, para o litoral oeste da Terra Nova.

PASSEIO NO LADO NORTE

★ Saia de Wiltondale e pegue a Highway 430 norte na direção do Gros Morne National Park. A rodovia tem muita subida e, depois de 13km, avista-se a baía Bonne abaixo.

❶ O morro desce direto para este fiorde, que tem mais de 200m de profundidade e possui dois grandes braços –o leste, que fica a seu lado, e o sul– conectados por uma estreita faixa de água conhecida como "tickle" (cócegas).

Avance 14km até um lugar excelente, à esquerda, para apreciar a baía.

❷ Num dia claro, a Gros Morne Mountain fica visível à sua direita.

Continue por 5km e verá um estacionamento para aqueles que querem escalar Gros Morne, uma dura subida de oito horas. Depois de mais 2km, você chega ao centro de visitantes.

❸ Além de informações práticas, o centro dispõe de diversos vídeos interessantes que explicam a notável geologia do parque. Daqui, faz-se um desvio até Norris Point (8km), com um mirante espetacular à direita, 2km depois de pegar este caminho. Do outro lado da água é possível ver as mesetas do relevo. Após cruzar um istmo estreito, você chega à beira da água.

❹ Aqui, a Bonne Bay Marine Station oferece mostras e programas explicativos durante os meses de verão. Há também passeios guiados para o aquário, caiaque, barco e um serviço de táxi aquático até Woody Point.

Retorne à Highway 430. Prossiga mais 4km a partir do centro de visitantes e estará em Rocky Harbour. Pegue a esquerda para sair da Highway 430 e continue mais 1km até Salmon Point (se tiver sorte, poderá ver baleias). Siga mais 1km para chegar ao farol de Lobster Cove

Pág. ao lado *Farol de Lobster Cove Head*

Head. Estacione e caminhe por cinco minutos até o farol.

❺ O farol serve de orientação para a navegação desde 1897. A antiga casa do faroleiro (meados mai-meados out) dispõe de peças ligadas à vida de quem morou neste litoral nos últimos 4 mil anos.

ONDE COMER

OCEAN VIEW HOTEL

✉ Rocky Harbour ☎ 709/458-2730, 1-800/563-9887

PASSEIO NO LADO SUL

★ De Wiltondale, pegue a Highway 431 e siga as placas para Woody Point e rio Trout. Após 10km atravesse o rio Lomond e entre no Gros Morne National Park. Prossiga por mais 3km, vire à direita e continue por 4km até Lomond.

❶ Esta antiga comunidade madeireira é um ótimo lugar para um piquenique, ou mesmo um mergulho rápido, já que a água é fria demais para ficar muito tempo.

Volte à Highway 431. Daqui você vai pegar um trecho de 7km de subidas íngremes até o topo.

❷ Deste ponto tem-se uma vista impressionante das mesetas depois do topo do pico de Teneriffe. Elas têm um colorido laranja-ferrugem que contrasta com o verde ao redor.

Continue pela Highway 431 por 5km, aproveite a vista de Glenburnie e outras comunidades pequenas. Passando Glenburnie, a rodovia acompanha o litoral leste, com vista dos morros vizinhos e de Woody Point, à frente.

❸ No começo do verão, às vezes as baleias aparecem aqui à procura de cardumes de capelins, arenques e cavalas.

Siga por 9km depois de Glenburnie, e pegue a saída para deixar a Highway 431 rumo a Woody Point.

❹ A comunidade de Woody Point já foi o polo das indústrias pesqueira e madeireira em volta da baía Bonne; suas belas residências antigas lembram a riqueza daquele tempo.

De volta à Highway 431, prossiga por 1km desde Woody Point até o Discovery Centre.

❺ As exposições do Discovery Centre (meados-mai até meados out diariam) explicam os fenômenos geológicos ocorridos no Gros Morne National Park, que foi declarado Patrimônio da Humanidade em 1987.

Continue por mais 6km depois do Discovery Centre e chegará à Tablelands Walk (▷ 158-9).

❻ Depois de sair do Discovery Centre, observe no caminho a diferença entre o colorido ocre das mesetas e do Winterhouse Brook Canyon à sua esquerda, e o vale verde à sua frente e à direita. A rodovia marca a divisão entre estas duas formações geológicas.

Conforme você avança, à sua frente terá uma vista do golfo de São Lourenço, assim que a rodovia descer para o rio Trout, que fica a 12km do passeio nas mesetas.

❼ O rio Trout possui uma ativa indústria pesqueira. Observe a rocha vulcânica preta ao redor de tudo.

A cerca de 2km, pela estrada que leva ao camping, encontra-se o mirante do Trout River Pond.

❽ Aqui se tem uma vista magnífica deste fiorde comprido e estreito, disposto entre as mesetas e Gregory Plateau Hills. Novamente, é notável o contraste do colorido alaranjado das rochas e o verde dos morros. Há passeios de barco em Trout River Pond (jun a set).

ONDE COMER

LIGHTHOUSE RESTAURANT

✉ Seaside Suites, 39 Water Street, Woody Point ☎ 709/453-2777

QUANDO IR

O passeio no lado norte é melhor em dias ensolarados. No passeio no lado sul, o fim do verão é melhor pelo clima, mas há mais chance de observar baleias no começo do ano.

PASSEIO A PÉ NO MANTO DA TERRA

Este inigualável passeio a pé pela rocha de cor ocre, de topo achatado e quase estéril, quase nunca vista na superfície da Terra, ocorre nas mesetas de Gros Morne, na Terra Nova. Compostas de peridotito do manto da Terra, as mesetas registram um momento em que os continentes da Eurásia e América do Norte colidiram. Formadas muito abaixo do leito do mar, elas foram deslocadas centenas de quilômetos até sua posição atual, há 450 milhões de anos. O Gros Morne National Park (▷ 145) foi colocado na lista de Patrimônios da Humanidade da Unesco pela importância de suas características geológicas.

O PASSEIO
Distância: 4km.
Duração: 1-2 horas.
Início/fim: No estacionamento da Highway 431, a 5km do Discovery Centre em Woody Point (na direção do rio Trout).
Subida: Aproximadamente 60m.

COMO CHEGAR

Gros Morne fica a oeste da Terra Nova. Saia da Trans-Canada Highway e entre na Highway 422 em Deer Lake, siga pela Highway 431, a partir de Wiltondale.

★ Depois de ler os painéis explicativos sobre a geologia da área, comece a caminhada. Logo você passará por uma segunda trilha, parte do circuito de 500m que pode ser feito por quem não deseja andar a trilha toda (pegue este circuito na volta). A maior parte da trilha, menos a seção final, segue o antigo leito de uma estrada de cascalho, e por isso é bem plana e fácil.

O caminho é marcado por pedras, e não se deve sair dele, pois, com pouca vegetação, fica difícil avaliar distâncias (e alturas) nas mesetas. O que parece uma caminhada curta, fácil, no plano, de fato pode ser uma dura batalha contra uma confusão de rochas.

❶ Aqui, a rocha alaranjada é virtualmente desprovida de vegetação –quase um deserto. À medida que o oxigênio reage com o ferro da rocha, o peridotito descora do verde-escuro ao marrom-enferrujado que se vê por todo lado. Os larícios e amieiros retorcidos e nodosos que crescem aqui são pequenos mas têm centenas de anos.

Continue por cerca de 1km.

❷ À direita e bem acima de você, uma bacia profunda, com paredes íngremes, pode ser percorrida pelos lados da montanha. Conhecida como circo, é o que restou de uma geleira que recuou. Dá para apreciá-la melhor da ponte larga sobre o rio que flui dela. Na trilha, você vai cruzar muitos riachos em pontes de madeira. Ao escurecer ou com neblina, tome muito cuidado, pois é fácil se perder.

Logo depois, à esquerda, tem-se uma vista maravilhosa do verdejante braço sul da baía Bonne, abaixo. Depois de quase 1,5km, o caminho sai da velha estrada e dobra à direita, marcado por sulcos artificiais nas pedras. Após 2km, você chega ao fundo do Winterhouse Canyon, onde nasce o riacho Winterhouse.

❸ Este é um lugar encantador para sentar-se nas pedras e fazer piquenique. Observe que as pedras no leito do riacho parecem pele de cobra. Trata-se de peridotito que reagiu à passagem da água, quebrando-se em minúsculos pedaços. Você pode continuar pelo canyon, mas não existe trilha e o avanço é difícil.

Volte pelo mesmo trajeto. Um pouco antes de chegar ao estacionamento, que dá para ver à frente, você pode seguir pelo circuito alternativo mencionado anteriormente. Este circuito permite que você aprecie algumas plantas que conseguiram se adaptar e crescer neste ambiente inóspito.

❹ A planta carnívora consome insetos para compensar a pobreza de nutrientes no solo; a orquídea sapatinho-de-vênus amarela nasce ao lado de riachos onde se beneficia do cálcio que verte da rocha. Também se avistam plantas do Ártico, que estão no limite setentrional para que consigam brotar.

QUANDO IR

Durante o Summer Interpretation Program do parque nacional (fim jun-set), quando diretores de escolas organizam visitas guiadas.

ONDE COMER

OLD LOFT RESTAURANT

✉ 8 Water Street, Woody Point
☎ 709/453-2294

ONDE FICAR

VICTORIAN MANOR HERITAGE PROPERTIES

✉ Main Road, Woody Point
☎ 709/453-2485, 1-866/453-2485

Pág. ao lado *Riacho em montanha no coração das mesetas*
Abaixo *As pedras das mesetas têm grande importância geológica*

A CABOT TRAIL

A Cabot Trail, no norte da Ilha Cape Breton na Nova Escócia, tem o nome do explorador italiano que dizem ter desembarcado em sua ponta setentrional em 1497. Presa ao litoral, a trilha serpenteia para cima e para baixo, com bela vista do mar, montanhas escarpadas, angras rochosas e florestas densas. Pelo caminho, procure alces, águias-carecas, baleias e milhares de aves marinhas.

O PASSEIO
Distância: 292km.
Duração: 2 dias.
Início/fim: Baddeck.

COMO CHEGAR

De Canso Causeway, pegue a Trans-Canada 105 leste até Baddeck
Atenção: Cape Breton, principalmente no litoral do Atlântico, é conhecida pelo nevoeiro. O traçado sinuoso e mudanças de altitude quase vertiginosas podem trazer perigo ao passeio.

★ Dirija para oeste a partir de Baddeck pela Trans-Canada Highway 105 rumo a Canso Causeway, ao longo da margem do lago Bras d'Or. Após 8km, em Buckwheat Corner, vire à direita na Cabot Trail. Siga por mais 52km e o rio Margaree e o porto surgirão à vista.

❶ Acompanhe o rio Margaree que atravessa uma paisagem agrícola. Atravesse o rio e prossiga para o norte na ondulada Gulf Coast. Os nomes das vilas são franceses e você verá a bandeira tricolor acadiana pelo caminho.

Após mais 24km, você chega a Chéticamp.

❷ Chéticamp é uma ampla vila pesqueira. No nº 15067 da Rue Principale, perto da igreja católica de St.-Pierre, fica a Coopérative Artisanale de Chéticamp (mai-fim out diariam; depois, ter e sex 13h-15h). A comunidade é famosa pelos tapetes feitos a mão, e a cooperativa oferece um bom estoque. Há um restaurante e um pequeno museu (mai-fim out diariam).

Continue mais 8km para entrar no Cape Breton Highlands National Park. Esta é uma das partes mais espetaculares do passeio, mas a estrada é muito íngreme e sinuosa em alguns pontos, com ziguezagues frequentes.

❸ Se você pegar a trilha entre meados de maio e meados de outubro, pare no Centro de Informações na entrada do parque para adquirir uma autorização (adulto $8, criança $4, família $19,60). Aproveite para assistir aos vídeos e apreciar as mostras interessantes, e dê uma olhada na excelente livraria do local.

A intervalos regulares no trajeto você vai encontrar desvios, acostamentos ou até estacionamentos, onde poderá parar para apreciar a vista do golfo de São Lourenço ou fazer uma caminhada fora da rodovia. O percurso sobe os 455m da French Mountain, seguidos dos 355m da Mackenzie Mountain –daqui, a descida em ziguezague impressiona, e tem vistas do litoral até a baía Pleasant. Prossiga mais 14km além da baía Pleasant até Lone Shieling (estacionamento à direita).

Pág. ao lado *Este litoral é um dos mais panorâmicos do leste do Canadá*
Abaixo *Uma baleia salta nas águas de Cape Breton*

❹ A compensadora caminhada de 15 a 20 minutos até Lone Shieling, um chalé de pedra, é feita por um bosque de bordo ao lado de um ribeirão. O minúsculo chalé é uma cópia das cabanas de pastores de ovelhas, comuns nas Highlands e nas ilhas da Escócia. Trata-se de um tributo aos muitos escoceses que se estabeleceram nessa área após as Highland Clearances na Escócia, nos séculos 18 e 19.

A vista é muito bonita quando se entra no vale do rio North Aspy e ao descer até a vila de Cape North na baía Aspy. O trecho seguinte da Cabot Trail, mais interiorano, é bem menos panorâmico, mas pode-se avistar alces, principalmente no começo da manhã e da noite. Após 34km, há uma saída para Neil's Harbour.

❺ O desvio de 2km até Neil's Harbour leva você até esta atraente vila pesqueira e sua praia de areia. Estacione perto do farol.

Volte à Cabot Trail e siga mais 6km até Black Brook Cove (estacione e caminhe na praia).

❻ A panorâmica Black Brook Cove tem pedras de granito rosado que se estendem até o mar e contrastam com a viçosa floresta verdejante nas encostas dos morros terra adentro. Se você tiver tempo, caminhe pelo litoral. Disposta ao longo dos 20km seguintes da Cabot Trail, ao redor da baía North, está uma série de comunidades que, juntas, formam uma área balneária muito procurada para pescar, nadar, andar de barco, observar baleias e jogar golfe.

Continue o passeio depois de Middle Head por 7km até Cape Smokey, que atinge a altitude de 366m.

❼ A trilha enfrenta muita subida até Cape Smokey. Do mirante no topo, a vista é uma das mais incríveis de todo o passeio. Com ziguezagues vertiginosos, a descida chega ao nível do mar e continua para o sul, ao longo da Gaelic Coast. Ao largo, encontram-se as ilhas Bird, onde muitas aves marinhas fazem ninho no verão.

Prossiga pela Cabot Trail e acompanhe a sinuosa linha litorânea da baía de St. Ann até South Gut St. Ann's, ou pegue um caminho mais panorâmico pela Highway 312, junto a uma península estreita. Depois, cruze a baía de St. Ann numa travessia de dois minutos de ferryboat (carro $5) pela passagem estreita para alcançar a Trans-Canada Highway 105 e a Cabot Trail. Ao chegar à 105, dobre à direita e continue por 19km para voltar a Baddeck.

QUANDO IR

O ano todo, desde que se evite os dias com neblina, mas o verão é melhor para avistar baleias.

ONDE COMER

RUSTY ANCHOR
✉ Pleasant Bay, Cape Breton
☎ 902/224-1313

ONDE FICAR

INVERARY RESORT
✉ 368 Shore Road, Baddeck ☎ 902/295-3500, 800/565-5660 ✉ Chéticamp Outfitters Inn, Chéticamp ☎ 902/224-2776

CHETICAMP OUTFITTERS INN
✉ 13938 Cabot Trail Road, Chéticamp
☎ 902/224-2776

PASSEIO DE CARRO NA CABOT TRAIL

Middle Head, em Cape Breton, Nova Escócia, é uma protuberância de terra comprida e estreita que avança pelo Atlântico. Ela separa a baía North de Ingonish Harbour e oferece vistas fantásticas do litoral rochoso e das montanhas. Em 1890, Henry Corson, amigo do inventor Alexander Graham Bell, construiu uma casa aqui depois de se hospedar com Bell em Baddeck (▷ 143). A casa se tornou parte do parque nacional em 1938 e, em 1951, foi transformada no Keltic Lodge, ótimo hotel gerido pelo governo da província da Nova Escócia.

O PASSEIO
Distância: 4km.
Duração: cerca de 2 horas
Início/fim: Área de estacionamento com a placa "Trail nº 25 Middle Head", após Keltic Lodge.

COMO CHEGAR

De Canso Causeway, pegue a Trans-Canada 105 por Baddeck, vire à esquerda e entre na Cabot Trail em South Gut St. Ann's ou pelo ferryboat de Englishtown. Siga para o norte rumo à Ingonish Beach (a 88km de Baddeck). Acompanhe as placas para Keltic Lodge, passe o hotel e estacione. **Atenção:** Os penhascos têm queda abrupta e pode surgir neblina

★ No início da trilha, preste atenção nos pilares do portão antigo –este era um velho caminho que ligava a propriedade rural às cabanas de pesca no verão, e os portões impediam o gado de perambular pela trilha.

A estrada sobe e desce, com vistas panorâmicas de Cape Smokey e até o outro lado de Ingonish Harbour, à direita. Depois de 1km, chega-se a Trail Junction, um percurso alternativo que você pode fazer na volta. Após uma descida íngreme, com vista da península, você alcança o trecho estreito do promontório. A vista é belíssima em todas as direções – até a ilha Ingonish, na baía North, e do outro lado de Ingonish Harbour.

❶ Até pouco tempo atrás, aqui existiam cabanas de pescadores, redes, armadilhas e tendais para secar peixe. Tudo isso desapareceu na década de 1980, junto com o bacalhau que era pescado.

A trilha continua a subir e descer, com diversos mirantes e bancos onde se pode descansar e apreciar a paisagem. Perto da extremidade da península, a floresta quase só de faias dá lugar à de pinheiros.

❷ Além das árvores, aqui existem plantas como zimbro rasteiro, uma frutinha preta chamada *Empetrum nigrum* e o mirrado abeto branco. No inverno, os ventos do Atlântico assolam a península, e a neblina e a chuva, ambas com maresia, atingem os rochedos e penetram no solo fino. Para sobreviver, as plantas têm de se agarrar.

Depois de quase 1,5km você chega à Trail Junction nº 2, que poderá pegar na volta. Diversos caminhos saem daqui até os rochedos na ponta de Middle Head, que cai abruptamente para o mar.

❸ Uma placa sinaliza o fim oficial da trilha. Os penhascos são impressionantes, com grandes ondas arrebentando abaixo. Este local é agreste e pode ser perigoso, pois a neblina costuma aparecer de repente.

Volte à trilha que cruzou anteriormente. Uma curta caminhada leva a um mirante na ponta da península, dessa vez no lado da baía North.

❹ Aqui as aves marinhas se aninham na primavera. Você avistará grandes cormorões, araus-pretos, andorinhas-do-mar e grandes gaivotas-de-costas-pretas. Painéis explicativos ajudam a identificar cada espécie. De vez em quando, bandos de baleias e focas são vistos ao largo.E mais: o parque nacional abriga alces, ursos-pardos, coiotes, raposas e águias-carecas. Retorne ao trecho estreito e suba a ladeira íngreme até o entroncamento da trilha. Cerca de 500m adiante está o percurso alternativo, que é um pouco mais longo.

❺ Tal percurso oferece linda vista da baía North e da estéril ilha Ingonish, que tem um farol no alto. A ilha é mais uma área de nidificação de aves, e em 1976 aqui se localizou importante achado arqueológico. Foram encontradas lascas de basalto, resíduos de séculos de produção de pontas de lanças e flechas dos mi'kmaq. A datação destas peças mostra que elas são de aproximadamente 9000 a.C., e eram usadas para pegar peixes e moluscos.

Volte ao estacionamento.

QUANDO IR

A trilha fecha na primavera, quando as aves marinhas nidificam nos rochedos. Em outros períodos, procure escolher um dia em que não se forme a famosa neblina do Atlântico. No outono, o colorido das folhas é muito bonito, e isso, combinado com o Celtic Colours Festival, mostra que outubro é um mês bom para a visita. Há um centro de informações em Ingonish (meados maio-meados out).

ONDE COMER

ATLANTIC RESTAURANT OR PURPLE THISTLE ROOM

✉ Keltic Lodge, Middle Head Peninsula, Ingonish Beach ☎ 902/285-2880, 1-800/565-0444

ONDE FICAR

KELTIC LODGE

✉ Middle Head Peninsula, Ingonish Beach ☎ 902/285-2880 ✉ Castle Rock Country Inn, 39339 Cabot Trail, Ingonish beach ☎ 902/285-2700, 1-800/565-0444

CASTLE ROCK COUNTRY INN

✉ 39339 Cabot Trail, Ingonish Ferry
☎ 902/285-2700, 1-800/884-7625

NORMAS DO PARQUE

Consulte as publicações locais e mensagens de segurança. Para proteger o ambiente e garantir sua segurança, não se esqueça destas normas:

» É ilegal perturbar ou se apossar de qualquer objeto natural, cultural ou histórico, como animais, plantas, pedras ou madeiras flutuantes.

» Alimentar, tocar, atiçar ou caçar qualquer tipo de vida selvagem é proibido, e estas atividades põem em risco não só os animais, mas você também.

» Guarde a comida no porta-malas do carro (onde não chame a atenção dos animais) e não jogue lixo pelo caminho –prejudica a vida selvagem, deteriora a vista e pode dar multa de $2.000.

» Pegar gravetos, galhos, cascas e madeira seca para fogueira é proibido.

» Fique dentro das trilhas marcadas para não pisotear a vegetação.

» Animais de estimação são bem-vindos (menos em praias balneáveis), mas têm de ficar com coleira, e suas fezes devem ser recolhidas, mesmo em áreas afastadas.

Pág. ao lado *O Keltic Lodge tem uma bela vista da Ingonish Coast*

Abaixo, da esq. p/ dir. *O litoral rochoso de Cape Breton oferece magníficas vistas na caminhada; Os cormorões estão entre as aves marinhas encontradas nesta área*

ARTE, COMPRAS, DIVERSÃO E NOITE

ALMA

FRESH AIR ADVENTURE

www.freshairadventure.com

Caiaque com guia, de duas horas a muitos dias de passeio, ao longo do litoral panorâmico até grutas e praias. Os passeios de um dia mostram a verdadeira baía de Fundy, com as maiores marés do mundo.

✉ 16 Fundy View Drive, Alma, New Brunswick, E4H 1H6 ☎ 506/887-2249, 1-800/545-0020 🕒 Meados mai-meados set diariam 💵 Desde $50 por 2 horas

ANNAPOLIS ROYAL

KING'S

www.kingstheatre.ca

Este prédio histórico acolhe de 50 a 70 shows ao vivo (teatro e concertos), um festival de verão e filmes.

✉ 209 St. George Street, Annapolis Royal, Nova Escócia, B0S 1A0 ☎ 902/532-7704, 902/532-5466 🕒 O ano todo

ANTIGONISH

BAUER

www.stfx.ca/theatre-antigonish

Mais antigo teatro profissional de repertório em funcionamento na Nova Escócia, sede do teatro universitário, do Theatre Antigonish e da temporada de verão do Festival Antigonish.

✉ St. Francis Xavier University, Antigonish, Nova Escócia, B2G 2W5 ☎ 902/867-3333 🕒 O ano todo 💵 Desde $12

BOUCTOUCHE

LE PAYS DE LA SAGOUINE

http://sagouine.com

Numa vila acadiana reconstituída, atores profissionais dão vida a La Sagouine, uma velha senhora com muitas histórias para contar. É falado em francês, mas há visitas diárias em inglês, e os coloridos shows musicais e eventos especiais são sempre divertidos para as crianças menores.

✉ 57 Rue Acadie, Bouctouche, New Brunswick, E4S 2T7 ☎ 506/743-1400, 1-800/561-9188 🕒 Fim-jun início set diariam 9h30-17h30 💵 Adulto $15,50, criança (6-16) $10, família $36 🚗 Na saída 32 da Highway 11. 🍴 O restaurante EL'Ordre du Bon Temps serve pratos acadianos tradicionais e frutos do mar (fecha após o final de ago)

BURLINGTON

BURLINGTON AMUSEMENT PARK

www.maritimefun.com/burlington

Além da pista de kart mais longa a leste de Montreal, com alguns carros de dois lugares para adultos com crianças, este parque tem minigolfe, carros e barcos bate-bate, quadras para batedores de beisebol e montanha-russa.

✉ Route 234, Burlington, Ilha Prince Edward, C0B 1M0 ☎ 902/836-3098, 1-866/644-3098 🕒 Meados jun-meados set diariam 10h-17h (até 22h jul-ago); fins de semana de mai-meados jun, fim set 💵 Entrada grátis; preço por brinquedo a partir de $1 e $75 para 100 brinquedos 🍴

CAPE BRETON

CAPTAIN COX'S WHALE WATCH

www.whalewatching-novascotia.com

A viagem original para ver baleias no Cape Breton tem um capitão simpático e bem informado. Também dá a chance de ver colônias de aves marinhas e focas e cenários espetaculares. Há um hidrofone a bordo para ouvir as vocalizações de baleias e golfinhos.

✉ Bay St. Lawrence, Cape Breton, Nova Scotia, B0C 1G0 ☎ 902/383-2981, 1-888/346-5556 🕒 Meados-jun até out diariam, depende do clima e mínimo para 4 pessoas; ligue para horários 💵 Adulto $45, criança (6-12) $25 🚗

SAVOY

www.savoytheatre.com

Este grandioso teatro da década de 1920 tornou-se cinema e voltou a ser teatro na década de 1970. Foi restaurado na década de 1990 após um incêndio. Agora é um dos melhores teatros do Canadá atlântico.

✉ 116 Commercial Street, Glace Bay, Cape Breton, Nova Escócia, B1A 3C1 ☎ 902/842-1577 🕒 O ano todo 💵 $20-$50

CAVENDISH

AVONLEA

www.avonlea.ca

Anne de Green Gables se passa na Ilha Prince Edward. Seus filhos podem vivenciar a história e conhecer

"Anne" na vila ficcional de Avonlea, reconstituída no interior da ilha. Atores-guias a caráter ocupam a fazenda, as casas e as lojas, e as crianças podem assistir às aulas de Miss Montgomery. Não é só para meninas –todas as crianças vão adorar os shows de música ao vivo, as brincadeiras, os animais e dar uma volta de carroça.

✉ 8779 Route 6, Cavendish, Ilha Prince Edward, C1E 2B7 ☎ 902/963-3050 🕐 Meados jun-fim ago diariam 10h-18h; set 10h-16h ✋ Adulto $19, criança $15,50, família $65 (set $10, criança menor de 12 grátis) 🍴 Salão de chá The White Sands

CHARLOTTETOWN

CONFEDERATION CENTRE OF THE ARTS

www.confederationcentre.com

Este centro de artes combina três teatros e oferece diversos concertos e peças, além de dispor de galeria de arte, workshops, loja de presentes e bistrô. No verão, o Confederation Centre realiza o Charlottetown Festival, com apresentações do popular musical *Anne of Green Gables*, em cartaz há mais de 40 anos.

✉ 145 Richmond Street, Charlottetown, Ilha Prince Edward, C1A 1J1 ☎ 902/628-1864 Bilheteria: 1-800/565-0278, 902/566-1267 🕐 Diariam, o ano todo

FIREHORSE STUDIOS

http://firehorsestudios.ca

Reluzindo com peças de arte em vidro feitas com exclusividade na Ilha Prince Edward, esta loja pertence à artista Susana Rutherford, que tem obras em muitas coleções privadas, empresariais e públicas, aceita encomendas e faz consertos e restaurações. A loja oferece desde joias delicadas a estupendos painéis com vitrais.

✉ 89 Water Street, Charlottetown, Ilha Prince Edward, C1A 1A5 ☎ 902/368-3378, 902/626-6600 (cel) 🕐 Mai-out diariam 10h-17h; nov-Natal, fev, abr qua-sáb 10h-17h; resto do ano com hora marcada

THE GUILD

www.theguildpei.com

No local onde havia um banco, este centro de artes tem a missão de promover os talentos da Ilha Prince Edward, o que faz extremamente bem com uma mescla interessante de eventos e shows que mostram o melhor da música, do teatro e da arte locais.

✉ 111 Queen Street, Charlottetown, Ilha Prince Edward (endereço para correspondência: 115 Richmond Street, C1A 1H7) ☎ 902/620-3333, 1-866/774-0717 🕐 O ano todo ✋ A partir de $7; alguns eventos gratuitos

HUNTER'S ALE HOUSE

www.huntersalehouse.com

Um pub animado com diversão noturna a cargo de grupos locais e nacionais, sobretudo bandas de rock; há também quizz shows e improviso. O pub serve comida e tem dois pátios grandes para as noites quentes de verão.

✉ 185 Kent Street, Charlottetown, Ilha Prince Edward, C1A 1P1 ☎ 902/367-4040 🕐 Diariam; a diversão começa às 19h

DARTMOUTH

ALDERNEY LANDING

www.alderneylanding.com

Centro de artes cênicas com teatro de 285 lugares, praça para eventos ao ar livre e galeria de arte. Sede da Eastern Front Theatre Company, de um teatro profissional itinerante e de companhias de dança.

✉ 2 Ochterloney Street, Dartmouth Waterfront Park, Dartmouth, Nova Escócia, B2Y 3Z3 ☎ 902/461-4698, 1-888/311-9090 🕐 O ano todo ✋ Desde $25

FREDERICTON

BOTINICALS GIFT SHOP INC

www.botinicalsgiftshop.com

Bem no centro de Fredericton, esta loja de presentes destaca as belas criações florais em metal do dono, John L. Welling, e vende artes e artesanatos –vidro, madeira, tecidos, cerâmica e delícias como geleias e gelatinas– de talentos da região.

✉ 610 Queen Street, Fredericton, New Brunswick, E3B 1C2 ☎ 506/454-6101, 1-877/450-6101 🕐 Seg-sex 10h-18h, sáb 10h-16h

BOYCE FARMERS' MARKET

www.boycefarmersmarket.com

Esta instituição de Fredericton foi fundada no início do século 19 pelo benfeitor local William Boyce, e mudou-se para a atual sede em 1951. Mais de 200 bancas oferecem produtos locais e especialidades culinárias, artesanato e presentes.

✉ 665 George Street, Fredericton, New Brunswick, E3A 1A3 ☎ 506/451-1815 🕐 Sáb 6h-13h

DOLAN'S

Este pub em estilo irlandês tem bandas ao vivo de quinta-feira a sábado, principalmente de rock clássico, e a quarta é destinada a jam sessions. Há um menu completo de jantar.

✉ Piper's Lane, 349 King Street, Fredericton, New Brunswick ☎ 506/454-7474 🕐 Diariam ✋ $5 após 22h sex e sáb; outras noites grátis

iROCK

www.i-rock.ca

Aqui as noites variam para atender todos os gostos, com hip-hop, R&B, techno, pop e algumas bandas ao vivo nas sextas-feiras; rock clássico, dance music dos anos 80 e 90 e sucessos atuais para maiores de 25 aos sábados. Nas quintas, "vale tudo." A happy hour é na sexta-feira, com nachos mexicanos grátis das 16h30 às 19h.

✉ 339 King Street, Fredericton, New Brunswick, E3B 1E4 ☎ 506/444-0121 🕐 Qui, sáb 21h-2h, sex 16h-2h ✋ Grátis-$4,75

KINGSWOOD ENTERTAINMENT CENTRE

www.kingswoodpark.com

Atração familiar de 72.000m², com tudo coberto: playground, escaladores com escorregadores e piscina de bolinha, laser-tag e brinquedos para crianças pequenas. Para os adultos tem boliche, patinação no gelo, golfe e academia.

✉ 31 Kingswood Park, Fredericton, New Brunswick, E3C 2L4 ☎ 506/444-9500, 1-800/423-5969 🕐 Dom-qui 9h-21h, sex-sáb 9h-23h (horário sazonal) ✋ O preço das brincadeiras é individual (3 por $1); trepa-trepa (menor de 9) $5,30 🚌 15N 🚗 No sul da cidade, ao lado da Hanwell Road (Highway 640)

OFFICERS' SQUARE
Concertos grátis de jazz, blues, música folclórica e country e bandas marciais são apresentados no histórico Garrison District. Há também representações teatrais pelos Calithumpians.
✉ Queen Street, Fredericton, New Brunswick, E3B 4Y7 ☎ 506/460-2129 🕒 Teatro: jul, ago diariam; concertos: jul, ago ter, qui 💰 Grátis

PLAYHOUSE
www.theplayhouse.nb.ca
O melhor teatro de New Brunswick tem uma programação de concertos, balé, dança contemporânea, comédia, teatro e shows itinerantes.
✉ 686 Queen Street, Fredericton, New Brunswick, E3B 1C2 ☎ 506/458-8344, 1-866/844-5800 🕒 O ano todo 💰 Normalmente $12-$60

REGENT MALL
www.regentmall.ca
Claro e atraente, o maior shopping de Fredericton dispõe de 115 lojas e serviços, incluindo dez salas de cinema Conta com lojas Sears, Wal-Mart, Toys'R'Us, Chapters e Sport Check, junto com boa variedade de butiques da moda e algumas interessantes lojas especializadas.
✉ 1381 Regent Street, Fredericton, New Brunswick, E3C 1A2 ☎ 506/462-0350 🕒 Seg-sáb 10h-21h, dom 12h-17h 🚌 116 🚗 Na ponta sul da cidade, pouco depois do entroncamento da Trans-Canada Highway/101

SCIENCE EAST HANDS-ON SCIENCE CENTRE
www.scienceeast.nb.ca
Com mais de cem mostras interativas, as crianças aprendem o básico das ciências de maneira divertida. Elas podem criar padrões com um feixe de laser, formar um minitornado, se divertir no playground de ciências, que inclui um paredão de escalada e um giroscópio humano, e muito mais.
✉ 668 Brunswick Street, Fredericton, New Brunswick, E3B 1H6 ☎ 506/457-2340 🕒 Jun-ago seg-sáb 10h-17h, dom 13h-16h; set-mai seg-sex 12h-17h, sáb 10h-17h 💰 Adulto $8, criança $5, família $22

WESTMINSTER BOOKS
www.westminsterbooks.com
Além da ampla variedade de livros, esta antiga livraria independente sempre tem eventos, como encontros com autores, lançamentos, noites de autógrafos e bate-papos.
✉ 445 King Street, Fredericton, New Brunswick, E3B 1E5 ☎ 506/454-1442 🕒 Seg-sex 9h-21h, sáb 9h-17h, dom 12h-17h

HALIFAX

CASINO NOVA SCOTIA
www.casinonovascotia.com
O cassino na orla tem mesas de bacará, vinte e um, dados, roleta, mais de 600 caça-níqueis e sala de pôquer. Shows ao vivo de grandes nomes na sala de concertos.
✉ 1983 Upper Water Street, Halifax, Nova Escócia, B3J 3Y5 ☎ 902/425-7777, 888-6GAMES6 🕒 Dom-ter 10h-16h, sex-sáb 24 horas; mesas de jogos diariam 12h-4h 💰 Grátis 🚌 2, 4, 6

DALHOUSIE ARTS CENTRE
http://artscentre.dal.ca
O Rebecca Cohn Auditorium oferece ópera, jazz, rock, músicas celta e country. Aqui também é a sede da orquestra Symphony Nova Scotia.
✉ 6101 University Avenue, Halifax, Nova Escócia, B3H 3J5 ☎ 902/494-3820 🕒 O ano todo 💰 Adulto $15,75 🚌 1, 3, 58

EMPIRE 17 CINEMAS AND IMAX
www.empireimax.com
Principal centro de cinemas de Halifax, com diversas salas que exibem os últimos lançamentos; mais o único cinema IMAX do Canadá atlântico, com filmes em 2-D e 3-D.
✉ 190 Chain Lake Drive, Bayers Lake, Halifax, Nova Escócia, B3S 1C5 ☎ 902/876-4800 🕒 Diariam 💰 Adulto $9,99-$15,50, criança (3-13) $7,50-$12,50. Preços reduzidos qui 🚌 1 🚗 A oeste do centro pelas estradas Quinpool e St. Margaret's Bay

GRAFTON STREET DINNER THEATRE
www.graftonstdinnertheatre.com
Comédias musicais leves, com participação da plateia. Espetáculos escritos especialmente para essas atrações concentram-se num período específico do século 20, com atendentes a caráter. O jantar de três pratos oferece opções limitadas.
✉ 1741 Grafton Street, Halifax, Nova Escócia, B3J 2W1 ☎ 902/425-1961 🕒 Shows 18h45-22h 💰 Adulto $42, criança (menor de 12) $22

HALIFAX MOOSEHEADS
www.halifaxmooseheads.ca
O time de hóquei Mooseheads joga na Quebec League. Apesar de não serem da NHL (National Hockey League), os jogos têm muita torcida e são disputados com entusiasmo.
✉ Halifax Metro Centre, 5284 Duke Street, Halifax, Nova Escócia, B3J 3L2 ☎ 902/451-1221 🕒 Set-fim mar 💰 Adulto $14,50-$20, criança (menor de 12) $9 🚌 1, 3, 6, 10

HALIFAX SHOPPING CENTRE
www.halifaxshoppingcentre.com
O maior shopping de Halifax, possui todos os serviços habituais.
✉ 7001 Mumford Road, Halifax, Nova Escócia, B3L 4N7 ☎ 902/453-1752 🕒 Seg-sáb 9h30-21h30, dom 12h-17h 🚌 1-6, 9, 10, 14, 15, 18, 0, 52, 58 🚗 A 10 minutos do centro via Quinpool e Connaught

JOHN W. DOULL
www.doullbooks.com
As estátuas e esculturas no meio de estantes de livros do piso ao teto realçam a visita a esta loja no centro (esquina das ruas Prince e Barrington). Há um enorme estoque de livros antigos de temas náuticos e livros sobre as Províncias do Atlântico, bem como primeiras edições modernas de livros de história, arte e temas acadêmicos.
✉ 1684 Barrington Street, Halifax, Nova Escócia, B3J 2A2 ☎ 902/429-1652, 1-800/317-8613 🕒 Seg-ter 9h30-18h (até 21h jul-set) 🚌 6

MUSEUM OF NATURAL HISTORY
www.museum.gov.ns.ca/mnh
Além de expor o esqueleto de uma baleia-piloto, um alce empalhado e fósseis de dinossauro, há sempre mostras vivas que podem incluir cobras, anfíbios, morcegos, aranhas, camundongos e uma colmeia, além de Gus, uma tartaruga de 80 anos.
✉ 1747 Summer Street, Halifax, Nova Escócia, B3H 3A6 ☎ 902/424-7353. Informações gravadas: 902/424-6099

Seg-sáb 9h-17h (também 17h-20h qua), dom 12h-17h Adulto $5,75, criança (6-17) $3,75, família $11,50-$16,50 0, 53, 59, 8, 84, 86

NEPTUNE
www.neptunetheatre.com
De 1915, este teatro é sede de uma das companhias mais antigas do Canadá. Dois auditórios apresentam comédias, peças dramáticas e música de alto nível.
1593 Argyle Street, Halifax, Nova Escócia, B3J 2B2 902/429-7070, 1-800/565-7345 O ano todo $40-$50 1, 3, 10, 14

OLD TRIANGLE
www.oldtriangle.com
Há música ao vivo todas as noites, embora a mesma banda possa se apresentar três ou quatro noites em seguida. Ouve-se mais música celta tradicional, mas também há sessões abertas e danças. Enquanto vê os shows, deguste a comida irlandesa.
5136 Prince Street, Halifax, Nova Escócia, B3J 1L4 902/492-4900 Diariam a partir 11h (11h30 dom) até 12h, 1h ou 2h Sem couvert

SHAKESPEARE BY THE SEA
www.shakespearebythesea.ca
Temporada de verão de teatro a céu aberto, que apresenta peças de Shakespeare, num evento anual desde 1994. Acontece à beira-mar, no Pier 20.
Pier 20, Halifax, Nova Escócia 902/422-0295 Jul, ago Doações (sugestão de $15) 9

SPIRIT
www.spiritspa.ca
Um spa que alivia suas tensões do dia e confere a você uma aura de frescor com diversos produtos naturais. Os serviços contam com Vichy Shower, fricção marinha, cabeleireiro, maquiador e massagens para esportistas.
5151 Salter Street, Halifax, Nova Escócia, B3J 0A1 902/431-8100 Diariam Diária $365 (com máquinas); massagem a partir de $50 7, 9

LOUISBOURG

LOUISBOURG PLAYHOUSE
http://louisbourgplayhouse.com
Veja uma apresentação em um antigo cenário de filme da Disney, que evoca o Globe Theatre de Shakespeare em Londres. A Disney o doou à cidade em 1933, após o término da filmagem de *O Último Grande Guerreiro*, e agora o teatro de 220 lugares sedia shows e concertos no verão.
11 Aberdeen Street, Louisbourg, Cape Breton, Nova Escócia, B1C 1A2 902/733-2996 Mai-out Chá grátis e biscoitos servidos durante o intervalo

MONCTON

CAPITOL
www.capitol.nb.ca
Este excelente teatro foi restaurado para readquirir o esplendor da década de 1920, até mesmo nos camarotes decorados e dourados. Encena dramas, danças, comédias e concertos de todos os tipos de música.
811 Main Street, Moncton, New Brunswick, E1C 1G1 506/856-4377 O ano todo

CHAMPLAIN PLACE
www.champlainplace.ca
Maior shopping das Províncias do Atlântico. Lugar claro e moderno, tem a Sears, a Sobeys e o Wal-Mart como lojas-âncoras, e há uma boa variedade de lojas especializadas, confecções, material esportivo, eletrônicos e utensílios domésticos. Dispõe de cinema multiplex e parque de diversões aberto ou coberto.
477 Paul Street, Dieppe, Moncton, New Brunswick, E1A 4X5 506/856-4377 Seg-sáb 10h-21h, dom 12h-17h; fecha nos feriados Praça de alimentação normal

CRYSTAL PALACE
www.crystalpalace.ca
Ao lado do shopping de Champlain Place, este parque de diversões aberto ou coberto é uma ótima recompensa para as crianças que se comportarem enquanto você faz compras. Dispõe do brinquedo Jumpin' Star, uma montanha-russa coberta e pouco assustadora, laser-tag e minigolfe
499 Champlain Street, Dieppe, Moncton, New Brunswick, E1A 6S5 506/859-4386 Seg-qui 12h-20h, sex 12h-21h, sáb 10h-21h, dom 10h-20h (no verão 10h-22h) Pulseira para o dia todo $23,50, júnior $20, família $73,80 1, 2, 4, 9, 10, 24 McGinnis Landing

MAGNETIC HILL
www.magnetichill.com
Vivencie esta famosa ilusão óptica na qual você dirige até a base de uma encosta, desliga o motor e o carro "sobe a colina"–andar ali é ainda mais desconcertante. Outras atrações são o Magnetic Hill Zoo (abr-out diariam), com mais de 400 animais, incluindo felinos grandes e ursos, e o Magic Mountain Water Park (meados jun-início set diariam 10h-18h ou 19h), com oito escorregadores, piscinas, túneis e playground aquático. O local também recebe grandes shows de rock –Rolling Stones, Eagles, Bon Jovi e AC/DC atraíram multidões.
Norte de Moncton, no cruzamento com a Mountain Road; saia pela 450 na Trans-Canada Highway (Rota 2)

ROYAL OAKS GOLF CLUB
http://royaloaks.nb.ca
Projetado por Rees Jones (filho do renomado arquiteto de golfe Robert Trent Jones), este clube de golfe tem um campo de 6.495m, com ângulos desafiadores e bunkers bem situados. Com dez anos de funcionamento, ganhou vários prêmios, incluindo o de Melhor Campo Novo no Leste do Canadá.
401 Royal Oaks Boulevard, Moncton, New Brunswick, E1A 2X8 506/388-6257 Depende do clima Campo $50-$75; taxa para jogar $7-$17; aluguel de carro $7,50-$20 Restaurante Grillhouse Norte de Moncton na Rota 115 (Elmwood Drive) ou saída 459 A-B pela Trans-Canada Highway (Rota 2)

PARRSBORO

SHIP'S COMPANY THEATRE
www.shipscompany.com
Esta é uma diversão sem igual: o teatro é o navio histórico MV *Kipawo*. A temporada inclui novas atrações canadenses, concertos, leituras e acampamento para crianças.
18 Lower Main Street, Parrsboro, Nova Escócia, B0M 1S0 902/254-3000, 1-800/565-SHOW Fim jun-fim set seg-sáb $18-$27,50

SAINT JOHN

CITY MARKET

www.sjcitymarket.ca

As pessoas vêm para conhecer o lugar e fazer compras. Datado de 1874, o edifício, impressionante, tem um teto grandioso em forma de quilha de navio invertida, ainda com o madeirame original. O espaço central é fervilhante, com fazendeiros, agricultores, açougueiros, peixeiros, artistas e artesãos vendendo seus produtos, muitos dos quais só são encontrados aqui.

✉ Entradas pelas ruas Charlotte e Germin (endereço para correspondência: 47 Charlotte Street, Saint John, New Brunswick, E2L 2H8) ☎ 506/658-2820 🕒 Seg-sex 7h30-18h, sáb 7h30-17h 🚌 1, 2

IMPERIAL THEATRE

www.imperialtheatre.nb.ca

Restaurado a seu esplendor de 1913, o teatro tem uma programação eclética, incluindo teatro, concertos, comédia, dança e shows no estilo da Broadway.

✉ 24 King Square South, Saint John, New Brunswick, E2L 5B8 ☎ 506/674-4100, 1-800/323-7469 🕒 O ano todo ✋ $15-$60 🚌 1, 2, 3

JET BOAT TOURS

www.jetboatrides.com

Emoção fantástica no passeio de barco a jato, no rio Saint John até a beira das Reversing Falls. O percurso de uma hora inclui 20 minutos nos quais se tem de segurar firme enquanto o barco sacode nas corredeiras. Capa de chuva é fornecida, mas você ficará molhado de qualquer forma, então traga uma troca de roupa.

✉ Parte de Fallsview Park (endereço para correspondência: Box 7094, Brunswick Square, Saint John, New Brunswick, E2L 4S5 ☎ 506/634-8987, 1-888/634-8987 🕒 Início jun-início out diariam a partir das 10h até anoitecer (se o clima permitir) ✋ Adulto $37, criança (menor de 13) $26,50, família $115 🚌 Percurso da Douglas Avenue a partir da prefeitura, depois 2 min a pé 🚗 No Fallsview Park, ao lado da Douglas Avenue

O'LEARY'S PUB

www.olearyspub.com

Saint John tem uma grande comunidade irlandesa, e este é o lugar certo para se enturmar em uma noitada divertida. O pub traz música tradicional e da costa leste ao vivo quatro noites por semana.

✉ 46 Princess Street, Saint John, New Brunswick, E2L 1K2 ☎ 506/634-7135 🕒 Diariam, música: aberto karaokê qua, bandas ao vivo qui-sáb

ST. JOHN'S

AVALON MALL

www.shopavalonmall.com

Shopping atraente com dois pisos e um grande cinema Empire multiplex. Como se imagina, tem muitas lojas de roupas, livros, música, presentes, bijuterias e bugigangas.

✉ 48 Kenmount Road, St. John's, Terra Nova e Labrador, A1B 1W3 ☎ 709/753-7144 🕒 Seg-sáb 10h-22h, dom 12h-17h 🚌 2, 5, 10, 11, 15, 16, 18, 23

THE FLUVARIUM

www.fluvarium.ca

Mostra inigualável sobre a vida de um rio, com visores abaixo do nível da água de um rio de verdade que mostram as atividades diárias de trutas, rãs e girinos. O horário de alimentação costuma ser às 16h. O segundo andar tem exibições interativas, vídeos e expositores.

✉ Nagles Place, Pippy Park, St. John's, Terra Nova e Labrador, A1B 2Z2 ☎ 709/754-3474 🕒 Seg-sex 9h-16h30 ou 17h, sáb-dom 12h-17h (a partir das 10h no verão) ✋ Adulto $7, criança (menor de 14) $4, família $22

JOHNSON GEO CENTRE

www.geocentre.ca

Esta ótima exposição explica por que a província é tão espetacular em termos geológicos. Para começar é feita uma emocionante apresentação audiovisual, e você conhece terremotos e vulcões. No final, a geologia lhe parecerá tão fascinante que você vai querer analisar toda pedra que encontrar.

✉ 175 Signal Hill Road, St. John's, Terra Nova e Labrador, A1A 1B2 ☎ 709/737-7880 🕒 Seg-sáb 9h30-17h, dom 12h-17h ✋ Adulto $11,50, criança (5-17) $5,50, família $28 🎁

THE ROOMS

www.therooms.ca

Esta edificação enorme representa a área de pesca em que famílias se reuniam outrora para processar o que haviam apanhado. Sede do Provincial Museum, Art Gallery and Archives, deve ser visitada por causa da vista, mesmo quando não se tem tempo para mais nada.

✉ 9 Bonaventure Avenue, P.O. Box 1800, Station C, St. John's, Terra Nova e Labrador, A1C 5P9 ☎ 709/757-8000 🕒 Seg-sáb 10h-17h (até 21h qua), dom 12h-17h. Fecha seg meados out-mai ✋ Adulto $7,50, criança (6-16) $4, família $20. Grátis qua 18h-21h e 1º sáb do mês nov-mai 🍴 ☕ Passeios guiados: seg-sáb 10h30 e 14h20, dom 12h30 e 15h

YUKYUK'S

www.yukyuks.com

Parte de uma rede nacional de clubes de comédia stand-up, apresenta alguns dos melhores comediantes do Canadá. Amadores têm vez às quintas-feiras às 20h, antes do show principal.

✉ 193 Kenmount Road, St. John's, Terra Nova e Labrador, A1B 3P9 ☎ 709/726-9857 🕒 Às terças as portas abrem às 19h; sex-sáb 8h30; os shows começam às 21h30 ✋ $20

SUMMERSIDE

SPINNAKER'S LANDING

http://spinnakerslanding.com

Extremamente pitoresco, este enclave de comércio é construído sobre palafitas nas águas do Northumberland Strait, no estilo de um povoado pesqueiro tradicional. Os edifícios de ripas coloridas abrigam lojas de artesanato, antiguidades e um outlet da famosa PEI Dirt Shirt. Há um farol com mirante, um pub e restaurante, um calçadão e atrações no verão.

✉ Harbour Drive, Summerside, Prince Edward Island, C1N 5Y8 ☎ 902/436-2264 🕒 Fim jun-ago 9h-21h; início-fim jun, set diariam 9h-17h30

SYDNEY

CAPE BRETON CENTRE FOR CRAFT AND DESIGN

www.capebretoncraft.com

Elegante e moderna, esta galeria expõe as obras de artistas e artesãos de Cape Breton. O centro tem

também estúdios de cerâmica, vidro, joias, tecelagem e artes, e realiza exposições. Pegue aqui um exemplar do Cape Breton Artisan Trail Map, que indica onde encontrar 60 dessas pessoas que criam obras tão belas.
✉ 322 Charlotte Street, Sydney, Nova Escócia, B1P 1C8 ☎ 902/270-7491
🕐 Seg-sex 10h-16h, sáb 12h-16h

GOVERNORS
www.governorseatery.com
Há uma programação eclética neste conhecido pub em Sydney, incluindo jazz, blues, punk e, obviamente, a mundialmente famosa versão de música celta criada em Cape Breton. Qualquer pessoa pode ir para o palco na quinta-feira. Há boa comida caseira também.
✉ 233 Esplanade Street, Sydney, Nova Escócia, B1P 1A6 ☎ 902/562-7646
🕐 Diariam 11h-23h; música: qui a partir das 22h30, sex a partir das 17h, sáb 14h-17h *(ceilidh)* e a partir das 22h30 ✋ Couvert artístico nas noites com banda $5-$6

UPPER CLEMENTS

UPPER CLEMENTS PARK
www.upperclementspark.com
Este parque conta com montanha-russa, calha de toras, barracas de brinquedos, balanço de corda e barcos a remo. A parte do parque silvestre está sendo transformada em um novo parque de aventura.
✉ 2931 Highway 1, Upper Clements, Nova Escócia, B0S 1A0 ☎ 902/532-7557, 1-800/248-4567 🕐 Meados jun-início set diariam 11h-19h (mai varia de acordo com o início e o fim da temporada) ✋ $9 mais brinquedos; pulseira premium (cobre todos os brinquedos) $24,50 🚌 Na ponta oeste do Annapolis Valley, 8km a oeste de Annapolis Royal

YARMOUTH

TH'YARC
www.yarcplayhouse.com
Realiza teatro, concertos musicais e outras apresentações. Dispõe de galeria de arte local. A construção de um novo complexo de teatro, atrás do já existente, começou em 2010, mas não irá atrapalhar as atrações.
✉ 76 Parade Street, Yarmouth, Nova Escócia, B5A 3B4 ☎ 902/742/8150 🕐 O ano todo ✋ $15-$35

FESTIVAIS E EVENTOS

MARÇO

SNO-BREAK WINTER FESTIVAL
www.snobreak.ca
Semana de corridas de snowmobiles, esqui nórdico, passeios de aventura, festas e diversões familiares.
✉ Goose Bay, Terra Nova e Labrador
☎ 709/896-3489

JUNHO/JULHO

CANADA'S IRISH FESTIVAL
www.canadasirishfest.com
Festival com desfile de gaita de fole, tambores e música de grandes artistas canadenses e irlandeses.
✉ Miramichi, New Brunswick
☎ 506/778-8810

FESTIVAL 500, SHARING THE VOICES
www.festival500.com
Festival internacional de canto coral, com grupos do mundo todo.
✉ St. John's, Terra Nova e Labrador
☎ 709/738-6013

ROYAL NOVA SCOTIA INTERNATIONAL TATTOO
www.nstattoo.ca
À noite, durante dez dias, o Metro Centre recebe bandas militares, de gaita de fole e dançarinos apresentando a elite internacional de artistas militares e civis.
✉ Halifax, Nova Escócia ☎ 902/420-1114, 1-800/563-1114

ROLLO BAY FIDDLE FESTIVAL
Festival permanente da região, que recebe os grandes talentos do violino das Províncias Marítimas. Dois concertos por dia e dança à moda antiga à noite. Evento interessante.
✉ Rollo Bay, Ilha Prince Edward
☎ 902/687-2584

JUNHO/FIM SETEMBRO

CHARLOTTETOWN FESTIVAL
www.confederationcentre.com
Festival de verão de música e teatro, no Confederation Centre for the Arts da capital da Ilha Prince Edward. Inclui a popular versão musical de *Anne de Green Gables*, grande atração por mais de 40 anos.
✉ Charlottetown, Ilha Prince Edward
☎ 800/565-0278, 902/628-1864

AGOSTO

ATLANTIC NATIONAL EXHIBITION
Parque de diversões, concertos, eventos de arena, corrida de cavalos e muitas outras atrações estão no Exhibition Park por quatro dias.
✉ Saint John, New Brunswick
☎ 506/633-2020

ATLANTIC SEAFOOD FESTIVAL
www.atlanticseafoodfestival.com
Alguns dos melhores frutos do mar do mundo vêm das àguas de New Brunswick. Chefs internacionais.
✉ Moncton, New Brunswick
☎ 506/855-8525, 1-888/855-8522

HALIFAX INTERNATIONAL BUSKER FESTIVAL
www.buskers.ca
Artistas de rua, como músicos, mágicos, comediantes, pintores, malabaristas, dançarinos e mímicos, se apresentam ao longo da orla por 11 dias em seis locais abertos.
✉ Halifax, Nova Escócia ☎ 902/490-4000

SETEMBRO

HARVEST JAZZ AND BLUES FESTIVAL
www.harvestjazzandblues.com
Locais de toda a cidade fervilham com música ao vivo, e uma grande tenda no centro recebe os grandes nomes do jazz e bandas de blues.
✉ Fredericton, New Brunswick
☎ 506/454-2583, 888/622-5837

OUTUBRO

CELTIC COLOURS FESTIVAL
www.celtic-colours.com
Um dos melhores festivais de música celta. Cerca de 300 músicos de todas as nações celtas se apresentam numa semana de concertos e *ceilidhs*, em mais de 30 lugares.
✉ Sydney, Cape Breton, Nova Escócia
☎ 902/562-6700, 1-877/285-2321

ONDE COMER

PREÇOS E SÍMBOLOS
Os restaurantes estão listados por ordem alfabética (sem levar em conta os artigos La, Le e Les). Os preços correspondem a um almoço (A) de dois pratos e um jantar (J) de três pratos, sem bebidas. O preço do vinho refere-se a uma garrafa da marca menos cara.

Para a legenda de símbolos, ▷ 2.

BIG POND

RITA'S

www.ritamacneil.com
A cantora e compositora Rita MacNeil, comprou esta antiga escola, lugar onde ela cresceu. Quando os fãs apareciam eram bem recebidos, e a hospitalidade dela se tornou tão popular que Rita abriu uma casa de chá. Ela ainda atende e recebe os visitantes quando pode. Um lugar atraente para saborear guloseimas caseiras e, depois, visitar a loja de presentes.
✉ 8077 Highway 4, Big Pond, Cape Breton, Nova Escócia, B1J 1A1 ☎ 902/828-2667 🕒 Fim jun-meados out diariam 10h-18h 🖐 A $20 🚗 40km a oeste de Sydney pela Highway 4

CHARLOTTETOWN

GAHAN HOUSE

www.gahan.ca
Pub e cervejaria à moda tradicional, com interior de madeira escura e tijolos, numa construção histórica na rua mais movimentada da cidade. Sete tipos de cerveja ale são produzidos no local. A visita à cervejaria é feita em grupos de quatro ou mais pessoas (ligar antes). Comida de pub acima da média.
✉ 126 Sydney Street, Charlottetown, Ilha Prince Edward, C1A 1G4 ☎ 902/626-2337 🕒 Seg-qui 11h-22h, sex-sáb 11h-24h, dom 16h-22h 🖐 A $20, J $30, vinho $34

LOBSTER ON THE WHARF

www.lobsteronthewharf.com
Há quase 30 anos este restaurante à beira-mar serve os famosos frutos do mar da região. O procedimento clássico é destrinchar uma lagosta inteira ou, para facilitar, pedir pratos como a Lazyman's Lobster (assada e sem carapaça), uma suntuosa paella de frutos do mar, linguado gigante ao molho cremoso de pimentão vermelho ou o tradicional peixe com fritas. Há também pratos sem peixe e um cardápio para crianças.
✉ 2 Prince Street, Charlottetown, Ilha Prince Edward, C1A 4P5 ☎ 902/894-9311, 902/368-2888, 1-877/919-9311 🕒 Mai-out diariam 11h30-22h 🖐 A $25, J $45, vinho $25

CHETICAMP

LE GABRIEL

www.legabriel.com
Procure no farol a entrada deste restaurante, onde você irá conhecer a verdadeira cozinha da Nova Escócia, como André's Meat Fricot, bolos de peixe ou uma satisfatória tortière (torta de carne). O cardápio, extenso, também inclui muitos frutos do mar, steaks, massas e opções mais leves.
✉ 1542 Cabot Trail (Main Street), Cheticamp, Cape Breton, Nova Escócia, B0E 1H0 ☎ 902/224-3685 🕒 Início mai-fim out diariam 11h-22h; menu de lanches no resto ano 🖐 A $20, J $35, vinho $23

Pág. ao lado *Refeição ao ar livre, Charlottetown*

FREDERICTON

BREWBAKERS

www.brewbakers.ca

No extenso menu figuram pizzas em forno de lenha, massas, frutos do mar frescos, saladas apetitosas e entradas. A cozinha aberta aumenta a atmosfera animada, além do bar elegante e do pátio com mesas sobre deque elevado.

☒ 546 King Street, Fredericton, New Brunswick, E3B 1E6 ☎ 506/459-0067 ⊕ Seg-qui 11h30-22h, sex 11h30-23h, sáb 17h-23h, dom 17h-21h ✋ A $25, J $40, vinho $35

EL BURRITO LOCO

www.elburritoloco.ca

O proprietário mexicano garante a autêntica comida de sua terra. Guacamole preparado na hora, molho fresco feito com receita de família, saborosos recheios de burritos, tortillas, tacos, tamales e enchiladas.

☒ 304 King Street, Fredericton, New Brunswick, E3B 1E3 ☎ 506/459-5626 ⊕ Horário variável ✋ A $15, J $35, vinho $25

CHEZ CORA

www.chezcora.com

Não desanime pelo fato de este restaurante pertencer a uma rede, que se espalhou pelo Canadá em razão da popularidade de seu café da manhã e almoço saudável e delicioso. Porções de frutas frescas adornam tudo, e o menu básico oferece a receita secreta de Cora para French toast (rabanada), crêpes, omeletes, waffles, paninis e saladas. Há sempre um suco espesso de frutas na lista de bebidas. As crianças também adoram este lugar.

☒ 476 Queen Street, Fredericton, New Brunswick, E3B 1B6 ☎ 506/472-2672 ⊕ Seg-sáb 6h-15h, dom 7h-15h ✋ A $15 🚗 No centro, entre as ruas Westmorland e Regent

HALIFAX

FID

wwwfidcuisine.ca

Sofisticado e tranquilo, este restaurante já utilizava produtos orgânicos bem antes de virar uma tendência, e com eles cria pratos apetitosos. O nome do estabelecimento vem de uma ferramenta de marinheiros usada para fatiar. O menu muda com frequência, mas em uma noite recente a entrada era queijo de cabra de Aylesford com pera, nozes e arando seco, e havia pratos principais como vieiras caramelizadas com barriga de porco, broto de beterraba e acelga, e costelas de porco assadas por 20 horas com feijão-de-corda, batata-palha e radicchio.

☒ The Courtyard, 1569 Dresden Row, Halifax, Nova Escócia, B3N 1H6 ☎ 902/422-9162 ⊕ Ter 11h30-14h, qua 11h30-14h, 17h-21h30, qui-sex 17h-22h, sáb 11h-14h, 17h-22h, dom 11h-14h, 17h-21h ✋ A $18, J $45, vinho $35 🚌 1, 3, 10, 14, 20 e muitos outros 🚗 Perto da Citadel, ao lado da Sackville Street

RYAN DUFFY'S

www.ryanduffys.ca

Aqui, o grande destaque vai para os filés de alta qualidade, como os de carne Black Angus e Alberta. Os cortes são feitos na própria mesa, e depois a carne é levada e preparada do jeito que você preferir.

☒ 1650 Bedford Row, Halifax, Nova Escócia, B3J 2B1 ☎ 902/421-1116 ⊕ Seg-sex 6h30-23h, sáb-dom e feriados 7h-23h ✋ A $20, J $60, vinho $30 🚌 1, 10, 80; ônibus grátis (chamado Fred) no verão 🚗 No centro, uma quadra atrás da Lower Water Street, próximo ao Maritime Museum

SALTY'S ON THE WATERFRONT

www.saltys.ca

Restaurante na orla, com tema náutico. Procure pegar uma mesa ao lado da janela por causa da vista do porto. Frutos do mar fresquíssimos são a especialidade, principalmente lagosta, mexilhão, salmão-do-atlântico e vieiras do mar profundo. O bar do térreo também serve almoço e jantar.

☒ 1869 Upper Water Street, Halifax, Nova Escócia, B3J 1S9 ☎ 902/423-6818 ⊕ Seg-sex 11h30-14h e a partir das 17h, sáb-dom a partir das 17h ✋ A $35, J $50, vinho $35 🚌 2, 4, 6, 12, 32 🚗 No final do píer Historic Properties

MONCTON

LITTLE LOUIS'

www.littlelouis.ca

Comer fora melhorou muito nos últimos anos, e este restaurante elegante é um dos melhores exemplos. Em ambiente chique –com pianista sexta e sábado–, você saboreia a cozinha do chef Andrew Stevens. Há ostras cruas ou assadas entre as entradas, e pratos principais podem incluir uma combinação de lagosta do Atlântico escaldada e veado ao forno, ou peito de pato branco salteado, confit de pernil, cassoulet de feijão e linguiça, e maçã de New Brunswick. A premiada carta de vinhos inclui muitos servidos na taça.

☒ 245 Collishaw Street, 2º andar, Moncton, New Brunswick, E1C 9P9 ☎ 506/855-2022 ☎ Diariam a partir das 17h; último atendimento 21h30 ✋ J $55, vinho $35 🚗 Ao lado do Vaughn Harvey Boulevard, dois quarteirões ao sul da Mountain Road

ST. JOHN'S

AQUA

www.aquarestaurant.ca

A cozinha criativa do chef e dono Mark McCrowe utiliza fontes sustentáveis locais. No almoço, sanduíches de focaccia são servidos com uma caneca de sopa, salada ou fritas, e há sempre o prato do dia. O jantar é mais refinado, com mexilhões ao vapor de Bloody Mary ou asas de frango com pimenta e limão, seguidas, talvez, por salmão grelhado com bordo ou medalhões de caribu grelhados com zimbro.

☒ 310 Water Street, St. John's, Terra Nova e Labrador, A1C 1B8 ☎ 709/576-2782 ⊕ Diariam 12h-14h, 17h30-22h ✋ A $20, J $45, vinho $29

CABOT CLUB

Restaurante fantástico e elegante, pelas janelas panorâmicas dá para ver Signal Hill e o porto (com icebergs que passam no inverno). Culinária tradicional da Terra Nova, muito bem preparada. Trajes chiques, mas informais. É aconselhável fazer reserva. O salão Bivver oferece almoço e jantar a preços mais baixos.

☒ Sheraton Newfoundland, 115 Cavendish Square, St. John's, Terra Nova e Labrador, A1C 3K2 ☎ 709/728-4980 ⊕ Seg 7h-14h, ter-sáb 7h-14h, 18h-22h ✋ A $20-$30, J $47-$64, vinho $30 🚌 3, 5, 15 🚗 Central

ONDE FICAR

PREÇOS E SÍMBOLOS

Os preços correspondem à diária de um quarto duplo, com café da manhã, a menos que indicado o contrário. A não ser que esteja especificado, todos os hotéis da lista aceitam cartões de crédito. Note que os preços variam ao longo do ano.

Para a legenda de símbolos, ▷ 2.

ALMA

CAPTAIN'S INN

www.captainsinn.ca

Quartos em estilo country. Todos possuem banheiro privativo e TV; alguns tem vista para o mar.

✉ 8602 Main Street, Alma, New Brunswick, E4H 1N5 ☎ 506/887-2017, 1-888/866-2017 $90-$135 9 (todos para não fumantes) Na vila

ANNAPOLIS ROYAL

QUEEN ANNE INN

www.queenanneinn.ns.ca

Nada foi economizado na construção desta residência vitoriana. Escadaria grandiosa, trabalhos de madeira lustrosa e quartos elegantes, tudo em terreno amplo, cheio de árvores antigas. Os quartos têm banheiro. O café da manhã é servido numa mesa comprida.

✉ 494 St. George Street, Annapolis Royal, Nova Escócia, B0S 1A0 ☎ 902/532-7850, 1-877/536-0403 Fecha dez-abr $89-$159 12 (todos para não fumantes)

L'ANSE AU CLAIR

NORTHERN LIGHT INN

http://northernlightinn.com

Perto da fronteira com o Quebec e do serviço de ferryboat para a Terra Nova. Dispõe de alguns chalés e camping para trailer com tomadas de eletricidade, além de quartos e suítes de hotel, todos com TV a cabo e telefone.

✉ 58 Main Street, P.O. Box 92, L'Anse au Clair, Terra Nova e Labrador, A0K 3K0 ☎ 709/931-2332, 1-800/563-3188 $89-$159 54, 5 chalés No estreito do Labrador

CHARLOTTETOWN

INNS ON GREAT GEORGE

www.innsongreatgeorge.com

Esta famosa hospedaria consiste em 15 propriedades caprichosamente restauradas para oferecer acomodações de luxo ao estilo do século 19. Os melhores quartos dispõem de lareira e hidromassagem, e todos são decorados com antiguidades.

58 Great George Street, Charlottetown, Ilha Prince Edward, C1A 4K3 902/892-0606, 1-800/361-1118 $175-$269 48 (todos para não fumantes) No centro, no National Historic District

DINGWALL

MARKLAND BEACH COTTAGES

www.marklandbeachcottages.com

Este resort possui chalés de madeira rodeadas por montanhas, florestas e praias.

Cabot Trail, Dingwall, Cape Breton, Nova Escócia, B0C 1G0 902/577-5707 $115-$230 25 Externa (praia) Na ponta norte da Ilha Cape Breton, na Cabot Trail

FREDERICTON

CROWNE PLAZA FREDERICTON LORD BEAVERBROOK

www.lordbeaverbrookhotel.com

Recentemente reformado, este hotel elegante e confortável tem sido o marco da cidade desde 1947. Localização excelente, ao lado de galerias de arte, teatros e da Câmara Legislativa, tendo ao fundo o largo rio St. John. Quartos espaçosos, com internet de alta velocidade, cafeteira e outros utensílios.

659 Queen Street, Fredericton, New Brunswick, E3B 5A6 506/455-3371, 1-888/561-7666 $205 168 (150 para não fumantes) Coberta

THE VERY BEST—A VICTORIAN BED-AND-BREAKFAST

O nome denota falta de modéstia, mas diz a verdade. A formidável casa tombada, na área de preservação no centro, foi restaurada e mobiliada conforme sua época original, mas oferece confortos modernos como internet sem fio, piscina, sauna e quadra de jogos.

806 George Street, Fredericton, New Brunswick, E3B 1K7 506/451-1499 Mai-out $119-$129 5 Externa, aquecida

HALIFAX

HALLIBURTON HOUSE INN

www.thehalliburton.com

Esta casa histórica é decorada com antiguidades. Quartos e suítes com banheiro privativo (alguns com hidromassagem), edredons de pena de ganso e TV a cabo.

5184 Morris Street, Halifax, Nova Escócia, B3J 1B3 902/420-0658, 1-888/512-3344 $15-$350 $159 29 7, 9

THE PEBBLE

www.thepebble.ca

Numa residência histórica, em terreno de 2ha, este é um bed and breakfast de alto nível, com duas suítes luxuosas. Seus banheiros espaçosos são fantásticos (um deles tem banheira oval para hidroterapia), com roupões confortáveis e finos artigos de toalete. O saguão e a sala de café da manhã são acolhedores, com obras de arte de artistas locais. A casa fica perto da orla do North West Arm. O café da manhã pode contar com mingau de aveia irlandês, brûlé com frutas, creme de leite e xarope de bordo ou waffles frescos com frutas.

1839 Armview Terrace, Halifax, Nova Escócia, B3H 4H3 902/423-3369, 1-888/303-5056 $125-$225 2 (para não fumantes) A oeste do centro, ao lado da Quinpool Road

MONCTON

CHÂTEAU MONCTON

www.chateaumoncton.ca

Este motel acima da média, ocupa um prédio de cinco andares ao lado do rio Petitcodiac. O bar tem ótima vista. Os quartos e as suítes (algumas com hidromassagem) são grandes e oferecem TV a cabo, acesso à internet de banda larga e telefonemas locais grátis.

100 Main Street, Moncton, New Brunswick, E1C 1B9 506/870-4444, 1-800/576-4040 $140-$240 106 (todos para não fumantes) No centro

NORTH RUSTICO

ST. LAWRENCE MOTEL

www.stlawrencemotel.com

Conveniente, mas isolado da agitação turística em Cavendish, este motel recentemente reformado prima pela oferta de atividades, incluindo uma piscina de água salgada, playground para crianças, quadra de basquete e vôlei e redes para futebol. Os quartos práticos e confortáveis têm cozinha completa, salas de estar e de refeições, internet sem fio e churrasqueiras a gás. As tarifas incluem um passe para as famílias irem ao parque nacional durante sua estada.

351 Gulf Shore Road, North Rustico, Prince Edward Island, C0A 1N0 902/963-2053, 1-800/387-2053 Jun-início set $49-$164 16 unidades (todas para não fumantes) Em 2 unidades Externa 7km a sudoeste de Cavendish, na Route 6 ou na Gulf Shore Road

ST. JOHN'S

THE MURRAY PREMISES HOTEL

www.murraypremiseshotel.com

De frente para o porto, este antigo armazém de bacalhau salgado de 1846 se transformou em hotel-butique de luxo. Recursos moderníssimos incluem hidromassagem, TV a cabo, conexão com internet e correio de voz. Cheio de fascinantes lembranças do passado, dispõe de vigas antigas, tijolo à vista e caprichosos telhados inclinados.

5 Becks Cove, St. John's, Terra Nova e Labrador, A1C 6H1 709/738-7773, 866/738-7773 $139-3490 67 (todos para não fumantes)

Pág. ao lado *Barcos atracados em Halifax*
Abaixo *Estalagens em Great George, Charlottetown*

TORONTO

No Canadá, a capital da província de Ontário equivale a Nova York: é polo financeiro, centro cultural e de entretenimento, paraíso das compras e muito mais. Embora não seja exatamente "a cidade que nunca dorme", ela não descansa muito. O centro está sempre fervilhando de atividades, seja o trabalho dos homens de terno determinados entre os arranha-céus do Distrito Financeiro, seja o movimento dos consumidores que circulam garimpando pelas ruas Yonge ou Bloor. Talvez você tenha seu caminho barrado porque uma equipe está rodando um filme ou um clipe nas ruas; ou talvez você tenha a oportunidade de assistir a um concerto ao ar livre numa praça da cidade. Isso tudo faz crescer o burburinho. Ao anoitecer, a cidade fica cheia de frequentadores de teatros, casas noturnas, restaurantes e, no verão, os moradores ocupam pátios e áreas abertas.

A localização de Toronto à margem do lago Ontário lhe confere certo frescor, ainda que a umidade possa provocar neblina e poluição *(smog)* no verão abafado. No entanto, a margem do lago e as ilhas são um grande bônus, propiciando opções de lazer, caminhadas e até praias próximas ao centro, e questões ligadas à qualidade do ar são tratadas com admirável determinação. A cidade adotou metas "verdes" que vão além das motivadas por Kyoto, a exemplo de veículos híbridos, da única turbina eólica urbana da América do Norte e de telhados verdes nos hotéis. Toronto leva sua missão muito a sério.

Embora a Toronto atual tenha se desenvolvido nos últimos 40 anos, a cidade tem uma história que remonta aos antigos pioneiros. No núcleo central e ao redor dele existem diversos pontos históricos e ruas arborizadas residenciais que constituem um grande patrimônio. E o Queen's Park oferece um conjunto majestoso que compreende a Câmara Legislativa da província, a Universidade de Toronto e o fabuloso Royal Ontario Museum. Deixando de lado os marcos, atrações e a diversão da cidade, uma das melhores experiências aqui é conhecer os bairros, encraves como Little Italy, Chinatown, Greektown, Cabbagetown e outros, que têm cultura, personalidade e "agitação" próprias.

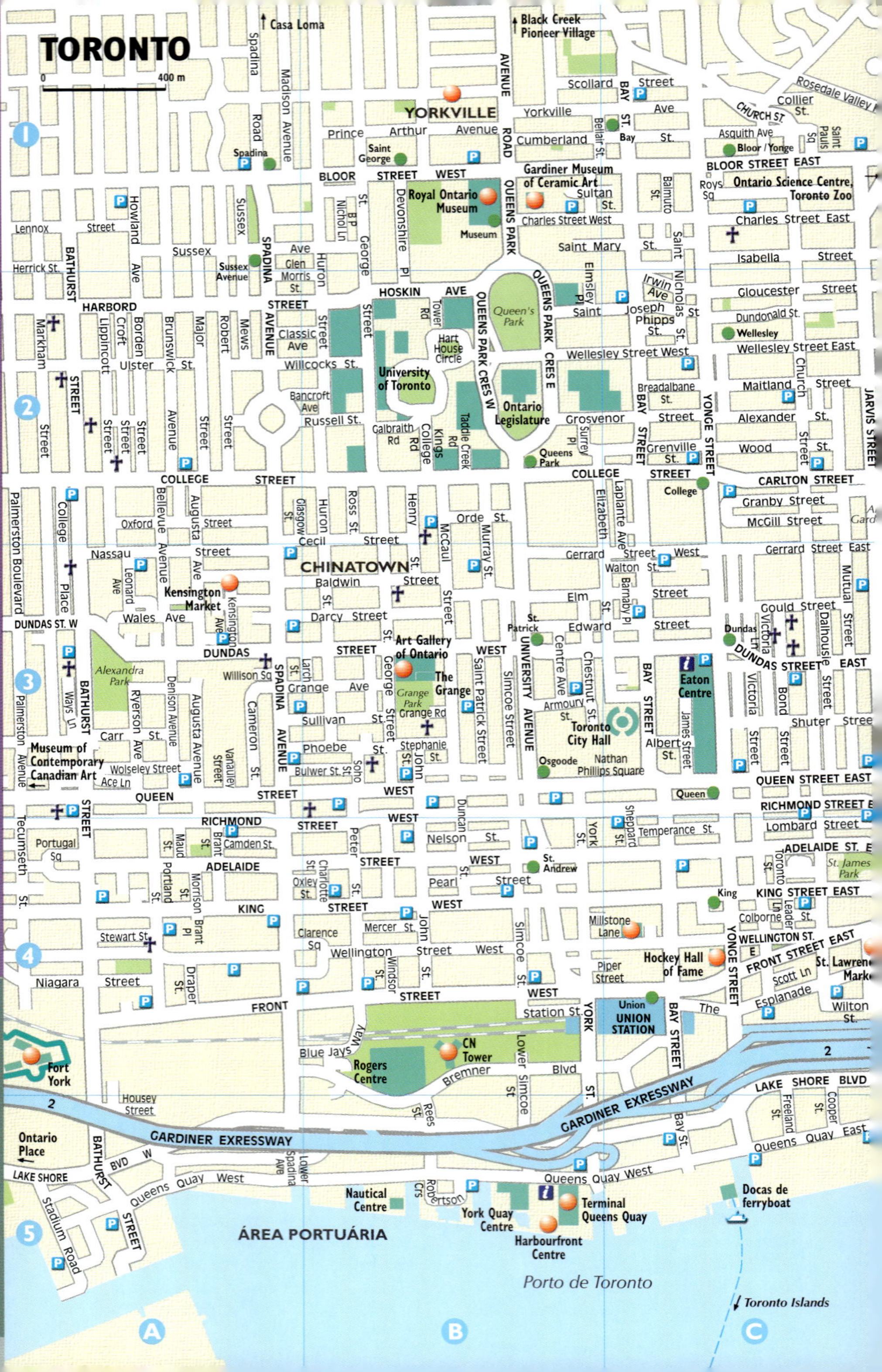
TORONTO
0
400 m
Casa Loma
Black Creek Pioneer Village
YORKVILLE
Royal Ontario Museum
Gardiner Museum of Ceramic Art
Ontario Science Centre, Toronto Zoo
University of Toronto
Ontario Legislature
Queen's Park
Hart House Circle
CHINATOWN
Kensington Market
Art Gallery of Ontario
The Grange
Grange Park
Alexandra Park
Museum of Contemporary Canadian Art
Toronto City Hall
Nathan Phillips Square
Eaton Centre
Millstone Lane
Hockey Hall of Fame
St. Lawrence Market
St. James Park
UNION STATION
CN Tower
Rogers Centre
Fort York
Ontario Place
Nautical Centre
York Quay Centre
Harbourfront Centre
Terminal Queens Quay
Docas de ferryboat
ÁREA PORTUÁRIA
Porto de Toronto
Toronto Islands
GARDINER EXRESSWAY
LAKE SHORE BLVD
BLOOR STREET WEST
BLOOR STREET EAST
COLLEGE STREET
CARLTON STREET
DUNDAS STREET
QUEEN STREET WEST
QUEEN STREET EAST
RICHMOND STREET
ADELAIDE STREET
KING STREET WEST
KING STREET EAST
FRONT STREET
WELLINGTON ST.
YONGE STREET
BAY STREET
UNIVERSITY AVENUE
SPADINA AVENUE
BATHURST STREET
JARVIS STREET
QUEENS PARK
Queens Quay West
Queens Quay East
Spadina
Saint George
Bay
Bloor / Yonge
Museum
Wellesley
Queens Park
College
Dundas
St. Patrick
Osgoode
Queen
St. Andrew
King
Union
1
2
3
4
5
A
B
C

GUIA DE RUAS DE TORONTO

Rua	Mapa
Ace Lane	A3
Adelaide Street East	C4
Adelaide Street West	A4
Albert Street	C3
Alexander Street	C2
Armoury Street	B3
Asquith Avenue	C1
Augusta Avenue	A2
Avenue Road	B1
Baldwin Street	B3
Balmuto Street	C1
Bancroft Avenue	A2
Barnaby Place	C3
Bathurst Street	A1
Bay Street	C1
Bellair Street	B1
Bellvue Avenue	A2
Bloor Street East	C1
Bloor Street West	B1
Blue Jays Way	B4
Bond Street	C3
Borden Street	A2
BP Nichol Lane	B1
Brant Place	A4
Brant Street	A4
Breadalbane Street	C2
Bremner Boulevard	B4
Brunswick Avenue	A2
Bulwer Street	A3
Camden Street	A4
Cameron Street	A3
Carlton Street	C2
Carr Street	A3
Cecil Street	B2
Centre Avenue	B3
Charles Street East	C1
Charles Street West	B1
Charlotte Street	B4
Chestnut Street	B3
Church Street	C1
Clarence Square	B4
Classic Avenue	A2
Colborne Street	C4
College Place	A2
College Street	A2
Collier Street	C1
Cooper Street	C4
Croft Street	A2
Cumberland Street	B1
Dalhousie Street	C3
Darcy Street	B3
Denison Avenue	A3
Devonshire Place	B1
Draper Street	A4
Duncan Street	B3
Dundas Street East	C3
Dundas Street West	A3
Dundonald Street	C2
Edward Street	B3
Elizabeth Street	B2
Elm Street	B3
Elmsley Place	B1
Freeland Street	C5
Front Street East	C4
Front Street West	A4
Galbraith Road	B2
Gardiner Expressway	A5
Gerrard Street East	C3
Gerrard Street West	B3
Glasgow Street	A2
Glen Morris Street	A1
Gloucester Street	C2
Gould Street	C3
Granby Street	C2
Grange Avenue	A3
Grange Road	B3
Grenville Street	C2
Grosvenor Street	B2
Harbord Street	A2
Hart House Circle	B2
Henry Street	B2
Herrick Street	A1
Hoskin Avenue	B2
Housey Street	A5
Howland Avenue	A1
Huron Street	B1
Irwin Avenue	C2
Isabella Street	C1
James Street	C3
Jarvis Street	C2
John Street	B3
Kensington Avenue	A3
King Street East	C4
King Street West	A4
Kings College Road	B2
Lake Shore Boulevard	C4
Lake Shore Boulevard West	A5
Laplante Avenue	C2
Larch Street	B3
Leader Lane	C4
Lennox Street	A1
Leonard Avenue	A3
Lippincott Street	A2
Lombard Street	C4
Lower Jarvis Street	C4
Lower Simcote Street	B4
Lower Spadina Avenue	A5
Madison Avenue	A1
Maitland Street	C2
Major Street	A2
Markham Street	A2
Maud Street	A4
McCaul Street	B2
McGill Street	C2
Mercer Street	B4
Millstone Lane	B4
Morrison Street	A4
Murray Street	B2
Mutual Street	C3
Nassau Street	A3
Nathan Philips Square	B3
Nelson Street	B4
Niagra Street	A4
Orde Street	B2
Oxford Street	A2
Oxley Street	A4
Palmerston Avenue	A3
Palmerston Boulevard	A2
Pearl Street	B4
Peter Street	B4
Phipps Street	C2
Phoebe Street	B3
Piper Street	B4
Portland Street	A4
Portugal Square	A4
Prince Arthur Avenue	B1
Queen Street East	C3
Queen Street West	A3
Queens Park	B1
Queens Park Crescent East	B2
Queens Park Crescent West	B2
Queens Quay East	C5
Queens Quay West	A5
Rees Street	B5
Richmond Street East	C3
Richmond Street West	A4
Robert Street	A2
Robertson Crescent	B5
Rosedale Valley Road	C1
Ross Street	B2
Roys Square	C1
Russell Street	B2
Ryerson Avenue	A3
Saint George Street	B1
Saint Joseph Street	B2
Saint Mary Street	B1
Saint Nicholas Street	C1
Saint Patrick Street	B3
Saint Pauls Square	C1
Scollard Street	B1
Scott Lane	C4
Sheppard Street	C3
Shuter Street	C3
Simcote Street	B3
Soho Street	B3
Spadina Avenue	A1
Spadina Road	A1
Stadium Road	A5
Station Street	B4
Stephanie Street	B3
Stewart Street	A4
Sullivan Street	B3
Sultan Street	B1
Surrey Place	B2
Sussex Avenue	A1
Sussex Mews	A1
Taddle Creek Road	B2
Tecumseth Street	A4
Temperance Street	C4
The Esplanade	C4
Toronto Street	C4
Tower Road	B2
Ulster Street	A2
University Avenue	B3
Vanauley Street	A3
Victoria Lane	C3
Victoria Street	C3
Wales Avenue	A3
Walton Street	C3
Ways Lane	A3
Wellesley Street East	C2
Wellesley Street West	B2
Wellington Street East	C4
Wellington Street West	B4
Willcocks Street	A2
Willison Square	A3
Wilton Street	C4
Windsor Street	B4
Wolseley Street	A3
Wood Street	C2
Yonge Street	C2
York Street	B4
Yorkville Avenue	B1

Bonde e Metrô de Toronto

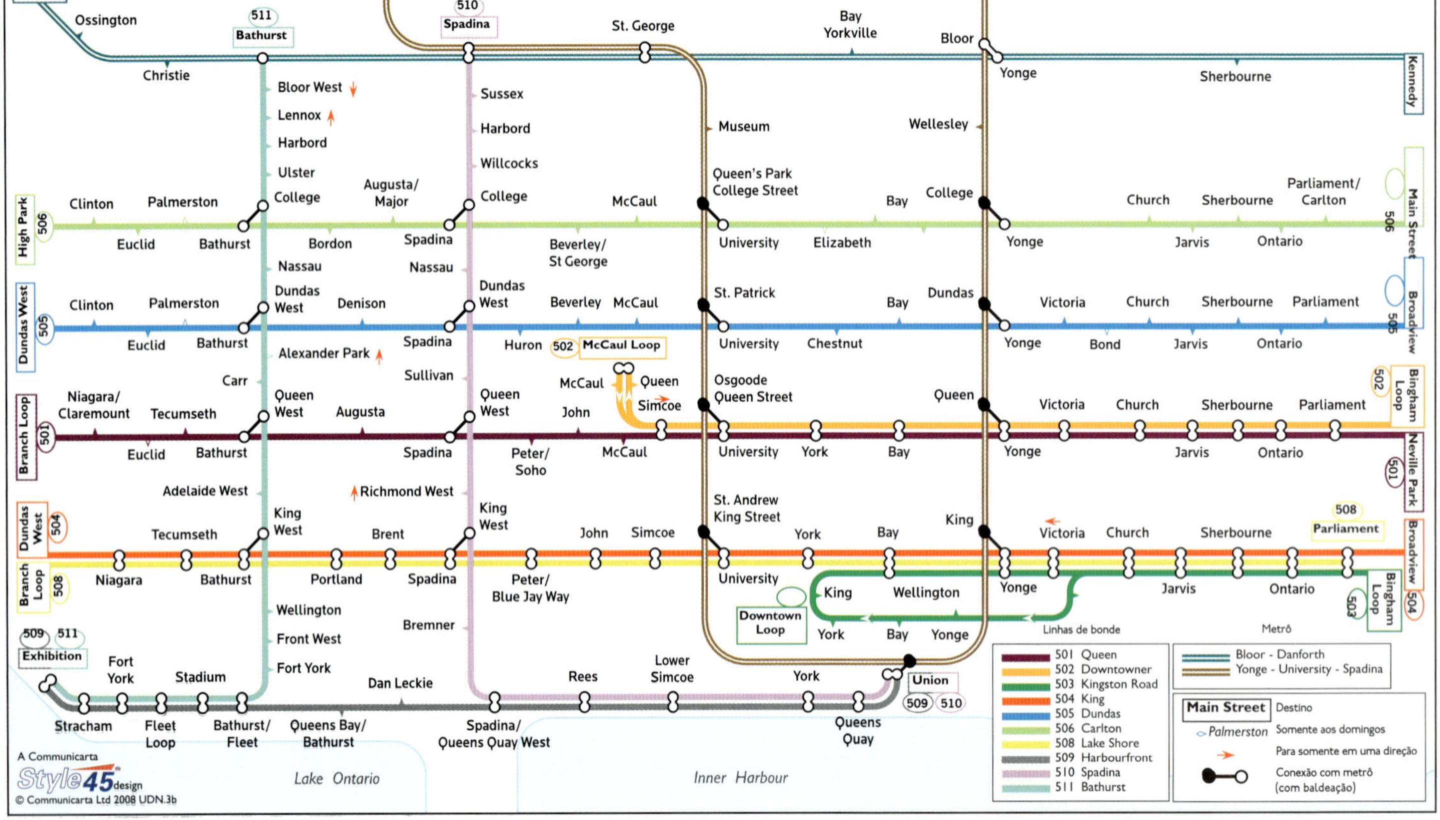

TD

ART GALLERY OF ONTARIO

Em novembro de 2008, após uma transformação completa, esta galeria de arte que já possuía nível internacional foi reaberta em nova edificação, do consagrado arquiteto Frank Gehry, nascido em Toronto. Com tamanho bem maior, apresenta fachada curva de vidro que se eleva a partir da Dundas Street, abriga uma galeria de esculturas e permite que os transeuntes avistem muitas obras de arte. Tem um bloco central e uma ala de arte contemporânea de frente para o Grange Park, atrás. Em todo o edifício, o uso do vidro não apenas inunda o interior com luz natural como também incorpora ao projeto a paisagem urbana do entorno.

A COLEÇÃO THOMSON

A transformação da galeria foi motivada pela doação, em 2002, da coleção de quase 2 mil obras reunidas pelo milionário canadense Kenneth Thomson, que também ofereceu parte da verba de $254 milhões para custear o projeto. A coleção conta com obras de artistas canadenses consagrados, como Tom Thomson, o Grupo dos Sete e Paul Kane, além de arte europeia que abrange muitos séculos –arte religiosa, medieval, pinturas dos séculos 18 e19 e esculturas. Um dos destaques é *O Massacre dos Inocentes*, de Rubens.

GALERIAS CANADENSES

Com espaço de exibição aumentado em 164%, as obras canadenses ganharam realce. Elas contam com uma das maiores e melhores coleções mundiais de arte inuit, além de muitos trabalhos importantes de artistas pós-confederação, como Cornelius Krieghoff, Tom Thomson e o Grupo dos Sete e pintores contemporâneos de destaque.

ARTE EUROPEIA E A GALERIA HENRY MOORE

A galeria exibe uma coleção importante de obras-primas europeias, como trabalhos de Van Gogh, Van Dyck, Picasso, Magritte, Dégas, Monet, Rodin e muitos outros. Também expõe a maior coleção do mundo (mais de 900 peças) de obras de Henry Moore, que inclui bronzes e ornatos de estuque. Moore gostava muito da cidade de Toronto e doou pessoalmente um grande número desses trabalhos à AGO.

INFORMAÇÕES

www.ago.net

176 B3 317 Dundas Street West, Toronto, Ontário, M5T 1G4 416/979-6648, 1-877/225-4246 Ter-dom 10h-17h30 (até 20h30 qua); às vezes os horários se estendem para exposições temporárias Adulto $18, criança (6-17) $10, família $45. Grátis qua 18h-20h30, exceto exposições com taxa extra 505 Dundas ou 510 Spadina St. Patrick Frank Restaurant Café AGO, Espresso Bar

Pág. ao lado *O inconfundível Flatiron Building, de tijolos à vista, emoldurado pelas duas torres de Brookfield Place*
Abaixo *A nova galeria do edifício Frank Gehry*

CN TOWER

INFORMAÇÕES

www.cntower.ca

176 B4 301 Front Street West, Toronto, Ontário, M5V 2T6 416/868-6937 Diariam 9h-22h; fecha 25 dez Premier Experience (acesso rápido a todas as áreas, cinema e Motion Theater Ride): todas as idades $65; Total Tower Experience (sem acesso rápido): todas as idades $33; Attractions Experience: adulto $27, criança (4-12) $21; observatório, Piso de Vidro e Skypod: adulto $27, criança (4-12) $21; apenas Observatório e Piso de Vidro: adulto $23, criança (4-12) $15. Cinema ou Motion Theater Ride apenas: todas as idades $9. Não inclui impostos. Grátis, se você fizer reserva no restaurante 360 Restaurant na CN Tower, reservas 416/362-5411 Union Station Bonde 510 GO-Train até Union Station Horizons Café e Far Coast Café

Acima *Pessoas observam Toronto de cima através do piso de vidro da CN Tower*

Pág. ao lado *Plataforma de observação vista de baixo*

INTRODUÇÃO

Apesar do que ocorre em Dubai, o Guinness confirma que a CN Tower ainda é a torre mais alta do mundo (o que é diferente de "edifício", que deve ter a maioria de seu espaço utilizável). Recordes mundiais à parte, uma ida ao topo é uma experiência imbatível e, mesmo após tantos anos, a torre continua sendo um ícone local. À noite, ela vira um farol, com iluminação LED programável (e baixo consumo de energia) destacando seus contornos e dando um show de luzes de hora em hora.

No centro de Toronto, a vista do topo da CN Tower, de 553,33m, é espetacular. Num dia claro, você pode acompanhar a Yonge Street até ela desaparecer numa linha reta do horizonte e ver aviões pequenos passarem logo abaixo. Se dê ao luxo de jantar no 360 Restaurant (▷ 202), giratório, e aprecie a paisagem urbana e o lago que passam lentamente pela janela. Para subir, você toma um elevador externo, de vidro, que anda à velocidade de 6m por segundo, o que dá um frio na barriga.

A CN Tower não tinha o propósito de ser atração turística, pois foi construída para resolver um problema de comunicação. Na década de 1960, a pouca altura das construções de Toronto sofreu uma transformação com um aglomerado de arranha-céus no centro, que interferiam nas ondas eletromagnéticas. Por isso, em 1976, a Canadian National Railways (CN) construiu a torre para fixar nela receptores de micro-ondas e uma antena, o que daria aos moradores de Toronto a recepção mais clara de TV e rádio da América do Norte. A CN decidiu fazer também plataformas de observação, que logo se tornaram um ícone da cidade e um local que o visitante precisava conhecer. Desde que a empresa ferroviária vendeu a torre, o CN do nome passou a significar "Canada's National".

DESTAQUES

OBSERVATÓRIO E PISO DE VIDRO

A grande plataforma a dois terços da subida, numa altura de 346m, é o Observatório (Look Out), onde se chega pelo elevador de vidro. Você passa algum tempo lá dentro, identificando as referências da cidade, antes de descer um andar até o mirante. Se você não tiver medo de altura, poderá pisar num painel de vidro (resistente) e olhar diretamente para o solo, lá embaixo.

Se não quiser tomar o elevador, não poderá subir na torre, a menos que se junte a uma das Stair Climbs, atividades em que centenas de pessoas sobem os 1.776 degraus para arrecadar dinheiro para obras beneficentes. Normalmente, o público não tem acesso à escada.

SKYPOD

No andar do Observatório há um elevador interno que sobe até o SkyPod, 447m mais acima. Você entra no observatório onde espessas lâminas de vidro se curvam abaixo de você para ampliar a vista maravilhosa. A visibilidade pode ultrapassar os 160km; e se a umidade estiver baixa e houver poucas nuvens, será possível distinguir a espuma de Niagara Falls e a cidade de Rochester, no estado de Nova York, no lado mais distante do lago.

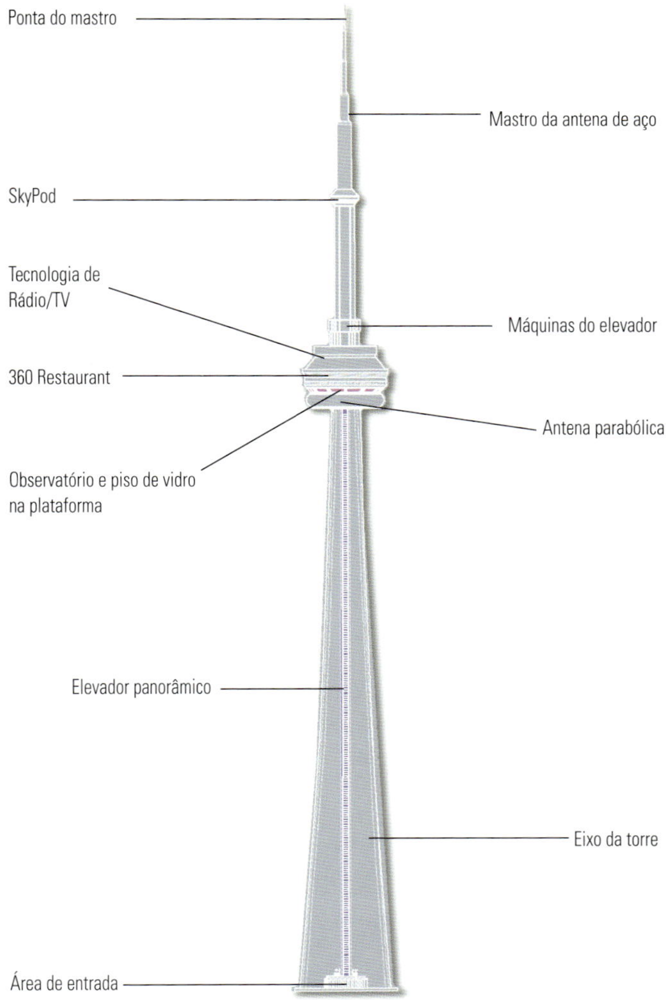

DICAS

» Chegue de manhã cedo, pois as filas para subir podem ficar longas em horários de pico –ou venha mais tarde para ver o pôr do sol e as luzes sendo acesas na cidade.

» Vale a pena assistir ao filme "Height of Excellence" de 15 minutos sobre a construção da torre.

» Verifique o clima ao planejar o passeio –é muito dinheiro gasto para chegar lá e só ver nuvens.

» Saiba que quando está ventando muito você pode sentir a torre oscilar (até 1,80m para os lados). Os funcionários dirão que isso é normal; mas pode ser bem perturbador.

» Se você fizer uma reserva para jantar no 360 Restaurant (▷ 202), evitará qualquer espera para subir em dias movimentados. Depois, você poderá descer até o Observatório e até o andar com piso de vidro.

» O Motion Theater Ride apresenta Himalamazon, uma experiência eletrizante com uma mensagem ambiental muito oportuna.

BLACK CREEK PIONEER VILLAGE

www.blackcreek.ca

Esta pequena comunidade rural, do tipo que se encontrava no sul de Ontário no início do período vitoriano, é um belo achado na parte norte da cidade. As 40 residências, oficinas, lojas e outras construções foram erguidas e organizadas como uma cidade, com ruas de terra arborizadas, calçadas de tábuas e cercas de ripas de madeira em volta de jardins antigos. Os funcionários bem informados e simpáticos criam um ambiente acolhedor, como se aquilo fosse uma verdadeira fazenda de pioneiros.

A maioria das construções é ocupada por atores a caráter, que dão vida à experiência. Os artesãos realmente trabalham, os fazendeiros cuidam dos animais, as donas de casa costuram e fiam na sala, e todos estão disponíveis para conversar com você sobre como era a vida dos pioneiros. Este é um bom lugar para passar um dia de verão; e no inverno, fogueiras estalam e aquecem enquanto você bate um papo com diversos artesãos sobre o trabalho deles.

Fora do mapa,176 B1 1000 Murray Ross Parkway, Toronto, Ontário, M3J 2P3 416/736-1733 Jul-início set seg-sáb 10h-17h, sáb-dom 11h-17h; mai-jun, início set-meados dez seg-sex 9h30-16h, sáb-dom 11h-17h; March Break Week 10h-16h30. Alguns horários se estendem e há eventos noturnos Adulto $15, criança (4-15) $11 Finch, depois ônibus 60

Abaixo *Torres da Casa Loma*

CANADIAN AIR AND SPACE MUSEUM

www.casmuseum.org

Do primeiro voo a motor do Silver Dart na Nova Escócia em 1909 ao sistema de manipulação remota do táxi espacial (o Canadarm), o Canadá presta uma contribuição importante à aviação civil e militar e à exploração espacial. Essa história é contada nos antigos edifícios da Havilland, uma das maiores fábricas de aviões do país, que contêm mais de 20 aviões históricos e réplicas. Outros itens são as ferramentas e equipamentos usados para construir biplanos com estrutura de madeira durante a última parte da Primeira Guerra Mundial, os primeiros simuladores de voo e turbojatos e mostras de fotografias e artefatos ligados à Força Aérea Canadense. Sempre ampliando suas coleções, o museu atualmente está restaurando um bombardeiro Lancaster de 1944.

Fora do mapa, 176 B1 Downsview Park, 65 Carl Hall Road, Toronto, Ontário M3K 2E1 416/638-6078 Diariam 10h-16h (até 20h qua) Adulto $11, criança (5 e abaixo) grátis, criança (6-18) $9, família $27 Downsview 101 Downsview Park Em North York, ao norte da Highway 401, entre W. R. Allen Road e Keele Street

CASA LOMA

www.casaloma.org

A Casa Loma, com torres, chaminés e balestreiros, já foi descrita como uma mistura da arquitetura do baronato escocês do século 17 e da 20th-Century Fox. Trata-se da extravagância de um homem rico em grande escala.

O homem rico era o corretor de valores sir Henry Pellatt, e seu arquiteto foi Edward Lennox. A construção teve início em 1911, e ganhou 15 banheiros, 5 mil lâmpadas, elevador, telefone privativo e todo tipo de luxo que o dinheiro podia comprar. Três anos depois, quando a casa ficou pronta, ela havia consumido mais de $3,5 milhões da fortuna de Pellatt. Para mantê-la eram necessários 40 empregados, e o custo da manutenção subiu tão depressa quanto a fortuna dele despencou. Dez anos depois ele teve de vender a casa de seus sonhos e leiloar todos os pertences. Em 1939, ele morreu quase sem dinheiro.

Durante anos a Casa Loma ficou esquecida e desocupada enquanto a cidade debatia se deveria demoli-la. Mas em 1937 o Kiwanis Club sugeriu que ela fosse transformada em atração turística. Agora, eles ainda a controlam em nome da cidade. não perca o túnel de 244m que leva até os estábulos, que possuem baias de mogno e azulejos espanhóis.

Fora do mapa, 176 A1 1 Austin Terrace, Toronto, Ontário, M5R 1X8 416/923-1171 Diariam 9h30-17h (última entrada às 16h; fecha às 13h 24 dez); fecha 25 dez, 1º jan Adulto $18, criança (4-13) $10,50, (14-17) $12,50 Dupont 127

CN TOWER

▷ 182-3.

DESIGN EXCHANGE

www.dx.org

Desde sua inauguração no início da década de 1990, esta vitrine do design e da inovação canadenses já montou uma coleção permanente de mais de mil itens criados a partir de 1940, incluindo móveis, tecidos, eletrônicos e iluminação. Os visitantes podem comparar seus minúsculos MP3 players com os enormes G2 Stereo de 1966, inspecionar um estetoscópio de 1995 e perceber como o design de cadeiras de madeira pouco mudou ao longo das décadas. Instalado na antiga Toronto Stock Exchange, o Design Exchange não só preserva e mostra exemplos significativos de design, como também promove novas ideias. Sua High School Design Competition, anual, engloba exposições

especiais, e o Design Exchange Awards, também anual, premia uma conjunção de estética, função e êxito econômico.
176 C4 234 Bay Street, Toronto, Ontário, M5K 1B2 416/363-6121
Seg-sex 10h-17h, sáb-dom 12h-17h
Adulto $10, criança (menor de 13) grátis, (13-18) $8 King ou Union Station
6 na Bay Street, bonde King Union Station Passeios guiados (grátis) e workshops

FORT YORK

www.fortyork.ca
Em 1793, Toronto, então chamada York, foi fundada neste exato lugar, e se tornou capital do Alto Canadá. Atualmente, a Gardiner Expressway e os trilhos ferroviários deslocaram as defesas do forte e as águas do lago Ontário já não batem em suas muralhas, mas ele ainda oferece uma noção vívida da história de Toronto.

É difícil imaginar este local pacífico como cenário de uma dolorosa ação militar, mas o exército americano invadiu esta comunidade florescente em 27 de abril de 1813, e atacou Fort York. Com efetivo muito menor, os defensores do forte recuaram, mas antes explodiram o suprimento de pólvora da cidade, o que destruiu o forte e matou centenas de agressores.

O Fort York foi reconstruído imediatamente depois da Guerra de 1812, e diversas estruturas que existem hoje datam desse período. O recinto dos oficiais e os alojamentos dos soldados refletem a vida numa base militar da década de 1830. Outros prédios abrigam exposições sobre o forte e a história militar canadense desde a Guerra de 1812. Há visitas sazonais orientadas por guias com trajes de época, além de eventos de verão, como exercícios de treinamento e tiros com mosquetes. Música de pífanos e tambores e demonstrações de treinamento militar são encenados aqui por atores a caráter.

Em 2012 o bicentenário do forte –o único remanescente da guerra de 1812 no Canadá– promete ser inesquecível, com muitos eventos especiais e a inauguração de um novo centro de visitantes.
176 A4 100 Garrison Road, Toronto, Ontário, M5V 3K9 416/392-6907
Diariam 10h-16h ou 17h; fecha meados dez até 1º jan Adulto $8,75, criança (menor de 12) $3 ou (maior de 12) $4 Bathurst, depois bonde 511

GARDINER MUSEUM OF CERAMIC ART

www.gardinermuseum.on.ca
Esta pequena preciosidade ocupa uma simpática construção moderna que foi ampliada para a expansão da coleção, para exposições especiais e para um restaurante gourmet com bela vista, no novo terceiro andar. O Gardiner é o único museu canadense totalmente dedicado à arte da cerâmica. Foi fundado em 1984 por George e Helen Gardiner, filantropos locais, para abrigar a grande coleção que haviam reunido na Europa, Ásia e Américas. As peças estão dispostas por ordem cronológica, começando com um interessante arranjo de objetos pré-colombianos, entre os quais predominam argila sem brilho, estatuetas, barcos e itens rituais.

Há uma magnífica coleção de majólica italiana dos séculos 15 e 16, argila com brilho estanhado de Faenza, Florença, Urbino e Veneza, e algumas louças de barro do tipo Delft dos séculos 17 e 18, vindas da Inglaterra (assim chamadas por causa da semelhança com produtos holandeses da cidade de Delft). Observe os *sous-plats* –pratos grandes, com retratos de monarcas ingleses. Meissen, Du Paquier, Sèvres, e as grandes empresas inglesas de Worcester, Chelsea e Derby representam a porcelana europeia do século 18. Os sofisticados frascos de perfume vieram de diferentes partes da Europa, e o destaque vai para os elaborados modelos rococós feitos na Inglaterra. A porcelana Minton do século 19 é excelente, e uma interessante mostra de peças contemporâneas modernizam a coleção.
176 B1 111 Queen's Park, Toronto, Ontário, M5S 2C7 416/586-8080
Seg-qui 10h-18h, sex 10h-21h, sáb-dom 10h-17h Adulto $12, criança (maior de 13) $6; meia-entrada sex 16h-21h Museum Jamie Kennedy no Gardiner

HARBOURFRONT CENTRE

▷ 186-7.

HISTORIC DISTILLERY DISTRICT

www.thedistillerydistrict.com
A curta distância a pé dos arranha-céus e da agitação no centro de Toronto, este distrito histórico de 5,2ha com 40 edifícios de tijolos vitorianos restaurados em ruas de pedra tem uma vibração peculiar. A antiga Gooderham and Worts Distillery, que foi a maior do Império Britânico e hoje é um Sítio Histórico Nacional, foi criativamente transformada em um "povoado" só para pedestres, dotado de áreas residenciais, butiques, galerias de arte, estúdios de arte e artesanato, restaurantes e centros culturais. Combinando arquitetura histórica, atividades criativas e festivais, o Historic Distillery District é uma das grandes atrações da cidade.
Fora do mapa, 176 C4 55 Mill Street, Building 58, Suite 200, Toronto, Ontário, M5A 3C4 416/364-1177
No centro, uma quadra ao sul da Front Street, entre as ruas Parliament e Cherry
Vários restaurantes dentro do complexo
Passeios a pé e com Segway

HOCKEY HALL OF FAME

www.hhof.com
Este santuário dedicado à obsessão esportiva do Canadá dispõe de uma coleção de lembranças do hóquei e apresenta grandes nomes do esporte, como Maurice "The Rocket" Richard, Bobby Orr e Wayne Gretzky. Há amplos consoles interativos onde você pode experimentar os desafios que deram fama a esses heróis do esporte e ver a Stanley Cup original, o mais antigo troféu esportivo da América do Norte.
176 C4 30 Front Street, Toronto, Ontário, M5E 1X8 416/360-7765
Fim jun-início set, March Break Week e Natal seg-sáb 9h30-18h, dom 10h-18h; resto do ano seg-sex 10h-17h, sáb 9h30-18h, dom 10h30-17h Union Station Adulto $15, criança (4-13) $10

HARBOURFRONT CENTRE

INFORMAÇÕES
www.harbourfrontcentre.com
176 B5 235 Queens Quay West, Toronto, Ontário, M5J 2G8 419/973-4600 (admin.), 416/973-4000 (inform. direta), 416/973-4000 (bilheteria)
Área geral sempre acessível; ligue para saber informações de eventos
Acesso grátis; preços variados para eventos especiais Union Station
Bondes 509, 510 da Union Station
Boa variedade de lojas genéricas e de artesanato Restaurantes no Píer 4 e no Queen's Quay Terminal. Cafés e fast-food

INTRODUÇÃO

Esta área antigamente utilizada para atracar barcos agora é cheia de atividades culturais, comerciais e de lazer. Entre o centro da cidade e a beira do lago, à primeira vista parece só existir um labirinto de trilhos que levam à Union Station e ao trânsito barulhento da ampla Gardiner Expressway. Mais de perto, porém, percebe-se que se trata apenas de barreiras que separam o alvoroço das ruas da cidade de um mundo de compras e diversões na orla. No trecho entre York e Spadina fica o fantástico complexo de lazer de 4ha, que transformou o antigo cais do porto.

Em 1974, o centro, então conhecido apenas como Harbourfront, se estabelecera como organização sem fins lucrativos (por isso os eventos são grátis ou têm preço acessível), para trazer uma grande variedade de artistas e formas de arte para o povo de Toronto, para introduzir ideias que normalmente não seriam expostas em locais comerciais, e para ampliar as fronteiras da expressão criativa. Em praticamente qualquer época do ano, você pode ir ao Harbourfront Centre e verá que algo está acontecendo, mesmo que seja apenas gente tomando ar na beira da água.

DESTAQUES

APRESENTAÇÕES E FESTIVAIS

O Harbourfront Centre dispõe de uma variada programação com mais de 4.000 eventos com música, dança, teatro e outros, tanto a céu aberto como em ambiente fechado, com artistas internacionais. Ali também ocorrem diversos festivais, a exemplo do Worldstage Festival, entre setembro e início de maio, que recebe companhias teatrais do mundo todo. A consagrada Harbourfront Reading Series é um dos mais admirados eventos de leitura de textos do mundo, e já recebeu mais de 2.500 escritores, entre os quais muitos ganhadores do Nobel. O International Festival of Authors é outro evento concorrido, onde você se encontra com ícones da literatura. Nas tardes de domingo, no verão, são apresentados diversos concertos ao ar livre, com música ao vivo e histórias para crianças. O centro divulga a cultura mundial, e eventos recentes mostraram produções caribenhas, iranianas latino-americanas, iídiches, taiwanesas e sul-asiáticas.

JARDINS E GALERIAS

O encantador Music Garden, no lado de fora do Terminal Queen's Quay (▷ abaixo), foi projetado conjuntamente pelo famoso violoncelista Yo Yo Ma e pela paisagista Julie Moir Messervy inspirado na *Suíte para Violoncelo nº 1*, de Bach. Cada área separada do jardim representa um movimento diferente da suíte. Observe, também, o mastro e o Music Pavilion, projetados e elaborados por artistas canadenses. O jardim cria um cenário apropriado e panorâmico para a série de concertos a céu aberto chamada Summer Music in the Garden (jul-set qui 19h e dom 16h, se o clima permitir). Os Artists' Gardens formam outra atração, onde as plantas são usadas para criar instalações vivas.

O York Quay Centre acolhe exposições de ampla variedade de meios, que incluem fotografia e temas multiculturais. Por sua vez, a Power Plant é especializada em arte contemporânea, com pinturas, esculturas, instalações, e embora mostre obras do resto do Canadá e de outros países, mantém forte ligação com os artistas de Toronto. O Canada Quay Building também exibe exposições temporárias; as apresentações contam com mostras feitas em computador.

COMPRAS

O York Quay Centre, no nº 235 da Queen's Quay West, conta com a loja Bounty Contemporary Canadian Crafts, onde se pode comprar artesanato canadense de qualidade, produzido pelos artistas mais inovadores e brilhantes do país. Também se pode ver algum artesanato desse sendo feito nos estúdios dos artistas do local. Nos fins de semana de verão, o International Market ao ar livre e à beira d'água tem vendedores de artesanato do mundo todo, inclusive obras indígenas, tecidos orientais e bijuteria sul-americana.

O Terminal Queen's Quay, no nº 207 da Queen's Quay West, é um armazém da década de 1920 reformado com muita criatividade, que contém restaurantes, galerias e mais de 30 lojas chiques que vendem artesanato, obras de arte e roupas de grife (▷ 197). Escritórios e condomínios de luxo ocupam os andares de cima, que têm algumas das melhores vistas do lago.

ATIVIDADES

Há muito o que ver e fazer na água. Ferryboats partem para as ilhas de Toronto, e existem variados passeios de barco. O Nautical Centre oferece todos os tipos de atividades aquáticas, como andar de barco a vela ou caiaque, fazer cruzeiros e participar de eventos de conscientização ambiental. No inverno, você pode trazer patins de gelo (ou alugá-los) e patinar com música no maior rinque a céu aberto de Toronto, com vestiários, comidas e bebidas quentes. Para quem não quer se exercitar, existe um amplo deque de madeira para passear preguiçosamente.

DICAS

» Não são permitidas fotografias nem gravações de áudio durante as apresentações no Music Garden.

» Entre os cursos ministrados pelo centro estão as aulas de um só dia e de fim de semana, ideais para quem visita a cidade. Os temas vão desde artes visuais e artesanato até o aprendizado de habilidades circenses com um membro do Cirque du Soleil.

» Veja no site os detalhes sobre visitas a navios nos quais você pode embarcar (em horários específicos) –visitantes recentes conheceram desde navios a vela com três mastros até a *Arctic Sunrise*, uma embarcação do Greenpeace.

» No início de 2011, era complicado estacionar no Harbourfront Centre devido à construção de um novo estacionamento subterrâneo e à transformação de estacionamentos de superfície em praças atraentes para o lazer público. Os motoristas tinham que estacionar um pouco mais longe, mas fora isso tudo funcionava como de praxe em todas as áreas do centro.

Sentido horário, a partir do alto
Terminal Queen's Quay; Barcos atracados em Harbourfront; York Quay Centre; Embarque em barco de passeio no terminal Queen's Quay

KENSINGTON MARKET

www.kensington-market.ca.com

O senso de 2006 no Canadá revelou que Toronto se tornara um dos lugares mais multiculturais do mundo, e uma das melhores áreas para apreciar essa diversidade é o Kensington Market. Comerciantes portugueses de temperos, açougueiros chilenos, restaurantes laocianos, fast-food jamaicana –o que você imaginar, provavelmente vai achar. Com essa cacofonia de sons, Kensington é caótico, eclético e está em constante mudança. Instalado entre as avenidas Kensigton e Augusta e a Baldwin Street, o mercado é uma miscelânia de negócios e de vendedores de rua, no meio de um emaranhado de vielas. Casas foram transformadas em lojas e restaurantes informais, que se projetam pela rua, e as pessoas preenchem quase todos os espaços disponíveis entre eles.

Aqui é possível comprar todos os tipos de comida –peixes frescos, verduras, queijos diferentes, frutas, pães, nozes, temperos exóticos– e há lojas que vendem tapetes e móveis. Também é um ótimo lugar para procurar roupas de segunda mão ou de época.

Se quiser uma experiência completava, vá num sábado, quando fica mais movimentado.

176 A3 Entre ruas Bathurst, Dundas e College e avenida Spadina Diariam 11h-19h St. Patrick Bonde 505 Dundas

MUSEUM OF CONTEMPORARY CANADIAN ART

www.mocca.toronto.ca

Este excelente museu surgiu da antiga Art Gallery of North York e contém um acervo permanente de mais de 400 obras de aproximadamente 150 artistas contemporâneos consagrados do Canadá. Além de oferecer esta vitrine para os talentos do país, existe um programa ótimo de exposições temporárias que cobrem todas as mídias e às vezes fazem comparações entre o meio artístico canadense e o de outros países. Sempre com ideias provocantes, o museu faz abordagens ousadas em seu programa de aquisições. Não perca as Book Sculptures: Brother (Bunk Beds) de Micah Lexier, obra interessante que mistura fotografias, papelão, madeira e papel.

Fora do mapa, 176 A3 952 Queen Street West, Toronto, Ontário M6J 1G8 416/395-0067 Ter-dom 11h-18h Pague o quanto puder 501 Queen Street

MUSEUM OF INUIT ART

www.miamuseum.ca

As paredes brancas como o Ártico no inverno são o pano de fundo perfeito para as peças originalíssimas produzidas pelos artistas aborígines do extremo norte do Canadá. As obras expostas nas cinco galerias do museu vão de arte pré-histórica a peças contemporâneas, e destacam variações regionais e estilos individuais, muitas vezes enraizados em antigos mitos e lendas. O acervo permanente inclui gravuras, desenhos, tecidos e esculturas, e o museu realiza exposições e eventos especiais ao longo do ano.

176 B5 207 Queen's Quay West, Toronto, Ontário, M5J 1A7 416/640-1571 Diariam 10h-18h (também 18h-20h qui-sáb fim mai-início set) Adulto $6, criança (6-17) $5 Bonde 509, 510 No centro, no Queen's Quay Terminal

ONTARIO PLACE

www.ontarioplace.com

Em 1971, Ontario Place foi erguido como vitrine futurística para a província de Ontário, animando o que, então, era uma área pouco desenvolvida da orla. Juntou-se a isso a construção de três ilhas e lagoas artificiais. Atualmente, o lugar se tornou um concorrido parque de diversões, com mais de 30 brinquedos emocionantes, muitas atividades infantis e diversão de alta qualidade.

As atrações ao ar livre só funcionam no verão, a exemplo do Festival of Fire: queima de fogos de artifício em quatro noites em junho e julho. Mas o entretenimento continua o ano todo no cinema IMAX, nos Atlantis Pavilions –com casa noturna, terraço de cobertura e teatro de 450 lugares– e no Molson Amphitheatre, com capacidade para 16 mil pessoas, que apresenta concertos com grandes nomes internacionais.

Fora do mapa, 176 A5 955 Lakeshore Boulevard West, Toronto, Ontário, M6K 3B9 416/314-9900; 866/663-4386 Jun-início set diariam desde 10h; últimas 2 semanas mai e 3 1as semanas set nos fins de semana; horário de fechamento varia "Play-all-day": adulto e criança maior de 5 $31,90 ($15,25 on-line), criança (4-5) $16,90 ($15,25 on-line), família $99,05; apenas jardim: adulto e criança maior de 5 $16,90, criança (4-5) $11,20; atrações separadas: $5,75, Soak City $11,75, Cinesphere IMAX $7,75 Bonde 509 da Union Station ou 511 da Bathurst Station até Exhibition Place, depois a pé Restaurante nos Atlantis Pavilions e diversas lojas de fast-food

ROYAL ONTARIO MUSEUM

▷ 190-2.

ST. LAWRENCE MARKET

www.stlawrencemarket.com

Este enorme mercado é dividido em duas partes. O North Market é famoso por abrigar uma feira aos sábados e um mercado de antiguidades aos domingos, mas é o South Market a atração principal. O prédio histórico do mercado abriga um fantástico conjunto de bancas que vendem grande variedade de comidas. Ele é famoso pelas frutas e verduras frescas (cultivadas localmente na estação), mas também dispõe de delicatéssen, açougues e peixarias. É possível comprar flores de corte, quando é tempo, e existem carrinhos com pilhas altas de peças artesanais e itens especiais.

Queijos e laticínios, produtos secos e comidas orgânicas saudáveis estão expostas nos dois pisos, e se pode comer pratos preparados no local. Prove o pão com peameal bacon. Este peameal bacon é um presunto magro curtido com sal e açúcar, envolto em farinha de milho. Trata-se de uma iguaria tradicional de Toronto (embora exista em todo o Canadá), que os moradores da cidade consomem no café da manhã.

Desde 1803 existe um mercado nesta área, mas não na construção atual, que foi erguida em 1844 para servir de primeira prefeitura da cidade. O prédio só se tornou mercado em 1899, quando a administração de Toronto se mudou para o que agora se

chama "Old" City Hall, na esquina das ruas Bay e Queen. A antiga Câmara do Conselho ainda existe no segundo andar e agora abriga a Market Gallery, com fotografias, pinturas e documentos relativos a Toronto.

O mercado é movimentado a qualquer momento, mais ainda aos sábados.

176 C4 92 Front Street East, Toronto, Ontário, M5E 1C4 416/392-7120 Mercado sul: ter-qui 8h-18h, sex 8h-19h, sáb 5h-17h; mercado norte: qui-sex 11h-15h, sáb 8h-17h, dom depois 17h; Market Gallery ter-sex 10h-16h, sáb 9h-16h Union Station

TORONTO BOTANICAL GARDEN

www.torontobotanicalgarden.ca

Aberto em 2006, o Toronto Botanical Garden tem 1,6ha com uma dúzia de áreas temáticas, que inclui um jardim do século 16, uma horta que muda a cada ano, plantas nativas e canteiros florais. Uma passarela de madeira está em construção. Entre os edifícios ecológicos com uso racional de energia, há o Centre for Horticulture e um galpão para armazenagem de palha.

Fora do mapa, 176 C1 777 Lawrence Avenue East, Toronto, Ontário, M3C 1P2 416/397-1340 Diariam durante o dia; guichê de informações, biblioteca e loja seg-sex 9h-16h, sáb-dom 12h-16h Grátis Eglinton, depois ônibus 51, 54 ou 54A até Lawrence Avenue A partir da Highway 401, pegue a saída sul da Leslie Street para Lawrence Avenue; estacionamento 1ª direita depois do semáforo Mai-out 11h-16h (até 17h sáb-dom) Union Station

ILHAS DE TORONTO

www.toronto.ca/parks/island

As ilhas de Toronto ficam a curta distância da cidade, mas a travessia de ferryboat até lá faz parecer que é uma verdadeira excursão. A Centre Island, o destino da maioria dos que visitam as ilhas, possui uma praia ótima, o parque de diversões Centreville (▷ 201) e o agradável Franklin Garden, baseado no livro sobre tartarugas de Franklin. Entre seus recursos existem churrasqueiras, mesas de piquenique, quadras de tênis, aluguel de bicicletas, playgrounds, piscinas rasas e lojas de fast-food.

A oeste, o Hanlan's Point tem mais praias, área verde e instalações esportivas. Aqui também está o Gibraltar Point Lighthouse, de 1806, agora sede do Gibraltar Point Centre for the Arts. O Billy Bishop Toronto City Airport fica nesta parte das ilhas, e voos panorâmicos estão disponíveis (▷ 200).

Há duas caminhadas encantadoras a partir da Centre Island para a ponta leste, conhecida como Ward's Island, onde fica uma valorizada área residencial. O percurso ao longo da costa norte descortina vistas maravilhosas de Toronto e passa por clubes de iatismo exclusivos; a rota sul segue a passarela de madeira à margem do lago.

Balsas vão a diferentes pontos nas ilhas. Basta escolher um destino do seu agrado e, estando lá, alugue bicicletas e buggies para circular.

Fora do mapa, 176 C5 416/392-8188 (Toronto Parks and Recreation), 416/392-8193 (inform. sobre ferryboats) Do cais de ferryboat de Toronto até a Bay Street, o trajeto é de 10 minutos, diariam, a cada 20 minutos; porém, o horário do primeiro e do último ferryboat varia conforme a temporada (no inverno não há serviço para Centre Island) Passagem de ida e volta de ferryboat: adulto $6,50, criança (menor de 15) $3, (15-19) $4 Restaurantes Iroquois e Paradise

TORONTO ZOO

▷ 193.

YORKVILLE

Este é o bairro mais chique de Toronto, onde Bugattis disputam com Porsches uma vaga para estacionar. É sinônimo de butiques de alta costura, galerias de arte exclusivas, lojas de grife e restaurantes caros. E mais: aqui, anualmente, é realizada a glamourosa festa do Toronto International Film Festival, que atrai os grandes nomes de Hollywood.

Por volta da década de 1960, este lugar era totalmente diferente –núcleo da contracultura da cidade e local de experiências para músicos canadenses, como Neil Young, Joni Mitchell e Gordon Lightfoot, cujo trabalho lhes valeu fama internacional.

Agora, as mansões vitorianas ganharam restaurações dispendiosas. Muitas abrigam antiquários, galerias de arte e butiques de estilistas. Existe uma agradável atmosfera de cidade pequena e um aroma quase tangível de privilégios e riqueza.

176 B1 Bay

Acima *A moderna marina de Toronto e a ilhota de Hanlin's Point*

ROYAL ONTARIO MUSEUM

INTRODUÇÃO

Depois do ambicioso projeto de expansão e renovação, muitos itens inestimáveis deste excelente museu agora podem ser vistos pela primeira vez. Por causa do tamanho do museu e da disposição confusa do acervo, é preciso planejar com cuidado para aproveitar melhor a visita. Primeiro, pense no horário. Visitas escolares costumam ser feitas pela manhã, e as tardes no meio da semana são os momentos mais sossegados para você. Quando chegar, pegue um mapa do museu e vá para a área da Samuel Hall-Currelly Gallery, um espaço elegante destinado especificamente a dar orientações. Aqui você pode se sentar confortavelmente e escolher suas prioridades no mapa, e também consultar monitores que oferecem uma visão geral de muitas coleções. Se você preferir exposições interativas, vá até a CIBC Discovery Gallery e a Patrick and Barbara Keenan Family Gallery of Hands-on Biodiversity, no segundo andar, ou até a Digital Gallery, no primeiro andar.

O prédio original do ROM tem quase cem anos, pois foi aberto pelo governador-geral do Canadá em 19 de março de 1914. Naquele tempo, a construção abrigava cinco museus separados da University of Toronto, mas eles se uniram e passaram ao controle do governo provincial como Royal Ontario Museum em 1955. Neste momento, embora uma nova ala tivesse sido acrescentada em 1933, tornava-se necessária mais uma ampliação, já que o acervo continuava a crescer. A rainha Elizabeth 2ª inaugurou outro prédio novo em 1984.

No entanto, a expansão mais recente é que provocou mais impacto. O Michael Lee-Chin Crystal, aberto em junho de 2007, acrescentou mais 7.500m² de espaço de exposição. Trata-se de uma obra arquitetônica notável de Daniel Libeskind. Ousada, polêmica e inspirada na coleção de minerais do museu, a construção parte do antigo prédio como uma gigantesca explosão de desenho animado, com prismas pontiagudos de vidro e metal que se projetam para cima e sobre a calçada de Bloor Street. Seja como for, a obra é um criativo espaço de exposições inundado de luz, e que oferece aos transeuntes a possibilidade de espiar algumas atrações do museu.

DESTAQUES

COLEÇÕES CHINESAS

Entre as quatro galerias dedicadas à arte e à arqueologia chinesas, o grande destaque é a excelente Bishop White Gallery of Chinese Temple Art. Com uma das coleções mais relevantes do mundo, a galeria contém três pinturas murais de templos, inteiras e muito bem preservadas, que datam da dinastia Yuan (1271-1368), além de um arranjo de belas estátuas com pintura delicada. O maior dos murais, com 11,6m de largura e 5,8m de altura, retrata o Buda do Futuro e foi meticulosamente restaurado em 2005. Também é notável a Gallery of Chinese Architecture, onde há um túmulo Ming e diversas estruturas grandes, a exemplo da reconstituição de um palácio imperial da Cidade Proibida. A Joey and Toby Tanenbaum Gallery of China contempla outro conjunto de objetos chineses de nível internacional e que inclui cerâmicas de tempos pré-históricos e peças mais recentes, como móveis e obras de arte.

DINOSSAUROS E HISTÓRIA NATURAL

As Badlands do Canadá (▷ 252-5) apresentam alguns dos melhores exemplos de ossos e fósseis de dinossauros, e as James and Louise Temerty Galleries of the Age of Dinosaurs possuem excelente acervo, com 20 esqueletos inteiros ou quase completos, 50 espécimes de dinossauros e 350 fósseis que datam de 250 milhões de anos. Dispostos para ganharem destaque na nova extensão Michael Lee-Chin Crystal, os esqueletos são banhados por luz natural e oferecem uma ótima noção de seu tamanho e de sua força. O barossauro,

INFORMAÇÕES

www.rom.on.ca

176 B1 · 100 Queen's Park, Toronto, Ontário, M5S 2C6, entrada principal pela Bloor Street West · 416/586-8000 (inform. gravadas) · Diariam 10h-17h30 (e sex 17h30-21h30) · Adulto $22, criança (4-14) $15, (15-17) $19; grátis 45 minutos antes de fechar; meia sex 16h30-21h30 (exceto para exposições especiais) · St. George · 5, 142 · Visitas guiadas grátis diariam · C5 Restaurant, Food Studio

Pág. ao lado *A notável ampliação de vidro é o destaque do ambicioso programa de expansão do ROM*
Abaixo *Estátua de pedra de antigo guerreiro chinês*

DICAS

» Adquira os ingressos pela internet para evitar as filas, apesar de ter de pagar um extra de $2. Os ingressos comprados on--line não têm data e podem ser usados em qualquer dia, no prazo de um ano, mas para apenas uma visita. Verifique se os códigos de barra foram impressos com clareza.

» Existe um número limitado de carrinhos de bebê e de cadeiras de rodas (carrinhos de bebê $2, cadeiras de roda gratuitos), e você pode pegar informações impressas sobre o museu nos balcões de entrada. Cadeirantes pagam o ingresso de praxe, mas seus acompanhantes podem entrar de graça.

» Há um lugar para deixar os casacos (US$2 cada; bolsas grátis; não aceita laptops nem bagagem), mas as filas são longas, de forma que é melhor trazer nos bolsos tudo o que é preciso.

Acima *Os esqueletos de dinossauros estão sempre entre as exposições mais concorridas do museu*

com 27,5m de comprimento, é o maior esqueleto de dinossauro já montado no Canadá. Pode-se caminhar em volta de muitas mostras, e consoles com telas de toque respondem a muitas perguntas e exibem fatos curiosos.

No segundo andar fica a Gallery of the Age of Mammals, que continua a história do desenvolvimento dos mamíferos após a extinção dos dinossauros. Aqui, entre os mais de 400 exemplares estão criaturas grandes e pequenas, conhecidas e muito estranhas; junto com o mastodonte e outros animais do Período Glacial, esta é uma mostra muito concorrida. As crianças gostam muito da Bat Cave, uma recriação da caverna St. Clair na Jamaica, na qual se pode entrar e que tem efeitos sonoros; possui muitos morcegos empoleirados no alto, em fendas nas pedras, e outras criaturas noturnas. Há também galerias de aves e répteis, e a divertida Gallery of Hands-on Biodiversity, com mostras onde você pode de fato interagir.

CULTURA MUNDIAL

Um fantástico conjunto de itens do mundo todo está exposto nas World Culture Galleries, que incluem achados do antigo Chipre. A Prince Takamado Gallery of Japan dispõe de excelente coleção de cerâmicas, esculturas, pinturas, armaduras e objetos da cerimônia do chá. A Sir Christopher Ondaatje South Asian Gallery explora mais de 5 mil anos de história e conta com objetos de arte e decoração, armas, itens religiosos e tecidos. Há também magníficas coleções da Europa, África, Oriente Médio, desde múmias egípcias e objetos funerários até delicadas estatuetas gregas e armaduras medievais.

CANADIANA

A história do Canadá é apresentada de maneira fascinante e interativa. A Daphne Cockwell Gallery of Canada: First Peoples dispõe de uma coleção maravilhosa de objetos que oferecem uma noção abrangente da cultura da população indígena antes da chegada dos colonizadores europeus, aqui apresentada após prévia consulta aos seis conselheiros nativos do museu. Há uma excelente coleção de arte das Primeiras Nações, que inclui o maior conjunto de obras do artista pioneiro Paul Kane, o "Pai da Arte Canadense". Uma das alas mais vívidas do museu, esta galeria conta com um teatro para apresentações ao vivo de músicas e danças tribais e para a exibição de filmes. A Sigmund Samuel Gallery of Canada retrata a história do país depois da chegada dos primeiros europeus, e tem uma rica coleção de móveis e de artes aplicadas e decorativas. Aqui se destaca um painel francês entalhado vindo de Quebec, feito no início do século 19.

Numa área de 287ha no vale do rio Rouge, em Scarborough, 37km a nordeste de Toronto, este zoológico enorme foi inaugurado em 1974 e dispõe de 10km de trilhas para caminhadas. Na realidade, trata-se mais de uma celebração da vida selvagem do que de um zoo no sentido tradicional. Sempre teve por meta e princípio possiblitar ao visitante observar os animais em ambientes semelhantes a seu habitat natural. Mais de 5 mil animais, que representam cerca de 500 espécies, vieram das seis mais importantes regiões zoogeográficas do mundo.

Fora os cercados ao ar livre, existem quatro pavilhões imensos e diversas áreas cobertas menores para observação. O zoo é uma instituição sem fins lucrativos, e além da visitação pública, mantém um compromisso sério com a pesquisa científica e a preservação. O custo anual de manutenção gira em torno de $24 milhões, e quem evita ou reclama para pagar o estacionamento, além do ingresso, deve saber que com este dinheiro se paga a comida dos animais.

AS ÁREAS CONTINENTAIS

A espetacular vida selvagem da área africana é uma das mais procuradas, com elefantes, girafas, rinocerontes, antílopes, crocodilos e até uma casa de cupim. E a mais popular de todas é a de um grupo de gorilas das planícies.

A Australásia contribui com grande número de espécies que não são encontradas em nenhum outro lugar do mundo, como o dragão-de-komodo, e também existem muitos cangurus e wallabies, emus, opossuns, fascólomos (wombats) e o diabo-da-tasmânia. E mais: o setor Edge of Night exibe marsupiais noturnos. Há também um pavilhão indo-malaio, dotado de floresta tropical e cachoeira, com leopardo-nebuloso, aves exóticas e uma família de orangotangos de Sumatra. A área da Eurásia tem camelos, tigres-da-sibéria e macacos-de-gibraltar. As Américas apresentam animais variados, como baratas-brasileiras e aligatores.

Do acidentado domínio canadense há alces, bisões, bois-almiscarados, ursos-pardos, pumas, lobos-do-ártico e águias-carecas, e existe grande variedade de aves pernaltas do Weston Pond. O Tundra Trek, aberto em 2009, tem como destaque um hábitat moderníssimo para ursos-polares, renas, lobos, raposas-do-ártico e gansos-da-neve.

INFORMAÇÕES

www.torontozoo.com

Fora do mapa, 176 C1 · Meadowvale Road, Scarborough, Ontário, M1B 5K7 · 416/392-5929 · Início mar-meados mai, meados mai-início set 9h-19h30; início set-meados out diariam 9h-18h; meados mai-1º set 9h-19h30; meados out-início mar 9h30-16h30 (última admissão 1 hora antes de fechar) · Adulto $21, criança (4-12) $13 · Kennedy, depois ônibus 86A ou Sheppard, depois ônibus 85 · Saída 389 da Highway 401 · Simba Safari Lodge

DICAS

» Chegue cedo e mesmo assim não tente ver tudo, pois é muito grande. Mas não perca os gorilas.

» Use calçados confortáveis. Ainda que você pegue o Zoo-mobile ($7 por dia), terá de andar bastante.

» Pegue a programação diária do "Meet the Keeper" (Conheça o Tratador) e os horários da alimentação.

» Se vier com crianças, saiba que o Kids Zoo dispõe de uma grande área de brincadeiras aquáticas; por isso, elas vão precisar de roupa de banho e toalha.

Abaixo *Um sossegado urso-polar se seca no Toronto Zoo*

O CORAÇÃO DE TORONTO

Este passeio a pé pela cidade mais importante do Canadá inclui a vibrante área financeira, o sistema subterrâneo de passagens ladeadas de lojas e restaurantes, diversas obras de arte excêntricas e uma espiada no que foi feito com a magnífica orla de Toronto.

O PASSEIO
Distância: 4,8km.
Duração: 2 a 2,5 horas (não inclui visitas)
Início/fim: Nathan Phillips Square na frente da Toronto City Hall 176 B3

COMO CHEGAR
A Nathan Phillips Square fica na Queen Street West; metrô: Queen ou Osgoode

★ A Nathan Phillips Square abriga a inconfundível City Hall (prefeitura) de 1965. Na frente dos dois prédios curvos há uma área aberta e um espelho d'água usado para tomar sol no verão e patinar no inverno.

Daqui, atravesse a Bay Street à esquerda. Na esquina com a Queen Street você vê a Old City Hall.

❶ Erguido em 1889-99 por Edward James Lennox, a um custo de $2,5 milhões, o prédio abrigava o palácio da justiça e escritórios da prefeitura. Agora, ali funciona a justiça criminal. Caminhe por trás da Old City Hall, atravesse a James Street e entre no Eaton Centre.

❷ Projetado por Eberhard Zeidler em 1977, seu átrio impressionante dispõe de um telhado de aço e vidro em arco, com mais de 262m de comprimento. Apresenta um grupo de gansos-canadenses em pleno voo, esculpidos por Michael Snow, e tem cerca de 300 lojas e restaurantes.

Atravesse-o e saia do outro lado pela Yonge Street.

❸ "A rua mais comprida do Canadá" foi traçada pelo governador Simcoe, em 1795, como estrada militar que ligava Toronto ao lago Simcoe, ao norte.

Continue para o sul na Yonge Street por quatro quarteirões, depois dobre à direita na King Street.

❹ Aqui fica o coração financeiro do Canadá. À sua direita está a Scotia Plaza, do Bank of Nova Scotia. Do outro lado da rua, entre na Commerce Court, pertencente ao Canadian Imperial Bank of Commerce, projetado e erguido em 1929-30 pelos arquitetos York e Sawyer. Na década de 1970 foi acrescentada uma torre ao lado, à sua direita.

Passe por uma espécie de caleidoscópio que une os dois prédios. Vire à esquerda no edifício mais novo e ande até o pátio. Dobre à direita e saia pela Bay Street. Depois vire à esquerda e atravesse a Wellington Street. Do outro lado da rua está o Royal Bank of Canada: duas torres triangulares com revestimento dourado. No nº 181 da Bay Street, entre no Brookfield Place.

❺ Este complexo abriga a galeria mais elegante da cidade. Projetado por Skidmore, Owings e Merrill, em 1993, tem átrio com altura equivalente a cinco andares e incorpora dois prédios mais an-

Pág. ao lado *Telhado de vidro do átrio do Eaton Centre com a escultura de 60 gansos-canadenses*

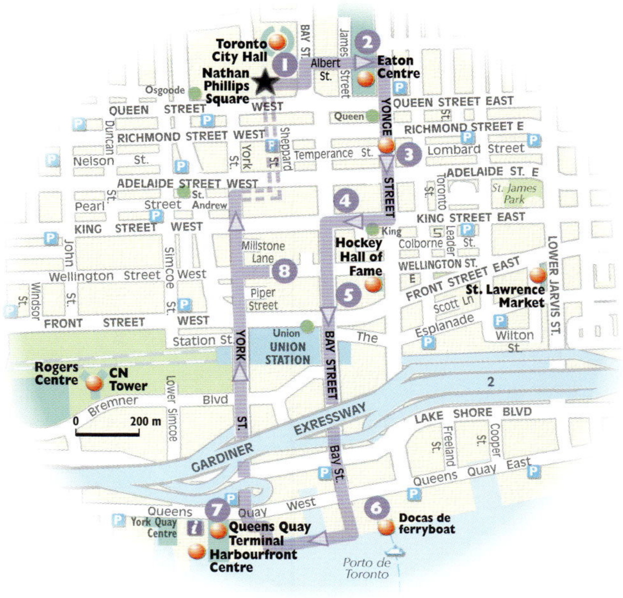

tigos, além de dois edifícios de escritórios de formato incomum.

Volte à Bay Street e vire à esquerda, cruze a Front Street; olhe para a direita e verá a CN Tower. Aqui, a Bay Street passa por baixo da estrada de ferro. Atravesse a rua para a calçada oeste que leva a um túnel. Um pouco antes de sair do túnel, à sua direita fica o Air Canada Centre, sede do time de hóquei Toronto Maple Leafs (⊳ 200). Caminhe ao lado do estádio e depois por baixo da Gardiner Expressway. Este é um trecho horrível do percurso, e você talvez se pergunte aonde vai chegar, mas a orla realmente vale esse esforço. Atravesse a Harbour Street e o Queen's Quay, e depois caminhe entre o Westin Harbour Castle Hotel e a Harbour Square para chegar até a orla.

❻ Ao longe, você vê as ilhas de Toronto. Os ferryboats para as ilhas saem destas docas.

Vire à direita à beira d'água e siga pelo caminho que passa na frente dos condomínios e ao redor da York Street. Na frente, à sua direita, está o Terminal Queen's Quay.

❼ Muitas lojas elegantes ocupam o térreo arejado e claro do Terminal Queen's Quay (⊳ 187, 197). Na extremidade da orla existem restaurantes e cafés.

Cruze o Queen's Quay e saia do lago pela York Street. Passe por baixo da rodovia e da ferrovia. Você pode pegar a Teamway, uma calçada coberta no lado oeste da York Street, para sair na Front Street. Atravesse a rua e passe na frente de Fairmont Royal York Hotel (⊳ 207). Caminhe mais um quarteirão e vire à direita na Wellington Street. Os edifícios de vidro fumê nos dois lados da rua fazem parte do Toronto-Dominion Centre. Entre na Maritime Life Tower, à direita, para conhecer a TD Gallery of Inuit Art.

❽ A TD Gallery dispõe de uma seleção da magnífica coleção de arte inuit que pertence ao banco Toronto-Dominion, e é imperdível.

Saia outra vez, cruze a Wellington Street e entre no meio dos prédios do TD Centre. No pátio, oficialmente denominado The Pasture (O Pasto), a escultura de sete pacatas vacas de bronze é obra de Joe Fafard, de Saskatchewan. Atravesse a King Street e entre no First Canadian Place. Desça pela escada rolante para conhecer um pouco da cidade subterrânea de Toronto no PATH Walkway, um complexo de compras abaixo do solo, que está ligado ao distrito de negócios. Do First Canadian Place, você pode seguir as placas e voltar à City Hall. Irá passar embaixo do Richmond Adelaide Centre e do Sheraton Centre. Então, você sai na área de estacionamento da Nathan Phillips Square. Suba a escada e terá voltado ao ponto inicial.

QUANDO IR

Este passeio pode ser feito sempre, mas na primavera, no início do verão e no outono é melhor. No auge do verão fica muito quente e úmido, o que piora o efeito da poluição do ar. E o inverno pode ser muito frio.

ONDE COMER

BATON ROUGE

✉ 216 Yonge Street ☎ 416/593-9667

MOVENPICK MARCHE

✉ Brookfield Place, 181 Bay Street
☎ 416/366-8986

PIER 4 STOREHOUSE RESTAURANT

✉ 245 Queen's Quay West
☎ 416/203-1440

PARA VISITAR

BROOKFIELD PLACE

www.brookfieldproperties.com
✉ 181 Bay Street 🕐 24 horas

TD GALLERY OF INUIT ART

✉ 79 Wellington Street West
🕐 seg-sex 8h-16h

ARTE, COMPRAS, DIVERSÃO E NOITE

COMPRAS

ALL THE BEST FINE FOODS

www.allthebestfinefoods.com

O nome diz tudo, e o desenho da fachada faz você parar. A loja tem boa localização para o exclusivo bairro de Rosedale. Oferece excelente seleção de queijos, produtos assados, cestas de presentes, louça e outros itens sofisticados.

1101 Yonge Street, Toronto, Ontário, M4W 2L7 416/928-3330 Seg-qua 8h30-18h30, qui-sex 8h30-19h, sáb 8h30-18h, dom 10h-16h Summerhill 97B Ao norte de Bloor, perto do cruzamento da Marlborough Avenue com a Price Street

BOUNTY

www.harbourfrontcentre.com

Grande variedade de artesanato canadense contemporâneo, com peças de cerâmica, vidro soprado, bijuteria, obras de madeira e fibra. Muitos itens foram elaborados por artistas profissionais residentes nos estúdios de artesanato do local (onde se pode observar os trabalhos que estão em andamento).

York Quay Centre, 235 Queen's Quay West, Toronto, Ontário, M5J 2G8 416/973-4993 Ter-qua, sáb-dom 11h-18h, qui-sex 11h-20h Union Station Bondes 509, 510

DR. FLEA'S

www.drfleas.com

Um mercado meio escondido conta com mais de 400 vendedores independentes que oferecem de artesanato a música, produtos para bebês e brinquedos. O mercado de hortifrútis tem produtos frescos e pães.

8 Westmore Drive, Toronto, Ontário, M9V 3Z7 416/745-3532 Sáb-dom 10h-17h Royal York, depois ônibus 73 73 Na Highway 27 com Albion Road, a 25 minutos do centro via QEW oeste e 427 norte

EATON CENTRE

www.torontoeatoncentre.com

Pioneiro no mundo das compras, o Eaton Centre (foto acima) é um dos lugares mais visitados de Toronto (▷ 194), mas mesmo com 1 milhão de visitantes por semana raramente parece lotado (exceto a praça de alimentação no almoço dos dias úteis). Há cerca de 250 lojas, e a Sears é a principal âncora.

220 Yonge Street, Toronto, Ontário, M5B 2H1 416/598-8560 Seg-sex 10h-21h, sáb 9h30-19h, dom 11h-18h Queen ou Dundas 97B

ESKIMO ART GALLERY

www.eskimoart.com

Há toques do Ártico nesta excelente galeria de esculturas inuit, com prateleiras de vidro fosco, pedestais que imitam icebergs e iluminação azulada. Exibe a maior coleção contemporânea do Canadá de entalhes inuit em pedra-sabão, que refletem as calorosas emoções existentes no norte frio.

12 Queen's Quay West, Toronto, Ontário, M5J 2V7 416/366-3000 Seg-sex 10h-19h, sáb 10h-18h, dom 11h-17h Union Station Bondes 509, 510 Em Harbourfront

HAZELTON LANES

www.hazletonlanes.com

O shopping center mais chique de Toronto, no sofisticado Yorkville, tem mais de 60 butiques com as principais grifes mundiais. Há também lojas de produtos de beleza e saúde, de design para casa, joias e presentes.

58-87 Avenue Road, Toronto, Ontário 416/968-8680 Seg-qua, sáb 10h-18h, qui-sex 10h-19h, dom 12h-17h Bay, St George 142 Ao norte de Bloor; dispõe de estacionamento subterrâneo

HOLT RENFREW

www.holtrenfrew.com

Esta loja antiga e exclusiva tem com Christian Dior o contrato mais antigo que existe e garantia real por cinco gerações. Além da moda masculina

e feminina de estilistas famosos, a loja oferece acessórios, cosméticos, fragrâncias e conta com spa.
50 Bloor Street West, Toronto, Ontário, M4W 1A1 416/922-2333 Seg-qua 10h-18h, qui-sex 10h-20h, sáb 10h-19h, dom 12h-18h Bloor-Yonge ou Bay 6A, 6B No centro, a oeste de Yonge

HONEST ED'S

http://honesteds.sites.toronto.com

Um letreiro enorme com 22 mil luzes piscando anuncia, de maneira divertida e impetuosa, um lugar famoso mundialmente pela venda no varejo com descontos (no lado de dentro, um cartaz diz: "não desmaie com nossos preços, pois não temos lugar para você deitar"). A loja funciona desde 1948 e tem 14.400m² de ofertas de roupas de marca, presentes, utensílios domésticos e comidas.
581 Bloor Street West, Toronto, Ontário, M6G 1K3 416/537-3041 Seg-sex 10h-21h, sáb 10h-18h, dom 11h-18h Bathurst Bonde 511 Esquina da Bloor com Bathurst; estacionamento no fundo, ao lado da Lennox Street

KALIYANA

www.kaliyana.com

Loja chique com roupas deslumbrantes, feitas por estilistas canadenses, em corte elegante e cores diferentes, todas feitas de fibras naturais laváveis. Modernas para trabalhar e confortáveis para passear, e o melhor de tudo é que você não sairá frustada se seu manequim for maior que 38 (10 no Canadá), pois eles têm até o tamanho 52 (24 no Canadá).
2516 Yonge Street, Toronto, Ontário, M4P 2H7 416/480-2397 Seg-qua e sáb 10h-18h, qui-sex 10h-19h Eglinton 97 Quatro quadras ao norte de Yonge com Eglinton

TERMINAL QUEEN'S QUAY

Shopping moderno, com teto alto, vidro para a luz natural e vistas do lago, e mais 30 pontos de venda voltados principalmente para marcas canadenses – Arctic Nunarut, Canadian Naturalist, Oh Yes! Toronto, Proud Canadian Design e Tilley Endurables (⊳ abaixo). Mas há também roupas de grife, obras de arte e cristal veneziano. A praça de alimentação fica de frente para o lago e serve pratos japoneses, italianos, frutos do mar e comida de lanchonete.
207 Queen's Quay West, Toronto, Ontário, M5J 1A7 416/203-0510 Diariam 10h-17h Union Station Bondes 509, 510

TILLEY ENDURABLES

www.tilley.com

A loja especializada em artigos para navegação vende roupas resistentes e práticas para quem viaja. Começou com a necessidade de Alex Tilley conseguir um chapéu para velejar; agora as roupas estão no mundo todo.
900 Don Mills Road, Toronto, Ontário, M3C 1V6 416/441-6141 Seg-sex 10h-19h, sáb 10h-18h, dom 11h-18h 25, 403 Na cidade alta, dois semáforos ao norte da Eglinton

TYPE BOOKS

www.typebooks.ca

Esta conhecida livraria independente é maravilhosa para um garimpo sem pressa, e vale a pena checar a programação de leituras e bate-papos com autores. Aos domingos há eventos para crianças. Tem uma filial no nº 883 da Queen Street West.
427 Spadina Road, Toronto, Ontário, M5P 2W3 416/487-8973 Dom-ter 10h-18h, qua-sáb 10h-19h St. Clair West 33

DIVERSÃO E VIDA NOTURNA

AIR CANADA CENTRE

www.theaircanadacentre.com

Este complexo conta com o enorme Sears Theatre de 5.200 lugares, que apresenta shows no gelo e concertos com astros internacionais. Há também muitas opções para comer, que incluem um pub e um bar.
40 Bay Street, Toronto, Ontário, M5J 2X2 416/815-5400 O ano todo Union Station 6A, 97B

BA BA LÚU

www.babaluu.com

Cadeiras macias e focos de luz na pista de dança de madeira criam um clima de festa neste bar que serve tira-gostos. Músicas: salsa, mambo, afro-cubana e brasileira. Aulas grátis de salsa 21h ou 21h30 (20h30 dom).
136 Yorkville Avenue, Lower Level, Toronto, Ontário, M5R 1C2 416/515-0587 Qua-dom 18h-2h Couvert $10-$15 Bay Bondes 6A, B Bloor-Yorkville; ao norte da Bloor, entre Yonge Street e Avenue Road

BERKELEY STREET THEATRE

Um belo edifício de tijolos antigo, no qual havia um posto de gasolina, sedia a Canadian Stage Company (cuja outra residência é o St. Lawrence Centre for the Arts, ⊳ 199), em parceria com as companhias de teatro Necessary Angel, Nightwood Theatre e Studio 180. Elas oferecem um calendário dinâmico de novas peças canadenses e de artes cênicas contemporâneas.
26 Berkeley Street, Toronto, Ontário, M5A 2W3 416/368-3110 O ano todo Pape, depois ônibus 72, ou Castlefrank, depois ônibus 65 Bonde 506 King

C'EST WHAT?

www.cestwhat.com

Uma turma jovem vem a esta cervejaria-pub para relaxar nos sofás confortáveis e ouvir uma mistura musical eclética e independente: cantores-compositores, pop, jazz, world music e blues. Boa comida e 35 tipos de chope.
67 Front Street East, Toronto, Ontário, M5E 1B5 416/867-9499 Diariam 11h30-2h (sem música seg) A partir de $6 King Bonde 504 (King) No centro, esquina com Church

ELGIN & WINTER GARDEN

www.heritagefdn.on.ca

Um dos pontos históricos de Ontário, este é o último teatro eduardiano de dois andares no mundo –Elgin no térreo e Winter Garden no andar de cima. A programação conta com dramas, comédias e música.
189 Yonge Street, Toronto, Ontário, M5B 1M4 416/314-2874 O ano todo Queen Bonde 501 No centro, entre Queen e Dundas

EXHIBITION PLACE

www.explace.on.ca

Este enorme complexo tem vários espaços grandes para exposições e feiras de comécio, e outros para diversão e esportes. Reformado, o Queen Elizabeth Theatre (www.queenelizabeth theatre.ca) é uma ótima sala de concertos, ao passo que o sofisticado clube noturno Muzik (www.muzikclubs.com) tem nove bares, espaço para shows e um pátio enorme. Com 1.400 lugares, o Medieval Times (www.medievaltimes.com) oferece jantar e um espetáculo com lutas de espadas e torneios. O Ricoh Coliseum (www.ricohcoliseum.com), sede da equipe de hóquei Toronto Marlies, tem também concertos, e o BMO Field (www.bmofield.com) é o estádio nacional de futebol. O maior entre os muitos eventos por aqui é a Canadian National Exhibition (▷ 201). Confira mais destaques na programação.

200 Princes' Boulevard, Toronto, Ontário, M6K 3C3 416/263-3600, linha para eventos: 416/263-3001 Bondes 509 ou 511 Estação para exposições Oeste do centro, fora da Gardiner Expressway

FAMOUS PEOPLE PLAYERS

www.fpp.org

Titeriteiros de fama mundial criam uma apresentação empolgante com bonecos enormes e luz negra. A refeição faz parte do show.

343 Evans Avenue, Toronto, Ontário, M82 1K2 416/532-1137 Ter-sáb Jantar e show: adulto $59,50, criança $39,95 (menor de 13) Bonde até Dovercourt Ao sul da Queensway, oeste de Kipling

FLY

www.flynightclub.com

A casa noturna gay mais animada da cidade também é popular com héteros em razão dos DJs excelentes, dos sistemas de som e luz de qualidade, e do clima de festa. Os fãs do programa de TV *Queer as Folk* talvez reconheçam o lugar como "Babylon".

8 Gloucester Street, Toronto, Ontário, M4Y 1L5 416/410-5426 Sex 21h30-3h, sáb 22h-6h $10-$20 Wellesley 94 No centro, na Gloucester com Yonge, dois quarteirões ao norte de Wellesley

FOUR SEASONS CENTRE FOR THE PERFORMING ARTS

www.coc.ca

Este teatro magnífico, inaugurado em 2006 com todos os recursos modernos de tecnologia e acústica, foi construído para a Canadian Opera Company e o Canadian Ballet. Seu auditório –o R. Fraser Elliott Hall–, em formato de ferradura e com cinco andares, transmite uma sensação aconchegante, apesar dos 2 mil lugares.

145 Queen Street West, Toronto, Ontário 416/363-8231, 1-800/250-4653 $60-$275; alguns concertos grátis ter Visitas guiadas sáb 11h45 e 12h Osgoode (acesso direto) Bonde 501 No centro, na esquina sudeste da Queen Street West com University Avenue (estacionamento no local)

THE GUVERNMENT

www.theguvernment.com

Este complexo de casas noturnas multifacetado incorpora a enorme e elegante Kool Haus e recebe consagrados DJs e artistas canadenses e internacionais em sete salas separadas. Traje formal. Tem limite de idade.

132 Queen's Quay East, Toronto, Ontário, M5A 3Y5 416/869-0045 A partir das 19h; DJs sex-sáb a partir das 22h $15-$20 Union depois 6 (apenas no início da noite) Na esquina da Lower Jarvis Street

HARBOURFRONT CENTRE

▷ 186-7.

HORSESHOE TAVERN

www.horseshoetavern.com

Com programação eclética de rock alternativo, pop e música country contemporânea, que inclui muitos astros em ascensão e consagrados, a Horseshoe fica na sala de trás de um pub tradicional. Possui ótimo sistema de som e espaço para cerca de 350 pessoas.

370 Queen Street West, Toronto, Ontário, M5V 2A2 416/598-4753 Diariam 24h-2h; música ao vivo seg-qui 21h-1h, sáb-dom 21h-2h30 $5-$30, alguns gratuitos Osgood Bondes Queen ou Spadina No centro, esq. com Queen e Spadina

KOERNER HALL

www.rcmusic.ca

Aberta em 2009 no Royal Conservatory of Music, esta excelente sala de concertos com 1.135 lugares tem apresentações memoráveis de música clássica, jazz, blues e world music.

273 Bloor Street West, Toronto, Ontário, M5S 1W2 416/872-4255 O ano todo Variados, alguns concertos gratuitos St. George ou Museum Midtown, ao lado do ROM

MASSEY HALL

www.masseyhall.com

Este grande destaque do music hall da cidade data de 1894. Apresenta pop, rock, comédia e música clássica.

178 Victoria Street, Toronto, Ontário, M5B 1T7 416/872-4255 Queen ou Dundas Bondes 501, 502 Ao lado da Yonge Street

MOLSON AMPHITHEATRE

Teatro ao ar livre com lugares numerados para 9 mil pessoas e espaço gramado para mais 7 mil. Concertos de rock, jazz, hip-hop, blues e música country.

Ontario Place, 909 Lakeshore Boulevard West, Toronto, Ontário, M6K 3L3 416/260-5600 Mai-out Bathurst, depois bonde 511 Exhibition, depois a pé para o sul

MYSTERIOUSLY YOURS...

www.mysteriouslyyours.com

A plateia ajuda a resolver o caso neste espetáculo interativo de crime e mistério, que se desenrola durante o jantar.

2026 Yonge Street, Toronto, Ontário, M4Z 1Z9 416/486-7469, 800/668-3323 Sex, sáb e algumas matinês de qua ou qui $28-$56, com jantar e impostos incluídos Davisville ou Eglinton 14 Cidade alta, ao norte de Bloor

PANASONIC THEATRE

www.mirvish.com

Empreendimento mais recente da rede de teatros Mirvish, o modernissimo Panasonic tem 700 lugares. Recentemente sediou a estreia canadense da comédia musical da Broadway *A Jew Grows in Brooklyn* e o show *Masters of Magic*, dentro do Luminato Festival.

651 Yonge Street, Toronto, Ontário, M4Y 1Z9 416/872-1212, 1-800/461-3333 O ano todo Variam, a partir de $25 Bloor-Yonge ou Wellesley No centro, ao sul do cruzamento da Yonge com Bloor

POLSON PIER

www.polsonpier.com

Um dos maiores complexos de diversão de Toronto, incorpora a casa noturna Sound Academy, com DJs, bandas ao vivo e eventos especiais, cinema drive-in, enorme pátio à beira do lago, com piscina e grande número de instalações esportivas.

11 Polson Street, Toronto, Ontário M5A 1A4 416/649-7437, 416/461-3625 O ano todo; algumas atrações são sazonais Preço por instalação Union Station, depois ônibus 72A Ao lado de Cherry Street, na área das docas

PRINCESS OF WALES

www.mirvish.com

Construído na década de 1990, este teatro de 2 mil lugares dispõe de palco enorme, capaz de acomodar os shows mais espetaculares da Broadway.

300 King Street West, Toronto, Ontário, M5V 1H9 416/872-1212, 1-800/461-3333 O ano todo St. Andrew Bonde 504, 508

THE REX

www.therex.ca

Popular há cerca de 20 anos, este bar de jazz e blues tem música ao vivo de alto nível todas as noites (à tarde também nos fins de semana), com entre duas e quatro bandas, conforme o dia. Os maiores talentos do Canadá se apresentam aqui, e astros internacionais como Harry Connick Jr. e Wynton Marsalis já apareceram para dar canja. A atmosfera é descontraída. Vários tipos de chope.

194 Queen Street West, Toronto, Ontário, M5V 1Z1 416/598-2475 Diariam, música 18h30 seg-qui, 16h sex, 24h sáb-dom Osgoode Bonde Queen No centro, nas ruas Queen e St. Patrick

ROGERS CENTRE

www.rogerscentre.com

Este enorme estádio, junto com a CN Tower, perto daqui, é uma das vistas mais características de Toronto, e uma das atrações mais famosas da cidade. Um prédio de 31 andares cabe dentro dele, mesmo com o teto fechado. A cobertura retrátil era uma característica espantosa quando foi construída, e ainda é impressionante ver suas três partes deslizando suavemente por 20 minutos. Sede do time de beisebol Toronto Blue Jays e do de futebol Toronto Argonauts (▷ 200), o estádio também recebe eventos esportivos, shows de rock, feiras e festivais. Para uma visita aos bastidores, o Rogers Centre Tour Experience é um passeio de uma hora que inclui o Blue Jays Hall of Fame, a sala de imprensa, uma suíte de luxo e o museu, reformado recentemente.

1 Blue Jays Way, Toronto, Ontário, M5V 1J1 416/341-3000 Verifique as programações locais para saber os horários Union Station ou St. Andrew Bonde 510

ROY THOMSON HALL

www.roythomson.com

Sala moderna, sede da Toronto's Symphony Orchestra e do Mendelssohn Choir. Apresenta consagrados artistas internacionais da música clássica.

60 Simcoe Street, Toronto, Ontário, M5J 2H5 416/872-4255 St. Andrew Bonde 504, 508

ROYAL ALEXANDRA

www.mirvish.com

Em estilo Beaux-Arts, restaurado, com 1.495 lugares, este é o mais antigo teatro em funcionamento na América do Norte. Dedicado a musicais.

260 King Street West, Toronto, Ontário, M5V 1H9 416/872-1212, 1-800/461-3333 St. Andrew Bonde 504, 508 Entre Simcoe e Duncan

ST. LAWRENCE CENTRE FOR THE ARTS

www.stlc.com

Com os ótimos Bluma Appel Theatre e Jane Mallet Theatre, o centro tem várias companhias residentes, incluindo a Canadian Stage Company, e recebe apresentações itinerantes. O calendário abrange teatro, musicais e concertos.

27 Front Street East, Toronto, Ontário, M5E 1B4 416/366-7723 O ano todo Variam, por volta de $25-$45 King ou Union Próximo ao centro St. Lawrence, uma quadra a leste da Yonge Street

SECOND CITY

www.secondcity.com

A companhia que inspirou o *Saturday Night Live*, programa da TV americana, apresenta revistas, improvisos, personagens e peças curtas. Entre seus membros antigos estão Mike Myers, John Candy e Gilda Radner.

51 Mercer Street, Toronto, Ontário, M5V 9G9 416/343-0011 Diariam $24-$29 (show de improviso após a apresentação principal) St. Andrew Bondes 504 (King), 510 (Spadina) No centro, ao sul da King Street West, entre as ruas Peter e John

SONY CENTRE

www.sonycentre.ca

Antigo Hummingbird Centre, este é o maior local da cidade, com encenação de óperas, shows do tipo da Broadway, balés e concertos.

1 Front Street East, Toronto, Ontário, M5E 1B2 416/872-2262 Union Station ou King Street

TORONTO CENTRE FOR THE ARTS

www.tocentre.com

Este belo prédio moderno tem três salas –o teatro principal, um teatro de estúdio e uma sala de recitais para musicais e concertos.

5040 Yonge Street, Toronto, Ontário, M2N 6R8 416/733-9388 North York Centre ou Sheppard North York, ao norte de Sheppard

YUK YUK'S COMEDY CABARET

www.yukyuks.com

Fundada em Toronto em 1976, esta rede de clubes de comédia promoveu muitos talentos canadenses, e recebeu celebridades como os americanos David Letterman, Jerry Seinfeld e Robin Williams. Terça-feira é noite de amadores.

224 Richmond Street West, Toronto, Ontário, M5V 1V6 416/967-6425 Ter-dom $12-$20 (noite de amadores $3) Osgoode Bonde 501 No centro, entre Duncan e Simcoe

ESPORTES E ATIVIDADES

DON VALLEY GOLF COURSE

Howard Watson projetou este campo de 18 buracos, aproveitando o relevo ondulado. É um difícil par 71, com marca de par 5 para o 12º buraco.

4200 Yonge Street, Toronto, Ontário, M2P 1N9 416/392-2465 Quando o clima permite $52-$59 (9 buracos $28-$33) York Mills 97 Ao lado da saída 369

HARBOURFRONT CANOE AND KAYAK CENTRE

www.paddletoronto.com

Mesmo na cidade, você pode explorar praias afastadas, santuários de aves e áreas de piquenique nas ilhas de Toronto, sozinho ou em grupo.

283A Queen's Quay West, Toronto, Ontário, M5V 1A2 416/203-2277, 1-800/960-8886 Meados mai-fim set seg-sex 12h-20h, sáb-dom 10h-18h (último aluguel 16h30); jan-meados mai para piscina e quadras cobertas $30-$40 por hora; $60-$85 por dia (mais depósito de garantia) Union Station, depois bonde Queen's Quay West Bondes 509, 510

HELICOPTER COMPANY INC.

www.helitours.ca

Voos de 10 a 15 minutos passam por cima da cidade e possibilitam fotografias espetaculares.

Billy Bishop Toronto City Airport, Hangar 6, Suite 212, Toronto, Ontário, M5V 1A1 416/203-3280 Diariam; exige reserva A partir de $99 por passageiro Union Station, depois bonde 509 até Bathurst, depois ferryboat do aeroporto

TORONTO ARGONAUTS

www.argonauts.ca

Fundado em 1873, este time de rúgbi tem sede no Rogers Centre e conseguiu o recorde da Canadian Football League pelas vitórias em campeonatos (15).

Rogers Centre, 1 Blue Jays Way, Toronto, Ontário, M5V 1J3 416/341-2746 Temporada jun-fim nov Union Station Bonde 510

TORONTO BLUE JAYS

www.bluejays.mlb.com

Principal time de beisebol da liga, duas vezes ganhador da World Series. Grande ação no campo; ambiente barulhento.

Rogers Centre, 1 Blue Jays Way, Toronto, Ontário, M5V 1J1 416/341-1000, ingressos: 416/341-1234 Abr-set $11-$210 Union Station Bonde 510

TORONTO FC

www.torontofc.ca

Time de futebol profissional da Major League, surgiu em 2006, e em 2007 ganhou um estádio novo com 20 mil lugares –o BMO Field em Exhibition Place. Ele sempre serviu como estádio nacional de futebol, e aqui são jogadas partidas contra os melhores times da América do Norte.

BMO Field, 170 Princes' Boulevard, Exhibition Place, Toronto, Ontário, M6K 3C3 416/360-4625 Mar-fim out $26-$390 29 Dufferin; bonde 509 Lakeshore ou 511 Bathurst Trem GO até Exhibition A oeste do centro, ao lado do Lakeshore Boulevard

TORONTO MAPLE LEAFS

http://mapleleafs.nhl.com

Time da National Hockey League de Toronto joga com entusiasmo no Air Canada Centre.

Air Canada Centre, 40 Bay Street, Toronto, Ontário, M5J 2X2 416/815-5400 Set-fim abr A partir de $30 Union Station Bondes 6, 6A

TORONTO RAPTORS

www.nba.com/raptors

Frequentemente os Raptors tem deixado sua marca na NBA em jogos decisivos. Os torcedores estão sempre presentes nos jogos em casa, no Air Canada Centre.

Air Canada Centre, 40 Bay Street, Toronto, Ontário, M5J 2X2 416/872-5400 Out-fim jun Union Station Bondes 6, 6A

SAÚDE E BELEZA

ELMWOOD SPA

www.elmwoodspa.com

A grande oferta de tratamentos corporais é complementada por faciais, clareamento dos dentes, terapia da luz e outras com água. Há banheira de hidromassagem, sauna e piscina.

18 Elm Street, Toronto, Ontário, M5G 1G7 416/977-6751, 1-877/284-6348 Seg-sex 9h-21h, sáb 9h-20h, dom 10h30-18h30 Preços de tratamentos são separados; facial a partir de $85, tratamentos para o corpo a partir de $160 Dundas No centro, ao lado da Yonge Street, duas quadras ao norte de Dundas

ICI PARIS

www.iciparis.ca

Um oásis de calma na dinâmica Riverdale utiliza tratamentos holísticos e cuidados naturais com a pele.

370 Danforth Avenue, Toronto, Ontário M4K 1N8 416/461-1774 Seg-sex 9h-20h, sáb 9h-18h, dom 10h-15h Preço por tratamento: facial desde $75, massagem desde $45 (30 min) Chester Bondes 504, 505

PARA CRIANÇAS

BATA SHOE MUSEUM

www.batashoemuseum.ca

A maioria das crianças adora este museu que dispõe de uma coleção fascinante de calçados de todas as épocas. Entre os calçados de gente famosa estão botas de plataforma prateadas e vermelhas de Elton John, botas de caubói de Robert Redford e as "Beatle Boots" de John Lennon.

327 Bloor Street West, Toronto, Ontário, M5S 1W7 416/979-7799 Seg-qua, sex-sáb 10h-17h, qui 10h-20h, dom 12h-17h Adulto $12, criança (5-17) $4, família $18-$30 (pague o que quiser qui 17h-20h) Na Bloor Street West com St. George St. George

CENTREVILLE

www.centreisland.ca

O tema deste parque gira em torno de uma vila centenária de Ontário. Possui mais de 30 brinquedos e atrações e atrai crianças com menos de 10 anos.

Centre Island, Toronto, Ontário, M5J 2G2 416/203-0405 Início jun-início set diariam 10h30-anoitecer; mai-fim set sáb-dom (sujeito a alteração) Entrada grátis; passeios individuais $0,84; 50 passeios $40,71; passeios o dia todo $20,80-$29,20 (dependendo da altura); passeios o dia todo para a família $90. Desconto para compra on-line A pé de Bay Street e Queen's Quay

FORT YORK

▷ 185.

ONTARIO PLACE

▷ 188.

ONTARIO SCIENCE CENTRE

www.ontariosciencecentre.ca

A reforma $47,5 milhões fez deste o melhor centro de ciências do Canadá. Há 13 salas de exposições multitemáticas com mais de 800 mostras e apresentações interativas de alta tecnologia –verifique a programação ao chegar, para não perder nada.

O Weston Family Innovation Centre, para os adolescentes, tem 50 exposições alegres e envolventes. Divirta-se ao aprender sobre linguagem corporal e crie música de formas inusitadas. Para adolescentes de 14 a 19 anos, há sessões de sexta à noite com DJs, aperitivos e atividades científicas com temas globais.

Entre as seções mais procuradas, estão a Science Arcade, com demonstrações sobre como gerar sua própria energia elétrica, e a Human Body Exhibit, onde se aprende como pegar um criminoso através do DNA. O cinema OMNIMAX apresenta filmes em uma enorme tela e som de 13.000W de potência.

Na parte externa, há um pântano para explorar, uma fonte musical e um labirinto de água.

Fora do mapa, 176 C1 770 Don Mills Road, Toronto, Ontário, M3C 1T3 416/696-1000, 1-888/696-1110 Diariam 10h-17h, 18h ou 19h (OMNIMAX também abre 20h sex-sáb); fecha 25 dez Eglinton; depois, ônibus 34 Adulto $18, criança (4-12) $11, jovem (13-17) $13,50. Com IMAX: adulto $25, criança (4-12) $15, jovem (13-17) $19. IMAX também disponível separadamente Galileo's Bistro Café no saguão Loja de brinquedos Mastermind

RIVERDALE FARM

www.friendsofriverdalefarm.com

Os pequenos gostam muito desta fazenda da virada do século 20, no coração da cidade, onde podem ver cavalos, burros, ovelhas, frangos, vacas, cabras e porcos. São feitas demonstrações periódicas de ordenha do leite de vaca e cabra, produção de manteiga, tosquia de ovelhas e fiação da lã, narração de histórias e canções.

201 Winchester Street, Toronto, Ontário 416/392-6794 Diariam 9h-17h Grátis Castle Frank, depois ônibus 65 Bonde 506 Em Cabbagetown, ao lado de Parliament Street Farm Kitchen ter-dom 10h-15h

TORONTO ZOO

▷ 193.

FESTIVAIS E EVENTOS

JANEIRO

WINTERCITY

www.toronto.ca/special_events/wintercity

Eventos em áreas cobertas e ao ar livre dão vida à cidade, em duas semanas de pleno inverno, com música, show de patinação, teatro de rua, acrobacia e comédia.

City-wide Toronto 416/338-0338 (linha local 311)

FEVEREIRO

NATIONAL HOME SHOW

Mais de 700 varejistas reunidos com especialistas do ramo, designers de interiores e convidados famosos como Ty Pennington *(Extreme Makeover: Home Edition)* mostram seus produtos e ideias.

Direct Energy Centre, 100 Princes' Boulevard, Exhibition Place, Toronto 416/263-3000

MARÇO

CANADA BLOOMS: THE TORONTO FLOWER AND GARDEN SHOW

www.canadablooms.com

Cerca de 24.000m² de jardins mais 150 estandes que promovem a horticultura. Eventos divertidos, como uma competição de arranjos de flores entre celebridades.

Direct Energy Centre, Exhibition Place, Toronto 416/447-8655

MAIO

DOORS OPEN TORONTO

www.toronto.ca/doorsopen

A entrada grátis em 150 edifícios em um fim de semana no fim de maio dá ideia da história social e arquitetônica de Toronto. Entre os edifícios, casas, escritórios, teatros, instituições, lugares de culto, museus e estúdios de TV.

Toronto, vários locais 311

LIVE GREEN TORONTO FESTIVAL

www.toronto.ca/greentorontofestival

Festa ecológica na Yonge-Dundas Square, com mais de cem ecoexpositores, música ao vivo, palestrantes convidados, alimentos cultivados localmente e a Yonge Street livre de carros no segundo dia.

Yonge Street and Dundas Square, Toronto Sem telefone

JUNHO/JULHO

PRIDE TORONTO

www.pridetoronto.com

Eventos variados durante dez dias, incluindo shows de artistas famosos, arte e festas e desfiles nas ruas.

Toronto, vários endereços 416/927-7433

AGOSTO

CANADIAN NATIONAL EXHIBITION

www.theex.com

Uma das maiores exposições norte-americanas, com sede permanente à beira do lago. Conta com centenas de expositores, diversões e atrações.

Exhibition Place, Toronto, Ontário 416/393-6300

SETEMBRO

TORONTO INTERNATIONAL FILM FESTIVAL

www.tiff.net

A indústria cinematográfica vem a Toronto para exibir centenas de filmes, e o local fica cheio de famosos.

Toronto, Ontário 416/968-FILM

OUTUBRO

CANADIAN INTERNATIONAL MARATHON

www.runtoronto.com

Evento sério para corredores, e não apenas caminhantes. Mas também há diversão para os espectadores.

Início: Mel Lastman Square; término: Queen's Park, Toronto 416/972-1062

INTERNATIONAL FESTIVAL OF AUTHORS

www.readings.org

Leituras, palestras, debates, premiações e autores autografando.

Harbourfront Centre, Toronto 416/954-0366 (bilheteria), 416/973-4760 (escritório)

ONDE COMER

PREÇOS E SÍMBOLOS
Os restaurantes estão listados por ordem alfabética (sem levar em conta os artigos La, Le e Les). Os preços correspondem a um almoço (A) de dois pratos e um jantar (J) de três pratos, sem bebidas. O preço do vinho refere-se a uma garrafa da marca menos cara.

Para a legenda de símbolos, ▷ 2.

360 THE RESTAURANT AT THE CN TOWER

www.cntower.ca/360

Oferecendo haute cuisine em todos os aspectos, o 360 rende uma grande experiência gastronômica. O restaurante giratório descortina vistas espetaculares e o menu reflete o talento e a criatividade do chef Peter George e de sua equipe. Há pratos como fricassê de coelho do Québec e confit de coxa de pato com cogumelos, talharim de ovos amanteigado e crème fraîche de Dijon. Os preços dão direito a entrada nos andares Look Out e Glass Floor.

✉ CN Tower, 301 Front Street West, Toronto, Ontário, M5V 2T6 ☎ 416/362-5411 🕒 Diariam 11h-13h45, 16h30-21h45 ✋ A $49, J $70, vinho $40 🚇 Union Station, depois via SkyWalk

BIER MARKT

www.thebiermarkt.com

No menu europeu contemporâneo deste restaurante belga há entradas como fondue de queijo e lager ou uma porção de salsichas alemãs. Entre os pratos principais, torta de frango de Flandres, costela na cerveja ou filé mignon com foie gras do Québec. A equipe sugere harmonizações de cervejas ou vinhos com seus pedidos, e há cervejas para sobremesa, como a de trigo e morango.

✉ 58 The Esplanade, Toronto, Ontário, M5E 1R2 ☎ 647/258-8627 🕒 Dom-qua 11h-1h, qui-sáb 11h-2h ✋ A $40, J $55, vinho $32 🚇 King 🚌 Na cidade velha, entre St. Lawrence Market e Distillery District

BISTRO 990

www.bistro990.ca

Toldo listrado, um Citroên 2CV estacionado na frente, desenhos ao estilo de Picasso, flores frescas e portas-balcão, tudo lembra Paris neste restaurante bem no centro de Toronto. O menu está repleto de pratos típicos de bistrô. E é provável que você encontre celebridades de Hollywood (como sempre costuma ocorrer).

✉ 990 Bay Street, Toronto, Ontário, M5S 2A5 ☎ 416/921-9990 🕒 Seg-sex 12h-15h, 17h30-23h, sáb 17h30-23h, dom 17h30-22h ✋ A $27, J $65, vinho $20 🚇 Wellesley 🚌 6A, 6B 🚌 No centro, ao norte de Wellesley

Acima *Vista 360º do restaurante da CN Tower*

BRIGHT PEARL

www.brightpearlseafood.com

Uma presença quase luminosa em Spadina, esta construção verde e amarela é uma parte inconfundível de Chinatown, no centro de Toronto. Numa área cheia de restaurantes chineses, este se destaca também pela qualidade. Frutos do mar que saem vivos de um tanque e dim sum (porçoezinhas) –entre 80 e 100 variedades– são servidos o dia todo.

✉ 346-8 Spadina Avenue, Toronto, Ontário

M5T 2G2 ☎ 416/979-3988 Diariam 9h-23h A $18, J $30, vinho $30 St. Patrick 510 Spadina, 505 Dundas No centro, ponta nordeste de Spadina e Dundas

CANOE

http://oliverbonacini.com

A vista espetacular não consegue desviar a atenção da comida. Este é um dos melhores restaurantes do Canadá e serve uma notável culinária canadense. A proveniência dos ingredientes muitas vezes está indicada no menu –steak tartare das Cumbrae Farms com crème fraîche e chalotas crocantes ou queijo de cabra de St. Maure na brasa, rabanete de Cookstown, mel de borragem e nozes. Pratos principais no menu de jantar incluem leitão de St.-Canut com canelone de jarrete e bordo, o irlandês "bubble and squeak" e maçãs condimentadas, ou borracho da Conquest Hill com couve, frutas silvestres de Saskatoon e rum Newfoundland Screech. Venha bem-vestido, em estilo casual.

54º andar, TD Bank Tower, 66 Wellington Street West, Toronto, Ontário M5K 1H6 ☎ 416/364-0054 Seg-sex 11h45-14h30, 17h-22h30 A $40, J $80, vinho $40 Union ou King No centro, entre ruas Bay e York, um quarteirão ao sul de King

CHIADO

www.chiadorestaurant.ca

Culinária descrita como "portuguesa moderna", e a decoração elegante é tão artística quanto a comida nas travessas. Os peixes frescos vêm de avião dos Açores e se transformam em pratos como uma entrada de lagosta, polvo e camarão em aïoli cítrico e um prato principal de lombo de tamboril com pimenta piri piri, mel e mostarda. Há também pratos de carne orgânica e algumas sobremesas fantásticas mais um menu de tira-gostos.

864 College Street, Toronto, Ontário M6H 1A3 ☎ 416/538-1910 Seg-sex 12h-14h30, 17h-22h, sáb-dom 17h-22h A $30, J $70, vinho $50 Bonde 506 College

EMBRUJO FLAMENCO

www.embrujoflamenco.com

Aqui está algo que nunca se esperaria encontrar na Greektown –um restaurante espanhol de tapas. Contudo, os shows de flamenco, os excelentes vinhos espanhóis e a cozinha regional conquistam você. Entre a variedade de ofertas de tapas há clássicos como anchovas marinadas em azeite e vinagre, chouriço ou lula recheada, além de opções diferentes, a exemplo de camarão com calda de chocolate, ou carne de avestruz grelhada com redução de vinho e vinagre balsâmico. Há muitos pratos vegetarianos e, obviamente, paella.

97 Danforth Avenue, Toronto, Ontário M4K 1N2 ☎ 416/778-0007 Seg-qui e dom 17h-23h, sex-sáb 17h-24h J $35, vinho $30 Broadview Em Greektown, perto do cruzamento com Broadview Avenue

FRAN'S

www.fransrestaurant.com

Às vezes é gostoso comer num bom restaurante tipo vagão (diner) como o Fran's, que funciona dia e noite. É famoso pelos enormes cafés da manhã servidos o dia todo, hambúrgueres, refeições em tigelas à moda asiática, bifes na brasa, torta de maçã e "milkshakes de adulto" (com doses de algo mais interessante do que calda de chocolate). Há também boas opções vegetarianas.

20 College Street, Toronto, Ontário, M5G 1K2 ☎ 416/923-9867 Diariam 24 horas A $13, J $16, vinho $27 College 506 College No centro, entre Yonge e Bay

KEATING CHANNEL PUB AND GRILL

www.keatingchannelpub.com

O bar em estilo tradicional tem móveis de madeira escura, mesas de sinuca e TVs grandes exibindo esportes; um pátio grande de frente para as águas é usado no verão. O menu tem alguns clássicos de pub ûcarne cozida com Guinness ou peixe empanado com cerveja e fritas–, assim como variada cozinha internacional, incluindo mexicana, italiana, oriental e norte-americana.

2 Villiers Street, Toronto, Ontário, M5A 1B1 ☎ 416/572-0030 Seg-sex 11h30-23h, sáb-dom 11h30-22h A $20, J $25, vinho $29 72A, B Área velha do porto, ao lado da Cherry Street

KI

www.kijapanese.com

Este é um lugar divertido para explorar toda a variedade da comida japonesa tradicional e inovadora. Você pode observar os chefs prepararem suas porções artísticas no sushi bar, ou optar pelo igualmente animado bar de coquetéis ou, ainda, sentar-se em uma das áreas mais privativas para jantar. Entre as opções de comida estão kushiyaki (espetinhos e dips), tempurá, nigiri, sashimi, makimonos e pratos quentes e frios que são "marcas registradas", como peixe-carvão-do-pacífico marinado e grelhado com nabo, ova de salmão e borrifado com laranja, ou camarão com molho de pimenta rayu e tomate. Convém pedir pratos para dividir.

181 Bay Street, Bay Wellington Tower, Brookfield Place, Toronto, Ontário, M5J 2T3 ☎ 416/308-5888 (reservas) Seg-sex 11h30-24h, sáb 16h-24h (o bar abre até 1h) A $30, J $45, vinho $21 Union No centro, entre as ruas Front e Wellington

LA MEXICANA

Numa área conhecida pelas compras caras, este restaurante pequeno e simpático oferece boas comidas mexicana e tex-mex autênticas a preços acessíveis. O menu variado tem desde sopa de feijão preto apimentada até sorvete frito, além de excelentes fajitas, burritos, enchiladas e chimichangas. Um jantar mais sofisticado pode começar com camarões graúdos preparados com tequila e pimentas chipotle em tamales fatiados, seguidos, talvez, de um prato especial como peito de frango refogado coberto com um delicioso molho de cacau, pimenta, frutas, nozes e especiarias.

838 Yonge Street, Toronto, Ontário, M4W 2H1 ☎ 647/258-7967 Diariam 11h-22h (até 23h sex-sáb) A $20, J $35, vinho $25 Bloor-Yonge Em Yorkville, ao norte da Bloor Street

MOONBEAN COFFEE COMPANY

Esta cafeteria surgiu de um ponto de vendas de grãos de café e chás

especiais, e é um lugar ótimo para relaxar em meio ao burburinho de Kensington Market. E existe um pátio despojado, excelente para sentar e observar as pessoas que passam.
30 St Andrew Street, Toronto, Ontário, M5T 1K6 416/595-0327 Diariam 7h-21h $10 St. Patrick, depois bonde 505 Bondes 505 em Dundas ou 510 em Spadina

NORTH 44

www.north44restaurant.com

Este lugar sofisticado talvez seja um dos melhores pontos para encontrar celebridades em Toronto. Mas a comida é ainda mais compensadora. Combinações inspiradas, como foie gras salteado com banana adocicada, praliné, redução de lichia e espuma de foie gras, e um prato principal de borracho ao forno com seu consomê, minirravióli de rabada, confit de nabo e duxelles de cogumelos, dividem espaço com steaks divinos que só requerem um acompanhamento. Os ótimos frutos do mar incluem linguado de Dover empanado, sauté de ovas e chanterelles ao molho de lascas de limão, alcaparras e manteiga. As sobremesas são irresistíveis.
2537 Yonge Street, Toronto, Ontário, M4P 2H9 416/487-4897 Seg-sáb 17h-23h J $100, vinho $35 Eglinton Em Midtown, ao norte da Eglinton Avenue, perto do cruzamento com a Keewatin Avenue

OLIVIA'S AT FIFTY THREE MICROWINERY

www.oliviasat53.com

No térreo, fica a primeira minivinícola da cidade, que produz vinhos com uvas importadas. Há um menu simples de almoço com pratos como frango marroquino com quinoa vermelha, menta e azeite de oliva com ervas. O jantar pode começar com camarão na tequila e continuar com tagine de cordeiro com legumes, doce de massa folhada e salada de grapefruit, muitas vezes com jazz ao vivo.
53 Clinton Street, Toronto, Ontário, M4A 2V5 647/260-0834, 416/533-3989 Qua-qui a partir das 17h30, sex-sáb 11h-14h e a partir das 17h30; horário flexível de fechamento, conforme a clientela e o que ocorre A $25, J $45, vinho $18 506 College Street rumo a oeste Em Little Italy, esquina de College com Clinton

RECTORY CAFÉ

www.rectorycafe.com

Se você fizer um passeio até as ilhas de Toronto, procure este lugar na ilha Ward's. Com quadros de pintores locais na parede, possui mesas no terraço sombreado e entre as árvores do jardim. O menu apresenta entradas interessantes, como homus de vagem com frutas fatiadas, verduras e pão sírio, ou salada quente de queijo de cabra com molho de conhaque e mel. Entre os pratos principais há contrafilé com redução de vinho tinto ou tilápia tostada com redução de curry de coco e arroz com jasmim. No almoço, pode-se optar por sanduíches saborosos ou sopas.
102 Lakeshore Avenue, ilha Ward's, Toronto, Ontário, M5J 1X9 416/203-2152 Diariam no verão desde 11h; almoço servido até 16h; jantar a partir das 16h30; inverno qua-dom 11h-17h (mas sujeito às condições do clima) A $25, J $45, vinho $30 O ferry-boat da ilha Ward sai de Harbourfront. Ilha Ward's, numa caminhada de 5 minutos a oeste do píer, ou 25 minutos desde a Ilha Centre

SENATOR

www.thesenator.com

Este restaurante é o mais antigo de Toronto –com mais de 76 anos no mesmo local. Tem um menu enorme, que começa com grande variedade de opções de café da manhã, incluindo o peameal bacon, especialidade de Toronto. No almoço, oferece sopas caseiras, saladas, sanduíches e hambúrgueres, e tanto no

almoço como no jantar dispõe de comidas consagradas, como peixe com fritas, fígado acebolado, bolo de carne e purê de batata, além de salmão na manteiga com limão. Tem também serviço para viagem.
✉ 249 Victoria Street, Toronto, Ontário, M5B 1TB ☎ 416/364-7517 🕒 Seg 7h30-14h30, ter-sex 7h30-14h30, 17h-21h, sáb 8h30-14h30, 17h-21h, dom 8h-14h30 ✋ A $20, J $40, vinho $30 🚇 Dundas 🚘 No centro, na Yonge com Dundas Square

SHOPSY'S DELI AND RESTAURANT

www.shopsys.ca

A Shopsy's atrai uma clientela eclética. Seu vasto cardápio inclui petiscos e sanduíches clássicos, café da manhã o dia inteiro e pratos principais como costela assada lentamente, travessa de carnes, charutos de repolho e peixe com fritas.
✉ 96 Richmond Street West, Toronto, Ontário, M5H 2A3 ☎ 416/365-3354 🕒 Seg-qui 7h30-20h, sex 7h30-21h, sáb 9h-21h, dom 9h-20h ✋ A $20, J $30 🚇 Osgoode 🚘 No centro, no Sheraton Centre

ULTRA

www.ultratoronto.com

Este lugar cool prima pelo design inusitado –enormes galos pintados em uma parede, por exemplo– atraindo uma clientela jovem que janta e fica para dançar até mais tarde. A comida é uma fusão criativa de cozinhas: tacos de lagosta com aïoli de pimenta-jalapenho e manjerona, pimentões, tomate e abacate, e peito de pato empanado com picles de cereja, confit de pato e feijão-vermelho em crepe de gergelim.
✉ 314 Queen Street West, Toronto, Ontário, M5V 2A2 ☎ 416/263-0330 🕒 Seg-sáb 17h-23h ✋ J $45, vinho $32 🚇 Osgoode 🚋 Bonde Queen

VERITAS

www.localfare.ca

Coapresentador do programa *Restaurant Makeover* na Food TV, o chef e dono Brad Long se apaixonou pelos produtos orgânicos e sustentáveis locais, o que é visível em seu restaurante. Peça codorna laqueada com bordo e salada quente de batata, champanhe Pommery e mostarda. E, a seguir, lasanha de lagosta da Nova Escócia com espuma de baunilha ou ossobuco de veado cozido lentamente com moranga e noz branca assada e brotos de beterraba salteados. O interior elegante mescla tijolos aparentes e madeira lustrada, e há um pátio sombreado.
✉ 234 King Street East, Toronto, Ontário, M5A 1K1 ☎ 416/363-8447 🕒 Seg 11h30-14h30, ter-qui 11h30-21h30, sex 11h30-22h, sáb 17h30-22h ✋ A $25, J $45, vinho $33 🚇 King 🚋 Bonde King 🚘 No centro, próximo ao St. Lawrence Market

VITTORIO'S ON AVENUE

www.vittorios.ca

Autêntica comida italiana é o carro-chefe, e o menu inclui antepasto, massa e risoto clássicos, e opções de peixe e carne, a exemplo de tilapia alla Vittorio (com molho marinara de alcaparras, azeitonas pretas e manjericão) ou vitela recheada com mozarela defumada, prosciutto di parma, chalotas, alecrim, tomilho e xerez em uma redução de cabernet. O encantador edifício antigo foi restaurado recentemente e tem mesas no salão, em uma sacada na sala de cima e nos pátio da frente e dos fundos (este oferece música ao vivo no verão às quintas-feiras).
✉ 14 Dupont Street, Toronto, Ontário M5R 1V2 ☎ 416/924-7441 🕒 Seg a partir 17h, ter-sex 12h-14h30 e a partir 17h, sáb a partir 17h ✋ A $25, J $40, vinho $29 🚇 Dupont 🚘 Midtown, ao lado da Avenue Road, ao norte de Davenport

WAYNE GRETZKY'S

www.gretzkys.com

Se o seu grupo é fã de hóquei, você será muito popular se o trouxer aqui, mas a comida também conquista quem não é fã do esporte. A casa dispõe de coleções que fazem parte das lembranças de jogadores famosos – prêmios, uniformes, patins, bastões, discos de borracha (pucks), fotografias e muito mais–, e também conta com bar que exibe partidas ao vivo. A culinária inclui churrascos, pratos tradicionais (como bolo de carne), pizzas de forno à lenha e massas feitas à mão. No verão, o pátio na cobertura é ótimo, e tem seu próprio menu de churrasco. O ano todo você pode adquirir um pacote de jantar mais show no famoso clube de comédia Second City, ali perto.
✉ 99 Blue Jays Way, Toronto, Ontário, M5V 9G9 ☎ 416/979-7825 🕒 Seg-qui 11h30-1h, sex-sáb 11h30-2h, dom 11h30-23h ✋ A $25, J $45, vinho $28 🚇 St. Andrew 🚌 510 Spadina, 504 e 508 King Street 🚘 No centro, dois quarteirões ao norte do Rogers Centre entre as ruas Front e King

Acima *Diversas opções para uma almoço ao ar livre*
Pág. ao lado *Para um lanche rápido no almoço, vá às barracas no Eaton Centre*

ONDE FICAR

PREÇOS E SÍMBOLOS

Os preços correspondem à diária de um quarto duplo, com café da manhã, a menos que indicado o contrário. Todos os hotéis da lista aceitam cartões de crédito. Note que os preços podem variar ao longo do ano.

Para a legenda de símbolos, ⊳ 2.

AINSLEY HOUSE

www.ainsleyhouse.com

Encantador bed and breakfast na arborizada Rosedale, área residencial mais elegante de Toronto. Quartos espaçosos com piso de madeira, tapetes e bonita mobília antiga. Estada mínima de duas noites.

19 Elm Avenue, Toronto, Ontário, M4W 1M9 416/972-0533; 1-888/423-3337 $139 por duas noites 4 (todos para não fumantes) Sherborne 75

AMBASSADOR INN

www.jarvishouse.com

Residência de 1899 de tijolo à vista a apenas 10 minutos a pé do Eaton Centre e dois quarteirões do metrô. Foi caprichosamente restaurada, com traços originais, incluindo a preservação de paredes de tijolo aparente e vitrais. Todos os quartos têm banheiro privativo (alguns com banheira de água quente). Melhor reservar.

280 Jarvis Street, Toronto, Ontário, M5B 2C5 416/260-2608 $189-$319 20 (todos para não fumantes) College Bonde 506 (Carlton) No centro, esquina de Jarvis e Gerrard, dois quarteirões a leste de Yonge

BONNEVUE MANOR

www.bonnevuemanor.com

Se você preferir se hospedar fora da região central, mas com fácil acesso a ela, este bonito B&B vitoriano de tijolinhos à vista é uma opção excelente. A uma pequena distância a pé da beira do lago e perto do encantador High Park, ele manteve traços elegantes, como frisos de gesso e piso de madeira, e a decoração acompanha essas características. Os quartos dispõem de banheiro e ar-condicionado. Permanência mínima de duas noites.

33 Beaty Avenue, Toronto, Ontário, M6K 3B3 416/536-1455 O ano todo $99-$150 3 (todos para não fumantes) 504, 508 King Street West

CAMBRIDGE SUITES HOTEL

www.cambridgesuiteshotel.com

Este hotel chique e moderno é um refúgio no movimentado distrito finan-

Pág. ao lado *Saguão do luxuoso Hotel Renaissance Toronto*

ceiro e de entretenimento, e oferece suítes com dois quartos. Entre os recursos estão acesso à internet de banda larga, micro-ondas, geladeira e cafeteira. As suítes Cityscape e Penthouse, nos andares de cima, têm ótima vista e luxo extra.
15 Richmond Street East, Toronto, Ontário, M5C 1N2 416/368-1990, 1-800/463-1990 $175-$360 229 (todos para não fumantes) Pago Queen 97B; bondes 501 (Queen), 502 (Downtowner) Na esquina de Yonge e Richmond

CARLTON-TORONTO TOWNHOUSE

www.torontotownhouse.com
Esta bonita residência de 140 anos tem jardim na frente e atrás, e ganhou diversos prêmios do Toronto Tourism por suas acomodações acolhedoras. Quartos e suítes claros e muito bem decorados, sem serem atravancados. Alguns têm deque ou terraço privativo. O café da manhã substancioso conta com frutas frescas, granola caseira e um item quente, como panquecas, omeletes ou French toast (rabanada). Além do acesso sem fio à internet, o hóspede pode fazer ligações interurbanas gratuitas para qualquer lugar da América do Norte.
213 Carlton Street, Toronto, Ontário, M5A 2K9 416/323-8898, 877/500-0466 $119-$169 9 (todos para não fumantes) College Bondes 506/306 (Carlton) No centro/Cabbagetown, a oeste da Parliament Street

FAIRMONT ROYAL YORK

www.fairmont.com/royalyork
Um marco de Toronto desde 1929 e há muito tempo opção de visitantes célebres. Com 28 andares, o hotel conserva os tetos pintados à mão, os pilares de mármore e os candelabros resplandecentes. Os quartos são muito elegantes, porém há mais opulência nas suítes e na exclusiva seção Fairmont Gold, onde o nível de atendimento é altíssimo. Dispõe de cinco restaurantes, piscina com iluminação zenital, spa e equipamentos para fitness. O hotel tem conexão direta com as lojas no subterrâneo e com o metrô.
100 Front Street West, Toronto, Ontário, M5J 1E3 416/368-2511 $179-$939 1.365 (apenas 150 para fumantes) Coberta Union Station No centro, na frente da Union Station

FOUR SEASONS

www.fourseasons.com
O Four Seasons, no bairro chique de Yorkdale, é uma torre de 32 andares de alto luxo e fica repleto de personalidades de Hollywood, quando ocorre o festival anual de cinema. Todos os quartos têm área de estar e espaço de trabalho, telefones com duas linhas e internet; alguns dispõem de terraço. O Health Club oferece massagens, manicure e pedicure, e há ótimos serviços para famílias, mais limusines de cortesia (só de manhã) para o centro da cidade.
21 Avenue Road, Toronto, Ontário, M5R 2G1 416/964-0411 A partir $365 380 (350 para não fumantes) Coberta e externa Bay Em Yorkville, entre Bloor Street e Yorkville Avenue

GLOBAL VILLAGE BACKPACKERS TORONTO

www.globalbackpackers.com
Albergue claro e movimentado, com localização central perto da CN Tower, e instalado no antigo Spadina Hotel, que já foi frequentado por gente como Jack Nicholson e os Rolling Stones. Possui dormitórios comunitários espaçosos, com roupa de cama grátis. Dispõe de cozinha e lavanderia com autosserviço, lugar seguro para bagagem e acesso à internet. As áreas comuns, com murais de arte nativa, incluem sala de jogos com mesa de bilhar, bar e deque ao ar livre para churrasco.
460 King Street West, Toronto, Ontário, M5V 1L7 416/703-8540, 1-888/844-7875 $75 (ocupação dupla); $27 por pessoa em dormitório comunitário 190 camas St. Andrews Bondes 510 (Spadina), 504 (King) No centro, King com Spadina

RENAISSANCE TORONTO HOTEL DOWNTOWN

www.marriott.com
Vizinho à CN Tower, este foi o primeiro hotel a se tornar parte de um complexo esportivo, rodeando um dos lados do Rogers Centre (▷ 199). Interior de alto luxo, e 70 quartos são dotados de janelas de frente para o estádio. Mas tome cuidado, pois câmeras de TV costumam focalizar o prédio durante os jogos – um casal se tornou famoso depois de ser flagrado pela câmera enquanto praticava um esporte bem diferente.
1 Blue Jays Way, Toronto, Ontário, M5V 1J4 416/341-7100, 1-800/237-1512 $289-$599 348 (todos para não fumantes) Coberta Union Station Bondes 509, 510

VICTORIA

www.hotelvictoria-toronto.com
Este hotel-butique em estilo europeu fica perto de tudo no centro de Toronto, no coração do distrito financeiro e dos teatros. O saguão elegante leva direto à Yonge Street. Todos os quartos têm o mesmo papel de parede, com banheiro privativo, TV a cabo, acesso à internet, cafeteira e correio de voz. Os quartos de luxo dispõem de frigobar. Os hóspedes podem usar o Goodlife Fitness Club, nas proximidades.
56 Yonge Street, Toronto, Ontário, M5E 1G5 416/363-1666, 800/363-8228 $109-$290 56 (todos para não fumantes) King 97B

WESTIN HARBOUR CASTLE

www.westinharbourcastletoronto.com
Enorme e resplandescente, este hotel chique fica à beira do lago. Os quartos contam com TV a cabo, videogames, telefones com duas linhas, correio de voz e frigobar. Dentre as opções de restaurante há o moderno Toula, que oferece comida italiana e bela vista do porto.
1 Harbour Square, Toronto, Ontário, M5J 1A6 416/869-1600, 1-866/716-8101 O ano todo $199-$299 977 Coberta Union Station Bondes 509, 510

ONTÁRIO

Em Ontário vivem 40% dos canadenses que, na maior parte, ocupam os 20% meridionais da província, o que faz da região uma das mais densamente povoadas do país. As atrações são muitas. Não apenas o sul de Ontário possui um clima bastante bom para garantir uma florescente produção vinícola, como também uma série de cidades médias e grandes ao longo do rio São Lourenço e perto das margens dos Grandes Lagos –incluindo a capital do país e a da província– são atraentes, movimentadas, arrojadas e de acesso fácil. É claro que isso também é bom para o visitante, sem falar na presença da atração número um do Canadá: as Cataratas do Niágara.

Ontário tem muito a oferecer a turistas e moradores que adoram atividades ao ar livre. A província faz limite com quatro dos cinco Grandes Lagos, e há centenas de outros lagos e rios em seu território, que oferecem atividades aquáticas como caiaque, rafting em corredeiras, iatismo, natação e pesca. Também existem excelentes cruzeiros com vista panorâmica, como ao redor das Thousand Islands no rio São Lourenço ou na igualmente pitoresca Georgian Bay no lago Huron. Conta-se com ótimas caminhadas, como a da Bruce Trail e no Algonquin Provincial Park. Embora não existam montanhas realmente altas, é ótimo esquiar em Collingwood e faz-se excelente cross-country (Nordic) em diversos pontos da província.

E há muita história para descobrir: o legado das Primeiras Nações; a reconstituição dos primeiros assentamentos coloniais; a recriação de atos militares em fortes autênticos; locais associados à Underground Railroad, que trouxe escravos dos EUA para a liberdade ao norte da fronteira; e excelentes museus e prédios históricos para visitar. Tudo isso se combina para formar um quadro do desenvolvimento de Ontário –e do Canadá como um todo– com o passar dos séculos.

Longe das atrações incontestáveis, existem cidadezinhas charmosas e comunidades artísticas que podem surpreender você com excelentes galerias de arte ou interessantes festivais, repletos do entusiasmo característico desta província próspera.

ALGONQUIN PROVINCIAL PARK

www.algonquinpark.on.ca

O canto de uma ave aquática ecoa da margem pedregosa do lago; as silhuetas douradas ao pôr do sol mostram um pinheiro, e um alce levanta a volumosa cabeça para olhar um castor que cria uma marola nas águas calmas –o Algonquin Park é a essência da vida selvagem. Este parque provincial mais conhecido de Ontário foi fundado em 1893 e cobre 7.630km² de morros forrados de bordos, lagos, rios e brejos. O único modo de explorar seu interior é de canoa ou a pé, mas a Highway 60 corta o parque num trecho de 56km, oferecendo acesso fácil a parte dele. E nesta rodovia estão localizados o Centro de Visitantes (fim abr-out diariam; resto do ano apenas sáb-dom), o Logging Museum e a Algonquin Gallery (fim jun-meados out diariam).

412 S18 Box 219, Whitney, Ontário, K0J 2M0 705/633–5572 Diariam $13-$15 por carro/por dia; taxas extras para instalações, como camping (▷ 395)

GEORGIAN BAY

▷ 212.

HAMILTON

www.tourismhamilton.com

Na ponta oeste do lago Ontário, Hamilton dispõe de porto natural e é conhecida pela indústria do aço. Muitas vezes é considerada um destino pouco turístico, mas tem muito a oferecer, a exemplo da área da orla com calçadas, cruzeiros no lago e o navio de guerra mais famoso do país, o HMCS *Haida* (diariam meados mai-início set 10h-17h; fim set-meados mai; mais detalhes pelo telefone 905/ 526-0911).

Os Royal Botanical Gardens (diariam) ocupam 1.000ha no lado oeste do lago e oferecem magníficas mostras em cinco áreas (ônibus circulam entre elas). O Rose Garden mostra sua exuberância no início do verão.

De frente para o porto de Hamilton, encontra-se a mansão neoclássica, com pórtico, de Dundurn National Historic Site (jun-início set diariam 10h-16h; resto do ano ter-dom 12h-16h). Exemplo dos privilégios do século 19, serviu de residência a sir Allan Napier MacNab, primeiro-ministro do Canadá de 1854 a 1856, e contém uma fina coleção de móveis desse período. Por sua vez, em Stoney Creek, por perto, o Battlefield House Museum and Park (jul-início set ter-dom 11h-16h; resto do ano ter-dom 13h16h; horário mais extenso para a reencenação da batalha no fim de semana) reconstitui a vida rural no século 19 e evoca 5 de junho de 1813, quando o exército americano invasor fez dali seu quartel-general durante a Batalha de Stoney Creek.

Hamilton também tem a terceira maior galeria de arte de Ontário. A Art Gallery of Hamilton (ter-qua, 12h-19h, qui-sex 12h-21h, sáb-dom 12h-17h) possui uma apreciável coleção de arte europeia do século 19. Entre os diversos museus da cidade estão o Museum of Steam and Technology National Historic Site (jul-início set ter-dom 11h-16h; início set-jun ter-dom 12h-16h) e o Canadian Warplane Heritage Museum (diariam 9h-17h), com cerca de 35 aeronaves históricas –algumas ainda funcionam– e recordações.

410 S19 Tourism Hamilton, 34 James Street South, Hamilton, Ontário, L8P 2X8 905/546-2666, 1-800/263-8590

KINGSTON E AS THOUSAND ISLANDS

▷ 213.

MCMICHAEL CANADIAN ART COLLECTION

www.mcmichael.com

"Nós ficamos fascinados com as obras de alguns artistas apaixonados que captaram não apenas as formas e cores da vida selvagem, que adoramos, mas sua própria alma". Com essas palavras Robert McMichael explica por que ele e a esposa decidiram colecionar obras de Tom Thomson e do Grupo dos Sete. Eles doaram sua esplêndida coleção de quase 6 mil obras para a província de Ontário, e as pinturas estão expostas em salas magníficas de edifícios de madeira. O Grupo dos Sete original –Franklin Carmichael, Lawren Harris, A.Y. Jackson, Frank Johnston, Arthur Lismer, J.E.H. MacDonald e Frederick Varley– buscou um modo canadense de representar sua nação, na crença de que a arte do Canadá precisa se inspirar no próprio país.

Também estão expostas obras contemporâneas das Primeiras Nações e esculturas inuits.

410 S19 10365 Islington Avenue, Kleinburg, Ontário, L0J 1C0 905/893-1121, 888/213-1121 Diariam 10h-15h Adulto $15, criança (acima de 5) $12, família $30

MIDLAND

www.georgianbaytourism.on.ca

Midland, em Severn Sound da Georgian Bay, possui um porto pitoresco e constitui a base para o turismo nos vizinhos Ste-Marie-Among-the-Hurons e o Martyrs' Shrine.

Missionários jesuítas, interessados em espalhar a fé entre os hurons ou ouendats, construíram uma missão aqui e a chamaram Ste-Marie-Among-the-Hurons. Mas quando dois missionários jesuítas franceses foram mortos por violentas tribos iroquesas, o lugar foi abandonado. A reconstituição da missão (meados mai-meados out diariam 10h-17h, fim abr-meados mai, meados out-fim out seg-sex 10h-17h) é um comovente memorial, e suas 22 construções estão povoadas por atores a caráter representando os padres e os hurons convertidos. O Huronia Museum and Ouendat Village (mai-out diariam 9h-17h; resto do ano seg-sex 9h-17h) reconstitui uma aldeia huron de 500 anos atrás e tem uma coleção arqueológica.

Outra atração de Midland é o Discovery Harbour (fim jun-início set diariam 10h-17h; fim mai-fim jun seg-sex 10h-17h), que foi uma base militar e naval britânica datada de 1812. Os alojamentos dos oficiais foram restaurados e há réplicas de dois barcos a vela, demonstrações e interpretações da vida militar.

O Martyrs' Shrine (meados mai-meados out diariam) é uma igreja com dois campanários, 3km a leste de Midland pela Route 12, erguido em 1926 para homenagear oito mártires jesuítas. O interior admirável tem painéis de madeira e telhado de choupo em formato de casco de navio.

410 S18 575 Dominion Avenue, Midland, Ontário, L4R 1R2 705/526-4275

Pág. ao lado *A névoa sobe de um lago no Algonquin Provincial Park*

INFORMAÇÕES

www.georgianbaytourism.on.ca
www.southerngeorgianbay.on.ca
www.pc.gc.ca
www.tobermory.org
410 S18 208 King Street, Midland, Ontário, L4R 3L9 705/526-7884 Início mai-início set diariam 9h-20h; resto do ano seg-sex 9h-17h Bruce Peninsula National Park and Fathom Five National Marine Park, P.O. Box 189, Tobermory, Ontário, N0H 2R0 519/596-2233 Tobermory Chamber of Commerce, 7420 Highway 6, Tobermory, Ontário, N0H 2R0 519/596-2452

Acima *A bonita Georgian Bay tem margens de pedra, praias de areia e ilhas*
Abaixo *Um mural divertido confere a esta casa de Midland uma nova perspectiva*

GEORGIAN BAY

A grande extensão da baía Georgian faz parte do lago Huron, mas como a península Bruce e a ilha Manitoulin praticamente a deixam separada, ela é quase um lago e, de fato, às vezes é chamada de "Sexto Grande Lago". A parte meridional dispõe de praias e balneários; as margens setentrional e oriental são recortadas; e há centenas de ilhotas de granito com árvores retorcidas pelo vento e águias-pescadoras que pairam sobre elas. Trata-se de uma área selvagem com beleza rústica.

A península Bruce, parte das escarpas do Niágara, inclina-se para oeste, com um lado aprazível voltado para o lago Huron, e com enormes paredões rochosos e cabos acidentados no lado da Georgian Bay. Em 1990, foi declarada Reserva Mundial da Biosfera pela Unesco, e também é parque nacional e a mais nova reserva Dark Sky (sem luz artificial) do Canadá.

Manitoulin é a maior ilha de água doce do planeta, com 2.580km². Seu nome vem de Manitou, o Grande Espírito, e tornou-se reserva indígena em 1837.

COMUNIDADES DA BAÍA

Penetanguishene, mais conhecida como Penetang, fica no canto de uma enseada profunda. No século 19, havia aqui uma base naval britânica, e o local é conhecido agora como Discovery Harbour (fim jun- início set diariam 10h-17h; meados mai-fim jun seg-sex 10h-17h). No alojamento dos oficiais, de 1845, você vê móveis desse tempo e, com sorte, um "oficial". O HMS *Tecumseth* e o HMS *Bee* são réplicas em tamanho natural de embarcações originais da Marinha Real.

Tobermory, na ponta da península Bruce, é uma cidadezinha de marinheiros com dois portos repletos de iates no verão. Aqui está a sede de dois parques nacionais: o da Bruce Peninsula, que protege a terra, e o Fathom Five National Marine Park, um parque subaquático que preserva muitos naufrágios nas profundezas –um paraíso para quem mergulha. Também é possível ver os naufrágios e as espécies de peixes em barcos de turismo com fundo de vidro. O novo centro de recepção (meados jun-início set diariam 8h-20h; mai-meados jun, início set-meados out dom-sex 10h-18h, sáb 8h-18h; resto do ano ter-sáb 10h-16h) tem uma torre panorâmica de 20m de altura, um farol e mostras sobre a vida selvagem.

A ilha Flowerpot (meados mai-meados out diariam) é uma das atrações naturais mais apreciadas, depois das Cataratas do Niágara, e famosa pelos incríveis pilares de pedra. A melhor maneira de ver as belezas da natureza é em um cruzeiro ao redor da ilha, com opção de desembarcar e caminhar pelas trilhas.

KINGSTON E THOUSAND ISLANDS

Localizada no lago Ontário, um pouco antes do rio São Lourenço sair dali, Kingston teve início como posto francês de comércio de peles mas, depois, foi ocupada por legalistas, que lhe deram o nome. No começo do século 19, os britânicos construíram aqui uma base naval e um estaleiro, seguidos do Rideau Canal e, por fim, do Fort Henry. Por volta da década de 1840, Kingston era tão importante que, por um breve período, serviu de capital da província do Canadá –sua grandiosa City Hall (prefeitura) foi erguida como possível edifício do Parlamento, mas perdeu o posto depois da confederação. Agora, é um bonito lugar para visitar, com muitos museus e propriedades históricas. Cidade atraente, com construções de pedra calcária, ruas arborizadas e vistas do lago, ela mantém seu papel militar como sede do Royal Military College. E fica na entrada de uma das regiões mais encantadoras do sul de Ontário, a das Thousand Islands, onde as águas estão salpicadas de, mais ou menos, mil ilhas.

Em Point Henry, no alto do rio São Lourenço, o sólido Fort Henry (meados mai-início set diariam) foi construído entre 1832 e 1837 para proteger a cidade, o estaleiro em Point Frederick e a entrada para o Rideau Canal. Ali nunca houve ação militar, e entrou em decadência no início do século 20. Restaurado, retomou seu pleno esplendor e oferece uma noção real da vida militar de meados do século 19, com casernas, alojamentos de oficiais, cozinhas, sala da guarda e paiol de pólvora. Os atores a caráter são muito acessíveis e há cerimônias militares no verão.

AS THOUSAND ISLANDS

Conhecidas como Jardim do Grande Espírito pelos povos nativos e Mille Îles pelos primeiros colonos franceses, estas ilhas que ficam em águas azuis e claras se tornaram uma das áreas mais procuradas para férias no nordeste da América do Norte, no século 19. Conforme sai do lago Ontário, o São Lourenço se enche de ilhas por aproximadamente 120km. Elas têm tamanhos variados –algumas são grandes e arborizadas, outras não passam de enormes blocos de granito que sustentam alguns pinheiros retorcidos. Ninguém sabe ao certo quantas são –estima-se entre 990 e 1.800. Há lugares em que as pedras têm tons rosados, que contrastam com as águas cristalinas e o verde das matas. É possível apreciar a beleza da região na Thousand Island Parkway, mas a melhor maneira é por meio de um dos muitos passeios de barco.

INFORMAÇÕES

http://tourism.kingstoncanada.com
www.visit1000islands.com
✚ 411 T18 ℹ Kingston Tourist Information Office, 209 Ontario Street, Kingston, Ontário, K7L 2Z1 ☎ 613/548-4415, 1-888/855-4555 ℹ Thousand Islands Gananoque Chamber of Commerce Visitor Centre, 10 King Street East, Gananoque, Ontário, K7G 1E6 ☎ 613/382-3250, 1-800/561-1595

EMPRESAS DE BARCOS DE PASSEIO

Gananoque Boat Line
✉ 280 Main Street, Gananoque, Ontário, K7G 2M2 ☎ 613/382-2144 (inform), 1-888/717-4837; www.ganboatline.com

Rockport Boat Line Ltd
✉ 23 Front Street, Rockport, Ontário, K0E 1V0 ☎ 613/659-3402, 800/563-8687; www.rockportcruises.com

Kingston 1000 Island Cruises
✉ 263 Ontario Street, Kingston, Ontário, K7K 2X5 ☎ 613/549-5544; www.1000islandcruises.on.ca

Abaixo *Chalés à beira do lago indicam a popularidade desta região*

CATARATAS DO NIÁGARA

Conhecer as Cataratas do Niágara constitui uma experiência de tirar o fôlego, e nenhum tipo de comercialização consegue desfigurar esta que é uma das atrações mais espetaculares do mundo. O rio Niágara se bifurca quando atinge a minúscula ilha Goat. Cerca de 10% das águas vão para as American Falls (no lado americano do rio), que têm mais de 300m de largura e 54m de altura. Os demais 90% seguem para o Canadá, na queda Horseshoe (por causa do formato de ferradura). Ali as cataratas alcançam quase 800m de largura e 51m de altura. O lado canadense tem as melhores vistas e parques, com belas flores à beira do rio.

Evite a cidade –desvirtuada pelo turismo– e sua irmã americana, no estado de Nova York, um centro industrial cheio de fábricas de produtos químicos e usinas que exploram a energia das quedas. Mas um passeio até o lado americano leva você até a ilha Goat, que separa as quedas canadenses e americanas. Há muitas maneiras de aproveitar as cataratas, e quase todas sempre molham um pouquinho. No barco *Maid of the Mist* são fornecidas capas impermeáveis para o passeio e a caminhada por trás das quedas. Você também pode fazer uma caminhada pela passarela pavimentada de 53m da Niagara River Recreation Trail (▷ 230-1). Se não quiser se molhar, dê uma volta de helicóptero. Nunca espere ficar sozinho, já que perto de 14 milhões de pessoas visitam anualmente as cataratas.

POTÊNCIA E VAZÃO

As cataratas surgiram há aproximadamente 12 mil anos, quando o derretimento de geleiras criou as escarpas do Niágara e desviou as águas do lago Erie para o lago Ontário. A camada mais externa das rochas é um calcário dolomítico duro, com camadas mais macias de arenito e xisto por baixo. A força da água rolando sobre as quedas cortou o extrato subjacente, provocando a erosão e o rompimento da camada superior. Esta erosão costumava ser de quase 1m por ano. Na realidade, 12 mil anos atrás as cataratas ficavam 11km rio abaixo. Desde a década de 1950, o desvio das águas para usinas hidrelétricas distribuiu o fluxo de água de modo mais uniforme, reduzindo assim o índice de erosão.

INFORMAÇÕES

www.niagarafallstourism.com
www.niagaraparks.com

411 S19 Niagara Falls Tourism, 5400 Robinson Street, Niagara Falls, Ontário, L2G 2A6 (também na Rainbow Bridge e 5440 Stanley Avenue)

905/356-6061, 1-800/563-2557

O People Mover Bus circula na Niagara Parkway; a cada 20 min no verão; serviço reduzido fora da temporada, abr-fim out; adulto $7,60, criança (6-12) $4,60 (inclui viagens na ferrovia inclinada)

Niagara Parks Commission Welcome Centres ficam na Table Rock Centre, ao lado da bilheteria da *Maid of the Mist*, no Clifton Hill e na Murray Street Jun-ago a partir das 9h

Pág. ao lado *O barco* Maid of the Mist *fica minúsculo ao lado da catarata* **Abaixo, da esq. p/ dir.** *A poderosa queda Horseshoe vista do barco* Maid of the Mist; *A Skylon Tower se destaca acima das árvores em Niagara Falls*

agora estimado em 36cm a cada 10 anos. Daqui a milhares de anos, as cataratas estarão no mesmo nível do lago Erie.

Em 1678, o padre Louis Hennepin se tornou o primeiro europeu a ver as cataratas. Em seu diário, ele as descreve como "uma vasta e prodigiosa queda d'água que despenca de maneira surpreendente, e nada no universo se compara a ela". Desde então, poucos discordaram dele. E ele continuou: "As águas que caem de altura enorme formam espumas e bolhas da maneira mais terrível que se pode imaginar, fazendo um barulho ensurdecedor, mais terrível do que o do trovão; e quando o vento sopra vindo do sul, seu bramido sinistro pode ser ouvido a mais de quinze léguas de distância". Pouco mudou –exceto que, agora, não se consegue escutar as cataratas no lago Ontário; o ruído do trânsito e o desvio das águas para as usinas contribuíram para isso.

A FASCINAÇÃO DAS CATARATAS

Desde sua descoberta europeia em 1678, as cataratas do rio Niágara atraíram pessoas do mundo todo. Por volta do século 19, Niágara havia se tornado um paraíso para mascates, com tudo o que é possível inventar para tirar dinheiro dos visitantes. Em 1885, o governo de Ontário interveio e criou o Queen Victoria Park para proteger o ambiente natural em torno das cataratas das atividades comerciais desenfreadas. Esse foi o início da atual Niagara Parks Commission, que regula o desenvolvimento de um total de 1.700ha de terras ao longo das margens do rio.

No começo do século 20, Niágara atraía acrobatas de todos os tipos. Alguns desceram as cataratas num barril, outros as atravessaram numa corda bamba. Este tipo de atividade foi proibido em 1912. Mesmo assim, após isso um total de 15 homens audaciosos tentaram cruzar as quedas de alguma maneira. Cinco deles se afogaram, a exemplo de um que saltou de jet-ski em 1991.

TABLE ROCK E POR TRÁS DAS QUEDAS

Barcos, helicópteros e bondinhos ficam em segundo plano, se comparados à melhor maneira de apreciar a força das quedas: ficar em pé bem no topo, no ponto em que a massa de água verde-escura, com 2m de espessura até a margem, resvala silenciosamente para o abismo. É totalmente fascinante. E também bem úmido, ainda mais quando venta.

O Welcome Centre oferece uma galeria de observação, lojas, lugares para comer e outros recursos. Aqui existe uma atração nova: uma empolgante simulação em 4D da turbulência geológica que levou à criação das Cataratas do Niágara, produzida por alguns dos melhores especialistas do mundo em efeitos especiais. Chama-se Niagara's Fury e você deve se preparar não só para ser deslocado (literalmente), mas também para a queda de 20ºC na temperatura e a simulação de uma nevasca.

Abaixo, da esq. p/ dir. *A espantosa força das águas em Niágara, vista de cima; As cataratas iluminadas à noite*

Outra coisa imperdível é a Journey Behind the Falls, uma atividade puramente natural e que provoca admiração. Pegue o elevador que desce 46m no meio da rocha, e ande pelos túneis que levam a dois portais. Daqui, tem-se uma vista inacreditável por trás das quedas. E você recebe uma capa impermeável.

Niagara's Fury Table Rock Diariam 10h30-17h (até mais tarde nos finais de semana e feriados) Adulto $15, criança (6-12) $9,75

Journey Behind the Falls Table Rock Diariam a partir das 9h. Horários de fechamento variam conforme a estação. Fechado 25 dez Adulto $12,75, criança (6-12) $8,35, menos de 5 grátis

MAID OF THE MIST

O passeio em um destes pequenos barcos é uma experiência e tanto. Você embarca em águas calmas (e veste a capa impermeável), depois vai diretamente para a ferradura e o turbilhão das águas no pé das cataratas, aventurando-se um pouco mais além do que seria sensato. Encharcado com os incríveis respingos, vai olhar para cima e verá a imensa cortina de água que despenca nos três lados –Niágara significa "água trovejante".

5920 River Road 905/358-5781 Passeios de 30 min abr-meaods out diariam a partir das 9h45 (a partir das 9h meados jun-início set), partidas com intervalos de 15 min (se o clima permitir) Adulto $14,50, criança (6-12) $8,90, menos de 5 grátis

WHIRLPOOL AERO CAR E WHITE WATER WALK

Um pouco ao norte das cataratas, o rio faz uma curva fechada e isso cria um redemoinho espetacular. Dá para ver melhor de cima, e é aí que entra o Whirlpool Aero Car. Ele plana por cerca de 1km pelo rio desde 1916, e o passeio é uma experiência inesquecível. Ali perto, pode-se pegar um elevador que desce 70m pela rocha para você fazer a White Water Walk. Você passa por um túnel e sai numa passarela que acompanha um dos trechos de corredeiras mais turbulentos da América do Norte.

Whirlpool Aero Car 3850 Niagara River Parkway Diariam 10h-17h (se o clima permitir) Adulto $11,75, criança (6-12) $7,65, menor de 5 gratuito. White Water Walk 4330 Niagara Parkway 905/356-2241 Fim jun-início set diariam 9h-20h; início mai-fim jun seg-sex 9h-19h, sáb-dom 10h-18h; início set-meados out seg-sex 9h-17h, sáb-dom 10h-18h; início abr-início mai diariam 10h-17h. Os horários de fechamento variam conforme a estação e conforme as condições do tempo Adulto $9, criança (6-12) $5,85, menos de 5 grátis

DICAS

» Chegue cedo ou tarde para o concorrido passeio no *Maid of the Mist* nos dias quentes de verão.

» As cataratas são impressionantes no inverno, quando os respingos congelam no ar e atingem você como bolinhas de gelo.

» Evite os ambulantes de Clifton Hill, a menos que você queira ser fotografado num barril, "atravessando as cataratas".

Queda Horseshoe vista da área de observação da Skylon Tower

A bordo do Maid of the Mist

NIAGARA PARKWAY

INFORMAÇÕES
www.niagaraparks.com
411 S19 The Niagara Parks Commission (e Niagara Historic Sites), 7400 Portage Road South, P.O. Box 150, Oak Hall Administrative Bldg. Niagara Falls, Ontário, L2E 6T2 ☎ 905/356-2241

A Niagara Parkway acompanha o rio Niágara entre os lagos Erie e Ontário. É um passeio de carro maravilhoso, numa extensão de 53km que circunda Niagara Falls (▷ 214-7) e revela trechos tranquilos do rio, o Niagara Botanical Gardens, sítios históricos interessantes e a encantadora comunidade de Niagara-on-the-Lake. O rio Niágara tem 56km de comprimento; a parte superior é ampla e de fluxo constante, com ilhas grandes e pequenas. Ele só começa a ganhar velocidade depois de Chippawa, conforme se aproxima das quedas. A rodovia é um pouco menor que o rio, e vai do Old Fort Erie até Niagara-on-the-Lake. A melhor maneira de conhecê-la é fazer o passeio de carro deste capítulo (▷ 228-9). A Niagara Parkway foi criada em 1923 pela Niagara Parks Commission (▷ 216), que ainda controla o desenvolvimento de 1.700ha de terras às margens do rio.

ESCARPAS DO NIÁGARA

Às vezes, as escarpas do Niágara são chamadas Ontario's Great Wall (Paredão de Ontário). Trata-se de um espigão maciço de rocha sedimentar rica em fósseis, que começou a se formar 450 milhões de anos atrás. Com trechos que atingem centenas de metros de altura, extende-se por 725km desde Queenston, no rio Niágara, até Tobermory, na ponta da península Bruce (▷ 212). Em 1990, as escarpas foram declaradas Reserva Mundial da Biosfera pela Unesco, e na península Niágara, elas fornecem ótimo solo para agricultura, como pomares e vinhedos.

FORT ERIE

Esta cidade se encontra no ponto em que o lago Erie flui para o rio Niágara. É importante local de travessia para os EUA, com a Peace Bridge de 1927 –inaugurada pelo então príncipe de Gales–, que faz a conexão com Buffalo. Um lugar interessante para visitar é o Old Fort Erie, reconstituição de um forte britânico construído em 1747. Foi o único forte do Canadá que resistiu a um cerco durante a Guerra de 1812, embora tenha sido destruído pelos americanos em 1814. Nu-

ma localização panorâmica, os guias a caráter dão vida ao local, e durante os meses de verão (jun-ago) ocorrem eventos especiais, passeios temáticos e encenação de batalhas. O forte está se preparando para as celebrações do bicentenário em 2012, quando um novo centro de visitantes e um museu serão inaugurados.
411 S19 350 Lakeshore Road, Fort Erie 905/871-0540 Início mai-meados out diariam 10h-17h (fecha 16h a partir de início set) Adulto $9,25, criança (6-12) $6

QUEENSTON

Queenston Heights, 106m acima do rio, na beira das Escarpas do Niágara, era o local onde ficavam as Cataratas do Niágara antes que a erosão as empurrasse rio acima. Este também foi o local de uma batalha da Guerra de 1812, quando o comandante britânico Isaac Brock foi morto; um monumento de 50m de altura foi erguido em sua honra. Neste ponto, uma ponte atravessa o rio para Lewiston, estado de Nova York. No sopé das escarpas fica Queenston, terra da heroína canadense Laura Secord, que, em 1813, caminhou 32km para avisar aos britânicos que os americanos haviam cruzado o rio e se preparavam para atacar. A residência de Laura Secord (início mai-início set diariam 11h-17h; início set-meados out qua-dom 11h-16h) tem manutenção impecável. O monumento a Brock e a casa de Laura Secord são rodeados por canteiros de flores e pelo paisagismo do Queenston Heights Park. Depois de Queenston, a rodovia é ladeada de casas graciosas, pomares e vinhedos, no coração da área mais importante de produção de frutas e vinhos do Canadá.

NIAGARA-ON-THE-LAKE

Esta comunidade no lago Ontário, na foz do rio Niágara, é uma das mais cativantes da província e famosa pelo Shaw Festival (▷ 241), anual. Fundada por legalistas depois da Revolução Americana, foi a primeira capital do Alto Canadá. Os americanos a incendiaram durante a Guerra de 1812, mas ela foi reconstruída logo em seguida. Desde então, o tempo parece ter parado aqui, e há bonitas casas do século 19 em ruas arborizadas. O vizinho Fort George (mai-out diariam 10h-17h; abr, nov sáb-dom 10h-17h) foi erguido na década de 1790 e agora é um parque histórico nacional. O forte teve papel importante como quartel-general britânico durante a Guerra de 1812 e muitos eventos de destaque são encenados periodicamente por atores a caráter. Restaurado na década de 1930 ao seu aspecto original, o local conta com paliçada de madeira, alojamentos de oficiais, casa da guarda, paiol de pólvora e caserna.
411 S19 Chamber of Commerce, 26 Queen Street, P.O. Box 1043, Niagara-on-the-Lake, Ontário, L0S 1J0 905/468-1950

DICAS

» Diversas vinícolas de Niágara são abertas ao público e oferecem degustações e visitas.

» No verão, procure bancas à beira da estrada que vendem pêssegos suculentos e outras frutas vindas diretamente das fazendas.

Sentido horário, a partir do alto
Estátua de George Bernard Shaw, em Niagara-on-the-Lake; Guias a caráter estão à disposição no histórico Fort Erie; Canhão no Fort Erie; Flores no Niagara Botanical Gardens

OTTAWA

Ottawa desafia a imagem que a maioria das pessoas faz da capital de um país. Com 1,2 milhão de habitantes, é a quarta maior cidade do Canadá. Dispõe de arquitetura imponente e de alguns museus excelentes. Possui centros comerciais movimentados, com indústria de alta tecnologia e tudo o que é ligado aos escritórios do governo de uma capital federal. Mas também é um lugar bonito, relaxante e calmo, cheio de parques e avenidas agradáveis, espaços abertos e rios.

Localizado no rio Ottawa, o local que depois se tornaria a capital do Canadá teve início como uma cidadezinha tumultuada, feita de madeira. Era conhecida como Bytown no momento em que o Rideau Canal foi construído (▷ 223). Quando a rainha Vitória a escolheu como nova capital de sua colônia, em 1857, os habitantes lhe deram o nome de Ottawa por causa do rio que marca a fronteira entre as províncias de Ontário e Quebec, e entre o Canadá de fala inglesa e o de fala francesa.

Os museus, monumentos e sítios históricos são magníficos, e como o centro da cidade é bem compacto fica fácil visitar as principais atrações com muita calma. Nomeado Patrimônio da Humanidade da Unesco em 2007, o Rideau Canal é a artéria que atravessa a cidade e oferece diversões de verão e de inverno. Um passeio de barco em qualquer dos três cursos d'água –o rio Ottava, largo e de fluxo vagaroso, o rápido Gatineau ou o suave Rideau Canal– é uma ótima maneira de sentir a pulsação da cidade e perceber o que ela tem a oferecer.

CANADA AVIATION MUSEUM

www.aviation.technomuses.ca

Instalado num imenso hangar, este museu faz parte do Canada Science and Technology Museum e conta a história das primeiras tentativas de voo até os aviões a jato. Ali também está uma das coleções mais impressionantes do mundo de aeronaves antigas. Aqui se enfatizam os aviões canadenses, mas existem aeronaves, tanto militares como civis, de muitos outros países, e o acervo continua a crescer.

A Walkway of Time leva você numa jornada pelos períodos de desenvolvimento da aviação, enquanto a Mini-Exhibits é dedicada a temas específicos. Entre os destaques está uma réplica do AEA Silver Dart, construído pela Alexander Graham Bell's Aerial Experiment Association em 1901, mais um Sopwith Snipe e um De Havilland Fox Moth da Primeira Guerra Mundial.

Fora do mapa, 223 B1 · 11 Aviation Parkway, Ottawa, Ontário, K1K 4R3 · 613/993-2010, 1-800/463-2038 · Mai-fim ago diariam 9h-17h; resto do ano qua-dom 10h-17h · Adulto $9, estudante $6, criança (4-15) $5, família $18 · Passeios guiados e autoguiados; voos panorâmicos de avião e helicóptero · 129

CANADA SCIENCE AND TECHNOLOGY MUSEUM

www.sciencetech.technomuses.ca

O Canada Science and Technology Museum é o maior deste tipo no país. Dedicado à engenhosidade das invenções canadenses, cobre todos os aspectos do repertório científico, desde o snowmobile até o Canadarm (parte do ônibus espacial). As exposições abrangem transportes, astronomia, comunicações, viagens espaciais e computadores. Mostras muito instigantes explicam como a inovação tecnológica ajudou a moldar o Canadá e a superar obstáculos topográficos e climáticos, sem esquecer o impacto da ferrovia. O museu oferece uma exibição incrível de locomotivas enormes e potentes, entre as quais o trem a vapor Canadian Pacific Nº 926 usado para atravessar o Canadá até o início da década de 1960.

Fora do mapa, 223 C3 · 1867 St.-Laurent Boulevard, Ottawa, Ontário, K1G 5A3 · 613/991-3044 · Mai-início set diariam 9h-17h; resto do ano ter-dom 9h30 ou 10h-17h · Adulto $9, criança (4-14) $4, família $20; mais $3 para o simulador Simex Virtual Voyages® · 86

INFORMAÇÕES

www.ottawatourism.ca

www.canadascapital.gc.ca

412 T18 · National Capital Commission Infocentre, 90 Wellington Street, Ottawa, Ontário, K1P 5A1, na frente dos prédios do Parlamento · 613/239-5000, 1-800/465-1867; · 0 ano todo, diariam

130 Albert Street, Suite 1800, Ottawa, Ontario, K1P 5G4 · 613/237-5150, 1-800/363-4465 · Seg-sex 7h30-16h30

Pág. ao lado *Telhados de cobre, torre do relógio e campanários que compõem a silhueta de Parliament Hill*

Abaixo *O Major's Hill Park é um oásis de calma no centro de Ottawa*

DICAS

» Ottawa tem a maior concentração de museus em todo o Canadá. Pode-se ver dez deles (mais uma apresentação do National Arts Centre) por um preço reduzido com o Museums Passport para 7 dias (adulto $30, família $75).

» Vá até o Byward Market para comprar frutas, pães e queijos. Há também diversos restaurantes excelentes na vizinhança.

» Se você entrar nos prédios do Parlamento, terá de passar por procedimentos de segurança. Por isso, reserve um tempo extra para pegar a fila do escaneamento.

» As visitas guiadas grátis são muito procuradas no verão –chegue cedo e faça reserva adiantada na Info-tent.

» Também na Info-tent, pegue um livreto de visita autoguiada ao museu.

CANADIAN WAR MUSEUM

www.civilization.ca

O Canadian War Museum ocupa um prédio espetacular ao lado do rio Ottawa e é um dos principais museus do mundo sobre história militar. Com projeto de Raymond Moriyama, as intricadas formas geométricas da construção se assemelham a um bombardeiro a jato, vistas por alguns ângulos. Uma série de janelinhas na parte de cima das paredes forma a frase "Para que nunca esqueçamos – *N'oublions jamais*". A parte interna também é evocativa. Com cerca de 500 mil objetos, que incluem artilharia, veículos militares e extensa coleção de obras de arte sobre guerra, o acervo permanente do museu realça momentos importantes na história do Canadá. Desde os primeiros tempos da Nouvelle France até as atuais forças de paz da ONU, a história militar canadense ganha vida em mostras e dioramas de tamanho real. Entre os destaques estão lembranças da batalha de Vimy Ridge em 1917 e do desembarque no Dia D em 1944.

Fora do mapa, 223 A3 1 Vimy Place, Ottawa, Ontário, K1A 0M8 819/776-8600, 800/555-5621 Mai-jun, set-meados out diariam 9h-18h (e qui 18h-20h); jul-fim ago diariam 9h-18h (e qui-sex 18h-20h) Adulto $12, criança (3-12) $8, família $30. Grátis para veteranos ou membros das forças armadas do Canadá e até três membros da família; grátis para todos qui 16h-20h e 1º jul e 11 nov. Ingressos combinados disponíveis no Canadian Museum of Civilization e no seu cinema IMAX 8, 86, 87, 95, 96, 97

NATIONAL GALLERY OF CANADA

▷ 224-5.

PARLIAMENT HILL

www.parliamenthill.gc.ca

Sede do governo canadense, os prédios do Parlamento –mais conhecidos como Parliament Hill– são feitos de pedras entalhadas, têm telhados de cobre e ficam sobre um costão acima do rio. Com muitas torres, estes prédios constituem uma interessante fantasia da alta arquitetura vitoriana. Por trás, têm-se as melhores vistas do conjunto, a partir do rio Ottawa e de Gatineau no outro lado (Quebec). Devido às reformas para a comemoração de 25 anos, pode haver andaimes e trabalhadores em algumas partes do complexo.

O local foi adquirido do exército britânico em 1859. As três edificações surgiram na década de 1860 –a do meio seria para as Casas do Parlamento e a Biblioteca, e os blocos a leste e oeste destinavam-se a escritórios. Em 1916, um incêndio quase destruiu o bloco central. Ele foi reconstruído em 1920, numa versão mais sóbria do estilo gótico. A Peace Tower, acrescentada em 1927 como um monumento aos canadenses mortos na Primeira Guerra Mundial, possui um carrilhão de 53 sinos.

É possível fazer visitas grátis ao bloco do centro (mesmo quando o Parlamento está em sessão). Para os canadenses, a visita é como uma peregrinação obrigatória, mas os estrangeiros talvez prefiram caminhar do lado de fora para apreciar a arquitetura e aproveitar as belas vistas da cidade e do rio.

Na frente dos prédios fica a Centennial Flame, uma fonte onde queima uma chama de gás natural. Acesa em 1967 (ano do centenário), ela simboliza os primeiros cem anos da Canadian Confederation e reproduz os escudos e emblemas de todas as províncias e territórios, e a data em que cada um se uniu ao Canadá. Vire à esquerda e contorne o bloco do centro até o Summer Pavilion para ver o litoral de Quebec e o Canadian Museum of Civilization (▷ 116-7). Atrás do bloco do centro fica o extraordinário prédio gótico da Biblioteca do Parlamento, com 16 lados, que sobreviveu ao incêndio de 1916. Você passa por estátuas que, na maioria, são de ex-primeiros-ministros ou criadores da Canadian Confederation. Duas homenageiam soberanas britânicas: as rainhas Vitória e Elizabeth 2ª.

Do fim de junho ao fim de agosto, a cerimônia de 30 minutos da troca da guarda ocorre no principal gramado (chegue por volta das 9h45). Um show bilingue de som e luz, de 30 minutos, usa o bloco central como pano de fundo (duas vezes por noite jul-início set, horário variado).

223 B2 National Capital Commission Infocentre, 90 Wellington Street, Ottawa, Ontário, K1P 5A1 (na frente dos prédios do Parlamento); Info-tent no Parliament Hill, meados mai-início set 613/239-5000, 800/465-1867 Diariam

RIDEAU CANAL NATIONAL HISTORIC SITE

www.pc.gc.ca

O Rideau Canal corta o centro da capital e forma um parque linear atraente. No inverno, o canal se transforma num rinque de patinação com 7,8km de comprimento, conhecido como Rideau Canal Skateway (tel 613/239-5234 para saber das condições do gelo). Em 2007, foi declarado Patrimônio da Humanidade.

O canal sai do rio Ottawa por um lance de oito comportas. Dali, ele se estende por mais 202km, com um total de 47 comportas. Foi construído pelo governo britânico entre 1826 e 1832, a fim de criar um percurso seguro entre Montreal e a base naval do lago Ontário, evitando o trecho do rio São Lourenço que forma a fronteira com os EUA. A construção foi confiada ao coronel John By dos Royal Engineers e, embora esteja cotada como uma das primeiras grandes obras da engenharia civil da América do Norte, By não obteve reconhecimento por ela –na realidade, a obra ficou tão cara que ele voltou desacreditado à Grã-Bretanha.

223 C2 Rideau Canal Historic Site, 34 Beckwith Street South, Smiths Falls, Ontário, K7A 2A8 613/283-5170, 1-888/773-8888.

SUPREME COURT OF CANADA

www.scc-csc.gc.ca

O edifício da Suprema Corte do Canadá, projetado por Ernest Cormier, arquiteto de Montreal, ergue-se acima do rio Ottawa bem a oeste de Parliament Hill (▷ 222). Recuado na movimentada Wellington Street, o prédio oferece um cenário imponente para o mais alto tribunal do país.

223 B3 301 Wellington Street,Ottawa, Ontário, K1A 0J1 613/995-5361 (informações sobre visitas guiadas), 1-866/360-1522 Início mai-ago diariam 9h-17h; resto do ano seg-sex 9h-17h Grátis Vistas guiadas somente com reserva

Acima *Comportas ao longo do Rideau Canal, uma atração ao ar livre para o ano todo*

NATIONAL GALLERY OF CANADA

INFORMAÇÕES
http://national.gallery.ca
223 B2 380 Sussex Drive, Box 427, Station A, Ottawa, Ontário, K1N 9N4
613/990-1985, 1-800/319-2787
Mai-fim set diariam 10h-17h (e qui 17h-20h); resto do ano fecha seg
Adulto $9, criança (12-19) $4, família $18; grátis qui após 17h. Taxa extra para exposições especiais: adulto $15, criança (12-19) $7, família $30 Visitas guiadas: mai-fim set diariam; out-fim abr ter-dom 14h; grátis

Com mais de 1.500 obras de arte canadenses, resultado de quase 130 anos de uma seleção rigorosa, a National Gallery of Canada ocupa um lugar maravilhoso no coração da capital, com ótimas vistas de Parliament Hill (▷ 222). A arquitetura desta construção impressiona, e os prismas resplandecentes de suas torres competem com os torreões góticos da Biblioteca do Parlamento, no outro lado do Rideau Canal. O Great Hall tem vistas maravilhosas, e galerias elegantes, pátios e claraboias difundem a luz natural por todo o prédio.

CANADIAN COLLECTION

Como não podia deixar de ser, a National Gallery of Canada dispõe da maior coleção do mundo de arte canadense exposta nas galerias de acervo permanente. E você se impressiona logo ao entrar. A Nouvelle France ganha vida com retábulos de altar pintados e dourados, imagens de santos e quadros religiosos. Aos poucos, há uma transição para paisagens magníficas, como a *Sunrise on the Saguenay*, de Lucius O'Brien, seguida de alguns nomes famosos da arte canadense. As pinturas de gênero de Cornelius Kreighoff e Paul Kane registram o estilo de vida há muito perdido dos indígenas canadenses. As excelentes obras evocativas de Tom Thomson e do Grupo dos Sete ganharam lugar de honra. *The Jack Pine* de Thomson, *The Red Maple* de A. Y. Jackson e *North Shore Lake Superior* de Lawren Harris captam a maravilhosa vida selvagem e a beleza deslumbrante do país. Os artistas mais contemporâneos não foram ignorados, e há belas obras de Jean-Paul Riopelle e EJ Hughes.

OUTRAS COLEÇÕES

A galeria dispõe de alguns exemplos notáveis de obras de arte de outras culturas. Mais de 400 delas estão expostas nas espaçosas galerias europeia, americana e contemporânea, e refletem a essência e a substância da tradição artística e da criatividade da cultura ocidental. As coleções estão dispostas por ordem cronológica, desde a Idade Média até a atualidade. Não perca a *Venus* (*c*1518) de Lucas Cranach, o busto de mármore que Gian Lorenzo Bernini fez do papa Urbano 8º (*c.* 1623), a *Salisbury Cathedral from the Bishop's Grounds* (1820) de John Constable, o original da obra muito reproduzida de Benjamin West, *The Death of General Wolfe*, e a obra-prima de Claude Monet, *Agulha Rochosa Vista pela Porta de Aval* (1886), adquirida em 2010. Nas galerias de arte contemporânea, a enorme obra abstrata de Barnett Newman, *Voice of Fire* (1967), apresenta três faixas imensas. A obra do artista americano custou aos contribuintes canadenses $11 milhões e causou muita polêmica na época. Outra de suas obras, *Yellow Edge* –totalmente negra, exceto por uma listra amarela em um lado–, não custou um centavo, pois foi um presente de Annalee, viúva de Newman. A área de Arte Indígena reúne obras de povos aborígines do Canadá e de povos indígenas do mundo, dando uma boa noção sobre as variações artísticas, antigas influências e condições sociais posteriores que afetaram seu trabalho. A arte inuit e das Primeiras Nações estão bem representadas, incluindo gravuras e esculturas.

Exposições especiais e importantes são apresentadas aqui o ano todo, e há também palestras, apresentações relacionadas à arte, visitas guiadas e filmes.

Pág. ao lado *O prédio do museu parece um enorme prisma brilhante*
Acima *As cores vivas do outono em* The Pool, *de Tom Thomson (1915)*
Abaixo *As galerias amplas e arejadas exibem obras de arte notáveis*

RIDEAU STREET CHAPEL

De repente, no coração das Canadian Galleries e ao lado da Garden Court, você encontra esta apresentação impressionante das ricas tradições artísticas do Canadá francês. Parte do Convento de Nossa Senhora do Sagrado Coração, em Ottawa, este magnífico interior de uma capela foi salvo da destruição, desmontado parte por parte, e trazido para a National Gallery, que na época estava em construção. Este interior foi meticulosamente reconstruído como era originalmente.

Projetado em 1887 pelo arquiteto da diocese Canon Georges Bouillon, o interior da capela é o único na história da arquitetura sacra canadense. Possui teto decorado com abóbada em leques, ao estilo neogótico, colunas de ferro forjado e marmorizado, três altares, balcão e janelas maravilhosas. É a única capela desse tipo que se conhece na América do Norte.

POINT PELEE NATIONAL PARK

www.pc.gc.ca

Este minúsculo oásis de vegetação, que se projeta pelo lago Erie e pelo ponto mais meridional das terras continentais canadenses, formou-se quando toneladas de areia foram depositadas aqui pelo recuo de geleiras no último Período Glacial, e um viçoso bosque de árvores decíduas criou raízes na área. Point Pelee fica na mesma latitude de Roma (40°N), e possui vida animal e vegetal inigualável no Canadá. Por isso, seus $20km^2$ são preservados como parque nacional desde 1918. Ganhou fama por suas fontes e pelas migrações de aves no outono, quando mais de 350 espécies passam por aqui. Por alguns dias do outono, recebe milhares de borboletas monarcas que migram para o sul até as montanhas centrais do México, a 3.000km de distância. Elas vêm atrás de seu único alimento –as plantas leitosas que crescem por aqui.

410 R20 407 Monarch Lane, R.R.1, Leamington, Ontário, N8H 3V4 519/322-2365 Diariam Abr-fim out; adulto $7,80, criança (6-16) $3,90, família $19,60; nov-fim mar; adulto $6,05, criança (6-16) $2,90, família $14,70 Mai-meados out Mai-meados out

SAULT STE.-MARIE

www.saulttourism.com

Sault Ste.-Marie, conhecida como "The Soo," é uma cidade industrial no lado norte do rio St. Mary, cujos 96km ligam os lagos Superior e Huron, e formam a fronteira internacional entre Ontário e o estado americano de Michigan. Em pouco mais de 1,5km de águas turbulentas, o rio cai mais de 6m numa série de corredeiras *(saults)*.

Ao lado das corredeiras estão os velhos edifícios e o maquinário do canal histórico (diariam), hoje protegidos pelo Parks Canada. Duas das quatro eclusas modernas são para cargueiros enormes e estão entre as mais longas do mundo.

O cenário aquático de Sault Ste. Marie é bem aproveitado, com um calçadão de madeira e dois parques no rio, o navio *Norgoma* (aberto ao público), o Marine Heritage Centre (jun-início set diariam 11h-19h) e o Canadian Bushplane Heritage Centre (meados mai-meados out diariam 9h-18h; resto do ano 10h-16h), com aviões, dois teatros e simuladores de voo.

Ao norte da cidade fica o Escudo Canadense, com sua vida selvagem. Um passeio de um dia de trem (início jun-meados out diariam 8h) atravessa 184km de relevo acidentado, com uma parada de 2 horas no espetacular Agawa Canyon.

404 Q18 Tourism Sault Ste.-Marie, 99 Foster Drive, Sault Ste. Marie, Ontário, P6A 5X6 705/759-5432, 1-800/461-6020

SCIENCE NORTH EM SUDBURY

www.sciencenorth.on.ca

Sudbury situa-se numa cratera oval, com quase 100km de largura e 15km de profundidade, no rochoso Escudo Canadense, no grande cinturão rico em minérios ao norte de Ontário. Em 1883, foram descobertos níquel e cobre, durante a construção da Canadian Pacific Railway; agora, Sudbury é uma das maiores cidades mineiras do país.

Science North, o magnífico museu de ciências de Sudbury, foi instalado em dois prédios com formato de flocos de neve, para representar a glaciação que esculpiu a paisagem. Graças a um pacote de estímulo do governo canadense, o Science North está passando por uma grande revitalização. No terceiro andar, a exposição Northern Ecysystem ganhou habitats de animais melhores e outros incrementos; o popular Climate Change Show foi atualizado; e as apresentações no novo teatro variam de espécies significativas dos Grandes Lagos à busca por matéria negra no universo. Em outros pontos há muitas mostras e diversão interativa ligadas a todos os aspectos da ciência, e o túnel subterrâneo continua sendo uma parte fascinante das mostras geológicas.

Atração semelhante ao Science North, a Dynamic Earth (122 Big Nickel Road, Sudbury; http://dynamic earth.ca) oferece uma exploração mais profunda (quase literalmente) da geologia da área. Ela oferece uma descida em elevador de vidro para uma visita aos túneis da antiga mina, uma área com brinquedos infantis interativos sobre mineração, garimpo de ouro com bateias, expositores de minerais e geologia, galeria interativa de mineração de níquel, e um cinema que exibe filmes excelentes sobre geologia.

405 R18 100 Ramsey Lake Road, Sudbury, Ontário, P3E 5S9 705/523-4629, 1-800/461-4898 Diariam Adulto $19, criança (até 12) $16, para cada atração, ou $33 (criança $27) para Science North e Dynamic Earth Lakehouse Restaurant

THUNDER BAY

www.thunderbay.ca

Thunder Bay fica na costa noroeste do lago Superior, tendo ao fundo milhares de quilômetros quadrados de terra virgem semeada de lagos. Esse é um ímã para amantes de esportes ao ar livre, mas a cidade em si é vibrante e tem muito a oferecer.

A maior atração é o Fort William Historical Park (meados mai-meados out diariam), uma reconstituição de um posto avançado do comércio de peles, com atores em trajes de época, atividades que envolvem os visitantes e eventos especiais. O Founders' Museum and Pioneer Village (fim mai-início set, diariam 11h-17h) é uma reconstituição mais modesta, de um assentamento pioneiro no noroeste, com casas, oficinas e lojas. Em estilo mais tradicional, o Thunder Bay Museum (meados jun- início set diariam 11h-17h; resto do ano ter-dom 13h-17h) tem algumas raridades do passado, e a galeria de arte local (terqui 12h-20h, sex-dom 12h-17h) dispõe de uma boa coleção de arte das Primeiras Nações. O acervo permanente tem mais de 1.200 obras importantes, e há programação de exposições individuais de artistas, bate-papos, oficinas e projetos comunitários.

Fora da cidade, as belíssimas Kakabeka Falls, de 39m de altura, 32km a oeste na Highway 11/17, têm trilhas panorâmicas na garganta. Cerca de 65km a nordeste, o Ouimet Canyon, de 1,6km de extensão, é resultado de uma falha no leito rochoso. O cânion preserva uma vegetação rara e há uma trilha (meados mai-meados out diariam) até o topo.

404 P18 Centro de Informações Turísticas, Highway 11/17E, Thunder Bay, Ontário, P7E 5VE 807/983-2041, 800/667-8386

UPPER CANADA VILLAGE

A Vila do Alto Canadá é uma reconstituição criativa de uma comunidade de Ontário em meados do século 19. Num cenário rural, ao lado do rio São Lourenço, ela foi erguida durante a construção do St. Lawrence Seaway na década de 1950. A fim de fazer a nova barragem para a hidrelétrica e canais de navegação, os engenheiros represaram as históricas corredeiras de Long Sault para formar o lago St. Lawrence, e esse processo inundou 200 fazendas, oito vilas e milhares de casas. Mais de 40 edificações históricas foram cuidadosamente transferidas daqui para preservá-las. E agora, revive-se a existência difícil dos primeiros legalistas que ocuparam esta área na década de 1860.

A VIDA NA VILA

A vila leva você ao passado, até um período em que a vida era mais simples. Atores a caráter cuidam da criação de animais em celeiros e nos pátios das fazendas, fiam e tecem lã, fazem queijos e pães, moem trigo num moinho movido a vapor, e trafegam em todos os tipos de transportes imagináveis do século 19 –o visitante pode andar em alguns deles. Os homens fundem ferro, afiam e soldam utensílios de estanho, fazem móveis, ferram cavalos e imprimem um jornal. Ali existe moinho de farinha, serraria, escola, igreja, taberna e consultório médico.

As construções mostram como os primeiros colonizadores evoluíram desde as humildes choupanas iniciais até sólidas casas de tijolos e pedras. A fazenda Ross, uma das edificações mais antigas, é uma moradia feita de toras, com um só cômodo, do tipo erguido pelos primeiros legalistas. Em compensação, a fazenda Loucks, da década de 1860, é muito maior, tem um aspecto de solidez e prosperidade. A Crysler Hall é uma mansão magnífica e espaçosa, onde morava um rico latifundiário, e deve ter sido decorada com luxo. Agora, abriga o Orientation Centre da vila e apresenta um audiovisual e diversas mostras, entre as quais um relato das "Vilas Perdidas", inundadas pelo lago São Lourenço.

INFORMAÇÕES

www.uppercanadavillage.com

412 T18 · 13740 County Road 2, Morrisburg, Ontário, K0C 1X0

613/543-4328, 1-800/437-2233

Meados mai-início set diariam 9h30-17h; set-meados out qua-dom 9h30-17h

Adulto $19,95, criança (5-18) 11,95, família 10% de desconto. Os preços não incluem impostos

40km oeste de Cornwall pelas rodovias 2 ou 401

Abaixo *Atores a caráter numa casa da Upper Canada Village*

PASSEIO DE CARRO

Este panorâmico passeio de carro circunda as impressionantes Cataratas do Niágara, uma das maiores atrações turísticas do mundo, além de rios tranquilos, belos jardins e a pitoresca comunidade de Niagara-on-the-Lake.

O PASSEIO
Distância: 53km.
Duração: Meio dia.
Início: Old Fort Erie.
Fim: Niagara-on-the-Lake

COMO CHEGAR

Old Fort Erie fica na Highway 1, 32km ao sul de Niagara Falls e a 2km da Peace Bridge, importante ponto de entrada dos EUA (Buffalo, estado de Nova York)

Oficialmente, a Niagara Parkway começa em Mather Arch, no lado esquerdo (rumo norte) da Highway 1.

❶ Rodeado por belos canteiros de flores no verão, o Mather Arch foi construído em 1959 como portal para quem vinha dos EUA visitar o Canadá e atravessava a Peace Bridge. A ponte liga o Fort Erie, em Ontário, a Buffalo, no estado de Nova York, do outro lado do rio Niágara. Foi inaugurada em 1927 pelo então príncipe de Gales, e é uma das quatro pontes internacionais a cruzarem o rio.

Há muitas paradas para descansar e áreas de piquenique ao longo da rodovia. Depois de rodar 16km, você avistará a ilha Navy.

❷ Foi nesta ilhota que o líder rebelde William Lyon Mackenzie procurou refúgio após o fracasso de sua revolta no Alto Canadá, em 1837.

Em Chippawa, 2km adiante, a rodovia segue um sistema de mão única para atravessar o rio Welland pela King's Bridge, depois passa pelas ilhas Dufferin, uma série de ilhotas com parques, caminhos e pontes. Imediatamente após estas ilhas ficam as International Niagara Control Works.

❸ À noite, uma represa de controle canaliza 50% da água a 90m abaixo da cidade de Niagara Falls até as Sir Adam Beck Generating Stations, aqui e perto de Queenston, ou até a Robert Moses Generating Station, no lado americano das cataratas.

Imediatamente depois das obras de controle, o rio impressiona, com um fluxo de quase 100km/h nas grandes corredeiras. Após 28km desde o início do passeio, você chega às Horseshoe Falls. Estacione do outro lado do complexo de Table Rock ($20 para estacionar na alta estação; preço reduzido nas outras épocas do ano) e dê uma volta para conhecer este lugar incrível. E convém vestir uma capa impermeável, se tiver.

❹ As Horseshoe (ou Canadian) Falls (▷ 214-7) têm quase 800m de largura e 50m de altura. No interior do prédio de Table Rock, você toma um elevador, desce 46m e caminha até duas plataformas de observação por trás das cataratas (diariam). São oferecidas capas de chuva. Mais adiante, é possível ver as American Falls do lado americano do rio, e você chega ao ponto de saída do barco *Maid of the Mist* (▷ 217).

Mais 2km pela rodovia e chega-se à Rainbow Bridge.

❺ De aço em forma de arco, a Rainbow Bridge (ou Honeymoon Bridge) foi a quinta a ser construída neste local. Terminada em 1941, ela substituiu a ponte destruída pelo acúmulo de gelo em 1938. No lado canadense, há uma torre com carrilhão de 55 sinos, dos quais o mais pesado tem 10t.

A Niagara Parkway passa por baixo da Whirlpool Rapids Bridge, num trecho de 2km. Depois você roda mais 1km até atingir a White Water Walk e um templo budista. Com mais 1km, chega-se ao redemoinho e ao Aero Car.

❻ Você desce de elevador até o White Water Walk no fundo do desfiladeiro, onde há uma passarela de madeira ao longo das corredeiras (início abr-meados out diariam). É quase impossível ver estas corredeiras de cima. Do outro lado da rua, saindo de White Water Walk, há um grande templo budista, conhecido como Ten Thousand Buddhas Sarira Stupa –um lugar maravilhoso. O rio faz uma curva abrupta para nordeste, e a força da água cria um forte redemoinho. Um bondinho, suspenso bem acima dele, oferece vistas impressionantes (diariam, sob tempo bom). Da margem do rio dá para ver o redemoinho, mas há uma vista melhor do outro lado, se você continuar na rodovia por mais 2km.

Dali, são quase 3km até Niagara Glen.

❼ Aqui você pode descer a pé o desfiladeiro, esculpido pelo rio cerca de 7 mil ou 8 mil anos atrás. Para a descida de mais de 60m, calcule 15 minutos e mais 30 minutos para subir de volta.

Continue na rodovia por 1km até chegar ao Botanical Gardens and Butterfly Conservatory (diariam). Depois de mais 2km, você passará por duas importantes usinas hidrelétricas.

❽ Abaixo, a Sir Adam Beck Generating Station é uma das maiores hidrelétricas de Ontário. Do outro lado do rio, a Robert Moses Generating Station serve esta área muito industrializada do estado de Nova York.

A Queenston-Lewiston Bridge atravessa o rio, 1km adiante. A rodovia desce as escarpas íngremes e passa ao lado do vilarejo de Queenston, já embaixo, e prossegue por uma região ampla, com belas propriedades, pomares e vinhedos, ao se aproximar de Niagara-on-the-Lake.

❾ Niagara-on-the-Lake, fundada por legalistas após a Revolução Americana, foi a primeira capital do Alto Canadá. Os americanos a incendiaram durante a Guerra de 1812, mas ela foi reconstruída logo em seguida. A cidade é famosa pelo Shaw Festival (▷ 241), e também se destaca na florescente indústria vinícola de Niágara (▷ 393).

QUANDO IR

Apesar de Niagara Falls estar sempre movimentada no verão, não é preciso rodar muito para fugir das multidões. A primavera é encantadora, o outono oferece festivais dos vinhos locais e, no inverno, as cataratas congelam e oferecem uma visão fantástica.

ONDE COMER

PELLER ESTATES WINERY RESTAURANT

✉ 290 John Street East, Niagara-on-the-Lake ☎ 905/468-4678.

ONDE FICAR

HOLIDAY INN

✉ 1485 Garrison Road, Fort Erie ☎ 1-888/269-5550

PRINCE OF WALES HOTEL

✉ 6 Picton Street, Niagara-on-the-Lake ☎ 905/468-3246 ou 1-888/669-5566.

Pág. ao lado *As cataratas proporcionam uma experiência para todos os sentidos*

PASSEIO A PÉ NO NIÁGARA

Este passeio a pé segue parte da panorâmica Niagara River Recreation Trail, iniciada em 1986. Ao todo, o caminho pavimentado se estende por 58km, ao longo da margem do rio Niágara, de Niagara-on-the-Lake até Fort Erie.

O PASSEIO
Distância: Pouco mais de 5km.
Duração: 1h30min.
Início/fim: Rainbow Bridge, Niagara Falls.

COMO CHEGAR

De Queen Elizabeth Way, pegue a Highway 420 para Niagara Falls e saia na River Road. Dos EUA, basta atravessar a Rainbow Bridge.
Atenção: Os respingos das águas das cataratas podem encharcar você. Leve uma capa impermeável.

Ao sair de Rainbow Bridge caminhe rumo às cataratas.

De aço em forma de arco, a Rainbow Bridge (ou Honeymoon Bridge) foi a quinta construída no local. A anterior foi destruída pelo acúmulo de gelo em 1938. Você pode caminhar sob a ponte, se não se importar com o ruído do trânsito. No final da ponte, à direita, está a torre com carrilhão de 55 sinos, que oferece concertos de vez em quando. A névoa de respingos das cataratas domina o que se vê à frente.

Cruze a Clifton Hill Street e siga a trilha afastada da estrada e perto do rio para chegar ao *Maid of the Mist*.

Pode-se comprar o bilhete aqui e fazer o passeio de barco no *Maid of the Mist* (é fornecida capa impermeável). Esta experiência figura entre as mais emocionantes do mundo (⊳ 217).

Cerca de 500m adiante você avista a ilhota Goat, arborizada, que separa as American Falls das Horseshoe Falls. As American Falls, no lado americano do rio, têm 300m de largura e mais de 54m de altura, mas contam com apenas 10% do fluxo do rio.

Logo depois deste ponto, você começará a sentir os respingos das Horseshoe Falls, por 800m.

Em Table Rock, você pode chegar bem na beirada, onde as águas mergulham pelo penhasco, numa visão fascinante. As quedas-d'água são ao mesmo tempo espetaculares e potentes, com quase 800m de largura e 51m de altura, levando consigo 90% do fluxo do rio. A força da água provoca erosão em grandes trechos de pedra, que se quebram, mas o desvio das águas para as usinas hidrelétricas distribuiu o fluxo com mais uniformidade pelas quedas, o que reduziu o índice de erosão. Continue a caminhada rio acima por mais 800m.

As grandes e agitadas corredeiras constituem impressionantes precursoras das cataratas, com fluxo d'água de quase 100km/h. O velho barco marcado pela ferrugem apanha esta névoa desde 1918. Era uma barcaça de carga que se desprendeu do rebocador em algum trecho do rio e, por fim, encalhou aqui. Levou 29 horas para resgatar a tripulação –um salva-vidas ligado a um cabo foi jogado para o barco do telhado do prédio da Electrical Development Corporation, que se vê bem à frente.

Rodeie a Electrical Development Corporation e retorne à Rainbow Bridge.

QUANDO IR

Aqui nunca é sossegado, mas chegue cedo ou venha à noite, quando as cataratas são iluminadas, a fim de evitar as multidões e as longas filas para o *Maid of the Mist*.

ONDE COMER

EDGEWATERS TAP AND GRILL

✉ 6342 Niagara Parkway, Niagara Falls
☎ 905/356-2217

ELEMENTS ON THE FALLS RESTAURANT

✉ Table Rock, Niagara Falls
☎ 905/354-3631.

ONDE FICAR

LION'S HEAD BED-AND-BREAKFAST

✉ 5239 River Road, Niagara Falls
☎ 905/374-1681.

Pág. ao lado *As Horseshoe Falls*
Acima *O jeito mais emocionante –e encharcado– de apreciar as majestosas cataratas é de barco*
Abaixo *Os incríveis respingos certamente podem encharcar você, mas a bordo são fornecidas capas impermeáveis*

ARTE, COMPRAS, DIVERSÃO E NOITE

BOWMANVILLE

MOSPORT INTERNATIONAL RACEWAY

www.mosport.com

Principal local para corridas automobilísticas do país, com 4km, percurso com dez curvas, um trecho oval de 800m, 1km de pista de kart e Driver Development Centre. Entre os eventos estão NASCAR e Superbike.

✉ 3233 Concession Road 10, RR 5, Bowmanville, Ontário, L1C 3K6 ☎ 905/983-9141 🕒 fim abr-fim out 🖐 Em geral $15-$65; oferece tarifas para fins de semana 🚗 100km a leste de Toronto ao lado da Highway 401 (saída 431), para norte na 57 depois para leste pela RR 20

BRAMPTON

WILD WATER KINGDOM

www.wildwaterkingdom.com

Parque aquático com piscina de ondas, canais, escorregadores com vários níveis de queda, brinquedos e área segura para os pequenos. O Sports Dome tem atrações cobertas.

✉ 7855 Finch Avenue West, Brampton, Ontário, L6T 0B2 ☎ 416/369-9453, 866/794-9453 🕒 Meados jun-início set diariam 10h-18h (até 20h, na alta temporada) 🖐 Adulto $29,95, criança (menos de 10) $22,50 (menos de 3) grátis 🍴 Cozinha caribenha e várias lojas de fast-food 🚇 Yorkdale ou York Mills, depois ônibus GO; 22 de Mississauga; 11 de Brampton 🚗 Ao lado da Highway 427

CAMBRIDGE

AFRICAN LION SAFARI

www.lionsafari.com

Este parque imenso tem mais de mil animais exóticos em uma reserva de caça. Pode-se entrar de carro ou no ônibus de safári, e há um cruzeiro no lago e uma ferrovia panorâmica. Não perca o nado do elefante e o Jungle Playground.

✉ 1386 Cooper Road, Flamborough; endereço de correspondência: #RR1, Cambridge, Ontário, N1R 5S2 ☎ 519/623-2620, 1-800/461-9453 🕒 Fim jun-início set diariam 9h-17h30; mai-fim jun seg-sex 9h-16h, sáb-dom 9h-17h; início set-meados out diariam 9h-16h 🖐 Fim jun-início set adulto $29,95, criança (3-12) $24,95; primavera e outono adulto $24,95, criança (3-12) $19,95. Impostos não incluídos 🚗 Uma hora a sudoeste de Toronto, ao lado da Highway 401 na saída 299 (oeste) ou saída 268A (leste)

CAMPBELLVILLE

MOHAWK RACETRACK

www.woodbineentertainment.com

Em ambiente arborizado, com emocionantes corridas de importante liga de trote; apresentação de muitos cavalos campeões da América do Norte.

✉ 9430 Guelph Line, Campbellville, Ontário, L0P 1B0 ☎ 905/854-2255 🕒 Mai-meados out qui-dom 19h30, seg 19h20 🖐 Grátis 🚗 Ao lado da Highway 401, saída 312, a oeste de Toronto

COLLINGWOOD

BLUE MOUNTAIN RESORT

www.bluemountain.ca

Este é o principal resort de inverno de Ontário, na montanha mais alta, com esqui de cross-country e morro abaixo, snowboard, tubing e aulas. E tem caminhadas, mountain bike e esportes aquáticos nos meses de verão.

✉ 108 Jozo Weider Boulevard, Collingwood, Ontário, L9Y 3Z2 ☎ 705/445-0231, 1-877/445-0231 🕒 O ano todo 🖐 Aluguel: $32-$38; elevador: $36-$67 🚗 11km a oeste de Collingwood, ao lado da Highway 26

Pág. ao lado *Elefante no African Lion Safari*
Abaixo *Thousand Islands Playhouse*

GANANOQUE

1.000 ISLANDS KAYAKING

www.1000islandskayakingco.com

Com atendimento para iniciantes e experientes no caiaque, esta empresa organiza passeios de meio dia e de dia inteiro ao redor das bonitas Thousand Islands, com guias qualificados, todos os equipamentos e aulas. Os passeios de dia inteiro incluem almoço; lanches saudáveis são fornecidos em passeios de 3 horas.

✉ 110 Kate Street, Gananoque, Ontário, K7G 2M7; correspondências: 58 River Road, Lansdowne, Ontário, K0E 1L0 ☎ 613/329-6265 🕐 Mai-out, com reserva ✋ Meio dia adulto $85, criança (menos de 18) $45; dia inteiro adulto $125, criança (menos de 18) $65 🚗 Gananoque fica ao lado da Highway 401, cerca de 30km a leste de Kingston

THOUSAND ISLANDS PLAYHOUSE

www.1000islandsplayhouse.com

Com um teatro à beira d'água (imagem abaixo) e outro numa antiga sede dos bombeiros, ao lado, esta companhia profissional apresenta dramas populares e leves, comédias e musicais.

✉ 690 Charles Street South, Gananoque, Ontário, K7G 2T8 ☎ 613/382-7020, 866/382-7020 🕐 Meados mai-início nov ✋ Adulto $32, criança $16 🚗 Na margem do rio São Lourenço

HAMILTON

ADVENTURE VILLAGE

www.adventurevillage.ca

As crianças adoram este parque de diversões de 1,2ha, que tem carro bate-bate, minigolfe e garimpo com bateia. As mais velhas gostam de quadras para treino de beisebol e paredes para escalar. Tem pebolins e videogames para todas as idades.

✉ 580 Van Wagners Beach Road, Hamilton, Ontário, L8E 3L8 ☎ 905/549-9444, 1-800/387-8727 🕐 Jul-ago diariam 10h-23h ou 24h; jun seg-qui 12h-22h, sex 12h-24h, sáb 10h-24h, dom 10h-22h; mai seg-qui 12h-21h, sex 12h-22h, sáb 10h-22h, dom 10h-21h; abr, set seg-qui 16h-20h ou 21h, sex 16h-22h, sáb 12h-22h, dom 12h-21h; out sáb-dom 12h-17h ✋ Cada atividade tem um preço; dispõe de pacotes 🍴 🚗 A leste do centro, perto de Stoney Creek, ao lado de Burlington Street East ou QEW

CONFEDERATION PARK

www.conservationhamilton.ca

À beira do lago, este parque de 83ha dispõe de excelente parque aquático, piscina com onda, escorregador de seis andares, e diversão para crianças pequenas numa piscina rasa com esguichos e fontes. Há também a Adventure Village com atrações como carro bate-bate, parede para escalar, minigolfe, pistas para skate e bicicleta e muitos gramados para correr.

✉ 585 Van Wagners Beach Road, Hamilton, Ontário, L8E 3L8 ☎ 905/457-6141, 1-800/555-8775 ext. 5007 🕐 Parque: diariam 24 horas; Wild Waterworks: meados ago-início set diariam 10h-18h; fim jun-meados ago diariam 10h-20h; início jun-fim jun sáb-dom 10h-18h ✋ Estacione grátis; Wild Waterworks: adulto $19, criança (4-10) $12,30 🍴 Ollie's Landing café 🚗 À beira do lago Ontário; siga as placas ao lado da Centennial Parkway (Highway 20) 🚌 56 (fins de semana e feriados)

HAMILTON PLACE THEATRE

www.hecfi.ca

Instalação excelente e moderna, com palco enorme e acústica fantástica. Encena peças, concertos, ópera e musicais. Ao lado, o Studio Theatre é mais acolhedor.

✉ 10 MacNab Street, Hamilton, Ontário, L8P 4Y3 ☎ 905/546-3100 🕐 O ano todo

INTERNATIONAL VILLAGE

www.hamiltoninternationalvillage.ca

Reunidas na área central do patrimônio da Ferguson Station, mais de cem lojas ocupam edifícios vitorianos e eduardianos. Aqui você encontra joias, antiguidades, delicatessens, instrumentos musicais, restaurantes, brechós e comidas saudáveis. Festivais, eventos e shows grátis contribuem para a animação.

✉ King Street East/Main Street East/King William Street area Hamilton, Ontário, L8N 1B9 ☎ 905/524-2985 🚌 1, 1A, 5B, 10, 10A, 52

THEATRE AQUARIUS

www.theatreaquarius.org

Este magnífico complexo de teatro moderno, com dois espaços para apresentações, exibe peças clássicas, musicais e shows para crianças.

✉ 190 King William Street, Hamilton, Ontário, L8R 1A8 ☎ 905/522-7529, 800/465 7529 🕐 O ano todo ✋ $21-$49 🚗 No centro, entre Walnut e Ferguson

WHITE ELEPHANT VINTAGE

www.whiteelephantvintage.com

Esta lojinha pitoresca só vende objetos retrô ao gosto dos proprietários. É um lugar ótimo para achar latas

interessantes, gravuras, placas comemorativas e itens do gênero.
152 James Street North, Hamilton, Ontario, L8R 2K7 905/667-0325 Seg-qua 11h-18h, qui-sex 11h-19h, sáb 11h-17h 99 No centro, duas quadras ao norte de Jackson Square com Cannon Street West

KINGSTON

CATARAQUI TOWN CENTRE

www.cataraquitowncentre.ca
Maior shopping center da região, com mais de 140 lojas, entre as quais a Sears, The Bay, Zellers e Sport Chek. Há também uma boa variedade de lojas menores, lugares para comer, e serviços como empréstimo de carrinhos de bebê e cadeiras de rodas. Os eventos contam com shows de moda e diversão para a família.
945 Gardiners Road, Kingston, Ontário, K7M 7H4 613/389-7900 Seg-sex 9h30-21h, sáb 9h30-18h, dom 11h-17h A oeste do rio, entre Princess e Kidd, ao sul da Highway 401 (saída 611)

CORNERSTONE FINE CANADIAN CRAFTS

www.cornerstonefinecrafts.ca
Mostra os trabalhos de 150 dos melhores artesãos do Canadá, incluindo arte inuit, peças em metal, tecidos, águas-fortes, desenhos, gravuras, vidro e as joias de Ellen Fraser, que é a dona da loja.
225 Ontario Street, Kingston, Ontário K7L 2Z4 613/546-7967, 1-877/209-8822 Seg-sex 10h-18h, sáb 9h30-18h, dom 12h-17h

GRAND THEATRE

www.kingstongrand.ca
Foram gastos quase $17 milhões na construção do Grand Theatre "Grand Again". Atrás da nova fachada moderna, o prédio tem dois espaços para apresentações, dois salões, um pátio e uma galeria de arte exibe obras locais.
218 Princess Street, Kingston, Ontário, K7L 1B2 613/530-2050 O ano todo

K-ROCK CENTRE

www.k-rockcentre.com
Aberta em 2008 e com capacidade para 6.700 pessoas, esta excelente sala de concertos atrai artistas consagrados e shows (Bob Dylan, The Blue Man Group, *Cats*, George Thorogood e Elton John). Abriga também jogos da Liga de Hóquei de Ontário e shows de patinação no gelo.
1 Barrack Street, Kingston, Ontário, K7K 0B4 613/650-5000; ingressos: 1-877/554-8399 O ano todo

KINGSTON GLASS STUDIO AND GALLERY

www.kingstonglass.com
Podem-se ver artistas trabalhando com vidro neste estúdio e galeria no centro de Kingston. Há uma enorme variedade de criações deles à venda, incluindo copos, vasos e enfeites de vidro –assim como de mármore.
56 Queen Street, Kingston, Ontário, K7K 1A4 613/547-9149 Seg-sex 9h-17h, sáb 10h-17h, dom 11h-16h No centro, perto do cruzamento da King Street

TIME TO LAUGH

www.timetolaugh.ca
Os grandes comediantes itinerantes da América do Norte se apresentam aqui.
The Hub, 394 Princess Street, Kingston, Ontário, K7L 2Z4 613/542-5233 Qui-sáb Varia, a partir de $12,95; dispõe de pacotes de jantar e show No centro, a oito quarteirões da orla, perto do cruzamento com a Barrie Street

TOUCAN E KIRKPATRICK'S

www.thetoucan.ca
O Toucan e o Kirkpatrick's (em cima) são pubs irlandeses. O Toucan tem música que vai do folclórico tradicional até bandas novas, soul, blues, funk e Motown. O ambiente é animado e tem comida típica de pub.
76 Princess Street, Kingston, Ontário, K7L 1A5 613/544-1966 Diariam No centro, entre Wellington e King Street East

MIDLAND

CRUZEIROS NAS 30 MIL ILHAS

www.midlandtours.com
Com capacidade para 300 pessoas, o *Miss Midland* faz cruzeiros turísticos em torno das inúmeras ilhas que pontuam a bela Georgian Bay. Há cruzeiros noturnos com jantar em julho e agosto.
Midland Town Dock, no início da King Street; endereço para correspondência: 10 Robert Street East, Penetanguishene, Ontário, L9M 1L6 705/549-3388, ext 223 Meados mai-meados out diariam, sujeito ao clima e a número mínimo de passageiros. Ligue para saber horários de partida Adulto $24, criança (5-14) $12, menos de 5 grátis, família $60

MISSISSAUGA

LIVING ARTS CENTRE

www.livingartscentre.ca
Teatros excelentes, com ótima acústica, apresentam peças, danças, óperas, comédias e músicas (clássica, jazz, blues e folclórica).
4141 Living Arts Drive, Mississauga, Ontário, L5B 4B8 905/306-6000, 888/805-8888 O ano todo Perto do terminal do centro No centro, do outro lado da rua de Square One (▷ abaixo)

PLAYDIUM

www.playdium.com
Mais de 5ha de atividades em áreas abertas e cobertas, convenientemente perto das compras de Square One. O complexo coberto tem 200 jogos virtuais e interativos, mais um simulador de movimento Ridefilme, com tela deslizante. Fora, tem campo para treino de beisebol, pista de kart, gramado para golfe, quadras de vôlei e basquete, e torre para escalada.
99 Rathburn Road West, Mississauga, Ontário, L5B 4C1 905/273-9000 Seg-qui 12h-23h, sex 12h-1h, sáb 10h-1h, dom 10h-23h $10-$25 Perto do terminal do centro No centro de Mississauga, ao norte de Square One

SQUARE ONE

www.shopsquareone.com
Ao ser construído, em 1973, era o maior shopping center do Canadá, e ainda é o maior de Ontário, com mais de 360 pontos de vendas e serviços, ancorados por quatro grandes lojas de departamento: a gigante Wal-Mart, The Bay, Sears e Zellers. Há também o cinema de Square One, com 11 telas.
100 City Centre Drive, Mississauga, Ontário, L5B 2C9 905/279-7467

Seg-sex 10h-21h, sáb 9h30-18h, dom 11h-18h Perto do terminal do centro No centro de Mississauga, nas rodovias 403 e 10 Cerca de 40 pontos

NIAGARA FALLS

BRUCE TRAIL

http://brucetrail.org

A trilha mais antiga e mais longa do Canadá se estende por 845km desde Niágara até Tobermory, no norte de Ontário. E existem quase 430km de trilhas que se ramificam a partir do percurso principal. Boa parte da trilha pode ser aproveitada em caminhadas curtas, como até o ponto mais elevado, em Osler Bluff (8km; cerca de 3 horas). Pode-se fazer caminhadas curtas também para marcos específicos, como o Hole in the Wall –uma escada que desce por fissuras nas rochas–, perto de Toronto.

Bruce Trail Conservancy, P.O. Box 857, Hamilton, Ontário, L8N 3N9 905/529-6821, 1-800/665-4453 O ano todo Grátis

BUTTERFLY CONSERVATORY

www.niagaraparks.com

Mais de 2 mil borboletas exóticas circulam entre os arbustos, muitas vezes pousando nos visitantes, neste ambiente florestal confinado e com recursos aquáticos.

2405 Niagara Parkway, Niagara Falls, Ontário 905/356-2241, 1-877/642-7275 Fim jun-início set diariam 10h-19h; resto do ano diariam 10h-16h ou 17h (horários estendidos em alguns finais de semana e feriados) Adulto $11,75, criança (6-12) $7,65, menores 5 grátis Dez minutos de carro ao norte de Niagara Falls, nos Niagara Parks Botanical Gardens

CANADA ONE FACTORY OUTLETS

www.canadaoneoutlets.com

Cerca de 40 lojas vendem itens de grife com até 70% de desconto –Jones New York, Ecco, Tommy Hilfiger, Reebok e Levi's são alguns exemplos.

7500 Lundy's Lane, Niagara Falls, Ontário, L2H 1G8 905/356-8989, 1-866/284-3281 Seg-sáb 10h-21h, dom 10h-18h (fecha às 18h na seg jan-fim abr) Niagara People Mover (só no verão) Burger King

MARINELAND

www.marinelandcanada.com

Você pode tocar em baleias-belugas e orcas e ajudar a alimentá-las. Depois assiste ao show delas, que inclui leões-marinhos e morsas. Há brinquedos emocionantes (incluídos no preço do ingresso), muitos deles projetados para crianças. O maior habitat artificial do mundo para baleias oferece passarelas e visão subaquática.

7657 Portage Road, Niagara Falls, Ontário, L2E 6X8 905/356-9565 Jul-início set 9h-18h; meados mai-jun, início set-meados out 10h-17h ou 18h Adulto $40,95, criança (5-9) $33,95; algumas atrações são cobradas à parte Niagara Parks People Mover (só no verão) A 1,6km das Horseshoe Falls Cafeterias e lanchonetes

NIAGARA FALLSVIEW CASINO RESORT

www.fallsviewcasinoresort.com

Este cassino ocupa uma sólida edificação de 232.250m², de frente para as cataratas, com 25 andares. Possui mais de 3 mil caça-níqueis e 100 mesas de jogos. O complexo também conta com hotel, restaurantes, spa e teatro que oferece espetáculos com grandes artistas internacionais. Como todas as atividades ligadas a jogos em Ontário, o cassino é administrado por um departamento do governo.

6380 Fallsview Boulevard, Niagara Falls, Ontário, L2G 7X5 1-888/325-5788 Diariam 24 horas Grátis; os shows de teatro são cobrados. Limite de idade 19 Esquina da Buchanan Avenue com Murray Street

WHIRLPOOL GOLF COURSE

www.niagaraparksgolf.com

Desde 1951, este é um dos melhores campos de golfe do país, com 18 buracos par 72, para campeonatos, que tem como pano de fundo o desfiladeiro e o redemoinho do rio Niágara. Serviço completo de aluguel e uso da sede do clube.

3351 Niagara Parkway, Niagara Falls, Ontário, L2E 6S6 1-866/465-3642 Com clima favorável Taxas de "greens": $34-$69, aluguel de carrinho: $15, aluguel do clube: $36 Ao norte de Rainbow Bridge, na Niagara Parkway.

O Centrepointe Theatre, Ottawa

NIAGARA-ON-THE-LAKE

EUROPA ANTIQUES

www.europa-antiques.com

Dá para passar horas procurando coisas neste antiquário instalado numa igreja de mais de cem anos, coberta de hera. Ele dispõe de móveis variados e muitos itens de coleção, como rocas e fusos, lampiões, peças de estanho e utensílios de cozinha.

1523 Niagara Stone Road, Virgil, Ontário, L0S 1J0 905/468-3130 Sex 10h-17h, sáb-dom 11h-17h ou com hora marcada Na Highway 55, a 1,5km de Niagara-on-the-Lake

FRENCH PERFUME FACTORY

www.perfumefactory.ca

Veja destiladores antigos, matérias-primas e o laboratório desta primeira fábrica de perfumes e museu da América do Norte a abrir para visitação. Centenas de fragrâncias famosas para homens e mulheres são oferecidas a preços menores do que os de duty-free, junto com produtos para banho e óleos de aromaterapia da Ombra.

393 York Road, Niagara-on-the-Lake, Ontário, L0S 1J0 905/685-6666, 800/463-0012 Seg-sáb 10h-17h, dom 12h-17h Ao lado da Queen Elizabeth Way, saída 38 ou via Glendale Avenue a partir de St. Catharines

KURTZ ORCHARDS MARKETPLACE

www.kurtzorchards.com

Reunindo produtos de toda a região de Niágara, este é um bom lugar para descobrir o quanto esta parte de Ontário é fértil. Outra vantagem é poder experimentar os produtos, a exemplo de frutas frescas e deliciosas geleias, gelatinas, molhos, xaropes e assados caseiros.

16006 Niagara Parkway, PO Box 457, Niagara-on-the-Lake, Ontário, L0S 1J0 905/468-2937 Diariam Ao sul da cidade, na junção entre Niagara Parkway e East-West Line

SHAW FESTIVAL THEATRE

www.shawfest.com

Único teatro do mundo especializado em peças de George Bernard Shaw. É também uma das maiores companhias de repertório da América do Norte. A companhia administra mais três teatros na cidade, e o site mostra a programação de todos.

10 Queen's Parade, Niagara-on-the-Lake, Ontário, L0S 1J0 905/468-2172, 1-800/511-7429 Abr-out $30-$105

WHIRLPOOL JET BOAT

www.whirlpooljet.com

Este passeio emocionante leva você pelas Devil's Hole Rapids. Para os respingos, você ganha capa impermeável (e salva-vidas), mas você terá que trocar de roupa depois. Há também a opção sem respingos, numa embarcação coberta que mantém você seco o tempo todo.

61 Melville Street, Niagara-on-the-Lake, Ontário, L0S 1J0 905/468-4800, 888/438-4444 Meados abr-fim out Adulto $59, criança (6-13) $49 Circular Niagara Parks: jun-fim out diariam; mai sáb-dom Esquina de Delater (ao lado da King Street) com Melville

ZOOM LEISURE

www.zoomleisure.com

Se você tiver tempo e energia, uma das melhores maneiras de explorar a histórica Niagara-on-the-Lake e os vinhedos dos arredores é sobre duas rodas. Pode-se alugar bicicletas no local, ou fazer um dos passeios guiados em grupo ou planejado conforme seus interesses e por sua conta.

431 Mississauga Street, Niagara-on-the-Lake, Ontário, L0S 1J0 905/468-2366, 1-866/811-6993 Ligue para saber detalhes Aluguel desde $20 (3 horas); passeios desde $60 No centro, na esquina da Mary Street

OTTAWA

BARRYMORES MUSIC HALL

www.barrymores.on.ca

Ótimo local em Ottawa com rock ao vivo desde 1978 –grandes nomes participaram de sua história. Domingo tem noite Retrô da década de 1980, sem cobrança de couvert. Quinta, música dos anos 1990, ambos com DJs.

323 Bank Street, Ottawa, Ontário, K2P 1X9 613/565-9999 Qui-dom 1, 2, 4, 7

BOUTIQUE LE PAPILLON

www.boutiquelepapillon.com

As mulheres elegantes de Ottawa compram nesta butique gerida por uma família. O destaque da loja não é só a moda, mas o serviço cortês, bem informado e honesto. Roupas de grife do mundo todo são selecionadas por corte clássico, tipo de uso, tecidos modernos e moda atual.

136 Bank Street, Ottawa, Ontário, K1P 5N8 613/237-3662 Seg-qua e sáb 10h-17h30, qui-sex 10h-18h 1, 2, 4, 7, 316

BYWARD MARKET

www.byward-market.com

Mercado histórico na parte antiga de Ottawa, extremamente movimentado. Centenas de vendedores com barracas alinhadas nas ruas vendem frutas e verduras, roupas calçados, bijuteria, artesanato e suvenires. A área toda é uma mistura animada de restaurantes, lojas especializadas e casas noturnas.

55 Byward Market Square, Ottawa, Ontário, K1N 9C3 613/562-3325 Diariam. Horário variado 1, 9, 306 ou Transitway para Mackenzie-King

CANADA AGRICULTURE MUSEUM

www.agriculture.technomuses.ca

Esta é a única fazenda do mundo dentro de uma capital. Grande parte das crianças adora visitar os recintos com animais. Há um estábulo com gado leiteiro de diversas raças, outro com cavalos Clydesdales e sete raças de gado de corte, e uma pequena área com porcos e leitões, ovelhas e cordeiros, cabras, coelhos e frangos. As exposições contam histórias de tratores e do cultivo do lúpulo. Há também demonstrações ao vivo, uma mostra de abelhas, um arboreto e jardins ornamentais.

✉ Prince of Wales Drive, P.O. Box 9724, Stn T, Ottawa, Ontário, K1G 5A3 ☎ 613/991-3044, 866/442-4416 🕒 Diariam 9h-17h. Estábulos: abrem o ano todo. Exposições e demonstrações: mar-fim out 🖐 Nov-fim fev grátis; mar-fim out adulto $7, criança (3-14) $4, família $16 🚗 Ao sul do anel viário na Prince of Wales Drive 🚌 3

CANADIAN MUSEUM OF NATURE

www.nature.ca

Reaberto em maio de 2010 após cinco anos de reforma e reestruturação, este museu enfoca a natureza com mostras excitantes e experiências interativas. Há 25 esqueletos completos de dinossauros e dioramas de 15 modelos em tamanho natural; mamíferos canadenses, incluindo ursos-pardos, alces e felinos grandes, mostrados em réplicas de seus habitats naturais; 500 espécies de aves, ou seja, a maioria das existentes no Canadá; mostras de vida marinha, incluindo o esqueleto de uma baleia-azul e espécimes vivos; faiscantes cristais e gemas; e a sempre popular coleção de insetos, aranhas e lesmas vivos. Há exposições temporárias.

✉ Victoria Memorial Building, 240 McLeod Street, Ottawa, Ontário, K1P 6P4 ☎ 613/566-4700, 1-800/263-4433 🕒 Meados mai-início set sáb-qua 9h-18h, qui-sex 9h-20h; início set-abr ter-qua, sáb-dom 9h-17h, qui-sex 9h-20h 🖐 Adulto $10, criança (4-12) $6, (13-18) $8, família $25. Grátis qui 17h-20h e 1º jul 🖐 $5 (menos de 4 grátis), família $13 🚌 1, 5, 6, 7, 14 🚗 Esquina de Metcalfe e McLeod; Metcalfe Street, saída da Highway 417 ☕

CAPITAL CRUISES

http://capitalcruisesottawa.com

Um cruzeiro turístico no *Empress of Ottawa* oferece vistas imbatíveis da cidade e das Rideau Falls. Há também um passeio no poente com bufê de jantar e música ao vivo.

✉ Ottawa Locks Wharf; endereço para correspondência: Suite 103-303 Moodie Drive, Ottawa, Ontario, K2H 9R4 ☎ 613/241-8811 🕒 Passeios: meados mai-meados out diariam 10h30, 12h, 13h30, 15h (também 16h30 e 18h, a menos que já haja reserva para passeios com jantar); passeios com jantar: início jun-meados set qua e sex 18h45 🖐 Passeios: adulto $18, criança (6-14) $10, (15-18) $16, família $45; passeio com jantar: $69,95

CENTREPOINTE THEATRE

www.centrepointetheatre.com

Este teatro moderno apresenta grupos de dança, companhias de teatro, cantores solo, bandas e orquestras itinerantes, além de comediantes.

✉ Ben Franklin Place, 101 Centrepointe Drive, Nepean, Ottawa, Ontário, K2G 5K7 ☎ 613/580-2700, 866/752-5231 🕒 O ano todo 🚌 95 ou Transitway para Baseline 🚆 O-Train até Carleton, depois ônibus 117

COLLECTED WORKS

www.collected-works.com

Esta livraria independente, bar e café, no bairro Holland, pertence e é gerida por verdadeiros entusiastas –o coproprietário Craig Poile é poeta e dramaturgo. Você pode pesquisar com calma, obter conselho de especialista, aproveitar o ótimo café com biscoito, e talvez pegar uma leitura ou uma exposição de arte na sala de trás, ou o lançamento de um livro. Com bom estoque, enfatiza obras de ficção, poesia e livros infantis. Grande variedade de títulos de escritores canadenses, americanos e britânicos.

✉ 1242 Wellington Street West, Ottawa, Ontário, K1Y 3A4 ☎ 613/722-1265 🕒 Seg-sáb 8h-21h, dom 10h-18h 🚌 2 ☕

D'ARCY MCGEE'S

http://darcymcgees.com

Com localização excelente no centro, este pub tem interior tradicional, com madeira entalhada à mão, e vitrais e vidros gravados que foram produzidos na Irlanda. Tradicional música celta e da Costa Leste, e outros gêneros musicais, com ótimas bandas ao vivo.

✉ 44 Sparks Street, Ottawa, Ontário, K1P 5A8 ☎ 613/230-4433 🕒 Dom-ter 11h-1h, qua-sáb 11h-2h. Música ao vivo qua, sex, sáb 🖐 Não cobra couvert 🚌 2, 4, 5, 6, 7

GREAT CANADIAN THEATRE COMPANY

www.gctc.ca

Há mais de 35 anos esta companhia apresenta uma seleção apreciável de peças dramáticas e comédias, com o compromisso de produzir novas obras canadenses.

✉ 1227 Wellington Street West, Ottawa, Ontário, K1Y 0G7 ☎ 613/236-5196 🕒 Set-jun 🖐 Pré-estreia e matinê $32, noite $43 🚌 2, 86 ou Transitway para Tunney's Pasture 🚗 A oeste do centro, no cruzamento com Holland

HOLTZ SPA

http://ottawa.holtzspa.com

Relaxe e rejuvenesça neste luxuoso spa que cuida da sua pele e de seu cabelo e oferece tratamentos holísticos, terapias curativas orientais, massagem, quiropraxia e procedimentos cosméticos para homens, mulheres e casais, a cargo de profissionais treinados.

✉ 45 Rideau Street, 2nd Floor, Ottawa, Ontário, K1N 5W8 ☎ 613/241-7770 🕒 Seg-ter, sáb 9h-18h, qua-sex 9h-20h, dom 11h-17h 🖐 Tratamentos com preços distintos ou vários pacotes; facial desde $95, massagem desde $90 🚌 1, 7, 9; ônibus Transitway para MacKenzie King

INUIT ARTISTS' SHOP

www.inuitart.org

Esta galeria, pertencente aos próprios artistas e gerida por eles, não tem fins lucrativos. Dispõe de requintados exemplos de arte inuit, como esculturas feitas de pedra e osso de caribu e baleia, gravuras, panôs, cestos e bonecas. A loja também tem livros, papelaria, DVDs e CDs. Os itens podem ser enviados para o mundo todo.

✉ 2081 Merivale Road, Ottawa, Ontário,

K2G 1G9 ☎ 613/224-8189 ⊙ Seg-sex 9h-17h, sáb 10h-16h 🚌 176 🚗 Sul de Ottawa entre Hunt Club Road e Fallowfield

IRISH VILLAGE
www.irishvillage.ca
Uma sequência de pubs irlandeses do mesmo dono ocupa uma quadra inteira na área do Byward Market. Há música ao vivo toda noite em um ou mais deles, e o Heart & Crown também tem TVs de tela grande com futebol europeu.
✉ Clarence Street/William Street, Ottawa, Ontario ☎ Heart & Crown and Mother McGintey's: 613/562-0674; Aulde Dubliner Pour House: 613/241-0066 ⊙ Diariam 🚌 1, 9, 306 🚗 Byward Market

KANATA 24
www.amctheatres.com
Complexo AMC com 24 salas e telas de parede a parede; poltronas escalonadas, algumas com apoio de braço retrátil.
✉ 801 Kanata Avenue, Kanata, Ottawa, Ontário, K2T 1E7 ☎ 613/599-1200 ou 5500 ⊙ Diariam ✋ Adulto $12,75, criança (2-12) $8,50 (mais de 13, com carteira de estudante) $11,50; às terças, todos os ingressos $8 🚌 Transitway para Terry Fox

NATIONAL ARTS CENTRE
www.nac-cna.ca
Uma das maiores e mais abrangentes instalações de artes cênicas do mundo apresenta teatro (inglês e francês), dança e música.
✉ 53 Elgin Street, P.O. Box 1534 Stn B, Ottawa, Ontário, K1P 5W1 ☎ 613/947-7000, 866/850-ARTS ⊙ O ano todo 🚌 5, 6, 14, Transitway para Mackenzie King

OTTAWA LITTLE THEATRE
www.ottawalittletheatre.com
De 1913, é um dos teatros mais antigos do Canadá e produz oito peças por ano. A plateia data de 1970, quando um incêndio destruiu a original.
✉ 400 King Edward Street, Ottawa, Ontário, K1N 7M7 ☎ 613/233-8948 ⊙ Meados set-meados jun ter-sáb 20h ✋ $24 🚌 7, 14, 18. Transitway Mackenzie King Bridge (e 15 min a pé)

OTTAWA SENATORS
http://senators.nhl.com
Os Senators jogam cerca de 40 partidas no Scotiabank Place, contra times visitantes da National Hockey League. A animação é grande.
✉ Scotiabank Place, 1000 Palladium Drive, Kanata, Ontário, K2V 1A5 ☎ 613/599-0250 ⊙ Temporada: set-abr (decisões para a Stanley Cup mai-jun, se o time se classificar) 🚌 183, 261 🚗 A oeste da cidade, ao lado da Highway 417 (Queensway) até a interligação específica com o estádio

PLACE D'ORLÉANS
www.placedorleans.com
Corredores amplos e com iluminação natural, fonte e áreas para crianças tornam este shopping muito agradável. Há cerca de 200 lojas, ancoradas por Zellers e The Bay.
✉ 110 Place d'Orléans Drive, Orléans, Ottawa, Ontário, K1C 2L9 ☎ 613/824-9050 ⊙ Seg-sáb 9h30-21h, dom 11h-17h 🚌 95 🚗 A leste do centro, ao lado da RR174/ Highway 17 na Place d'Orléans Drive 🍴

RCMP MUSICAL RIDE CENTRE
www.rcmp.ca
Veja a lendária Polícia Montada em seus cavalos com passos regulares, na coreografada Music Ride (verifique no verão, pois o grupo viaja muito). Você também pode visitar os estábulos, conhecer os cavalos, ver a escola de hipismo e a área de ferragem, e apreciar as carruagens de cerimônias.
✉ 1 Sandridge Road, Ottawa, Ontário, K1G 3J2 ☎ 613/998-8199 ⊙ Mai-fim ago diariam 9h-15h30; set seg-sex 9h-15h30, out-fim abr ter e qui 10h-14h ✋ Grátis 🚌 7 🚗 Logo após Rockcliffe Park, no St.-Laurent Boulevard

RENT-A-BIKE
www.rentabike.ca
Ottawa é ótima para andar de bicicleta, com ciclovias e ruas fechadas em fins de semana. Esta empresa tem variada oferta de bicicletas e patins in-line para alugar.
✉ East Arch, Plaza Bridge, 2 Rideau Street, Ottawa, Ontário, K1N 8S7 ☎ 613/241-4140 ⊙ Meados abr-fim out diariam 9h-17h ✋ Desde $9 por hora; $25 (4 horas)

RIDEAU CARLETON RACEWAY
www.rcentertainmentcentre.ca
Com 1km, uma das pistas de corridas de trote mais rápidas do Canadá, tem lugares excelentes na tribuna principal e duas corridas anuais com grande prêmio em dinheiro. Também transmite simultaneamente corridas de pistas americanas e australianas. Tem 1.250 caça-níqueis.
✉ 4837 Albion Road, Gloucester, Ottawa, Ontário, K1X 1A3 ☎ 613/822-2211 ⊙ Corridas ao vivo: fim mar-26 dez qui, sex e dom 18h30; jul dom; transmissões simultâneas e caça-níqueis: diariam 9h-3h 🚌 Ônibus circular a partir da estação Greenboro 🚗 A sudeste do centro, depois do aeroporto

RIDEAU CENTRE
www.rideaucentre.net
Cerca de 140 lojas ocupam este shopping central, ancoradas pela Sears. Tem aspecto elegante, mas comparado aos grandes shoppings nos extremos da cidade, parece meio apertado. Mas vale a pena conhecer suas lojas especializadas e a moda das butiques independentes.
✉ 50 Rideau Street, Ottawa, Ontário, K1N 9J7 ☎ 613/236-6565 ⊙ Seg-sex 9h30-21h, sáb 9h30-18h, dom 11h-17h 🚌 7, 306 Transitway para Mackenzie King 🍴

SAUNDERS FARM
www.saundersfarm.com
Aqui há nada menos do que 12 labirintos de cerca viva. As crianças também adoram a zona com borrifos de água, a casa na árvore, o navio pirata, shows de marionetes e passeios de carroça. Em outubro, a época do Halloween oferece mais atrações e churrascos.
✉ 7893 Bleeks Road, Munster, Ontário, K0A 3P0 ☎ 613/838-5440 ⊙ Fim jun-início set diariam 10h-17h, também finais de semana em jun e out ✋ Jun-início set $12,99 (menos de 2 grátis), família $50; out 10h-18h $15,99, 18h-22h $19,99-$24,99 (inclui entrada para o dia), acesso Front of the Line $39,99 (inclui estacionamento VIP e bebidas) 🍴 The Farmer's Table 🚗 Oeste de Ottawa, via Queensway e Fallowfield Road

VALLEYVIEW LITTLE ANIMAL FARM
www.vlittleanimalfarm.com
Nada supera os animais domésticos comuns para divertir crianças pequenas, principalmente na primavera, quando chegam os filhotes. Láparos

À dir. *Tire uma folga das compras e dos passeios caminhando pelo parque*

(filhotes de coelho), cordeiros, cabritos, bezerros e patinhos podem ser tocados, alimentados e acariciados. Há um passeio de trenzinho pelo campo, trilhas, área de brinquedos, equipamentos de fazenda antigos, shows de marionetes e eventos especiais.
✉ 4750 Fallowfield Road, Nepean, Ottawa, Ontário, K2J 4S4 ☎ 613/591-1126 ⌚ Meados abr-fim out ter-dom 10h-15h ou 16h ✋ $7,50 🚗 A oeste pela Highway 12 ☕

VINEYARDS WINE BAR BISTRO

www.vineyards.ca
Bar acolhedor, com saletas, adega de vinhos excelentes, ótimos uísques e cervejas importadas. Apresenta jazz ao vivo nas noites de terça, quarta e domingo.
✉ 54 York Street, Ottawa, Ontario, K1N 5T1 ☎ 613/241-4270 ⌚ Diariam ✋ Não cobra couvert 🚌 306. Transitway para Mackenzie King 🚗 Em Byward Market

YUK YUK'S COMEDY CABARET

www.yukyuks.com
Clube de comédia no centro de Ottawa, dispõe de 200 lugares e apresenta profissionais itinerantes de comédia stand-up. Noite de amadores: terça-feira.
✉ 29 Elgin Street, Ottawa, Ontário, K2P 1M3 ☎ 613/236-5233 ⌚ Qua-qui 20h30, sex 21h30, sáb 20h e 22h30 ✋ Qua $6, qui $12, sex-sáb $18. Jantar e show $43-$52 🚌 16, 18, 316

ZAPHOD BEEBLEBROX

www.zaphodbeeblebrox.com
Não por acaso esta casa foi eleita o melhor lugar de Ottawa com música ao vivo e dança. Jewel, Alanis Morissette e Fun Loving Criminals estão entre os muitos astros internacionais a se apresentarem para uma plateia eclética. Em 2005, os Rolling Stones filmaram aqui o vídeo "Streets of Love". Toda noite tem DJs; bandas ao vivo tocam 4 ou 5 noites por semana.
✉ 27 York Street, Ottawa, Ontário, K1N 5S7 ☎ 613/562-1010 ⌚ Diariam ✋ O couvert varia de preço 🚌 1, 3, 4, 306. Transitway: 95, 97 até Mackenzie King ou Laurier 🚗 Em Byward Market

RAMA

CASINO RAMA

www.casinorama.com
Mais de 2.500 caça-níqueis e 110 mesas de jogos, nove restaurantes, um hotel só de suítes e um local com 5 mil assentos para shows e concertos de celebridades (Sheryl Crow, Lynyrd Skynyrd, John Mellencamp, David Copperfield, *Riverdance*). Idade mínima: 19 anos.
✉ 5899 Rama Road; endereço de correspondência: RR 6, P.O. Box 178, Rama, Ontário, L0K 1T0 ☎ 705/329-3325, 1-800/832-7529 ⌚ Diariam 24 horas 🚌 Ligue 705/329-5228 e peça os serviços especiais de ônibus 🚗 90 minutos ao norte de Toronto, pela Highway 400 para Highway 11 e, depois, 12 sul

SAULT STE. MARIE

LOPLOP

www.loplops.com
Este agradável restaurante-galeria-salão apresenta música ao vivo em diversas noites por semana, com um grupo eclético –às vezes, excêntrico–, que vai desde cantores-compositores, folclórico até bandas de jazz, funk e country-rock.
✉ 651 Queen Street East, Sault Ste.-Marie, Ontário, P6A 2A6 ☎ 705/945-0754 ⌚ Qua-sex desde 16h, sáb desde 19h ✋ Varia por show; desde $5

TREETOP ADVENTURES

www.treetopadventures.ca
Curta a natureza circulando no topo das árvores em uma trilha suspensa por cabos e vigas, e fazendo tirolesa em uma ravina. Uma grande diversão para pessoas com nervos de aço e sem medo de altura, mas há restrições quanto a peso e altura. As várias atividades no solo incluem uma corrida de obstáculos e "fuzeball".
✉ 6 Post Office Road, Goulais River, Ontário, P0S 1E0 ☎ 705/649-5455 ⌚ O ano todo ✋ Atividades com preços distintos: brinquedos no chão $12, escalada aérea zip-line $39 🚗 Na Trans-Canada Highway, 20 min ao norte de Sault Ste. Marie

STRATFORD

CHOCOLATE BARR'S

www.chocolatebarrs.com
Se você está com carência de açúcar, a loja Derek Barr's será sua solução, repleta de chocolates e balas artesanais, como toffee, amanteigadas, de hortelã, e caixas para presente.
✉ 136 Ontario Street, Stratford, Ontário, N5A 7Y4 ☎ 519/272-2828 ⌚ Seg-qua e sáb 9h-18h, qui-sex 9h-20h, dom 11h-17h (horário ampliado perto de feriados importantes) 🚗 No centro, entre as ruas Downie e Waterloo

STRATFORD FESTIVAL THEATRE

www.stratfordfestival.ca
A principal companhia de teatro clássico da América do Norte ocupa o Festival Theatre e oferece uma temporada de Shakespeare, outros clássicos e musicais. Possui um palco inovador à inglesa, com nove níveis. A companhia também encena produções nos teatros Stratford's Avon, Studio e Tom Patterson.
✉ 55 Queen Street, Stratford, Ontário, N5A 4M8 ☎ 519/271-4040, 800/567-1600 ⌚ Abr-out ✋ A partir de $29

SUDBURY

ARTISTS ON ELGIN

www.artistsonelgin.ca

Esta loja sem fins lucrativos mostra a originalidade de mais de 50 artistas do norte de Ontário, incluindo pintores, escultores, joalheiros, tecelãos, ceramistas, entalhadores e outros criadores.

168 Elgin Sudbury, Ontário, P3E 3N5 705/674-0415 Seg-sáb 10h-17h 17

DINOSAUR VALLEY MINI GOLF

www.dinosaursudbury.com

Sete campos diferentes de minigolfe, num total de 63 buracos, com 20 modelos enormes de dinossauros, dragões e insetos espalhados por lá. Dedicada às famílias de doentes com câncer, todos os anos a atração levanta fundos para os tratamentos.

3316 St.-Laurent Street, Sudbury, Ontário, P0M 1L0 705/897-6302 Mai-início set diariam 9h-20h Adulto $8 (18 buracos) a $25 (54 buracos); criança (menos de 10) $6-$21 Ao norte de Sudbury, pela Highway 35 (Elm Street), depois Highway 18

NEW SUDBURY CENTRE

www.newsudburycentre.com

Maior shopping no norte de Ontário, tem cerca de 110 lojas e serviços.

1349 Lasalie Boulevard, Sudbury, Ontário, P3A 1Z2 705/566-9080 Seg-sex 9h30-21h, sáb 9h30-18h, dom 11h-17h A nordeste de Sudbury na Barrydowne Road

SUDBURY THEATRE CENTRE

www.sudburytheatre.on.ca

Teatro moderno para 287 pessoas, apresenta um calendário variado de dramas, comédias e musicais.

170 Shaughnessy Street, Sudbury, Ontario, P3E 3E7 705/674-8381 ramal 21 Out-meados mai $22-$38,50; pague quanto quiser (mínimo sugerido $10) 1ª matinê de dom de cada peça no palco principal No centro, entre Elgin e Brady Street East

THUNDER BAY

CANADA GAMES COMPLEX

www.gamescomplex.com

Construído em 1981 para os Canada Summer Games, este complexo oferece grande variedade de esportes e recursos de lazer, como piscina de 77m dividida em três: para natação, recreação e mergulho. Há também uma torre de mergulho e um escorregador de 73m em forma de "8". Ao redor da piscina, brinquedos para crianças, pingue-pongue, badminton e equipamentos para exercícios. O complexo tem pista de cooper, quadras de squash, espaço para musculação e outras áreas de treinamento. Aqui também ocorrem eventos de esportes coletivos.

420 Winnipeg Avenue, Thunder Bay, Ontário, P7B 6B7 807/684-3311 Seg-qui 5h45-22h, sex 5h45-21h, sáb-dom 8h-21h Adulto desde $6,30, criança (3-12) $3,30, família $19,70 (mais $2,18 para o Thunder-slide) Café No centro, ao lado do Community Auditorium

COMMUNITY AUDITORIUM

www.tbca.com

Impressionante sala de concertos com 1.500 lugares, sede da Thunder Bay Symphony Orchestra, com programação completa de concertos clássicos, musicais e shows de rock.

1 Paul Shaffer Drive, Thunder Bay, Ontário, P7B 6C7 807/684-4444, 1-800/463-8817 O ano todo

JOYCE SEPPALA DESIGNS

www.joyceseppaladesigns.com

A inglesa Joyce Seppala produz desenhos fantásticos para tecidos macios e linho, que se traduziram em vestimentas de fácil manutenção, elegantes e divertidas. Os padrões criativos são inspirados na paixão de Joyce pelas paisagens canadenses.

508 East Victoria Avenue, Thunder Bay, Ontário, P7C 1A7 807/624-0022 Seg-sex 9h30-17h, sáb 9h30-13h

MAGNUS THEATRE

www.magnus.on.ca

Companhia profissional de teatro no noroeste de Ontário apresenta uma série interessante de dramas e comédias de nível internacional.

Dr. S. Penny Petrone Centre for the Performing Arts, 10 South Algoma Street, Thunder Bay, Ontário, P7B 3A7 807/345-5552, 807/345-8033 Set-abr (e mais uma produção de verão) $30-$34 A oeste do centro, ao lado da Waverley Street

PURE SALON AND DAY SPA

www.puresalondayspa.ca

O Pure oferece uma gama abrangente de massagens, tratamentos faciais, esfoliações e bandagens, além de cabeleireiro e pacotes de spa para indivíduos, casais e grupos pequenos.

820 Red River Road, Thunder Bay, Ontário, P7B 1K1 807/285-3531 Seg-sex 10h-20h, sáb 9h-17h Tratamentos com preços distintos. Massagem desde $45 (30 min); pacote dia todo $325 3

WILD WATERS

www.kayakthunderbay.com

Aqui você aluga caiaques e canoas em plena cidade, para explorar o porto no lago Superior e o rio McIntyre. A loja também oferece viagens guiadas.

856 North Vickers Street, Thunder Bay, Ontário, P7B 5E5 807/622-7200 Seg-sex 10h-17h, sáb 10h-16h, dom 12h-16h; outros horários com reserva Desde $16 por 2 horas, desde $29 por 1 dia; desde $149 por 1 semana. Passeios guiados $109 No centro, entre May Street North e Balmoral Street

VAUGHAN

CANADA'S WONDERLAND

www.canadaswonderland.com

O melhor parque temático do Canadá tem mais de 200 atrações e quase 70 brinquedos emocionantes, incluindo a maior variedade de montanhas-russas da América do Norte e um parque aquático de 8ha com a maior piscina de ondas do país. Crianças pequenas adoram o Planet Snoopy, com personagens fantasiados, brinquedos temáticos e um show no gelo; crianças maiores e adultos podem gritar à vontade nas atrações mais assustadoras. A programação parelela inclui shows ao vivo.

9580 Jane Street, Vaughan, Ontário, L6A 1S6 905/832-8131 Início mai-início set diariam desde 10h; set-meados out sáb-dom; o horário de fechamento varia com a temporada: 18h, 20h, 22h ou 22h30 Adulto $55, criança (3-6) e idoso $32. Ônibus Wonderland Express GO de Yorkdale (Toronto) ou estação de metrô York Mills Ao norte de Toronto, ao lado da Highway 400, depois da 401

JANEIRO

NIAGARA ICEWINE CELEBRATIONS

www.niagaraicewinefestival.com

Festa do vinho de uvas geladas (⊳ 393), mundialmente famosa, com produtos de mais de 30 vinícolas de Ontário.

✉ Niagara Falls, Ontário ☎ 905/688-0212

FEVEREIRO

WINTERLUDE

www.canadascapital.gc.ca/winterlude

A capital celebra o inverno com festas de rua, ensopados feitos ao ar livre, entalhes no gelo e esculturas de neve, eventos culturais inuit, a Canadian Ski Marathon, corrida com sapato de neve, e outras atividades.

✉ Ottawa, Ontário ☎ 613/239-5000 (Infocentre)

ABRIL

SHAKESPEARE FESTIVAL

www.stratfordfestival.ca

A maior companhia de repertório clássico da América do Norte apresenta cerca de 16 peças (nem todas de Shakespeare), com eventos alternativos até novembro.

✉ Stratford, Ontário ☎ 1-800/567-1600

SHAW FESTIVAL

www.shawfest.com

Obras de George Bernard Shaw são encenadas neste festival, que dura até outubro.

✉ Niagara-on-the-Lake, Ontário

☎ 1-800/511-7429, 905/468-2172

JUNHO

CANADA DANCE FESTIVAL (CDF)

www.canadadance.ca

Exibe o trabalho de coreógrafos canadenses da atualidade.

✉ Ottawa, Ontário ☎ 613/947-7000 ramal 576 ⊕ A cada dois anos

JULHO

CANADA DAY

O melhor lugar para comemorar o dia nacional do Canadá é a capital do país. A cidade inteira fica em clima festivo, com shows, atrações nas ruas e uma espetacular queima de fogos de artifício que deve ser apreciada perto do rio.

✉ Ottawa, Ontário ☎ 613/239-5000, 1-800/465-1867

CISCO OTTAWA BLUESFEST

www.ottawabluesfest.ca

Maior festival ao ar livre deste tipo, com duração de 13 dias, conta com artistas internacionais em diversos palcos. São apresentadas músicas cajun e zydeco, jazz e world music.

✉ Ottawa, Ontário ☎ 613/247-1188, 1-866/258-3748

FESTIVAL OF THE SOUND

Trazendo solistas e conjuntos do mundo todo para a Georgian Bay, este festival de música de câmara é um destaque no calendário de Ontário. Há concertos, exposições de arte, bate-papos e cruzeiros musicais.

✉ Parry Sound, Ontário ☎ 705/746-2410, 1-866/364-0061

KINGSTON BUSKERS RENDEZVOUS

www.kingstonbuskers.com

Quatro dias de shows de artistas de rua do mundo todo, a exemplo de mágicos, músicos, acrobatas e comediantes.

✉ Kingston, Ontário ☎ 613/548-4415, 1-888/855-4555

AGOSTO

FERGUS SCOTTISH FESTIVAL AND HIGHLAND GAMES

www.fergusscottishfestival.com

Uma das maiores e mais antigas brincadeiras das terras altas escocesas na América do Norte, com gaitas de fole, música e esportes tradicionais.

✉ Fergus, Ontário ☎ 519/787-0099

SETEMBRO

NIAGARA WINE FESTIVAL

www.niagarawinefestival.com

Celebra a abundância das vinícolas de Niagara, com degustações, visitas e diversões.

✉ St. Catharines, Ontário ☎ 905/688-0212

OUTUBRO

OKTOBERFEST

www.oktoberfest.ca

Com seu legado alemão, este é o lugar para aproveitar as tradicionais comemorações da Oktoberfest, que dura nove dias.

✉ Kitchener, Ontário ☎ 519/570-4267

NOVEMBER

CANADIAN ABORIGINAL FESTIVAL

www.canab.com

Três dias de festividades das Primeiras Nações, incluindo música, dança, esportes, moda, arte, artesanato e outros eventos culturais. O Pow Wow é o destaque, com cortejos pitorescos, cerimônias e um concurso de percussão.

✉ Copps Coliseum, Hamilton, Ontário

☎ 519/751-0040

DEZEMBRO

CHRISTMAS LIGHTS ACROSS CANADA

www.canadascapital.gc.ca

Mais de 70 pontos de Ottawa ficam iluminados, até mesmo a Parliament Hill. Cerca de 375 mil luzes coloridas são acesas e programadas para coincidirem com arranjos semelhantes em todo o país.

✉ Ottawa, Ontário ☎ 613/239-5000

PREÇOS E SÍMBOLOS

Os restaurantes estão listados por ordem alfabética (sem levar em conta os artigos La, Le e Les). Os preços correspondem a um almoço (A) de dois pratos e um jantar (J) de três pratos, sem bebidas. O preço do vinho refere-se a uma garrafa da marca menos cara.

Para a legenda de símbolos, ▷ 2.

GANANOQUE

GANANOQUE INN

www.gananoqueinn.com

Este pub histórico no rio São Lourenço, com o sofisticado salão Watermark, serve cozinha continental. Dotado de um pátio, o informal Muskie Jake's Tap and Grill tem massas, hambúrgueres e pratos do dia.

✉ 550 Stone Street South, Gananoque, Ontário, K7G 2A8 ☎ 613/382-2165, 1-888/565-3101 ⏲ Mai-fim nov diariam 7h-10h, 11h30-14h30, 17h-21h; abr e dez sex-dom 7h-10h, 17h30-22h ✋ A $20, J $40, vinho $29 🚗 No centro, na orla

KINGSTON

CHEZ PIGGY

www.chezpiggy.com

Escondido num pátio do centro, diz-se que o Chez Piggy serve o tipo de comida que você provaria numa residência, e o lugar transmite a mesma espécie de cordialidade e simpatia. Os funcionários são espertos e ágeis. Adquira um exemplar do Chez Piggy Cookbook e recrie a experiência em casa.

✉ 68-R Princess Street, Kingston, Ontário, K7L 1A5 ☎ 613/549-7673 ⏲ Seg-sáb 11h30-24h, dom 11h-24h ✋ A $10, J $40, vinho $25 🚗 No centro, na Princess com King (68-R significa nos fundos)

CHIEN NOIR

www.lechiennoir.com

A comida caprichada e de bela apresentação envolve uma entrada de vieiras da baía de Fundy com bolo de risoto de mascarpone e limão e manteiga de tomate defumado, seguida de um steak grande e macio de Alberta ou confit de pato do Quebec. Há brunch nos fins de semana.

✉ 69 Brock Street, Kingston, Ontário, K7L 1R8 ☎ 613/549-5635 ⏲ Diariam a partir de 11h30; jantar a partir de 17h ✋ A $30, J $45, vinho $28 🚗 No centro, a um quarteirão da prefeitura e da orla

KLEINBURG

THE DOCTOR'S HOUSE

www.thedoctorshouse.ca

Local para uma refeição especial, em casa histórica com sala de jantar elegante, muito bem restaurada, com vigas e lareira. No verão, pode-se comer no pátio, de frente para o jardim. A comida não é complicada, porém é benfeita. Uma simples salada verde é enriquecida com noz-pecã, morangos frescos, queijo de cabra e um molho caseiro de mel e lavanda. Pratos principais, como cordeiro marinado em ervas e assado, filé de salmão grelhado ou steak, são servidos com legumes frescos da horta. Quinta-feira à noite há costela de primeira; sábado à noite, jazz ao vivo; no domingo, brunch.

✉ 21 Nashville Road, Kleinburg, Ontário, L0J 1C0 ☎ 905/893-1615 ou 416/234-8080 ⏲ Seg 12h-15h, ter-qui 12h-15h, 17h30-20h, sex-sáb 12h-15h, 17h30-21h30, brunch de domingo 10h30 e 13h30, jantar 17h30-21h30 ✋ A $35 (brunch $41,50), J $55, vinho $40 🚗 Em Nashville Road com Islington Avenue

NIAGARA FALLS

CHATTERS

www.chattersrestaurant.ca

Restaurante familiar de comida mediterrânea a preço razoável. Os pratos do dia são bem acessíveis e o menu é variado. As entradas incluem desde wontons até especialidades gregas e asas de frango. Entre o pratos prin-

cipais estão salmão assado, souvlaki e steaks, e há saladas, massas, frituras, pizza, sanduíches e pitas, além de um menu para crianças.
✉ 4414 Portage Road, Niagara Falls, Ontário, L2E 6A7 ☎ 905/354-2521 🕐 Diariam 11h-16h, 18h-22h 💳 A $15, J $25, vinho $25 🚌 12

MONTICELLO GRILLE HOUSE AND WINE BAR

www.monticello.ca
Achado raro nesta área de bosques, este é um restaurante elegante que serve culinária da Louisiana. Entre os favoritos estão mexilhões à creole, quiabo com frango e linguiça, lombo de porco com crosta de pecã e molho de maçã com pimenta, ou lagostim e camarão recheados, com molho forte de vinho.
✉ 5645 Victoria Avenue, Niagara Falls, Ontário, L2G 3L5 ☎ 905/357-4888, 800/843-5251 🕐 Diariam 12h-22h 💳 A $35, J $45, vinho $29 🚗 Ao norte do Victoria Park, ao lado de Clifton Hill

QUEENSTON HEIGHTS RESTAURANT

www.niagaraparks.com
Isolado da agitação das Falls, este restaurante descontraído e acessível fica voltado para o rio Niágara. Os menus apresentam cinco entradas no almoço e sete no jantar, e boas opções como salmão do Atlântico envolto em prosciutto, confit de pato do lago Brome e costeleta de cordeiro com crosta de ervas e pincelado com Calvados de maçã e menta. No verão há um pátio com mesas ao ar livre.
✉ 14184 Niagara Parkway, Niagara Falls, Ontário, L0S 1L0 ☎ 905/262-4274 🕐 Fim mar-jan diariam para almoço e jantar. Horários variam, ligue antes. Também brunch dom 💳 A $30, J $50, vinho $32 🚗 18km ao norte das cataratas, na Niagara Parkway, perto da ponte de Queenston a Lewiston NY 🚌 Ônibus Niagara People Mover durante a temporada

SKYLON

www.skylon.com
No alto da Skylon Tower, este restaurante giratório completa a volta em 1 hora, com vistas perfeitas das cataratas, enquanto se come sossegadamente. O menu oferece sopas, saladas e massas, junto a pratos clássicos e caros, como filé-mignon béarnaise, sortido de frutos do mar e peito de frango Cordon Bleu. Carta de vinhos internacional e de Ontário. O menu a preço fixo do Early Dinner só é servido das 16h30 às 17h, a $36,50.
✉ 5200 Robinson Street, Niagara Falls, Ontário, L2G 2A3 ☎ 905/356-2651 🕐 Diariam 11h30-15h, desde 16h30 para o jantar 💳 A $55, J $90, vinho $36,95 🚗 No centro, ao lado da Stanley Avenue (Highway 102)

NIAGARA-ON-THE-LAKE

TERROIR LA CACHETTE

www.lacachette.com
Sabores deliciosos da Provença são criados com produtos de alta qualidade de Niagara, num restaurante chique dentro da vinícola Strewn (carta de vinhos só de Ontário). Jantar informal no bar e no pátio.
✉ 1339 Lakeshore Road, Niagara-on-the-Lake, Ontário, L0S 1J0 ☎ 905/468-1222 🕐 Mai-out diariam 11h30-15h, 17h-21h; nov-abr fechado seg-ter 💳 A $30, J $50, vinho $32 🚗 Cerca de 6km a oeste da cidade

OTTAWA

BLUE NILE

www.blueniIeottawa.com
Se quiser uma experiência nova, este restaurante etíope vai agradar, principalmente se você estiver com um grupo de amigos, pois tradicionalmente uma série de pratos é trazida para a mesa para serem compartilhados. Pratos vegetarianos, com carne e aves são cozidos em molho suculento (diversos níveis de pimenta) e servidos com um único tipo de pão sírio. Alguns têm carne crua; por isso, verifique, se não for de seu gosto. O menu infantil é mais ocidental.
✉ 577 Gladstone Avenue, Ottawa, Ontário, K1R 5P2 ☎ 613/321-0774 🕐 Seg 16h-22h, ter-dom 11h-22h 💳 A $25, J $35, vinho $23 🚗 Ao sul do centro, entre Somerset Street e a Trans-Canadá, no cruzamento com Percy Street

COURTYARD RESTAURANT

www.courtyardrestaurant.com
Próximo ao Byward Market, este restaurante ocupa uma antiga construção de pedra, ao lado de Sussex Drive. Especializado em cozinha europeia, tem excelentes pratos com peixes. Oferece brunch aos domingos e, no verão, você pode se sentar ao ar livre, num pátio atraente.
✉ 21 George Street, Ottawa, Ontário, K1N 8W5 ☎ 613/241-1516 🕐 Seg-sáb 11h30-14h, 17h30-21h30; brunch de dom 11h-14h, jantar 17h-21h 💳 A $25, J $50, vinho $32

EDOKO

www.edokosteakhouse.com
Elegante restaurante japonês, com a diversão costumeira dos chefs que preparam teppanyaki nas mesas, além de excelente sushi bar. De entrada, oferece diversos tipos de tempura com molhos, sopas, combinados de sushi e sashimi. E há diferentes pratos principais e combinações que você inventa. Entre as especialidades estão tempurá de frutos do mar e teriyaki.
✉ 64 Queen Street, Ottawa, Ontário, K1P 5C6 ☎ 613/236-8885 🕐 Seg-sex 11h30-14h, 17h-22h, sáb 17h-22h 💳 A $20, J $40 🚗 No centro, a dois quarteirões de Parliament Hill, entre as ruas Elgin e Metcalfe

MERLOT

www.merlotottawa.com
Restaurante giratório no 29º andar do Marriott Hotel, oferece vistas magníficas da cidade e do rio Ottawa. A volta completa leva cerca de 2 horas; por isso venha para um jantar despreocupado. O bufê do almoço de domingo é muito procurado.
✉ Marriott Hotel, 100 Kent Street, Ottawa, Ontário, K1P 5R7 ☎ 613/783-4212 🕐 Diariam 18h-22h, e dom 10h30-14h, 17h-21h 💳 J $45-$65, vinho $39 🚌 1, 2, 4 🚗 No centro

YANGTZE

www.yangtze.ca
Destaca-se numa rua comprida e cheia de restaurantes, não só pela excelente comida chinesa, mas também pela cúpula iluminada acima da entrada. O menu imenso tem especialidades da casa como

lula grelhada com molho de feijão-preto e pimentão verde, e bolo de feijão ao molho de ostra. Os menus fixos oferecem preço condizente, e há dim sum o dia todo.
✉ 700 Somerset Street West, Ottawa, Ontário, K1R 6P6 ☎ 613/236-0555 ⏲ Seg-qui 11h-24h, sex 11h-1h, sáb 10h-1h, dom 10h-24h A $20, J $30, vinho $20 🚌 2, 153 🚗 Perto do cruzamento com Cambridge

ZAK'S DINER

www.zaksdiner.com

Divertida experiência retrô, 24 horas, nesta lanchonete tipo vagão (diner) da década de 1950. O menu de café da manhã impresssiona, variando de mingaus saudáveis a um pesado "Lumberjack's Breakfast" ("Café de Lenhador"). Mais tarde, há muitas opções de sanduíches (com até três camadas), sopas, saladas, hambúrgueres e pratos mais caseiros, a exemplo de fígado acebolado, bolo de carne com molho e peixe com fritas. Ou você pode pedir apenas café e um pedaço de torta, brownies ou banana split.
✉ 14 Byward Market Square, Ottawa, Ontário, K1N 7A1 ☎ 613/241-2401 ⏲ Diariam, 24 horas A $20, J $30, vinho $18 🚗 No centro, em Byward Market

PENETANGUISHENE

INN AT BAY MOORINGS

www.innatbaymoorings.com

O nome indica a localização na Georgian Bay e o menu variado garante a popularidade deste estabelecimento. Você pode vir para um sanduíche ou um hambúrguer magro caseiro, ou se refestelar com lagosta recheada com cogumelos, seguida de peixe salteado na manteiga de camarão cajun ou costeletas.
✉ 200 Fox Street, Penetanguishene, Ontário, L9M 1E7 ☎ 705/549-5237 ⏲ Diariam para almoço e jantar, a partir das 11h A $15, J $32 🚗 Extremo norte da cidade

SAULT STE.-MARIE

CESIRA'S

www.cesiras.com

O Cesira's é da família Aiudi há quase 40 anos, com a terceira geração no comando. Pesaram muito em sua longevidade as excelentes e variadas massas caseiras – só de lasanha, o restaurante oferece seis tipos. Outros pratos incluem a clássica vitela à parmegiana, patas de caranguejo-rei e filé-mignon; há também opções vegetarianas. A oferta de refeições a preços baixos e o ambiente totalmente familiar ajudam a conquistar a clientela.
✉ 133 Spring Street, Sault Ste.-Marie, Ontário, P6B 4Z9 ☎ 705/949-0600, 877/783-7362 ⏲ Seg-sex 11h30-14h30, 17h-22h, sáb 17h-22h A $20, J $40, vinho $29 🚗 No centro, entre as ruas Bay e Wellington

A THYMELY MANNER

www.thymelymanner.com

Localizado numa antiga residência reformada, este restaurante é considerado o melhor da área. Usa apenas os mais puros ingredientes naturais em pratos como filé-mignon bordelaise, scallopini de vitela e lagosta Pernod.
✉ 531 Albert Street East, Sault Ste.-Marie, Ontário, P6A 2K3 ☎ 705/759-3262 ⏲ Ter-sáb 17h30-23h; fecha em feriados J $50, vinho $50 🚗 Entre Spring e Broc

STRATFORD

CHURCH RESTAURANT AND THE BELFRY

www.churchrestaurant.com

Ótima comida servida numa sensacional igreja antiga, com teto abobadado e vitrais, cuidadosamente iluminados para criar uma aura aconchegante pelas mesas arrumadas com capricho. O menu muda no intervalo de semanas, mas recentemente havia entradas como atum à niçoise com sorbet de azeitona e ovos de codorna, e pratos principais como cervo da Nova Zelândia com pancetta, purê de legumes assado, sumo de alcaçuz e brotos de dente-de-leão, e anjo-do-mar assado com linguine de vieira e lula, rúcula, alho-poró e alcaparras fritas. No local, o Belfry é um espaço moderno com menu mais simples.
✉ 70 Brunswick Street, Stratford, Ontário, N5A 6V6 ☎ 519/273-3424 ⏲ Igreja: jun-out ter-sáb 11h30-13h30, 17h-20h, dom 17h-20h; Belfry: meados abr-dez ter-sex 11h30-13h30, 17h-21h30, sáb 17h-21h30 Igreja: A $45, J $80, vinho $32; Belfry: A $35, J $50, vinho $32 🚗 No centro, dois quarteirões ao sul da Ontario Street com Waterloo Street South

LET THEM EAT CAKE

www.letthemeatcake.ca

Com um nome desses, é melhor dar uma olhada. Somando-se às tentações da vitrine que expõe os bolos, há um imenso menu de café da manhã servido o dia todo, sopas, saladas, wraps e sanduíches, tortas caseiras e pratos para o jantar (só depois das 16h), como salmão assado com parmesão, costelas de leitão cozidas lentamente com molho caseiro e lasanha.
✉ 82 Wellington Street, Stratford, Ontário, N5A 2L2 ☎ 519/273-4774 ⏲ Diariam 7h-20h A $15, J $27, vinho $15 (meio litro) 🚗 No centro, ao sul de Victoria Lake entre as ruas Downie e St. Patrick

SUDBURY

MY THAI PALACE

www.mythaipalace.ca

Aqui há autêntica cozinha tailandesa, cujo teor de pimenta varia. Serve curries, talharins, especialidades na wok, frutos do mar e opções vegetarianas, incluindo o clássico Pad Thai e peixe frito inteiro e desossado, encimado por abacaxi, cebola, pepino, pimentão e tomate fritos.
✉ 893 Notre Dame Avenue, Unit 6, Sudbury, Ontário, P3A 2T6 ☎ 705/425-8424 ⏲ Seg-qui 11h30-21h, sex-sáb 11h30-22h, dom 16h-21h A $25, J $35 🚗 Ao norte do centro, passando o terminal de ônibus

TOMMY'S NOT HERE

www.tommysnothere.com

Um dos restaurantes mais chiques de Sudbury, o Tommy's Not Here oferece ambiente muito elegante e menu interessante com tendências mediterrâneas. Você pode começar com carpaccio ou crepe de escargot, seguido de peito de frango recheado com ervas frescas e cubinhos de camarão ou um suculento filé de lombo bovino maturado, envolto em bacon e com pitadas de alecrim fresco. A boa carta de vinhos conta com etiquetas europeias, australianas, sul-africanas e canadenses.

✉ 1889 Regent Street, Sudbury, Ontário, P3E 3Z7 ☎ 705/522-2822 ⌚ Ter-sáb desde 16h ✋ J $50, vinho $27 🚗 South End, entre o centro e a Trans-Canadá, perto do cruzamento com Long Lake Road

THORNHILL

THE OCTOGON

www.octagonrestaurant.com

Para um jantar formal, em ocasião especial, fica difícil superar este restaurante. Tem paredes com painéis de madeira em tons quentes, quadros com molduras douradas, lareiras com entalhes, vitrais e objetos de arte. O menu do jantar oferece boa seleção de entradas, como sopa-creme de mariscos, salada grega, escargot e ostra. Entre os pratos principais estão vitela de Provimi coberta de carne de caranguejo, lascas de aspargos e molho holandês, costeletas de cordeiro do Estado de Washington, caudas de lagosta e diversas versões de combinados de carne e peixe. Os almoços são mais simples. Não é adequado vir de jeans e tênis, mas paletó e gravata não são obrigatórios.

✉ 7529 Yonge Street, Thornhill, Ontário L3T 2B4 ☎ 905/889-8989 ⌚ Seg-sex 12h-14h30, 17h-22h30, sáb 17h-22h30, dom 17h-21h30 ✋ A $30, J $90, vinho $35 🚗 Área setentrional da Grande Toronto, entre Steeles Avenue e Highway 407, perto do cruzamento com Clarke Avenue

THUNDER BAY

BISTRO ONE

www.bistroone.ca

Aqui a atmosfera é cordial e de alta classe, com paredes expondo obras de artistas locais e o dono e chef conversando com os clientes. Jean Robillard e sua equipe produzem pratos criativos como a entrada de vieiras salteadas ao molho de alho, xarope de bordo e champanhe, ou confit de coxa de pato ao molho de brandy e amora preta. Os pratos principais incluem robalo chileno com juliene de alho-poró e creme de espinafre, aspargos e anchova, ou vitela de Alberta ao molho de cogumelo silvestre e marsala, pinoles e batatas assadas. Há também massas, e as sobremesas são irresistíveis.

✉ 555 Dunlop Street, Thunder Bay, Ontário, P7B 6S1 ☎ 807/622-2478 ⌚ Ter-sáb desde 17h ✋ J $55, vinho $30 🚗 No centro, saindo da Memorial Avenue, perto do Intercity Shopping Centre

CARIBOU RESTAURANT AND WINE BAR

www.caribourestaurant.com

De aparência agradável e com bom ambiente, serve comida criativa e despretensiosa, artisticamente apresentada e com porções generosas.Pizzas no forno à lenha são disponíveis no almoço e no jantar. Na hora do almoço há pratos como chili, fritada, atum grelhado e sanduíches. Mais elaborado, o jantar oferece opções como canela de cordeiro marroquino com especiarias aromáticas, tâmaras secas e amêndoas tostadas, ou risoto cremoso de lagosta com camarão branco e vieiras da baía.

✉ 727 Hewitson Street, Thunder Bay, Ontário, P7B 6B5 ☎ 807/628-8588 ⌚ Seg-qua 17h-22h, qui 11h30-14h, 17h-23h, sex 11h30-14h, 16h30-24h, sáb 16h30-24h, dom 17h-21h ✋ A $25, J $45, vinho $40 🚗 No centro, ao lado da Harbour Expressway na Balmoral Street

TOBERMORY

GRANDVIEW

www.grandview-tobermory.com

Peixes de carne branca da Georgian Bay são um destaque aqui –fritos, temperados à moda cajun, recheados com caranguejo ou cobertos de camarão... tudo é ótimo. O menu também oferece pato assado com cerejas de Montmorency, e frango com brandy ou crosta de pecã e coberto por queijo azul e arando balsâmico. Entre as sobremesas há tortas tradicionais.

✉ 11 Earl Street, Tobermory, Ontário, N0H 2R0 ☎ 519/596-2220 ⌚ Mai-out diariam desde 17h ✋ J $45, vinho $21 🚗 Área leste do Little Tub Harbour, via Bay Street

ONDE FICAR

PREÇOS E SÍMBOLOS

Os preços correspondem à diária de um quarto duplo, com café da manhã, a menos que indicado o contrário. A não ser que esteja especificado, todos os hotéis da lista aceitam cartões de crédito. Note que os preços variam ao longo do ano

Para a legenda de símbolos, ⊳ 2.

GAGANOQUE

STONEWATER MANOR

http://stonewaterbb.com

De frente para as bonitas Thousand Islands, este é um lugar confortável e acolhedor, com um pub irlandês no porão. Quartos elegantes, com camas king ou queen size, acesso à internet e banheiro. Há uma suíte com cozinha no andar de cima.

490 Stone Street South, Gananoque, Ontário, K7G 2A4 613/382-2542 mai-início out $100-$170 3 (todos para não fumantes) Orla central, em Water Street

HAMILTON

VISITORS INN

www.visitorsinn.com

Não se desaponte com o nome, pensando que este é mais um hotel de rede. Na realidade, é um hotel quatro-estrelas com salão de jantar elegante, complexo de piscinas, sala de exercícios e diversos serviços para quem viaja a negócios. Os quartos dispõem de uma ou duas camas queen size. E há algumas suítes com camas king size e hidromassagem. Todos os quartos têm acesso à internet de banda larga, telefone sem fio, cafeteiras, geladeira, TV a cabo/satélite e outros recursos.

649 Main Street West, Hamilton, Ontário, L8S 1A2 905/529-6979, 800/387-4620 $103-$179 60 (47 para não fumantes) Coberta Esquina de Highway 403 com Main Street West

KINGSTON

BELVEDERE

www.hotelbelvedere.com

Construída na década de 1880, esta mansão foi restaurada e transformada num hotel agradável. As acomodações ganharam decoração numa paleta de cores relaxantes e algumas delas dispõem de banheira de hidromassagem.

141 King Street East, Kingston, Ontário, K7L 2Z9 613/548-1565, 800/559-0584 $119-$259 20 (10 para não fumantes) 3 No centro, na orla. Perto da prefeitura e da universidade

NIAGARA FALLS

CAIRNGORM BED AND BREAKFAST

www.cairngorm-niagara.com

Espaçoso e elegante, este charmoso casarão tem ótima localização, bem de frente para o desfiladeiro. No café da manhã, durante o verão, você aproveita a vista num terraço ou pode tomar seu café no quarto. Os quartos têm cama king ou queen size, acesso sem fio à internet e banheiro com hidromassagem.

5395 River Road, Niagara Falls, Ontário, L2E 3H1 905/354-4237, 1-888/414-4237 $100 6 (todos para não fumantes) Ao norte da Rainbow Bridge

SHERATON FALLSVIEW

www.fallsview.com

O Sheraton Fallsview fica diretamente em frente às Horseshoe Falls e às American Falls. Hotel alto e moderno, com diversos tipos de quartos e suítes espaçosos, embora nem todos tenham vista das cataratas.

6755 Fallsview Boulevard, Niagara Falls, Ontário, L2G 3W7 905/374-1077, 1-800/618-9059 $99-$999 407 (todos para não fumantes) Coberta 6; Niagara Parks People Mover (no verão)

STONE BOUTIQUE SUITES

www.stoneboutiquesuites.com

Este lugar é um polo da modernidade chique. Dispõe de três suítes, cada uma autossuficiente, com móveis e decoração elegantes. Elas têm sala

de estar, cozinha e um ou dois quartos, terraço com vista do rio e uma churrasqueira a gás. Parte das obras de arte expostas são de autoria do proprietário, ilustrador talentoso e conhecido. Exige permanência mínima de duas noites.
✉ 5225 River Road, Niagara Falls, Ontário, L2E 3G9 ☎ 905/357-2271 $140-$160 3 suítes (todas não fumantes) Ao norte da Rainbow Bridge, entre Eastwood Crescent e Otter Street

NIAGARA-ON-THE-LAKE

PILLAR AND POST INN

www.vintageinns.com
De 1890, este é um dos mais encantadores e consagrados hotéis do interior do Canadá, com longa lista de serviços e recursos para os hóspedes, a exemplo de portaria 24 horas, serviço de valete, babysitting, instalações e equipamentos para reuniões de negócios, reserva de ingressos e ônibus grátis. Quartos com decoração individual, que combina tecidos floridos com tons verde-escuros e vermelhos, e cada um tem lareira vitoriana, TV de tela grande, Play Station e Nintendo, e roupões. O 100 Fountain Spa oferece grande variedade de tratamentos e serviços.
✉ 48 John Street West, Niagara-on-the-Lake, Ontário, L0S 1J0 ☎ 905/468-2123, 1-888/669-5566 $135-$365 122 (todos não fumantes) Interna e externa No meio da cidade

OTTAWA

ALBERT HOUSE

www.albertinn.com
Hospedaria no estilo Segundo Império, construída em 1875 pelo principal arquiteto do Canadá, fica perto de todas as atrações do centro. Quartos com móveis e papel de parede antigos, tecidos coordenados e iluminação suave. Todos têm chuveiro ou banheiro privativo, alguns dispõem de hidromassagem. Há também TV, escrivaninha e telefone com dataport. O local não hospeda crianças menores de 10 anos e, às vezes, exige uma estada mínima.
✉ 478 Albert Street, Ottawa, Ontário, K1R 5B5 ☎ 613/236-4479, 1-800/267-1982 $108-$180 17 (todos para não fumantes) 16, 18, 316; Transitway 95, 97 No centro

ARC, THE HOTEL

www.arcthehotel.com
Um dos melhores hotéis-butiques de Ottawa, o Arc fica a apenas quatro quarteirões dos prédios do Parlamento, perto de lojas e do National Arts Centre. Quartos elegantes, com cores suaves e roupa de cama de algodão egípcio. A banheira é tão funda que você mergulha até o queixo.
✉ 140 Slater Street, Ottawa, Ontário, K1P 5H6 ☎ 613/238-2888, 800/699-2516 $160-$320 112 (107 para não fumantes) 1, 4, 7, 316, Transitway: Mackenzie-King Entre Metcalfe e O'Connor

PORT SEVERN

CHRISTIE'S MILL INN AND SPA

www.christiesmill.com
É difícil achar uma localização mais espetacular do que esta, em uma península na bela Georgian Bay. Os quartos grandes e a suíte são decorados em estilo campestre francês, e alguns têm terraço ou sacada. Há também um chalé de três quartos (estada mínima de duas noites). O spa oferece vários tratamentos para a pele e o corpo.
✉ 263 Port Severn Road North, PO Box 125, Port Severn, Ontário, L0K 1S0 ☎ 705/538-2354, 1-800/465-9966 Jan-out $129-$369; chalé de três quartos $300-$400, ou $1.750-$1.995 por semana 41 (todos para não fumantes) 26km a nordeste de Midland, sentido leste pela rota 12, depois norte pela Trans-Canada Highway (Highway 400)

SAULT STE. MARIE

ALGOMA'S WATER TOWER INN

www.watertowerinn.com
Hotel à beira da estrada, independente, com recursos excepcionais. Alguns quartos possuem fogão a lenha e outros têm hidromassagem. Entre os equipamentos de lazer estão piscina funda e rasa, banheira de hidromassagem, sauna, sala de fitness; a parte ao ar livre consiste em um pátio ajardinado, com cascata e rio.
✉ 360 Great Northern Road, Sault Ste.-Marie, Ontário, P6A 5N3 ☎ 705/949-8111, 1-888/461-7077 $145 180 Interna e externa Na ponta norte da cidade, no cruzamento da Great Northern Road (Highway 178) com a Second Line (Highway 550)

SUDBURY

PARKER HOUSE INN

www.parkerhouseinns.com
A hospitalidade consagrada e a boa comida levam o visitante a voltar sempre a esta casa elegante, perto de Science North and Dynamic Earth, no centro. Quartos com camas queen size (algumas com dossel) e banheiro privativo. Entre os recursos estão TV, DVD player e internet sem fio de alta velocidade.
✉ 250 Elm Street, Sudbury, Ontário, P3C 1V5 ☎ 705/674-2442, 888/250-4453 $140-$250 8 (todos para não fumantes) No centro

THUNDER BAY

PRINCE ARTHUR

www.princearthur.on.ca
Este hotel tem a melhor vista da cidade, de frente para o lago Superior e a marina, e fica perto de tudo. Após os esplêndidos elementos históricos do saguão, os quartos parecem sem graça, mas têm camas grandes e muitas comodidades; as suítes dispõem de uma sala espaçosa, e algumas têm banheira de hidromassagem.
✉ 17 North Cumberland Street, Thunder Bay, Ontário, P7A 4K8 ☎ 807/345-5411, 1-800/267-2675 $94 120 (95 para não fumantes) Coberta No centro, na orla

WHITE FOX INN

www.whitefoxinn.com
Mansão elegante em propriedade arborizada. Existem quartos de três tamanhos, com uma mistura de tons claros e lisos e móveis interessantes, entre os quais peças indonésias de madeira lavradas à mão. Todos possuem lareira, hidromassagem, TV, DVD player, minissom estéreo e telefone com ponto para modem.
✉ 1345 Mountain Road, Thunder Bay, Ontário, P7J 1C3 ☎ 807/577-3699, 800/603-3699 $110-$219 9 2km a sudeste da cidade, ao lado da Highway 61

AS PRADARIAS

A região central do Canadá muitas vezes é descrita como plana e sem atrativos –o que se justifica em algumas áreas. Indo de leste para oeste, as províncias das Pradarias são Manitoba, Saskatchewan e Alberta, com campos de trigo que se estendem até onde a vista alcança e que dão lugar a ranchos de gado e campos de petróleo. Contudo, se você souber onde procurar, é possível fazer descobertas fascinantes por aqui.

Boa parte da Manitoba setentrional é de tundra desabitada, mas ali fica Churchill, famosa pelos passeios para observação de ursos-polares. Dê uma olhada no mapa e verá de quanta água a província dispõe. O lago Winnipeg é o quinto maior do país, e tem posição paralela aos lagos Manitoba, Winnipegosis e Cedar, com inúmeros laguinhos satélites. Winnipeg, capital da província e no centro geográfico da América do Norte, é um polo de cultura, com obras de arte de nível internacional e uma mistura de áreas modernas e históricas ao redor da confluência de seus dois rios.

Saskatchewan produz mais da metade do trigo cultivado no Canadá e tem a média mais elevada de luz solar do país. Também forma toda a RCMP (Polícia Montada), pois é sede de sua academia de treinamento. Aqui, igualmente, a história de que tudo é monótono é desmentida pelas Cypress Hills no sudoeste e pela montanha Moose. Regina, a capital, e Saskatoon, outra cidade grande, são lugares vibrantes, prósperos, com muita coisa para ver e fazer, além dos muitos outros sítios históricos da província.

Alberta é para o Canadá aquilo que o Texas é para os EUA –uma província em expansão, rica em petróleo, mas ainda ligada à cultura dos vaqueiros do oeste em alguns lugares. Fora as caminhonetes e os chapéus de caubói, esta é uma província moderna, com Edmonton como capital progressista e a movimentada Calgary como segunda cidade. Some-se a isso o famoso legado de dinossauros das Badlands (ou Terras Baldias) e as fantásticas Montanhas Rochosas, que se elevam a oeste, e mesmo assim você ainda descobrirá muitas outras facetas destas terras.

AS BADLANDS

▷ 252-5.

BATOCHE NATIONAL HISTORIC SITE

www.pc.gc.ca

No alto de um costão, acima do rio South Saskatchewan, Batoche era a fortaleza do povo *métis* (miscigenação de franceses com a população das Primeiras Nações) e o lugar em que eles impuseram sua última resistência. Daqui, seu líder, Louis Riel, instaurou um governo regional provisório durante a rebelião por causa de títulos de terras, em 1885. O governo enviou forças a fim de sufocar o levante. Os insurretos foram dominados e muitos *métis* morreram. Há algumas construções originais no local, como uma casa *métis* datada de 1896 e restaurada e a igreja de 1884. Uma equipe com trajes de época encena papéis relacionados ao povo, e há um centro interpretativo.

402 J16 RR1, Box 1040, Wakaw, Saskatchewan, S0K 4P0 306/423-6227 Meados mai-meados set diariam 9h-17h Adulto $7,80, criança (6-16) $3,90, família $19,60

CALGARY

▷ 256-9.

CARDSTON

Esta cidadezinha no sul de Alberta é famosa pelo monumental templo mórmon (apenas os jardins e o centro de visitantes estão abertos a não mórmons), o maior fora dos EUA, consagrado em 1923. Um grupo de mórmons saiu de Utah em 1887 e aqui fundou um assentamento. A cabana construída pelo fundador Charles Card agora é um sítio histórico da província (jun-ago seg-sáb 10h-17h). O Remington Carriage Museum (diariam) tem a maior coleção de veículos de tração animal da América do Norte, desde os carroções dos pioneiros até carruagens elegantes.

A filha mais famosa da cidade foi a atriz Fay Wray, que estrelou o filme *King Kong* (1933).

401 F17 Na Highway 2, no sul de Fort MacLeod, Alberta, T0K 0K0 403/653-3787 Fim mai-início set

Acima *Carruagem no Remington-Carriage Museum*

Pág. ao lado *Caminhante percorre uma trilha do Cypress Hills Interprovincial Park*

CHURCHILL

http://everythingchurchill.com

Em uma área remota na costa da baía de Hudson, Churchill é um destino de ecoturismo o ano todo. Famosa por seus ursos-polares –há veículos especiais para os turistas verem os animais à solta–, oferece, porém, muito mais. Os três ecossistemas aqui existentes propiciam grande variedade de plantas e animais. Bandos de caribus e mais de 200 espécies de aves migram para cá; um número ainda maior de espécies de aves nidifica na área; há focas o ano todo e no verão surgem cerca de 3 mil belugas, que podem ser vistas em passeios de barco. A aurora boreal é um espetáculo na maior parte do ano, mas a melhor época é de janeiro a março.

Churchill, o único porto marítimo da província das planícies, também tem um legado cultural diversificado das Primeiras Nações, conforme se vê no excelente Eskimo Museum (jun-início nov seg 13h-17h, ter-sáb 9h-12h, 13h-17h; resto do ano seg-sáb 13h-16h30), enquanto o sítio histórico nacional do Forte Príncipe de Gales (jul-ago diariam) evoca os tempos do posto de comércio da Hudson's Bay Company.

408 M13 Churchill Chamber of Commerce, 211 Kelsey Boulevard, Churchill, Manitoba, R0B 0E0 204/675-2022 Seg, qua, sex 17h-20h; horário ampliado durante a temporada de baleias e ursos-polares

CYPRESS HILLS INTERPROVINCIAL PARK

www.cypresshills.com

Mais de 600m acima da pradaria, Cypress Hills é a região mais elevada entre as Montanhas Rochosas e o Labrador. Os 18.400h de florestas viçosas constituem um oásis no meio de milhões de hectares de pastagens planas. Sustenta flores silvestres raras (de preferência na primavera) e mais de 200 espécies de aves, e no centro está o Fort Walsh National Historic Site (▷ 261), lugar de origem da Polícia Montada (Mounties).

Em Saskatchewan, a Gap Road, de pista única e 22km, que atravessa o meio do parque, é semelhante à usada pelos primeiros colonos e depois pelos *mounties*. No setor de Alberta o principal povoado é Elkwater, às margens do lago homônimo. Daqui são 5km até o Horseshoe Canyon, com vistas panorâmicas do norte, enquanto Head of the Mountain tem vistas de Montana, no sul.

Por ser uma Dark Sky Preserve (sem iluminação artificial), o parque é um dos melhores lugares da América do Norte para ver estrelas. Há planos para um observatório.

401 G17 27km ao sul de Maple Creek, Saskatchewan, S0N 1N0 Passe de 1 dia $7 Loch Leven, 306/662-5411 Fim mai-início set diariam 11h-19h. Elkwater 403/893-3777 meados mai-início set diariam 9h-19h; resto do ano qui-dom e feirados nas seg 9h-16h

AS BADLANDS

INFORMAÇÕES
www.traveldrumheller.com
www.dinosaurvalley.com
www.canadianbadlands.com
401 G16 Drumheller Tourism, P.O. Box 999, 60 - 1st Avenue West, Drumheller, Alberta, T0J 0Y0
1-866/823-8100

Acima *O Dinosaur Provincial Park*

INTRODUÇÃO

As Badlands (ou Terras Baldias) constituem uma região de paisagens áridas espetaculares, que atravessam Alberta mais ou menos de norte a sul, na área do vale do rio Red Deer. Têm uma beleza agreste, em tons de ocre que mudam de aspecto a toda hora, brilhando conforme o sol incide no solo. A superfície fica seca e poeirenta no verão e vira lama espessa quando chove. Aqui não nasce quase nada, por isso a terra não serve para a agricultura; era complicado para os pioneiros atravessá-las; e fica difícil para o turista caminhar no tempo das chuvas. Ao contrário da impressão inicial, há natureza e animais selvagens nas Badlands, com cotonárias, salgueiros e arbustos com frutos silvestres ao longo das margens do rio, e cactos e sálvia nos trechos áridos. A fauna inclui coiotes, antílopes, coelhos e os temidos escorpiões, cascavéis e viúvas-negras. Você pode avistar no alto águias-reais e falcões, assim como numerosas espécies de aves menores.

Drumheller, "capital mundial dos dinossauros", serve de base ao visitante. Além da Dinosaur Trail, há um circuito de carro e caminhadas autoguiadas no Dinosaur Provincial Park (▷ 255). Mas o melhor de tudo são as ótimas caminhadas lideradas por guardas ambientais e os passeios em ônibus do parque, com explicações fascinantes.

EROSÃO NATURAL

Séculos de erosão provocada pelas águas de chuvas e rios criaram algumas fascinantes características na paisagem, a exemplo de *regos* –sulcos cavados morro abaixo pela enxurrada– e os extraordinários *hoodoos*, colunas rochosas com uma pedra mais dura no topo que se formaram com a chuva que carregava o solo mais macio à sua volta. A área possui um rico veio de carvão, e mais de 120 minas foram ativadas no auge da indústria que abasteceu as duas guerras mundiais. O declínio da mineração resultou em cidades-fantasma, mas a Atlas Coal Mine foi reaberta como atração turística e oferece passeios subterrâneos e mostras na superfície (mai-meados out diariam). No entanto, junto com a descoberta do carvão, outra revelação ocorreu e deixou a área cheia de visitantes e cientistas. Em 1884, um certo Joseph Burr Tyrrell veio à região a fim de mapear os depósitos de carvão e descobriu os restos de um dinossauro. Este foi o primeiro de muitos encontrados na área, e também de um tipo desconhecido, que agora se chama Albertossauro. Descobriu-se mais tarde que as rochas macias das Badlands haviam preservado um dos maiores depósitos mundiais de esqueletos (e algun ovos) de dinossauros, e os paleontologistas se reuniram para escavá-los. Foi preciso impor alguns controles para evitar danos por parte de pessoas sem experiência e a fim de impedir que os achados fossem desviados para museus do mundo todo. Agora, é ilegal retirar qualquer coisa do solo.

A estranha paisagem também atrai equipes de cinema para a área, onde foram rodados filmes como *O Homem de Virgínia, Os Imperdoáveis, Superman, O Segredo de Brokeback Mountain, A Batalha de Passchendaele, Bater ou Correr, Ararat* e o documentário de TV *Where the Dinosaurs Roam.*

DESTAQUES

THE ROYAL TYRRELL MUSEUM

www.tyrrellmuseum.com

Este é um dos melhores museus desse tipo no mundo, e leva o nome de Joseph Burr Tyrrell, que fez a primeira descoberta de dinossauros aqui, em 1884. Com acervo paleontológico que cobre 3,9 bilhões de anos, seus espécimes mais notáveis datam da Era Mesozoica. O museu conta com 11 áreas de exposição impressionantes. O Dinosaur Hall é um destaque especial, onde cerca de 40 esqueletos estão expostos, alguns isolados, outros mostrados numa superfície rochosa, como se acabassem de ser encontrados. Aqui dá para ver um Albertossauro, o sempre instigante Tiranossauro rex e outros dinossauros estranhos e fantásticos. Dioramas e reconstituições da paisagem compõem um cenário apropriado, e os efeitos de noite nos tetos altos criam um clima interessante.

A Age of Mammals mostra esqueletos da Era Cenozoica, e traça a evolução de diversas criaturas que conhecemos atualmente, enquanto a mostra Ice Age explora o tempo de resíduos e mamutes lanosos congelados. Em Cretaceous Alberta, o museu reconstituiu o ambiente de um bando de Albertossauros de 70 milhões de anos. Outro destaque é a mostra de Lords of the Land, que reúne al-

Acima *O Royal Tyrrell Museum abriga uma coleção de mais de 800 fósseis e 35 esqueletos de dinossauros*
Abaixo, da esq. p/ dir. *Curiosos* hoodoos *nas Badlands; Um gigantesco* Tyrannosaurus rex *no centro de Drumheller*

DICAS

» Não perca as vistas panorâmicas no topo dos cânions Horsethief e Horseshoe, e do alto do World's Largest Dinosaur, em Drumheller.

» Não tente caminhar pelas trilhas das Badlands depois de chuva pesada, pois elas ficam com uma camada de lama escorregadia.

guns dos achados mais significativos. O Devonian Reef exibe imagens do período entre 418 e 355 milhões de anos atrás, quando as Badlands faziam parte do leito do mar. Elas são especialmente fascinantes, pois esse foi o momento em que os peixes começaram a desenvolver pernas e emergir dos oceanos, e a reconstituição que o museu fez do ambiente de um recife, junto com milhares de modelos, é uma representação excelente desta importante progressão evolutiva. Também é interessante saber que os resquícios orgânicos microscópicos daqueles dias assentaram as fundações da atual prosperidade econômica de Alberta, pois se transformaram em petróleo e gás.

A mostra do Burgess Shale prossegue com o tema das águas. Ele representa a área das Rochosas canadenses, agora protegida como Yoho National Park (▷ 317), que igualmente já esteve embaixo do mar. Modelos de algumas criaturas estranhas e fantásticas que ali viviam (com 12 vezes seu tamanho real) estão dispostos de maneira realista num diorama pelo qual se caminha.

No Science Hall os visitantes aprendem sobre o meticuloso trabalho dos paleontólogos em exposições interativas. Aqui também fica o Palynology Playroom, onde as crianças podem se divertir com as enormes flores e atirar bolas de pólen. Exposições sobre botânica continuam no Cretaceous Garden, com mais de 300 espécies raras que vivem no vale de Drumheller há cerca de 65 milhões de anos e refletem os efeitos das mudanças no meio ambiente.

Paleontologistas mais novos vão adorar as seções interativas do salão da ciência, e talvez se inspirem ao observarem os cientistas no trabalho, empolgados com as descobertas recentes. Depois de ver os achados já expostos, essa parte do museu mostra o quanto de trabalho minucioso é necessário para revelar apenas um ossinho. O museu oferece caminhada guiada de uma hora, denominada Seven Wonders of the Badlands, numa trilha fácil, de cascalho, com muita coisa a descobrir pelo caminho (meados mai-fim jun, sáb e dom 11h30 e 14h30; fim jun-ago diariam 10h30, 14h30 e 16h30; set diariam 11h e 15h). Diversas trilhas saem do museu, e algumas são próprias para bicicletas.

✉ Highway 838, Midland Provincial Park, Drumheller, Alberta, T0J 0Y0 ☎ 403/823-7707, 1-888/440-4240 🕐 Meados mai-ago diariam 9h-21h; set-meados mai ter-dom e feriados seg 10h-17h Adulto $10, criança (7-17) $6, família $30 Visita de 65 minutos com áudio em diversos idiomas: $4

Abaixo, da esq. p. dir. *Perito trabalha no Royal Tyrrell Museum em Drumheller; Um dinossauro guarda a entrada do museu*

DINOSAUR PROVINCIAL PARK

tpr.alberta.ca/parks/dinosaur

A duas horas de carro de Calgary, 110km a sudeste de Drumheller, os campos das Pradarias dão lugar a uma surpreendente paisagem lunar, de terra seca, estéril, com estranhas colunas, algumas no formato de cogumelos gigantes ou criaturas esquisitas e até seres humanos que parecem petrificados de repente. Venha na hora em que o sol nasce ou se põe, quando tons alaranjados destacam os traços mais notáveis e tudo fica mágico. Só a paisagem já seria uma atração, mas por 65 milhões de anos ela guardou um segredo só revelado na década de 1880 –um fantástico tesouro de esqueletos, ossos e ovos de dinossauros. Até agora, foram escavados cerca de 300 esqueletos, o que se tornou o Dinosaur Provincial Park e um Patrimônio da Humanidade da Unesco. E as escavações continuam.

Para ter uma boa noção do parque, embarque no Explorer's Bus Tour de duas horas saindo do centro de visitantes. Além de informações, o centro tem quatro áreas expositivas com esqueletos quase completos de dinossauros, protegidos por vidro. Vale a pena também ir a uma conferência do laboratório de fósseis do centro (jul-ago ter-dom 14h) para conhecer o trabalho desenvolvido no parque por cientistas do Royal Tyrrell Museum. Crianças menores adoram o Family Theatre Program, no qual o apresentador fala de maneira acessível sobre a história natural da área, com participação da plateia e diversão interativa.

Munido dessas informações, a melhor maneira de explorar a área é participar de uma das caminhadas guiadas promovidas pelo parque. Em geral, elas duram de duas a quatro horas e variam quanto ao grau de dificuldade. Pessoas com bom condicionamento físico podem fazer a Backcountry Expedition, de sete horas, ou participar de uma escavação por um, dois ou três dias, sob a direção de paleontólogos.

✉ PO Box 60, Patricia, Alberta, T0J 2K0 ☎ 403/378-4342 ◷ Centro de visitantes: meados mai-início set diariam 8h30-17h (7h sex-sáb); início set-meados out, abr-meados mai diariam 9h-16h; meados out-mar seg-sex 9h-16h ✋ Grátis. Taxas para passeios e palestras

Acima *Esqueleto de dinossauro verdadeiro e cópia, no Royal Tyrrell*
Abaixo *Você pode subir no maior dinossauro do mundo e ter uma vista excelente*

CALGARY

INFORMAÇÕES

www.tourismcalgary.com

401 F16 200-238, 11th Avenue S.E., Calgary, Alberta, T0G 0X8 403/263-8510, 1-800/661-1678 Base da Calgary Tower, 101 9th Avenue SW, Calgary, Alberta, T2P 1J9 403/750-2362 Southcentre Mall, 100 Anderson Road SE, Calgary, Alberta, T2J 3V1 403/271-7670

Acima *Silhueta de Calgary ao pôr do sol*

INTRODUÇÃO

Calgary fica na convergência das Pradarias com as Rochosas, na área de pastagem às margens do rio Bow. Milhares de quilômetros de campos planos de trigo se estendem para o leste. A oeste, as escarpas das Rochosas se erguem no horizonte, com picos nevados que rebrilham com os raios de sol. O centro compacto de Calgary é uma concentração de prédios altos, que refletem a economia florescente da cidade, atravessada por um eficiente sistema de transporte de trens de baixa velocidade. O principal ponto para pedestres é o Stephen Street Mall, que liga diversos shopping centers modernos a antigos empórios, cafés e restaurantes de rua. Para enfrentar o clima do inverno, muitas vezes severo, os shoppings são ligados a edifícios de escritórios por corredores cobertos, tanto no nível da rua como subterrâneos. O lado negativo disso é que as ruas ficam meio vazias e sem vida.

O desenvolvimento de Calgary foi muito rápido. Inicialmente, a cidade cresceu ao redor do Fort Calgary, construído em 1875 a leste do atual centro; depois, ocupou as terras em volta da estação de trem, o que incentivou o comércio e o crescimento da população. A carne de boi era o produto principal, e os grandes ranchos dominavam as áreas vizinhas; depois, deu lugar ao trigo e, mais tarde, ao petróleo. A partir da década de 1970, a cidade se tornou o principal polo comercial de Alberta, graças aos ganhos com petróleo e gás natural. O número de habitantes passou de 1 milhão e as atrações culturais e restaurantes também aumentaram.

DESTAQUES

CALGARY TOWER

www.calgarytower.com

Embora alguns prédios comerciais do centro desafiem sua altura, a torre ainda oferece vistas panorâmicas abarcando desde as Rochosas nevadas à imensa pradaria. Aprecie essa paisagem saboreando uma refeição no Panorama Dining Room, giratório. A torre tem 190m de altura, e a torre de observação fica 160m acima do solo. Há também uma experiência emocionante no piso de vidro. A área transparente, com 11m de extensão e mais de 1,2m de largura, tem uma parede frontal de vidro que faz as pessoas se sentirem levitando nas alturas.

✉ 101 9th Avenue S.W., Calgary, Alberta, T2P 1J9 ☎ 403/266-7171 🕓 Diariam 9h-21h ou 22h. Os horários de funcionamento variam sazonalmente; o deque de observação pode fechar para eventos especiais 🖐 Adulto $14, criança (4-12) $6, (13-17) $7, família $40

FORT CALGARY HISTORIC PARK

www.fortcalgary.com

O Fort Calgary original, inaugurado em 1875, serviu de alojamento para a North West Mounted Police, que foi enviada a Calgary especificamente para pôr um fim ao comércio de uísque. Demolido em 1914, o forte foi reconstituído com o uso de ferramentas e técnicas da época. O parque dá vida à história por meio de interpretações interativas, exposições, apresentações e atividades. O visitante pode até ver como fica com o uniforme da Polícia Montada do Noroeste e descobrir como se sente dentro de uma das celas. Existe um centro explicativo com mostras sobre Calgary desde 1875 até a década de 1940, mais o sítio do Forte em 1875, o Deane House Historic Site e 16ha do parque, com caminhos à beira-rio.

✉ 750 9th Avenue S.E., Calgary, Alberta, T2G 5E1 ☎ 403/290-1875 🕓 Diariam 9h-17h o ano todo 🖐 Adulto $11, criança (3-6) $5, (7-17) $7 🚌 305

GLENBOW MUSEUM

www.glenbow.org

O maior museu no oeste do Canadá foi projetado para abrigar as coleções de Eric Harvie, um empreendedor local, que as doou à cidade em 1966. O museu é famoso pelo tratamento que dá às mostras das Primeiras Nações. Vá ao terceiro andar para ver a excelente Blackfoot Gallery–Niitsitapiisinni: Our Way of Life, que traça a história e a cultura do povo que vivia na área séculos antes da chegada dos europeus. Membros da nação dos pés-pretos se envolveram no projeto e desenvolvimento dessa galeria, e sua história não apenas explora o passado nas planícies do

Acima, da esq. p/ dir. *Os picos nevados das Rochosas encontram as Pradarias perto de Calgary; Atores a caráter no Fort Calgary Historic Park*

noroeste e a interação com os recém-chegados às suas terras, como também explica de que modo suas tradições ainda têm um papel importante na vida diária. No mesmo andar, as Native Cultures from the Four Directions reúnem obras de arte e objetos dos habitantes originais, até mesmo dos inuits e das nações da Costa Noroeste. Antes de sair do terceiro andar, visite Mavericks: An Incorrigible History of Alberta, que se concentra na história de 48 povos que ajudaram a formatar Alberta. O segundo andar do museu abriga uma exposição de arte moderna e uma coleção de esculturas asiáticas que refletem o legado de quem chegou mais recentemente e acrescentou aspectos diferentes ao caráter da província. No quarto andar está a mostra Where Symbols Meet, que relata aspectos de conquistas do oeste da África, e Warriors–A Global Journey Through Five Centuries, que examina diversas culturas e sua abordagem da guerra. Há também uma excelente exposição de mineralogia.

✉ 130 9th Avenue S.E., Calgary, Alberta, T2G 0P3 ☎ 403/268-4100 ◷ Seg-sáb 9h-17h, dom 12h-17h ✋ Adulto $14, criança (7-17) $9, família $28 🚉 LRT: Centre Street or Olympic Plaza

CALGARY ZOO

www.calgaryzoo.org

Este complexo ocupa 32ha à margem do rio Bow, a leste da cidade, e tem papel importante na preservação da vida selvagem. Além de animais do mundo todo, possui espécies encontradas no Canadá. Há primatas; mostra da Eurásia com tigres e leopardos-da-neve; Prehistoric Park, com dinossauros de tamanho real e um modelo de vulcão; e um jardim tropical com borboletas e aves. O Destination Africa conta com floresta tropical e savana africana, com sua própria vida selvagem. Existe um programa de dia inteiro com palestas que se concentram em espécies particulares. O zoo também elabora programas educativos para adultos, crianças e famílias, que levam você mais perto dos animais. Inscreva-se cedo nesses programas, pois eles são muito concorridos.

✉ 1300 Zoo Road N.E., Calgary, Alberta, T2E 7V6 ☎ 403/232-9300, 1-800/588-9993 ◷ Diariam 9h-18h ✋ Adulto $19, criança (3-12) $11, (13-17) $12 🚉 HLRT: Zoo ☕ 🎁

Acima, da esq. p/ dir. *A Calgary Tower oferece a melhor vista de 360 graus da cidade; O Glenbow Museum tem mostras que retratam os pioneiros que conquistaram o oeste*

ART GALLERY OF CALGARY

www.artgallerycalgary.org

Por fora as fachadas de duas construções históricas, por dentro tudo moderno, com galerias espaçosas que exibem arte contemporânea. Não existe acervo permanente, mas há entre 15 a 20 exposições por ano que mostram obras de artistas

conhecidos e emergentes, e que incluem mostras itinerantes das mais importantes galerias nacionais. Há também um programa de música de artistas locais.
117 8th Avenue S.W., Calgary, Alberta T2P 1B4 403/770-1350 ter-sáb 10h-17h (17h-21h na 1ª qui do mês) Adulto $5, criança/estudante (mais de 12) $2,50, (menos de 12) grátis; todos os ingressos $2, 12h-13h seg-sex LRT: Centre Street

HERITAGE PARK

www.heritagepark.ca

O maior parque de história viva do Canadá foi ampliado para mais de 51ha. O Historical Village conta com ruas autênticas, um trem a vapor e passeios em um barco com roda de pás. Você pode visitar um forte de comércio de peles da década de 1860, um povoado anterior à rodovia datado dos anos 1880, uma cidade de 1910 das Pradarias, áreas representando os anos 1930 e 1940 e um parque de diversões antigo. A Heritage Town Square tem lojas, restaurantes e o fabuloso Gasoline Alley Museum, com uma enorme coleção de veículos antigos, artefatos relacionados e mostras interativas. Quando há eventos especiais, as primeiras 500 pessoas que cruzam os portões do parque ganham café da manhã grátis com panqueca.
1900 Heritage Drive S.W., Calgary, Alberta, T2V 2X3 403/268-8500 Heritage Town Square: meados mai-meados out diariam 9h30-17h; resto do ano 9h30-16h. Historical Village: meados mai-início set diariam 9h30-17h; início set-meados out sáb-dom 9h30-17h Meados mai-início set e fins de semana no início de set-meados out: adulto $19, criança (3-17) $14 (atividades extra); resto do ano, cobra somente o Gasoline Alley Museum: adulto $9,50, criança (3-17) $4,50 LRT: Heritage, depois ônibus circular

THE MILITARY MUSEUMS

www.themilitarymuseums.ca

Graças a uma verba do governo de $5 milhões em 2007, este complexo reformado de museus conta a história do exército, marinha, força aérea e de vários regimentos do Canadá. Experiências realistas, a exemplo de uma trincheira da Primeira Guerra Mundial, fotos tiradas por militares no Afeganistão e gravações feitas por mulheres que integram o exército. Há equipamentos militares, obras de arte e centro de informações.
4520 Crowchild Trail SW, Calgary, Alberta, T2T 5J4 403/974-2850 Seg-sex 9h-17h, sáb-dom 9h30-16h Adulto $6, criança (7-17) $3, família $15 7, 13, 63, 107

PRINCE'S ISLAND PARK

Numa ilha artificial do rio Bow, ao lado do Eau Claire Market, a Prince's Island é o parque urbano de Calgary. Há jardins formais e gramados, caminhadas, pistas para bicicletas e patins, e aluguel de canoas no verão. Nos bosques vivem coiotes, guaxinins e outros animais selvagens e urbanos. A Chevron Texaco Learning Pathway, na ponta leste, rodeia uma área pantanosa artificial, com placas que explicam como os pântanos dão um tratamento natural à água.

DICAS

» Se estiver com crianças, dê uma olhada em www.childfriendly.ca para consultar os locais em Calgary nos quais as crianças são bem-vindas. Eles incluem acomodações, restaurantes, atrações, compras, eventos e locais que alugam equipamentos como carrinho, cadeirinha para carro, berço de viagem, brinquedos e até roupa de neve.

» Calgary é uma cidade ótima para ciclismo, com mais de 700km ciclovias e 260km de pistas urbanas para bicicletas. Você pode pegar a Calgary Pathway e o Bikeway Map no City of Calgary Planning Information Centre, no 4º andar do Municipal Building, 800 Macleod Trail SE, ou em qualquer loja Calgary Co-op (localização detalhada em www.calgarycoop.com), ou fazer o download pelo site da cidade (www.calgary.ca).

Abaixo, da esq. p/ dir. *Silhueta da cidade no crepúsculo; O Calgary Stampede é um dos eventos anuais mais empolgantes do Canadá*

INFORMAÇÕES

www.edmonton.com

401 F15 Edmonton Tourism, World Trade Centre Edmonton, 9990 Jasper Avenue, piso principal, Edmonton, Alberta, T5J 0Y9 Seg-sex 7h-19h

Gateway Park Visitor Information Centre, 2404 Gateway Boulevard SW (Highway 2), Edmonton, Alberta, T6W 1A1 780/496-8400, 1-800/463-4667 Seg-sex 8h30-16h30, sáb 9h-17h

EDMONTON

Edmonton, a mais setentrional das cidades importantes do Canadá, surgiu em volta de Edmonton House, um posto da Hudson's Bay Company fundado em 1795 para cuidar do comércio de peles com os povos crees e pés-pretos. No final do século 19, a população dobrou com a Corrida do Ouro de Klondike. Em 1905, Alberta entrou para a Canadian Confederation e Edmonton foi escolhida para ser capital da província. Em 1912, ela se uniu à cidade vizinha de Strathcona –atualmente uma área com arquitetura do início do século 20, com butiques exclusivas, cafés, restaurantes, mercados de antiguidades e teatros.

CENTRO

No centro de Edmonton, a prefeitura é uma interessante construção moderna de vidro, erigida para o centenário da cidade em 1992. Outros edifícios em torno da Sir Winston Churchill Square (no bairro das artes) incluem a Art Gallery, o Citadel Theatre e o Francis Winspear Centre for Music. Após uma reforma de milhões de dólares, a Art Gallery of Alberta (2 Sir Winston Churchill Square; tel 780/422-6223; www.youraga.ca; ter-sex 11h-19h, sáb-dom 10h-17h; adulto $12, criança 7-17 $8, família $26; visitas guiadas grátis diariam) reabriu em 2010 em um edifício estonteante com ângulos agudos entremeados com uma fita enorme de aço. Seu acervo permanente consiste em mais de 6 mil obras, e agora o edifício tem um teatro, uma galeria interativa para crianças, um restaurante (Zinc, ▷ 281) e o Terrace Café. A oeste, o Royal Alberta Museum (diariam 9h-17h) tem galerias enfocando a história e a natureza da província, com destaque para a cultura das Primeiras Nações.

MUTTART CONSERVATORY

Ao sul, quando se cruza o rio pela 96A Street, fica o Muttart Conservatory (seg-sex 9h-17h30, sáb 11h-17h30), onde jardins tropicais e exóticos são protegidos por pirâmides de vidro projetadas por Peter Hemingway no início da década de 1970.

FORT EDMONTON PARK

www.ftedmontonpark.com

O Fort Edmonton foi o primeiro assentamento na área, e esta reconstituição (Fox Drive e Whitemud Freeway; tel 780/496-8787; www.ftedmontonpark.com; www.fortedmontonpark.ca; fim jun-ago diariam 10h-18h, set dom 10h-18h; meados mai-fim jun seg-sex 10h-16h, sáb-dom e feriados 10h-18h; adulto $13,75, criança 2-12 $7, 13-17 $10,50, família $41,50), incluindo vários pontos históricos, o transporta à época da fundação da comunidade.

Abaixo *Pirâmides de vidro do Muttart Conservatory, com clima controlado*

FORT BATTLEFORD NATIONAL HISTORIC SITE

www.pc.gc.ca

Quartel-general da Polícia Montada do Noroeste de 1876 até 1924, quando foi abandonado, o Fort Battleford foi restaurdo para oferecer uma noção do papel da corporação no século 19, numa terra conturbada e em desenvolvimento. Em 1885, durante a rebelião dos *métis*, quando os guerreiros das Primeiras Nações convergiram para Battleford, a paliçada ofereceu refúgio para mais de 500 colonos. Como resistiu aos atacantes, contribuiu em parte para o fracasso do levante.

Agora, diversas construções originais foram restauradas e equipadas no estilo daqueles tempos. Os alojamentos atuais abrigam um centro explicativo, com fotografias, documentos e outros objetos que dão vida à história, enquanto uma equipe a caráter atua como os Mounties em suas tarefas diárias. O centro de visitantes, embora se misture aos prédios existentes, é um modelo de construção sustentável, que usa energia solar, eólica e geotérmica.

402 H16 P.O. Box 70, Battleford, Saskatchewan, S0M 0E0 306/937-2621 Fim mai-início set diariam 9h-17h Adulto $7,80, criança (6-16) $3,90, família $19,60

FORT WALSH NATIONAL HISTORIC SITE

www.pc.gc.ca

Instalado ao abrigo dos ventos em morros ondulados e bosques à margem de Battle Creek, o Fort Walsh foi um centro importante da lei, da ordem e da justiça. De 1878 a 1883, serviu como posto da Polícia Montada do Noroeste e como base para controlar o comércio ilegal de uísque vindo dos EUA. Quando o chefe Touro Sentado e um grupo de guerreiros sioux fugiram para cá, atravessando a fronteira americana após a Batalha de Little Big Horn, em 1876, os Mounties, sob o comando de James Walsh (que deu nome ao forte), controlaram a situação. No final, Walsh convenceu Touro Sentado a retornar aos EUA e viver numa reserva. O visitante pode conhecer as construções, dois cemitérios e o Farwell Trading Post –reconstituição de um posto de comércio de uísque de 1872. Atores caracterizados recriam o ambiente dos pioneiros.

401 G17 P.O. Box 278, Maple Creek, Saskatchewan, S0N 1N0 306/662-3590 (mai-fim out), 306/662-2645 (fora de temporada) Fim mai-início set diariam 9h30-17h30 Adulto $9,80, criança (6-16) $4,90, família $22

HEAD-SMASHED-IN BUFFALO JUMP

www.head-smashed-in.com

Onde os contrafortes das Rochosas encontram as Grandes Planícies, a noroeste do Fort Macleod, uma formação rochosa chamada Head-Smashed-In protege um dos mais antigos, maiores e mais bem preservados "buffalo jumps" que existiram, nomeado Patrimônio da Humanidade da Unesco em 1981. O local pode ser visto de cima e de baixo. Durante mais de 5.500 anos, os búfalos eram levados à morte ao caírem desse precipício, a fim de fornecer alimento, roupas e ferramentas de ossos para os povos nativos das planícies. Apesar da imagem de centenas de búfalos mortos, acredita-se que as tribos matavam apenas a quantidade de animais necessária para a sobrevivência.

O centro de visitantes, com sete andares, é uma notável obra arquitetônica erguida na encosta do morro, e sua fachada lembra as rochas erodidas. No teto, claraboias permitem a entrada de luz natural. Comece pelo andar de cima e conheça a ecologia das planícies, a vida dos povos da região e o modo como eles caçavam, terminando com a representação de um búfalo de tamanho real parado à beira do precipício.

Ao descer, você vê mais galerias sobre a chegada dos europeus e seu impacto, e um filme sobre o programa arqueológico realizado aqui.

401 F17 Box 1977, Fort Macleod, Alberta T0L 0Z0 403/553-2731 Diariam 10h-17h Adulto $9, criança (7-17) $5, família $22 18km noroeste de Fort Macleod na rodovia 785

REGINA

▷ 262.

Acima *Lago Audy, no Riding Mountain Park*

RIDING MOUNTAIN NATIONAL PARK

www.pc.gc.ca

No ponto de encontro de três paisagens diferentes –floresta de decíduas, floresta boreal e bosque de choupos– que se mesclam numa parte das escarpas de Manitoba, a montanha Riding dá abrigo a grande variedade de plantas e animais silvestres. Wasagaming, principal comunidade do parque, fica na margem sul do lago Clear, maior corpo d'água daqui, que no verão concentra os esportes aquáticos e a pesca. Mais de 400km de trilhas para caminhadas tornam este parque um dos mais acessíveis do oeste do Canadá, e algumas trilhas são abertas para mountain-bike. Anishinabe Village em Shawenequanape Kipichewin, no lago Katherine (meados mai-meados set) oferece a oportunidade de conhecer a cultura das Primeiras Nações em primeira mão e de dormir numa tenda indígena (tepee). No parque há alces, ursos, lobos, renas e muitas aves, além da manada residente de bisões. O famoso escritor e naturalista Grey Owl trabalhou aqui como zelador no início da década de 1930, e quem tem preparo para andar os 40km a pé de ida e volta pode dar uma olhada em sua cabana, onde há fotos e correspondência à mostra.

403 K17 Wasagaming, Manitoba, R0J 2H0 204/848-7275 Parque: ano todo. Centro de visitantes: fim jun-início set diariam 9h30-20h; meados mai-fim jun, início set-meados out diariam 9h30-17h Passe de um dia: adulto $7,80, criança (6-16) $3,90, família $19,60

INFORMAÇÕES
www.tourismregina.com
402 J17 Tourism Regina, 1925 Rose Street, Regina, Saskatchewan, S4P 3P1 306/789-5099, 1-800/661-5099

Acima *Silhueta da cidade de Regina*
Abaixo *Prédio do Legislativo ao pôr do sol*

REGINA

A capital de Saskatchewan, Regina –em homenagem à rainha Vitória–, ergue-se em meio à imensa área de pradaria produtora de trigo. A cidade foi fundada em 1882 como nova capital, para substituir a capital original, Battleford, mais ao norte. Localizada onde a nova Canadian Pacific Railway atravessava Wascana Creek, Regina foi considerada um gesto de validação para a ferrovia e um sinal da importância das comunicações, mas a decisão provocou muita polêmica naqueles tempos. A nova capital ganhou a categoria de cidade em 1903, e Saskatchewan se tornou província em 1905. Em 1912, um tornado destruiu Regina, e o que se vê atualmente é produto do trabalho posterior ao desastre. Na cidade está a sede da Royal Canadian Mounted Police (RCMP).

WASCANA CENTRE

Ao sul da área central fica o verdadeiro coração de Regina, o Wascana Centre, um dos maiores parques urbanos do país. Ali se concentram todos os tipos de atividades ao ar livre, de observação de aves a piqueniques, assim como diversos museus e galerias. O Royal Saskatchewan Museum (mai-início set, Labor Day, diariam 9h-17h30; resto do ano 9h-16h30) dispõe de três galerias principais: Earth Sciences (geologia), Life Sciences (ecologia) e a interessante First Nations Gallery. O acervo da MacKenzie Art Gallery (sáb-qui 10h-17h30, sex 10h-21h, sáb-dom e feriados 12h-17h30) conta com obras regionais, nacionais e internacionais, e inclui nomes como Henry Moore e Andy Warhol, e a contribuições de artistas de Saskatchewan e First Nation. O Saskatchewan Science Centre (meados mai-início set seg-sex 9h-18h, sáb-dom e feriados 11h-18h; resto do ano ter-sex 9h-17h, sáb-dom 12h-18h) é uma ótima diversão para crianças, com mostras permanentes e cinema IMAX.

RCMP HERITAGE CENTRE

www.rcmpheritagecentre.com

A RCMP mudou-se para Regina em 1882, cerca de dez anos depois que a corporação se estabeleceu em Fort Walsh (▷ 261). Embora o quartel-general tenha se transferido para Ottawa em 1920, a Training Academy (ou Depot Division) permaneceu aqui. O Heritage Centre (5907 Dewdney Avenue; tel 306/522-7333, 1-866/ 567-7267; www.rcmpheritagecentre.com; fim mai-início set diariam 9h-18h; resto do ano seg-sex 10h-17h, sáb-dom 12h-17h; adulto $12, criança 3-5 $3, 6-12 $6, 13-17 $10; visitas guiadas diariam no verão; em inglês: 11h, 13h15 e 15h45; em francês: 10h e 15h) mostra a história e a finalidade do RCMP. A exposição March of the Mounties é um destaque, e entre os eventos especiais está o famoso Musical Ride. O Flavours Snack Bar funciona meados abr-meados out, e há loja de presentes.

SASKATOON

Após um começo problemático –a cidade foi fundada como uma colônia puritana em 1883, mas caiu em tentações!–, Saskatoon só começou a crescer com a chegada da ferrovia. Hoje é a maior cidade na província, com uma gama enorme de museus, galerias, teatros e outras atrações. Além de animado polo da área agrícola no entorno, também é conhecida por seus 160ha de parques e trilhas às margens do rio South Saskatchewan, onde há cruzeiros fluviais disponíveis. River Landing é um projeto recente de revitalização urbana que inclui um calçadão junto ao rio, o Farmers' Market, casas, lojas e locais de entretenimento. A Mendel Art Gallery (▷ abaixo) vai se mudar para cá e mudar o nome para Art Gallery of Saskatchewan. Personalidade local mais famosa, John G. Diefenbaker foi o 13º primeiro-ministro do Canadá e é lembrado no Diefenbaker Canada Centre (diariam) no Diefenbaker Place, onde seu escritório e sala privada estão à mostra.

MUSEUS DA CIDADE

A história de Saskatoon por volta de 1910 pode ser revivida no Saskatchewan Western Development Museum (diariam 9h-17h, fechado seg jan-mar), na Lorne Avenue South, que apresenta a nova exposição Winning the Prairie Gamble. Dioramas e mostras explicativas se concentram no desenvolvimento agrícola dos últimos 150 anos. O legado ferroviário da cidade é consagrado no Saskatchewan Railway Museum (meados mai-início set qui-seg 12h-17h), onde o visitante anda em veículos que ainda funcionam. A Mendel Art Gallery (diariam 9h-21h) em Spadina Crescent East, mas prestes a se mudar paraum novo prédio em River Landing, é o mais importante da cidade, com exposição de obras contemporâneas e históricas de artistas locais, nacionais e internacionais.

WANUSKEWIN HERITAGE PARK

Em Saskatoon, o centro interpretativo das Primeiras Nações (Penner Road, ao norte de Saskatoon saindo da Highway 11; tel 306/931-6767, 1-877/547-6546; www.wanuskewin.com; diariam 9h-16h30; adulto $8,50, criança 6-12 $4, 13-18 $6,50, família $25) mostra o estilo de vida dos povos das Planícies do Norte, com acampamentos de verão e inverno, locais onde matavam bisões e outras peças em um lugar onde eles se reuniam há mais de 6 mil anos. No centro interpretativo há apresentações diárias de dança no verão (fins de semana no resto do ano) e você pode conhecer a culinária tradicional.

INFORMAÇÕES

www.tourismsaskatoon.com

402 H16 Tourism Saskatoon, 101-202 Fourth Avenue North, Saskatoon, Saskatchewan, S7K 0K1 ☎ 306/242-1206, 1-800/567-2444 Meados mai-início set diariam 8h30-17h30; resto do ano seg-sex 8h15-17h

Abaixo *O Delta Bessborough Hotel em harmonia com a arquitetura da cidade de Saskatoon*

WINNIPEG

INFORMAÇÕES
www.tourism.winnipeg.mb.ca
403 L17 300-259 Portage Avenue, Winnipeg, Manitoba, R3B 2A9
204/943-1970, 1-800/665-0204
seg-sex 8h30-16h30

INTRODUÇÃO

Winnipeg é capital da província de Manitoba, coração geográfico do Canadá, e marca a extremidade das Pradarias. O centro compreende muitos quarteirões ao redor do cruzamento de Portage e Main,com uma mistura eclética de modernos edifícios envidraçados e prédios de tijolos e pedras do início do século 20. Um shopping center subterrâneo é muito útil no inverno de Winnipeg. Há passeios guiados, principalmente para Exchange District, The Forks e St. Boniface, para os quais o Centro de Informação Turística oferece detalhes. Para circular, um sistema de ônibus grátis, o Downtown Spirit, dispõe de três percursos ao redor do centro, durante o dia, e há também uma rede mais abrangente de ônibus pagos.

A cidade foi fundada como posto avançado da Hudson's Bay Company para negociar com tribos das Primeiras Nações. Sua concorrente, a North West Company, veio para cá em 1738. Em 1821, o conde de Selkirk adquiriu terras no local e a área foi colonizada por escoceses que fugiam das Highland Clearances (migrações forçadas das Terras Altas). Winnipeg ganhou estatuto de cidade em 1873 e, com a chegada da ferrovia Trans-Canada, tornou-se a Porta para o Oeste. O apogeu da cidade ocorreu por volta de 1900-30, e o notável prédio do Legislativo foi terminado nesse período.

DESTAQUES

EXCHANGE DISTRICT

www.exchangedistrict.org

O Exchange District é um Sítio Histórico Nacional e dispõe da melhor concentração de arquitetura anterior a 1913 em toda a América do Norte. Entre as edificações mais interessantes estão o Confederation Life, edifício de 1912; o Pantages Theatre (1913), com interior suntuoso; e o Criterion Hotel (1903). Da galeria da Winnipeg Commodity Exchange (seg-sex), observe o movimento da única bolsa de futuros e títulos para mercadorias agrícolas no Canadá. Este bairro restaurado também tem uma ativa mistura de empresas e galerias de arte, butiques, restaurantes e casas noturnas. O Centennial Concert Hall (▷ 277) é sede do Royal Winnipeg Ballet, da Manitoba Opera e da Winnipeg Symphony Orchestra. O Oseredok (jul-ago seg-sáb 10h-16h, e dom 13h-16h), centro cultural e educacional da Ucrânia, homenageia os ucranianos que se estabeleceram em Manitoba com mostras de arte folclórica, instrumentos musicais, ferramentas e uma galeria de arte.
133 Albert Street, 2º andar, Winnipeg, Manitoba, R3B 1G6 204/942-6716

Acima *Imponente prédio do Legislativo em Winnipeg*

MANITOBA MUSEUM

www.manitobamuseum.ca

Este museu apresenta a história da província, desde registros fósseis (de 80 milhões de anos) até objetos modernos. O tema principal se concentra nas pessoas e no ambiente, e dioramas retratam os ecossistemas de Manitoba, com exemplares muito bem conservados de animais e aves. Uma das galerias mapeia o desenvolvimento da Hudson's Bay Company, com uma réplica do veleiro *Nonsuch*, de dois mastros, que em 1668 navegou da Inglaterra até a baía de Hudson para negociar com o Canadá. A Grasslands Gallery trata dos colonos europeus e sua atuação nas pastagens das Pradarias. O surgimento da cidade de Winnipeg está ilustrado na Urban Gallery, com a reconstituição de uma rua da década de 1920.

✉ 190 Rupert Avenue, Winnipeg, Manitoba, R3B 0N2 ☎ 204/956-2830 🕘 Meados mai-início set diariam 10h-17h; resto do ano ter-sex 10h-16h, sáb-dom 11h-17h ✋ Ingressos combinados para o museu, o planetário e a galeria de ciências: adulto $19, criança (3-17) $13,50, família $64

THE FORKS

www.theforks.com; www.pc.gc.ca

Em uma curva do rio, este distrito revitalizado e em constante evolução é um dos locais preferidos em Winnipeg. O Forks tem parques verdejantes, trilhas junto ao rio, um mercado excelente, gastronomia, compras e várias instituições artísticas nos edifícios restaurados no pátio da Canadian Pacific Railway. O novo e espetacular Canadian Museum for Human Rights está tomando forma aqui e deve abrir em 2012. No meio da área, o Forks National Historic Site (diariam) preserva o que foi uma localização estratégica por 6 mil anos, como lugar de encontro das Primeiras Nações e depois posto de comércio da Hudson's Bay Company. Guias com trajes de época contam a história (jul-ago) em animados passeios a pé.

✉ Main Street and Waterfront Drive, Winnipeg, Manitoba, R3C 4S8 ☎ 204/983-6757, 1-888/787-8888 🕘 Diariam ✋ Grátis 🚌 38, ônibus Downtown Spirit grátis

ST. BONIFACE CATHEDRAL

www.cathedralestboniface.mb.ca

Do outro lado do rio, na frente de The Forks, está a St. Boniface Cathedral erguida em 1968. Ela incorpora o que sobrou da catedral original, em estilo neogótico, construída em 1908 e que foi arrasada por um incêndio. No cemitério da catedral estão os restos mortais de muitos cidadãos importantes, franceses e *métis*, a exemplo de Louis Riel (▷ 28), considerado pelos moradores como fundador da província, e de dois dos primeiros bispos: Provencher e Tache. O museu da igreja possui mostras relativas ao surgimento dos *métis*.

✉ 190 Avenue de la Cathédrale, St. Boniface, Manitoba, R2H 0H7 ☎ 204/233-7304 🕘 Diariam ✋ Grátis

Abaixo, da esq. p/ dir. *Obra de arte em armazém restaurado no Exchange District; O fica em cima da cúpula do prédio do Legislativo*

DALNAVERT NATIONAL HISTORIC SITE

Esta é uma casa típica de família rica do final do período vitoriano. Construída no estilo do ressurgimento de Queen Anne, aproveita os luxos do momento, como encanamento interno, aquecimento central e iluminação elétrica. A decoração e os móveis seguem o modismo da época. O prédio do Legislativo fica num jardim agradável ali perto.

61 Carlton Street, Winnipeg, Manitoba, R3C 1N7 · 204/943-2835 · Qua-sex 10h-17h (11h-16h início set-meados mai), sáb 11h-18h, dom 12h-16h · Adulto $5, criança (5-17) $3, família $12

WINNIPEG ART GALLERY

http://wag.ca

Ao norte do prédio do Legislativo, esta movimentada galeria inaugurada em 1912 foi projetada pelo arquiteto local Gustavo da Roza para dar a impressão de um navio que sai das águas. O acervo especializado compõe-se de mais de 24.000 obras, desde um busto romano do século 5º até vídeos do século 20. Além de pinturas canadenses e internacionais e trabalhos em papel, a galeria tem uma das maiores coleções do mundo de arte inuit contemporânea. Entre outras mostras estão pinturas de altar e tapeçarias góticas e renascentistas, cerâmica decorativa de meados do século 18 e cerca de 200 fotografias de André Kertész, um dos pioneiros da fotografia moderna.

300 Memorial Boulevard, Winnipeg, Manitoba, R3C 1V1 · 204/786-6641 · Ter-dom 11h-17h (e qui 17h-21h) · Adulto $8, criança (6-12) $4, família $18 · Storm Restaurant (ter-dom 11h-14h · 204 948-0085)

Abaixo *Diorama com o barco, no Manitoba Museum*
À dir. *O Exchange District é uma área de armazéns restaurados e adaptados a diversos usos*

LOWER FORT GARRY

www.pc.gc.ca

O Lower Fort Garry, inaugurado em 1881, é o posto comercial de pedra mais antigo e ainda intato no oeste do Canadá. Fica ao norte de Winnipeg (32km) e foi fundamental para a rede da Hudson's Bay Company. A maior parte do comércio era de produtos agrícolas, que a empresa trazia para alimentar os trabalhadores mais ao norte da baía de Hudson. A partir da década de 1840, a companhia ampliou o forte para incluir cervejaria, destilaria, serraria e fornos de cal. Além de servir como posto de comércio de peles e posto de suprimentos, mais tarde foi o primeiro local de treinamento da North West Mounted Police, precursora da RCMP, que chegou em 1873 para patrulhar esta área sem lei e explosiva. Agora, as construções são ocupadas por atores a caráter, que retratam a vida dos habitantes originais.

5925 Highway 9, St. Andrews, Manitoba, R1A 4A8 · 204/785-6050, 1-888/773-8888 · Meados mai-início set diariam 9h-17h; início set-fim set centro de visitantes 9h-17h (edifícios apenas com visitas guiadas); resto do ano acesso livre · Adulto $7,80, criança (6-16) $3,90, família $19,60 · Ônibus da Beaver Lines de Winnipeg e Selkirk · Visitas guiadas às 11h e 13h jul-início set

MENNONITE HERITAGE VILLAGE

www.mennoniteheritagevillage.com

Instalada num parque de 16ha, 61km ao sul de Winnipeg, a Heritage Village recria o modo de vida tradicional dos menonitas, membros de uma seita protestante criada no século 17 e que existe até agora. Entre as mais de 30 construções e monumentos há um moinho de vento, uma escola erguida por volta de 1919, um galpão com máquinas e ferramentas, um celeiro e cercados para animais, uma igreja de 1881 e moradias. Eventos especiais ocorrem o ano todo, e o maior deles é um fim de semana do começo de agosto com atividades pioneiras, como debulha com máquinas a vapor, músicas, comidas e outras atrações. Em dezembro, festeja-se o Natal tradicional, com passeios de trenó e coros de músicas natalinas.

231 Highway 12 N, Steinbach, Manitoba, R5G IT8 · 204/326-9661 ou 1-866/280-8741 · Mai-fim jun e set seg-sáb 10h-17h, dom 12h-17h; jul, ago seg-sáb 10h-18h, dom 12h-18h; resto do ano seg-sex 10h-16h ou com hora marcada · Adulto $10, criança (6-12) $2 ou (mais de 13) $7, família $20

DICAS

» No verão, a Old Market Square apresenta concertos e espetáculos de rua, tudo de graça.

» O West End de Winnipeg é uma famosa área multicultural e ótimo lugar para encontrar muitos restaurantes internacionais e lojas de comidas.

» O Promenade Taché no lado St. Boniface do rio dispõe de placas explicativas sobre a história do bairro, e também tem lindas vistas.

» Verifique o progresso do Canadian Museum of Human Rights, que logo será aberto em The Forks; www.humanrightsmuseum.ca has a webcam watching the construction site.

Acima, da esq. p/ dir. *Lower Fort Garry; A estátua de Louis Riel fica no terreno do prédio do Legislativo em Winnipeg*

PASSEIO AO PRINCE ALBERT PARK

O Prince Albert National Park, maior reserva natural protegida de Saskatchewan, cobre 3.875km² de ambiente raro, uma mistura de floresta boreal da planície e pastagens da gramínea fetusca, que outrora cobria a maior parte das Pradarias e que foi substituída por plantações com a chegada dos europeus. A água ocupa 10% da área, com mais de 1.500 lagos e rios. Há poucas estradas no parque e os destaques são alguns quilômetros de caminhadas a partir do acesso aos veículos. Este percurso panorâmico explora o ecossistema florestal do Prince Albert e o efeito subjacente da glaciação na paisagem.

O PASSEIO

Distância: 135km.
Duração: 3 horas.
Início: Cidade de Prince Albert.
Fim: Área de estacionamento de Grey Owl no Prince Albert National Park.

COMO CHEGAR

Prince Albert fica a 144km para o norte de Saskatoon, pela Highway 11.

★ A cidade de Prince Albert é um dos últimos centros importantes antes de você se dirigir ao parque nacional.

De Prince Albert vá para o norte pela Highway 2. Após 37km, dobre à esquerda na Highway 263, sinalizada como "Prince Albert National Park Scenic Route."

O pequeno povoado de Christopher Lake, depois de apenas 1km, tem um posto de combustível e um empório. Mais adiante, você passará por uma vila abandonada há muito tempo, com barracões de madeira e armazéns deteriorados. O limite meridional do parque nacional (adulto $7,80, criança 6-16 $3,90, família $19,60) surge após 18km.

❶ No parque, a primeira atração natural é o lago Sandy, à esquerda. Aqui, no verão, o visitante pode pescar ou andar de barco, e há um ancoradouro com bela vista.

A estrada atravessa uma densa floresta, quase toda de folhagem perene.

❷ É comum avistar veados ou alces pastando no amplo acostamento da estrada.

Após 10km você irá atravessar o pantanoso vale do rio Spruce. A trilha de Spruce Highlands (▷ 270-1) começa logo depois da ponte. Prossiga pelo Prince Albert Burn, pelos 62km do percurso.

Acima *O tranquilo lago Waskesiu ao amanhecer*
À esq. *Cabana onde Grey Owl morou e escreveu na década de 1930*

❸ Esta é uma área aparentemente destruída por queimadas, mas, na verdade, a maior parte das áreas florestais depende, até certo ponto, do fogo para sua continuidade. Como algumas espécies de plantas só germinam após uma queimada, em muitas áreas ocorrem queimadas controladas.

Ao chegar aos arredores do lago Waskesiu, a 66km de Prince Albert, você verá a margem do lago à sua esquerda, antes que o povoado apareça.

❹ A cidadezinha tem um cenário agradável, no meio da floresta densa, com diversas praias pequenas. Existem cabanas de troncos e chalés de tábuas para alugar. As construções mais antigas –Community Hall, Golf Clubhouse e Nature Centre– foram erguidas durante a Depressão da década de 1930 por cidadãos solteiros desempregados, que ganhavam $5 por mês mais comida e alojamento.

Quando chegar ao lago Waskesiu, vire à esquerda no cruzamento e ultrapasse o Kipasiwin Camping. A estrada contorna o lago, ruma para oeste e cruza o rio Waskesiu. Você também passa pela marina, 6km mais adiante, antes que a estrada termine numa área de cascalho para estacionamento, cerca de 32km do lago Waskesiu.

❺ Daqui, você pode caminhar ou ir de caiaque até o centro da floresta do parque. A melhor trilha (21km) é a Grey Owl, que leva até a última morada do escritor e naturalista Grey Owl, que nasceu na Inglaterra com o nome de Archibald Stansfield Belaney e viveu aqui na década de 1930 (▷ 271).

Volte para o carro e faça o mesmo caminho por onde veio.

QUANDO IR

O parque está sempre aberto, mas as atividades de inverno são restritas. O Centro de Informações fecha do início de setembro a meados de maio, e os hotéis não abrem de outubro ao fim de maio.

ONDE COMER

MACKENZIE'S DINING ROOM

✉ Hawood Inn, 851 Lakeview Drive, lago Waskesiu ☎ 306/663-5911.

ONDE FICAR

ELK RIDGE RESORT

✉ lago Waskesiu ☎ 306/663-4653.

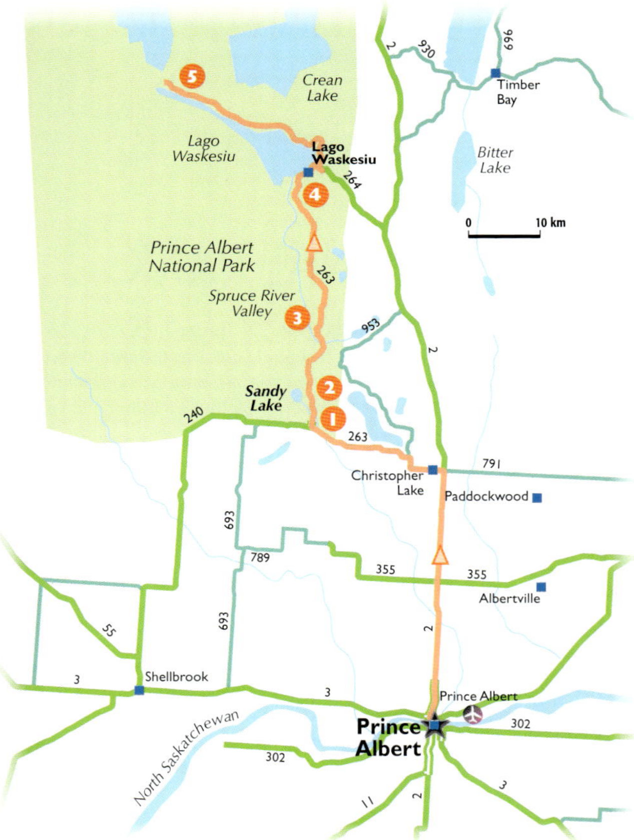

Acima *Windsurfe no lago Waskesiu*

SPRUCE HIGHLANDS TRAIL NO PRINCE ALBERT NATIONAL PARK

O Prince Albert National Park exibe uma paisagem esculpida pela ação do gelo. As Spruce Highlands são formadas de morenas glaciais –rochas depositadas depois de avanços e recuos de geleiras durante diversos momentos do último Período Glacial. Muitos espigões separados de morenas criaram uma paisagem ondulada, agora totalmente forrada por uma floresta intacta, uma mistura de árvores decíduas e folhagens verdes, onde vivem cervos, lobos e alguns ursos.

O PASSEIO
Distância: 8,5km.
Duração: 5 horas.
Início/fim: Área de estacionamento da Spruce Highlands Trail, na Highway 263.

COMO CHEGAR

Da cidade de Prince Albert (▷ 268), pegue a Highway 2 norte até o cruzamento com a Highway 263. Vire à esquerda e vá até a área de estacionamento da Spruce Highlands Trail. **Atenção:** Antes de sair, leia os folhetos oferecidos pela administração do parque sobre encontros com animais.

Ao sair da área de estacionamento, siga o caminho ao lado da placa de informações, no lado sul. No início da caminhada, existe uma ladeira bem íngreme com um banco no topo. Se for muito cedo para descansar, vire à direita e continue.

O caminho fica plano e, à esquerda, passa por uma rocha errática –grande fragmento rochoso deixado ali quando as geleiras derreteram no final do último Período Glacial. Essa área ficava sob uma camada de aproximadamente 1.600m de gelo glacial, que formou alguns dos lagos mais importantes, entalhou os vales dos rios e formatou colinas de aluvião, eskers, espigões e morenas, presentes em todo o parque. Depois de 700m você chega a uma torre de madeira para observação, de onde se enxerga a parte sul do parque.

Note o efeito da erosão que o rio Spruce provocou no vale. A seção sudoeste do Prince Albert National Park dá pastagem a uma considerável manada de bisões da planície.

A partir da torre, a trilha sobe e desce por outro vale de morenas até atingir o ponto inicial do circuito, 300m adian-

À esq. *Pôr do sol maravilhoso dá um brilho dourado ao Prince Albert National Park*

te. Pegue o caminho da esquerda. Você vai descobrir que a caminhada é mais fácil na volta; o relevo mais íngreme fica na parte externa.

A trilha continua por dentro da floresta densa, na maior parte com árvores decíduas, e às vezes passa pelas encostas dos morros, em trechos bem puxados. Após 1km, o caminho se alarga num vale e depois sobe até o ponto mais alto: 1.500m.

Daqui, tem-se uma vista de longo alcance para sudoeste.

Por fim, a 3,4km do início do circuito, você chega a um entroncamento da trilha onde é possível pegar a esquerda e chegar ao lago Anglin. Para continuar no circuito do percurso das Spruce River Highlands, prossiga pela direita. A partir do entroncamento, o percurso começa a voltar para o ponto de partida. Você vai entrar numa área de árvores com folhagem perene 1,3km mais adiante, onde as subidas e descidas não são tão íngremes quanto no caminho externo. Um pouco antes de chegar ao ponto inicial e passar pela torre de observação para chegar ao estacionamento, dê uma olhada para a esquerda.

Você verá outra típica característica geológica de uma paisagem glacial. O laguinho que está numa depressão profunda abaixo de você é conhecido como caldeirão, criado quando um bloco de gelo foi deixado para trás, enquanto a geleira principal retrocedia. O gelo foi coberto por camadas de terra, mas derreteu mais tarde, fazendo com que a terra despencasse pelo espaço vazio e se enchesse de água.

QUANDO IR

O parque abre o ano todo, mas o Centro de Informações fecha do início de setembro a meados de maio. Hotéis e restaurantes fecham de outubro a maio.

ONDE COMER

O lugar mais perto para comer fica no lago Waskesiu, 27km adiante.

BEACH HOUSE

✉ 911 Lake View Drive, lago Waskesiu ☎ 306/663-5288

PARK CENTRE CAFÉ

✉ 929 Waskesiu Drive, lago Waskesiu ☎ 306/663-5233.

ONDE FICAR

Novamente, o lago Waskesiu é o mais próximo.

HAWOOD INN

✉ lago Waskesiu ☎ 306/663-5911

ELK RIDGE RESORT

✉ lago Waskesiu ☎ 306/663-4653.

VIDA SELVAGEM NO PARQUE

O Prince Albert National Park é uma das poucas áreas do mundo em que lobos-cinzentos vivem livres e não são perturbados. É também um dos poucos parques canadenses com manada de bisões que pastam em liberdade. Seis bisões (de 50 que foram soltos por volta de 1969) sobreviveram nesta região protegida e agora já são 400 animais. Entre outros animais silvestres estão: lince, caribu, alce e urso-pardo. Há cerca de 200 espécies de aves, como águias, águias-pescadoras, gaviões e falcões. O parque tem a maior colônia canadense de reprodução de pelicanos-brancos, que chegam a 15 mil, no lago Lavallée e ao redor, mas o acesso é restrito.

GREY OWL

Considerado por alguns como o primeiro ecologista, Grey Owl (Coruja-Cinzenta) nasceu em Hastings, Inglaterra, com o nome de Archibald Stansfield Belaney. Emigrou para o Canadá em 1906 e se casou com uma ojibway. Em 1925, conheceu sua segunda esposa, uma mohawk, e se tornou preservacionista e escritor, adotando o nome de Grey Owl. Escreveu três romances sobre a vida em sua pequena cabana no lago Ajawan, no coração do Prince Albert National Park. Grey Owl morreu em 1938 e foi enterrado perto de sua cabana, agora uma concorrida caminhada para admiradores, apesar dos 40km de ida e volta até o estacionamento mais próximo. Em 1999, a vida de Grey Owl foi filmada pOR Richard Attenborough, com Pierce Brosnan como protagonista.

Acima *Os caminhos bem definidos facilitam a caminhada na Spruce Highlands Trail*
Abaixo *Há quadros informativos em locais estratégicos do parque*

ARTE, COMPRAS, DIVERSÃO E NOITE

CALGARY

ALBERTA BOOT

www.albertaboot.com

Em Alberta, único fabricante de botas do Oeste. Produz mais de 10 mil pares por ano com couro de vaca, além de materiais exóticos. Há sempre estoque de 12 mil pares, e também se compra jeans, chapéus, camisas e cintos.

50 50th Avenue S, Calgary, Alberta, T2R 1M3 403/263-4623 Jul-fim do Calgary Stampede seg-sex 9h-21h, sáb 9h-18h, dom 11h-16h; resto do ano seg-sáb 9h-18h FC-train: 7th Avenue Ao sul do rio, ao lado da Macleod Trail South

BACK ALLEY NIGHTCLUB

www.mybackalley.com

O nome evoca imagens dúbias, mas trata-se de um lugar grande, divertido e simpático, onde você escuta bom rock ao vivo e música alternativa.

4630 MacLeod Trail SW, Calgary, Alberta, T2G 5E8 403/287-2500 Qua 20h-2h, sex-sáb 19h-2h qua $4, sex, sáb $6,50 30 LRT, para 39 Avenue

BEAT NIQ JAZZ & SOCIAL CLUB

www.beatniq.com

O Beat Niq começou como jazz-café em 1997; foi ampliado e se tornou o único ponto exclusivamente de jazz em Calgary. O ambiente e a música são excelentes, complementados por ótimo jantar no café Piq Niq.

811 1st Street SW, Calgary, Alberta, T2P 7N2 403/263-1650 Qui-sáb 20h-2h30 LRT: C-Train até Centre Street No leste do centro, entre 9th Avenue e Stephen Avenue Walk

BUTTERFIELD ACRES

www.butterfieldacres.com

Fazenda interativa, onde as crianças ficam junto de animais, pegam ovos, provam leite e passeiam em carroça de feno ou andam de pônei.

254077 Rocky Ridge Road, Calgary, Alberta, T3R 1A6 403/547-3595 Jul-ago diariam 10h-16h; abr-jun e set seg-sex 10h-14h, sáb-dom 10h-16h; eventos especiais de inverno apenas com a compra adiantada de ingresso Adulto $13,99, criança (até 17) $9,99 158 No noroeste de Calgary, 3km ao norte da Crowchild Trail (Highway 1A) Bebidas quentes e frias, lanches (jul-ago)

CALAWAY PARK

www.calawaypark.com

Maior parque de diversões ao ar livre no oeste do Canadá. Oferece 34 brinquedos para quem quer emoção e para crianças pequenas. Diversão ao vivo, playground, minigolfe e casa assombrada.

254033 Range Road 33, Calgary, Alberta, T3Z 2E9 403/240-3822 Jul-ago diariam 10h-19h; meados mai-jun sex 17h-21h, sáb-dom 10h-19h; set-meados out sáb-dom 11h-18h $32 (7-49 anos), $25 (3-6 anos), $23 (50 anos ou mais), família $75. Não inclui impostos 10km a oeste de Calgary pela Trans-Canada Highway (Highway 1); na Springbank Road EFast comidas e lanches

CALGARY FLAMES

http://flames.nhl.com

Uma das primeiras franquias da National Hockey League (NHL), os Flames atraem torcedores apaixonados.

Pengrowth Saddledome, 555 Saddledome Rise SE, Calgary, Alberta, T2G 2W1 403/ 777-4646 $31,75-$228 LRT: Victoria Park/Stampede Ao lado do Stampede Ground

CALGARY STAMPEDERS

www.stampeders.com

Um dos melhores times de futebol canadense do oeste do país, com torcedores fiéis e entusiasmados. As partidas são disputadas no estádio McMahon de 36 mil lugares.

McMahon Stadium, 1817 Crowchild Trail NW, Calgary, Alberta, T2M 4R6
403/289-0258, 1-800/667-3267
Temporada: fim jun-início nov
$29-$89 University of Calgary

EAU CLAIRE FESTIVAL MARKET

www.eauclairemarket.com

Aberto em 1993, este complexo de compras e diversão, com 21.600m², logo se tornou concorrido em Calgary, com comércio, restaurantes, casas noturnas e artistas de rua.

✉ 200 Barclay Parade SW, Calgary, Alberta, T2P 4R5 ☎ 403/264-6450 ⏱ Seg-sáb 10h-18h, dom 12h-16h (algumas lojas funcionam até mais tarde) 🚌 31, 419, 433 🚗 Prince's Island Park, na 2nd Avenue SW com 2nd Street SW 🍴 7 praças de alimentação e 6 restaurantes internacionais

EPCOR CENTRE FOR THE PERFORMING ARTS

www.epcorcentre.org

Uma sala de concertos com 1.800 lugares e quatro teatros de tamanhos variados servem de sede a cinco companhias, com programações de dança, música, teatro, cabaré e comédia.

✉ 205 8th Avenue SE, Calgary, Alberta, T2G 0K9 ☎ 403/294-7455 ⏱ O ano todo 🚆 LRT: C-Train to Centre Street, City Hall or Olympic Plaza 🚗 No centro, na frente da Olympic Plaza ☕ Cafeteria com lanches

GALLERIA

www.calgarycraftedgifts.com

Comércio de artesanato canadense, a exemplo de cerâmicas, colchas, vidros, bijuterias, esculturas, belas artes, brinquedos feitos à mão, roupas para crianças e comidas gourmet. Entre os eventos há exposições de arte, com os artistas presentes.

✉ 907 9th Avenue SE, Calgary, Alberta, T2G 0S5 ☎ 403/270-3612 ⏱ Seg-sáb 10h-17h, dom 12h-17h; fecha nos feriados 🚌 301

KART WORLD

www.kartworldcalgary.com

A família inteira se diverte neste kartódromo de duas pistas. Também dispõe de minigolfe, laser tag, jogos eletrônicos e lanchonetes.

✉ 5202 1st Street SW, Calgary, Alberta, T2H 0C8 ☎ 403/253-8301 ⏱ Mai-out seg-sex 12h-22h, sáb-dom 10h-22h (se o clima permitir) ✋ Kart: adulto $8-$12 por corrida de 5 minutos, criança $5,50; oferece preços para corridas múltiplas e para diversas atividades. Laser tag: $5,50 por jogo. Minigolfe: adulto $5,50, criança (menor de 10) $4,50 🚗 Ao lado da Macleod Trail SW pela 50th Avenue SE

PENGROWTH SADDLEDOME

www.pengrowthsaddledome.com

Além de eventos esportivos, este lugar é usado para shows de grandes artistas –Tom Petty, Nickelback, Rihanna, Simon e Garfunkel e o Black Eyed Peas, entre outros, estiveram aqui em 2010.

✉ 555 Saddledome Rise SE, Calgary, Alberta, T2G 2W1 ☎ 403/777-4646 🚆 LRT: Victoria Park/Stampede 🚗 Ao lado do Stampede Ground

SHIP AND ANCHOR

www.shipandanchor.com

Este excelente pub e restaurante é um ponto de referência na vida noturna de Calgary há mais de 15 anos. Música ao vivo, esportes pela TV e outros eventos em algumas noites. Jams sessions em palco sobre plataforma nas tardes de sábado.

✉ 534 17th Avenue SW, Calgary, Alberta, T2S 0B1 ☎ 403/245-3333 ⏱ Seg-sex 11h-2h, sáb-dom 10h-2h ✋ Grátis para bar e eventos 🚌 G7 🚗 No sul do centro, na 17th Avenue SW com 5th Street SW

SOUTHERN ALBERTA JUBILEE AUDITORIUM

www.jubileeauditorium.com/southern

Este prédio magnífico, no South Alberta Institute of Technology, é a sede da Calgary Opera e do Alberta Ballet, e também recebe companhias itinerantes.

✉ 1415 14th Avenue NW, Calgary, Alberta, T2N 1M4 ☎ 403/297-8000 ⏱ O ano todo 🚆 C-train: SAIT/ACAD/Jubilee

THEATRE JUNCTION/GRAND

www.theatrejunction.com

Aqui são encenados dramas contemporâneos, e também peças e obras novas da companhia residente.

✉ 608 1st Street SW, Calgary, Alberta, T2P 1M6 ☎ 403/205-2922 ⏱ Datas específicas ✋ $30 🍴 🚆 LRT até a estação da 1st Street 🚌 24, 419 🚗 No distrito cultural do centro, no cruzamento com 6th Avenue SW

THE UPTOWN

www.theuptown.com

Este cinema Art Déco de 1951 agora oferece dois locais em um. No térreo, o andar original ainda exibe filmes (lançamentos, cinema de arte, internacional), enquanto o antigo balcão foi separado e possui um palco para espetáculos ao vivo e equipamento de projeção. Há também exposições de arte que mudam todo mês.

✉ 612 8th Avenue SW, Calgary, Alberta, T2P 1G4 ☎ 403/265-0120 ⏱ Diariam; horário variado ✋ Adulto $9, criança (menos de 13) $5, estudantes com carteirinha $7; para todas as idades ter e matinês $7 🚗 No centro, perto do cruzamento com 5th Street SW 🚆 FC-train até 4 Street SW ou 6 Street SW ☕ Lanches, que incluem sopas e samosas (pasteizinhos)

ALBERTA FLY FISHING ADVENTURES

www.albertaflyfishing.ca

Aqui se encontram três rios com trutas e há outros 20, a mais ou menos uma hora deste ponto. Com os especialistas do local, você pode marcar pescarias de entrar na água, em flutuadores e com outros tipos de recurso, e até pesca de anzol. O preço inclui equipamento, almoço e a viagem.

✉ Box 1094, Coleman, Alberta, T0K 0M0 ☎ 403/563-3258, 877/363-3258 ⏱ O ano todo ✋ $400-$500 por dia 🚗 Na Highway 3 em Crowsnest Pass, no sudoeste de Alberta, 2 horas de carro ao sul de Calgary

DRUMHELLER

CANADIAN BADLANDS PASSION PLAY

www.canadianpassionplay.com

Num anfiteatro de pedra natural para 2.500 pessoas, foi montado um cenário permanente. No verão, um elenco enorme encena durante três horas a Paixão de Cristo. Você pode marcar um passeio guiado e/ou uma visita ao Interpretive Centre. Às vezes acontecem outros eventos aqui.

✉ Box 457, Drumheller, Alberta, T0J 0Y0 ☎ 403/823-2001 ⏱ Meados jul, dois fins de semana (sex-dom) 15h, 18h ✋ Adulto $32-$44, criança (até 12) $17-$29, família $80 🚗 A oeste de Drumheller na South Dinosaur Trail, ao lado da Highway 9 ☕ Lanches leves e bebidas 🎁

THE DIG EXPERIENCE

www.tyrrellmuseum.com

O Royal Tyrrell Museum oferece a crianças a partir de 10 anos a chance de escavar ossos de réplicas de dinossauros com ferramentas de verdade, mapear uma pedreira, fazer uma

jaqueta para uso no campo e aprender a interpretar fósseis descobertos. O programa de 90 minutos inclui uma caminhada de 2km até o local (em caso de chuva, há uma versão coberta).
Royal Tyrrell Museum, Drumheller, Alberta, T0J 0Y0 403/823-7707, 1-888/440-4240 Fim jun-ago diariam 11h e 12h30 Adulto e criança (10-17) $15, família $50

DINOSAUR TRAIL GOLF AND COUNTRY CLUB

www.dinosaurtrailgolf.com
Um dos campos de golfe mais excêntricos do Canadá, agrada a todos os níveis de jogadores.
Box 1511, Drumheller, Alberta, T0J 0Y0 403/823-5622 Abr-out 18 buracos $56, 9 buracos $30. Aluguel de carrinho $14-$22 6km a oeste na Highway 838

EDMONTON

ALBERTA CRAFT COUNCIL GALLERY AND SHOP

www.albertacraft.ab.ca
Mais de 200 dos melhores artesãos de Alberta estão representados nesta loja do conselho artesanal, onde você encontrará cerâmicas, arte em vidro, tecidos de tear, entalhes na madeira e mais, tudo muito bem disposto em ambientes espaçosos e arejados.
10186 106th Street, Edmonton, Alberta, T5J 1H4 780/488-6611, 1-800/362-7238 (ligação grátis em Alberta) Seg-sáb 10h-17h

CITADEL THEATRE

www.citadeltheatre.com
Uma das instalações artísticas mais notáveis do Canadá, dispõe de cinco teatros e uma escola de teatro. Programação para o ano todo com espetáculos para os jovens.
9828 101 A Avenue, Edmonton, Alberta, T5J 3C6 780/425-1820, 888/425-1820 O ano todo Varia LRT: Churchill 52, 100, 112, 308 No Arts District Eastbound Bistro and Bar

EDMONTON CAPITALS

www.capsbaseball.ca
Representando Edmonton na Liga de Ouro do Beisebol, o Capitals joga em casa no Telus Field, com 9.200 lugares, um dos melhores estádios de beisebol da Segunda Divisão.
Telus Field, 10233 96th Avenue, Edmonton, Alberta, T5K 0A5 780/423-2255 Temporada: mai-set Adulto $10-$20, criança (menos de 12) $10 52 LRT: Government Centre Em Rossdale

EDMONTON ESKIMOS

www.esks.com
Jogos esquimós são realizados no Commonwealth Stadium, com capacidade para 60 mil pessoas, que passou por melhorias em 2010, como a troca do gramado natural por outro artificial.
Commonwealth Stadium, 11000 Stadium Road, Edmonton, Alberta, T5H 4E2; bilheteria: 9021 111th Avenue, Edmonton, Alberta, T5B 0C3 780/448-ESKS, 1-800/667-3757 Temporada: fim jun-início nov Adulto $29-$65, criança (menos de 17) $14,50-$32,50 2, 120, 127 LRT: Stadium 4km a nordeste, perto do cruzamento da 112 Avenue com 86 Street

EDMONTON OILERS

http://oilers.nhl.com
A visibilidade excelente faz do Rexall Place um bom lugar para acompanhar empolgantes jogos de hóquei.
Rexall Place, Northlands Park, Edmonton, Alberta, T5J 2N5 780/414-4625, 866/414-4625 Temporada: out-fim abr $38,50-$235 5, 8, 10, 127, 141, 142, 143 LRT: Coliseum No centro, perto da 74th Street com Wayne Gretzky Drive

FRANCIS WINSPEAR CENTRE FOR MUSIC

www.winspearcentre.com
Sala de concertos refinada, sede da Edmonton Symphony, apresenta música clássica, country, folclórica, jazz, dança e comédia.
4 Sir Winston Churchill Square, Edmonton, Alberta, T5J 4B2 780/428-1414, 800/563-5081 O ano todo Varia 52, 81, 85 e muitos outros LRT: Churchill No Arts District, esquina de 102nd Avenue e 99th Street

THE LAUGH SHOP ON WHYTE

www.thelaughshop.ca
Com apresentações profissionais, este famoso clube de comédia stand-up é um lugar construído para esse fim, com 300 lugares. Há também shows de improviso.
201 10368 82nd Avenue NW, Edmonton, Alberta, T6E 1Z8 780/476-1010 Qua-sáb 20h (também 22h30 sex-sáb) Qua $5, qui $10, sex-sáb $20 Old Strathcona, near 104th Street NW intersection

NORTHERN ALBERTA JUBILEE AUDITORIUM

www.jubileeauditorium.com
Auditório em forma de leque, com 2.500 lugares, num espaço de 5ha. As apresentações vão de musicais no estilo da Broadway a comédias e diversos concertos de música.
11455 87 Avenue, Edmonton, Alberta, T6G 2T2 780/427-2760 O ano todo 4, 6, 30, 50, 51 e muitos outros LRT: Jubilee University of Alberta

SAVILLE SPORTS CENTRE

www.savillesportscentre.ca
Este centro dispõe de oito quadras de tênis internas e nove externas, dez pistas de curling, um fitness center e um ginásio, mais uma loja com artigos esportivos e praça de alimentação com mesas de bilhar e 26 telas de TV.
6501 115th Street, University of Alberta, Edmonton, Alberta, T6G 2E1 780/492-2222 Seg-qui 6h15-21h ou 22h, sex 6h15-20h, sáb-dom 8h-18h

TELUS WORLD OF SCIENCE

www.edmontonscience.com
As sete galerias fascinantes nesta grande atração tornam o aprendizado divertido, com áreas voltadas a meio ambiente, saúde, perícia forense, exploração, espaço e robótica. A DiscoveryLand é específica para a faixa de 2 a 8 anos, e há também o Star Theatre, um observatório e um cinema IMAX.
11211-142 Street, Edmonton, Alberta, T5M 4A1 780/452-9100, 780/451-3344 (informações gravadas e venda antecipada de ingressos) Diariam 10h-17h; o horário de algumas atrações pode variar. IMAX diariam desde 10h Adulto $13,95, criança (4-12) $9,50, (13-17) $11,95, família $54,95; ingressos combinados com IMAX: adulto $22,50, criança (4-12) $15,25, (13-17) $19, família $84,95 121, 123, 129 LRT: Westmount Em Coronation Park, na 111 Avenue com 142 St Refeições leves, lanches e bebidas

TERRAVITA HOLISTIC CENTRE

www.terravita.ca
O cansaço com os passeios pode

ser aliviado neste centro de beleza e bem-estar. Entre outros mimos, há uma imersão desintoxicante para pés doloridos, massagem sueca e sauna infravermelha.
✉ Gateway Recreation Centre, Gateway Boulevard, South Edmonton, Alberta T6J 6R5 ☎ 780/468-4288 ⌚ Diariam 9h-21h ✋ Tratamentos cobrados individualmente: faciais a partir de $68, massagem $45-$105 🚌 304

WEST EDMONTON MALL

www.wem.ca

Mais de 800 lojas e diversão de nível internacional, como Deep Sea Derby (com botes de boia), um parque aquático coberto de 20.000m², um enorme parque de diversões com brinquedos emocionantes, as Sea Life Caverns, e um rinque de patinação. Há também muitos locais de diversão, instalações esportivas e eventos especiais.
✉ 8882 170 Street, Edmonton, Alberta, T5T 4J2 ☎ 780/444-5330 ⌚ Seg-sáb 10h-21h, dom 11h-17h, feriado 10h-18h ✋ Preços variam conforme a atração; shopping grátis 🚌 1, 2, 100, 112 e outros 🍴 Muitas opções de fast-food, lanches e restaurantes

YARDBIRD SUITE

www.yardbirdsuite.com

O nome desta casa noturna se deve à canção de Charlie Parker. Ela é gerida pela Jazz Society, sem fins lucrativos, para uma porção de clientes fiéis. Jazz de qualidade com intérpretes famosos.
✉ 11 Tommy Banks Way, Edmonton, Alberta, T6E 2M2 ☎ 780/432-0428 ⌚ Meados set-fim jun 10h-1h. Jam session ter ✋ Varia 🚌 52 🚗 Na esquina da 102 Street com 86 Avenue

HILL SPRING

GREAT CANADIAN BARN DANCE

www.gcbd.ca

Pode não ser sofisticado, mas é bem divertido: jantar com rosbife, passeio em carroça de feno e dança de celeiro no velho estilo, com música ao vivo (e aulas de dança). Shows no jantar, festivais de música e outros eventos.
✉ Box 163, Hill Spring, Alberta, T0K 1E0 ☎ 403/626-3407, 866/626-3407 ⌚ Meados mai-jul e out-início nov sex e sáb; ago-set qua-sáb ✋ Adulto $40, criança (menos de 13) $7,50 ou (13-17) $30 🚗 A nordeste de Hill Spring, ao lado da 505 pela Wynder Road

KENOSEE LAKE

KENOSEE SUPERSLIDES

www.kenoseesuperslides.com

Os tobogãs vão de rampas suaves ao apavorante Freefall, no qual se desliza de uma altura de oito andares em 3 segundos, e os Bonzai Slides, em que se desce resvalando nas curvas (alugue boia para acolchoar a descida). Há piscinas, um tanque aquecido, um canal e área de lazer.
✉ Highway 9, Kenosee Lake, Saskatchewan ☎ 306/577-2343 ⌚ meados jun-ago diariam 10h-18h (se o clima permitir) ✋ Idade 7-60 $25, criança (4-6) $13; sem tobogãs $13 (inclui tanque aquecido e canal); meia entrada nas últimas 2 horas do dia 🚗 Na entrada do Moose Mountain Provincial Park e da Kenosee Lake Village 🍴 Cruisers Family Restaurant Diner

MEACHAM

HAND WAVE GALLERY

www.handwave.ca

Na vila de Meacham vive um grande número de artistas e artesãos, e esta pequena galeria vende peças únicas de qualidade. Expõe as obras de aproximadamente 75 artistas de Saskatchewan especializados em peças de cerâmicas, colchas *(quilts)*, entalhes na madeira e trabalhos de metal.
✉ 409 3rd Avenue North, Meacham, Saskatchewan, S0K 2V0 ☎ 306/376-2221 ⌚ Mai-fim set qui-seg 11h-18h; out-fim dez 13h-18h; jan-fim abr com hora marcada 🚗 52km a leste de Saskatoon pela Highway 5, depois 5km para o sul pela Highway 2

MISSINIPE

CHURCHILL RIVER CANOE OUTFITTERS

www.churchillrivercanoe.com

Esta empresa dirigida por canoeiros experientes oferece dicas, viagens guiadas, aluguel de equipamentos e traslado (às vezes de planador).
✉ La Ronge, Missinipe, Saskatchewan, S0J 1L0 ☎ 1-877/511-2726 ⌚ Meados mai-fim set ✋ Aluguel de canoa a partir de $40 por dia 🚗 80km ao norte de La Ronge, no Otter Lake

REGINA

BOOK AND BRIER PATCH

www.bookbrier.ca

A terceira geração da família gerencia esta loja independente, que tem mais de 30 mil títulos, como livros de bolso e livros infantis. A seção de revistas é enorme, e há também muitos cassetes, CDs e DVDs.
✉ 4065 Albert Street, Regina, Saskatchewan, S4S 3R6 ☎ 306/586-5814 ⌚ Seg-sex 9h-21h, sáb 9h-18h, dom 12h-17h 🚌 11, 13 🚗 Em South Regina ☕ Bar Cappuccino

CONEXUS ARTS CENTRE

www.conexusartscentre.ca

Sede da Opera Saskatchewan, produz grandes espetáculos num teatro imponente com acústica excelente. Também recebe a Regina Symphony,

À dir. *O Epcor Centre for the Performing Arts fica em Calgary* *(pág. 273)*

companhias itinerantes e grandes nomes do teatro.

✉ 200A Lakeshore Drive, Regina, Saskatchewan, S4S 7L3 ☎ 306/525-9999, 1-800/667-8497 🕐 O ano todo ✋ Varia 🚌 1 (diga ao motorista que vai ao Centro e ele fará um desvio até lá) 🚗 No Centro

GLOBE THEATRE

www.globetheatrelive.com

Teatro de arena com 400 lugares, a cada ano apresenta seis grandes produções. Tem um espaço de cem lugares usado para quatro shows da "Sandbox Series", incluindo excelentes peças contemporâneas canadenses e outras internacionais.

✉ 1801 Scarth Street, Regina, Saskatchewan, S4P 2G9 ☎ 306/525-6400, 1-866/954-5623 🕐 O ano todo ✋ Grande produção: desde $32,50. Experimental: $15 🚌 Cornwall Centre Service 🚗 No centro, no Old City Hall Mall, esquina com 11th Avenue

REGINA ANTIQUES MALL

www.reginaantiques.com

No revitalizado Warehouse District, um dos velhos armazéns de tijolos agora abriga cerca de 30 negociantes de antiguidades, com especialidades como vidro, porcelana, móveis, brinquedos e itens colecionáveis.

✉ 1175 Rose Street, Regina, Saskatchewan S4R 1Z5 ☎ 306/352-7450 🕐 Ter-sáb 10h-17h30 (os horários das lojas podem variar) 🚌 1, 6

SASKATCHEWAN ROUGHRIDERS

www.saskriders.com

Jogadores da Canadian Football League, duas vezes vencedores da Grey Cup (faz algum tempo).

✉ Mosaic Stadium at Taylor Field, 1910 Piffles Taylor Way, Regina, Saskatchewan S4P 3E1 ☎ 306/566-4242 🕐 Temporada: jun-out ou início nov ✋ $28-$72 🚌 1, 11, 13 🚗 A oeste do centro, entre avenidas 11th e 12th

SASKATCHEWAN SCIENCE CENTRE

www.sasksciencecentre.com

Este centro de ciências oferece atividades divertidas de aprendizado, eventos especiais e exposições itinerantes. Enquanto descobrem de onde vem a comida ou exploram o espaço, as crianças ficam totalmente entretidas. As demonstrações são especialmente divertidas. Há também um cinema IMAX.

✉ 2903 Powerhouse Drive, Regina, Saskatchewan, S4N 0A1 ☎ 306/522-4629, 1-800/667-6300 (IMAX: 306/522-4629) 🕐 Seg 9h-18h, ter-sex 9h-17h, sáb-dom 11h-18h (IMAX diariam 12h-21h) ✋ Adulto $8, criança (3-5) $3,75, (6-13) $6. Ingresso combinado com IMAX: adulto $12,75, criança (menos de 2) $3,75, (3-5) $6, (6-13) $9,50 🚌 10, 12 (a pedido; diga ao motorista que vai ao Science Centre) 🚗 No Wascana Park, na esquina de Winnipeg Street com Wascana Drive

TRADITIONS HANDCRAFT GALLERY

www.traditionshandcraftgallery.ca

Representa mais de 60 artesãos de Saskatchewan, incluindo todos os suportes tradicionais e peças criadas com materiais reciclados. Há exposições, demonstrações e bate-papos.

✉ 2714 13th Avenue, Regina, Saskatchewan S4T 1N3 ☎ 306/569-0199 🕐 Seg 12h-17h, ter-sáb 10h-17h30 🚌 8

ROSTHERN

STATION ARTS CENTRE

www.stationarts.com

Uma estação de trem adaptada abriga este centro de artes, que apresenta concertos e produções teatrais.

✉ Railway Avenue, Rosthern, Saskatchewan, S0K 3R0 ☎ 306/232-5332 🕐 O ano todo ✋ Varia 🚗 Na entrada para Rosthern saindo da Highway 11 ☕ Casa de chá serve refeições leves

SASKATOON

AFFINITY GALLERY

www.saskcraftcouncil.org

A galeria do conselho de artesanato de Saskatchewan faz seis exposições por ano enfocando o trabalho de um determinado artista da província.

✉ 813 Broadway Avenue, Saskatoon, Saskatchewan S7N 1B5 ☎ 306/653-3616 🕐 Seg-sáb 13h-17h 🚌 6

BUD'S ON BROADWAY

www.budsonbroadway.com

Lugar lendário pela qualidade do rock e blues, com bandas ao vivo quase todas as noites e uma jam session na tarde de sábado (os músicos são bem-vindos).

✉ 817 Broadway Avenue, Saskatoon, Saskatchewan, S7N 1B5 ☎ 306/244-4155 🕐 Diariam (fecha seg no inverno). Jam session sáb 15h-20h 🚌 6 🚗 Ao sul do rio e ao norte de Main Street

PERSEPHONE THEATRE

www.persephonetheatre.org

Num lindo prédio ao lado do rio, o Persephone Theatre sedia a principal companhia teatral da cidade. Encena seis produções por ano, com clássicos, contemporâneos, comédias e musicais.

✉ Remai Arts Centre, 100 Spadina Crescent E, Saskatoon, Saskatchewan, 5K7 0L3 ☎ 306/384-7727 🕐 Set-fim abr ter-dom ✋ Varia desde $22 🚗 No centro, na ponta sul da 2nd Avenue, ao lado da 19th Street

RODEO

www.canadiancowboys.sk.ca

Rodeio fantástico nas Pradarias, com eventos todos os fins de semana. As finais ocorrem no Canadian Western Agribition em Regina em novembro.

✉ Diversos locais; contate a Canadian Cowboys' Association, PO Box 1027, Regina, Saskatchewan S4P 3B2 ☎ 306/721-2700 🕐 Temporada: abr-nov

SASKATOON FARMERS' MARKET

www.saskatoonfarmersmarket.com

Na região em desenvolvimento de River Landing, este é o local para se comprar alimentos frescos e artesanato. Tem um clima internacional, com comida indiana e ucraniana ao lado de geleias, pães, doces caseiros e produtos da fazenda. Entre os artesanatos, joalheria, calçados tradicionais, peças de madeira e cerâmica.

✉ 414 Avenue B South, Saskatoon, Saskatchewan S7M 1M8 ☎ 306/384-6262 🕐 Qua 11h-17h, sáb 8h-14h (jul-meados set qui 7h-21h); algumas barracas ter-sex 9h-17h 🚌 3, depois ande para o sul na Avenue B

TCU PLACE

www.tcuplace.com

Principal centro de artes da cidade, apresenta programa variado com

música clássica, comédias, musicais e artistas itinerantes como David Gray, George Thorogood, e o Moscow Ballet. Também funciona como centro de convenções.
✉ 35 22nd Street E, Saskatoon, Saskatchewan, S7K 0C8 ☎ 306/975-7777, 306/975-7761 🕐 O ano todo ✋ Varia 🚌 Perto do terminal central na 23rd Street E 🚗 No centro, ao lado da Midtown Plaza, a leste de Idylwyld Drive

WILLOWS GOLF COURSE

www.willowsgolf.com
Com uma bela sede no meio do terreno, este campo de golfe de 36 buracos fica em um terreno ondulado com árvores e lagos –dois greens são cercados de água. Tacos podem ser alugados, porém não reservados.
✉ 382 Cartwright Street, Saskatoon, Saskatchewan S7T 1B2 ☎ 306/956-4653 🕐 Diariam amanhecer-anoitecer ✋ 18 buracos $48-$58, 9 buracos $40-$45, aluguel de carrinho elétrico $15-$20 🚗 Ao sul da Circle Drive, perto da Lorne Avenue

WATROUS

DANCELAND

http://danceland.ca
Tradicional salão de dança de 1930, famoso pela pista, construída sobre uma camada de crina de cavalo. Oferece danças de estilo antigo, country rock 'n' roll, shows de bluegrass e concursos de dança.
✉ RR#1, Manitou Beach, Watrous, Saskatchewan, S0K 4T0 ☎ 306/946-2743, 1-800/267-5037 🕐 Danças: noites de sex e sáb. Shows Gospel: dom (ligue para saber detalhes de outros eventos; abre diariam para visitas) ✋ $12,50-$30 🚌 Serviço grátis de ônibus circular do centro nas noites com dança (tel 306/946-2743 ou 2298) 🍴 Bufê 18h em noites dançantes comuns 🚗 Ao norte de Watrous, ao lado da Highway 2

WINNIPEG

ASSINIBOIA DOWNS

www.assiniboiadowns.com
Realiza 75 dias de corridas de puros-sangues por ano, que incluem o Manitoba Derby. Aos domingos e nas férias muitas famílias vêm para cá. No resto do ano, transmite ao vivo as apostas das principais pistas do Canadá, dos EUA e da Austrália.
✉ 3975 Portage Avenue West, Winnipeg, Manitoba, R3K 2E9 ☎ 204/885-3330 🕐 Corridas ao vivo: mai-fim set. Sala de apostas: diariam 9h-2h ✋ Grátis, Clubhouse $2 🚌 Race Track Shuttle, "A" Trip de Main e William; "B" Trip de Portage e Ronald 🚗 A sudoeste do centro, a noroeste da Perimeter Highway

BURTON CUMMINGS THEATRE

www.burtoncummingstheatre.com
Teatro histórico nacional que apresenta concertos, peças e musicais.
✉ 364 Smith Street, Winnipeg, Manitoba, R3B 2H2 ☎ 204/956-5656 (alguns ingressos apenas com a Ticketmaster ☎ 204/780-3333) 🕐 O ano todo ✋ Varia 🚗 No centro, perto de Notre Dame e Ellice

CENTENNIAL CONCERT HALL

http://centennialconcerthall.com
A sede da Symphony Orchestra de Winnipeg e do Royal Winnipeg Ballet é uma excelente instalação moderna, com extensa programação de concertos e artistas itinerantes.
✉ 555 Main Street, Winnipeg, Manitoba, R3B 1C3 ☎ 204/956-1360 🕐 O ano todo 🚌 11, 15, 16, 18, 20, 33, 44, 45, 47

THE FORKS MARKET

www.theforks.com
Existem cerca de 75 lojas neste complexo que inclui The Forks Market e o Johnston Terminal. O mercado dispõe de grande oferta de comidas especializadas, e o segundo andar possui artesanato local, com obras indígenas. O Johnston Terminal conta com butiques e um shopping de antiguidades. O complexo também tem um cinema IMAX e atrações turísticas.
✉ 201 One Forks Market Road, Winnipeg, Manitoba, R3C 4L9 ☎ 1-888/942-6302 🕐 Jul-início set seg-sáb 9h30-21h, dom 9h30-18h30; resto do ano sáb-qui 9h30-18h30, sex 9h30-21h. O Johnston Terminal abre às 11h 🚌 38, Downtown Spirit (grátis) 🚗 No centro, a leste da Main Street e Union Station 🍴 Casas de fast-food e restaurantes

FORT WHYTE CENTRE

www.fortwhyte.org
Uma das melhores instalações para diversão ao ar livre do Canadá, com 243ha de bosques, lagos e gramados. Há uma grande manada de bisões, uma "cidade" de cães-da-pradaria e um aquário. No verão, existe acampamento com tepees, barcos e pescarias, e no inverno tem escorregador de tobogã, esqui no lago e pesca no gelo. O Intepretive Centre tem dioramas e o maior aquário interno da província.
✉ 1961 McCreary Road, Winnipeg, Manitoba, R3P 2K9 ☎ 204/989-8355 🕐 Seg-sex 9h-17h, sáb-dom 10h-17h ✋ Adulto $6, criança (mais de 3 anos) $4 🚗 A sudoeste do centro, ao lado da Route 155 ☕ Almoços leves, cafés

GLITZ

www.glitzgallery.com
Representa o trabalho de cerca de 150 dos melhores artistas e artesãos do Canadá, o que varia de lindas peças de vidro, cerâmica e metal a brinquedos e moedores de pimenta feitos de madeira.
✉ 586 Academy Road, Winnipeg, Manitoba, R3N 0E5 ☎ 204/487-3444 🕐 Ter-sex 10h-18h, sáb 10h-17h 🚌 20

MANITOBA CHILDREN'S MUSEUM

http://childrensmuseum.com
Em reforma e ampliação ao longo do inverno de 2010-11, este conhecido museu seria reaberto com uma dúzia de galerias novas repletas de diversão educativa para seus jovens visitantes.
✉ Kinsmen Building, 45 Forks Market Road, Winnipeg, Manitoba, R3C 4T6 ☎ 204/924-4000 🕐 Dom-qui 9h30-16h30, sex-sáb 9h30-18h ✋ Adulto $6,75, criança (2-17) $7 🚌 38, Downtown Spirit (grátis)

MANITOBA MOOSE

www.moosehockey.com
Afiliados de alto nível da National Hockey League dos Vancouver Canucks, conhecidos pelo excelente hóquei e pelo ótimo espetáculo, os Moose agora jogam na American Hockey League.
✉ MTS Centre, 260 Hargrave Street, Winnipeg, Manitoba, R3C 5S5 ☎ 204/987-7825, 1-888/626-6673 🕐 Temporada: out-abr ✋ Desde $23 🚌 10, 11, 14 e muitos outros 🚗 Na Portage Avenue entre Hargrave Street e Donald Street

MANITOBA THEATRE CENTRE
www.mtc.mb.ca
O mais antigo teatro de língua inglesa do Canadá, produz peças de qualidade e outros shows. Recebe o Fringe Theatre Festival em julho.
✉ 174 Market Avenue, Winnipeg, Manitoba, R3B 0P8 ☎ 204/942-6537, 1-877/446-4500 🕒 Out-fim mai ✋ $22-$80 🚌 21, 22, 24, 28, 31, 33, 67 🚗 No Exchange District

MANITOBA THEATRE FOR YOUNG PEOPLE
www.mtyp.ca
Esta companhia teatral se especializou em espetáculos para jovens, e encena narrativas tradicionais e teatro inovador para adolescentes.
✉ 2 Forks Market Road, The Forks, Winnipeg, Manitoba, R3C 4X1 ☎ 204/942-8898, 1-877/871-6897 🕒 Out-início abr sex 19h, sáb-dom 13h e 16h ✋ Desde $13,25 🚌 38, Downtown Spirit (grátis)

PANTAGES PLAYHOUSE THEATRE
www.pantagesplayhouse.com
Teatro suntuoso, apresenta espetáculos variados, como peças e todos os tipos de música.
✉ 180 Market Avenue, Winnipeg, Manitoba, R3B 0P7 ☎ 204/989-2889 🕒 O ano todo ✋ Varia 🚌 21, 22, 24, e muitos outros 🚗 No Exchange District

RAGPICKERS ANTI FASHION EMPORIUM
É divertido andar nesta loja incomum, que é ideal para quem busca roupas e acessórios vintage. Há também figurinos de teatro, livros raros e CDs de músicos locais, além de um teatro com shows e peças no andar de cima.
✉ 216 McDermot Avenue, Winnipeg, Manitoba ☎ 204/942-7992 🕒 Seg-sáb 12h-18h 🚌 17, 29 na McDermot; 16, 18, 20 na Main

TIMES CHANGE(D) HIGH AND LONESOME
www.highandlonesomeclub.ca
Melhor lugar da cidade para shows ao vivo: música de raiz, blues, bluegrass, country e soul. Jam sessions aos domingos.
✉ 234 Main Street, Winnipeg, Manitoba, R2C 0A1 ☎ 204/957-0982 🕒 Qui-dom 20h-2h; e algumas ter e qua 🚌 14, 38, 55 🚗 No centro, esquina com St. Mary Avenue

WEST END CULTURAL CENTRE
www.wecc.ca
Após uma reforma ecológica completa, a velha igreja voltou à ativa com dois espaços intimistas para artistas conhecidos e emergentes que transitam entre muitos gêneros.
✉ 586 Ellice Avenue, Winnipeg, Manitoba, R3B 1Z8 ☎ 204/783-6918 🕒 O ano todo ✋ Varia 🚌 14, 31 (Ellice) 🚗 Em Sherbrooke ☕ Lanches 🍷

WINNIPEG BLUE BOMBERS
www.bluebombers.com
www.canadinnstadium.com
O time de futebol canadense Blue Bombers tem torcedores fiéis, e é divertido se juntar a eles para incentivar os jogadores no Canad Inns Stadium, um campo aberto com cerca de 34 mil lugares.
✉ Canad Inns Stadium, 1465 Maroons Road, Winnipeg, Manitoba, R7B 1G7 ☎ 204/784-2583 🕒 Temporada: fim jun-início nov ✋ $20-$65 🚌 1 e 2 Downtown Spirit, 11, 19, 20, 38 🚗 A leste do aeroporto, vindo da Winnipeg Arena

WINNIPEG JEWISH THEATRE
www.wjt.ca
Única companhia teatral profissional do Canadá que promove a compreensão da cultura judaica por meio de produções de alto nível de peças consagradas e novas, sobre temas judeus.
✉ Asper Jewish Community Campus, C148-123 Doncaster Street, Winnipeg, Manitoba, R3N 2B2 ☎ 204/477-7517 🕒 Out-meados mai ✋ $28

À dir. *O West End Cultural Centre, em Winnipeg, já foi uma igreja*

FEVEREIRO

FESTIVAL DU VOYAGEUR

http://festivalvoyageur.mb.ca

Criado pela comunidade francesa de Winnipeg, este festival de inverno de dez dias no Voyageur Park evoca a época dos primeiros colonos com muita diversão, comida franco-canadense, esculturas de gelo, fogos de artifício e outros eventos.

✉ Winnipeg, Manitoba ☎ 204/237-7692

MARÇO

ROYAL MANITOBA WINTER FAIR

www.brandonfairs.com

Show rural de seis dias, com shows de cavalos e exposições comerciais e agrícolas.

✉ Brandon, Manitoba ☎ 204/726-3590, 877/729-0001

MAIO

SASKATCHEWAN INTERNATIONAL TATTOO AND FESTIVAL

www.sasktattoo.com

Evento relativamente novo (começou em 2007), trata-se de uma celebração animada e divertida do trabalho das forças armadas canadenses, dos serviços de emergência e da Polícia Montada, com desfile, bandas marciais, exposições, encenações e outras atrações.

✉ Regina, Saskatchewan
☎ 306/585-3948

VESNA FESTIVAL

www.vesnafestival.com

Festa de duas noites da cultura ucraniana, que ocorre no TCU Place, com danças, bandas, dançarinos tradicionais, coros e outras apresentações, artesanato e a deliciosa comida da Ucrânia. É preciso identificação com foto para entrar, e há certa formalidade nos trajes.

✉ Saskatoon, Saskatchewan ☎ 306/975-7799, 1-888/639-7770

JUNHO

INTERNATIONAL CHILDREN'S FESTIVAL

www.childfest.com

Essa é a boa época para trazer as crianças a Edmonton. São cinco dias de teatro, world music, artesanato, narração de histórias, artistas de circo, jogos e atividades. É diversão garantida.

✉ Edmonton, Alberta ☎ 780/459-1542

NATIONAL ABORIGINAL DAY AND POW WOW

www.wanuskewin.com

Três dias de celebrações tradicionais no Wanuskewin Heritage Park marcam o Dia Nacional Indígena, com atividades infantis, concursos de danças e fogos de artifícios.

✉ Saskatoon, Saskatchewan
☎ 306/931-6767, 877/547-6546

JULHO

CALGARY STAMPEDE

http://calgarystampede.com

Para lembrar o tempo dos pioneiros, este evento ocorre em toda a cidade, começando com um grande desfile. Depois, são dez dias de concertos com gente famosa, excelente rodeio e eventos culturais.

✉ Calgary, Alberta ☎ 403/261-0101, 800/661-1260

WINNIPEG FRINGE THEATRE FESTIVAL

www.winnipegfringe.com

Na tradição da filosofia alternativa, este festival encena eventos baratos e promove a interação da plateia com os atores. Além dos shows, ocorrem eventos ao ar livre, concertos, artistas de rua e programação infantil.

✉ Winnipeg, Manitoba ☎ 204/942-6537, 1-877/446-4500

AGOSTO

FOLKLORAMA

www.folklorama.ca

Maior e mais longo festival multicultural do país. Duas semanas de eventos que mostram a cultura de mais de 40 etnias.

✉ Winnipeg, Manitoba ☎ 204/982-6210, 800/665-0234

SETEMBRO/OUTUBRO

DRAGON BOAT FESTIVAL

www.dragonboat.regina.sk.ca

Mais de 60 equipes participam destas corridas animadas e coloridas. E há diversão, comidas e atividades para crianças, tudo asiático.

✉ Regina, Saskatchewan ☎ 306/525-2628 apenas mar-set; só gravações

EDMONTON INTERNATIONAL FILM FESTIVAL

www.edmontonfilmfest.com

Nove dias e nove noites de produções cinematográficas independentes, com cerca de 40 longas-metragens e documentários, e por volta de cem curtas do mundo todo.

✉ Edmonton, Alberta ☎ 780/423-0844

NOVEMBRO

CANADIAN WESTERN AGRIBITION

www.agribition.com

Enorme exposição agrícola, incluindo gado, stands de negócios, shows e o grande rodeio da Associação de Vaqueiros Canadenses.

✉ Evraz Place, Regina, Saskatchewan
☎ 306/565-0565

PREÇOS E SÍMBOLOS
Os restaurantes estão listados por ordem alfabética (sem levar em conta os artigos La, Le e Les). Os preços correspondem a um almoço (A) de dois pratos e um jantar (J) de três pratos, sem bebidas. O preço do vinho refere-se a uma garrafa da marca menos cara.

Para a legenda de símbolos, ⊳ 2.

CALGARY

BLINK

www.blinkcalgary.com
Em um edifício histórico, este restaurante elegante serve acompanhamentos criativos que valorizam os pratos principais, como rib eye (com nozes brancas, moranga e trufa preta, e ao molho de alcachofra chinesa, cenouras e Périgueux). No almoço os pratos são mais simples, porém igualmente imaginativos, incluindo massas e sanduíches.
✉ 111 8th Avenue SW, Calgary, Alberta, T2P 1B4 ☎ 403/263-5330 ⌚ Seg-sex 11h30-22h, sáb 16h30-22h A $35, J $65, vinho $40 🚘 No centro, em frente ao Centre Street South

BUZZARDS COWBOY CUISINE

http://cowboycuisine.com
Ótimo lugar para quem gosta de bifes e costelas. Está cheio de itens que lembram vaqueiros, e a decoração faz você voltar cem anos no tempo. O Sonofabitch Stew é recomendado. Há carne de consumo ilimitado às segundas e terças-feiras (17h-22h).
✉ 140 10th Avenue SW, Calgary, Alberta, T2R 0A3 ☎ 403/264-6959 ⌚ Seg-sex 11h-23h, sáb 17h-23h (pub até 1h30) A $18, J $40, vinho $29 🚆 C-train para 10th Avenue 🚘 No centro, perto do cruzamento de 10th Avenue e 1st Street

RAW BAR AT THE ARTS

www.hotelarts.ca
O hotel chique de Calgary tem um restaurante notável. O renomado chef Duncan Ly comanda a equipe que prepara pratos excitantes com influência do Círculo do Pacífico.
✉ 119 12th Avenue SW, Calgary, Alberta, T2R 0G8 ☎ 403/266-4611, 1-800/661-9378 ⌚ Diariam 11h-14h, 17h-22h A $40, J $60, vinho $40 🚌 17, 67, 70, 72, 73

RIVER CAFÉ

www.river-café.com
Aninhado entre as árvores desta linda ilha no rio Bow, o restaurante tem interior com muita madeira, uma lareira e janelas redondas com vistas para o parque. Apoiando fazendas locais e produtores de alimentos orgânicos, oferece especialidades regionais.
✉ 25 Princes Island Park, Calgary, Alberta, T2P 0R1 ☎ 403/261-7670 ⌚ Fev-dez seg-sex 11h-15h, 17h-22h ou 23h, sáb-dom 10h-15h, 17h-22h (23h no verão). Fechado jan A $35, J $75, vinho $35 🚘 Na ilha, a oeste da Jaipur Bridge vindo do Eau Claire Market

EDMONTON

THE CRÊPERIE

www.thecreperie.com
A cozinha francesa deste local romântico é deliciosa. Obviamente, o destaque são os crepes recheados, que incluem opções vegetarianas, mas há outras boas opções, como mexilhões à marselhesa, perna de cordeiro à provençal e salmão assado em brasa de cedro. Nas noites de sexta e sábado, só entra às 21h quem fez reserva, e a iluminação fraca cria uma atmosfera romântica.
✉ 111, 10220 103rd St NW, Edmonton, Alberta, T5J 0Y8 ☎ 780/420-6656 ⌚ Ter-qui 11h30-21h, sex 11h30-22h, sáb 17h-22h, dom 17h-21h A $25, J $40, vinho $31 🚆 LRT para Bay 🚌 1, 2, 8, 52, 112, 308 🚘 No calçadão do centro, ao norte da 102nd Avenue

CULINA HIGHLANDS

http://culinafamily.ca
A preparação habilidosa e os ingredientes de boas fontes locais são a marca deste cordial café de bairro, muito elogiado desde sua abertura em 2008. Na hora do almoço há boa variedade de sopas, saladas e sanduíches, e pratos principais como pirogues com linguiça kubassa grelhada e charutos de repolho. No jantar, pode haver opções como salmão com molho condimentado de beterraba e creme azedo, ou kaftas de cordeiro com creme de rábano e coentro, al[ém de conserva de pepino sobre cuscuz de berinjela.
✉ 6509 112th Avenue, Edmonton, Alberta, T5W 0P1 ☎ 780/477-2422 ⌚ Ter-sex 11h-14h, 17h-22h, sáb 10h-14h, 17h-22h, dom 10h-14h A $18, J $50, vinho $32 🚘 Highlands, na 65th Street NW

JACK'S GRILL
www.jacksgrill.ca
Com um interior elegante, este restaurante também tem um belo pátio com mesas no verão. O menu em estilo de bistrô apresenta entradas como feta búlgaro e queijo de cabra em camadas alternadas com pimentões assados, abobrinha e berinjela, e pratos principais como cordeiro com confit de alho e torta flageolet ao molho de vinho tinto, ou filé de lombo bovino com pudim Yorkshire com recheio de Stilton e molho à bordelaise.
5842 111th Street, Edmonton, Alberta, T6H 3G1 780/434-1113 Seg-sáb desde 17h J $70, vinho $34 6, 9, 17, 51 Ao sul do rio, entre as 61st e 57th avenues NW. Se vier do sul, use a 109th street ou a 113rd street

LOUISIANA PURCHASE
www.louisianapurchase.ca
O dono e chef Dennis Vermette conhece profundamente as culinárias creole e cajun. A casa tem pratos como espetinho de aligátor ou salmão, camarão e pitu, lombo de porco com crosta de pecã, coberto por camarão graúdo e creme amanteigado com pimenta chipotle. Se você não gosta de pimenta há muitas opções mais suaves, mas certifique-se antes de pedir. As Jambalaya Nights (segunda e terça) valem a pena.
10320 111th Street, Edmonton, Alberta, T5K 1L2 780/420-6779 Seg-qui 11h30-21h30, sex 11h30-22h, sáb 17h-22h, dom 16h30-21h A $20, J $35, vinho $23 LRTCorona 309 No centro, entre Jasper Avenue NW e 104 Avenue NW

ZINC
www.zincrestaurant.ca
Muito elegante, o restaurante na nova Art Gallery of Alberta usa ingredientes de fazendas e produtores artesanais de Alberta. No jantar há pratos como um trio de costelas de caribu, alce e bisão, ou bacalhau preto em caldo de Barigoule. O almoço também tem criações inspiradas e a versão do chef de peixe com fritas e de hambúrguer com queijo.
Art Gallery of Alberta, 2 Sir Winston Churchill Square, Edmonton, Alberta T5J 2C1 780/392-2507 Ter-qua 11h-14h30, 17h-21h, qui-sáb 11h-14h30, 17h-22h, dom 10h-14h A $37, J $70, vinho $50 LRT Churchill Square 57, 81, 85

REGINA

LA BODEGA
http://labodegaregina.com
Primeiro bar de tapas de Regina, tem um ótimo pátio em três níveis e segue princípios ecológicos, incluindo ingredientes orgânicos e fontes alternativas de energia. O menu de jantar apresenta uma longa lista de tapas quentes e frias, enquanto o menu de almoço inclui pratos como hambúrguer de bisão de Carmen Creek, frituras e quesadillas.
2228 Albert Street, Regina, Saskatchewan, S4P 2V2 306/546-3660 Diariam 11h-14h A $15, J $40, vinho $34 No centro, entre Victoria Avenue e College Avenue

BUSHWAKKER BREWING COMPANY
www.bushwakker.com
Elaborado a partir de um velho armazém, este famoso pub, que também é cervejaria, manteve algumas das características originais, a exemplo do teto restaurado de folha-de-flandres prensada. Pode-se ver a cervejaria através de grandes janelas. Excelentes cervejas acompanham deliciosa comida de pub.
2206 Dewdney Avenue, Regina, Saskatchewan, S4R 1H3 306/359-7276 Seg-qui 11h-1h, sex-sáb 11h-2h A $18, J $35, vinho $20 Bairro dos antigos armazéns, situado em Dewdney e Cornwall

SASKATOON

CALORIES
www.caloriesrestaurants.com
Com clientes fiéis, este lugar formidável é dirigido pelo chef francês Rémi Cousyn e sua mulher Janis, nascida em Saskatoon. Um menu recente de jantar incluía cordeiro orgânico de Saskatchewan e supremo de frango recheado com saltimbocca, acompanhado de pirogues, aspargos e limão holandês. Os menus de almoço podem ter espaguete de frutos do mar ou rolinhos primavera de frango sobre salada de talharim asiático com molho apimentado de manga. Há também um "menu casual", que varia de quejo grelhado ao clássico francês de filé com fritas. O extenso menu de sobremesas faz jus ao nome do restaurante.
721 Broadway Avenue, Saskatoon, Saskatchewan, S7N 1B3 306/665-7991 Seg-sáb 10h-23h, dom 10h-17h A $20, J $45, vinho $32 6

JOHN'S PRIME RIB
www.johnssaskatoon.com
O John's é uma referência em Saskatoon faz mais de 30 anos. As carnes, como as costelas, estão sempre boas, mas também há opções mais leves, como peixe fresco e mariscos, rack de cordeiro e frango recheado com cogumelos, aspargos, espinafre, amêndoas tostadas e queijo cremoso.
401 21st Street East, Saskatoon, Saskatchewan, S7K 0C5 306/244-6384 Seg-sex 11h-23h30, sáb 4h30-23h30 A $25, J $45, vinho $26 No centro, na esquina da 21st Street com 4th Avenue

WINNIPEG

AMICI
www.amiciwpg.com
Restaurante italiano elegante, no andar de cima. Especialidades toscanas em um menu que muda diariamente.
326 Broadway, Winnipeg, Manitoba, R3C 0S5 204/943-4997 Seg-sex 11h-14h, 17h-22h, sáb 17h-22h (também sex-sáb 22h-23h somente para aperitivos e sobremesas) A $30, J $60, vinho $27 29 Na Hargrave Street

FUDE
www.fude.ca
Alltamente original, o menu daqui inclui combinações como filé condimentado de lombo de porco de Berkshire com chutney de ruibarbo, costelas de bisão ou alce com molho de framboesa e frango apimentado com chocolate. Há também pizzas e pratos vegetarianos.
99 Osborne Street (second level), Winnipeg, Manitoba, R3L 2R4 204/284-3833 Ter-qui 17h-22h, sex-sáb 17h-23h J $50 Vilarejo de Osborne, entre a River Avenue e a Stradbrook Avenue

Pág. ao lado *A cervejaria Bushwakker Brewing Company em Regina*

ONDE FICAR

PREÇOS E SÍMBOLOS
Os preços correspondem à diária de um quarto duplo, com café da manhã, a menos que indicado o contrário. A não ser que esteja especificado, todos os hotéis da lista aceitam cartões de crédito. Note que os preços variam ao longo do ano.

Para a legenda de símbolos, ▷ 2.

CALGARY

5 CALGARY DOWNTOWN SUITES

www.5calgary.com
Além de estar no coração do centro da cidade, este hotel oferece hospedagem elegante e espaçosa por um preço razoável. As suítes têm uma boa sala de estar com área de jantar e acesso gratuito à internet, cozinha equipada e banheiro grandes. Além das suítes tipo quitinete, há outras com um ou dois quartos separados. O ótimo restaurante do térreo oferece serviço de quarto e um salão de coquetéis. O hotel conta, ainda, com um spa para uso exclusivo dos hóspedes.
✉ 618 5th Avenue SW, Calgary, Alberta, T2P 0M7 ☎ 403/451-5551, 1-877/890-7666 $109-$179 302 (280 todos para não fumantes) Externa LRT 3 St. SW ou 6 St. SW 5, 145, 433 ou BRT 301 No centro, na esquina da 5th Avenue e da 5th Street

FAIRMONT PALLISER

www.fairmont.com/palliser
Imponente e luxuoso, este é o melhor hotel de Calgary. Ocupa um elegante edifício histórico e não deixa nada a desejar em seus quartos, particularmente no andar Fairmont Gold, com recepção individual, serviço de concierge e confortos adicionais. Há uma boa gama de suítes, entre as quais uma que já foi usada pela rainha Elizabeth II, da Inglaterra. Conta com dois excelentes restaurantes e serviço de quarto 24 horas.
✉ 133 9th Avenue SW, Calgary, Alberta, T2P 2M3 ☎ 403/262-1234, 1-866/540-4477 $149-$259 405 (360 para não fumantes) Coberta LRT Centre Street No centro, a oeste da Centre Street South

HOTEL ARTS

www.hotelarts.ca
Se você procura por hospedagem chique, este hotel-butique irá satisfazê-lo. É o primeiro do tipo na cidade, passou por uma reforma de $10 millhões e está repleto de obras de arte descoladas e mobília contemporânea. Os quartos são luxuosos e elegantes, com sua decoração no estilo "espresso e chocolate", TVs de plasma, colchões com pillow top, edredons de pena de ganso, internet de alta velocidade e adoráveis banheiros. Há suítes ainda mais luxuosas. Entre os dois restaurantes de primeira está o Raw Bar, da moda, que oferece diversão ao vivo nos fins de semana.
✉ 119 12th Avenue SW, Calgary, Alberta, T2R 0G8 ☎ 403/266-4611, 1-800/661-9378 $109-$439 175 (todos para não fumantes) Externa 403, 433 No centro, entre a Centre Street South e a 1st Street SW

KENSINGTON RIVERSIDE INN

www.kensingtonriversideinn.com
Os quartos e espaços públicos deste hotel charmoso têm obras de arte originais. Recursos: CD-players, acesso à internet de banda larga e hidromassagem em alguns quartos. O hotel também possui um restaurante de alto nível.
✉ 1126 Memorial Drive NW, Calgary, T2N 3E3 ☎ 403/228-4442, 1-877/313-3733 $209-$499 19 (todos para não fumantes) LRT C-Train até Sunnyside A noroeste do centro, a oeste da 10th Street NW

WESTWAYS

www.westways.ab.ca
Uma boa escolha para quem prefere um clima mais caseiro, esta casa antiga é valorizada por pinturas, antiguidades e enfeites. Todos os quartos têm colchões pillow-top, banheiros, TV a cabo, DVD player e telefone

À esq. *Heartwood Inn and Spa em Drumheller*

com voice mail. Uso grátis de um computador e bebidas de cortesia na copa no terceiro andar, onde há também micro-ondas e geladeira.
216 25th Avenue SW, Calgary, Alberta, T2S 0L1 403/229-1758, 1-866/846-7038 $99,50-$179,50 5 (não fumantes) LRT Erlton/Stampede, depois ônibus 403, 433 Quadrante sudoeste, entre a 1st Street SW e a 2nd Street SW

CHURCHILL

LAZY BEAR LODGE

www.lazybearlodge.com

Nesta bela pousada rústica, os quartos contam com TV a cabo e internet de banda larga sem fio. A localização é ideal para todas as aventuras disponíveis em Churchill, e os donos da pousada também organizam saídas para ver os famosos ursos-polares. Há deliciosa culinária nortista no restaurante, que tem uma lareira de pedra e um deque panorâmico. Busca os hóspedes no aeroporto e na estação de trem.
PO Box 880, Churchill, Manitoba, R0B 0E0 204/663-9377, 1-866/687-2327 Meados jun-nov $145-$385 33 (todos para não fumantes)

DAUPHIN

CANWAY INN

www.canwayinnandsuites.com

Hotel moderno, conveniente para visitar o Riding Mountain National Park. Os quartos são bem simples, mas também existem quartos e suítes de luxo.
1601 Main Street, Dauphin, Manitoba, R7N 2V4 204/638-5102, 1-888/325-3335 $89-$132 67 (todos para não fumantes) Coberta Extremo sul de Dauphin pelas Highways 5A e 10A

DRUMHELLER

HEARTWOOD INN AND SPA

www.innsatheartwood.com

Construção patrimonial da década de 1920. Dispõe de suítes espaçosas com hidromassagem, quartos com teto inclinado, lareira e águas-furtadas, e dois chalés. Oferece também diversos tratamentos de spa profissional.
320 North Railway Avenue, Drumheller, Alberta, T0J 0Y4 403/823-6495, 1-888/823-6495 $105-$260 8 quartos e 2 chalés (todos para não fumantes) No centro, a leste da Highway 9

EDMONTON

FANTASYLAND AT WEST EDMONTON MALL

www.fantasylandhotel.com

Se quiser completar a experiência no West Edmonton Mall, reserve um dos 120 quartos temáticos do Fantasyland. Que tal dormir numa diligência do Velho Oeste, em um iglu ou em um paraíso polinésio? Mas há também quartos modernos e comuns.
17700 87th Avenue, Edmonton, Alberta, T5T 4V4 780/444-3000, 1-800/737-3783 $138-$444 355 (todos para não fumantes) 1, 2, 100, 112 (e muitos outros) No canto sudoeste do shopping

UNION BANK INN

www.unionbankinn.com

Esta fina construção antiga se tornou um hotel-butique chique. Cada quarto ou suíte tem estilo contemporâneo ou antigo. Alguns banheiros têm hidromassagem. À noite, os quartos recebem queijos e vinho de cortesia.
10053 Jasper Avenue, Edmonton, Alberta, T5J 1S5 780/423-3600, 888/423-3601 $209-$409 34 LRT até Central 3, 120 No centro, esquina da 101st Street

NORTH BATTLEFORD

GOLD EAGLE LODGE

www.goldeaglelodge.com

Próximo ao cassino, este hotel moderno tem uma fachada sem graça, mas os quartos e suítes são espaçosos e belamente mobiliados. Alguns têm banheira de hidromassagem e outros, uma quitinete. A piscina coberta de água salgada dispõe de três banheiras quentes, e há uma sala com aparelhos de ginástica, sauna e sala de vapor. Serve apenas café da manhã.
12004 Railway Avenue East, North Battleford, Saskatchewan, S9A 3W3 306/446-8877, 1-866/446-8877 $109-$174 (com café da manhã continental) 112 (todos para não fumantes) Interna Na Highway 16 (Yellowhead Highway), no quadrante sudeste de North Battleford

SASKATOON

PARK TOWN

www.parktownhotel.com

Hotel inconfundível, reformado com muito gosto, oferece belas vistas do rio e do parque. Os quartos têm cafeteira, secador de cabelos, mensagem de voz e TV. O local conta com um comedy club e um pub irlandês.
924 Spadina Crescent East, Saskatoon, Saskatchewan, S7K 3H5 306/244-5564 $135-$550 172 (todos para não fumantes) Coberta Ônibus de cortesia do hotel No centro, esquina com 25th Street ao lado da University Bridge

WINNIPEG

PLACE LOUIS RIEL SUITE HOTEL

www.placelouisriel.com

Sem dúvida, este é o melhor lugar para ficar em Winnipeg. As suítes diferem. Algumas dispõem de dois quartos, mas todas têm área de estar e cozinha completa. Há uma lanchonete no local, cuja decoração contemporânea é valorizada pela coleção de arte aborígine e naturalista. Todos os quartos têm TV a cabo, videogames, voice mail e acesso à internet. Há uma loja e um caixa eletrônico no hotel.
190 Smith Street, Winnipeg, Manitoba, R3C 1J8 204/947-6961, 1-800/665-0569 $104-$328 301 (todos para não fumantes) No centro, entre York e St. Mary

WEST GATE MANOR

www.westgatemanor.ca

Com boa localização na cidade e atmosfera cordial, esta encantadora casa histórica tem quartos diferentes e embelezados com antiguidades. O café da manhã é servido (muito cedo, a menos que se agende outro horário) em uma bela sala ensolarada.
71 West Gate, Winnipeg, Manitoba, R3C 2C9 204/772-9788 $79–$89 6 (todos para não fumantes) 17, 20, 29, 36 Sudoeste do centro, via Portage Avenue ou Trans-Canada, depois sul na Sherbrooke Street

COLÚMBIA BRITÂNICA E MONTANHAS ROCHOSAS

Esta região do Canadá é uma das mais atraentes, sendo ao mesmo tempo tipicamente canadense, ainda muito britânica em alguns lugares e cada vez mais ligada ao Pacific Rim (países da Orla do Pacífico). Belas paisagens, cidades vibrantes, rica vida selvagem, área vinícola, esportes de verão e de inverno, sítios históricos e a arte e a cultura maravilhosas das Primeiras Nações se misturam para oferecer uma vivência inesquecível. É também a única província do país que tem médias de temperatura acima de zero no inverno, mas com áreas montanhosas que geralmente oferecem a neve necessária.

As duas cidades principais são Victoria, suntuosa capital da província, na bonita Ilha de Vancouver, do outro lado do estreito da Geórgia, e a notável Vancouver, quase toda cercada de água, com montanhas forradas de pinheiros aromáticos que se elevam já nos subúrbios. Ambas aparecem sempre no alto da lista dos melhores locais para viver no mundo.

Vá para o norte, ao sair de Vancouver, atravesse as montanhas e em apenas duas horas chegará a Whistler, coanfitriã dos Jogos Olímpicos de Inverno de 2010 e um dos melhores centros internacionais de esportes de inverno. A leste de Vancouver, encontra-se o vale do Okanagan, com produção de frutas e vinícolas concentradas na agradável cidade lacustre de Kelowna. Trata-se de uma paisagem bonita, bem irrigada e com relevo ondulado. Mais para leste surgem no horizonte as Montanhas Rochosas, onde existem lagos de águas tranquilas que impressionam pela beleza.

Pegue a Icefields Parkway entre Jasper, no norte, e Banff, no sul, e faça um passeio de tirar o fôlego por picos nevados e vales cheios de geleiras. É bem provável que, pelo caminho, você aviste ursos, alces e ovelhas de chifres longos. Entre outras grandes experiências com a vida selvagem da Colúmbia Britânica e das Rochosas estão a observação de baleias na costa oeste e de águias-carecas em Brackendale, perto de Squamish, o que coincide com a temporada do salmão, principalmente no rio Adams.

BANFF AND THE NATIONAL PARK

INTRODUÇÃO

Rodeado por fantásticos panoramas montanhosos, o município de Banff fica numa depressão natural à margem do rio Bow e serve de ótima base para conhecer a área. Há muitas opções de hospedagem em todas as Rochosas, onde o movimento turístico começou quando a Canadian Pacific Railway construiu o Banff Springs Hotel em 1888. Inspirado em um castelo escocês, seu nome homenageia a cidade de Banff, na Escócia. Hoje, é um dos hotéis mais formidáveis do mundo. Mesmo que não se hospede nele, apareça para o chá da tarde em estilo britânico ou para o lendário brunch no domingo, e observe o luxo cercado por um estupendo cenário montanhoso.

É provável que você encontre os "Roving Interpreters", que são contratados pelo parque nacional para ficar nas ruas dando informações. A par de tudo na cidade e na área, eles indicam guias locais para caminhadas, passeios a cavalo, pescarias e escaladas.

Para atenuar os congestionamentos de trânsito, Banff tem três rotas de ônibus –Banff Avenue, Tunnel Mountain e Sulphur Mountain– que vão à maioria dos lugares de interesse na cidade e em seu entorno. A frota da empresa de transporte é só de ônibus híbridos, menos poluentes e pintados com paisagens e animais. Outros transportes ecológicos são carruagens puxadas por cavalo e bicicletas alugadas, e há também táxis convencionais.

COMO EXPLORAR O NATIONAL PARK

O Banff National Park, o primeiro do país, foi criado em 1885 para preservar as fontes termais quentes descobertas durante a construção da Canadian Pacific Railway. O órgão Parks Canada tem alguns programas interpretativos que dão uma boa noção sobre vários aspectos do parque nacional.

Apesar dos passeios e atividades especializadas disponíveis, o ideal é dispor de um carro para conhecer melhor o parque. Isso demanda um passe emitido pelo local, e a renda obtida ajuda a manter as instalações. Praticamente todas as estradas que saem de Banff são belas, mas algumas rotas se destacam, incluindo a sinuosa Mount Norquay Road, que vai para o norte até a área de esqui de Norquay e descortina vistas espetaculares. Para uma viagem mais longa, pegue a panorâmica Bow Valley Parkway, que desemboca na Icefields Parkway (▷ 294, 318).

As condições das estradas são boas, mas o inverno, obviamente, traz imprevistos –seu hotel pode informar se há alguma estrada bloqueada, ou ligue diretamente para o escritório do parque nacional. Dirija com cuidado em qualquer época e fique atento a animais que podem surgir na estrada e a motoristas que podem frear de repente para não atingi-los. Seja verão ou inverno, há muitas atividades ligadas a montanhas, lagos, rios e ao ar livre em geral. O verão é tempo de caminhadas guiadas, rafting em rios, passeios de caiaque com a família, cavalgadas, idas a grutas, pesca, golfe e voos panorâmicos de helicóptero. No inverno, há esqui descendo as montanhas e nórdico (cross-country), pesca no gelo, carrinhos puxados por cães, trenós, veículos de neve, tobogãs, patinação e caminhadas guiadas com calçados para neve.

DESTAQUES

BANFF

Com fantástica vista das montanhas, fica difícil resistir à sedução da vida natural, mas Banff dispõe de atrações interessantes, as quais vale a pena explorar. Trata-se da cidade mais alta do Canadá (1.383m) e do principal centro turístico da área, com cerca de 9 mil pessoas –bem pequena. Na realidade, o crescimento populacional é deliberadamente restrito e se limita àqueles que trabalham na cidade ou no

INFORMAÇÕES

www.banfflakelouise.com
www.pc.gc.ca
⊞ 401 F16 **i** Banff and Lake Louise Tourism Bureau, P.O. Box 1298, Banff, Alberta, T1L 1B3 ☎ 403/762-8421
i Banff Visitor Information Centre, 224 Banff Avenue, Banff, Alberta, T1L 1C3 ☎ 403/762-8421 ⌚ Meados jun-meados set 8h-20h; meados mai-meados jun, meados set-fim set diariam 9h-19h; fim set-meados mai 9h-17h
i Banff National Park Office, Box 900, Banff, Alberta, T1L 1K2 ☎ 403/762-1550
✋ National Park taxas: adulto $9,80, criança (6-16) $4,90, família $19,60

Pág. ao lado *O belo lago Louise é cercado de montanhas com picos nevados e florestas verde-escuras*

Acima *As onduladas águas do lago Minnewanka refletem o nevado monte Inglismaldie*

parque e às suas famílias. Assim, há ótima estrutura para atender os cerca de 4 milhões de turistas que visitam o parque nacional a cada ano, embora essa cidadezinha ainda seja muito agradável e volta e meia atraia um cervo ou uma ovelha desgarrada. É incomum haver cidades nos limites de um parque nacional canadense, o que faz de Banff um lugar especial e muito responsável em termos ambientais. Cerca de 25% da cidade são mantidos como "floresta urbana".

Banff tem uma enorme variedade de festivais e eventos ao longo do ano, incluindo um festival de artes no verão, os Banff Mountain Film and Book Festivals (▷ 335), o festival do início do inverno e outros. A vida noturna engloba pubs, bares elegantes, diversos clubes noturnos e o Banff Centre (▷ 328). A cidade fica cheia de turistas no verão e de esquiadores no inverno, épocas em que os preços sobem, mas os padrões também são altos, com muitas butiques de grifes caras, galerias de arte e lojas de artesanato. Se quiser vir no verão, é fundamental reservar hospedagem com grande antecedência.

MUSEUS DE BANFF

Entre as atrações da cidade, o Banff Park Museum National Historic Site (meados mai-fim set diariam 10h-18h; fim set-meados mai diariam 12h-17h) é o mais antigo museu de história natural do oeste do Canadá e uma verdadeira relíquia do passado, preservada exatamente como era em 1932 –exatamente por isso ele foi considerado Sítio Histórico Nacional. As exposições se baseiam num acervo reunido para a Chicago World Exhibition de 1893, a fim de representar a natureza desta região, e depois ampliada por Norman Sanson, curador na época, que colecionou pessoalmente muitas das mostras e as dispôs no museu. Elas ocupam este edifício de grande interesse arquitetônico desde 1903, e a coleção tem mais de 5 mil itens. Quem já visitou um museu moderno de história natural nota que o Banff Park Museum está em sintonia com as últimas tendências da museologia, o que o torna ainda mais fascinante.

O Whyte Museum of the Canadian Rockies (diariam 10h-17h) tem um aspecto mais contemporâneo, com galerias de pinturas e fotografias que mostram cenas das Rochosas, e uma interessante coleção de objetos relacionados à região, que incluem peças das Primeiras Nações. As relíquias recreativas são fascinantes, e contam com equipamentos antigos para escaladas e a prática de esqui. O museu também tem a custódia de sete moradias históricas significativas da cidade, desde minúsculas cabanas de toras até residências de famílias. Alguns edifícios ainda mantêm seus móveis e objetos históricos, e há visitas guiadas diariamente no verão e em certos dias no inverno. A antiga casa da escritora e historiadora Eleanor Luxton é especialmente interessante, pois nada mudou desde sua morte em 1995, incluindo obras de arte e coleções variadas, a exemplo da de objetos das Primeiras Nações e de vestidos de noite centenários.

O Buffalo Nations Luxton Museum (mai-início out diariam 11h-18h início out-abr diariam 13h-17h) foi fundado por Norman Luxton (1902-62), patriarca de uma das famílias mais ricas de Banff e amigo das Primeiras Nações locais. Cercado por uma paliçada de madeira, o belo museu tem uma rica coleção de artefatos e mostras ilustrando aspectos cotidianos das Primeiras Nações, desde temas espirituais até a caça de búfalos. Há também eventos especiais, incluindo apresentações de indígenas, oficinas de artesanato, história viva e caminhadas guiadas. Na Cascade Plaza, na cidade, o Canadian Ski Museum West (diariam) apresenta várias mostras relacionadas à história do esporte no parque nacional. Comece pelo andar mais baixo e continue a visita em ordem cronológica.

HOT SPRINGS E SULPHUR MOUNTAIN

Há oito fontes termais que jorram da Sulphur Mountain, cujo nome, obviamente, vem do cheiro de enxofre que se desprende da água, pois ela emerge de uma profundidade de mais de 3km abaixo da superfície. Nem todas as fontes são acessíveis, mas você pode dar um mergulho nas Upper Hot Springs (diariam) na Mountain Avenue, ao sul do centro, uma coisa bem divertida de fazer quando está nevando –a 42°C, a temperatura da água mantém você confortável.

O Cave and Basin National Historic Site (diariam) contorna uma fonte descoberta pelos engenheiros da ferrovia em 1885, o que levou à criação do parque nacional, primeiro do Canadá, do qual se desenvolveu toda a rede de parques nacionais. Os primeiros visitantes se hospedavam num hotel local (que já não existe), e se banhavam nas águas, o que agora é proibido, pois o local era sagrado para o povo stoney das Primeiras Nações e continua a ser respeitado como tal. Mas os turistas podem visitar o local, ver a caverna e as piscinas externas e subterrâneas, e a fonte original. Devido a uma obra multimilionária de revitalização no local, o Bathing Pavilion, de 1914, ficaria fechado até novembro de 2011.

Aqui também começam diversas trilhas, que incluem algumas curtas em passarelas de madeira e outras mais longas para conhecer o ambiente ímpar das terras úmidas próximas. Um modo fácil de subir até o cume da Sulphur Mountain (2.281m) é por um trajeto de oito minutos na Banff Gondola (bondinho, diariam;

DICAS

» As obras para construir passagens elevadas para animais e novas partes da rodovia dividida continuam no parque. Prepare-se para alguns atrasos.

» O Banff Information Centre tem apresentações grátis sobre ursos e informações sobre vários programas de interpretação oferecidos pelo parque. Caso pretenda fazer uma caminhada, é importante ter dicas de segurança, as quais você pode obter no site do parque nacional, a exemplo do que fazer diante de um urso e de como evitar carrapatos.

» É proibido dar comida, tocar, atrair e perturbar os animais de qualquer porte. Os visitantes também não devem parar no acostamento para observar os animais, embora muitos o façam.

» Johnson Lake é popular no verão devido à sua pequena praia e às mesas de piquenique, e a trilha ao seu redor tem um circuito interessante que passa pela floresta e por partes pantanosas.

Abaixo, da esq. p/ dir. *A Sulphur Mountain Gondola (bondinho) na Mountain Avenue; Velho posto de gasolina de Johnson Canyon na Bow Valley Parkway*

fecha duas semanas em janeiro para manutenção), de onde se tem belíssimas vistas. No topo, há um deque de observação, dois restaurantes, lojas de presentes e muitas trilhas para caminhadas.

BOW VALLEY PARKWAY

Esta estrada com vista panorâmica atravessa alguns bosques de choupo e uma floresta de folhas perenes, onde você talvez aviste alces e até um urso, de vez em quando. Após 25km, chega-se ao Johnston Canyon, onde se pode caminhar ao longo do canyon até duas bonitas cachoeiras (1km até a primeira e 2,7km até a segunda). Parte dessa caminhada espetacular é em uma passarela de tábuas presa no paredão do cânion. Siga além das Upper Falls por uns 3km até chegar a Ink Pots, lagos verdes nos quais você vê a água da nascente que os alimenta surgindo na areia movediça e formando círculos na superfície. Em diversos pontos da estrada existem estacionamentos com painéis informativos. O limite de velocidade na Bow Valley Parkway é de 60km/h, e o acesso é proibido das 18h às 21h todos os dias, de 1º mar-25 jun, de modo a permitir que os animais silvestres tenham acesso livre a seus corredores naturais entre os habitats.

LAGOS DO NATIONAL PARK

Os lagos do parque têm fama merecida. O lago Louise (▷ 298) e o lago Moraine (▷ 299) são os mais conhecidos, mas não perca o bonito lago Minnewanka. Este nome deriva de *minn-waki*, ou "lago dos Espíritos", como era chamado pelo povo stoney, crente de que os espíritos moravam em suas águas. As fontes termais e o abundante manancial de alimentos fizeram do lago um ponto em que as tribos sempre acampavam. Na primeira metade do século 20, ali ficava uma vila e uma usina de eletricidade. Por sorte, a usina foi fechada e, agora, a vila está escondida sob o lago, e restaurou-se a beleza natural. Você pode deslizar pelas águas num passeio de barco de 1,5 hora (meados mai-meados out), com narração explicativa, até Devil's Gap, onde paredões de pedra se elevam do lago lembrando fiordes. Durante o caminho, você conhece a história humana e natural do lago.

Os três lagos Vermillion, de fácil acesso a partir de Banff, são muito pitorescos, em especial no pôr do sol. Há locais para estacionar em ótimos mirantes. É possível alugar caiaque e canoa ou caminhar pelas trilhas.

Abaixo, da esq. p/ dir. *Turista admira o Mount Rundle e o segundo lago Vermillion; Lojas da Banff Avenue ao anoitecer*

BUTCHART GARDENS

Espetacular, este jardim formal possui espécies raras e exóticas, e ocupa uma antiga pedreira de calcário. Comemorou cem anos em 2004, e em 2006 foi escolhido como Sítio Histórico Nacional. Foi criado por Jennie Butchart na pedreira e ao redor dela, local que pertencia ao seu marido Robert, que trabalhava com cimento Portland. Seu constante interesse por plantas a inspirou, e o início do jardim coincidiu com um tempo em que as plantas exóticas eram a última moda no cultivo de jardins. Jennie importou centenas de espécies do mundo todo e, durante décadas, o jardim se desenvolveu e expandiu a ponto de cobrir 22ha, localizados em uma propriedade de 55ha. Ainda é propriedade da mesma família, agora gerido pela bisneta de Robert e Jenny.

VISITA AO JARDIM

Na chegada, o visitante recebe um mapa do trajeto pelos caminhos do local. Começa com Sunken Gardens, 25m abaixo do solo da pedreira original, com as clássicas estátuas no meio das plantas. Aqui, a Ross Fountain foi instalada em 1964 para comemorar o 60º aniversário do jardim. Em seguida vem o Rose Garden, que fica no auge em julho e agosto, com híbridos de rosa-chá em volta de uma fonte dos desejos italiana. Daqui, vai-se até o Japanese Garden, que data de 1906 e foi projetado com a ajuda de um paisagista japonês –procure a rara papoula-azul do Himalaia. Por último vem o Italian Garden, a mais formal de todas as áreas ajardinadas, cultivada desde 1926, onde ficava a quadra de tênis dos Butcharts.

ATRAÇÕES E EVENTOS SAZONAIS

O ano inteiro este lugar fica colorido e desperta interesse. Mesmo no primeiro quadrimestre do ano, quando em outros lugares o inverno ainda domina, o jardim coberto, numa estufa calçada com pedras, é uma inspiração para os jardineiros que aguardam a primavera, com canteiros de narcisos e tulipas, e arbustos floríferos. Na área externa, bonitos arranjos permanecem em todas as estações.

Deslumbrante de dia, o jardim cintila quando iluminado nas noites de verão, com milhares de luzes ligadas ao maior sistema de fiação subterrânea da América do Norte. De meados de junho a meados de setembro há atividades diárias à tarde e à noite, exceto aos sábados, quando ocorrem espetáculos de fogos de artifício, seguidos de música tocada num histórico órgão de tubos.

INFORMAÇÕES

www.butchartgardens.com

413 C17 · 800 Benvenuto Avenue, Brentwood Bay, Colúmbia Britânica, V8M 1J8 · 250/652-4422, 866/652-4422, 250/652-5256 (gravações) · Diariam desde 9h. O horário de fechamento depende da estação, e vai até 15h30 em meados do inverno e até 21h ou 22h no verão; ligue para se informar · Adulto $18,10-$29 conforme a estação, criança (5-12) $1,90-$3 ou (13-17) $9,05-$14,50 · 75; Gray Line Tour de Victoria (abr-fim out); a refeição inclui a entrada · 23km ao norte de Victoria; 20km ao sul do terminal de ferriboat Swartz Bay · Dining Room Restaurant, Blue Poppy Restaurant · Cafeteria · Sementes, ferramentas para jardinagem, suvenires e artesanato das Primeiras Nações · Guia de identificação das flores

DICA

» Se quiser tempo para dar uma parada e sentir o aroma das rosas, evite os momentos mais concorridos do ano, quando surge uma longa fila de visitantes.

Abaixo *Há muitas plantas exóticas nos jardins*

Acima, da esq. p/ dir. *Os abetos-douglas gigantes de Cathedral Grove têm centenas de anos; Um dos murais externos em construções de Chemainus*

CATHEDRAL GROVE

www.britishcolumbia.com/parks/?id=286

Com nome oficial de MacMillan Provincial Park, em homenagem ao madeireiro que doou as terras à província, o parque de 136ha é conhecido como Cathedral Grove. Ele protege os abetos-douglas gigantes, alguns dos quais têm mais de 800 anos de vida –o maior alcança 76m de altura, 3m de diâmetro e 9m de circunferência.

Quando se caminha entre os troncos enormes, abaixo das altas copas, tem-se a impressão de estar numa imensa catedral natural. Numa caminhada ao sul da rodovia, você passa por algumas das árvores mais antigas, com painéis explicativos sobre o ecossistema temperado. Pela trilha ao norte da rodovia você atravessa bosques de cedro-vermelho-canadense até o lago Cameron, onde se pode nadar ou fazer piquenique.

413 C16 114km ao norte de Victoria, na Ilha de Vancouver Diariam, do amanhecer ao anoitecer Grátis Não é permitido fumar em nenhuma área do parque Pegue a Highway 1 depois à esquerda na Highway 4

CHEMAINUS

www.chemainus.bc.ca

A arte de rua conferiu a este porto antigo, no sudeste da Ilha de Vancouver, o título de maior galeria de arte ao ar livre do Canadá. Como a fênix, a cidade ressurgiu das cinzas da indústria madeireira falida para se tornar um florescente núcleo artístico e comercial.

Em 1983, após o fechamento da grande serraria da cidade, esteio da economia local por 120 anos, moradores ativos criaram o Festival of Murals. A partir do sucesso dos primeiros cinco murais encomendados em 1982, agora são mais de 35 que enfeitam as paredes de construções do centro, retratando a história da cidade e sua vida cultural. Há também 13 esculturas, e novas obras de arte são acrescentadas a cada ano. Um trem de turismo e passeios de carruagem oferecem um modo fácil de apreciar a maior galeria mundial de arte a céu aberto.

A cidade é atraente, com chalés de madeira pintada transformados em butiques que vendem antiguidades, roupas e artesanato. O Chemainus Theatre (▷ 329) tem elenco profissional que se apresenta o ano todo, e a cidade está bem servida de galerias de arte e restaurantes.

413 C17 Chemainus Visitor Information Centre, 9796 Willow Street, Chemainus, Colúmbia Britânica, V0R 1K0
250/246-3944

DUNCAN

www.duncancc.bc.ca

Duncan ou "cidade dos totens" possui mais de 80 desses símbolos entalhados ao longo da Trans-Canada Highway e na cidade. O povo cowichan é muito elogiado por sua habilidade para entalhar seus totens, e cada peça conta uma história, uma lenda ou a história real de uma família. Pegue um mapa no centro de informações ao visitante para fazer um passeio autoguiado ou faça um passeio grátis, com guia (mai-fim set), que começa na histórica estação de trem, agora Cowichan Valley Museum (jun-set seg-sáb 10h-16h; resto do ano qua-sex 11h-16h, sáb 13h-16h), na Canada Avenue. No Quw'utsun Cultural and Conference Centre (jun-set diariam 10h-17h; www.quwutsun.ca), em Cowichan Way, você pode obervar a elaboração de totens e outras peças, assistir a uma apresentação multimídia sobre o estilo de vida e a história social das Primeiras Nações, e tentar fazer um artesanato nativo ou comprar uma peça genuína.

413 C17 Duncan Visitor Information Centre, 381 Trans-Canada Highway, Duncan, Colúmbia Britânica, V9L 3R5,
250/746-4636, 1-888/303-3337

FORT LANGLEY

www.pc.gc.ca

Este forte foi reconstruído com cuidado. Fica 50km a leste de Vancouver, com sinalização para sair da Highway 1, e dá uma boa ideia de como os pioneiros viviam e negociavam no início do século 19 (atores a caráter compõem a cena). Em 1827, a Hudson's Bay Company fundou um posto comercial aqui, nos estreitos meridionais do rio Fraser, para trocar peles por alimentos e outros suprimentos com tribos locais das Primeiras Nações. Assim que diminuiu o comércio de peles, o Fort Langley se tornou pioneiro em processamento de peixes e produtos agrícolas para exportar para São Francisco, Havaí e Austrália. O forte original foi substituído em 1839, mas seu sucessor pegou fogo logo depois, obrigando à construção de um novo edifício, o que se vê hoje. Durante a Corrida do Ouro em Cariboo, quando milhares de pessoas rumaram para o norte vindo dos EUA pelo rio Fraser, o governador da Ilha de Vancouver, temendo que os americanos tomassem posse da terra, declarou a Colúmbia Britânica uma colônia da Coroa, com sede no forte, em 1858.

Dentro da paliçada há alojamentos, a Big House (moradia do chefe do comércio), uma forja e um depósito, que é a única construção original. Ali você vê peles e algumas mercadorias pelas quais elas eram trocadas.

413 C17 PO Box 129, 23433 Mavis Avenue, Fort Langley, Colúmbia Britânica V1M 2R5 604/513-4777 Fim jun-fim ago diariam 9h-20h, resto do ano diariam 10h-17h Adulto $7,80, criança (6-16) $3,90, família $19,60

FRASER CANYON/HELL'S GATE

www.hellsgateairtram.com

O trecho principal do Fraser Canyon se estende de Yale a Boston Bar, e o Hell's Gate é sua atração mais espetacular. Aqui, o rio bate numa estreita abertura de 35m de largura entre os paredões do canyon com 180m de altura. O rio homenageia Simon Fraser, um americano comerciante de peles e explorador que percorreu toda a sua extensão numa canoa, em 1808. O visitante atual não precisa ser tão corajoso e pode fazer a travessia de Airtram (meados abr-meados out diariam), num passeio panorâmico de bondinho que sai do lado leste e atravessa as águas agitadas até o platô na margem oeste, numa descida de 142m. Assim que atravessar, você encontra pontos de observação e uma exposição sobre o ciclo de vida do salmão, que volta para cá para procriar no outono. Tem restaurante, loja de presentes e fábrica de doce de chocolate.

413 D16 43111 Trans-Canada Highway, Boston Bar, Colúmbia Britânica, V0X 1L0. 604/867-9277 Meados abr-meados out diariam 10h-16h ou 17h Adulto $19, criança (6-18) $13, família $51 Na Highway 1, 200km a nordeste de Vancouver

GLACIER NATIONAL PARK

www.pc.gc.ca

O Glacier National Park tem mais de 12% de gelo; o restante é formado por uma paisagem montanhosa da cordilheira Selkirk das Rochosas. Trata-se de um dos parques nacionais menos acessíveis das Rochosas, com poucas trilhas, adequadas apenas para caminhantes e montanhistas experientes.

Muitos visitantes apenas viajam pela Trans-Canada Highway, e aproveitam as vistas do carro, só parando no Rogers Pass Visitor Centre (diariam; fecha nov ter-qua). O Rogers Pass é um sítio nacional histórico no local em que, em 1882, o engenheiro A. B. Rogers enfrentou dificuldades para encontrar uma passagem que atravessasse as montanhas, a fim de instalar a linha transcontinental da ferrovia Canadian Pacific. A linha nunca foi estável e fechou em 1916, quando se abriu o túnel ferroviário Cannaught.

O parque foi criado em 1886, logo após o término da linha. A principal atração era, e ainda é, a geleira Illecillewaet Neve, ao sul do centro de visitantes. As trilhas que levam a fantásticos mirantes foram traçadas por guias suíços há quase um século, e guardas florestais lideram caminhadas para ver as geleiras.

400 E16 Parks Canada office: 301B 3rd Street West, Revelstoke, Colúmbia Britânica, V0E 2S0 250/837-7500 Parque: diariam; administração: seg-sex 8h30-12, 13-16h30 Adulto $7,80, criança (6-16) $3,90, família $19,60

HOWE SOUND

www.tourismsquamish.com

A paisagem quase intocada de Howe Sound lembra fiordes. Trata-se de um belo cenário criado pela mescla de recuos de fluxos de gelo, ação vulcânica e erosão da água. É fácil chegar de carro a este estreito, vindo de Vancouver pela Sea to Sky Highway, ou pode-se fazer uma sossegada viagem de barco. Squamish, na ponta do estreito, é conhecida pelas atividades esportivas, desde caminhadas suaves no verão até esportes radicais de inverno, que receberam grande impulso durante os Jogos Olímpicos de 2010, em Vancouver/Whistler. Bom lugar para avistar águias-carecas no inverno, e também tem uma grande comunidade artística, com galerias e estúdios abertos. Uma grande atração na área é o British Columbia Museum of Mining National Historic Site (tel 604/896-2233, www.bcmuseumofmining.org; início mai-meados out diariam 9h-16h30) em Britannia Beach, no local de uma mina de cobre que fechou em 1974. Um ano depois, o museu foi aberto e incorpora visitas à mina e mostras de mineração.

413 C16 Squamish Visitor Information Centre, 101-38551 Loggers Lane, Squamish, Colúmbia Britânica, V8B 0H2, 604/815-4994/5084; diariam

ICEFIELDS PARKWAY

▷ 294-5.

INSIDE PASSAGE

Para ver belos panoramas e avistar baleias, toninhas, focas e águias-carecas, nada melhor do que a viagem de um dia, que dura 15 horas, até a Inside Passage. Nas primeiras explorações, navios que navegavam pelo litoral oeste ficavam à mercê do oceano Pacífico. A Inside Passage oferecia um trajeto seguro pelas ilhas costeiras. Agora, ferryboats, cargueiros e iates navegam entre as ilhas e o continente arborizado, marcado por fiordes. Na direção da ponta norte do percurso está o Grenville Channel, com apenas 500m de largura no ponto mais estreito. Os ferryboats partem de Port Hardy rumo ao norte ou de Prince Rupert rumo ao sul (www.bcferries.com).

400 B15

Abaixo *O Hell's Gate Airtram acima do Fraser Canyon*

ICEFIELDS PARKWAY

INFORMAÇÕES
www.icefieldsparkway.ca
www.travelalberta.com
401 E15 Columbia Icefields Centre, Icefields Parkway, Jasper, Alberta 877/423-7433; meados abr-meados out diariam 9h-17h ou 18h A Icefields Parkway fica aberta o ano todo, exceto com neve pesada O ônibus Brewster Grey Line de Banff até Jasper usa a Icefields Parkway Passeios no ônibus Ice Explorer no Columbia Icefields Centre (meados abr-meados out diariam) Columbia Icefields Centre, North Saskatchewan River Crossing, Sunwapta Falls Columbia Icefields Centre, North Saskatchewan River Crossing, Sunwapta Falls

Acima *O lago Bow é um espelho perfeito para as montanhas ao redor*

INTRODUÇÃO

Esta é uma das estradas mais espetaculares do mundo, com majestoso cenário montanhoso, esculpido por pesados fluxos de gelo. Com o nome oficial de Highway 93, a Icefields Parkway (▷ 318-9 de carro e ▷ 320-1 a pé) revela uma série de vistas maravilhosas conforme você prossegue pelos 230km que vão da aldeia de Lake Louise até Jasper. E, por sorte, as atrações ao longo da rodovia têm fácil acesso –ao lado da estrada ou a uma curta caminhada. O estacionamento é grátis em todos os mirantes e no início das trilhas. No km 127, a partir do lago Louise, fica o Columbia Icefields Centre, um centro de informações abrangente com mostras interativas; também tem restaurante e passeios no gelo no ônibus Ice Explorer.

A Icefields Parkway foi construída para garantir frentes de trabalho durante a Depressão e seu objetivo era ser um percurso panorâmico; assim, os mirantes e locais de parada fazem parte do projeto. Ela segue o caminho dos primeiros caçadores em busca de peles, e diversas atrações naturais levam o nome dos pioneiros, como o lago Hector, que homenageia o geólogo James Hector, primeiro homem branco a entrar na região, em 1858.

DESTAQUES

OS ICEFIELDS

A estrada tem este nome porque passa por importantes geleiras (*glaciers* ou *icefields*) das Rochosas canadenses. Depois de 40km de linda paisagem campestre alpina, com muitos lagos, você alcança a primeira delas, a Crowfoot Glacier, cujos três cursos de gelo originais lembram as garras de uma ave (hoje, apenas dois deles são vistos). Depois de Saskatchewan Crossing, entra-se no trecho mais espetacular. Saindo da área de estacionamento para Parker Ridge, a trilha de 2,4km até o cume é uma ladeira íngreme, mas vale a pena pela vista fantástica.

Mais ao norte, encontra-se a Columbia Glacier e Icefields, formados de diversas geleiras (principalmente a Athabasca), onde se pode dar um passeio no ônibus Ice Explorer ou fazer uma caminhada guiada até o gelo. Não se aventure por aqui sem um guia, pois há muitos perigos. Se tiver a oportunidade, tome um pouco da água derretida da geleira: é limpa, refrescante e rica em minerais.

OS LAGOS

Aqui, os lagos cor de safira constituem uma bela atração: o minúsculo lago Herbert tem como fundo o monte Temple, o lago Hector, maior, e o lago Bow, onde se faz uma caminhada de 3,4km na margem.

A pouco mais de 40km de estrada, chega-se ao desvio para a vista do lago Peyto, que tem um dos melhores panoramas de toda a rodovia, com florestas de pinheiros e montanhas que cercam o lago. O azul diferente das águas do lago resulta de finas partículas de pedra arrastadas pela Geleira Peyto, mais à esquerda.

VALES E CACHOEIRAS

Quatro rios abriram seus caminhos pelas montanhas, e às vezes despencam como cachoeiras. O primeiro é o rio Bow, que corre para o sul, rumo a Banff. Depois de atravessar o rio North Saskatchewan, as vistas de Cirrus Mountain e das Bridal Falls são muito bonitas. Ao norte estão os vales mais largos e cheios de pedras dos rios Sunwapta e Athabasca, com as admiráveis Sunwapta Falls e Athabasca Falls. Esta última é a cachoeira mais bonita do percurso, mas a Weeping Wall (a 105km do lago Louise) talvez seja a mais notável: um gigantesco paredão rochoso, de onde verte água constantemente. No km 72, a partir do lago Louise, uma trilha curta leva ao Mistaya Canyon.

VIDA SELVAGEM

Em muitos pontos pode ser que você aviste ursos-pardos e alces, e talvez até um lobo-cinzento. Mais comuns são as felpudas cabras-montesas-brancas, que frequentam a área, escalando o relevo com facilidade, pois têm patas que parecem ventosas. No trecho mais ao norte, também se pode encontrar ovelhas com chifres grandes. Se quiser ver o raro caribu-montanhês, vá para os campos planos de cascalho em Sunwapta e a área de Beauty Creek, por volta de maio, quando eles pastam ali. Ursos-pardos e alces também povoam a área.

DICAS

» Carros parados no acostamento podem ser sinal de que há animais à vista. Os guardas do parque desaprovam isso, pois pode perturbar a alimentação ou incitar os animais a vir para a estrada. O fato é que o contato com humanos é prejudicial. Caso precise parar, estacione mais longe com segurança, não perca o veículo de vista e vá embora logo.

» Quem viaja no inverno deve se informar sobre as condições das estradas antes de partir, estar ciente do perigo das avalanches se for esquiar e andar em trilhas com calçados para neve.

» Quem viaja no verão deve saber que essa é a época de obras nas estradas do Canadá –algumas delas podem estar bloqueadas.

Acima *O caminho para a Cirrus Mountain*
Abaixo, da esq. p/ dir. *Os passeios nos ônibus Ice Explorer para as geleiras Athabasca são concorridos; As Athabasca Falls despencam no desfiladeiro rochoso*

JASPER: CIDADE E NATIONAL PARK

INFORMAÇÕES
www.jaspercanadianrockies.com
www.pc.gc.ca
400 E15 Jasper Tourism and Commerce, P.O. Box 98, Jasper, Alberta, T0E 1E0 780/852-3858, 1-800/473-8135 Jasper National Park e Tourism Information Centre, 500 Connaught Drive, Jasper, Alberta, T0E 1E0, 780/852-6176 Início abr-meados jun diariam 9h-17h; meados jun-ago 8h30-19h; set 9h-18h; out 9h-17h; nov-início abr 9h-16h

Acima *A melhor maneira de explorar o parque é a cavalo*

INTRODUÇÃO

O espetacular Jasper National Park tem picos altos e lagos de tonalidades inacreditáveis. Ele ocupa uma área de 10.878km², com picos e lagos de tonalidades fantásticas. Uma excelente introdução a ele é uma visita ao centro de informações, quase em frente a estação de trem da cidade de Jasper, onde se descobre por que o parque ganhou fama com ótimo rafting em corredeiras, no verão, e esqui e snowboard, no inverno. O parque dispõe de mais de 1.200km de trilhas para caminhada, na maioria extensas ou difíceis, mas as principais atrações e alguns dos melhores cenários têm acesso fácil de carro ou pela Jasper Tramway (▷ 297).

Jasper foi uma das primeiras áreas das Rochosas a serem alcançadas pelos europeus quando, em 1811, membros da expedição de David Thompson chegaram aqui na busca de um caminho setentrional para cruzar as montanhas. Um dos companheiros de Thompson abriu um depósito chamado Henry House para a North West Company (concorrente da Hudson's Bay Company; mais tarde as duas se fundiram). O nome de Henry House mudou para Jasper House em homenagem a Jasper Hawse, e este nome permaneceu depois que a cidade cresceu.

As atividades diminuíram no século 19, mas a chegada da ferrovia, em 1908, salvou o povoado. O parque foi criado três anos depois.

DESTAQUES

JASPER TOWN

Jasper não é tão bonita nem sofisticada como Banff (▷ 286-90), e os turistas vêm mais por causa das atrações e atividades ao ar livre do parque, o que confere ao lugar um clima de cidade de montanha. A estação de trem continua sendo destaque. É um terminal para as rotas panorâmicas nas Montanhas Rochosas rumo a Vancouver e Whistler, e uma parada do famoso trem Toronto-Vancouver, "The Canadian" (▷ 49). Por 93 anos a esplêndida coluna totêmica esteve nas imediações, mas deixou de ser segura e foi retirada em 2009. Felizmente, a nação haida fez outra muito bela em 2010.

Você vai visitar o centro de informações do parque (▷ Informações, pág. 296), erguido em 1914 para o superintendente do parque e os escritórios administrativos, e que agora é um Sítio Histórico Nacional num atraente cenário de jardins floridos. Para conhecer a história de Jasper, visite o Yellowhead Museum (meados mai-meados out diariam 10h-17h; resto do ano qui-dom), que mostra o papel da cidade no comércio de peles e possui mostras relativas às paisagens do entorno e uma pequena galeria de arte.

WHISTLER E O MONTE EDITH CAVELL

Pode-se pegar o Jasper Tramway (meados abr-meados out diariam) e subir até a altura de 2.285m. O balneário de Whistler oferece vistas panorâmicas da área ao redor; uma subida íngreme de quase 1,5km leva você até o verdadeiro pico.

O nome "Whistler" vem do assobio agudo produzido pela marmota-grisalha que, ao perceber algum perigo, solta uma espécie de guincho estridente para avisar seus companheiros; talvez você tenha a sorte de ver um desses simpáticos animais perto do topo. Outra vista panorâmica é oferecida pelo bonito e sereno monte Edith Cavell, 30km ao sul, com acesso pela sinuosa estrada de 4,5km que sai da rodovia.

LAGOS E FONTES TERMAIS

Os lagos mais próximos à cidade (Edith e Annette) ficam a apenas 5km para nordeste; porém os lagos Patricia e Pyramid impressionam mais, e estão a cerca de 8km a noroeste de Jasper.

Os quatro lagos têm praia de areia, aluguel de barcos e trilhas. Um dos destaques do parque é o lago Maligne e o percurso de 48km para chegar lá, passando pelo lago Medicine a caminho. A Maligne Lake Road é um bom lugar para avistar animais silvestres, em especial bem cedo ou no fim do dia –pode-se observar alces, cervos, ovelhas com chifres grandes, coiotes e urso-pardo. Também se pode caminhar pelo Maligne Canyon num percurso de 3,7km.

As Miette Hot Springs (início mai-meados out diariam) ficam nos limites orientais do parque. Chega-se a elas de carro, pelo selvagem vale do Fiddle. Estas fontes naturalmente quentes vertem das Rochosas, fluindo da terra a uma temperatura de 54°C.

DICAS

» A parte alta de Whistler fica muito exposta; por isso, traga roupas quentes, mesmo no verão.

» O Columbia Icefields Centre, a geleira Athabasca e as cachoeiras Sunwapta e Athabasca também se encontram dentro do Jasper National Park (▷ 294-5 Icefields Parkway).

Abaixo, da esq. p/ dir. *Cercado de montanhas, o lago Maligne é o maior das Rochosas; Turistas sobem para o topo do monte Edith Cavell*

INFORMAÇÕES

www.banfflakelouise.com
www.pc.gc.ca
401 F16 Banff and Lake Louise Tourism Bureau, P.O. Box 1298, Banff, Alberta, T1L 1B3, 403/762-8421 Banff Visitor Information Centre, 224 Banff Avenue, Banff, Alberta, T1L 1C3 403/762-8421 Meados jun-meados set 8h-20h; meados mai-meados jun, meados set-fim set diariam 9h-19h; fim set-mai 9h-17h Lake Louise Visitor Information Centre, Samson Mall, Lake Louise Village, Alberta 403/522-2744 Meados jun-início set 8h-20h; mai-meados jun, meados set-fim set diariam 9h-17h; fim set-abr 9h-16h Banff National Park Office, Box 900, Banff, Alberta, T1L 1K2 403/762-1550 National Park: adulto $9,80, criança (6-16) $4,90, família $19,60

DICA

» A vista é atrapalhada pelo excesso de gente. Por isso, chegue cedo se quiser um lugar quase só para você.

Abaixo *Canoagem no lago de águas profundas cercado de árvores*

LAGO LOUISE

O bonito lago Louise fica numa depressão escavada pelo gelo glacial, emoldurado por uma floresta verde-escura, e tem ao fundo montanhas de picos nevados. Trata-se de uma das vistas mais bonitas das Rochosas. O azul iridescente da água é criado por partículas microscópicas presas ao gelo que derrete na primavera. Elas absorvem a luz de todas as cores do arco-íris, menos o azul e o verde, refletidas da maneira mais incrível e que parecem mais intensas quando vistas de um ponto acima do nível do lago.

Os indígenas stoney o chamavam lago dos Peixinhos, mas quando Tom Wilson, um europeu que vendia roupas e trabalhava para a Canadian Pacific Railway, viu o lago em 1882 logo o batizou de lago Emerald pela cor brilhante. Em 1884, mudou de nome novamente e passou a chamar lago Louise em homenagem à filha da rainha Vitória, casada com lorde Lorne, então governador-geral do Canadá.

Em 1890, a Canadian Pacific Railway construiu um chalé de madeira para visitantes, mas logo foi iniciada a obra do Château Lake Louise Hotel (⊳ 320-1), em uma morena glacial que restou quando o gelo recuou e que agora domina a margem do lago. Uma área em frente ao hotel tem vista esplêndida das montanhas ao redor.

TRILHAS PARA CAMINHADA

Embora não seja possível dar uma volta completa no lago, há algumas caminhadas maravilhosas. As mais procuradas são até a planície das Seis Geleiras e a subida até o lago Agnes (⊳ 320-1). Um modo excelente de aproveitar a paisagem sem o esforço de caminhar é indo até a Lake Louise Gondola, que oferece vistas panorâmicas (meados mai-fim set diariam; esquiadores só no inverno) e de onde se descortinam vistas panorâmicas. Ursos-pardos são vistos com frequência. Há um bom centro de visitantes no alto, com palestras diárias e caminhadas guiadas de 45 min. Devido à presença de ursos-pardos, há restrições para caminhadas desacompanhadas.

KOOTENAY NATIONAL PARK

www.pc.gc.ca

Ao lado de Banff, Jasper e Yoho, o Kootenay National Park faz parte do Patrimônio da Humanidade e protege uma área de 1.406km² na encosta oeste das Rochosas. O menos movimentado dos importantes parques dessas montanhas –apesar dos 3 milhões de turistas por ano–, o Kootenay é uma excursão fácil, que sai de Banff ou do lago Louise. Num passeio de carro de três horas, pode-se passar por todos os tipos de terrenos, desde campos de geleiras ao norte, e através das montanhas, campinas e pastagens até a terra árida mais ao sul.

Kootenay deve a sua existência à estrada que o divide ao meio de norte a sul. A construção começou antes da Primeira Guerra Mundial, mas a verba logo acabou e a rodovia foi terminada com recursos do governo federal com a condição de que uma faixa de terra de 8km de cada lado da estrada fosse reservada para um parque nacional.

Há trilhas que vão da Kootenay Parkway até a maioria das atrações principais. As melhores trilhas curtas vão para Marble Canyon e Paint Pots, e cada uma dá uma caminhada de 15 minutos partindo do estacionamento. Em Marble Canyon, os paredões de dolomita e calcário no desfiladeiro de 35m de profundidade foram polidos pelas águas que o escavaram. A trilha cruza o riacho diversas vezes até chegar na cachoeira. Os Paint Pots (Potes de Tinta) são poços com formação mineral junto à margem.

401 E16 National Park Visitor Center, 7556 Main Street East, Radium Hot Springs, Colúmbia Britânica, V0A 1M0 250/347-9505 Meados mai-meados jun e início set-meados set, diariam 9h-17h; meados jun-início set diariam 9h-19h, meados set-meados out diariam 9h-16h Parque: adulto $8,80, criança (6-16) $4,40, família $17,60

LAGO MORAINE

www.banfflakelouise.com

www.pc.gc.ca

Descoberto em 1899 por Walter Wilcox, que o descreveu como um lugar "de solidão inspiradora e de grandiosas escarpas", o lago Moraine está situado a 574m de altitude e, como o vizinho lago Louise, foi criado pela ação das geleiras. Apesar de ser menor que o Louise, não é menos pitoresco. Na realidade, sua localização no sopé de uma cadeia de picos denteados das montanhas Wenkchemna, que ficam muito mais perto da água do que as que rodeiam o lago Louise, dá mais ênfase ao formato arredondado da depressão e cria uma atmosfera bem mais acolhedora.

Uma hospedaria com salão de chá, erguida em 1912, foi refeita diversas vezes. A mais recente (1991), Moraine Lake Lodge, com projeto de Arthur Erickson, é um lugar rústico, conveniente para almoçar ou passar a noite.

Trilhas e vistas panorâmicas

Na saída do lago, uma pequena colina, criada por um deslizamento de terra, forma um mirante perfeito –essa é a vista que aparecia nas antigas notas de $20. Há inúmeras trilhas, todas começando na hospedaria, boas tanto para fazer uma caminhada suave em volta do lago ou para um percurso mais longo. O caminho para o lago Consolation (3,2km) passa por uma formação rochosa chamada Torre de Babel; uma subida mais íngreme leva até o vale do Larch (3,6km) e, para uma caminhada ainda mais difícil, continua até Sentinel Pass. Já a trilha para o lago Eiffel (5,6km) implica uma subida de quase 1.200m; trata-se da trilha menos percorrida apesar do cenário grandioso que se descortina no final.

Encantadora em qualquer época do ano, a área em volta do lago adquire uma beleza indescritível durante a queda das folhas no outono.

401 F16 Banff and Lake Louise Tourism Bureau, P.O. box 1298, Banff, Alberta, T1L 1B3 403/762-8421 Banff Visitor Information Centre, 224 Banff Avenue, Banff, Alberta, T1L 1C3 403/762-8421 Meados jun-meados set 8h-20h; meados mai-meados jun, meados set-fim set diariam 9h-19h; fim set-meados mai 9h-17h Lake Louise Visitor Information Centre, Samson Mall, Lake Louise Village, Alberta 403/522-2744 Meados jun-início set 8h-20h; mai-meados jun, meados set-fim set diariam 9h-17h; fim set-abr 9h-16h Banff National Park Office, Box 900, Banff, Alberta T1L 1K2 403/762-1550 National Park: adulto $9,80, criança (6-16) $4,90, família $19,60

MT. REVELSTOKE NATIONAL PARK

www.pc.gc.ca

O Mt. Revelstoke National Park foi criado em 1914, depois que os habitantes de Revelstoke fizeram lobby para preservar a beleza dos campos alpinos abaixo do topo do monte, onde as flores silvestres formavam uma faixa colorida no alto verão.

Com área de apenas 260km², este é um dos menores parques do Canadá. Oferece caminhadas em trilhas como a Giant Cedars Trail, que atravessa um grupo de cedros-vermelhos-canadenses, e a Skunk Cabbage Trail, que corta terras úmidas com aspecto de selva, excelente para observar aves. O parque protege uma pequena manada do ameaçado caribu-da-montanha e fornece habitats para o urso-pardo e a cabra-montesa.

A Meadows in the Sky Parkway (fecha quando a neve chega, em geral de meados out-início jul) tem 26km que serpenteiam para subir por uma densa e antiga floresta tropical de cedros gigantes e pinheiros, depois por uma floresta subalpina e, por fim, cruzam campos alpinos e tundras até o estacionamento do lago Balsam. Daqui, o topo da montanha é alcançado a pé ou, no verão, por ônibus circular, numa distância de 2km. Uma caminhada suave pelo Meadows in the Sky Trail aproveita o que há de melhor na paisagem florestal.

Revelstoke é uma tranquila cidadezinha com casas de madeira que se agrupam no vale abaixo da montanha. A vista do mirante perto do início da estrada é fantástica.

400 E16 300 3rd Street West, Box 350, Revelstoke, Colúmbia Britânica, V0E 2S0 250/837-7500 O parque abre quando não há neve; quiosque de boas-vindas: meados jun-fim ago diariam 7h-22h; Parkway: meados jun-ago diariam 7h-20h30 ou 22h; mai-início jun, set-início out 9h17h; escritório do parque: seg-sex 8h30-12h, 13h-16h30 durante a temporada sem neve Adulto $7,80, criança (6-16) $3,90, família $19,60

Acima, da esq. p/ dir. *Iate clube, na baía Oak; Canoa de guerra das Primeiras Nações exposta no Georgia Park, em Nanaimo*

NANAIMO

www.tourismnanaimo.com

A vida da cidade de Nanaimo gira em torno do porto, onde opera uma ativa frota pesqueira. Talvez existam mais barcos de passeio, caiaques e veleiros na água do que carros nas garagens. No último fim de semana de julho, a cidade realiza o Nanaimo Marine Festival e a Bathtub Race (Corrida de Banheira), na qual os participantes passam por ilhas e voltam a Nanaimo. Há uma bonita calçada na orla que passa pelo porto, a partir da vila de apartamentos ao sul, contorna o Georgia Park, com caiaques e totens das Primeiras Nações, e vai até a passagem do rio Millstone, onde o salmão sobe para desovar.

Os snuneymuxws, povo local, pescavam aqui, e mais tarde a Hudson's Bay Company abriu um posto de trocas. O Bastion (atualmente fechado para reformas), construído em 1853 de frente para o porto, foi uma tentativa de fortificação feita pela empresa. O Nanaimo Museum (ter-sáb 10h-17h, diariam no verão) faz um relato da vida dos primeiros colonos, das Primeiras Nações do local, da geologia e das minas de carvão no Port of Nanaimo Centre.

413 C16 Tourism Nanaimo, Beban House, 2290 Bowen Road, Nanaimo, Colúmbia Britânica, V9T 3K7 250/756-0106, 1-800/663-7337 Ônibus da Greyhound de Victoria A rota *Malahat* da ViaRail trafega ao longo do litoral leste da Ilha de Vancouver, de Victoria a Courtenay Os BC Ferries saem da baía Horseshoe, a noroeste de Vancouver, e de Tsawwassen, ao sul de Vancouver Voos regulares de Vancouver

BAÍA OAK

www.tourismvictoria.com

O arborizado subúrbio no litoral, cerca de 5km a leste do centro de Victoria, é a região mais parecida com a Grã-Bretanha no Canadá. Grandes residências são cercadas por jardins com rosas e malvas-rosa. A maioria data do início até meados do século 20, quando os moradores mais ricos de Victoria saíram da cidade. Aqui, muitos hotéis e cafés servem o chá da tarde, às vezes em locais com vista para o mar.

Você pode passear de carro na baía Oak pela panorâmica Marine Drive que sai de Victoria. Ao longo da estrada há belas vistas da arquitetura do lugar e dá para observar as angras rochosas, as baías de areia na linha litorânea e as espetaculares Cascade Mountains do estado de Washington (EUA), do outro lado do estreito de Geórgia, dominadas pelo monte Baker.

413 C17 Victoria Visitor Centre, 812 Wharf Street, Victoria, Colúmbia Britânica, V8W 1T3 250/953-6539, 1-800/663 3883 2, 2A do centro de Victoria

OKANAGAN

www.totabc.com

O vale do rio Okanagan, com lagos e colinas onduladas, é uma área de cultivo de frutas e de produção de vinho, e um concorrido local de recreação, principalmente no verão. Muitas das cem vinícolas recebem visitantes que provam e compram seus produtos, os quais estão à mostra no Centro de Informações sobre Vinhos (diariam) da Colúmbia Britânica, que divide um prédio inconfundível em Penticton com o Wine Country Visitor Centre. A Okanagan Wine Route passa por 25 vinícolas. Anualmente, ocorrem quatro festas do vinho, uma em cada estação.

Do sul para o norte, as principais cidades são Penticton, Kelowna e Vernon, ótimas bases para explorar a região. O Historic O'Keefe Ranch (fim abri-meados out diariam 9h-18h), a 11km para o norte de Vernon, data da década de 1860 e foi um rancho da mesma família durante cem anos, até abrir à visitação sua fascinante coleção de construções antigas. Além disso, há muitas oportunidades para atividades ao ar livre.

413 D17 Thompson Okanagan Tourism Association, 2280-D Lekkie Road, Kelowna, Colúmbia Britânica, V1X 6G6, 250/860-5999, 1-800/567-2275 Wine Country Visitor Centre, 553 Railway Street, Penticton, Colúmbia Britânica, V2A 8S3 250/493-4055, 800/ 663-5052 Serviços da ViaRail para Kamloops, 2 horas para o norte

PACIFIC RIM NATIONAL PARK

▷ 302-3.

PRINCE RUPERT/SKEENA VALLEY

www.tourismprincerupert.com

Se você tomar o ferryboat ao norte de Port Hardy, na Ilha de Vancouver, ao longo da Inside Passage, Prince Rupert é a última parada do barco antes do Alasca. Antigo posto da Hudson's Bay Company e porto natural profundo, foi escolhida como terminal oeste da Grand Trunk Pacific Railway, iniciada em 1906 e terminada em 1914. Mas dois anos antes, Charles Hayes, presidente da ferrovia, morreu no *Titanic*, e a cidade nunca concretizou o sonho de ter a mesma importância de Vancouver.

A baía Cow, uma área restaurada onde há lojas, galerias e restaurantes na orla, possui construções originais de 1905, feitas de madeira pintada de preto e branco, como o gado Holstein. Totens esculpidos pelos povos tsimshian e haida se espalham pela cidade, e artesanatos e itens cotidianos dessas Primeiras Nações estão expostos no Museum of Northern British Columbia (jun-fim ago diariam; resto do ano seg-sáb). No vale do Skeena existem cachoeiras, ilhas minúsculas e encostas densamente arborizadas, tendo ao fundo picos nevados. Observe, também, os totens.

Cerca de 20km ao sul, através de Port Edward, o North Pacific Cannery National Historic Site (jul-ago sex-qua 11h-17h, qui 11h-20h; mai-jun, set ter-dom 12h-16h; resto do ano mediante agendamento) preserva um povoado de 1889 onde se produzia salmão em lata. Abandonado na década de 1960, tem passarelas de tábuas que ligam trinta edifícios sobre palafitas acima da água. Há visitas guiadas aos alojamentos e à loja da empresa, e apresentações de história viva.

O sítio arqueológico na Pike Island é outra atração imperdível, pois mostra o legado dos tsimshian, de cerca de 2 mil anos. Trilhas fáceis de caminhada foram traçadas na floresta.

400 B14/C14 Prince Rupert Visitor Centre, Museum of Northern BC, 100 First Avenue West, Prince Rupert, Colúmbia Britânica, V8J 3S1 250/624-5637, 1-800/667-1994 Conexões da Geyhound em Prince George BC Ferries de Port Hardy na Ilha de Vancouver Voos regulares de Vancouver

ILHAS QUEEN CHARLOTTE/ HAIDA GWAII

www.qcinfo.com

A distância deste arquipélago de duas ilhas maiores e 150 menores, a cerca de 130km de Prince Rupert pelo estreito de Hecate, talvez faça parte de sua atração. O visitante chega para ver a paisagem espetacular, muitas vezes envolta em névoa, a vida selvagem, para caminhar, andar de barco e pescar, além de conhecer a cultura haida.

Acredita-se que esta tribo das Primeiras Nações já estava aqui havia milhares de anos antes que as ilhas fossem ocupadas em nome da Coroa britânica em 1787 e ganhassem o nome da esposa do rei Jorge 3º. Haida Gwaii significa "ilhas do povo haida", e eles ainda vivem aqui e administram as ilhas e a indústria local de turismo. O Haida Heritage Centre é um complexo espetacular de edifícios baseados nas tradicionais casas de cedro. Um deles abriga o recém-ampliado Haida Gwaii Museum, com uma coleção abrangente de peças que ilustram a cultura e a história dos haida. Entre os destaques estão importantes obras de arte, colunas totêmicas, fotos e registros orais, e há exposições temporárias e palestras. O centro também tem um espaço para apresentações, um galpão onde se veem entalhadores trabalhando, e o Bill Reid Teaching Centre and Canoe House, que tem uma das obras entalhadas mais famosas de Reid, a canoa de guerra *Wave Eater*. Para completar, o restaurante serve comida haida tradicional.

A Gwaii Haanas National Park Reserve (mai-fim out) cobre a extremidade sul do arquipélago e protege a densa floresta tropical e sua vida selvagem, que estariam ameaçadas por interesses madeireiros. Ocupa boa parte da ilha Moresby, abrigando diversas vilas haidas antigas.

Não existe acesso de veículos ao parque, e o visitante independente deveria realizar um passeio à área silvestre. É obrigatório fazer reserva e assistir a uma sessão de orientação antes de a visita ser permitida. A melhor opção é aderir a um passeio com alguma empresa local aprovada pelos Parks Canada.

400 B14 Queen Charlotte Visitor Centre, 3220 Wharf Street, Queen Charlotte, Colúmbia Britânica, V0T 1T0, 250/559-8316 BC Ferries de Prince Rupert até portão Skidegate Voos diários de Vancouver e Prince Rupert

Abaixo, da esq. p/ dir. *Seleção de vinhos de vinícolas de Okanagan; O rio Skeena atravessa um cenário espetacular*

PACIFIC RIM NATIONAL PARK

INFORMAÇÕES

www.pacificrimtourism.ca

www.tourismtofino.com

413 C17 Pacific Rim National Park Office, 2185 Ocean Terrace Road, Ucluelet, Colúmbia Britânica, V0R 3A0, 250/726-3500

Pacific Rim Tourism, 3100 Kingsway, "The Station," Port Alberni, Colúmbia Britânica, V9Y 3B1 250/723-7529

Caminhadas guiadas de duas horas pela Long Beach, no verão

Tofino Tourism, 1426 Pacific Rim Highway, 455 Campbell Street, Tofino, Colúmbia Britânica, V0R 2Z0 250/725-3414, 1-888/720-3414

Pacific Rim Visitor Centre na Highway 4 no cruzamento da Tofino Ucluelet

Meados mar-meados out diariam

Centro de informações Pachena Bay e Gordon River na West Coast Trail

Mai-início out diariam

INTRODUÇÃO

Este enorme parque nacional se estende ao longo do litoral do Pacífico e possui três ecossistemas diferentes, distribuídos por seus 49.962ha. Como o nome indica, ele se localiza bem na borda ocidental do Canadá, no lado do Pacífico da Ilha de Vancouver. Muitos visitantes vêm para ver as baleias que migram pelas águas costeiras, mas a terra e as paisagens marinhas merecem atenção igual, com intocadas florestas temperadas, praias fantásticas e ilhas remotas. O pôr do sol é magnífico e, no inverno, o bater nas ondas e os respingos do mar incentivam a observação de tempestades.

O parque acompanha a linha litorânea e é dividido em três partes principais: Long Beach, as ilhas Broken e a West Coast Trail. Há passeios regulares de barco para as ilhas. Para caminhar pela West Coast Trail você tem de obter uma autorização e assistir a uma sessão de orientação. Port Alberni, apesar de estar fora do parque, oferece acesso pelo estreito de Barkley, seja de barco ou em passeios de um dia em ferryboats.

Duas vilas –Ucluelet e Tofino– ficam de cada lado de Long Beach, e ambas oferecem diversos passeios de um dia, barcos e hidroaviões fretados. Ucluelet, ao sul, é o ponto de partida perfeito para passeios até as ilhas Broken.

FLORESTAS LONGÍNQUAS

O primeiro europeu a explorar este litoral foi o capitão Cook, em 1778, seguido do capitão Charles William Barkley, que deu nome ao estreito Barkley. A área era habitada pelo povo nuu-chah-nulth, mas os colonos não se sentiram atraídos pela localização remota, com média anual de chuva de 300cm e águas traiçoeiras, conhecidas como "Cemitério do Pacífico". Quando as árvores ao longo da costa começaram a ser cortadas por lenhadores, foi a grande distância que salvou a floresta. Agora, o parque nacional possui um dos melhores exemplos do mundo de floresta temperada.

Embora a população das Primeiras Nações tenha diminuído drasticamente no século 19, ela ainda marca presença aqui, e o parque nacional protege 290 sítios arqueológicos indígenas.

DESTAQUES

LONG BEACH

Esta é a área mais acessível do parque –uma ampla planície litorânea entre o estreito de Barkley e o de Clayoquot, que protege 13.715ha, dos quais 7.690ha são na terra. Uma caminhada pela praia é uma atividade maravilhosa em qualquer estação (▷ 326-7). Longos trechos de areia são interrompidos por formações rochosas e têm por trás a floresta temperada. As poderosas ondas do Pacífico quebram na praia, o que atrai muitos surfistas.

O Wickaninnish Interpretive Centre (meados mar-meados out), que chega ao final do terceiro ano de um longo projeto de reformas e melhorias, oferece passeios pela praia, informações e uma programação de teatro.

AS ILHAS BROKEN

Espalhadas pelo estreito de Barkley, nas águas litorâneas ao sul de Long Beach, estão as Broken Group Islands, um arquipélago com mais de cem ilhotas e rochedos, que protege populações de águias-carecas, leões-marinhos e focas. Só se chega às ilhas de barco, mas você pode pegar um fretado diário em Ucluelet ou fazer um passeio de um dia (três vezes por semana, o ano todo) que sai de Port Alberni no MV *Lady Rose* ou no MV *Frances Barkley*.

WEST COAST TRAIL

Ainda mais distante do que as ilhas Broken é a faixa de terra totalmente intacta ao sul do estreito de Barkley, entre as aldeias de Bamfield e Port Renfrew.

A West Coast Trail, originalmente destinada a ser rota de fuga para marinheiros encalhados em naufrágios na década de 1880, e com extensão de 75km ao longo daquela faixa, não é para iniciantes; leva quase sete dias para completá-la.

ILHA MEARES E HOT SPRINGS COVE

Estas duas atrações são alcançadas por Tofino. A ilha Meares dispõe de 8.800ha de intocada floresta temperada, que se calcula ter 1.500 anos. Em Hot Springs Cove, à qual se chega por uma caminhada de meia hora por uma passarela de madeira que atravessa a floresta, fontes de água sulfurosa vertem de fissuras naturais à temperatura de 50°C.

DICA

- Os passeios para ver baleias não são garantidos; a probabilidade é maior durante a temporada de migração de março a outubro.
- Não há bancos nem caixas eletrônicos nas comunidades de Bamfield, Port Renfrew e Nitinat Lake na West Coast Trail. Quem vem a esta área deve trazer dinheiro suficiente.
- Quem vem às ilhas Broken precisa pedir permissão antes de entrar no território das Primeiras Nações.

Sentido horário, a partir do alto

Visitantes fazem um passeio de barco pelo estreito de Clayoquot; É fácil explorar o parque numa destas passarelas de madeira; Leões-marinhos tomam sol nas pedras, no estreito de Clayoquot

VANCOUVER

INFORMAÇÕES

www.tourismvancouver.com

Tourist InfoCentre, Plaza Level, 200 Burrard Street, Vancouver, Colúmbia Britânica, V6C 3L6 604/683-2000 ou 1-800/663-6000 Fim de semana do Dia da Vitória (meados mai) até meados set diariam 8h30-18h; resto do ano seg-sáb 8h30-17h.

Acima *Vista do centro de Vancouver a partir da Davie Street*

INTRODUÇÃO

Sempre bem posicionada nas pesquisas sobre os melhores lugares onde morar, Vancouver tem localização privilegiada, em uma península que se projeta na Burrard Inlet, e as montanhas cobertas de florestas ficam tão perto que se sente o aroma de pinheiros no centro da cidade.

Os povos das Primeiras Nações viviam na área há pelo menos 10 mil anos, mas, pelos padrões europeus, a cidade é nova, pois remonta à Corrida do Ouro de 1858, quando um pequeno assentamento se tornou uma base para garimpeiros. Em 1867 os pontos centrais de Vancouver eram uma serraria e uma favela –Gassy's Town, hoje o Gastown National Historic Site. A cidade ganhou o nome de Vancouver em 1886, ano em que a transcontinental Canadian Pacific Railway chegou à Costa Oeste. A ferrovia mudou o destino de Vancouver. Seus limites agora cruzam a enseada e vão até os subúrbios no norte e no oeste. Isso faz com que a via aquática seja parte integral do sistema de transporte local, juntamente com o Skytrain.

DESTAQUES

BILL REID GALLERY OF NORTHWEST COAST ART

www.billreidgallery.ca

Em 2008 o centro de Vancouver ganhou uma importante galeria de arte, dedicada ao artista mais icônico das Primeiras Nações do país, Bill Reid (1920-98). Com mãe haida e pai americano, Reid foi um dos artistas mais talentosos e prolíficos da Costa Noroeste, fundamental para atrair a atenção internacional para a arte das Primeiras Nações. Sua obra tem lugar de honra em muitas galerias e espaços públicos no país –e também nos bolsos da população, na nota de 20 dólares canadenses. Aqui se veem desde bronzes

monumentais e entalhes em madeira a delicadas joias de ouro e prata e obras em outros suportes. Aprecie a magnífica *Celebration of Bill Reid Pole*, de James Hart, com 6,7m de altura, e exposições temporárias de outros artistas da Costa Noroeste.
310 A1 639 Hornby Street, Vancouver, British Columbia, V6C 2G3 604/682-3455 Qua-dom 11h-17h Adulto $10, criança (5-17) $5, família $25 Canada Line: Vancouver City Centre Entre West Georgia e Dunsmuir, ao lado da Christ Church Cathedral

CANADA PLACE

www.canadaplace.ca

Dê uma volta pelas passarelas de madeira nesta fantástica construção na orla para observar o bonito cenário de Vancouver. O majestoso prédio branco, com cinco enormes velas de Teflon, seu ponto focal, foi projetado por Eberhard Zeidler e construído para ser o Pavilhão do Canadá na Feira Mundial Expo ´86. No ano seguinte, passou a abrigar o Vancouver Trade and Convention Center. Atualmente, o Canada Place conta com um cinema IMAX e hotéis, restaurantes e lojas, todos chiques. O terminal de navios de cruzeiro de Vancouver fica aqui –um enorme navio de cruzeiro ao lado de Canada Place é uma das imagens-símbolo da cidade. O Storyboard do Canadá, uma gigantesca tela de vídeo na frente do edifício, apresenta o país através de curiosidades e imagens históricas e geográficas, além de informações sobre atrações em cartaz. No píer, a Canadian Trail tem 13 partes representando cada província e território. Ouça as Heritage Horns ao meio-dia, e volte à noite para ver as velas dos barcos iluminadas.
310 B1 504-999 Canada Place Way, Vancouver, Colúmbia Britânica, V6C 3E1 604/775-7200 Diariam Grátis 44, 50 Skytrain: Waterfront

CHINATOWN

www.vancouver-chinatown.com

A partir da biblioteca pública central de Vancouver, uma passagem de pedestres chamada Silk Route (marcada por estandartes na iluminação pública) leva até o impressionante Millennium Chinese Gate, na Chinatown, com movimentados restaurantes autênticos, supermercados, boticas de ervas e lojas. A East Pender Street e a paralela Keefer contam com a maior parte dos restaurantes, onde se encontram deliciosos dim sum; no verão, nas noites de fins de semana (meados mai-início set sex-dom 18h30-23h) há um mercado noturno com tudo, de CDs a roupas e comidas.

O Dr. Sun Yat-Sen Classical Chinese Garden (diariam), na Carrall Street, é um refúgio bonito e calmo para escapar das ruas movimentadas.
310 C2 Entre as ruas East Pender, Abbot, Gore e Keefer, Vancouver, Colúmbia Britânica 19, 22, 50 Skytrain: Waterfront

DICAS

» Granville Island fica muito agitada nos fins de semana. Procure visitá-la em dias úteis, e não vá de carro pois é difícil estacionar.

» Só vale a pena adquirir passes para um dia no sistema de trânsito se você quiser fazer muitas viagens para fora da área central.

» Reserve tempo para visitar as atrações da North Shore: a travessia pelo SeaBus é rápida e eficiente.

» Se for a pé para o Stanley Park a partir do centro, vá pela orla: o caminho pela Robson Street e outras ruas próximas não tem atrativos.

» Evite os horários de pico se for pegar ônibus, carro ou táxi até a North Shore –há sempre muita demora na Lions Gate Bridge.

» Se fizer um passeio ao Museum of Anthopology, não perca a Wreck Beach, o Jardim Nitobe e os Botanical Gardens quando estiver por lá.

Abaixo à esq. *A Canada Place, encimada por velas, recebe navios de cruzeiro*
Abaixo *Artista de rua em Granville Island, movimentada área da cidade*

Acima *Detalhe do famoso* The Raven and the First Men, *de Bill Reid*

GRANVILLE ISLAND

www.granvilleisland.com

Escolas de arte, estúdios, oficinas de teatro tornam Granville Island uma das mais vibrantes áreas culturais da cidade. Some-se a isso o maravilhoso mercado de comidas (diariam), um dos melhores da América do Norte, os restaurantes convidativos, as lojas e os artistas de rua nos fins de semana, e você terá uma mescla imbatível.

Não perca o Net Loft (diariam 10h-19h) e as galerias em volta, com uma abrangente variedade de artesanatos. A área de um pântano foi aterrada depois da Primeira Guerra Mundial para a construção de navios e obras de ferro. Depois que a indústria decaiu, o lugar ficou abandonado, mas a regeneração na década de 1970 transformou o local na atraente área da orla que é atualmente.

Fora do mapa 310 A2 · Across False Creek · Aquabus, False Creek Ferry · 4, 7, 10, 16, 17, 50

MUSEUM OF ANTHROPOLOGY

www.moa.ubc.ca

Este museu tem rico acervo de objetos etnográficos, arqueológicos e artísticos dos povos haida, salish, tsimshian e kwaiuti, das Primeiras Nações do local, e abriga um vasto arquivo relacionado às práticas tradicionais e à história social dos haidas. Foi criado num momento em que as vozes desses povos eram ouvidas, talvez pela primeira vez, nos círculos governamentais –suas reivindicações pelos direitos sobre terras indígenas constituíam uma questão política importante no final do século 20, e muitas tribos receberam terras e milhões de dólares em razão de suas demandas. O foco sobre os direitos das Primeiras Nações motivou um interesse por suas tradições, oposto aos esforços que ocorreram no século 19 e início do século 20 para aniquilar os povos nativos. O prédio do museu foi projetado por Arthur Erickson em 1976. O imenso saguão, criado para lembrar as tradicionais casas coletivas, é o cenário perfeito para a coleção de totens, e está ligado à área externa por mais totens instalados no jardim.

Embora o acervo cubra todas as tribos da Colúmbia Britânica, é dado maior destaque à nação haida, de todas a mais criativa da América do Norte em termos artísticos. Foi esse povo que modelou os totens como registros históricos (a quantidade de exemplares na galeria dos totens é um de seus destaques), esculpiu joias requintadas e decorou peças utilitárias.

O artista haida Bill Reid (▷ 304-5) está bem representado. Aqui, o acervo de sua obra inclui o poderoso *The Raven and the First Men*, que mostra a lenda dos primeiros homens haida, e a galeria também tem belos exemplos de suas joias, máscaras e esculturas feitas com materiais tradicionais. Há duas casas típicas dos haida voltadas para o oceano em Point Grey. A Masterpiece Gallery exibe joias, máscaras cerimoriais e muitos trabalhos de Bill Reid. O recente e multimilionário "Renewal Project" deu mais espaço para os acervos permanentes, mais conforto para os visitantes, instalações melhores e um novo espaço para exposições temporárias cuja mostra inaugural apresentou o trabalho de 12 artistas contemporâneos internacionais que exploram questões de fronteiras culturais.

310 fora do A5 · 6393 North West Marine Drive, Vancouver, Colúmbia Britânica, V6T 1Z2 · 604/822-5087 · Fim jan-meados out diariam 10h-17h (também ter 17h-21h); resto do ano ter 10h-21h, qua-dom 10h-17h · Adulto $14, criança (6-17) $12, família $35; ter 17h-21h taxa única $7 · 4, 9, 17, 25, 41, 43, 44, 4999 to UBC · Audioguias gratuitos em inglês, francês, italiano, alemão, espanhol, coreano, cantonês e japonês; passeios gratuitos pelas galerias (3 vezes diariam) · Miniguias multilíngues: grátis · Café com boa variedade de lanches · Presentes, livros e artesanato da Costa Noroeste

STANLEY PARK

www.vancouver.ca/parks

O Stanley Park muitas vezes é descrito como o "pulmão" de Vancouver. Trata-se de um dos maiores parques urbanos da América do Norte, que oferece um lugar no qual os moradores da cidade podem se divertir e exercitar em ambientes que variam desde uma floresta temperada até jardins formais, campos abertos e praias. Aproximadamente 8 milhões de pessoas visitam o parque a cada ano, e o mais notável é que é possível se sentir solitário aqui, mesmo com tanta gente. O lado com floresta mais silvestre (que supera dois terços da área total) oferece trilhas para correr, andar de bicicleta e caminhar, enquanto o lado leste –onde a maioria dos visitantes costuma ficar– foi transformado numa combinação de parque aberto e jardins formais. O parque protege cedros, pinheiros-canadenses e abetos, todos altíssimos, e a Lost Lagoon de água doce é um paraíso para as aves, em especial as aquáticas. Após uma tempestade devastadora em 2006, que arrasou trechos enormes da floresta do parque, as obras de restauração incluíram melhoras nas trilhas e no quebra-mar, bem como o plantio de 15 mil mudas de árvores e arbustos. A generosidade da população para custear a restauração comprovou seu apego ao parque. Veja também a caminhada, ⊳ 322-3.

Esta área de floresta intocada foi parcialmente derrubada na década de 1860 para acomodar a cidade em crescimento, e também foi utilizada como

Abaixo *Passeio pela Seawall*

acampamento do exército. No entanto, num dos primeiros atos de proteção ambiental, o recém-formado conselho da cidade decretou, em 1886, que esta área seria um parque público permanente, e deu-lhe o nome de lorde Stanley, governador-geral do Canadá. Um comitê eleito –o Vancouver Board of Parks and Recreation, único no Canadá– foi encarregado de supervisionar o gerenciamento e o funcionamento desse novo recurso. O comitê ainda existe e agora controla mais de 190 parques na região da Grande Vancouver.

No trecho voltado para o mar, o parque é cercado por um quebra-mar de 11km, originalmente concebido para prevenir a erosão. Teve início na década de 1920 e levou quase 60 anos para ser terminado. Agora, é a área recreativa mais procurada de Vancouver, com uma calçada e uma ciclovia/pista para patins (sentido anti-horário). Há bela vista da North Shore e do Pacífico além da baía English –as praias de areia deste lado surpreendem por ficar tão perto do centro desta grande metrópole.

Há muitas atividades no parque para agradar a visitantes de todas as idades. A mais conhecida é o Vancouver Aquarium (⊳ 310), mas também tem a Children's Farmyard and Miniature Railway, o jardim de totens em Hallelujah Point, o atraente Brockton Point Visitor Centre, o Nature Park, o Kid's Waterpark, o Theatre Under the Stars, uma piscina aquecida ao lado do mar, quadras de tênis, minicampo de golfe e lindos jardins floridos, a exemplo do Rhododendron Garden, que floresce na primavera, e o Rose Garden, com 5 mil rosas. No verão, dê uma volta de graça no Stanley Park Shuttle –o percurso permitirá que você localize as mais populares atrações criadas pelo ser humano além das belezas naturais.

Antiga parte do Coal Harbour, esta massa d'água de 16ha foi esculpida pela maré com a construção da calçada na década de 1920, e se tornou a atual lagoa de água doce e refúgio de aves (cisnes, patos, gansos e garças). No centro da lagoa está a Jubilee Fountain, de 1936, instalada para comemorar o 50º aniversário de Vancouver. No canto sudeste, a Lost Lagoon Nature House (diariam), dirigida pela Stanley Park Ecology Society. Reformada recentemente, conta com mostras que oferecem noções da ecologia do parque e passeios guiados que saem daqui todo domingo (13h). Há também caminhadas para observação de aves, no último domingo do mês (9h).

Fora do mapa 310 A1 ✉ Ponta oeste do centro de Vancouver ℹ Vancouver Board of Parks and Recreation, 2099 Beach Avenue, Vancouver, Colúmbia Britânica, V6G 1Z4 ☎ Em Vancouver: 311; fora de Vancouver: 604/873-7000 Diariam Grátis (taxa para algumas atrações e equipamentos) 19. Um ônibus circular grátis trafega dentro do parque meados jun-fim set Fish House Restaurant; Stanley Park Bar and Grill; The Teahouse; Prospect Point Café Legends of the Moon Snack e Gift Shop; vários fast-foods no parque Loja no Brockton Park Visitor Centre (Totem Poles) com artesanato das Primeiras Nações e lembranças do Stanley Park Proibido desde set 2010 em parques, trilhas e praias

Acima The Girl in a Wetsuit *é uma estátua de bronze em tamanho natural no parque*

Acima à dir. *Carranca do navio a vapor* Empress of Japan

VANCOUVER AQUARIUM

www.vanaqua.org

Localizado na extremidade leste do Stanley Park, este aquário fantástico é uma das grandes atrações da cidade, com mais de 1 milhão de visitantes todos os anos, e é a segunda atração mais procurada do Canadá –apenas a CN Tower de Toronto (▷ 182-3) recebe mais pessoas. Trata-se do terceiro maior aquário da América do Norte, e contém mais de 8 mil criaturas que representam 600 espécies diferentes.

Pare primeiro no quadro de informações no Upper Pacific Canada Pavilion, a fim de verificar os shows e atividades que acontecem a cada dia. Uma série de visitas de bastidores permite que você fique mais perto dos animais com a equipe de tratadores, e conheça os projetos de pesquisa, conservação e cuidados com os animais. Crianças (com os pais) podem fazer o programa de dormir junto aos tanques gigantes (▷ 334). Incluída no preço do ingresso, a maravilhosa 4-D Experience proporciona efeitos sensoriais que enriquecem o filme sobre a vida marinha.

Entre as atrações ao ar livre estão a BC Hydro Salmon Stream Project, onde se pode ver uma incubadora de salmão, e os tanques da Wild Coast, com observação de leões-marinhos, golfinhos e focas. Há um tanque separado para observar as encantadoras lontras-marinhas, e o impressionante habitat Arctic Canada contém baleias-beluga, focas e morsas. Um código de comportamento está colado aos tanques, e a pesquisa realizada aqui permitiu que muitos animais fossem salvos da extinção. Entre as mostras interiores está o Pacific Canada Pavilion, que exibe a vida marinha do estreito da Geórgia, ao largo da cidade, e castores que vivem nas águas doces. Os tesouros da BC Coast apresentam criaturas de águas profundas.

A Tropical Zone tem a réplica de um recife de coral mostrando tubarões, arraias e tartarugas, e há uma área abafada de Floresta Amazônica com coloridos peixes e aves tropicais, jacarés, enguias, cobras e sonolentas preguiças gigantescas.

As duas áreas mais novas são Frogs Forever?, mostrando o problema dos anfíbios, cujo número está diminuindo drasticamente nas selvas, e Aquaquest, que contém a Canaccord Capital Exploration Gallery. Há muita diversão por aqui, de molhar as mãos na mostra sobre barnacas a conhecer projetos de pesquisa.

Fora do mapa 310 A1 · 845 Avison Way, Stanley Park, Vancouver, Colúmbia Britânica, V6G 3E2 · 604/659-3552, 604/659-3521 (infoline) · Jul-ago diariam 9h30-19h; resto do ano diariam 9h30-17h · Adulto $22, criança (4-14) $12 ou (13 e mais) $17 · 19, 135 · Diversas visitas aos bastidores precisam ser reservadas antes, a exemplo de Sea Otter Encounter: adulto $25, adulto e uma criança $38; Beluga Encounters adulto $135 ($185 1 adulto mais uma criança) · Upstream Café · Tudo desde material educativo até itens divertidos e quinquilharias

Abaixo *Lontras-do-mar eram muito caçadas antigamente por sua pele*

OUTROS DESTAQUES

MARITIME MUSEUM

www.vancouvermaritimemuseum.com

A mostra premiada do Maritime Museum de Vancouver é o navio *St. Roch*, da Royal Canadian Mounted Police, restaurado para readquirir sua aparência de 1944. Primeira embarcação a navegar pela Northwest Passage, entre a ilha de Barrin e o mar de Beaufort, o *St. Roch* seguiu o percurso como navio de suprimentos para os depósitos da Polícia Montada no Ártico, entre 1928 e 1948. O museu conta histórias de piratas, naufrágios, cruzeiros e comércio portuário, e ilustra os fortes laços marítimos de Vancouver, com modelos, fotografias e outras recordações interessantes. Os fãs do mar podem procurar na biblioteca do museu material de pesquisa e livros relacionados à história marítima e à tecnologia.

Fora do mapa 310 A2 · 1905 Ogden Avenue, Vancouver, Colúmbia Britânica, V6J 1A3 · 604/257-8300 · Meados mai-início set diariam 10h-17h; resto do ano ter-sáb 10h-17h, dom 12h-17h · Adulto $11, criança (6-18) $8,50, família $30 (não inclui impostos) · 2, 22 · False Creek Ferry

MUSEUM OF VANCOUVER

www.vanmuseum.bc.ca

O museu ocupa uma edificação futurista, projetada pelo arquiteto local Gerald Hamilton, e traça a história de Vancouver desde as raízes como assentamento das Primeiras Nações até o desenvolvimento da cidade moderna. A excelente First Nations Gallery retrata a área antes da chegada dos europeus. A Pacific Rim Collection, com mostras da China, Japão e Oceania, promove as relações culturais dos países do Pacífico, enquanto a World Heritage Collection dispõe de objetos do mundo todo. Entre as reconstituições dos tempos coloniais de Vancouver está um posto avançado da Hudson's Bay Company.

Fora do mapa 310 A2 · 1100 Chestnut Street, Vanier Park, Vancouver, Colúmbia Britânica, V6J 3J9 · 604/736-4431 · Jul-ago diariam 10h-17h (e qui 17h-21h); resto do ano ter-dom 10h-17h (e qui 17h-20h) · Adulto $12, criança (5-17) $8, família $35 · 2, 22

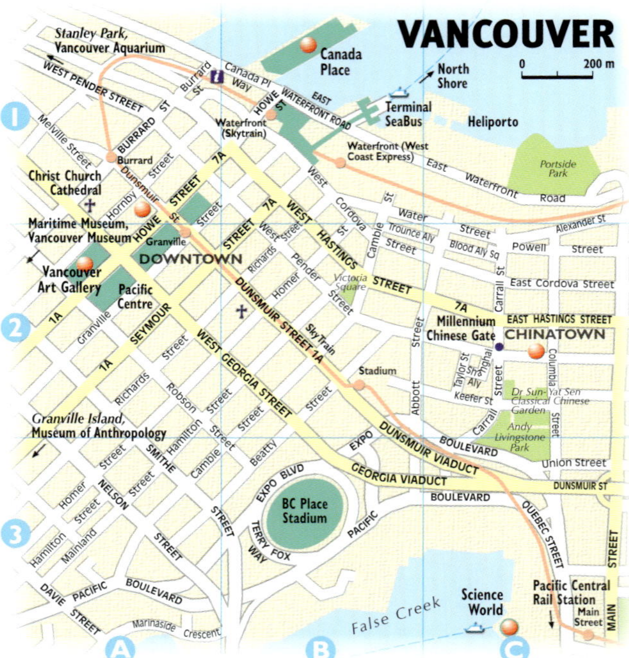

Acima *Mostra no Vancouver Museum*

NORTH SHORE

www.nvchamber.bc.ca

A North Shore tem ares diferentes do restante da cidade, e possui atrações especiais próprias. O ambiente artístico é bem animado, e o North Vancouver Museum and Archives (ter-dom à tarde) é o melhor dentre alguns museus. Os consumistas vão adorar o shopping Park Royal e o mercado de Lonsdale Quay.

Os morros altos oferecem ampla vista. A apenas 3km para o norte da Lion's Gate Bridge acha-se o Capilano River Regional Park, que protege a floresta tropical e enormes abetos-douglas, e uma faixa escalonada facilita a passagem do salmão pela represa Cleveland até seu local de desova. A Capilano Suspension Bridge e a Treetops Adventure (diariam) são atrações populares. O bondinho da montanha Grouse leva o visitante até o alto, onde há bela vista da cidade, trilhas e painéis sobre ursos-cinzentos e falcoaria. O Lighthouse Park, na ponta da barra de Burrard, consiste em 75ha de floresta litorânea virgem, com trilhas que a atravessam e descem até o farol.

Off map, 310 C1 North Shore Tourism, 102–124 West 1st Street, North Vancouver, Colúmbia Britânica, V7M 3N3 604/987-4488 Fim mai-início set diariam 10h-18h; resto do ano seg-sex 9h-17h Seabus

VANCOUVER ART GALLERY

www.vanartgallery.bc.ca

Em busca de aprovação e verbas para um novo edifício, a galeria de arte ainda está no antigo tribunal de 1910, onde pode expor apenas uma fração de seu acervo de 9 mil obras. Essas coleções representam, embora não exclusivamente, o desenvolvimento da arte na Colúmbia Britânica.

Um destaque é o acervo permanente de obras de Emily Carr, talvez a artista mais conhecida da Colúmbia Britânica. Obras-primas da década de 1930, suas pinturas das profundas florestas da província mostram uma energia e uma intensidade únicas, e a influência dela continua forte atualmente. A galeria também recebe exposições temporárias consagradas no mundo todo.

A loja da galeria tem à venda excelente variedade de peças artesanais exclusivas de artistas consagrados e novos.

310 A2 750 Hornby Street, Vancouver, Colúmbia Britânica, V6Z 2H7 604/662-4700/4719 (informações 24-horas) Diariam 10h-17h (também ter 17h-21h) Adulto $19,50, criança (5-12) $7, família $50 5, 15 Skytrain: Granville ou Burrard; Canada Line: Vancouver City Center

Acima *A Vancouver Art Gallery*

VICTORIA

INFORMAÇÕES

www.tourismvictoria.com

413 C17 Victoria Visitor Information Centre, 812 Wharf Street, Victoria, Colúmbia Britânica, V8W 1T3 250/953-2033, 1-800/663-3883 Diariam 9h-17h

INTRODUÇÃO

Com frequência, Victoria é considerada a cidade mais bonita do oeste do Canadá e aparece com regularidade entre as dez melhores cidades do mundo, segundo a revista *Traveler*. Ela fica na ponta sul da Ilha de Vancouver, num excelente porto natural, com vista magnífica das montanhas Olympic no estado americano de Washington, ao sul, e das montanhas Cascade, ao leste. Estava entre os principais assentamentos do Canadá colonial e ainda tem ares ingleses bem tradicionais, com prédios históricos e ônibus vermelhos, caixas de correio, floreiras de janela e jardins suspensos.

É possível andar a pé por toda a cidade, que possui antigas ruas de compras cheias de lojas de artesanato e suvenires, e as grandes atrações têm a conveniência de ficarem próximas. O histórico Inner Harbour ainda fica no centro da cidade e, com sua calçada à beira-mar, é um belo lugar para dar uma volta. Os iates ancorados aqui no verão movimentam o lugar, e o Empress Hotel, de 1908, e o Legislativo de 1898 (conhecido como prédios do Parlamento) são preciosidades arquitetônicas.

Ao norte do Inner Harbour, o centro de Victoria é uma mescla de edifícios históricos e lojas exclusivas em uma sequência ordeira de ruas estreitas, sendo um ótimo lugar para flanar. A Bastion Square, perto do bastião norte de Fort Camosack, sedia o Maritime Museum (▷ 314), enquanto a charmosa Market Square, construída em 1858, é ladeada por algumas belas casas antigas que hoje abrigam lojas excelentes.

Em 1790, a Ilha de Vancouver foi reivindicada como parte da Espanha por um marinheiro náufrago espanhol. Porém, foi a Hudson's Bay Company que se apossou do assentamento europeu na forma de depósito. Em 1843, construiu-se um forte em Inner Harbour, onde agora está a Bastion Square. Em 1846 surgiu a nova fronteira com os EUA ao longo do paralelo 49, passando ao sul do estreito da Geórgia, o que deixava Victoria e o sul da Ilha de Vancouver como territórios não americanos.

Acima *Os prédios do Parlamento iluminados*

O governo britânico outorgou a ilha à Hudson's Bay Company em 1849, com a condição de que fossem criados assentamentos e a Ilha de Vancouver fosse declarada nova colônia da Coroa, com Victoria como capital. Em 1852, o Fort Victoria se tornou a cidade de Victoria e a área se desenvolveu como centro urbano. No final da década, a Corrida do Ouro de Cariboo motivou a vinda de muita gente para a cidade, e o boom econômico aumentou ainda mais quando a marinha real escolheu Esquimalt (a oeste do atual centro) como uma base naval. A Colúmbia Britânica transformou-se em colônia da Coroa em 1858, e Victoria foi declarada capital quando o continente e a ilha foram unidos, em 1868.

DESTAQUES

INNER HARBOUR

No coração da cidade, o Inner Harbour é cercado por vários lugares interessantes de Victoria, incluindo o imponente Empress Hotel, conhecido por seu chá da tarde em estilo inglês, e os Parliament Buildings (meados mai-início set seg-qui 9h-17h, sex-dom 9h-18h; resto do ano seg-sex horário de abertura varia, fecha às 16h) por sua arquitetura vistosa, uma mistura dos estilos gótico vitoriano, italiano e românico americano. Os prédios foram projetados em 1893 pelo arquiteto Francis Rattenbury e a inauguração ocorreu em 1898, para substituir o prédio original do Legislativo, pequeno e nada significativo. Centenas de lâmpadas acompanham o desenho das linhas externas; ao pôr do sol, diariamente, elas são acesas.

Há muitas coisas para fazer por perto, como o Pacific Undersea Gardens (jul-set 9h-20h; resto do ano 10h-17h), que exibe mais de 5 mil criaturas nativas do litoral da Colúmbia Britânica. O Miniature World (diariam 9h-17h ou 19h ou 21h dependendo da estação) possui 80 dioramas, entre os quais uma miniatura de serraria que funciona e uma maquete em escala da Canadian Pacific Railway.

O Royal BC Museum (675 Belleville Street; tel 250/356-7226, 1-888/447-7977; www.royalbcmuseum.bc.ca; diariam 9h-17h; adulto $15, criança (6-18) $9,50, família $39,50; também há ingressos combinados com o IMAX) cobre a história natural, social e cultural da Colúmbia Britânica. Esse excelente museu é considerado um dos melhores da América do Norte por suas excelentes mostras, entre as quais espetaculares dioramas. A Natural History Gallery ilustra a mudança do planeta no último milênio, a evolução de suas criaturas e a relação do clima com tudo o que fazemos. Com uma inovadora abordagem so-

Abaixo, da esq. p/ dir. *Ônibus de dois andares espera em frente ao Empress Hotel; Totem do Beacon Hill Park*

bre a história das Primeiras Nações, a First Peoples Gallery focaliza os períodos anteriores e posteriores à chegada dos colonizadores europeus. Já a Modern History Gallery se concentra na influência europeia sobre a Colúmbia Britânica: indústria, agricultura, transporte e desenvolvimento das cidades. Cenas de rua e dioramas envolvem o visitante com visões, sons e cheiros do passado, e há uma réplica do HMS *Discovery* do capitão George Vancouver.

Ao lado do Royal BC Museum e gerida por essa instituição, a Helmcken House (jul-início set diariam 12h-16h), residência do médico e político John Helmcken, é uma das casas mais antigas da Colúmbia Britânica e tem um acervo médico fantástico. O Royal London Wax Museum (diariam 10h-17h), instalado num prédio neoclássico, exibe figuras de cera que representam a realeza, políticos, celebridades e personagens históricos.

CRAIGDARROCH CASTLE

www.thecastle.ca

Construída entre 1887 e 1890 para o magnata do carvão Robert Dunsmuir, esta imponente mansão gótica de 39 quartos é o máximo da ostentação vitoriana, com os vitrais mais espetaculares do oeste do Canadá, painéis excepcionais de madeira e finos móveis da época. O turista faz uma visita autoguiada pelos quatro andares do castelo, mas existem monitores postados ao redor da casa para responder a qualquer pergunta. Por último, pode-se subir na torre, de onde há vistas fantásticas da cidade e do estreito de Juan de Fuca até as distantes montanhas Olympic. A mansão está agora sob a direção da Craigdarroch Castle Historical Museum Society, que faz o restauro da casa e dos jardins para readquirirem o aspecto original, de modo a oferecer uma noção mais exata do estilo de vida dos Dunsmuirs.

✉ 1050 Joan Crescent, Victoria, Colúmbia Britânica V8S 3L5 ☎ 250/592-5323 🕐 meados jun-início set diariam 9h-19h, início set-meados jun diariam 10h-16h30 ✋ Adulto $13,75, criança (6-12) $5, menos de 6 grátis, família $34 🎁 🚗 No centro, ao lado da Fort Street 🚌 11, 14

MARITIME MUSEUM

www.mmbc.bc.ca

O Maritime Museum ocupa o antigo Palácio da Justiça (1889) da província, na Bastion Square. Ele demonstra a importância do mar para o desenvolvimento da Ilha de Vancouver, da Colúmbia Britânica e, de fato, de todo o Canadá.

No primeiro andar, as mostras cobrem séculos de exploração e da história

Acima, da esq. p/ dir. *Peças de cerâmica e de vidro expostas em uma das lojas de artesanato de Victoria; O Craigdarroch Castle é uma mansão gótica restaurada*

marítima inicial da província, com o comércio de peles, de baleias e de pesca, construção de navios e pirataria. Também se pode ver a embarcação *Tilikum*, que navegou pelo mundo entre 1901 e 1904. No segundo andar há algumas incríveis miniaturas de navios, transatlânticos de luxo, iates de corrida, ferryboats e serviço da guarda costeira. O terceiro andar surpreende, com o impecavelmente restaurado Palácio da Justiça, que no final do século 19 julgava as questões provinciais e marítimas.
✉ 28 Bastion Square, Victoria, Colúmbia Britânica, V8W 1H9 ☎ 250/385-4222, ramal 101 ⊕ Diariam 9h30-16h30 (meados jun-meados set abre até 17h) ✋ Adulto $10, criança (6-11) $5, família $25

PARQUES E JARDINS

Victoria, a "Cidade dos Jardins", possui maravilhosas áreas verdes. O Beacon Hill Park, a uma caminhada de cinco minutos para o sul do Inner Harbour, tem 75ha e inclui uma fazenda para crianças e a maior coluna totêmica sem apoio do mundo. A Government House, residência do vice-governador, exibe uma série de jardins temáticos (mar-set mediante agendamento), enquanto os Finnerty Gardens (diariam) da Universidade de Victoria são de grande interesse botânico, com alguns rododendros espetaculares. Pequeno, porém precioso, o Abkhazi Garden (mar-out diariam 11h-16h) foi criado pelo príncipe e a princesa Abkhazi quando se radicaram aqui em 1946, e dá um show de cores na primavera e no verão. Um pouco mais distante, a oeste da cidade na Highway 1A, o Hatley Park National Historic Site (diariam 10h-17h) preserva o maior jardim eduardiano do Canadá. São 229ha de jardins formais e uma antiga floresta que se estende até a orla do Esquimalt Lagoon Bird Sanctuary.

DICAS

» Não há maneira melhor de absorver a "atmosfera inglesa" de Victoria do que tomar um chá da tarde no Empress Hotel ou em The Blethering Place (▷ 339).

» As empresas de ferryboat de Inner Harbour também fazem bons passeios turísticos. As viagens mais curtas oferecem belas vistas da cidade e das montanhas, ou você pode fazer passeios de um dia para observar baleias ou explorar o golfo de Juan de Fuca e as ilhas San Juan.

» Veja também o passeio de carro (▷ 324-5).

Abaixo *O Empress é o hotel mais famoso desta cidade majestosa*

WATERTON LAKES NATIONAL PARK

www.pc.gc.ca
www.watertonchamber.com

Este é um parque nacional bem pequeno (525km²), mas os quatro ecossistemas que se encontram aqui –montanhas, lagos, pradarias e campos montanhosos– mantêm uma variedade fantástica de vida silvestre. Os altos picos recortados despontam na planície e há poucos contrafortes e, conforme você se aproxima, as vistas são espetaculares. As montanhas foram formadas pela Falha de Lewis e suas rochas sedimentares passaram por cima de rochas mais novas das pradarias. Observe a vista a partir do círculo do lago Cameron, com paredões íngremes numa cavidade glacial. Ursos-pardos e cinzentos –vistos com a ajuda de binóculo– são atraídos pela vegetação das encostas pedregosas. O lago Upper Waterton é o mais profundo das Rochosas canadenses, e a água singularmente gelada da cadeia de lagos do parque fornece o sustento para espécies raras de peixes. A cidade de Waterton é o polo social do parque, e constitui um bom lugar de onde se pode fazer passeios de barco e excursões pela estrada. Em 1932, os lagos Waterton foram ligados ao Montana's Glacier National Park (US$25 por veículo; US$12 a pé) ao sul da fronteira com os EUA para formar o Waterton-Glacier International Peace Park –o primeiro parque da paz no mundo. Há boas caminhadas longas entre os parques (os visitantes precisam entrar no Glacier por uma passagem oficial, com passaporte e visto).

400 F17 Box 200, Waterton Park, Alberta, T0K 2M0 403/859-2224 Diariam. Centro de informações: meados mai-meados out Adulto $7,80, criança (6-16) $3,90, família $19,60

WELLS GRAY PROVINCIAL PARK

www.wellsgray.ca

O melhor dos parques provinciais da Colúmbia Britânica, o Wells Gray tem visual que compete com muitos parques nacionais. Fica um pouco fora dos circuitos consagrados, mas você pode pegar o percurso montanhoso panorâmico pela Highway 5, de Jasper e Mt. Robson no nordeste, ou fazer um caminho mais rápido e por uma estrada mais suave, de Kamloops e Okanagan no sul.

A estrada de acesso que sai de Clearwater leva à maioria das atrações, como as trilhas para caminhadas. As Spahats Falls, a cerca de 8km de Clearwater, constituem uma amostra do que vem depois. Da plataforma de observação acima das cataratas, você tem uma boa vista do rio Clearwater, emoldurado por rocha vulcânica rosa e cinza, encontrada por todo o parque. O mirante da montanha Green, dentro do Wells Gray, permite uma vista melhor e revela um belo panorama. As Dawson Falls são outras cataratas para admirar, enquanto as Helmcken Falls devem ir para a lista de "imperdíveis". Com o dobro da altura de Niágara, suas águas despencam 137m numa cavidade profunda cercada por floresta densa, formando uma névoa de respingos. A estrada acaba no lago Clearwater, onde existe um camping e muitas trilhas para caminhada.

400 E15 Clearwater Visitor Centre, 425 East Yellowhead Highway, Clearwater, Colúmbia Britânica, V0E 1N0 250/674-3334 ou 2646

À esq. *Diversão com snowboard pelas encostas da montanha Blackcomb*

WHISTLER

www.mywhistler.com
www.tourismwhistler.com

Coanfitriã das Olimpíadas de Inverno de 2010, Whistler é o ano todo um playground para os moradores de Vancouver, que estão a apenas duas horas vale abaixo. A maioria vem de carro pela panorâmica Sea to Sky Highway, aproveitando a visão do estreito de Howe (▷ 293), embora no centro do balneário não entre carro. Você também pode ir no trem panorâmico Rocky Mountaineer (meados mai-fim set)

Encaixada entre os picos de Whistler e Blackcomb, a vila só se desenvolveu a partir de 1977 e agora recebe aproximadamente 2 milhões de visitantes por ano. É ótima para esquiar, pois tem muita neve, temporada longa, excelentes recursos para os visitantes, teleféricos rápidos e boa variedade de descidas, como uma que desce quase na vertical por 1,5km, e que atendem a todos os níveis de aptidão.

No verão, Whistler também atrai turistas. É perto do Garibaldi Provincial Park, para quem quer caminhar ou andar de mountain bike, e tem todos os tipos de atividades ao ar livre. Há acomodações que vão de campings a hotéis de luxo, além de restaurantes e lojas.

É claro que as Olimpíadas de Inverno trouxeram novidades para Whistler. Uma das melhores inovações é a Peak 2 Peak Gondola, que cobre a distância de 4,4km entre as montanhas Whistler e Blackcomb. Este bondinho mais alto e de maior trajeto no mundo oferece um fantástico passeio de 11 minutos, no verão e no inverno. Outra atração é o Squamish Lil'wat Cultural Centre (diariam 9h30-17h), um complexo que apresenta a história, a arte, as lendas e a vida desses dois povos.

413 C16 Tourism Whistler, 4010 Whistler Way, Colúmbia Britânica, V0N 1B4 604/932-3928. Whistler Visitor Centre, 4230 Gateway Drive, Whistler, Colúmbia Britânica V0N 1B4 604/935 3357 Diversas partidas diariamente de Vancouver e do aeroporto de Vancouver Rocky Mountaineer de Vancouver ou Jasper (meados mai-fim set)

YOHO NATIONAL PARK

O excelente Yoho National Park faz jus à palavra "yoho", que na língua cree significa "impressionante". Possui 1.310km² e foi criado em 1886. A história do parque está ligada à da Canadian Pacific Railway e à enorme subida necessária para transpor o passo Kicking Horse. Os aspectos naturais, os belos lagos e as cachoeiras espetaculares estão em meio a picos elevados, muitos com mais de 3 mil m de altitude, marcados por túneis em espiral construídos por dentro das encostas.

PASSO KICKING HORSE

Quando este trecho da ferrovia estava em construção, a estrada –que subia rapidamente do leito do vale– começou a desafiar os engenheiros. Tornou-se comum os trens se desgovernarem na descida do morro e as caldeiras explodirem pelo esforço da subida. A solução foi criar túneis em espiral dentro do morro, a fim de permitir que os trens subissem e descessem mais devagar, por meio de uma série de ziguezagues sobrepostos. O passo Kicking Horse recebeu este nome quando sir James Hector explorou o lugar para escolher a melhor rota para a ferrovia. Ele levou o coice de um cavalo e foi dado como morto.

LAGOS, QUEDAS-D'ÁGUA E FÓSSEIS

O parque oferece 400km de trilhas para caminhadas, e a maioria é de grande extensão. A mais espetacular vai para o lago O'Hara, numa jornada de 22km de ida e volta, até um belo lago rodeado de campos de altitude. Uma caminhada guiada consiste no único modo de se chegar a Burgess Shale, uma formação geológica que contém alguns dos mais antigos fósseis já encontrados, que datam de mais de 500 milhões de anos.

A maior parte dos destaques do Yoho é acessível de carro. Chega-se às Takakkaw Falls (que em cree significa "magníficas") pela sinuosa Yoho Valley Road. As cataratas, com uma queda de 385m, estão entre as mais altas do Canadá, e ganham o realce dos picos nevados à sua volta. O lago Emerald é outra grande atração e uma das vistas mais bonitas das Rochosas. O cenário natural ganha o encanto de algumas cabanas minúsculas de toras, que constituem a marca do ser humano neste ambiente rústico.

INFORMAÇÕES

www.pc.gc.ca

401 E16 · Yoho Visitor Centre, Box 99, Field, Colúmbia Britânica, V0A 1G0 · 250/343-6783 · Diariam, incluindo o Centro de Informações · Adulto $9,80, criança (6-16) $4,90, família $19,60

DICAS

» Um ônibus circular (pago) vai até o lago O'Hara de meados de junho a fim de setembro; os lugares são limitados, mas você pode fazer reservas com até três meses de antecedência (250/343-6433).

» Entre em contato com a Yoho Burgess Shale Foundation (Box 148, Field, Colúmbia Britânica, V0A 1G0 · 1-800/343-3006, www.burgess-shale.bc.ca) para contratar uma caminhada guiada até o sítio dos fósseis, senão você não conhecerá o local.

Acima *O Emerald Lake Lodge fica à beira do lago*

PASSEIO DE CARRO

DE CARRO PELA ICEFIELDS PARKWAY

Este passeio de carro de Lake Louise a Jasper atravessa alguns dos cenários mais majestosos das Rochosas canadenses, desde a geleira Crowfoot, ao sul, até a geleira Athabasca, ao norte. Também permite que você possa ir a pé até alguns dos sítios naturais mais espetaculares da área –a exemplo do mirante do lago Peyto, Mistaya Canyon, Sunwapta Falls e Athabasca Falls– e o leva até o Columbia Icefields Centre, de onde poderá excursionar até uma geleira.

O PASSEIO
Distância: 227km
Duração: Um dia; dois, se fizer caminhadas longas e for à geleira Athabasca
Início: Vila de Lake Louise ✚ 401 F16
Fim: Jasper ✚ 400 E15

COMO CHEGAR

Lake Louise fica a 2 horas de carro ao norte de Calgary pela Highway 1

★ Abasteça-se de lanches e água no pequeno shopping da vila de Lake Louise, depois vá para a Highway 1 North. Pegue a saída da direita para entrar na Highway 93 (Icefields Parkway). Após 2km, você chega ao parque.

Se não possuir um passe válido para o parque, adquira um aqui (adulto $9,80 por dia, criança 6-16 $4,90 por dia, família $19,60 por dia). Chega-se ao lago Hector cerca de 16km depois da bilheteria, mas o primeiro marco importante aparece quando você já estiver a 34km da vila de Lake Louise.

❶ A geleira Crowfoot (Pé de Corvo), à esquerda, tem este nome em razão de os diversos dedos de gelo que descem pela superfície rochosa se parecerem com um pé de ave, embora o derretimento gradual tenha mudado isso.

Após 6km, procure a curva à esquerda, que leva ao mirante do lago Peyto.

❷ A partir do estacionamento, faz-se uma fácil caminhada de 750m até um dos panoramas mais impressionantes das Rochosas, com o lago Peyto aninhado no sopé dos picos que o cercam.

Avance 26km até o estacionamento para ver o Mistaya Canyon.

❸ Deixe o carro e faça uma caminhada de 10 minutos, descendo por um caminho para conhecer a paisagem erodida pela água.

Cerca de 5km mais ao norte, você atravessará o largo caminho cheio de pedras do rio North Saskatchewan.

❹ Aqui você encontra uma refeição leve, hospedagem e combustível –último lugar até Jasper, 130km ao norte.

Após a travessia, a rodovia acompanha o contorno do rio North Saskatchewan.

❺ Nos dois lados, você verá uma série de picos denteados. Procure a montanha Cirrus à direita (o estacionamento fica no lado esquerdo da estrada), antes de chegar a uma grande curva, chamada Big Bend, que leva a um platô ainda mais alto. Uma área de estacionamento no topo da curva é um ponto excelente para fotografar a vista do vale, abaixo. Já no platô, a caminhada para subir os 2,5km ao longo do Parker Ridge –a 120km de Lake Louise–, à esquerda, permite avistar a geleira Saskatchewan. Depois do Parker Ridge, você atravessa os limites do Banff National Park e entra no Jasper National Park. Apenas 10km adiante estão situados os Columbia Icefields.

❻ Aqui você pode ir até a geleira Athabasca num passeio de ônibus Ice Explorer que sai do Columbia Icefields Centre (▷ 294).

Em North Columbia Icefield as montanhas ficam um pouco recuadas, pois a rodovia segue a planície aluvial mais larga do rio Sunwapta.

❼ As duas principais atrações desta parte do passeio são as cachoeiras. Em Sunwapta Falls, a primeira, o rio mergulha 60m num desfiladeiro estreito.

❽ Continue rumo ao norte por mais 16km para alcançar Athabasca Falls. Nesta cachoeira, a queda é maior e o desfiladeiro, mais estreito, o que permite fotografias notáveis.

A partir daqui são 30km até Jasper (▷ 296-7).

QUANDO IR

Se o clima permitir, a rodovia fica aberta o ano todo, mas muitos restaurantes e acomodações só abrem de abril a outubro. A maioria das trilhas fecha no inverno.

ONDE COMER

BAKER CREEK BISTRO
✉ Highway 1A, Bow Valley Parkway, Lake Louise ☎ 403/522-2182

THE CROSSING
✉ Sasketchewan River Crossing ☎ 403/761-7000

ONDE FICAR

FAIRMONT CHÂTEAU LAKE LOUISE HOTEL
✉ 111 Lake Louise Drive, Lake Louise ☎ 403/522-3511

SUNWAPTA FALLS RESORT
✉ Jasper ☎ 1-888/828-5777 ou 888/828-5777

Pág. ao lado *Mirante da montanha Cirrus no Banff National Park*
Abaixo *As Athabasca Falls têm o maior volume de água de todos os rios das Rochosas*

PASSEIO A PÉ

PASSEIO A PÉ PELO LAGO AGNES

Siga os passos dos visitantes vitorianos e eduardianos até a Tea House no lago Agnes, acima de Lake Louise, por um trajeto que oferece belíssimos panoramas. Nas Rochosas existem apenas duas casas de chá que ainda funcionam, e o percurso até a do lago Agnes é a caminhada mais concorrida no Banff National Park.

O PASSEIO
Distância: 7km
Duração: 4 horas
Início/fim: Estacionamento de Lake Louise

COMO CHEGAR

Lake Louise fica a 2 horas de carro ao norte de Calgary pela Highway 1
Atenção: O caminho tem alguns trechos íngremes. A parte superior da trilha segue o mesmo percurso que os cavalos faziam de Lake Louise até a Tea House; por isso, cuidado com os cavalos e com onde você pisa –além de ser desagradável, pisar em fezes de cavalo faz escorregar.

Do estacionamento de Lake Louise, pegue a calçada à beira do lago, que no nível da água tem vistas maravilhosas da paisagem e do Fairmont Château Lake Louise Hotel. Com o lago à sua esquerda, caminhe até que a calçada se divida. Pegue o caminho da direita, que sobe imediatamente da beira d'água. A ladeira é bem íngreme, com poucos pontos para descansar; por isso, vá com calma. Após 1,2km, tem-se uma vista magnífica do próprio lago, à sua esquerda.

De cima, o incrível tom de azul do lago fica mais nítido. Esse colorido é produzido por minerais na água que absorvem determinadas partes do espectro de luz que incide sobre eles, e refletem outras. O mirante é o local perfeito para tirar uma fotografia, especialmente se houver esportistas praticantes de caiaque na água.

Aqui, o caminho faz uma curva bem fechada, mas a ladeira continua a ser bastante íngreme. Por fim, depois de 2km, a trilha chega a um platô.

Neste ponto, você pode fazer uma parada e admirar o pequeno lago Mirror, que tem atrás um paredão de pedra e é rodeado por árvores

À esq. e à dir. *Vista do lago Agnes*

antigas. Daqui, existem dois percursos possíveis até o lago Agnes.

Pegue o caminho à direita do lago, onde ele se estende para leste.

Você avistará quilômetros de bosques que forram o vale do Bow e se estendem até as montanhas na orla distante do lago. As faixas verdes que se observam nas encostas da montanha tornam-se as pistas de esqui do lago Louise, no inverno.

Aqui, o caminho vira para a esquerda, a oeste da formação rochosa de Litt e Beehive, antes da última ladeira para o lago Agnes. Suba os degraus à direita do paredão de pedra.

Este lance íngreme de escada costuma se transformar em cachoeira, quando o lago transborda. No alto, a bela paisagem do lago Agnes surge de repente, com uma cortina de picos de todos os lados e a formação rochosa de Big Beehive à esquerda. Diz-se que o lago tem este nome em homenagem a lady Agnes Macdonald, esposa do primeiro chanceler do Canadá, que subiu aqui em 1886. Essa intrépida senhora também é famosa por ter feito um passeio numa locomotiva a vapor da Canadian Pacific, viajando no limpa-trilhos.

Restaure suas forças na histórica Tea House, antes de fazer o caminho de volta. Esta casa de chá foi construída em 1901 pela Canadian Pacific Railway, e era uma das muitas no parque que ofereciam descanso para os grupos de caminhantes abastados. A 2.134m, esta é a mais alta. O rei Eduardo 8º, então príncipe de Gales, fez a subida desde o hotel até a Tea House, durante uma visita oficial ao Canadá.

Neste ponto, você pode fazer o caminho de volta até o local do estacionamento.

Prolongamento opcional
Se preferir, pode prolongar o passeio num percurso circular, que vai dar aproximadamente 12km no total. Ao sair da Tea House, mantenha o lago à esquerda (neste ponto, saia do caminho por onde veio). Depois de 1km, verá a curva à esquerda que leva ao topo de Big Beehive. O trajeto é uma subida curta mas difícil de 125m até o cume, para ter amplas vistas do lago Mirror. Mas a trilha não tem manutenção e fica difícil de visualizar em algumas partes.

Volte ao caminho principal e continue a se afastar do lago Agnes (vire à esquerda no cruzamento das duas trilhas). Aqui começa a descida íngreme até o fundo do vale. Após 900m, o caminho cruza a Highline Trail. Vire à direita e, depois de 1km, pegue a bifurcação da esquerda. Cerca de 700m depois, você chega à Plain of Six Glaciers Trail.

Ao se aproximar do cruzamento, você tem vistas panorâmicas à esquerda, até a geleira Victoria, acima da Plain of Six Glaciers, onde se localiza a segunda casa de chá, à direita, 2km mais adiante.

Dobre à esquerda onde a Highland Trail se encontra com a Plain of Six Glaciers Trail, e caminhe pouco mais de 1km até a ponta de Lake Louise.

Os últimos 2km são planos e passam pela margem do lago até o Fairmont Château Lake Louise Hotel, com vista dos picos ao redor refletida na superfície azul do lago.

QUANDO IR
Se quiser dar um passeio até a Tea House, saiba que ela abre quando a neve derrete e fecha após as primeiras nevadas (em geral, mai-fim out). Esta é uma das caminhadas mais concorridas do país; por isso, talvez seja melhor evitar o auge do verão e fins de semana. Saia o mais cedo que puder. As flores no alto das montanhas desabrocham entre o fim de julho e o início de agosto. Os larícios são árvores que ficam lindas no outono.

BANHEIROS PÚBLICOS
No Fairmont Château Lake Louise Hotel e na Lake Agnes Tea House.

ONDE COMER
Lake Agnes Tea House, Lake Agnes (há também mesas para piquenique na Tea House, se quiser levar comida, que pode ser comprada na Château Deli, Fairmont Château Lake Louise Hotel).

MOUNT FAIRVIEW DINING ROOM
✉ Deer Lodge ☎ 403/522-4202

ONDE FICAR
PARADISE LODGE AND BUNGALOWS
✉ Lake Louise ☎ 403/522-3595.

FAIRMONT CHÂTEAU LAKE LOUISE HOTEL
✉ 111 Lake Louise Drive, Lake Louise
☎ 403/522-3511.

POST HOTEL
✉ 200 Pipestone Road, Lake Louise
☎ 403/522-3938 ou 800/661-1586

ATIVIDADES
Como alternativa à caminhada, você pode subir a cavalo até o lago Agnes. Os passeios são organizados pela Brewster Adventures in Banff (tel 403/762-5454, 1-800/691-5085; diariam 9h e 13h, com condições de tempo favoráveis; $115).

NO SEAWALL DO STANLEY PARK

Este passeio a pé pelo famoso Stanley Park de Vancouver começa com uma bela vista da cidade e as atrações do parque. O trecho do lado oeste oferece panoramas maravilhosos do mar, ar fresco, paz e tranquilidade.

O PASSEIO
Distância: 10,5km
Duração: 5 horas
Início/fim: Estacionamento do cruzamento da Denman Street com West Georgia

COMO CHEGAR

O ônibus 5 para no cruzamento, um quarteirão a oeste do ponto de partida, enquanto a Highway 35 e a Highway 135 levam você até o centro de informações do parque; ou há uma caminhada de 1,25km a oeste de Canada Place

Atenção: Há pistas claramente sinalizadas para quem caminha e corre, ou para ciclistas e patinadores. Por segurança, mantenha-se na pista correta.

★ Ao sair do estacionamento, vá na direção da orla. Vire à esquerda na calçada, passando entre os jardins ornamentais. É nesta pista que você ficará em todo o percurso.

O caminho se estende para a direita, e o primeiro ponto de parada ao longo do passeio é a casa de barcos do Vancouver Rowing Club, a 200m da entrada do parque. O quiosque de informações turísticas fica a 500m da entrada do parque, onde você pode pegar um mapa. Ultrapasse a casa de barcos do clube de iatismo, à esquerda, e prossiga por 1,2km.

❶ Você passa pela entrada da Deadman's Island, agora uma base naval chamada HMCS *Discovery*.

Após mais 300m, vê-se o jardim de totens à esquerda e o Nine O'Clock Gun, um canhão que dispara todas as noites.

❷ Aqui dá para tirar fotografias excelentes da silhueta de Vancouver, com a Canada Place (▷ 305) diretamente do outro lado da água.

De Hallelujah Point, logo depois do canhão, o caminho vira para o norte e contorna Brockton Point antes de dobrar para oeste.

❸ Neste ponto, tem-se uma bela vista da North Shore, com sua espetacular cortina de montanhas por trás.

Continue por mais 400m até a estátua de bronze *Girl in a Wetsuit*.

❹ Esta obra é do escultor Elek Imredy, nascido em Budapeste. A estátua tem tamanho real (1970) e fica sobre uma pedra, perto da praia. Trata-se de uma homenagem à *Pequena Sereia*, de Copenhague.

Com mais 100m de caminhada você chega à colorida carranca oriental da proa do SS *Empress of China*, que fica num arbusto ornamental, de frente para as águas rasas. Passe pela área

Pág. ao lado *Silhueta da cidade como pano de fundo para o Royal Vancouver Yacht Club* **Acima da esq. p/ dir.** *Os totens em Brockton Point chamam a atenção; O Nine O'Clock Gun fica no quebra-mar do Stanley Park*

de brinquedos infantis e rume para noroeste.

❺ Você verá a alta Lion's Gate Bridge, que transpõe o estreito conforme o mar se abre.

Depois de passar sob a ponte suspensa, são mais 50m até Prospect Point.

❻ Este é o ponto mais setentrional do parque. Daqui, você vai avistar o lado oeste até o oceano Pacífico.

A partir de Prospect Point ande 1km até Siwash Rock, com vistas da baía English, e depois mais 1km até a Third Beach.

❼ Em qualquer época do ano, a praia é frequentada por banhistas.

Logo depois de Third Beach fica Ferguson Point, o local mais a oeste do Stanley Park. Cerca de 8km depois do início da caminhada, você chega à Second Beach.

❽ Aqui se encontra a enorme piscina artificial do Stanley Park.

O caminho sai da orla neste ponto e continua por alguns gramados ornamentais. Chega-se a um cruzamento onde você vira à esquerda (siga as placas para Lost Lagoon), embaixo da Stanley Park Road. À direita há um campo de golfe. Vire à direita no lado mais afastado do campo e passe pelos Ted and Mary Greig Rhododendron Gardens, à direita. Lost Lagoon é logo avistada à esquerda.

❾ Lost Lagoon recebeu este nome quando a construção da Stanley Park Causeway a separou do Coal Harbour.

Siga o caminho em volta da lagoa para chegar à passagem sob a estrada principal. No cruzamento, vire à direita e, após 200m, já estará de volta ao ponto de partida.

QUANDO IR

O ano todo, em qualquer dia bonito, dá para se juntar aos saudáveis moradores de Vancouver em suas caminhadas pelo parque.

BANHEIROS PÚBLICOS

Atrás do centro de informações.

ONDE COMER

Há cafés perto dos totens, em Lumbermen's Arch, o Brockton Visitor Centre e Third Beach, e restaurantes em Prospect Point e Stanley Park Pavilion.

TEA HOUSE

✉ Ferguson Point, Stanley Park ☎ 604/669-3281

FISH HOUSE

✉ 8901 Stanley Park Drive (perto da Second Beach e da Lost Lagoon), Stanley Park ☎ 604/681-7275

ONDE FICAR

LORD STANLEY SUITES ON THE PARK

✉ 1889 Alberni Street ☎ 604/688-9299

PASSEIO DE CARRO

DE CARRO NA ILHA DE VANCOUVER

Este passeio de um dia faz a ligação entre os destaques do sul da Ilha de Vancouver, como os totens das Primeiras Nações em Duncan, os bonitos murais em Chemainus e a beleza natural de Cathedral Grove. Você sai do burburinho de Victoria pela manhã e no final da tarde chega à tranquilidade do Pacific Rim National Park, a tempo de ver o sol se pôr no oceano Pacífico.

O PASSEIO

Distância: 316km

Duração: 6 horas (não inclui visitas)

Início: Victoria 413 C17

Fim: Tofino (Pacific Rim National Park)

★ Do Empress Hotel na orla de Victoria no Inner Harbour, vá pela Highway 1 ou pela Island Highway. Pegue a Douglas Street, que se torna a Highway 1, e alcance os subúrbios ao norte. A estrada sobe e atravessa o passo Malahat, a 352m de altitude, um dos pontos mais altos no sul da Ilha de Vancouver. A visibilidade pode ser prejudicada por nuvens baixas ou neblina. A quase 60km de Victoria fica Duncan (▷ 292).

❶ Conhecida como a Cidade dos Totens (há mais de 80 na cidade e ao longo da rodovia), Duncan é a terra do povo cowichan, famoso pela habilidade nos entalhes. É possível observar o entalhe de uma peça no

Pág. ao lado *O Empress Hotel, em Victoria*
Abaixo, da esq. p/ dir. *Barcos em Port Alberni; Árvores de Cathedral Grove*

Quw'utsun Cultural and Conference Centre, e conhecer outros aspectos de sua vida cultural.

Cerca de 11km ao norte do entroncamento do lago Cowichan, dobre à direita em Westholme rumo a Chemainus. Este caminho é bem mais pitoresco do que continuar pela estrada principal e pegar uma estrada de ligação mais curta ao norte. Quando chegar ao entroncamento seguinte, vire à esquerda para chegar a Chemainus (▷ 292). Neste cruzamento, você verá uma antiga locomotiva a vapor à sua frente.

❷ Chemainus é famosa pelos murais e pelas lojas atraentes. Também ficou conhecida como "A cidadezinha que conseguiu" *(The little town that did)*, em razão da fantástica recuperação de um declínio que parecia definitivo, no início da década de 1980. A depressão surgiu por causa do fechamento das indústrias tradicionais da cidade, e defendeu-se a ideia de transformá-la em um núcleo de artistas, dando nova vida à comunidade. Muitos disseram que não daria certo, mas perceberam que estavam enganados, pois a corajosa cidadezinha se revitalizou e ganhou o alegre apelido.

Volte para a Highway 1 e prossiga para o norte. Quando estiver a 110km de Victoria, irá visitar Nanaimo (▷ 300). A Highway 1 atravessa a cidade e termina num porto de ferryboat na baía Departure, mas se preferir continuar, pegue a Highway 19, um desvio de quatro pistas.

❸ A movimentada Nanaimo tem uma ativa frota pesqueira e um legado interessante das Primeiras Nações. Conta com agradável calçada à beira-mar, perto do porto, e que vai até a foz do rio Millstone, onde o salmão vem desovar.

Ao norte de Nanaimo, pela Highway 19, ande 38km até chegar ao cruzamento com a Highway 4, onde há uma placa que indica o caminho para Port Alberni e o Pacific Rim National Park (tem também sinalização para Tofino e Ucluelet). Aqui, dobre à esquerda e vá para oeste. A quase 15km do cruzamento, já se vê o lago Cameron; com mais 6km chega-se a Cathedral Grove e Port Alberni.

❹ A estrada contorna o lago Cameron, atravessando uma floresta densa de pinheiros e, depois, a majestosa e antiga floresta de Cathedral Grove (▷ 292). Port Alberni é o principal núcleo urbano da região. Faça passeios de barco pela barra de Alberni até o estreito de Barkley no Pacific Rim.

Para chegar a Tofino e Ucluelet, vire à direita na orla e siga sempre pela Highway 4.

❺ Esta porção final do passeio leva você a uma paisagem em que a natureza está intocada. Após o lago Sproat, serão 85km sem postos de combustível. Verifique o nível do tanque.

A 46km de Port Alberni, a estrada sobe 175m no passo Sutton, numa série de zigue-zagues passando pelo pedregoso vale do rio Taylor e chegando ao platô Clayoquot. Você sobe mais no outro lado do platô e passa pelo lago Kennedy, à direita, na descida final até o litoral. Por fim, chega a um entroncamento que sinaliza Ucluelet para o sul e Tofino para o norte. Pegue à direita em direção a Tofino e irá atravessar a seção continental do Pacific Rim National Park (▷ 302-3) para alcançar a cidade.

QUANDO IR

Algumas atrações, entre as quais os passeios guiados aos totens de Duncan, só funcionam entre maio e fim de setembro. Porém, um passatempo popular no inverno é observar tempestades no litoral perto de Tofino.

ONDE COMER

WHARFSIDE EATERY AND DECKS
✉ 1208 Wharf Street, Victoria
☎ 250/360-1808

DOCKSIDE PUB/BLUE HERON RESTAURANT
✉ 634 Campbell Street, Tofino
☎ 250/725-3277

ONDE FICAR

ABIGAIL'S HOTEL
✉ 906 McClure Street, Victoria
☎ 250/388-5363, 1-800/561-6565

BEST WESTERN TIN WIS RESORT
✉ 1119 Pacific Rim Highway, Tofino
☎ 250/725-4445 ou 1-800/661-9995

UMA VOLTA PELA MARGEM DO CONTINENTE

Long Beach, no Pacific Rim National Park, é conhecida pelas ondas grandes, famosas entre surfistas internacionais. Praias compridas e arenosas são demarcadas pela floresta temperada, o que as torna lugares excelentes para caminhar. É possível avistar baleias em migração ou leões-marinhos brincalhões. Além de levar você pelos 21km de Long Beach, este passeio lhe apresenta os encantos de sua parte mais setentrional, próxima de Tofino, a principal cidade da região.

O PASSEIO
Distância: 7,2km, ida e volta
Duração: 4 horas
Início/fim: Estacionamento no norte de Long Beach

COMO CHEGAR

De Victoria, pegue a Highway 1 para o norte e após 38km (ao norte de Nanaimo) vire à esquerda na Highway 4, numa distância total de 316km.

Seu carro precisa apresentar uma autorização para uso do parque, disponível no Park Information Centre, na Highway 4 em Long Beach (adulto $6,80, criança (6-16) $3,40, família $17,10). Do estacionamento no norte de Long Beach, vá direto para a areia. Este trecho de Long Beach é o mais procurado por surfistas e, provavelmente, você encontrará um pequeno grupo dentro d'água, que frequenta a região em quase todas as condições climáticas.

Ao chegar à beira-mar, vire à esquerda e caminhe pela praia, com o oceano à direita.

Seja qual for a altura da maré, Long Beach apresenta vistas magníficas –a maré alta deixa visível apenas uma faixa de areia fofa, mas a maré baixa amplia muito a praia e oferece muita areia firme para pisar. Conforme você caminha, verá uma ilhota bem perto. Fique de olho para observar se tem algum leão-marinho tomando sol.

Continue a caminhar à beira d'água e verá, mais à frente, um promontório rochoso. Se a maré estiver subindo e atingir as pedras, não caminhe perto da água no promontório, pois as ondas podem ficar muito fortes; pegue o caminho do lado da terra firme.

No lado norte da formação rochosa há uma placa de bronze que come-

Pág. ao lado *Em Long Beach os ventos são fortes e há muita madeira flutuante* **Abaixo, da esq. p/ dir.** *Passarelas de madeira facilitam o passeio e impedem que a delicada vegetação seja pisoteada; Uma tranquila caminhada pela praia*

mora a visita da princesa Anne, quando ela inaugurou oficialmente o parque, em 1971. O topo da formação é um ótimo ponto para observar o mar e os dois lados de Long Beach.

Se você fizer o percurso do lado da praia, vai passar pelo caminho que leva ao Green Point Campground, à esquerda, no sentido interior, atravessando a espessa vegetação litorânea. Depois do promontório há outra longa baía de areia. Caminhe por ela até chegar a um riacho que cruza seu caminho (procure também o estacionamento no topo da praia). Ultrapasse a linha de vegetação para chegar ao início do circuito de 1,6km pela Combers Beach.

Esta passarela de madeira atravessa diversos níveis de vegetação litorânea, a começar pela floresta à beira-mar formada por abetos, antes de rumar para o interior e acompanhar a subida do terreno. Aqui você encontra bosques misturados à floresta de cedros, que contém alguns abetos raros que estão entre as espécies de árvores mais altas do mundo. Esta é uma floresta centenária, com alguns exemplares gigantescos, além de samambaias e troncos caídos.

Ao chegar no final da passarela, volte até o estacionamento de Long Beach.

QUANDO IR

Qualquer época do ano é boa para ir, com baleias de março a outubro, belos crepúsculos no verão e clima ameno misturado a tempestades espetaculares no inverno. A coisa mais importante a fazer é consultar uma tabela de marés –você aproveitará mais o passeio se for na maré baixa, quando a praia fica maior, com areia mais firme para caminhar e mais piscinas naturais para explorar. A maré muda a cada seis horas, o que significa duas marés baixas por dia. A maré alta é melhor para andar de caiaque ou observar tempestades, mas para esta última atividade saia da praia –por segurança e para obter vistas melhores, encontre um ponto longe da arrebentação das ondas. Os recursos do parque funcionam plenamente de meados de março até meados de outubro, e são restritos no resto do ano.

BANHEIROS PÚBLICOS

Na área do estacionamento norte da praia.

ONDE COMER

POINTE RESTAURANT

✉ Wickaninnish Inn, 500 Osprey Lane, Tofino ☎ 250/725-3100

ONDE FICAR

A SNUG HARBOUR INN

✉ 460 Marine Drive, Ucluelet ☎ 250/726-2686 ou 1-888/936-5222

WICKANINNISH INN

✉ 500 Osprey Lane, Tofino ☎ 250/725-3100 ou 1-800/333-4604

ATENÇÃO

Para garantir a sua segurança e proteger o ambiente, atenção para estas recomendações:

» É ilegal retirar conchas, pedras, madeira flutuante ou qualquer criatura –viva ou morta.

» Explore as piscinas naturais respeitando a vida que existe nelas.

» Preste atenção onde pisa nas pedras –elas estão cobertas de vida que apenas está dormente até o mar voltar.

» Cuidado com ondas traiçoeiras e subidas rápidas de maré.

VIDA SELVAGEM

Há muitos mamíferos marinhos neste ambiente protegido, a exemplo das baleias, de março a outubro, e focas e leões-marinhos curiosos que examinam você a partir da arrebentação ou das pedras. Ali perto existe um santuário de aves, com águias-carecas, garças, ostraceiros e outras espécies, como as aves migratórias. No interior, vivem ursos –são organizados passeios para avistá-los com segurança.

ARTE, COMPRAS, DIVERSÃO E NOITE

ALDERGROVE

GREATER VANCOUVER ZOO

www.gvzoo.com

Albus, um raro urso-pardo albino, é só um dos mais de 700 animais do parque de 48ha. Há um trem do zoo e um ônibus que circula dentro da exposição North American Wilds.

✉ 5048 264th Street, Aldergrove, Colúmbia Britânica, V4W 1N7 ☎ 604/856-6825 ◷ Mai-set diariam 9h-19h; resto do ano 9h-16h ✋ Adulto $20, criança (4-15) $15, família $65 🚌 Ao lado da Trans-Canada Highway entre Vancouver e Abbotsford, ao sul da saída 73 🍴 Fast-food

BANFF

THE BANFF CENTRE

www.banffcentre.ca

Lugar de artes, cultura e conferências, numa localização montanhosa muito bonita. Conta com programação de música, dança e comédia.

✉ 107 Tunnel Mountain Drive, Banff, Alberta, T1L 1H5 ☎ 403/762-6301, 800/413-8368 ◷ O ano todo ✋ Varia 🚌 Na encosta da montanha Tunnell, quatro quarteirões a leste da Banff Avenue

CANADA HOUSE GALLERY

www.canadahouse.com

Estão à mostra aqui obras de qualidade, sobretudo pinturas e esculturas, de alguns dos melhores artistas do Canadá, incluindo inuits e das Primeiras Nações da Costa Noroeste. Grande parte das obras é inspirada nas Rochosas

✉ 201 Bear Street, Banff, Alberta, T1L 1B5 ☎ 403/762-3575, 1-800/419-1298 ◷ Diariam 9h30-18h (mai varia, ligue para confirmar) 🚌 No centro, entre Banff Avenue e Lynx Street

GREAT DIVIDE NATURE INTERPRETATION

www.greatdivide.ca

Guias conduzem caminhadas em diversos terrenos, desde trilhas planas até subidas extenuantes, às vezes com uma fondue em um mirante. Há também caminhadas temáticas e no inverno. Uma porcentagem da renda é doada a entidades em prol da vida selvagem.

✉ Box 343, Lake Louise, Alberta, T0L 1E0 ☎ 403/522-2735, 1-866/522-2735 ◷ Caminhadas jun-set; caminhadas na neve fim dez-mar ✋ Vários preços, de $60 por meio dia a $85 pelo dia todo (criança 6-12 pagam meia) 🚌 No ato da reserva você receberá instruções sobre o ponto inicial

HOODOO LOUNGE AND NIGHTCLUB

www.hoodoolounge.com

Este lugar ótimo tem noites temáticas, promoções de drinques, brindes, grandes DJs e eventos especiais. O sábado daqui é conhecido como a "melhor noitada de Banff".

✉ 137 Banff Avenue, Banff, Alberta, T1L 1A6 ☎ 403/760-8636 ◷ Seg-ter, qui-sáb 9h-14h 🚌 1, 2

BRITANNIA BEACH

BC MUSEUM OF MINING

http://bcmm.ca

Locação para diversos filmes e programas de TV, este Sítio Histórico Nacional preserva o legado das minas de cobre da Colúmbia Britânica. O ponto alto é colocar um capacete e embarcar num trenzinho para uma volta de 364m por dentro da terra. Você também pode garimpar ouro e ficar com o que encontrar. Um projeto multimilionário concluído em 2010 deu ao lugar um novo centro de recepção com mostras interativas, um espaço para artes e cultura e outras melhorias.

✉ Highway 99, Britannia Beach, Colúmbia Britânica, V0N 1J0 ☎ 604/896-2233, 1-800/896-4044 ◷ Diariam 9h-16h30 ✋ Adulto $18,50, criança (6-12) $11,95, (13-18) com carteirinha de estudante $13,95, família

Acima *Rafting perto de Vancouver*

$55; visita sem guia (excluindo trem) $7,50 para todas as idades 52km ao norte de Vancouver pela Sea to Sky Highway

BURNABY

METROPOLIS AT METROTOWN

www.metropolisatmetrotown.com

Shopping center enorme bem no centro da cidade, com quase 500 lojas de todos os tipos, a exemplo de: Sears, The Bay, Toys 'R' Us, Zellers, Winners HomeSense e Chapters. Dispõe de 16 cinemas, restaurantes e uma programação de eventos especiais, como a Dança do Leão, que acontece no local no Ano-Novo Chinês.

Kingsway, Burnaby, Colúmbia Britânica, V5H 4N2 604/438-4715 Seg-sáb 10h-21h dom 11h-19h (algumas lojas têm horário diferente) Linha Skytrain: Metrotown 19, 49, 106, 110, 112, 116, 129, 130, 144 Cerca de 8km a leste de Vancouver Diversos restaurantes e uma imensa praça de alimentação

CANMORE

ALPINE HELICOPTERS

www.alpinehelicopter.com

Oferece divertidos voos de turismo ou caminhadas de meio dia, às quais você vai de helicóptero a áreas montanhosas com guia experiente.

91 Bow Valley Trail, Canmore, Alberta, T1W 1N8 403/678-4802 O ano todo com hora marcada (ao menos três dias antes) Voos turísticos $103-$249; Caminhada $389-$549, mais impostos 22km a leste de Banff

SILVER TIP GOLF RESORT

www.silvertipresort.com

Excelente campo de golfe de 6.675m na encosta da montanha, com 182m de variação de altitude e vista panorâmica de 360 graus.

2000 Silver Tip Trail, Canmore, Alberta, T1W 3J4 403/678-1600, 877/877-5444 Meados mai-início out diariam $125-$175 ($80 para 9 buracos, à tarde). Aluguel do clube $48 por partida (inclui uma caixa de bolas) Regulamento para uso de carrinhos Ao lado da Trans-Canada Highway (saída Canmore), 23km a leste de Banff

CHEMAINUS

CHEMAINUS THEATRE

Este teatro oferece boa variedade de peças clássicas e novas, e musicais, como *The Sunshine Boys, Guys e Dolls,* and *A Christmas Carol.* Há também uma série anual de peças para crianças.

9737 Chemainus Road, Chemainus, ilha de Vancouver, Colúmbia Britânica, V0R 1K0 250/246-9820, 1-800/565-7738 O ano todo $33-$70. Jantar e teatro: $48-$64 Playbill Dining Room (licenciado) com bufê quente e frio

CLINTON

ECHO VALLEY RANCH AND SPA

www.evranch.com

Um pedacinho da Tailândia foi instalado na bonita paisagem da Colúmbia Britânica, com uma construção tradicional tailandesa e tratamentos de spa, que incluem massagem, exercícios de alongamento Ruesri-dat-ton e rejuvenescimento.

PO Box 16, Clinton, Jesmond, Colúmbia Britânica, V0K 1K0 250/459-2386, 800/253-8831 abr-fim out e 20 de dez-5 de jan (principalmente para hóspedes, mas aberto a visitantes, conforme a disponibilidade) Massagem desde $135, facial desde $98; pacote de 3 noites (tudo incluído) Spa Harmony desde $840 Cerca de 30km a noroeste de Kamloops, ao lado da Highway 97 em Clinton

GRAND CACHE

U BAR TRAIL RIDES

www.ubarhorseback.com

Faça viagens com pacotes de dois dias a duas semanas ou passe apenas algumas horas cavalgando. Os iniciantes têm aula e depois saem com um guia pelos campos e montanhas, com belas vistas. É preciso reservar.

Box 929, Grande Cache, Alberta, T0E 0Y0 780/827-4884 De dia, as cavalgadas começam às 10h e vão até as 16h, com passeios de 1 hora 2 horas $45; pacote com pernoite $200 por dia Na ponta norte do Willmore Wilderness Park pela Big Horn Highway (40), 214km ao norte de Jasper pela Trans-Canada 16

INVERMERE

RIVERGEMS

www.rivergems.com

Aqui você encontra algumas joias deslumbrantes feitas com amolite e alguns colares de dente de tubarão. Há também uma mostra incrível de minerais que brilham à noite e de fósseis, entre os quais as amonites.

613 12th Street, Invermere, Colúmbia Britânica, V0A 1K0 250/342-0177 Mar-dez seg-sáb 10h-18h, dom 11h-17h; jan-fev seg-sáb 11h-17h Invermere fica ao lado da Highway 93, ao sul do Kootenay National Park e das Radium Hot Springs

JASPER

ATHA-B CLUB

www.athabascahotel.com

Casa noturna animada, num hotel de 1929, que é um marco da cidade. Ambiente divertido e barulhento, com dança e música ao vivo quase todas as noites. Apresenta algumas bandas internacionais itinerantes.

Athabasca Hotel, 510 Patricia Street, Jasper, Alberta, T0E 1E0 780/852-3386 Diariam 21h-2h Perto da estação ViaRail e do terminal de ônibus

CHABA THEATRE

Cinema com duas salas, que exibem os últimos lançamentos e filmes clássicos.

604 Connaught Drive, Jasper, Alberta, T0E 1E0 780/852-4749 Diariam

JASPER RAFT TOURS

www.jasperrafttours.com

Ótima atividade para famílias. O passeio segue o percurso dos mercadores de pele, descendo o rio Athabasca em grandes barcos infláveis. A viagem de ida e volta de duas a três horas tem algumas corredeiras pequenas e trechos calmos.

Box 398, Jasper National Park, Jasper, Alberta, T0E 1E0 780/852-2665, 1-888-553-5628 Meados mai-set partem de Jasper Park Lodge 12h10, da estação de trem de Jasper 12h30pm (também 9h e 16h da estação de trem fim jun-ago) Adulto $55, criança (5-14) $15, (15-17) $20, menos de 5 grátis Bilhetes disponíveis tambémno Chaba Theatre em Jasper. Fornece transporte a partir de Jasper. Reúna-se no totem ao lado da estação de trem, em 607 Connaught Drive

TOTEM SKI SHOP

www.totemskishop.com

A loja cresceu a partir de um empório de quase um século atrás, e agora dispõe de grande variedade de roupas, calçados e equipamentos para

atividades ao ar livre. E aluga equipamentos no verão e no inverno, como grampos para escalada e muito mais.
✉ 408 Connaught Drive, Jasper, Alberta, T0E 1E0 ☎ 780/852-3078, 800/363-3078 🕒 Mai-out diariam 9h-22h; nov-abr dom-qui 9h-18h, sex-sáb 9h-20h 🚌 Ski Bus (só no inverno) 🚗 Na rua principal, ao lado do Astoria Hotel

KELOWNA

LAKEFRONT SPORTS CENTRE

A principal atração de Kelowna é o lago, e este centro é ideal para usufruí-lo, pois aluga desde espaguetes de flutuação e pedalinhos até barcos a motor e jet-skis, e dá aulas de esqui aquático. Há também aluguel de bicicletas e traslado até outro local para iniciar seu passeio.
✉ Waterfront Park, Kelowna, Colúmbia Britânica, V1Y 9P4 ☎ 250/862-2469 (out-abr 250/765-6178) 🕒 O ano todo 💵 Aluguel de barcos $6-$129 por hora, dependendo do tipo (inclui coletes salva--vidas); bicicletas de $10 por hora a $39 por seis horas 🚌 2

OKANAGAN LAVENDER

www.okanaganlavender.com
Nas três primeiras semanas de julho o aroma de lavanda é divino, mas venha em qualquer época para andar nos jardins temáticos de ervas, comprar produtos de lavanda e de ervas, e tomar limonada e sorvete com sabor de lavanda. Há uma área lúdica para crianças e uma quadra de bocha.
✉ 4380 Takla Road, Kelowna, Colúmbia Britânica, V1W 3C4 ☎ 250/764-7795 🕒 Jul-ago diariam 9h-16h30; mai-jun, set diariam 10h-16h30; resto do ano qua-sáb 10h-16h 💵 Passeio sem guia pelo jardim $3 ($5 jul-ago), criança (menor de 15) grátis 🎁 🚭 Fumar é proibido em toda a propriedade 🚗 South Kelowna, no cruzamento com a Saucier Road (há placas)

SUMMERHILL PYRAMID WINERY

www.summerhill.bc.ca
Esta vinícola foi eleita o Produtor de Vinho do Ano do Canadá em 2009. Os vinhos são envelhecidos numa pirâmide de quatro andares para melhorar o sabor. Pode-se visitar as instalações, provar o vinho e apreciar o pôr do sol ao jantar.
✉ 4870 Chute Lake Road, Kelowna, Colúmbia Britânica, V1W 4M3 ☎ 250/764-8000, 1-800/667-3538 🕒 Mai-meados out diariam 9h-19h, resto do ano 11h-17h. Visitas às 12h e 14h 🚗 9km ao sul de Kelowna via Lakeshore Road 🍴 Sunset Organic Bistro (▷ 337)

108 MILE RANCH

THE HILLS HEALTH RANCH

www.spabc.com
Spa de alto nível num rancho western. O Canadian Wellness Centre daqui possui uma equipe maior do que a de qualquer outro spa do país, e oferece tratamento completo, além de atividades como passeios a cavalo, caminhadas e canoagem.
✉ 108 Mile Ranch, Colúmbia Britânica ☎ 250/791-5225, 800/668-2233 🕒 Os pacotes com tudo incluído vão desde o de fim de semana com dois pernoites até o de perda de peso especial com 30 pernoites. 💵 A partir de $510 até mais de $6.000 (com duas pessoas em quarto com duas camas) ✈ Ônibus do aeroporto Williams Lake ($60 ida e volta) 🚌 Ônibus da Greyhound até 100 Mile House, depois ônibus circular grátis 🚗 Ao lado da Route 7, 13km ao norte de 100 Mile House

NANAIMO

OCEAN EXPLORERS DIVING

www.divenanaimo.travel
O oceanógrafo Jacques Cousteau classificou em segundo lugar as águas ao largo da Colúmbia Britânica, que só perdiam para o mar Vermelho para mergulhos de alto nível. Esta loja oferece pacotes para mergulhos que exploram recifes artificiais e naufrágios; o pacote pode incluir aulas e suprimentos. Dispõe de aluguel de roupas e equipamentos.
✉ 1690 Stewart Avenue, Nanaimo, Colúmbia Britânica, V9S 4E1 ☎ 250/753-2055, 800/233-4145 🕒 O ano todo 💵 $60-$180, inclui ar e pesos ⛴ BC Ferries: baía Horseshoe, Vancouver, para Nanaimo ❓ Serviço gratuito para trazer e levar até o terminal de ferryboat e o aeroporto 🚗 Perto do terminal de ferryboat da baía Departure

SIDNEY

TANNERS—A BOOKSTORE AND MORE

www.sidneybooktown.ca/tanners
Sidney é famosa pelas livrarias, a maioria especializada em livros raros e de segunda mão. Esta oferece títulos atuais, e uma seleção de jornais e mais de 2 mil revistas internacionais.
✉ 2436 Beacon Avenue, Sidney, Colúmbia Britânica, V8L 1X6 ☎ 250/656-2345, 1-866/656-2345 🕒 Diariam 8h-21h 🚌 Ônibus rápido (norte) de Victoria 🚗 No centro, esquina de Beacon com a 4th

SURREY

FRASER DOWNS RACETRACK AND CASINO

www.fraserdowns.com
Este lugar oferece temporada longa de corrida de troles mais transmissão simultânea de Hong Kong. Há um cassino com mesas de jogo e caça-níqueis.
✉ 17755 60th Avenue, Surrey, C. Britânica, V3S 1V3 ☎ 604/576-9141 🕒 Set-jun corridas sex-dom e dias úteis ocasionais, que começam às 13h15 ou 19h. Transm. simult.: o ano todo 💵 $2 por corrida ao vivo; caso contrário, grátis 🚌 320 da estação Surrey Central 🚆 Skytrain: Surrey Central, depois ônibus 🚗 Em Cloverdale, a leste da Pacific Highway

TELEGRAPH COVE

STUBBS ISLAND WHALE-WATCHING

www.stubbs-island.com
Esta foi a primeira empresa de observação de baleias na Colúmbia Britânica, e seus comandantes experientes dirigem embarcações com cabine aquecida, banheiros e hidrofones para escutar as baleias. Também faz excursões longas.
✉ Box 2-2, Telegraph Cove, Colúmbia Britânica, V0N 3J0 ☎ 250/928-3185, 1-800/665-3066 🕒 Meados jul-meados ago diariam 9h, 13h, 17h30; mai-meados jul e meados ago-início out diariam 9h, 13h. O cruzeiro dura cerca de 3h30. Recomenda-se reservar 💵 Partidas às 9h e 17h30: $84 todas as idades; partidas às 13h: $94 todas as idades 🚌 Island Coach Lines: Victoria-Port Hardy 🚗 Na ponta norte da Ilha de Vancouver, a 11km da Highway 19 via Beaver Cove Road

VANCOUVER

BACKSTAGE LOUNGE

www.thebackstagelounge.com
Dirigido pela Arts Club Theatre Company, atrás do Granville Island Stage (▷ 332), este é um dos mais avançados locais para música ao vivo, a cargo dos melhores artistas locais.

1585 Johnston Street, Vancouver, Colúmbia Britânica, V6H 3R9 604/687-1354 Seg-sáb 24h-2h, dom 24h-12h Varia Comida de pub; 11 tipos de cerveja

BARD ON THE BEACH

www.bardonthebeach.org

Anualmente, a temporada profissional de Shakespeare apresenta quatro produções clássicas e diversos eventos especiais.

Theatre Tent, Vanier Park, Vancouver, Colúmbia Britânica 604/739-0559, 877/739-0559 Jun-fim set ter-dom $18,75-$38 False Creek Ferry 2, 22 Perto da Whyte Avenue

BLACKBERRY BOOKS

www.bbooks.ca

Livraria com ambiente acolhedor, dirigida pela família Stewart há quase 30 anos.

1 Net Loft Building, 1666 Johnston Street, ilha de Granville, Vancouver, Colúmbia Britânica, V6H 3S2 604/685-6188, 1-866/685-6188 Diariam 10h-19h (9h sáb) 50 False Creek Ferry ou Aquabus

BC LIONS

www.bclions.com

Pentacampeão da Grey Cup, o time de futebol canadense BC Lions geralmente joga no BC Place, mas durante sua reforma (cujo término estava previsto para meados de 2011) usava o Empire Fields (Hastings Street; pegue os ônibus 28 e 135 ou o Skytrain para Gilmore, depois o ônibus 28 para o norte ou o Seabus para Waterfront).

BC Place Stadium, 777 Pacific Boulevard, Vancouver, Colúmbia Britânica, V6B 4Y8 604/669-2300 (informações), 604/589-7627 (ingressos) Temporada: fim jun-início nov Desde $25 15 Skytrain: Stadium

THE CELLAR

www.cellarjazz.com

Inaugurado em 2000, o Cellar logo se tornou o local para assistir aos melhores jazzistas locais e itinerantes. Salão confortável; cadeiras ao estilo cabaré.

3611 West Broadway Street, Vancouver, Colúmbia Britânica, V6R 2B8 604/738-1959 Seg, qua-sáb 19h-24h, ter 20h-24h, dom 18h-23h; música começa às 10h30 (19h30 dom) Couvert artístico: qua geralmente $10, mas varia; qui-dom varia; seg-ter não cobra couvert. Consumação mínima: sex-sáb e eventos especiais: $15 99, 99B, 17

CHILDREN'S MARITIME DISCOVERY CENTRE

www.vancouvermaritimemuseum.com

Aqui há coisas incríveis de cunho educativo, como assumir o controle em uma réplica de casa da roda do leme de um rebocador, ver o porto de Vancouver em telescópios potentes, revirar gavetas cheias de tesouros na Discover Wall e vestir roupas impermeáveis para aprender como sobreviver da pesca. Há também barcos de verdade para visitar no porto (▷ 310).

Vancouver Maritime Museum, 1905 Ogden Avenue, Vancouver, Colúmbia Britânica, V6J 1A3 604/257-8300 Meados mai-início set diariam 10h-17h, resto do ano ter-sáb 10h-17h, dom 12h-17h Adulto $11, criança (6-18) $8,50, família $30 2, 22 False Creek Ferry

THE CLUTCH

www.theclutch.com

Uma igreja de 1909 reformada agora abriga ótima programação de teatro, música e dança, incluindo estreias.

1895 Venables Street, Vancouver, British Columbia, V5L 2H6 604/251-1363 O ano todo $25–$45 20 Skytrain: Broadway, depois ônibus 20 No leste do centro, esquina de Venables e Victoria

CRAFTHOUSE

www.craftcouncilbc.ca

Administrada pela Crafts Association of British Columbia, esta galeria é uma organização sem fins lucrativos que expõe o trabalho de mais de 150 de seus membros. Com disposição criativa e a iluminação atenta, dá destaque para peças de cerâmica, vidro, metal, madeira, tecido e móveis (exportáveis), a preços que vão de $8 a $3.000.

1386 Cartwright Street, Granville Island, Vancouver, Colúmbia Britânica, V6H 3R8

604/687-7270 Diariam 10h30-17h30 (horário ampliado na alta temporada) ou com hora marcada. Fechado seg em jan 50 False Creek Ferry, Aquabus Perto do terminal de ferryboat

FIREHALL ARTS CENTRE
www.firehalartscentre.ca
Instalado em antigo prédio dos bombeiros, é um dos locais mais ativos da cidade, com cerca de 300 eventos por ano: dança, teatro e música.
280 East Cordova Street, Vancouver, Colúmbia Britânica, V6A 1L3 604/689-0926 O ano todo $20-$28 3, 4, 7, 8 Skytrain: Waterfront No lado leste, esquina com a Gore Avenue No saguão da galeria há lanches

GENERAL MOTORS PLACE
www.generalmotorsplace.com
Quando não é usada para hóquei ou basquete, esta arena moderníssima, com 20 mil lugares, recebe quase 200 eventos por ano, o que inclui concertos de famosos.
800 Griffiths Way, Vancouver, Colúmbia Britânica, V6B 6G1 604/899-7400 O ano todo Varia 15 Skytrain: Stadium Mais de 20 concessões de fast-food e três restaurantes formais; o Wiser Center Ice Grill tem jantar em mesas com ótimas vistas

GRANVILLE ISLAND STAGE
www.artsclub.com
A Arts Club Theatre Company encena peças e musicais, aqui e no Stanley Theatre.
1585 Johnston Street, Granville Island, Vancouver, Colúmbia Britânica, V6H 3R9 604/687-1644 O ano todo $25-$50 50 False Creek Ferry ou Aquabus

H. R. MACMILLAN SPACE CENTRE
www.spacecentre.ca
Esta atração oferece atividades emocionantes relacionadas ao espaço. É excelente a viagem virtual realista, com instruções antes da missão e uma volta num simulador de espaçonave. Pode-se tocar numa pedra da lua e ver o show multimídia e o planetário.
1100 Chestnut Street, Vancouver, Colúmbia Britânica, V6J 3J9 604/738-7827 Jul-ago diariam 10h-17h; resto do ano seg-sex 10h-15h, sáb-dom 10h-17h. Também noites sáb show de astronomia 19h Adulto $15, criança (5-18) $10,75, família $45; volta no simulador $7; show noite sáb de astronomia $10,75. 2, 22 Aquabus, False Creek Ferry

INUIT GALLERY OF VANCOUVER
www.inuit.com
Galeria espaçosa onde estão expostos os trabalhos de artistas inuits do leste do Canadá ártico e das Primeiras Nações da costa noroeste.
206 Cambie Street, Gastown, Vancouver, Colúmbia Britânica, V6B 2M9 604/688-7323, 1-888/615-8399 Seg-sáb 10h-18h, dom 11h-17h 50 Skytrain: Waterfront Na esquina das ruas Cambie e Waters

LEONE
www.leone.ca
Fazer compras neste lugar é como pisar no mundo das celebridades. Ele foi construído como se fosse uma rua italiana ladeada por butiques de grife –Dior, Prada, Roberto Cavilli e Armani são apenas alguns estilistas. Dispõe de estacionamento com valet.
757 West Hastings Street, Vancouver, Colúmbia Britânica, V6C 1A1 604/683-1133 Seg-sáb 10h-18h, dom 12h-17h 44, 50 Skytrain: Waterfront No centro, perto de Cruise Ship e Seabus Terminal The Café

LONSDALE QUAY
www.lonsdalequay.com
Numa posição espetacular, de frente para o porto, este shopping tem mais de 90 lojas e serviços, além de um mercado tradicional com mais de 60 vendedores de produtos locais e peixes. No andar de cima estão as butiques especializadas e salão de jogos. Há apresentações regularmente.
Lonsdale Avenue, North Vancouver, Colúmbia Britânica, V7M 3K7 604/985-6261 Andar do mercado: diariam 9h-19h. Andar das lojas: diariam 10h-19h (restaurantes abrem até mais tarde) 228, 242, 246 e outros dentro de North Vancouver Sea Bus do centro (15 min) Diversos restaurantes e cafés, mais praça de alimentação com 13 pontos de venda

LYNN CANYON ECOLOGY CENTRE
www.dnv.org/ecology/
O centro explica a floresta temperada do parque, e as crianças adoram a área de recreação e teatro de fantoches. No lado de fora, elas podem escalar uma ponte suspensa sobre o riacho e explorar florestas e cachoeiras.
Lynn Canyon Park, 3663 Park Road, North Vancouver, Colúmbia Britânica, V7J 3G3 604/990-3755 Ecology Centre: jun-set diariam 10h-17h, resto do ano seg-sex 10h-17h, sáb-dom e feriados 12h-16h. Parque: diariam desde 7h; fecha às 19h na primavera e no outono; 21h jun-set; ao anoitecer no inverno Parque: grátis; Ecology Centre: doações 228, 229 Sea Bus

até Lonsdale Quay, depois ônibus North Vancouver ao lado da Trans-Canada Highway, via Lynn Valley Road e Peters Road Lynn Canyon Café

ODYSSEY

www.theodysseynightclub.com

No coração do reduto gay da cidade, esta casa noturna também atrai clientela hétero. Cada noite é diferente: os sucessos mais recentes, shows de drags e dançarinos nus. Idade mínima: 19 anos. Traga duas identidades, se aparentar menos de 25 anos.
1251 Howe Street, Vancouver, Colúmbia Britânica, V6Z 1R3 604/689-5256 Diariam 21h-3h Varia Skytrain: Yaletown/Roundhouse Entre Drake e Davie, paralela à Granville Street

ORPHEUM

http://vancouver.ca/commsvcs/cultural/theatres/orpheum

Restaurado em 2009, este belo edifício de 1927 e sítio histórico nacional é a sede da Vancouver Symphony e de vários outros grupos culturais. Fotos de membros do Hall of Fame estão expostas no interior, e a calçada tem placas em sua homenagem. Aqui há muitos concertos.
884 Granville Street em Smithe Street, Vancouver, Colúmbia Britânica 604/665-3050 O ano todo $20-$100 4, 6, 7, 10 Granville No centro, em Seymour

PACIFIC CENTRE

www.pacificcentre.com

Este movimentado shopping de três andares ocupa três quarteirões e tem mais de 200 lojas, entre elas a Sears, Harry Rosen, Gap e Holt Renfrew. Também se liga a The Bay, Sears e ao Vancouver Centre.
701 West Georgia Street, Vancouver, Colúmbia Britânica, V7Y 1G5 604/688-7235 seg-ter e sáb 10h-19h, qua-sex 10h-21h, dom 11h-18h 5, 6, 8, 10, 11, 15 Skytrain: Vancouver City Centre No centro, entre Robson, Pender, Howe e Seymour Fast-food Cafeterias; Take 5 Café

PUBLIC MARKET

www.granvilleisland.com

No meio da ilha de Granville, este mercado desperta os sentidos pela disposição colorida dos produtos frescos; pelo aroma das comidas étnicas, do café torrado, das flores perfumadas e dos doces; e pelo som dos compradores e dos artistas de rua. Há 50 vendedores permanentes, agricultores visitantes, artesãos e gente que prepara comidas.
Johnston Street, Granville Island, Vancouver, Colúmbia Britânica, V6H 3R8 604/666-5784 Diariam 9h-19h (variações sazonais) 50 False Creek Ferry, Aquabus Perto do terminal de ferryboat em Duranleau Entre as opções estão frutos do mar e comida mexicana Cafeteria

QUEEN ELIZABETH THEATRE COMPLEX

http://vancouver.ca/commsvcs/cultural/theatres

Este complexo apresenta uma programação extensa e variada, com dança, ópera, musicais e shows de rock.
600 Hamilton Street, Vancouver, Colúmbia Britânica, V6B 2R3 604/665-3050 O ano todo $20-$150 15 Stadium No centro, entre Georgia e Dunsmuir

LA RAFFINAGE SPIRIT SPA

www.laraffinage.com

Cuide do corpo, da mente e do espírito neste oásis relaxante no centro da cidade.
521 West Georgia Street, Vancouver, Colúmbia Britânica, V6B 1Z5 604/681-9933 Seg-qua 10h-19h, ter-sex 10h-20h, sáb 9h-18h Os tratamentos têm preços distintos, mas há pacotes; massagem/faciais desde $80 5, 6, 8, 20 Skytrain: Granville Esquina de West Georgia e Richards

RENDEZVOUS ART GALLERY

www.rendezvousartgallery.com

Galeria comercial especializada no trabalho de artistas canadenses, com pinturas e esculturas tradicionais e contemporâneas.
323 Howe Street, Vancouver, Colúmbia Britânica, V6C 3N 604/687-7466; 877/787-7466 Seg-sáb 10h-17h30, dom 11h-17h 50 Skytrain: Waterfront No centro, a um quarteirão da orla, perto do Sinclair Centre

RICHARDS ON RICHARDS

www.richardsonrichards.com

Excelente lugar com bandas internacionais itinerantes, que apresentam country progressivo, rock independente, world music, hip-hop e compositores-cantores.
1036 Richards Street, Vancouver, Colúmbia Britânica, V6B 3E1 604/687-6794 Diariam $15-$35 Skytrain: Vancouver City Centre No centro, entre Nelson e Helmcken

SALMAGUNDI

Numa área de antiquários e outras lojinhas pouco convencionais, visite esta. Ela é especializada em "coisas interessantes", o que engloba uma grande variedade de peças antigas, itens de coleção e objetos curiosos.
321 West Cordova Street, Gastown, Vancouver, Colúmbia Britânica, V6B 1E5 604/681-4648 Diariam 10h30-17h30 6 Skytrain: Waterfront

SCIENCE WORLD

www.scienceworld.ca

O Science World vai passar por uma reforma de US$35 milhões que o tornará mais ecológico e repleto de mostras interativas ao ar livre. Por ora, tudo está funcionando normalmente em todas as suas ótimas galerias e no cinema Omnimax.
304 C3 1455 Quebec Street, Vancouver, Colúmbia Britânica, V6A 3Z7 604/443-7440, 604/443-7443 (informação gravada) Seg-sex 10h-17h, sáb-dom e feriados 10h-18h; fecha Natal Adulto $21, criança (4-12) $14,25, (13-18) $17,25, família $73,25. Omnimax: ingresso combinado, adulto $26,50, criança (4-12) $19,75, (13-18) $22,75 22 Skytrain: Main Street/Science World Aquabus, False Creek Ferry

SINCLAIR CENTRE

www.sinclaircentre.com

Não se trata de um shopping grande, mas com certeza é um dos mais sofisticados. Num prédio tradicional restaurado, apresenta interior elegante e lojas caras, a exemplo de Leone (▷ 332), Escada (estilista de moda), e Perfume Shoppe and Charals.
757 West Hastings Street, Vancouver, Colúmbia Britânica, V6C 1A1 604/682-1720 Seg-sáb 10h-17h30 50 Skytrain: Waterfront No centro, de frente para a orla

STANLEY INDUSTRIAL ALLIANCE STAGE

www.artsclub.com

A Arts Club Theatre Company encena peças populares, obras novas e musicais –aqui e no Granville Island Stage (▷ 332).

2750 Granville Street, Vancouver, Colúmbia Britânica, V6H 3J3 604/687-1644 Ter-sáb Desde $25 8, 98B Em Granville, na 12th Street

VANCOUVER AQUARIUM SLEEPOVER

www.vanaqua.org/visit_us/sleepovers

A experiência inclui dormir no Vancouver Aquarium (▷ 309) ao lado da vitrine do tanque da baleia-branca. O preço do ingresso abrange uma visita guiada ao Stanley Park e várias palestras e atividades durante a noite. Menores de 16 anos devem estar acompanhados de um adulto. A idade mínima é de 6 anos.

845 Avison Way, Stanley Park, Vancouver, Colúmbia Britânica, V6B 3X8 604/659-3504 Datas específicas; ligue e peça informações $120 35, 135 Jantar leve e café da manhã incluídos

VANCOUVER CANUCKS

http://canucks.nhl.com

O time de hóquei Canucks joga em casa no excelente estádio General Motors Place, um dos locais mais ativos da América do Norte usados para apresentações artísticas.

General Motors Place, 800 Griffiths Way, Vancouver, Colúmbia Britânica, V6B 6G1 604/899-7400. Ingressos: 604/280-4400 Temporada: set-fim mar $55-$131,50 Skytrain: Stadium

VANCOUVER THEATRE SPORTS LEAGUE

www.vtsl.com

Companhia de comédias de improviso, muito divertidas, que usa diversos temas para exibir seu grande talento, o que inclui improvisação competitiva.

The Improv Centre, Marine Building, 1502 Duranleau Street, Granville Island, Vancouver, Colúmbia Britânica 604/738-7013 Qua-sáb $10,50-$16,50 50 Aquabus ou False Creek Ferry

THE YALE

http://theyale.ca

O melhor rhythm and blues de Vancouver. Jam sessions nos fins de semana.

The Yale Hotel, 1300 Granville Street, Vancouver, Colúmbia Britânica, V6Z 1M7 604/681-9253 Dom-qui 12h30-2h, sex-sáb 12h30-3h30; música todas as noites, em geral desde as 21h ou 21h30 (20h ter) $10-$30 50 No centro, em Granville com Drake

VERNON

OKANAGAN OPAL

www.opalscanada.com

A única mina de opala do Canadá possui estúdio de desenho de joias e loja. Pedras de diferentes tonalidades são incrustadas em ouro, prata e ródio para formar pendentes e anéis, ou você pode adquirir pedras avulsas. Também é possível visitar a mina (jun-set sex-dom) e escavar suas próprias opalas.

7879 Highway 97, Vernon, Colúmbia Britânica, V1T 6M2 250/542-1103 Seg-sex 9h-17h, sáb-dom 11h-15h (informe-se sobre horários no inverno) Passeios pelas minas $40, incluindo transporte e até 2,5kg de material; aluguel de ferramentas extra 6,4km ao norte de Vernon; pegar a saída do vale Pleasant e seguir as placas

PLANET BEE

www.planetbee.com

As crianças adoram as mostras vivas nesta fazenda de apicultura, onde veem o movimento de uma colmeia através de painéis de vidro seguros. O apicultor conduz visitas guiadas educativas e mostra a extração de mel na temporada.

5011 Bella Vista Road, Vernon, Colúmbia Britânica, V1H 1A1 250/542-8088, 1-877/233-9675 Jul-ago seg-sáb 8h-19h, dom 9h-18h; resto do ano seg-sáb 9h-17h, dom 10h-16h Grátis A oeste do centro, via 30th Avenue

VICTORIA

BELFRY

www.belfry.bc.ca

Uma igreja antiga foi transformada neste bonito teatro. Apresenta nove shows por ano, além de concertos de jazz e música pop.

1291 Gladstone Avenue, Victoria, Colúmbia Britânica, V8T 1G5 250/385-6815 Ago-meados mai $76-$119 22 Esquina da Fernwood Road

LANGHAM COURT

www.langhamcourttheatre.bc.ca

Cocheira e celeiro antigos (*c.* 1880) transformados em 1940 num teatro acolhedor. Encena peças clássicas e atuais, além de comédias.

805 Langham Court, Victoria, Colúmbia Britânica, V8V 4J3 250/384-2142 O ano todo Desde $18 1 Ao sul da Rockland Avenue, entre a Linden Avenue e a Moss Street

MCPHERSON PLAYHOUSE

www.rmts.bc.ca

Este teatro fica bem no centro do ambiente de diversões da cidade e recebe variados shows locais e itinerantes.

3 Centennial Square, Victoria, Colúmbia Britânica, V8W 1E5 250/386-6121, 1-888/717-6121 O ano todo $15-$60 Esquina de Pandora com Government, atrás da prefeitura Lanches e bar

ROYAL

www.rmts.bc.ca

Sede da Pacific Opera Victoria e da Victoria Symphony, esta construção magnífica de 1913, com capacidade para 1.445 pessoas, apresenta eventos variados.

805 Broughton Street, Victoria, Colúmbia Britânica, V8W 1E5 250/386-6121, 1-888/717-6121 O ano todo $15-$60 3, 6, 11, 16 No cruzamento com Blanchard

ROYAL BC MUSEUM SHOP

www.royalbcmuseumshop.bc.ca

Esta loja excelente oferece obras de arte das Primeiras Nações vindas das tribos da costa noroeste.

675 Belleville Street, Victoria, Colúmbia Britânica, V8W 9W2 250/356-0505 Diariam 10h-17h 3, 27, 28, 30, 31 No centro, esquina com Douglas

VICTORIA BUG ZOO

www.bugzoo.bc.ca

Conheça alguns incríveis insetos vivos, trepadores e rastejantes, e você pode até segurar alguns. Há exemplares à venda.

631 Courtney street, Victoria, Colúmbia Britânica, V8W 1B8 250/384-2847 Jun-1ª seg de set diariam 9h30-19h; resto

FESTIVAIS E EVENTOS

JANEIRO/FEVEREIRO

COMEMORAÇÃO DO ANO-NOVO CHINÊS

www.vancouverchinesegarden.com

A segunda maior comunidade chinesa da América do Norte comemora o Ano-Novo em muitos locais da cidade, concentrando-se no Dr. Sun Yat-Sen Classical Chinese Garden.

✉ Vancouver, Colúmbia Britânica
☎ 604/662-3207

MARÇO

VANCOUVER INTERNATIONAL DANCE FESTIVAL

www.vidf.ca

Bailarinos locais, nacionais e internacionais se reúnem por três semanas, com shows, filmes e workshops.

✉ Vancouver, Colúmbia Britânica
☎ 604/662-7441

BRANT WILDLIFE FESTIVAL

www.brantfestival.bc.ca

Festeja a volta de gansos-de-faces-negras em migração do México para o Alasca, com observação de aves, artes, palestras e caminhadas guiadas. De março a meados de abril.

✉ Parksvill/Qualicum Beach/Nanaimo, Colúmbia Britânica ☎ 604/924-9771

ABRIL

WORLD SKI AND SNOWBOARD FESTIVAL

www.wssf.com

Dez dias de atividades com a apresentação de campeões olímpicos e lendas dos esportes radicais, mais música ao vivo e outras atrações.

✉ Whistler, Colúmbia Britânica
☎ 604/938-3399

MAIO/JUNHO

VANCOUVER INTERNATIONAL CHILDREN'S FESTIVAL

www.childrensfestival.ca

Espetáculos, artes e muitas atividades interativas elaboradas para crianças, em tendas listradas, ao lado do Vanier Park.

✉ Vancouver, Colúmbia Britânica
☎ 604/708-5655

VANCOUVER INTERNATIONAL MARATHON

www.bmovanmarathon.ca

Parece que a cidade inteira participa, com maratona, revezamento, meia maratona, meia maratona de cadeira de rodas, MaraFun para crianças; e muitos eventos paralelos, a exemplo de 25 emissoras musicais.

✉ Vancouver, Colúmbia Britânica
☎ 604/872-2928

INTERNATIONAL JAZZ FESTIVAL

www.coastaljazz.ca

Grande formação de intérpretes de alto nível encanta os fãs de jazz por dez dias. É um dos melhores eventos do tipo no mundo, com 400 concertos em 40 locais.

✉ Vancouver, Colúmbia Britânica
☎ 604/872-5200, 1-888/438-5200

JULHO

VICTORIA SKA FESTIVAL

http://victoriaskafest.ca

Bandas internacionais tocam ska, reggae, punk, R&B, soul, música latina e outros gêneros no Ship Point, no Inner Harbour, e em outros locais pela cidade.

✉ Victoria, Colúmbia Britânica
☎ 250/385-0051

SETEMBRO

VANCOUVER FRINGE FESTIVAL

www.vancouverfringe.com

Teatro para todos é o objetivo deste festival popular que apresenta 600 shows em mais de 11 dias.

✉ Vancouver, Colúmbia Britânica
☎ 604/637-6380 (bilheteria), 604/257-0350 (informações)

OUTUBRO/NOVEMBRO

BANFF MOUNTAIN FILM AND BOOK FESTIVALS

www.banffmountainfestivals.ca

Estes consolidados festivais internacionais de cinema e literatura de temática montanhesa são realizados paralelamente por oito dias, atraindo participantes de quase 30 países.

✉ Banff Centre, Banff ☎ 403/762-6301, 1-800/413-8368 (bilheteria), 403/762-6100

---

do ano seg-sáb 10h-17h, dom 11h-17h 💳 Adulto $9, criança (3-16) $5 🚌 3, 27, 28, 30, 31 🚗 Entre Government e Douglas, um quarteirão ao norte do Empress Hotel

WHISTLER

CROSS COUNTRY CONNECTION

www.crosscountryconnection.ca

Tudo que você precisa para fazer cross-country, com aluguel de equipamento, passeios com guia e aulas.

✉ 7400 Fitzsimmons Road South, Box 1235, Whistler, Colúmbia Britânica, V0N 1B0 ☎ 604/905-0071 🕐 Seg-sáb 9h-20h, dom 9h-18h 💳 Varia; ligue para se informar 🚗 Na ponta da vila, na entrada do Lost Lake Park, ao lado da Lorimer Road

MILLENIUM

www.myplacewhistler.org

Este centro oferece excelentes concertos, peças e exposições de arte.

✉ 4335 Blackcomb Way, Whistler, Colúmbia Britânica V0N 1B4 ☎ 604/935-8410 💳 O ano todo 💳 Varia, em geral por volta de $30 🚗 Entre Village Gate Boulevard e Lorimer Road

SCANDINAVE SPA

www.scandinave.com

Relaxe em banheiras quentes ao ar livre, com vista espetacular, e depois numa cachoeira ou piscina. Há solários, sauna finlandesa e banho no vapor de eucalipto. Só para adultos.

✉ 8010 Mons Road, Whistler, British Columbia, V0N 1B8 ☎ 604/935-2424 🕐 Diariam 10h-19h (massagens desde 9h) 💳 Banhos escandinavos acesso $55; pacotes $130-$205 🚌 3, 43 🚗 Highway 99, ao norte de Whistler; vire à direita no farol de Spruce Grove, depois à esquerda

ONDE COMER

PREÇOS E SÍMBOLOS

Os restaurantes estão listados por ordem alfabética (sem levar em conta os artigos La, Le e Les). Os preços correspondem a um almoço (A) de dois pratos e um jantar (J) de três pratos, sem bebidas. O preço do vinho refere-se a uma garrafa da marca menos cara.

Para a legenda de símbolos, ▷ 2.

BANFF

BALKAN

www.banffbalkan.ca

O sabor do Mediterrâneo vai além da excelente culinária grega que a casa oferece –às terças e quintas você pode quebrar pratos e apreciar a dança do ventre. O arni psito (cordeiro assado), marca registrada da casa, é magnífico. E tudo é caseiro, feito com ingredientes frescos e com a autêntica habilidade grega, desde as variadas e deliciosas mezes até os diversos grelhados, moussakas e massas. O menu do almoço tem muita variedade de pitas recheados, hambúrgueres e sanduíches.

✉ 120 Banff Avenue, Banff, Alberta T1L 1A4 ☎ 403/762-3454 🕒 Diariam 11h-23h 💰 A $15, J $45, vinho $28 🚌 No centro, entre as ruas Buffalo e Caribou

EVELYN'S COFFEE BAR

http://evelynscoffeebar.com

O primeiro Evelyn's teve tanto sucesso que outros dois foram abertos para atender à demanda. Produtos assados e fresquinhos, como enrolado de canela, bagels, bolo de cenoura e croissants, abrem o apetite desde o café da manhã, e na hora do almoço tem sopas, saladas, sanduíches muito bem recheados, ou algum prato quente, como lasanha ou torta de frango. Filiais na 119 Banff Avenue e na 229 Bear Street.

✉ 201 Banff Avenue, Banff, Alberta T1L 1A4 ☎ 403/762-0352 🕒 Diariam 6h30-23h 💰 A $12 🚌 No centro, na Caribou Street

GIORGIO'S

www.giorgiosbanff.com

Decoração acolhedora e mesas à luz de velas oferecem a promessa de algo especial, e não desapontam. O menu de pratos clássicos italianos, preparados com os melhores produtos canadenses, vai de pizzas crocantes no forno à lenha e massas caseiras a peito de pato assado com canelone de cogumelo, suco de tomate e geleia de figo. Outras opções são linguado gigante com crosta de ervas, limão e alcaparras; pimentões assados; espaguete cabelo de anjo, espinafre e chili; e steak New York com fettuccine Alfredo e pitus ao alho.

✉ 219 Banff Avenue, Banff, Alberta, T1L 1C4 ☎ 403/762-5114 🕒 Diariam desde as 17h 💰 J $48, vinho $36 🚌 No centro, entre as ruas Caribou e Wolf

MAGPIE & STUMP/CANTINA

Alegre, este é um ótimo restaurante para a família durante o dia e um lugar animado à noite, com "happy hour" de quatro horas na Cantina, depois das 22h. Tem comida mexicana, que no almoço inclui sopas, saladas, nachos, enchiladas, tostadas, tacos e hambúrgueres. O menu do jantar tem tudo isso mais burritos, chimi changas, fajitas, chili com carne, bifes, costelas, salmão e churrasco de frango.

✉ 203 Caribou Street, Banff, Alberta, T1L 1A8 ☎ 403/762-4067 🕒 Diariam 12h-2h 💰 A $20, J $40, vinho $28 🚌 No centro, ao lado da Banff Avenue na Bear Street

Acima *Vancouver tem muitos restaurantes à beira-mar*

MAPLE LEAF GRILLE AND SPIRITS

www.banffmapleleaf.com

Os dois andares deste restaurante e bar são separados por uma escadaria grandiosa, e a madeira natural cria uma elegância rústica. O menu se concentra na verdadeira cozinha canadense. Você pode pedir um suculento filé de lombo de bisão envolto em bacon ou a especialidade da casa: linguado gigante com crosta de mariscos e caranguejo, ao molho de manteiga e tangerina. O almoço é mais simples, mas tem também algumas opções interessantes de café da manhã servidas até 13h30.

✉ 137 Banff Avenue, Banff, Alberta, T1L 1C8 ☎ 403/760-7680 ⏲ Diariam 11h-24h 🖐 A $20, J $50, vinho $38 🚭 Ala de fumantes 🚘 Perto do cruzamento com a Caribou Street

CHEMAINUS

DANCING BEAN CAFE

www.dancingbean.ca

Com obras de artistas locais nas paredes, artesanato à venda, noite do microfone aberto para compositores todo mês e constante música ao vivo (jazz, blues, raiz e clássica), este é um lugar cheio de arte. De dia, tem boa variedade de comida feita com ingredientes locais. Isso inclui sopas caseiras, sanduíches grelhados, saladas e enrolados, ótimas sobremesas tradicionais, café da manhã até as 11h, e refeições noturnas como frango frito, massas e bifes nas noites de show.

✉ 9752 Willow Street, Chemainus, Colúmbia Britânica, V0R 1K0 ☎ 250/246-5050 ⏲ Diariam a partir de 8h (até 23h nas noites de show) 🖐 A $10, J $20 🚘 Ao sul da cidade, ao lado da Highway 1A, via Mill Street

JASPER

EVIL DAVE'S

www.evildavesgrill.com

Apesar de receber o prêmio de Responsabilidade Ambiental, sua comida tentadora certamente pode levar a exageros! O menu de comfort food sofisticada tem influências globais. Há entradas como camarão empanado no coco com molho de groselha e pimenta, maionese de manga e bolinhos de frango em estilo japonês. Pratos principais podem incluir salmão encimado por iogurte de curry doce, com legumes fritos e arroz jasmine, ou bolo de carne de bisão e bacon defumado com purê de batata, queijo e alho.

✉ 622 Patricia Street, Jasper, Alberta, T0E 1E0 ☎ 780/852-3323 ⏲ Jun-set diariam 16h-23h; out-mai seg-sex 17h-23h, sáb-dom 16h-23h 🖐 J $45, vinho $30 🚘 Perto da Connaught Drive e da Hazel Avenue

JASPER BREWING COMPANY

www.jasperbrewingco.ca

Para acompanhar as deliciosas cervejas feitas com água glacial, há boa comida tradicional de pub, incluindo um menu noturno que tem peixe empanado com cerveja e fritas, filé de costela de Alberta com purê de manteiga de alho assado e cheddar, camarão com arroz jasmine e o clássico jambalaya. As opções diurnas incluem hambúrguer magro de bisão, sanduíches, sopas e saladas.

✉ 624 Connaught Drive, Jasper, Alberta, T0E 1E0 ☎ 780/852-4111 ⏲ Diariam 11h30-1h 🖐 A $30, J $45, vinho $28 🚘 Na rua principal de Jasper, entre as avenidas Hazel e Miette

PAPA GEORGE'S

http://papageorgesrestaurant.com

No andar principal deste hotel de gestão familiar, o restaurante é confortável e informal, com decoração de pub e grande lareira de pedra.

✉ Astoria Hotel, 404 Connaught Drive, Jasper, Alberta, T0E 1E0 ☎ 780/852-3351 ⏲ Diariam 7h-15h, 17h-22h 🖐 A $13, J $25, vinho $18

KELOWNA

BOUCHONS BISTRO

www.bouchonsbistro.com

Trata-se de um bistrô francês, com decoração elegante e informal e pátio espaçoso, aberto no verão. O chef e sócio francês tem credenciais impressionantes e criou um menu clássico de bistrô, que conta com especialidades como bouillabaise e cassoulet, ao lado dos consagrados coq au vin, cozido lentamente em pinot noir, filé de lombo de vitela e pitus com coulis de lagosta e rack de cordeiro assado à provençal com azeitonas niçoise e sumo de tomate seco. O menu "table d'hôte" de três pratos, ao preço de US$39,50, vale a pena.

✉ 105 -1180 Sunset Drive, Kelowna, Colúmbia Britânica, V1Y 9W6 ☎ 250/763-6595 ⏲ Diariam desde as 17h30. Fecha meados fev-início mar 🖐 J $55, vinho $27,50 🚘 No centro, perto do lago

DOC WILLOUGHBY'S

www.docwilloughby.com

Pub tradicional, com interior de madeira escura polida, vigas fortes, tijolo à vista e peças interessantes nas paredes. Também tradicional, o menu inclui cozido irlandês com Guinness, peixe com fritas inglês e especialidades dos EUA: costelas, bolo de carne e steak New York. Além disso, há hambúrgueres, sanduíches e saladas, bem como brunch, das 10h às 14h nos fins de semana e feriados. O pub tem o nome do avô do dono –um médico renomado que virou político e viveu até os 101 anos. Aqui há música ao vivo regularmente.

✉ 353 Bernard Avenue, Kelowna, Colúmbia Britânica, V1Y 6N6 ☎ 250/868-8288 ⏲ Diariam, desde as 10h 🖐 A $25, J $40, vinho $22 🚘 No centro, ao lado da Water Street

SUNSET ORGANIC BISTRO

www.summerhill.bc.ca

O restaurante que sediou a premiação de Produtor Canadense de Vinho do Ano em 2009 também ganhou prêmios por sua criativa culinária orgânica. Além de ter uma horta orgânica, compra carnes e peixes locais de produtores sustentáveis. Um menu recente tinha entradas como bruschetta de cogumelo silvestre e mexilhões ao vapor, seguidos de peito de pato de Yarrow Meadows com pedaços de frutas e creme de alecrim, ou peito de frango caipira com sálvia, limão e nhoque de espinafre e mascarpone.

✉ Summerhill Pyramid Winery, 4870 Chute Lake Road, Kelowna, Colúmbia Britânica, V1W 4M3 ☎ 250/764-8000, 1-800/667-3538 ⏲ Diariam 11h-13h, 17h-21h 🖐 A $23, J $50, vinho $29 🚘 9km ao sul de Kelowna pela Lakeshore Road

NANAIMO

BOLD KNIGHT

www.boldknight.ca

Restaurante muito procurado há mais de 30 anos por seus frutos do mar e bifes. E se você achar difícil escolher, existe uma porção de combinações de menu chamadas "surf and turf". Aqui se sente também a influência grega, por isso o souvlaki aparece entre as especialidades. A sopa cremosa de frutos do mar é famosa. Os vinhos da casa vêm de Peller Estates.

✉ 1140 Island Highway South, Nanaimo, Colúmbia Britânica ☎ 250/754-6411 ⊙ Ter-qui 11h-22h, sex 11h-23h, sáb-dom 16h-23h, dom 16h-22h A $20, J $45, vinho $29 No extremo sul da cidade, pela TransCanada Highway

LONGWOOD BREWPUB

www.longwoodbrewpub.com

O que atrai o olhar quando se entra neste pub são os brilhantes tanques de fermentação da cervejaria que funciona no local. Venha num sábado e poderá fazer uma visita, com degustação (somente com reserva). Há boa variedade e tudo é feito aqui mesmo, incluindo pães, massas, sopas, molhos e sobremesas. Além de hambúrgueres e sanduíches, há pratos principais como salmão do Pacífico marinado em molho de funcho e shoyu, caranha cajun com crème fraîche de laranja e rack de cordeiro com crosta de mostarda de Dijon e pistache.

✉ 5775 Turner Road, Nanaimo, Colúmbia Britânica, V9T 6L8 ☎ 250/729-8225 ⊙ Seg-sáb 11h-23h, dom 10h-22h A $20, J $45, vinho $26 Parte norte da cidade, ao lado da Island Highway North (Highway 19A) entre a Rutherford Road e a Hammond Bay Road

PRINCE RUPERT

WATERFRONT RESTAURANT

www.cresthotel.bc.ca

Reserve uma mesa ao lado de uma janela para aproveitar a vista. Mas, mesmo sem vista, vale a pena vir aqui pelos frutos do mar fresquíssimos, deliciosamente preparados pelo chef Willy Beaudry e sua equipe. Caranguejos-gigantes do Alasca, pitus creole e bochechas de linguado gigante com molho de mostarda, alcaparra e frutas silvestres dividem o menu com excelentes bifes de Alberta e pratos como o cordeiro assado lentamente, ao molho de hortelã e alecrim. Opções vegetarianas. Se você quiser uma refeição mais leve, há hambúrgueres caseiros, peixe com fritas, sanduíches e saladas.

✉ Crest Hotel, 222 West 1st Avenue, Prince Rupert, Colúmbia Britânica, V8J 1A8 ☎ 250/624-6771, 800/663-8150 ⊙ Diariam 6h30-21h30 A $25, J $50, vinho $26 No centro, na orla, ao lado da McBride Street (Highway 16), entre as ruas 1st e 2nd

PORT ALBERNI

LITTLE BAVARIA

www.littlebavariarestaurant.com

Fundado por um imigrante alemão em 1966, este restaurante sempre concorrido é agora dirigido pela croata Kathy Krznaric, por isso a cozinha ainda se concentra em pratos típicos europeus, como fígado acebolado, goulash húngaro e dez tipos de schnitzel (tipo de bife à milanesa). Há pratos de frutos do mar e bifes, e o Bavarian Plate (para duas ou mais pessoas) é uma ótima maneira de provar schnitzels e bratwurst (tipo de linguiça) servidos com batatas fritas, Spätzle e legumes. O menu do almoço também tem sanduíches e saladas.

✉ 3035 4th Avenue, Port Alberni, Colúmbia Britânica, V9Y 2B8 ☎ 250/724-4242 ⊙ Seg-sex 11h-14h e a partir das 17h, sáb-dom a partir das 17h A $20, J $37, vinho $19 Nos altos de Port Alberni, entre as ruas Argyle e Angus

TOFINO

BREAKERS

www.breakersdeli.com

Se você planeja caminhar em Long Beach, este é um lugar ótimo para fazer uma cesta de piquenique, mesmo se chegar bem cedo. Ingredientes orgânicos e integrais são usados no preparo da comida, que conta com café da manhã o dia todo, sanduíches, enrolados, burritos, saladas, pratos prontos e pizzas.

✉ 430 Campbell Street, Tofino, Colúmbia Britânica, V0R 2Z0 ☎ 250/725-2558 ⊙ Diariam 7h-22h A $12 No centro, no prédio da Campbell House

SOBO

www.sobo.ca

O nome é a contração de "sophisticated bohemian" (boêmio sofisticado), que retrata tanto a comida quanto a chefe e dona Lisa Ahier, considerada proprietária de um dos dez melhores restaurantes do Canadá e que, ao vir para o país, atendia num caminhão. O menu daqui é agradavelmente despretensioso e, no jantar, tem duas opções de pato (em uma delas o pato é laqueado com mel e grãos de pimenta) e uma tigela de mariscos da Vancouver Island com pão caseiro, batatas crocantes e aïoli de pimentão vermelho. No almoço e no jantar as pizzas no forno a lenha têm coberturas interessantes, e há um menu saudável para crianças.

✉ 311 Neill Street, Tofino, Colúmbia Britânica, V0R 2Z0 ☎ 250/725-2341 ⊙ Seg-ter 11h-17h30, qua-dom 11h-21h A $18, J $40, vinho $30 No centro, no prédio Conradi

VANCOUVER

BLUE WATER CAFE + RAW BAR

www.bluewatercafe.net

Este restaurante moderno de frutos do mar e sushi continua a receber críticas elogiosas. As torres de duas ou três camadas de frutos do mar (caras) formam uma pilha alta com mariscos suculentos e são ótimas para dividir. Sobremesas deliciosas com chocolate ou fruta.

✉ 1095 Hamilton Street, Vancouver, Colúmbia Britânica, V6B 5T4 ☎ 604/688-8078 ⊙ Diariam 17h-23h J $70, vinho $35 Exceto no pátio 1 Em Yaletown, na Hamilton com Helmcken

CINCIN

www.cincin.net

Excelente comida italiana moderna, com pizzas feitas em forno à lenha e ampla variedade de massas e pratos com carne.

✉ 1154 Robson Street, Vancouver, Colúmbia Britânica, V6E 1B5 ☎ 604/688-7338

Seg-sex 11h30-14h30, 17h-22h30, sábado 17h-24h A $25, J $65, vinho $29 Todos os serviços até Robson No centro, entre as ruas Bute e Thurlow

MARMALADE KITCHEN AND BAR

www.marmaladekb.com

Chique em estilo retrô, o Marmalade Kitchen fica de frente para o mar, o qual pode ser apreciado das mesas no pátio. O menu internacional de jantar pode incluir cordeiro marroquino aromático, filé de lombo bovino com molho de Drambuie ou uma travessa grande de especialidades mediterrâneas. No almoço há sanduíches, saladas, hambúrgueres e peixes, e um farto brunch é servido das 9h às 17h nos fins de semana.
3-1010 Beach Avenue, Vancouver, Colúmbia Britânica, V6E 1T7 604/689-7800 Ter-sáb 11h-22h, dom-seg 11h-15h A $26, J $35, vinho $28 Aquabus ou False Creek Ferry Sob a Burrard Street Bridge, em frente à Granville Island

STEAMWORKS BREWPUB

www.steamworks.com

A cerveja e a comida atraem a clientela. O menu conta com frutos do mar, hambúrgueres e pizzas de forno a lenha.
375 Water Street, Vancouver, Colúmbia Britânica, V6B 5C6 604/689-2739 Seg-qua 11h30-23h30, qui 11h30-24h, sex-sáb 11h30-1h, dom 11h30-23h A $20, J $35, vinho $26 Skytrain e West Coast Express até Waterfront 50 Na ponta de Gastown, no cruzamento com a Cordova Street

SUN SUI WAH SEAFOOD

www.sunsuiwah.com

Há mais de 30 anos este é um dos restaurantes preferidos da grande comunidade chinesa de Vancouver. Oferece excelente comida cantonesa.
3888 Main Street, Vancouver, Colúmbia Britânica, V5V 3N9 604/872-8822, 1-866/872-8822 Diariam 10h-15h, 17h-22h30 A $40, J $60, vinho $29 Skytrain até Main Street 3 No centro, na 23rd Avenue

VICTORIA

THE BLETHERING PLACE

www.thebletheringplace.com

Esta casa de chá com painéis de carvalho oferece um fantástico menu para a hora do chá. Também serve café da manhã e almoço tradicional, e há apresentações nas noites de sábado.
2250 Oak Bay Avenue, Victoria, Colúmbia Britânica, V8R 1G5 250/598-1413, 1-888/598-1413 Diariam 8h-21h A $15, J $22, vinho $20 2, 8 Na Oak Bay Village, esquina com Monterey

GLO EUROPUB AND GRILL

www.gloeuropub.com

Numa posição fantástica na orla, este pub movimentado tem um pátio e aconchegantes divisórias internas. No menu figuram sanduíches, sopas, massas e pizzas mais tira-gostos interessantes (bolo de lagosta e camarão, enrolado de alface e frango com gengibre), alguns dos quais estão no menu da noite. As entradas vão de peixe com fritas ou churrasco de costela até anchova grelhada com compota de frutas. Menus a preço fixo com quatro pratos são oferecidos na quarta e no domingo. Há constantes apresentações, com música ao vivo e DJs.
104-2940 Jutland Road, Victoria, Colúmbia Britânica V8T 5K6 250/385-5643 Diariam 11h-até tarde; brunch sáb, dom e feriado 11h-15h A $23, J $46, vinho $26 8, 11 Harbour Ferry Water Taxi Na Gorge Waterway ao norte do centro, via Government Street e Gorge Road East

MARINA

www.marinarestaurant.com

À beira-d'água, este restaurante serve pratos de frutos do mar com sabores da costa noroeste. Tem também um sushi bar, comida de bar e bufê no brunch de domingo, com coquetéis.
1327 Beach Drive, Victoria, BC, V8S 2N4 250/598-8555 Diariam 11h30-14h30, 17h-21h ou 22h A $25, J $30, vinho $24 2, 8 6km a leste de Victoria pela Oak Bay Avenue

WHISTLER

THE MOUNTAIN CLUB

www.themountainclub.ca

Moderna cozinha regional canadense é a pedida neste belo restaurante central, que também tem um pátio ao ar livre. A equipe da cozinha prepara pratos com ingredientes locais que exalam criatividade, porém sem excesso de rebuscamento. Exemplos disso são costela de bisão com legumes outonais, mac'n'cheese e salmão com purê de batata e azeitonas pretas ao molho amanteigado de aspargos brancos e mariscos. Há também um bom menu de bar e outro de tapas.
40-4314 Main Street, Whistler, Colúmbia Britânica, V0N 1B4 604/932-6009 Seg-sáb 17h-1h, dom 17h-24h J $50, vinho $38 Town Plaza

ONDE FICAR

PREÇOS E SÍMBOLOS

Os preços correspondem à diária de um quarto duplo, com café da manhã, a menos que indicado o contrário. A não ser que esteja especificado, todos os hotéis da lista aceitam cartões de crédito. Note que os preços variam ao longo do ano.

Para a legenda de símbolos, ▷ 2.

BANFF

BREWSTER'S MOUNTAIN LODGE

www.brewstermountainlodge.com

Gerações da empreendedora família Brewster administraram este hotel nas Rochosas. Possui diversos quartos e suítes com móveis de madeira, rica decoração, TV por satélite e banheiro completo de granito e azulejo, alguns com hidromassagem. Há quartos com terraço privativo.

208 Caribou Street, Banff, Alberta, T1L 1C1 403/762-2900, 888/762-2900 $99-$199 77 No centro

CASTLE MOUNTAIN CHALETS

www.castlemountain.com

Este local isolado oferece o verdadeiro gosto da natureza sem as inconveniências. Os chalés com um ou dois quartos têm pé-direito alto, hidromassagem, cozinha equipada com lava-louça e micro-ondas, lareira de pedra e TV por satélite e DVD player. Excelentes atividades: esqui, caminhada, pescaria. Conta com empório, lavanderia, banho turco e biblioteca.

Box 1655, Banff, Alberta, T1L 1B5 403/762-3868, 1-877/762-2281 Desde $149 21 chalés (todos para não fumantes) Castle Junction, pela Bow Valley Parkway (Highway 1A), ao lado da Trans-Canada Highway.

CHASE

TALKING ROCK RESORT AND QUAAOUT RESORT

www.talkingrock.ca

A comunidade de Little Shuswap é proprietária e dirige este resort à beira do lago, que combina acomodações modernas e cultura nativa. Os quartos modernos têm banheiro, alguns com hidromassagem, mais TV e geladeira. Os hóspedes podem nadar, fazer esqui aquático e andar de barco, ou seguir as trilhas pelos bosques dos arredores.

1663 Little Shuswap Lake Road, Chase, Colúmbia Britânica, V0E 1M0 250/679-3090, 1-877/663-4303 $187-$231 72 Coberta A 2,5km da Trans-Canada Highway, a leste de Kamloops, saída pela Squilax Bridge

JASPER

FAIRMONT JASPER PARK LODGE

www.fairmont.com/jasper

Aqui há cabanas com um a oito quartos, além de quartos e suítes luxuosos, todos com TV a cabo, telefone, secador de cabelos, ferro e tábua de passar. Muitas atividades ao ar livre no verão, e guia do local para caminhadas panorâmicas. No inverno oferece patinação, passeios de trenó e esportes de inverno. Estacionamento com proteção de inverno e manobrista (pago).

Old Lodge Road, Jasper, Alberta, T0E 1E0 780/852-3301, 1-866/540-4454 $249-$749 446 (para não fumantes) Externa, aquecida 4,8km a nordeste de Jasper pela Highway 16

VANCOUVER

BARCLAY HOUSE IN THE WEST END

www.barclayhouse.com

Oásis tranquilo em meio a arranha-céus no moderno West End, este B&B fica numa residência vitoriana restaurada, com vestíbulo e jardim. Todos os quartos têm banheiro, alguns com banheira cujos pés lembram patas de animais, e TV, DVD player e toca CD (com ampla variedade de vídeos e CDs). A Garden Suite do primeiro andar e a Haidaway têm entradas independentes e salas de estar. Não são aceitas crianças menores de 12 anos e animais de estimação.

1351 Barclay Street, Vancouver, Colúmbia Britânica, V6E 1H6 604/605-1351, 1-800/971-1351 $175-$295 6 (para não fumantes) Skytrain até Burrard No centro, entre Broughton e Jervis

BEAUTIFUL BED AND BREAKFAST
www.beautifulbandb.bc.ca
Numa sossegada área residencial, com ótimas conexões com as atrações do centro, este B&B está numa bela casa colonial, com móveis antigos. A Honeymoon Suite tem duas pias e uma banheira enorme no banheiro. Não aceita menores de 14 anos.
✉ 428 West 40th Avenue, Vancouver, Columbia Britânica, V5Y 2R4 ☎ 604/327-1102 $131-$231 3 (todos para não fumantes) 15, 41 Skytrain: Oakridge Primeiro quarteirão a leste de Cambie, na área residencial

GRANVILLE ISLAND HOTEL
www.granvilleislandhotel.com
Na orla da vibrante ilha de Granville, este hotel tem belas vistas da cidade e das montanhas –principalmente se você puder ficar na Penthouse Suite de cobertura.
✉ 1253 Johnston Street, Vancouver, Colúmbia Britânica, V6H 3R9 ☎ 604/683-7373, 1-800/663-1840 $149-$265 85 (todos para não fumantes) 50 Aquabus, False Creek Ferry Na ponta nordeste da ilha de Granville

HOSTELLING INTERNATIONAL VANCOUVER CENTRAL
www.hihostels.ca
Este é um albergue acima da média. Tem alguns quartos com TV e banheiro, além de dormitórios comunitários com quatro camas. Há um bufê gratuito de café da manhã e equipamentos básicos de cozinha (micro-ondas, torradeiras e chaleiras; mas fogão não) para os hóspedes prepararem outras refeições. O HI tem mais duas unidades (com cozinhas completas) em Vancouver.
✉ 1025 Granville Street, Vancouver, Colúmbia Britânica, V6Z 1L4 ☎ 604/685-5335 $31,50 (por pessoa, em quartos compartilhados) até $55 (em quarto privativo) 214 camas Skytrain para Vancouver City Centre 50

SUTTON PLACE
www.suttonplace.com
Os quartos e suítes luxuosos neste hotel central de 21 andares têm design elegante e moderno, e recursos como TV de tela plana, telefone de duas linhas, internet de banda larga e controle climático independente.
✉ 845 Burrard Street, Vancouver, Colúmbia Britânica, V6Z 2K6 ☎ 604/682-5511, 866/378-8866 $200-$396 397 Interna Skytrain até Burrard 2, 22, 44

WEDGEWOOD HOTEL AND SPA
www.wedgewoodhotel.com
O porteiro acompanha você ao entrar num dos hotéis mais luxuosos da cidade. Quartos e suítes com projetos individuais, com antiguidades, flores frescas, obras de arte originais e uma imensa lista de amenidades.
✉ 845 Hornby Street, Vancouver, Colúmbia Britânica, V6Z 1V1 ☎ 604/689-7777, 800/663-0666 $228-$1.100 83 (todos para não fumantes) Skytrain to Vancouver City Centre 2, 5, 22 No centro, entre Smithe e Robson

VICTORIA

ABIGAIL'S HOTEL
www.abigailshotel.com
Elegante B&B com jardim inglês. Quartos com decoração coordenada e antiguidades, alguns têm cama com dossel. Todos dispõem de banheiro. Hors d'oeuvres à noite e acesso à internet estão inclusos no preço.
✉ 06 McClure Street, Victoria, Colúmbia Britânica, V8V 3E7 ☎ 250/388-5363, 1-800/561-6565 $199-$369 23 (todos para não fumantes) 6 Centro, entre Quadra e Vancouver

COAST VICTORIA HARBOURSIDE HOTEL AND MARINA
www.coasthotels.com
Em uma localização de incrível beleza e com sua própria marina, este hotel recentemente reformado possui quartos espaçosos e suítes, muitos deles com vista para o porto; as Premium Suites têm uma grande sacada de onde se avistam também as montanhas. Internet de alta velocidade, chamadas locais de telefone gratuitas e jornal entregue de manhã cedo estão incluídos na diária. Há serviço de quarto 24 horas.
✉ 146 Kingston Street, Victoria, Colúmbia Britânica, V8V 1V4 ☎ 250/360-1211, 1-800/716-6199 (reservas), 1-800/800-26278 (reservas internacionais) $125-$228 132 Interna a externa Serviço gratuito do hotel

FAIRMONT EMPRESS
www.fairmont.com/empress
"O" lugar para se hospedar em Victoria, o Empress é parte integral da conhecida paisagem do Inner Harbour. Histórico, elegante e luxuoso, oferece um andar Fairmont Gold com níveis ainda mais altos de opulência. Há amplo leque de recursos para os hóspedes –de instalações para negócios a um spa de ótimo nível.
✉ 721 Government Street, Victoria, Colúmbia Britânica, V8W 1W5 ☎ 250/384-8111, 1-866/540-4429 $169-$639 477 Interna

WHISTLER

DURLACHER HOF ALPINE INN
www.durlacherhof.com
Este esconderijo pequeno e encantador é um chalé alpino completo, com terraço de madeira e flores, dirigido por família austríaca. Quartos e suítes com móveis de pinho lavrados à mão. Todos têm banheiro, alguns com hidromassagem. Nada de TV ou telefone.
✉ 7055 Nesters Road, Whistler, Colúmbia Britânica, V0N 1B7 ☎ 604/932-1924, 1-877/932-1924 $129-$239 8 (todos para não fumantes) Extremo norte da vila, pela Highway 99

WESTIN RESORT AND SPA
www.westinwhistler.com
Este ótimo hotel oferece acomodações de luxo, vistas das montanhas, excelente culinária gourmet e fantástica variedade de recursos de lazer e spa. As suítes receberam decoração moderna e chique, combinada com ocasional toque rústico.
✉ 4090 Whistler Way, Whistler, Colúmbia Britânica V0N 1B4 ☎ 604/905-5000, 888/634-5577 Desde $249 419 Interna/externa aquecidas Ao lado da Highway 99 na ponta da vila de Whistler

Pág. ao lado *A vila de Whistler, com os picos nevados como cenário de fundo*

O NORTE

O Norte do Canadá evoca imagens de terras geladas e inabitadas, da tundra imensa e inóspita e de cidades longínquas. Embora isso possa ser considerado um lado negativo, na realidade essas características constituem sua principal atração. Aqui, você descobrirá uma área despovoada e intocada, onde a vida selvagem ultrapassa em muito a população humana e onde a experiência de total solidão em meio a paisagens espetaculares é algo que vai perdurar até muito tempo depois que você voltar à "civilização".

O Yukon, os Territórios do Noroeste e Nunavut formam o Norte, e cada uma das regiões evoca suas próprias memórias: há recordações da Corrida do Ouro de Klondike, em Dawson City; Yellowknife, nos Territórios do Noroeste, ainda tem fortes ligações com as Primeiras Nações que deram nome ao local (tribos da região fabricavam facas de cobre); Nunavut é claramente território inuit e preserva um legado artístico único, mas não vive só do passado. As capitais dos territórios –respectivamente, Whitehorse, Yellowknife e Iqaluit– não são grandes, mas constituem centros movimentados, cheios de gente que não viveria em nenhum outro lugar a não ser no Norte.

Talvez cause surpresa, mas aqui não é necessariamente mais frio. Na realidade, as temperaturas de inverno às vezes são mais altas aqui do que nas Pradarias, o que abre caminho para aproveitar as atividades de inverno, que vão desde passeios em trenós puxados por cães e escalada no gelo até ficar apenas apreciando o espetáculo da aurora boreal. No verão, os dias são quentes e longos e, com um mínimo de 20 horas de luz solar diária, é o momento perfeito para aproveitar o Norte ao máximo. Há muitas oportunidades de caminhadas, observação da vida selvagem, pescarias, passeios de caiaque e muitos guias dispostos a levar você aos melhores locais. E as experiências novas continuam –mesmo sabendo que você tem um hotel confortável à sua espera, explorar esta área desperta um raro espírito de aventura.

ALASKA HIGHWAY
▷ 346-7.

ILHA DE BAFFIN
www.nunavuttourism.com
www.baffinisland.ca
A Ilha de Baffin forma a maior parte do mais novo território do Canadá, Nunavut, criado em 1º de abril de 1999, a partir da porção oriental dos Territórios do Noroeste. Nunavut significa "nossa terra" na língua dos inuits, que vivem aqui faz 5 mil anos. Seu estilo de vida moderno mantém elementos do passado –na primavera, grupos saem em expedições de caça e pesca.

Três quartos da massa de terra da Ilha de Baffin ficam ao norte do Círculo Polar Ártico, e a paisagem é primitiva e coberta de gelo, com picos escarpados e grandes áreas de tundra. O ecoturismo tem atividades como caminhadas e andar de caiaque, canoa, trenó de cães e snowmobile. Você pode avistar ursos-polares, caribus, baleias, narvais, focas e morsas, em passeios de barco ou expedições à beira das banquisas, que podem ter hospedagem em iglu. A observação de aves é melhor na primavera e no verão, quando as espécies migratórias voltam para procriar.
409 07 Unikkaarvik Regional Visitors Centre, Box 1450, Iqaluit, Nunavut, X0A 0H0 867/979-4636 Jun-set seg-sex 9h-18h, sáb 10h-16h, dom 13h-16h; resto do ano seg-sex 9h-17h, sáb 10h-16h Voos para Iqaluit de Edmonton, da Cidade de Quebec e de Montreal

DAWSON CITY
▷ 348.

DEMPSTER HIGHWAY
www.dempsterhighway.com
Terminada em 1979, esta rodovia de 736km vai desde 40km a leste de Dawson City, no Yukon, até Inuvik, nos Territórios do Noroeste. Trata-se da única rodovia canadense a cruzar o Círculo Polar Ártico, o que ocorre a 450km de Dawson. Faz a ligação com aldeias longínquas e atravessa longos trechos sem nada. O Arctic Circle Gateway Interpretive Display, perto de Dawson City, tem informações.

Cerca de uma hora e meia de carro ao norte de Dawson City, a rodovia tem um desvio para o Tombstone Territorial Park, onde um novo Centro Interpretativo (início jun-ago diariam 9h30-17h) dá uma visão excelente sobre uma das melhores áreas para caminhadas de Yukon.

Dois rios cortam a rodovia, o primeiro, Peel, fica a 539km, e o segundo, Mackenzie, está a 608km. No verão, os ferryboats levam veículos e no inverno há pontes de gelo. Nas estações intermediárias, não se trafega pela rodovia. As pistas são de cascalho e há poucos recursos. É por isso que os motorhomes são muito usados.

É aconselhável ter dois pneus sobressalentes e bastante combustível de reserva, pois há poucos postos de gasolina. Informe-se sobre as condições da estrada em www.dot.gov.nt.ca ou ligue para 1-800/661-0705.
398 C8 Dempster/Delta Visitor Information Centre, Front Street em King Street, Dawson City; meados mai-meados set diariam Klondike Visitors' Association, 1102 Front Street, Dawson City, Yukon 867/993-5575 ou NWT Arctic Tourism, Inuvik, Territórios do Noroeste 867/873-7200 Voos para Dawson City de Whitehorse. Os voos de Inuvik servem o extremo norte da rodovia

INUVIK
www.inuvik.ca
Inuvik é o maior núcleo urbano canadense ao norte do Círculo Polar Ártico e consiste numa boa base para explorar o Ártico ocidental. Os inuvailut e os gwich'in das Primeiras Nações formam a maior parte da população local. Eles vivem de caça, caça esportiva e atividades de ecoturismo. Casas coloridas são erguidas acima do solo, livre do terreno permanentemente gelado, e a água, o esgoto e o aquecimento passam por tubos acima do solo para evitar congelamento. A Igloo Church of Our Lady of Victory na Mackenzie Road, construída em 1958, é o marco mais importante da cidade –circular e com paredes brancas, tem linhas para imitar blocos de gelo. Por dentro, as estações da Via-Crúcis foram pintadas por Mona Thresher, artista inuit local.

A cidade fica no delta do rio Mackenzie e é um dos corredores de vida selvagem mais importantes do mundo, um refúgio para aves aquáticas migratórias e grandes populações de peixes. Manadas de caribus migram para cá a fim de dar cria, e a vasta tundra é o ambiente ideal para os ursos-polares.

Chega-se a diversos parques nacionais por meio de pequenos aviões fretados, e entre as atividades estão rafting em corredeira, caiaque e caminhada. Os passeios guiados para avistar animais são concorridos. A aurora boreal é a grande atração no inverno, quando você pode andar de snowmobile, trenó de cães ou sapato de neve. A leste de Tuktoyaktuk, 164km ao norte de Inuvik, está a maior área do mundo de pingos –curiosos montículos em formato de cone, que surgiram quando bolsões de água congelaram e foram empurrados para cima pela pressão provocada pelo subsolo congelado.
398 D7 Western Arctic Visitor Centre, 284 Mackenzie Road, Inuvik, Territórios do Noroeste 867/777-4727 ou 867/777-4321 Duas vezes por semana entre Dawson City e Inuvik (viagem de 12 a 14 horas, com parada para almoço) Voos regulares de Yellowknife

Pág. ao lado *Vista do riacho na tundra, esta montanha se cobre de neve no inverno*
Abaixo *Loja da Hudson's Bay Company, em Pangnitung, Ilha de Baffin*

ALASKA HIGHWAY

INFORMAÇÕES
www.hellonorth.com
www.touryukon.com
398 C11 Northern Rockies Alaska Highway Tourism Association, Box 6850, Suite 300, 9923 100th Street, Fort St. John, Colúmbia Britânica, V1J 4J3
250/785-2544, 1-888/785-2544
Tourism & Culture, Government of Yukon, Box 2703, Whitehorse, Yukon, Y1A 2C6 867/667-5340, 1-800/661-0494

INTRODUÇÃO

A Alaska Highway se estende por 2.288km entre Dawson Creek, Colúmbia Britânica, e Delta Junction, Alasca (EUA), e oferece uma viagem de aventuras que atravessa a fronteira setentrional. São necessários ao menos dois dias para dirigir pelo trecho canadense da rodovia, ou três, se você continuar até o final em Delta Junction, Alasca, e se quiser aproveitar bem a experiência. Se planeja dirigir até o fim, lembre-se de que isso implica entrar nos EUA; por isso, verifique se está com a documentação necessária, dinheiro ou cartões de crédito. A alfândega canadense fica no km 1.937 e a fronteira oficial com os EUA está no km 1.967, e há outro posto a 321km do fim da rodovia.

Quando o noroeste do Canadá foi colonizado, seus rios eram os principais trajetos –milhares de pessoas subiram o rio Yukon na década de 1890, durante a Corrida do Ouro de Klondike, e a maioria pegava a Inside Passage até Skagway, antes que a disputa pelo passo White atingisse o rio. Quando o ouro acabou, a população diminuiu, e o Yukon quase voltou ao que era antes.

MEDIDAS DEFENSIVAS

Depois, na Segunda Guerra Mundial, o Japão atacou Pearl Harbor e invadiu as ilhas Aleutas, ameaçando o Alasca, e os EUA precisaram reforçar a proteção do estado. Foi projetado um caminho por terra, ligando o território americano ao Alasca, através do Norte canadense. O empreendimento conjunto entre os dois países teve início em 8 de março de 1942 e foi terminado em 25 de outubro do mesmo ano, construído por 27 mil homens, a uma taxa de mais de 13km por dia. Foi um duro trabalho para enfrentar a infestação de mosquitos a fim de atravessar o pântano transformado em lama pelas máquinas. O percurso original tinha 2.452km de extensão, mas como diversas curvas foram retiradas agora são 2.288km.

DESTAQUES

DAWSON CREEK

O início simbólico da viagem é o marco Mile Zero em Dawson Creek, mas pare primeiro na Alaska Highway House, em frente (mai-set diariam 9h-17h; resto do ano seg-sex 9h-17h). Esse novo centro de visitantes da estrada dá informações excelentes e uma boa noção do terreno. Entre as atrações desta cidadezinha estão a Walter Wright Pioneer Village (diariam), com construções originais e nove jardins floridos, e o Dawson Creek Station Museum (início mai-início set diariam; início out-início abr ter-sáb; resto do ano seg-sáb), instalado na antiga National Railroad Station, onde você pode assistir ao vídeo de uma hora sobre a construção da rodovia. O prédio também abriga o centro de visitantes da cidade. A Art Gallery (diariam 9h ou 10h-17h; fecha seg no inverno) fica no antigo silo-elevador de grãos adjacente.

FORT ST. JOHN

Depois de 76km, o percurso atravessa Fort St. John, o mais antigo assentamento europeu em terras da Colúmbia Britânica. Foi fundado em 1794 e serviu de quartel-general de campo para o exército dos EUA durante a construção da rodovia. O Fort St. John-North Peace Museum (seg-sáb 10h-17h) dispõe de milhares de mostras da área ao redor, a exemplo da reconstituição de uma cabana de caçador. Cerca de 11km ao norte da cidade, você pode sair da rodovia para visitar a barragem W. A. C. Bennett, uma enorme construção preenchida com terra, e que agora represa o maior volume de água doce da Colúmbia Britânica.

LAIRD RIVER HOT SPRINGS PROVINCIAL PARK

No km 799 a oeste de Fort Nelson, os poços impregnados de enxofre têm uma temperatura que varia de 42°C a 52°C, e o ecossistema em volta se tornou semitropical, onde até crescem orquídeas.

WATSON LAKE

Esta cidade se autodenomina "Porta do Yukon". Tem centro explicativo (início mai-fim set diariam) e também do Northern Lights Centre (diariam; shows de luzes somente meados mai-meados set), relacionado à aurora boreal, mas é mais famosa pela "floresta" de placas indicativas. Isso começou em 1942, com um soldado americano que, saudoso de casa, ergueu um poste com uma placa que apontava o caminho da terra dele. Mais tarde, viajantes acrescentaram outras placas, e hoje há quase 65 mil.

TESLIN

Este lugar, 179km ao sul de Whitehorse, era a terra do povo tlingit. George Johnston (1884-1972) fotografou muitos membros deste povo no século 20, e o museu com seu nome (meados mai-fim set diariam) exibe essas fotos e objetos tlingit.

DICA

» Embora a rodovia fique aberta o ano todo (se o clima permitir), suas condições são muito variáveis. Dirija com cuidado, pois o cascalho fica solto, e há levantamentos na pista causados por congelamento do solo, além de poças.

Sentido horário, a partir do alto
A Alaska Highway, construída durante a Segunda Guerra Mundial; Há uma grande população de ursos nesta região; Pôr do sol sobre o Yukon; Exemplar de águia-careca

INFORMAÇÕES

www.dawsoncity.org
www.pc.gc.ca
398 C9 Klondike Visitors Association, P.O. Box 389C, Dawson City, Yukon, Y0B 1G0 867/993-5575, 1-877/GOLD-006 (465-3006) Tourism Yukon Visitor Reception, esquina das ruas Front e King, Dawson City, Yukon 867/993-5566 início mai-fim set diariam 8h-20h (na primeira e na última semana da temporada 10h-18h), Parks Canada P.O. Box 390, Dawson City, Yukon, Y0B 1G0 C867/993-7200

DICAS

» O visitante que desejar reviver o período da Corrida do Ouro pode garimpar no Claim Nº 6 em Bonanza Creek (meados mai-meados set, 24 horas).

» Para ter uma excelente vista de Dawson City e das montanhas vizinhas, pegue a íngreme e sinuosa Dome Road durante 8km até o topo de Midnight Dome (877m). Vá no dia 21 de junho para entender como surgiu este nome –nesse dia, ainda se vê o sol à meia-noite.

Pág. ao lado *A grandiosidade natural das geleiras do Kluane National Park*
Abaixo *Conheça mais sobre o legado do Canadá numa visita a Dawson City*

DAWSON CITY

Quando se descobriu ouro no Yukon em 1896, a notícia logo se espalhou e Dawson City, por algum tempo, foi o lugar mais movimentado do mundo, epicentro deste fenômeno incrível. Mais de 100 mil pessoas viajaram para lá, mas em três anos as minas se exauriram e houve uma parada nas atividades. Dawson City entrou em decadência, mantendo-se no papel de capital do Território de Yukon, enquanto suas casas de madeira apodreciam devagar. Whitehorse se tornou capital em 1950, mas Dawson nunca se entregou, e na década seguinte iniciou-se um movimento para preservá-la como parte do patrimônio canadense. Atualmente, mais de 30 construções foram salvas ou reformadas e funcionam como pontos históricos, geridas principalmente pelos Parks Canadá e por obra da Klondike Visitors' Association, que investe o dinheiro dos ingressos na comunidade.

DIAMOND TOOTH GERTIE'S

O nome deste *saloon* e cassino à moda do início do século 20 (meados mai-fim set diariam) se deve a uma das mais ilustres dançarinas de Dawson, Gertie Lovejoy. Dizem que ela usava um diamante para enfeitar um dos dentes da frente. Aqui se recriou o ambiente animado do auge da Corrida do Ouro, com dançarinas de cancã a caráter e mesas de 21, pôquer e roleta.

MUSEUS

O Dawson City Museum (diariam 10h-18h) funciona no Old Territorial Administration Building, de estilo neoclássico, na 5th Avenue, e cobre tanto o período da Corrida do Ouro como a Dawson do início do século 20. A tribo local tr'ondëk das Primeiras Nações, quase esquecida no entusiasmo da história da Corrida do Ouro, ainda conta com uma população ativa e seu Dänojà Zho Cultural Centre (meados mai-meados set diariam 10h-17h) retrata seu modo de vida coletor e caçador. Duas figuras literárias de Dawson City, Jack London e Robert Service, são lembrados na reconstituição das cabanas (fim mai-meados set diariam) em que eles moraram, na 8th Avenue. Às vezes ocorrem leituras de suas obras nestas cabanas. A antiga casa do escritor Pierre Berton, também na 8th Avenue, foi restaurada para ser usada como refúgio particular de escritores canadenses.

KLONDIKE HIGHWAY

http://travelyukon.com

Esta rodovia segue o traçado da trilha de milhares de garimpeiros que invadiram o Norte em busca de ouro, na década de 1890. A Klondike Highway, também chamada Gold Rush Route, começava em Skagway (no Alasca, EUA), onde os esperançosos desembarcavam, e se estendia para o norte até Dawson City no Yukon. Os garimpeiros viajavam até Whitehorse (▷ 350-1) a pé ou a cavalo, e continuavam a jornada de barco, pelo rio Yukon. Agora, este trecho setentrional de 540km leva cerca de seis horas de carro, sem contar os desvios, e boa parte dele passa por terras inabitadas. Cerca de 6km depois do início do trecho norte, você pode fazer um desvio à esquerda até Takhini Hot Springs (diariam) e relaxar numa piscina externa alimentada por água mineral, a 40°C –excelente lugar para apreciar a aurora boreal no outono e no inverno.

Carmacks, a 190km de Whitehorse, é uma vila tutchone que leva o nome do codescobridor do ouro de Klondike: George Carmacks. Mais ao norte, em Stewart Crossing, a Silver Trail leva para leste por 112km e passa no meio de antigas comunidades mineiras de Mayo e Elsa até Keno City. Em Glenboyle, a 40km de Dawson City, a Klondike Highway se une à Dempster Highway (▷ 345) e ruma para nordeste, atravessa os Territórios do Noroeste e vai até Inuvik.

398 C10 Centros de Informação Turística em Whitehorse, Dawson City e Carmacks 867/993-5566, 1-800/661-0494 Serviço de ônibus entre Whitehorse e Dawson City (mai-fim set seg-sex) Voos de Whitehorse

KLUANE NATIONAL PARK

www.pc.gc.ca

O Kluane National Park é a terra ancestral do povo tutchone do sul e constitui um dos parques canadenses com mais diversidade ambiental. Dentro dele, uma série de cadeias de montanhas corre paralela ao litoral norte do Canadá e do Alasca. E são estas majestosas paisagens montanhosas que atraem visitantes. Alguns dos picos mais altos ultrapassam os 5.000m, a exemplo do Mt. Logan, a montanha canadense mais alta, com altitude de 5.959m. O Kluane também abrange os maiores campos gelados do mundo que não são polares. O ar úmido que sai diretamente do Pacífico cria as condições ideais para a produção de neve, e existe uma vasta rede de mais de 4 mil geleiras interiores. Perto de 120 espécies de aves procriam em Kluane, e o parque alimenta grandes populações de carneiros-de-dall e ursos.

Não há estradas dentro do parque, e não foi fácil construir a rodovia que o contorna. A baía Destruction, no lago Kluane, evoca a tempestade que quase destruiu o acampamento dos construtores da rodovia. A estrada oferece vistas maravilhosas do oeste, mas para explorar esta área você tem de ir a pé, a cavalo, de caiaque ou pegar uma excursão de avião pequeno. Existem três trilhas razoavelmente curtas (▷ 356-7 passeio a pé), mas as demais pressupõem um ou mais pernoites em acampamentos e exigem boas habilidades de navegação.

398 B10 P.O. Box 5495, Haines Junction, Yukon, Y0B 1L0 867/634-7250 Parque diariam; Kluane e Tachal Dhal Visitor Reception Centers meados mai-meados set diariam 9h-17h; no resto do ano somente com hora marcada Grátis Haines Junction Visitor Centre, Haines Junction 867/634-7208, meados mai-meados set diariam

NAHANNI NATIONAL PARK

www.pc.gc.ca

O Nahanni é um dos parques nacionais mais remotos do país, e em 1978 tornou-se o primeiro lugar do mundo a ser considerado Patrimônio da Humanidade da Unesco. Não existe acesso veicular fácil (a maioria dos visitantes vem de hidroavião fretado). Para acampar é preciso levar suprimentos e equipamentos.

Em 2009 os limites deste espetacular parque ecológico no sudoeste dos Territórios do Noroeste foram muito ampliados, e seu tamanho passou de 4.766km^2 para mais de 30.000km^2, concretizando o plano de preservar todo o ecossistema do Grande Nahanni. A área abrange partes das Mackenzie Mountains e os cânions mais profundos do Canadá, o bravio South Nahanni River e as Virginia Falls –com queda de 92m, têm o dobro da altura das Niagara Falls–, fontes de águas termais, floresta e tundra. O parque também preserva habitats vitais para os ursos-pardos e caribus. O South Nahanni River é renomado como um dos melhores do mundo para rafting em corredeiras, as quais exigem muita perícia e equipamentos adequados. Montanhistas intrépidos vão aos picos rochosos do Cirque of the Unclimbables.

398 D11 10002 100 Street, Box 348, Fort Simpson, Northwest Territories, X0E 0N0 867/695-3151 Meados jun-meados set diariam; escritório do parque: meados jun-meados set diariam 8h-12h, 13h-17h; resto do ano seg sex 8h30-12h, 13h-17h Grátis, exceto acampar e pescar

TOP OF THE WORLD HIGHWAY

▷ 352.

WHITEHORSE E O PASSO WHITE

INFORMAÇÕES
www.visitwhitehorse.com
http://travelyukon.com
www.city.whitehorse.yk.ca
www.skagway.com
398 C10 Whitehorse Visitor Reception Centre, 100 Hanson Street, Whitehorse, Yukon, Y1A 6C2
867/667-3084 Skagway Convention and Visitors Bureau, 2nd Avenue e 245 Broadway, P.O. Box 1029, Skagway, Alasca 99840, EUA
907/983-2854, 1-888/762-1898

INTRODUÇÃO

Apesar de não ser particularmente atraente, especialmente se for comparada a Dawson City ou Skagway, Whitehorse é o ponto de partida perfeito para a exploração do Yukon e da área do passo White. Possui o único aeroporto importante da região e muitos especialistas em aventuras. A cidade pode ser visitada apenas como ponto inicial para passeios pela natureza, mas possui algumas atrações interessantes. Veja passeio de carro ▷ 354-5.

A CAPITAL

A cidade de Whitehorse surgiu durante a Corrida do Ouro, quando, para facilitar a jornada até Klondike, a maioria dos garimpeiros navegava pelo rio Yukon, que corre para o norte atravessando o território. Dois dos muitos obstáculos no caminho eram o cânion Miles, um funil estreito e impenetrável com paredões íngremes que os forçava a carregar o equipamento por 5km, e a violenta corredeira Whitehorse, assim chamada por causa da agitação das águas que lembram a crina branca de um cavalo. Cidades precárias se espalharam por Canyon City e Whitehorse, pois os garimpeiros precisavam descansar e planejar como transporiam os obstáculos.

Em 1897, foi construída uma linha de bonde nos dois lados do cânion, facilitando a jornada, mas ela foi substituída pelas ferrovias White Pass e Yukon Route, que davam a volta no cânion Miles. Canyon City entrou em declínio (os restos de suas construções de madeira ainda podem ser vistos), enquanto Whitehorse cresceu e superou Dawson City, passando a ser capital do Território de Yukon em 1953.

MUSEUS DE WHITEHORSE

Você descobrirá mais dados sobre a Corrida do Ouro no Macbride Museum of Yukon History (meados set diariam 9h30-17h30; resto do ano ter-sáb 10h-16h ou com hora marcada), que possui uma boa mostra explicativa do delírio que gerou a descoberta do ouro em Klondike, a exemplo de uma tenda que protege o equipamento típico usado pelos garimpeiros e de algumas pepitas de ouro verdadeiras encontradas na região. Há também uma série de dioramas que exibem animais empalhados em seu ambiente nativo.

O Old Log Church Museum (meados mai-início set diariam 10h-18h), instalado numa igreja construída em 1900, conta histórias dos primeiros exploradores do Yukon, desde baleeiros até missionários. E existe uma mostra explicativa relacionada à vida dos povos das Primeiras Nações desde a chegada dos europeus. O Yukon Transportation Museum (meados mai-ago diariam10h-18h) trata dos meios de transporte preferidos no Yukon, desde trenós de cães até hidroaviões e embarcações, e oferece informações sobre os percursos históricos.

O fascinante Yukon Beringia Interpretive Centre (mai-set diariam 9h-18h, resto do ano dom 13h-17h ou com hora marcada) explora a geologia da ponte de terra chamada Beringia, que ligava a Rússia e o Alasca antes do último período glacial, junto com a fauna e a flora que havia no local.

Outra atração é o navio a vapor *Klondike* (mai-set), construído em 1929. Hoje um sítio histórico nacional, ele evoca os tempos em que o transporte fluvial era um elo vital com o mundo exterior.

O PASSO WHITE

O passo White é um desfiladeiro estreito e muito íngreme que vai do sudoeste de Whitehorse até Skagway, Alasca (EUA). É um percurso impressionante, seja atravessado de carro ou no divertido trem de bitola estreita (início mai-fim set diariam), de Skagway até o lago Bennet (com ligação de ônibus até Whitehorse), cujos trilhos se prendem ao lado sul do desfiladeiro e passam por pontes de madeira meio instáveis. Um dos trechos inesquecíveis é o Dead Horse Gulch, onde permanecem os ossos de mais de 3 mil animais de carga. Descobriu-se que os cavalos não eram suficientemente fortes para sobreviver ao ambiente hostil. Em seu lugar, homens e cães fizeram o papel de animais de carga na Corrida do Ouro.

SKAGWAY

Muito bem preservada, a cidade de Skagway, no Alasca (EUA), está quase do jeito que era cem anos atrás, quando funcionava como porto para os garimpeiros que vinham do mar para os campos auríferos de Klondike. Diversos quarteirões do centro estão sujeitos a regras de preservação e foram incluídos no Klondike Goldrush National Historic Park (diariam), um museu vivo com *saloons*, hotéis e lojas –repare nos atores a caráter na cidade toda. Skagway está numa posição maravilhosa, cheia de picos altos no canal de Lyn Canyon, que parece um fiorde. Ainda é um porto movimentado, e em determinados dias da semana pode ficar muito cheio.

DICAS

» Para ir de Whitehorse até Skagway é preciso cruzar a fronteira dos EUA. O visitante tem de apresentar passaporte e algumas nacionalidades precisam de visto para entrar no Alasca. Visitantes de países que pertencem ao Visa Waiver Program necessitam de um e-passport, se ele foi emitido depois de 26 de outubro de 2006. Para mais detalhes, veja www.dhs.gov/xtrvisec/ files/crossingborders/#2

» Dê uma olhada na singular raspadeira de troncos (atualmente com a altura de quatro andares) na Lambert Street.

» O site (www.wpyr.com) da ferrovia de bitola estreita de White Pass e Yukon Route tem detalhes atualizados.

Pág. ao lado *Armação de uma mina de prata abandonada no passo White*
Abaixo, da esq. p/ dir. *O Caribou Hotel, feito de madeira, na White Pass Route, entre Skagway e Whitehorse; O SS* Klondike *atracado em Whitehorse*

INFORMAÇÕES

http://travelyukon.com

398 B8 A rodovia abre de meados mai-meados out, se o clima permitir

Tourism Yukon Visitor Reception Centre, Front Street com King Street, Dawson City, Yukon 867/993-5566 Início mai-fim set diariam 8h-20h (na primeira e última semana da temporada 10h-18h)

TOP OF THE WORLD HIGHWAY

Com 105km, a Top of the World Highway, também chamada Highway 9, vai de Dawson City até a fronteira com o Alasca e é uma das rotas mais pitorescas no Norte do Canadá. Seu nome (Rodovia do Topo do Mundo) foi inspirado por sua grande latitude setentrional. E como boa parte dela fica acima da copa das árvores, oferece vistas panorâmicas maravilhosas e infindáveis até os picos das montanhas e além dos vales cobertos pela floresta do Yukon.

A rodovia começa na extremidade norte da Front Street de Dawson City, com a travessia grátis de ferryboat do largo rio Yukon (mai-fim set diariam 24 horas). Dali, a estrada sobe por cerca de 4,5km até um mirante que tem uma bela vista de Dawson City, do rio Yukon e de seus afluentes, que realçam a localização remota dos vilarejos.

Depois de 15km, a rodovia ultrapassa a linha da copa das árvores e segue no topo de espigões, de tal maneira que você se sente realmente no topo do mundo. Após 56km, surge uma série de estranhas formações rochosas conhecidas como Castle Rock.

Embora muita gente viaje por esta rota sem incidentes, não se trata necessariamente de uma viagem fácil. A estrada é estreita e sinuosa; alguns lugares têm precipícios vertiginosos e poucos *guard-rails*. Pista esburacada é outro perigo. O melhor a fazer é dirigir devagar e com cuidado, fazer muitas paradas para que o motorista possa aproveitar a paisagem com segurança, e nem pensar em fazer a viagem em motorhome ou com trailer. Não se limpa a neve da rodovia de asfalto no inverno e ela fecha com a primeira nevada forte, ou quando o rio congela. Além disso, só dá para cruzar a fronteira com os EUA no verão (8h-20h, horário do Alasca).

Se você quiser dirigir dentro do Alasca, veja se está com toda a documentação necessária para o veículo e todos os passageiros (▷ Dicas, 351).

Abaixo *Grande extensão de terras inabitadas, vista da Top of the World Highway, perto de Dawson*

YELLOWKNIFE

Yellowknife, localizada na margem nordeste do lago Great Slave, é a capital dos Territórios do Noroeste e ponto inicial para explorar as atrações naturais da área. Em 1770, o viajante Samuel Hearne deu este nome ao vilarejo, depois de observar as facas de lâminas amarelas (cobre) usadas pelos povos nativos dogrib dene. Os garimpeiros descobriram ouro na região em 1934; e por volta de 1937, Yellowknife era uma cidade que crescia depressa. Apesar de ainda haver mineração de ouro, na década de 1990 Yellowknife foi pioneira na extração de diamante no Canadá, e hoje é conhecida como a capital dessa pedra na América do Norte. As Diavik Diamond Mines, 300km ao norte da cidade, continuam a crescer, com uma nova mina subterrânea aberta em 2010. Ela não é aberta ao público, mas sua sede em Yellowknife (5007 50th Avenue) tem uma exposição no saguão. O Prince of Wales Northern Heritage Centre (jun-ago diariam 10h30-17h30; resto do ano seg-sex 10h30-17h, sáb-dom 12h-17h), na 48th Street, é o principal museu dos Terrirórios do Noroeste, com exposições que retratam as tradições e os estilos de vida das Primeiras Nações, dos assentamentos europeus e da infraestrutura industrial moderna, além de mostras temporárias e atividades para a família.

ATRAÇÕES NATURAIS

Outros pontos fortes da região são as atrações naturais, sem falar do sol da meia-noite e do magnífico espetáculo da aurora boreal no inverno. Há também muitas oportunidades para observar a vida silvestre nos arredores do rio Mackenzie, além de passeios de caiaque e de canoa, rafting, caça e cruzeiros no verão.

INFORMAÇÕES

www.northernfrontier.com

399 G11 Yellowknife Visitor Centre, 807-49th Street, Yellowknife, Territórios do Noroeste, X1A 3T5

867/873-4262, 1-877/881-4262; jun-ago diariam 9h-17h; resto do ano seg-sex 9h-17h, sáb-dom e feriado 12h-16h

Acima *A visão espetacular da aurora boreal atrai muitos visitantes a Yellowknife*

PASSEIO PELO CIRCUITO DO OURO

Este passeio espetacular segue os passos dos garimpeiros da Corrida do Ouro, atravessa algumas das paisagens intocadas da América do Norte e percorre dois países, já que cruza a fronteira canadense e entra no Alasca. Picos imponentes do Kluane National Park, a reserva Bald Eagle perto de Haines City, a assustadora altura do passo White e o menor deserto do mundo são apenas algumas das atrações naturais.

O PASSEIO
Distância: 483km
Duração: 2 dias (sem contar as caminhadas nas trilhas do parque)
Início/fim: Whitehorse

COMO CHEGAR

O melhor modo de chegar a Whitehorse é de avião; há voos regulares de Vancouver (4 horas) e Edmonton (cerca de 3 horas). Por terra, ao sair de Vancouver, pegue as Highways 97, 16, depois a 37 ou a 97, e em seguida a Alaska Highway; de Edmonton, vá pela Highway 43, depois pela Alaska Highway
Atenção: A distância entre os povoados é grande. Assim, fique de olho no marcador de combustível, e planeje as paradas para pernoite. Você vai passar para os EUA; por isso, prepare a documentação necessária para o veículo e todos os passageiros, além de reservar US$6 por pessoa para o visto especial. Se precisar de visto para entrar nos EUA, tire-o no consulado ou na embaixada americana, antes de viajar
De Whitehorse, pegue a 4th Avenue e a Two Mile Hill até a Highway 1, a famosa Alaska Highway (▷ 346-7), que corre para noroeste, na direção de Haines Junction.

❶ Esta é uma zona rural sem grandes destaques, pelos padrões do Yukon, mas quando você chega a aproximadamente 1,5km de Haines Junction, os magníficos picos do Kluane National Park (▷ 349) aparecem bem à sua frente.

Já em Haines Junction, após 161km de estrada, pegue a Haines Highway South na direção de Haines City. Depois de percorrer 27km você verá uma estrada à direita que leva até o lago Kathleen, lugar muito procurado para acampar e fazer caminhadas. A seguir, continue até a marca dos 44km.
❷ Você pode parar aqui para pegar a trilha de 800m da Rock Glacier, que atravessa uma paisagem glacial. Passe pelo lago Dezadeash, no km 51, e vá até Klukshu.

❸ Neste tradicional acampamento de outono das Primeiras Nações, a 500m do lado direito da rodovia, você pode observar a pesca e a defumação de peixes durante a temporada do salmão (fim out-início nov), e fazer compras na loja de artesanato (jun-fim set). O acampamento fica deserto do início de novembro até maio.

A cerca de 90km de Haines Junction você passa do Yukon para a Columbia Britânica. Aqui, as vistas são dominadas pelas montanhas St. Elias à direita, e a estrada sobe aos poucos até o passo Chilkat.

❹ O passo Chilkat é o ponto mais elevado nesta rodovia, a 1.065m de altitude, e foi uma das principais passagens para garimpeiros na Corrida do Ouro de 1898. Mais adiante, há vistas panorâmicas para o sul até o Alasca.

Você vai atravessar para o Alasca, EUA, depois de ter viajado 179km.

❺ O posto da alfândega fica aberto das 7h até as 23h, horário do Alasca (uma hora a mais do que pelo horário do lado canadense).

Depois das formalidades, vá à Chilkat Bald Eagle Preserve, 33km adiante.

❻ Milhares de águias-carecas se reúnem nas planícies do vale do Chilkat, principalmente no fim do outono, quando o salmão desova. Não pare nos acostamentos, use apenas os espaços indicados para estacionamento.

Da reserva, são só 35km até a pequenina Haines City, bom lugar para pernoitar. Faça um passeio de uma hora de ferryboat até Skagway, uma antiga cidade da Corrida do Ouro, e siga para o norte pela Klondike Highway, terminada em 1978, que tem uma subida íngreme até o passo White.

❼ Mais de 90 mil garimpeiros passaram por aqui e pelo passo paralelo de Chilkoot no final da década de 1890. Há belas vistas a partir do caminho a pé e da estrada de ferro White Pass and Yukon, de bitola estreita, cujos trilhos sobem o desfiladeiro estreito.

O ponto mais alto do passo White fica a 23km de Skagway, um pouco antes da fronteira canadense. Com mais 12km chega-se ao posto da alfândega (diariam, 24 horas, no verão). Depois de 50km, avista-se o lago Tushti, e a estrada acompanha sua margem por alguns quilômetros até você atravessar Colúmbia Britânica de volta para o Yukon. Ao norte de Carcross, no km 106, a paisagem é surpreendente.

❽ O deserto de Carcross é o menor do mundo, com pouco mais de 2km de extensão. A cerca de 117km de Skagway fica o lago Emerald, famoso pelo tom verde-azulado da água.

A Klondike Highway se encontra com a Alaska Highway depois de 40km, de onde são apenas 15km para voltar a Whitehorse. Se quiser, faça um desvio de 17km à direita, a partir do entroncamento, para ver o cânion Miles antes de voltar para a cidade.

QUANDO IR

Os dias muito longos de verão marcam a época ideal de viajar pelo Norte. O melhor momento para avistar as águias-carecas é durante a desova do salmão (meados out-meados nov), mas a maioria dos hotéis e restaurantes fecha de outubro até abril.

ONDE COMER

SAM 'N' ANDY

✉ 506 Main Street, Whitehorse ☎ 867/668-6994 ✉ Raven Hotel, Haines Junction ☎ 867/634-2500

ONDE FICAR

HIGH COUNTRY INN

www.highcountryinn.yk.ca
✉ 4051 4th Avenue, Whitehorse
☎ 867/667-4471

Pág. ao lado *A estrada de ferro restaurada White Pass and Yukon corta cenários muito bonitos, entre Skagway e Whitehorse*
Abaixo *Tradicional arquitetura de madeira da Carcross Church, no passo White*

KING'S THRONE TRAIL NO KLUANE NATIONAL PARK

Uma das trilhas curtas mais espetaculares do Kluane National Park, a King's Throne Trail tem uma subida íngreme desde a margem do lago Kathleen até o belo círculo de montanhas que oferecem vistas panorâmicas do Norte, passando pelo vale do Dezadeash e pela cadeia de montanhas Kluane. Depois, se você estiver bem preparado, suba ao topo do círculo até o King's Throne, com vistas fantásticas do Oeste e dos cenários montanhosos glaciais que deram fama a Kluane.

O PASSEIO
Distância: 10km
Duração: 6 horas
Início/fim: Estacionamento do lago Kathleen

COMO CHEGAR

De Whitehorse (n354-5 Passeio de carro pelo Circuito do Ouro), pegue a Alaska Highway para Haines Junction, depois Haines Highway para Kathleen Lake. A distância total é de 165km e o passeio leva cerca de 2 horas

Encaminhe-se para o início da trilha no lado esquerdo do estacionamento, tendo o lago à sua frente. Aqui, o caminho é largo e muito usado, mas cuidado com as enormes raízes de árvore que cortam o solo. Após 750m, a trilha contorna o lago à sua direita. Ande mais 350m até onde o caminho se divide. Siga as placas da King's Throne Trail, que levam para a esquerda.

A Cottonwood Trail, que sai do lado da margem do lago, é uma das trilhas mais longas do parque, com 83km. O caminho do King's Throne começa a subir pelo bosque que fica afastado do lago. Quando atingir a segunda bifurcação da trilha, pegue a esquerda e continue a subir.

O caminho se transforma numa série de zigue-zagues e estreitamentos até virar uma trilha que só dá passagem para um de cada vez. Depois, ultrapassa a copa das árvores e oferece a primeira vista panorâmica para o norte –uma paisagem fantástica, com o lago Kathleen em primeiro plano, um tapete de floresta ao longo do vale e os altos picos do parque à esquerda. E vale a pena olhar para o caminho à frente, que é quase vertical neste ponto, com um trecho sinuoso e estreito.

Prossiga na subida até chegar à beira do círculo, uma depressão rochosa esculpida no pico da montanha pela ação glacial.

Depois da subida, dê uma parada e sente-se para admirar todo o espetáculo da área rural do Yukon, que se espalha lá embaixo. Em seguida, explore a superfície do círculo cheia de pedras, com laterais relativamente lisas. A partir do círculo é possível caminhar pelo espigão até o topo do King's Throne. A oeste, há vista belíssima da paisagem mais típica de Kluane: os longínquos picos Kennedy-Hubbard-Alverstone, parecendo assentados em campos de gelo.

Acima *A King's Throne Trail oferece belíssimas vistas do parque*
Pág. ao lado *A vastidão do vale do Dezadeash, Kluane National Park*

Esta parte da trilha não é tão bem sinalizada quanto a seção mais baixa. Por isso, é preciso cuidado redobrado. Volte pelo mesmo caminho até o estacionamento.

QUANDO IR

Com trechos muito íngremes e precária sinalização nos pontos mais altos, este passeio deve ser feito em dias claros, quando o solo estiver seco e sem gelo, para ser bem aproveitado.

BANHEIROS PÚBLICOS

No estacionamento do lago Kathleen.

ONDE COMER

KLUANE PARK INN
✉ Haines Junction ☎ 867/634-2261

ONDE FICAR

THE CABIN
✉ Haines Junction ☎ 867-634-2600 ou 2626
🚗 Alcan Motor Inn, no entroncamento da Alaska Highway com a Haines Highway
☎ 867/634-2371 ou 1-888/265-1018

ARTE, COMPRAS, DIVERSÃO E NOITE

CARCROSS

CARIBOU CROSSING TRADING POST

www.cariboucrossing.ca

No museu de história natural do Yukon, esta loja se especializou em presentes e produtos feitos na região, entre os quais há objetos entalhados em chifres e galhadas, e itens de pele. Algumas das mercadorias à venda foram feitas para a loja por artesãos do local, e no recinto há uma residência para artistas.

Carcross, Yukon, Y0B 1B0 867/821-4055 Meados mai-meados set 9h-16h30; ligue para saber horários 3km ao norte de Carcross ao lado da Klondike Highway Restaurante (exige reserva) Cafeteria e sorveteria

DAWSON CITY

BONANZA MARKET

É mais uma loja de comidas do que um mercado tradicional, mas um bom local para encontrar moradores. Se você quiser provisões para um piquenique, vale a pena uma visita. Único lugar da cidade com frutas e verduras frescas, e há um ótimo balcão com comidas do Canadá e da Europa, com destaque para iguarias alemãs.

2nd Avenue com Princess Street, Bag 5020, Dawson City, Yukon, Y0B 1G0 867/993-6567 Seg-sáb 9h-20h, dom 9h-19h. Ligue para saber horários de inverno

DIAMOND TOOTH GERTIE'S GAMBLING HALL

Cassino mais antigo do Canadá, numa construção de 1901, cujo nome homenageia uma consagrada dançarina. Com 21, roleta, dados, caça-níqueis e shows de cancã, o estabelecimento levanta fundos para a comunidade e os projetos locais de conservação. Proibido para menores de 19 anos.

Queen Street, Dawson City, Yukon, Y0B 1G0 867/993-5575 Meados mai-fim set seg-qui 19h-2h, sex-dom 14h-2h; alguns eventos o ano todo $6

GOLDBOTTOM MINE TOURS

www.goldbottom.com

A descoberta de um fragmento de ouro reluzente entre os pedregulhos evoca a agitação da Corrida do Ouro. Você faz um passeio de 90 minutos com guias que contam muitas histórias fascinantes e depois o levam até um riacho onde se pode garimpar e ver ursos e alces. Use calçados resistentes. Você pode ir também aos terrenos auríferos de Klondike para ver a reivindicação de descoberta original de George Carmacks, que deu início a tudo.

Hunker Creek Road, Box 912, Dawson City, Yukon, Y0B 1G0 867/993-5023 Jun até nevar (geralmente meados set-fim set), diariam 11h-19h Passeio completo: adulto $40, criança (11-13) $20, menos de 10 grátis; apenas garimpo de ouro: sítio central $6, sítio com riacho $10-$25, o que inclui transporte de Dawson City Ônibus circular de Dawson City No leste de Dawson City, 15km ao sul do entroncamento da Klondike Highway North com a Hunker Creek Road

PALACE GRAND THEATRE

www.pc.gc.ca

Suntuoso teatro de 1899 muito bem restaurado. É a sede da Gaslight Follies, companhia profissional de musicais, cujo tema é a Corrida do Ouro.

King Street, Dawson City, Yukon, Y0B 1G0 867/993-7200 Meados mai-set Passeio pelo teatro: $7,30, programa noturno $7,30-$8,30

TOP OF THE WORLD GOLF COURSE

www.topoftheworldgolf.com

O campo de golfe mais setentrional do Canadá tem nove buracos, em meio a um cenário escarpado. Entre os perigos estão velhos equipamentos de mineração e alces. Acesso para carro, loja especializada, carrinhos e aluguel do clube.

Bag 189, Dawson City, Yukon, Y0B 1G0 867/993-5888 (meados mai-meados set apenas) Depende do clima; não precisa fazer reserva; 24 horas de luz do sol no auge do verão 9 buracos $25, 18 buracos $39, aluguel do clube $20

INUVIK

INUVIK FAMILY CENTRE

Ligado ao Midnight Sun Recreation Complex, com arena, rinque de curling e ginásio, este centro de atividades internas inclui piscinas, escorregador aquático, Lazy River, quadras de squash e a Play Zone, com um miniparedão de escalada e academia com tema de selva.

✉ 95 Gwich'in Road, Inuvik, Northwest Territories, X0E 0T0 ☎ 867/777-8640 🕒 Seg-ter 8h30-17h30, qua-sex 8h30-10h30, sáb-dom 12h-19h (confirme o horário da piscina) ✋ As atrações têm preços distintos: piscina adulto $6, criança (7-18) $3; Play Zone $2; squash $12 por hora

IQALUIT

RANNVA DESIGN

www.rannva.com

Você encontra roupas feitas de pele de foca em todo o Canadá (são exportadas até para a Itália), mas é uma grande emoção comprar diretamente do estilista, neste canto remoto do mundo –e do antigo posto comercial da Hudson's Bay Company. O comércio de peles é uma atividade tradicional, e Rannva as usa para criar produtos bonitos, exclusivos e originais.

✉ Apex Beach, Old Hudson Bay Building 3606, Iqaluit, Nunavut, X0A 0H0 ☎ 867/979-5183 🕒 Sáb 14h-18h, dom 14h-16h, ou com hora marcada durante a semana

WHITEHORSE

BERINGIA

www.beringia.com

Este singular centro explicativo sobre animais que andavam por Beringia 40 mil anos atrás está cheio de maquetes, esqueletos e dioramas de criaturas de aspecto curioso –mamute-lanoso de 4m de altura, preguiça-gigante de 3m de comprimento, tigre-dentes-de-sabre, camelo antigo, leão-americano e castor-gigante.

✉ Milha 914 Alaska Highway, Whitehorse, Yukon, Y1A 2C6 ☎ 867/667-8855 🕒 Meados mai-fim set 9h-18h; resto do ano dom 13h-17h ou com hora marcada ✋ Adulto $6, criança (6 e mais) $4 🚌 Ao lado do Whitehorse International Airport

BLUE KENNELS

www.bluekennels.de

No Canadá, um passeio de trenó puxado por cães é uma experiência insuperável, não apenas uma atividade de inverno. No verão, para manter os cães treinados, eles puxam buggies. Você pode ajudar a atrelar os huskies. Depois do passeio, faz-se um churrasco.

✉ Box 31523, Whitehorse, Yukon, Y1A 6K8 ☎ 867/633-2219 🕒 Ligue para saber detalhes ✋ 1 hora $97, 3 horas $190, 6 horas $300. Jornadas de 5 a 15 dias, de $1.225 a $3.500 🚌 50km a oeste de Whitehorse na milha 956 da Alaska Highway

ED-VENTURES FOR KIDS

www.yukonconservation.org

Caminhadas de 2 horas e de 2h e 30 min são feitas especialmente para famílias, de modo que pais e filhos possam aproveitar as maravilhas da natureza no Norte, na companhia de guias especializados da Yukon Conservation Society. Às terças, as caminhadas são para crianças de 4 a 6 anos; às quintas, destinam-se às de 7 a 10 anos.

✉ Yukon Conservation Society, 302 Hawkins Street, Whitehorse, Yukon, Y1A 1X6 ☎ 867/668-5678 🕒 A programação muda todo ano. Em geral, as caminhadas ocorrem duas vezes por dia em jul-meados ago ✋ Grátis

FOLKNITS/KNIT NOW

www.folknits.com

Loja especializada em *qiviuq* (fios da pelagem do boi-almiscarado), uma das fibras naturais mais raras do mundo, e roupas feitas com fios regulares. Também tem material para tricotar.

✉ 2123 3rd Avenue, Whitehorse, Yukon, Y1A 1E6 ☎ 867/456-4192 🕒 Seg-sex 10h-17h30, sáb 10h-17h

FRANTIC FOLLIES

www.franticfollies.com

A tradição do *vaudeville* no período da Corrida do Ouro. Não espere nada intelectualizado, apenas cantorias à moda antiga, danças e quadros cômicos.

✉ Westmark Whitehorse Hotel, 201 Wood Street, Whitehorse, Yukon, Y1A 2E4 ☎ 867/668-2042 🕒 Meados mai-meados set diariam 20h ✋ Adulto $24, criança (menos de 13) $10

GOLDSMITHS

www.yukoninfo.com/goldsmith

David Ashley e Cheryl Rivest criam e vendem lindas joias originais e arte feita de metal, todas desenhadas e elaboradas no local. Você também pode adquirir pepitas de ouro (com certificado de autenticidade) e diamantes canadenses Polar Bear, originais do Ártico. Eles aceitam encomendas.

✉ 106 Main Street, Whitehorse, Yukon, Y1A 2A7 ☎ 867/667-7340 🕒 Seg-sex 10h30-17h30 ou com hora marcada

KANOE PEOPLE

www.kanoepeople.com

Os especialistas fazem você levar só o absolutamente necessário para um passeio de canoa: embarcação adequada, sacolas secas, geladeiras, equipamento de cozinha e spray repelente de urso. Depois eles levam tudo, e você, até o ponto de partida. São oferecidas aulas. Há passeios de aventura com guias.

✉ P.O. Box 31149, Whitehorse, Yukon, Y1A 5P7 ☎ 867/334-4892 🕒 O ano todo, desde passeios de 2h e 30 min até excursões de 8 dias ✋ A partir de $60 para passeios de 2h30 a 4h, mais seguro opcional ❓ Pode ser providenciado transporte para levá-lo e trazê-lo do ponto de partida 🚌 Na First Avenue com Strickland Street, no rio Yukon

MAC'S FIREWEED BOOKS

www.yukonbooks.com

Esta é uma das mais conhecidas livrarias do Yukon, e você logo acha a fachada azul na Main Street. Trata-se de uma loja moderna com grande seleção de livros sobre o Yukon, a exemplo de histórias que lembram o período dos pioneiros, livros com fotos para você recordar a sua visita, material e mapas para planejar viagens, além de todos os bestsellers, revistas e jornais internacionais.

✉ 203 Main Street, Whitehorse, Yukon, Y1A 2B2 ☎ 867/668-6104, 800/661-0508 🕒 Ago 8h-22h; jun-jul diariam 8h-12h, resto do ano seg-sex 8h-21h, sáb 9h-21h, dom 10h-21h

MEADOW LAKES GOLF COURSE

www.meadowlakesgc.com

Campo de 1.756m-2.548m, com nove buracos para 36 tacadas, destinado a golfistas experientes que irão enfrentar muitas armadilhas, mas também adequado para iniciantes. Belas vistas, loja especializada e aluguel de equipamento.

✉ 90849 Alaska Highway, Whitehorse, Yukon, Y1A 0C3 ☎ 867/668-4653 🕒 O ano todo, se o clima e a luz solar permitirem ✋ Green fees (bilhetes de acesso) $30, carrinho e aluguel do clube a partir de $20 🚌 No sul de Whitehorse pela Alaska Highway

YUKON ARTS CENTRE

www.yukonartscentre.com

O Yukon Arts Centre é o principal

núcleo de artes no Norte, com teatro de 424 lugares que apresenta peças, dança moderna, recitais clássicos, música country e de raiz, cantores-compositores e shows de variedades. ✉ 300 College Drive, Yukon College Campus, Box 16, Whitehorse, Yukon, Y1A 5X9 ☎ 867/667-8574 🕐 O ano todo. Bilheteria seg-sex 10h-15h e 1 hora antes do espetáculo 🖐 Para a maioria dos shows e exposições: adulto $25; criança $15

YUKON CINEMA CENTRE

wwwlandmarkcinemas.ca

Cinema moderno com duas salas, cada uma com pouco mais de 200 lugares, exibe os últimos lançamentos e filmes para crianças.
✉ 304 Wood Street, Whitehorse, Yukon, Y1A 2E6 ☎ 867/668-6644 (informações), 867/667-6105 🕐 Diariam 🖐 Adulto $9, criança menos de 14 $6, ter e matinês $4,50 para todas as idades

FESTIVAIS E EVENTOS

FEVEREIRO

YUKON QUEST INTERNATIONAL SLED DOG RACE

www.yukonquest.com

Corrida de 1.637km entre Whitehorse e Fairbanks (Alasca), com direção alternada a cada ano. Entre 20 e 40 times completos. Whitehorse, Braeburn, Carmacks, Pelly Crossing e Dawson City são os melhores lugares para assisti-la.
✉ Whitehorse, Yukon ☎ 867/668-4711

MAIO/JUNHO

YUKON INTERNATIONAL STORYTELLING FESTIVAL

www.storytelling.yk.net

Um dos maiores festivais deste tipo no mundo, reúne contadores de histórias de muitos países.
✉ Whitehorse, Yukon ☎ 867/633-7550

AGOSTO

KITIKMEOT NORTHERN GAMES

www.nunavuttourism.com

Pode-se ver a forte competição entre participantes de toda a região, que se enfrentam em jogos tradicionais e modernos, durante três dias. O evento também tem um banquete típico do Norte. O local muda anualmente.
✉ Kitikmeot Region, Nunavut
☎ 867/979-6551 (Nunavut Tourism)

YUKON CONSERVATION SOCIETY

www.yukonconservation.org

A YCS oferece guias para caminhadas em trilhas, a exemplo do passeio fácil de 2 horas até Yukon Fish Ladder ou Canyon City, caminhadas de dia inteiro para subir a montanha Grey ou para atravessar florestas a fim de visitar lagos distantes.
✉ 302 Hawkins Street, Whitehorse, Yukon, Y1A 1X6 ☎ 867/668-5678 🕐 Jul-meados ago duas caminhadas por dia; ligue para saber detalhes. Escritório: seg-sex 10h-14h 🖐 Grátis 🚌 A maioria das caminhadas sai do escritório da YCS em Whitehorse; o passeio para Canyon City sai da ponte suspensa do cânion Miles

YUKON ESCAPES

www.yukonescapes.com

A pesca no gelo é um dos programas organizados pela empresa. Você tem aula de snowmobile, depois sai com um guia para uma volta panorâmica antes de abrir um furo no lago congelado e pescar por ele. As atividades de verão têm passeios de quadriciclo, caminhadas, pescarias e excursões de barco, além do emocionante passeio de jet ski até o lago Labarge.
✉ 4158 4th Avenue, Whitehorse, Yukon, Y1A 1J2 ☎ 867/668-6005 🕐 O ano todo para diversas atividades 🖐 Passeios guiados: desde $150 por dia; aluguel (barco, quadriciclo, snowmobile): desde $100 por dia mais combustível e depósito de $1.000 para danos ao veículo. Não faz seguro ? Serviço de transporte de porta a porta a partir de suas acomodações

YUKON WILDLIFE PRESERVE

www.yukonwildlife.ca

Caribu, alce, carneiro-de-dall, boi-almiscarado e outros animais silvestres perambulam em relativa liberdade em seu bonito habitat. Quase igual a uma experiência na natureza selvagem.
✉ Box 20191, Whitehorse, Yukon, Y1A 7A2 ☎ 867/456-7300 🕐 Mai-set diariam. As visitas saem às 12h, 14h e 16h; out-abr sáb-dom, as visitas saem às 10h e 16h ou com hora marcada 🖐 Visitas guiadas: adulto $22, estudante/criança (6-17) $10, (menos de 6) grátis 🚌 No km 8 da Takhini Hot Springs Road, 25 min de carro ao norte de Whitehorse

YELLOWKNIFE

AURORA VILLAGE

www.auroravillage.com

Atividade de inverno em autêntica aldeia de tepee (tenda), dá uma noção da vida das Primeiras Nações. Diferentes pacotes contam com passeio de trenó de cães ou de snowmobile, pesca no gelo, voos, observação da aurora boreal. Aluguel de roupas de inverno.
✉ Box 1827, Aurora Village, Yellowknife, Territórios do Noroeste, X1A 2P4 ☎ 867/669-0006 🕐 Fim nov-meados de abr 🖐 Um dia $45, dois dias $60, três dias $75, quatro dias $90. As atividades têm preços separados: passeio de trenó puxado por cães, experiência no snowmobile e experiência com o sapato de neve $95 cada; vista da aurora desde $120 ? Inclui transporte a partir de Yellowknife

CAPITOL THEATRE

www.movies.yk.com

Três salas modernas e confortáveis, com excelente acústica e visão.
✉ 4920 52 Street, Yellowknife, Territórios de Noroeste, X1A 3S9 ☎ 867/873-2302 (informações), 867/873-2861 🕐 Diariam 19h, 21h30 e sáb-dom 14h 🖐 Adulto $11 (matinê $7), estudantes $10, criança (menos de 14) $7

D'ORIENT SPA

www.dorientspa.com

Com diversos tratamentos a cargo de terapeutas qualificados, este spa tem mimos modernos e clássicos para o corpo e a mente, a exemplo de aromaterapia, massagem, bandagens, depilação definitiva e fotorrejuvenescimento ou com laser. Há pacotes.
✉ 483 Range Lake Road, Yellowknife, Northwest Territories, X1A 3R9 ☎ 867/669-8866 🕐 Diariam; hora marcada 🖐 Os tratamentos têm preços distintos. Facial desde $50, massagem desde $60 (meia hora), wraps desde $130 🚌 No Monkey Tree Mall

ONDE COMER

PREÇOS E SÍMBOLOS

Os restaurantes estão listados por ordem alfabética (sem levar em conta os artigos La, Le e Les). Os preços correspondem a um almoço (A) de dois pratos e um jantar (J) de três pratos, sem bebidas. O preço do vinho refere-se a uma garrafa da marca menos cara.

Para a legenda de símbolos, ▷ 2.

DAWSON CITY

JACK LONDON DINING ROOM

www.downtownhotel.ca

Com nome do famoso autor de *O Chamado da Floresta*, este restaurante tem salão formal e um pátio para churrascos no verão. O salmão fresco do Yukon está sempre no menu. Também serve comida no Sourdough Saloon do hotel, famoso pelos Sour Toe Cocktails (pergunte o que leva, antes de pedir um).

✉ Downtown Hotel, Box 780, Dawson City, Yukon, Y0B 1G0 ☎ 867/993-5346 🕒 Dom-qui 6h-22h, sex-sáb 6h-23h 🖐 A $16, J $40, vinho $20 🚍 No centro, esquina da 2nd Avenue com Queen

KLONDIKE KATE'S

www.klondikekates.ca

Menu cheio de pratos étnicos e canadenses.

✉ Box 417, Dawson City, Yukon, Y0B 1G0 ☎ 867/993-6527 🕒 Meados mai-meados set diariam 7h-22h 🖐 A $13, J $18, vinho $27 🚍 Esquina das ruas Third e King

IQALUIT

GALLERY FINE DINING ROOM

Os menus daqui destacam pratos tradicionais, como truta do Ártico grelhada, escaldada ou defumada, carneiro-almiscarado fervido lentamente com um molho aromático ou medalhões de caribu de Baffin com molho de vacínio. Há steaks, frutos do mar clássicos, m0assas e pizzas. O menu de almoço tem várias sopas, saladas e hambúrgueres. Bom brunch nos fins de semana.

✉ Frobisher Hotel, The Astro Hill Terrace, Iqaluit, Nunavut, X0A 0H0 ☎ 867/979-2222, 1-877/422-9422 🕒 Diariam 7h-10h30, 11h-14h, 17h-21h 🖐 A $50, J $100, vinho $32

GRANITE ROOM

Um dos melhores lugares da região para uma refeição especial, o Granite Room oferece menu a preço fixo e à la carte, com pratos como bife de caribu com molho de pimenta, halibute assado com avelã e caranguejo, e truta-do-ártico defumada. O brunch de domingo é concorrido.

✉ Discovery Lodge Hotel, 1056 Mizik Street, Iqaluit, Nunavut, X0A 0H0 ☎ 867/ 979-4433 🕒 Diariam 6h30-9h, 11h30-14h, 18h-21h 🖐 A $30, J $70, vinho $33 🚍 No extremo sul da cidade, ao lado de Niaqunngusiariaq

WHITEHORSE

HIGH COUNTRY INN

www.highcountryinn.yk.ca

Comida caseira fresca servida o dia todo: sopas, aperitivos, sanduíches, saladas, hambúrgueres, massas e peixes com fritas. A churrasqueira no terraço é acesa às 17h e grelha diversas carnes, bifes e costelas de bisão, hambúrgueres, frango, salmão e linguiças de carne de caça.

✉ 4051 4th Avenue, Whitehorse, Yukon Y1A 1H1 ☎ 867/667-4471 🕒 Diariam 6h-23h 🖐 A $20, J $45, vinho $25 🚍 No centro, entre a Main Street e a orla

KLONDIKE RIB AND SALMON

Se quiser provar o verdadeiro sabor do Norte, irá achá-lo nesta construção histórica, onde no menu há bisão, caribu, boi-almiscarado e peixes dos rios locais ou do mar. Se estiver no menu, peça a bumbleberry pie (torta com mistura de frutinhas), mesmo que sua fome tenha acabado. Se o clima permitir, prefira jantar num dos terraços (aquecidos nas noites mais frias).

✉ 2116 2nd Avenue, Whitehorse, Yukon Y1A 1B9 ☎ 867/667-7554 🕒 Seg-sex 11h-13h, 16h-21h; sáb 11h-21h, dom 16h-21h 🖐 A $14, J $25, vinho $23 🚍 No centro, esquina da Steele Street

SAM 'N'ANDY'S

Animada, divertida e colorida são atributos do lugar e da comida. Há opções vegetarianas no menu, junto com pratos tex-mex, frutos do mar, hambúrgueres e outros.

✉ 506 Main Street, Whitehorse, Yukon Y1A 2B9 ☎ 867/668-6994 🕒 Diariam 11h-21h 🖐 A $10, J $26, vinho $5,25 (copo) 🚍 No centro.

STEELE STREET RESTAURANT AND LOUNGE

www.westmarkhotels.com/whitehorse.php

Tipo de lugar sossegado e agradável, com bom menu de bar e cervejas produzidas no local pela Yukon Brewing Company. No verão, dá para comer no pátio.

✉ Westmark Hotel, 201 Wood Street, Whitehorse, Yukon Y1A 2E4 ☎ 867/393-9700 🕒 Diariam 11h-24h (o horário pode variar) 🖐 A $12, J $35, vinho $13 🚍 No centro

YELLOWKNIFE

L'ATITUDES

www.yellowknifeinn.com

Este restaurante moderno serve boa variedade de pratos o dia todo.

✉ Yellowknife Inn, Central Square Mall, 5010 49th Street, Yellowknife, Territórios do Noroeste, X1A 2N4 ☎ 867/873-2601 🕒 Seg-sáb 7h-17h, dom 8h-15h 🖐 A $13, J $33, vinho $30 🚌 1, 2 (e 3, no sáb e nas férias escolares de verão) 🚍 No centro, ao lado de Main Street e vizinho ao shopping

BLACK KNIGHT PUB

www.blackknightpub.com

Autodenominado pub "escocês", o Black Knight ganhou fama pelo ambiente animado e pela ótima comida. No almoço tem sopas, sanduíches, hambúrgueres, saladas e comida britânica típica, como shepherd's pie, salsicha com purê e fish and chips. No jantar, são servidos os mesmos pratos mais bifes, massas e comida cajun e mexicana. Música ao vivo em quase todas as noites de sábado.

✉ 4910 49th Street, Yellowknife, Territórios do Noroeste X1A 2N8 ☎ 867/920-4041 🕒 Seg-sáb até 2h 🖐 A $20, J $30 🚍 No centro, esquina da 49th Street com 49th Avenue

ONDE FICAR

PREÇOS E SÍMBOLOS

Os preços correspondem à diária de um quarto duplo, com café da manhã, a menos que indicado o contrário. A não ser que esteja especificado, todos os hotéis da lista aceitam cartões de crédito. Note que os preços variam ao longo do ano.

Para a legenda de símbolos, ▷ 2.

CARCROSS

DUNROAMIN' RETREAT

www.dunroaminretreat.com

Este refúgio distante não tem TV e é uma residência feita de toras, ao lado do lago Crag, gerido por pessoas talentosas e viajadas, com a missão de cativar e diminuir o estresse dos hóspedes. De dia, você pode caminhar por diversas trilhas ou participar de uma oficina de artesanato. À noite tem uma sala de estar aconchegante, onde se pode ler ao lado da lareira. Ou você pode fazer um banho turco e mergulhar no lago.

✉ PO Box 169, Carcross, Yukon, Y0B 1B0 ☎ 867/821-3492 ⊕ O ano todo ✋ $125 ⓘ 1 cabana (para não fumante) 🚗 13,7km a nordeste de Carcross pela Highway 8; serviço de ônibus circular de Carcross ou Whitehorse, se houver disponibilidade

DAWSON CITY

BOMBAY PEGGY'S

www.bombaypeggys.com

Construído em 1900, este hotel (foto acima) tem uma história confusa, mas o período em que ele foi bordel é que sobrevive, mesmo que apenas no nome. Restaurado com luxo, manteve um toque de decadência. O Lipstick Room tem paredes vermelhas e colcha de veludo preto; o exótico Purple Room tem uma cama com cabeceira entalhada com 2m de altura.

✉ Box 411, 2nd Avenue, Dawson City, Yukon, Y0B 1G0 ☎ 867/993-6969 ⊕ Mar-nov ✋ $89-$199 ⓘ 9 (todos para não fumantes) ⊛ 🚗 Uma rua atrás do rio, esquina de 2nd Avenue e Princess Street

WESTMARK INN

www.westmarkhotels.com

Complexo alegre construído ao redor de um pátio gramado, onde são realizados os famosos churrascos de Klondike. Quartos e suítes com banheiro, TV, frigobar, secador de cabelos e ferro de passar; alguns têm cozinha.

✉ P.O. Box 420, Dawson City, Yukon, Y0B 1G0 ☎ 867/993-5542, 800/283-6622 ⊕ Meados mai-início set ✋ $129 ⓘ 177 🚗 No centro, esquina das ruas 5th e Harper

FORT SIMPSON

NORTH NAHANNI NATURALIST LODGE

www.nnnlodge.ca

No espetacular cenário ao lado do lago Cli, este hotel numa construção tradicional de toras é dirigido por membros do povo liidli kue das Primeiras Nações. A experiência na natureza começa antes de você chegar, se escolher um jet-ski como transporte (snowmobile, no inverno), em vez de vir de avião. Os quartos podem ser de casal; os compartilhados, do tipo dormitório comunitário; e cabanas independentes. E existe um amplo lounge. A maior parte dos móveis é feita à mão por marceneiros locais. Dispõe de diversos pacotes de atividades.

✉ PO Box 807, Fort Simpson, Territórios de Noroeste, X0E 0N0 ☎ 867/695-2116, 1-888/880-6665 ⊕ O ano todo. Estadia mínima: 2 dias ✋ Diária por pessoa $400, com tudo incluído (refeições, serviço de guias, instalações e equipamentos); cabanas com manutenção (4-6 pessoas) diária de $300 por cabana ⓘ 6 e 2 cabanas separadas (todos para não fumantes) 🚗 Transporte fornecido de Fort Simpson por avião, jet ski ou snowmobile; o preço depende do número de hóspedes no percurso

HAINES JUNCTION

THE RAVEN

www.ravenhotelyukon.com

Simpático hotelzinho numa vila pitoresca na Alaska Highway, abaixo das montanhas St. Elias. Quartos com banheiro, TV e telefone. Há um grande solário e estacionamento para trailers e motorhomes pequenos.

✉ 181 Alaska Highway, Box 5470, Haines Junction, Yukon, Y0B 1L0 ☎ 867/634-2500 Mai-fim set $130, inclui café da manhã 12 Village center

INUVIK

ARCTIC CHALET

www.arcticchalet.com

Numa bonita localização entre dois lagos e o rio Mackenzie, este B&B oferece maravilhosa experiência. Quartos e cabanas com TV por satélite e telefone; a maioria possui banheiro e entrada independentes. No inverno, você pode fazer um passeio de trenó de cães. No verão, há pescarias e canoas no local. Os hóspedes que vêm de avião para o resort podem conseguir uma taxa de "quarto com carro" e usar um dos veículos 4x4 do B&B.

✉ 25 Carn Street, PO Box 1099, Inuvik, Territórios do Noroeste, X0E 0T0 ☎ 867/777-3535, 1-800/685-9417 0 ano todo $110-$130 11 (todos para não fumantes) A 3km do centro de Inuvik, ao lado da Airport Road

IQALUIT

CAPITAL SUITES

www.capitalsuites.ca

Em boa localização central, este hotel dispõe de apartamentos com um ou dois quartos e cozinha totalmente equipada. Decoração e móveis agradáveis e obras de arte originais de artistas locais. Internet de banda larga em todos os quartos. Oferece descontos para estadias mais longas.

✉ PO Box 2510, Iqaluit, Nunavut, X0A 0H0 ☎ 867/975-4000 0 ano todo $169 42 (todos para não fumantes)

FROBISHER INN

www.frobisherinn.com

Hotel moderno, com vistas espetaculares da barra de Koojesse, é onde os dignitários visitantes do mundo todo preferem se hospedar, quase sempre nas suítes de canto, que têm lareira e banheira de hidromassagem. Os quartos padrão apresentam móveis de boa qualidade, banheiro completo, cafeteira, secador de cabelos e TV; os quartos de luxo possuem obras de arte inuit, TV de tela ampla e DVD player.

✉ P.O. Box 4209, Iqaluit, Nunavut, X0A 0H0 ☎ 867/979-2222, 877/422-9422 0 ano todo $250 95; andares para não fumantes Coberta No centro

WATSON LAKE

A NICE MOTEL

www.anicemotel.com

O nome diz tudo e o lugar mais parece um B&B contemporâneo do que um motel. Os quartos são espaçosos, belamente mobiliados e com cores surpreendentes. Todos têm cama queen-size, quitinete, lareira, TV de alta definição e som surround. Em breve, haverá mais 18 quartos.

✉ Bag 5200, Watson Lake, Yukon, Y0A 1C0 ☎ 867/536-7222 $149 10 (todos para não fumantes) No centro, na Highway 1

WHITEHORSE

HIGH COUNTRY INN

www.highcountryinn.yk.ca

Você vai achar logo esta hospedaria, pois ela tem uma polícia montada de 15m vigiando a porta. Dispõe de quatro andares de quartos, que vão desde os de casal padrão até suítes suntuosas com hidromassagem para duas pessoas. Há também quartos com quitinete. Todos têm banheiro, TV a cabo, duas linhas telefônicas e modem e chá/café. Possui um bistrô e um pub, cujo tema é a mineração de ouro e tem especialidades canadenses.

✉ 4051 4th Avenue, Whitehorse, Yukon, Y1A 1H1 ☎ 867/667-4471, 1-800/554-4471 0 ano todo $149 85 Seis quarteirões a leste da Main Street, e três da orla

TOWN AND MOUNTAIN HOTEL

www.townmountain.com

Boa localização central, de onde se vai a pé para as principais atrações. Hotel-butique iluminado e espaçoso, com decoração agradável e sem exageros, móveis modernos e tecidos combinando. Há dois estilos de quarto: os do segundo andar têm duas camas de casal, e os do terceiro possuem uma cama king size e quitinete. Todos dispõem de banheiro, TV a cabo e telefone, e pode-se ter acesso à internet. Conta com duas opções de comida: o tradicional Sourdough Dining Room e o Lizard's Bar and Grill ao estilo de um pub, com menu de pizzas em forno de lenha, costelas e bifes.

✉ 401 Main Street, Whitehorse, Yukon, Y1A 2B6 ☎ 867/668-7644, 800/661-0522 (discagem grátis apenas do Yukon e do norte da Colúmbia Britânica) 0 ano todo $119-$159 29

WESTMARK WHITEHORSE HOTEL AND CONFERENCE CENTRE

www.westmarkhotels.com

O maior hotel do Yukon foi reformado e oferece quartos e suítes de estilo internacional (alguns com hidromassagem), instalações completas para reuniões e conferências, e um bom restaurante com pátio aquecido no frio. Há também lavanderia para os hóspedes, a loja de presentes Northern Wonders e uma barbearia.

✉ 201 Wood Street, Whitehorse, Yukon Y1A 2E4 ☎ 867/393-9700, 1-800/544-0970 (central de reservas) 0 ano todo $129-$169 180 (todos para não fumantes no verão)

YELLOWKNIFE

CHATEAU NOVA

www.chateaunova.com

Um dos hotéis mais novos de Yellowknife, foi inaugurado no final de 2000, com padrões de grande cidade e quartos e suítes amplos, que possuem internet de banda larga, TV e telefone com correio de voz.

✉ 4401 50th Avenue, Yellowknife, Territórios do Noroeste, X1A 2N2 ☎ 867/873-9700, 1-877/839-1236 0 ano todo $199 80 No centro Ônibus circular grátis do aeroporto

Pág. ao lado *O Bombay Peggy's, em Dawson City, era um bordel*

INFORMAÇÕES ESSENCIAIS

Esta seção oferece todas as informações práticas que você precisará durante a visita, desde questões de dinheiro até números de telefones de emergência.

INFORMAÇÕES

CLIMA

O Canadá é um país enorme, que engloba muitas zonas climáticas diferentes, com variações profundas do verão ao inverno. Os invernos frios e as fortes nevadas produzem fantásticas oportunidades para esquiar, e o calor do verão é propício para milhares de atividades e festivais ao ar livre.

QUANDO IR

Embora qualquer época do ano tenha atrações interessantes, a grande maioria dos visitantes prefere viajar para o país entre maio e outubro. Fora desses meses, os recursos podem ficar muito menores, a não ser que você vá para uma área de esqui ou uma grande cidade. Assim, aconselha-se verificar com antecedência quais hotéis e atrações estarão funcionando, se você preferir viajar fora do auge da temporada.

VARIAÇÕES REGIONAIS

Costa Leste

A Costa Leste tem verão quente e agradável, mas sempre é possível que chova ou haja neblina, principalmente no litoral ou perto dele. Nas praias do Atlântico pode ventar muito, em especial na Terra Nova. Nesta área, as cores do outono são maravilhosas.

O inverno é relativamente ameno, mas também tem neve –em New Brunswick, a neve está entre as mais intensas do país–, e banquisas (ou grandes icebergs, no caso da Terra Nova e do Labrador) podem ser vistas flutuando não muito longe da praia.

Escudo Canadense – Ontário e Quebec

Em razão do tamanho destas imensas províncias centrais, há uma considerável variação entre elas. Quebec cobre uma área maior do que a do Texas (EUA) e se estende desde o sul temperado até o Ártico, e o clima varia conforme o local.

A parte meridional tanto de Ontário como de Quebec é extremamente quente e úmida no auge do verão. Do final de junho até agosto, a temperatura costuma ficar por volta dos 30°C durante muitos dias. Isso pode ser muito desagradável nas grandes cidades, que têm umidade alta. Por isso, os canadenses do centro usam ar condicionado no verão e umidificadores no inverno –em algumas casas, o mesmo aparelho faz as duas coisas.

No inverno, você pode esperar o extremo oposto, com temperaturas baixas e muita neve. Os canadenses do centro continuam a ter uma vida normal, seja qual for a estação, e se adaptam aos extremos. O visitante deveria tentar a mesma coisa.

A península de Niágara, a principal região de cultivo de frutas e produção de vinho do país, tem inverno relativamente ameno. Às vezes neva, e nos invernos mais frios as Cataratas do Niágara formam um belo espetáculo quando congelam.

Entre o inverno e o verão, a primavera é curta e fresca. Mais tarde, o outono ameno produz belas folhagens e atrai muitos visitantes.

As Pradarias

Sem acesso ao mar, as Pradarias passam por invernos muito frios e prolongados, e por verões agradáveis e quentes. Ali não há a umidade da região do Escudo Canadense (Ontário e Quebec) e não se sofre com os insetos. No verão, ocorrem temporais, cuja aproximação pode ser vista de longe; isso evita que as pessoas fiquem ensopadas. O céu noturno no verão é inacreditável, com tantas estrelas que se perde a conta.

Montanhas Rochosas

Famosas pelas silhuetas de pedra e picos nevados, as Rochosas canadenses sofrem pesadas nevascas no inverno. As estradas criam uma camada de gelo, o que as torna perigosas. A estação atrai esquiadores e praticantes de snowboard e de esportes radicais, como escalar cachoeiras congeladas. Como em todas as áreas montanhosas, o clima pode mudar drasticamente em poucas horas em qualquer mês do ano. Aguaceiros se formam do nada, e a chuva se transforma em neve nas grandes altitudes, mesmo em julho. Em maio, muitas vezes os lagos ainda estão congelados; por isso, grande parte dos visitantes prefere aproveitar os excelentes parques montanhosos (como Banff e Jasper) de junho a agosto.

Costa Oeste

O clima da Costa Oeste, principalmente o da Ilha de Vancouver, é temperado pelo oceano Pacífico. Não é muito quente no verão e tem inverno ameno, com pouca ou nenhuma neve, mas as duas estações podem ser úmidas.

Longe do litoral, o clima é mais quente e seco. No interior, a região de Okanagan é importante no cultivo de frutas e na fabricação de vinhos, apesar de a escassez de chuvas exigir a irrigação das plantações.

O Norte

No Norte do país, o verão é curto e quente, com 24 horas de luz solar. Os invernos são longos e escuros, com temperaturas baixíssimas. Planeje

QUEBEC

TEMPERATURA

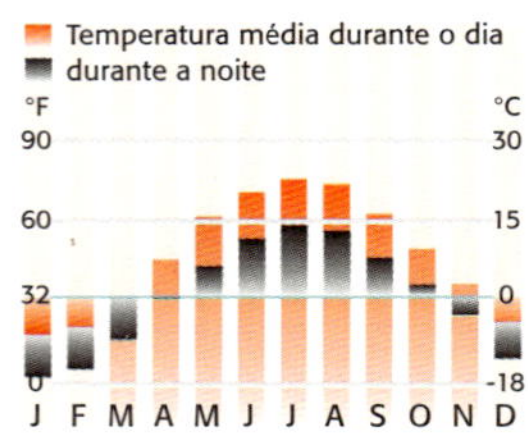

CHUVAS

a viagem para cá com muito cuidado, e consiga todas as informações disponíveis nos escritórios de informação turística ou com especialistas locais.

FUSOS HORÁRIOS

O Canadá é o segundo maior país do mundo, e se estende por seis dos 24 fusos horários do planeta. No entanto, há apenas quatro horas e meia de diferença entre as costas leste e oeste, pois a Terra Nova e parte de Labrador têm fusos horários próprios –meia hora adiantada do Atlantic Standard Time (AST), fuso do Atlântico, que marca quatro horas a menos do que o Horário Médio de Greenwich (GMT). O AST é observado no restante de Labrador e em outras províncias do Atlântico.

A maior parte de Quebec (exceto o trecho de North Shore) e de Ontário (exceto o extremo oeste) seguem o fuso do Leste (GMT -5). Em Manitoba e Saskatchewan, o fuso é de seis horas a menos do que em Greenwich, exceto na cidade de Lloydminster, na divisa com Alberta, que mantém o fuso das montanhas. Alberta e um trecho do sudeste da Colúmbia Britânica estão no fuso das Montanhas (GMT -7). O restante da Colúmbia Britânica e o Yukon têm o fuso do Pacífico (GMT -8). Os Territórios do Noroeste seguem dois fusos horários do sul –Central e das Montanhas–, ao passo que Nunavut segue o fuso do Leste.

O Daylight Saving Time (horário de verão) ajuda a poupar energia em todos os territórios, menos em Saskatchewan, mas a data de início (março/abril) e fim (outubro/novembro) varia conforme o lugar. Saskatchewan mantém o mesmo horário o ano todo (⊳ 9, mapa de fusos horários), mas a população votou nisso novamente na eleição provincial em novembro de 2011.

SITE DO CLIMA

A Environment Canada, agência do governo federal, dispõe de excelente site (www.weatheroffice.gc.ca) que dá uma boa ideia do que esperar em determinada parte do país em algum mês específico.

O QUE LEVAR

Com a possibilidade de dias longos e quentes no verão, com fortes temporais e belas noites, e de inverno claro e gelado, avalie bem o que vai levar para não ter problemas na viagem.

Costa Leste

Capa de chuva e agasalhos para as noites é uma boa ideia para a Costa Leste, mesmo em pleno verão. O vento pode soprar forte no litoral atlântico, por isso leve uma jaqueta leve, se ficar ao ar livre por algum tempo.

FUSO HORÁRIO

CIDADE	DIFERENÇA DE FUSO	ÀS 12H NO LESTE (MONTREAL E TORONTO)
Amsterdã	+6	18h
Berlim	+6	18h
Bruxelas	+6	18h
Buenos Aires	+2	14h
Calgary	-2	10h
Chicago	-1	11h
Dublin	+5	17h
Halifax	+1	13h
Johannesburgo	+6	18h
Londres	+5	17h
Los Angeles	-3	9h
Madri	+6	18h
Miami	0	12h
Nova York	0	12h
Paris	+6	18h
Roma	+6	18h
São Francisco	-3	9h
São Paulo/Rio de Janeiro	+2	14h
Sydney	+15	3h
Tóquio	+14	2h
Vancouver	-3	9h

TORONTO

TEMPERATURA

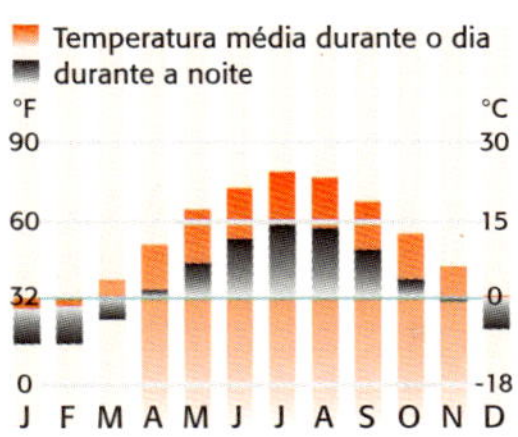

CHUVAS

VANCOUVER

TEMPERATURA

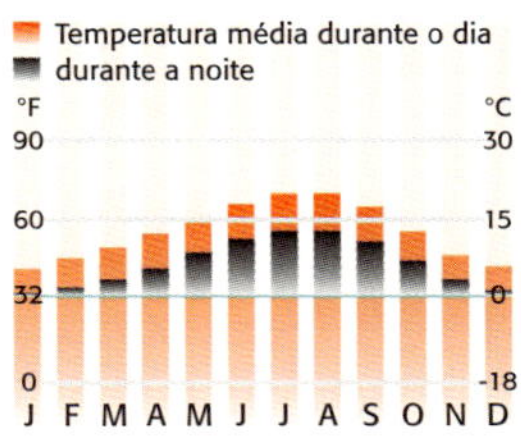

CHUVAS

WINNIPEG

TEMPERATURA

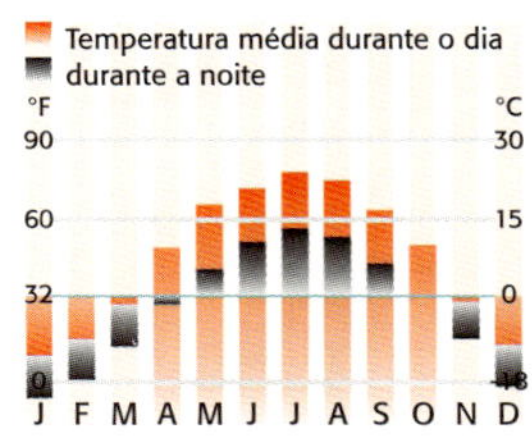

CHUVAS

Costa Oeste

Lembre-se de levar capa de chuva, se quiser caminhar ou fazer outras atividades ao ar livre. Para Vancouver, convém levar um guarda-chuva. Nos meses de inverno, você precisará de agasalhos pesados só se for para uma estação de esqui.

O Norte

Óculos escuros são importantes, pois a luz solar no Norte é muito forte e os dias duram 24 horas no verão.

Em viagens pelo Norte, o protetor solar é importante no verão: roupas leves, mas proteja-se da exposição prolongada ao sol. Os insetos são um problema na primeira parte da estação. Camisas de mangas longas, calças compridas e chapéu com rede contra mosquitos são recomendados para períodos longos de atividades ao ar livre, como acampamento e canoagem.

Roupas de inverno

Para as visitas de inverno, exceto na Costa Oeste (▷ acima), leve roupa quente: uma parca ou casaco, boné/gorro de lã (de preferência com protetor de orelhas), luvas e ceroulas, além de botas impermeáveis. Se for preciso, tudo isso pode ser adquirido na chegada, mas é possível congelar entre o aeroporto e a loja de roupas mais próxima. No Norte, principalmente em janeiro, cubra-se da cabeça aos pés com roupas térmicas do Ártico.

DOCUMENTOS

REQUISITOS PARA A ENTRADA

Como qualquer país, as exigências para entrar no Canadá variam conforme a nacionalidade da pessoa, e também mudam sem aviso prévio. Verifique os requisitos antes de viajar e acompanhe as notícias que possam afetar a sua situação.

VISITANTES DO BRASIL

Para visitar o Canadá, os brasileiros precisam de visto, que lhes permite permanecer no país por até seis meses. O visto pode ser obtido no Consulado-geral do Canadá, em São Paulo (quadro ao lado), ou pelo correio. A Embaixada do Canadá em Brasília só emite vistos para representantes diplomáticos oficiais.

Para tirar o visto, é preciso preencher o formulário especial fornecido pelo consulado ou baixado na internet. Além disso, são exigidos passaporte, foto 5x3 recente, comprovante de renda, taxa de visto paga, entre outros documentos. São fornecidos dois tipos de visto: um para uma única entrada, mais barato, e outro mais caro que permite entradas múltiplas no país (interessante para quem também visita os EUA). Este último tem validade de cinco anos ou até o vencimento do passaporte. Quem for pessoalmente ao consulado recebe o visto no dia. Os pedidos pelo correio são atendidos desde que se envie envelope selado.

VISITANTES DE OUTRAS PARTES DO MUNDO

Para ir ao Canadá, cidadãos dos EUA têm de apresentar passaporte, controle de passaporte ou um documento aceito pela Western Hemisphere Travel Initiative.

Cidadãos da Austrália e de países europeus que fazem parte da União Europeia não necessitam de visto para entrar no Canadá, mas precisam de passaporte válido.

O visto de entrada é exigido de cidadãos de mais de 130 países. Com as mudanças políticas e econômicas que ocorrem no mundo, a lista de países muda com frequência, e depende do que se passa naquele momento. Você pode verificar a situação de qualquer país se entrar em contato com a embaixada canadense local, ou pelo site de Citizenship and Immigration (www.cic.gc.ca) do governo do Canadá. O visto tem de ser concedido antes de sua partida e convém planejar com bastante antecedência, pois o processo nem sempre é rápido.

DUTY-FREE

Entre os produtos sobre os quais há restrições estão o fumo e bebidas alcoólicas (é preciso ser maior de 18 anos em Alberta, Manitoba e Quebec; nas outras regiões, 19 é a idade mínima para consumo e compra de bebidas alcoólicas)

Os fumantes podem trazer sem pagar imposto:

» até 200 cigarros

» 50 charutos

» ou 200g de fumo

O limite para bebidas alcoólicas é de:

» 1,5L de vinho ou 1,1 de licor

» ou 24 latinhas ou garrafas comuns de cerveja

JOVENS E IDOSOS

Qualquer pessoa com menos de 18 anos precisa apresentar uma carta dos pais ou do responsável com a permissão para visitar o Canadá. A carta tem de declarar o nome do indivíduo e a duração da viagem. Além disso, o jovem precisa andar com prova de identidade. Se você viajar com crianças com menos de 16 anos, e não for pai ou responsável, precisa de uma carta dos pais ou responsável que autorize a entrada delas no Canadá. Se apenas um dos pais ou o responsável estiver acompanhando a criança, terá de andar com a permissão do outro pai ou responsável, ou documentação que prove que não existe outro responsável. Os estudantes também devem ter a identidade à mão para pedir descontos em tarifas de viagem e ingressos. Por todo o Canadá, os idosos precisam comprovar a idade para receber descontos de tarifas ou ingressos.

ALFÂNDEGA

Armas de fogo: controle rigoroso

Se você estiver numa excursão de caça, informe-se sobre as restrições e esteja com a documentação antes de chegar à fronteira. Se estiver de avião, peça orientação à segurança do aeroporto de onde partir.

EMBAIXADAS E CONSULADOS DO CANADÁ NO EXTERIOR		
LOCAL	**ENDEREÇO**	**SITE**
Brasília Embaixada	SES - Av. das Nações, Quadra 803, Lote 16, 70410 900 Brasília tel (61) 3424 5400	www.canadainternational.gc.ca/brazil-bresil/ e-mail: brsla@international.gc.ca
São Paulo Consulado-Geral	Av. das Nações Unidas, 12901, 16º andar, 04578 000, São Paulo tel (11) 5509 4343	www.canadainternational.gc.ca/brazil-bresil/ e-mail: spalo-immigration@international.gc.ca
Rio de Janeiro Consulado-Geral	Av. Atlântica, 1130, 5º andar, 22021 000, Rio de Janeiro tel (21) 2543 3004	www.canadainternational.gc.ca/brazil-bresil/ e-mail: rio@international.gc.ca
Argentina	Tagle 2828, Palermo, C1425EEH, Buenos Aires tel (11) 4808 1000	www.canadainternational.gc.ca/argentina-argentine e-mail: bairs-webmail@international.gc.ca
Estados Unidos	501 Pennsylvania Avenue NW, Washington D.C. 20001-2114; tel (202) 682 1740	www.canadainternational.gc.ca/can-am
Reino Unido	Canada House, Trafalgar Square, Londres SW1Y 5BJ; tel (020) 7258 6600 ou Macdonald House, 1 Grosvenor Square, London W1K 4AB (tel acima)	www.canadainternational.gc.ca/united_kingdom-royaume_uni

Importação de produtos orgânicos
Há diversas regras relativas à importação de plantas, flores e outros vegetais, e esse assunto é levado muito a sério. Não é aconselhável levar nada desse tipo para o Canadá.

Informações e detalhes sobre as regras estão disponíveis na Canada Border Services Agency, tel 800/461-9999 (dentro do Canadá), 204/983-3500 ou 506/636-5064 (de fora do Canadá), ou consulte o site www.cbsa-asfc.gc.ca/.

Animais de estimação
Você pode levar seu animal de estimação para o Canadá, mas ele deve estar vacinado contra raiva há mais de 12 meses –leve o certificado da vacinação com você para comprovar a data da vacina.

DOCUMENTOS DO VEÍCULO

Se você for dirigindo para o Canadá, precisa levar toda a papelada de registro do veículo e comprovante de seguro, além de carteira de motorista válida. Saiba que, na fronteira, seu veículo talvez seja vistoriado na busca de substâncias ilegais, e prepare-se para apresentar seus documentos aos policiais, se eles mandarem você parar no acostamento.

SEGURO

O seguro de viagem é essencial nas visitas ao Canadá e deve cobrir problemas de saúde, interrupção ou cancelamento de viagem e perda ou roubo de bens de valor.

O serviço canadense de atendimento médico é excelente, mas se você não quiser pagar é preciso ter um seguro. Caso você já tenha um plano de saúde internacional, confira se sua cobertura inclui emergências e despesas médicas, como consultas, prescrição de remédios e enfermeiro particular.

A sua empresa de seguro deve ser a melhor conselheira sobre o que é melhor para você. Muitas apólices de seguro residencial oferecem algum tipo de cobertura de viagem, mesmo quando você vai para o exterior. Verifique com sua seguradora antes da viagem. Se alguma coisa for perdida ou roubada, costuma ser necessário um boletim de ocorrência policial, a fim de reclamar o seguro.

DINHEIRO

MOEDA

A moeda do país é o dólar canadense, dividido em 100 cents. A moeda do Canadá tem quase as mesmas denominações da moeda americana, com exceção das notas de $1 e $2, que não existem mais. Um dólar tem o formato de uma moeda dourada que mostra a imagem de uma mobelha-ártica *(loon)* e, por isso, essa moeda ganhou o apelido de "loonie". As moedas de dois dólares têm centro dourado e um anel prateado (são chamadas "twonies").

CÂMBIO

Existem balcões de câmbio em grande hotéis, aeroportos e estações de trem, mas os valores costumam ser baixos e as comissões, altas. A maioria dos bancos faz câmbio, mas cobra uma taxa. Fora das grandes cidades e áreas de resort, há poucos lugares que fazem câmbio. Os dólares americanos são bem aceitos no Canadá, mas preste atenção na taxa oficial de câmbio.

TRAVELLER'S CHEQUES

A melhor maneira de levar dinheiro é na forma de traveller's cheques. Você pode trocar cheques American Express ou Visa em seu próprio banco antes de viajar. Se os seus cheques estiverem preenchidos em dólares canadenses, poderão ser usados como dinheiro vivo na maioria dos restaurantes, lojas e postos de combustível do país. Não existe limite no volume de dinheiro canadense ou estrangeiro que pode entrar ou sair do país ou ser trocado.

CAIXAS ELETRÔNICOS

O jeito mais simples de obter dinheiro é com seu cartão de banco num caixa eletrônico (ABM ou ATM, em inglês). Em geral, os cartões de banco estão conectados aos sistemas MasterCard (Cirrus) ou Visa (Plus). Você terá de passar por alguns caixas até encontrar um que aceite seu cartão.

CARTÕES PERDIDOS/ROUBADOS
American Express
905/474-9280; www.americanexpress.com
Diners Club
800/363-3333; www.dinersclub.com
MasterCard
800/307-7309; www.mastercard.com/canada
Visa
800/847-2911; www.visa.com

CARTÕES DE CRÉDITO E DÉBITO

Cartão de crédito é o modo mais prático de pagar suas despesas ao visitar o Canadá. E também é mais seguro do que levar muito dinheiro. Grande parte dos hotéis, restaurantes e lojas aceita a maioria dos cartões. Porém, é provável que você precise de dinheiro vivo para pagar algumas comidas, em bancas de jornal e estabelecimentos pequenos.

Antes de viajar, verifique com seu banco se o seu cartão de débito será aceito fora do seu país. Alguns hotéis, restaurantes e lojas podem não aceitar cartões de débito com microchip do RU, mas isso está mudando, pois os emissores do Canadian Visa estão introduzindo um sistema semelhante.

GORJETA

Dar gorjeta é muito comum no Canadá e significa o reconhecimento do bom trabalho. As taxas de serviço não são incluídas automaticamente nas contas de restaurantes, exceto em alguns casos raros ou para grupos grandes. O costume é dar gorjeta da seguinte forma:

» cerca de 15% da conta sem os impostos, para garçons e garçonetes;

» certa de 15% para taxistas e cabeleireiros;

» no hotel, deve-se dar ao porteiro $1 por mala, ao camareiro $2, e ao pessoal de serviço de quarto, 10% da conta sem os impostos;

» se você fizer um passeio com guia, é comum oferecer a ele um pequeno símbolo do seu reconhecimento –em geral, $1 por pessoa é adequado.

BANCOS		
NOME	**TELEFONE**	**SITE**
Bank of Montreal	800/363-9992	www.bmo.com
Royal Bank of Canada	800/769-2511	www.royalbank.com
Scotiabank	800/472-6842	www.scotiabank.com
Toronto Dominion	866/222-3456	www.td.com

IMPOSTOS

▷ 372, 383.

PREÇOS DE ITENS DO COTIDIANO	
Sanduíche para viagem	$5-$9
Garrafa de água	$1,50-$2
Xícara de café ou chá	$1,25-$3
Garrafa de cerveja	$2-$4
Copo de vinho	$5-$8
Jornal	$1-$2
Rolo de filme fotográfico	$5-$9
20 cigarros	$8-$10
Sorvete	$2-$4
Um litro de gasolina	$0,95-$1,05

DICAS PARA CAIXAS

» Para conseguir usar o seu cartão de banco num caixa eletrônico do Canadá, ele tem de estar programado com seu código. Sem isso, você não poderá acessar seu banco nem a conta de cartão de crédito.

» Antes de viajar, verifique as restrições sobre a quantidade de dinheiro que você poderá retirar em determinado momento ou por dia.

ANTES DE VIAJAR

Vacinas

Não se exige vacinação específica de visitantes que venham do Brasil, da Europa, dos EUA, da Austrália ou da Nova Zelândia. Verifique os requisitos atuais, se você vier do Extremo Oriente, do Oriente Médio, da África e da América Central ou do Sul, em especial se estiver saindo de uma área sabidamente infectada. Para mais detalhes, procure a embaixada canadense em seu país ou visite o site Citizenship and Immigration do governo canadense: www.cic.gc.ca.

Medicamentos com receita

Você deve trazer o suprimento adequado dos medicamentos que toma e que precisam de receita. Os remédios vendidos sem receita estão disponíveis nas farmácias, mas nenhuma drogaria do Canadá aceitará receitas de fora da província. Se o seu suprimento acabar ou você perdê-lo, terá de se consultar com um médico canadense e obter uma receita reconhecida no local, o que significa mais despesa.

PERIGOS PARA A SAÚDE

Para a maioria dos visitantes não há grandes perigos à saúde numa viagem ao Canadá. Os poucos problemas que ocorrem estão ligados a atividades ao ar livre. A "beaver fever" (febre do castor), por exemplo, é uma diarreia provocada por um parasita *(Giardia lamblia)* que vive em riachos e lagos rasos, no verão. Ao acampar, não se esqueça de ferver qualquer água potável. A febre do castor dura apenas um ou dois dias; mas procure um médico, se ela persistir.

Há carrapatos transmissores da borreliose de Lyme em partes no sul de Ontário, no sudeste de Manitoba, na orla sul da Nova Escócia e na Colúmbia Britânica. Se andar por essas áreas, cubra bem as pernas e veja diariamente se há carrapatos em sua pele.

No sul de Ontário e Quebec a hera venenosa é comum nos bosques. Ela causa inflamação e erupções na pele, e pode ser bem desconfortável, mas normalmente desaparece por volta de dez dias. A tasneira dá irritações parecidas. O desconforto é aliviado com cremes à venda em farmácias.

Menos graves mas muito irritantes são os insetos que picam, comuns no Centro e no Norte do Canadá, principalmente depois de abril, em especial em maio e junho. Os repelentes revelam eficácia limitada em algumas pessoas. Você deve usar mangas e calças compridas, roupas de tons claros ao ar livre, especialmente depois das 17h, em dias quentes. Existe um risco mínimo de contrair o vírus do oeste do Nilo, transmitido por mosquitos, mas há casos reportados. Para informações, tel 1-866/225-0709.

FARMÁCIAS

Farmácia é o que não falta nas cidades canadenses, e algumas abrem 24 horas. Pergunte na recepção do seu hotel ou, numa emergência, ligue para a polícia e peça endereços.

Em geral, as farmácias das cidades são lojas amplas que vendem cosméticos e outros produtos de beleza, além de remédios com ou sem receita. O farmacêutico é uma boa fonte de orientação, se você não souber o que comprar em determinada circunstância, como nos efeitos da hera venenosa (▷ Perigos para a Saúde), ou se você estiver com alguma doença desconhecida.

Numa emergência, é aconselhável trazer consigo o nome genérico dos medicamentos que você tomava em seu país, pois eles podem ser vendidos com outro nome comercial no Canadá. Veja também a seção de Medicamentos com Receita, nesta página.

MÉDICOS E DENTISTAS

Se precisar de ajuda médica ou odontológica, peça informações na recepção do hotel. A maioria dispõe de uma lista de médicos, dentistas e centros médicos, o que economiza tempo. Ou procure o centro de visitantes local ou a lista telefônica Yellow Pages; serviços de emergência, como ambulância, quase sempre aparecem no lado de dentro da capa. Quando pagar por algum serviço médico, guarde os recibos e outros papéis para pedir reembolso ao seguro-saúde.

VOO SAUDÁVEL

O visitante que viaja longas distâncias de avião para o Canadá talvez se preocupe com o efeito disso sobre a saúde. O medo mais comum é o da trombose venosa profunda (TVP). Equivocadamente rotulada de "síndrome da classe econômica", a TVP é a formação de coágulos sanguíneos (trombos), em especial nas pernas. O trombo pode se deslocar pela corrente sanguínea e ser fatal.

O voo longo aumenta a probabilidade de TVP porque os passageiros ficam sentados na mesma posição por longo tempo e podem ficar desidratados. Os grupos de risco incluem idosos, mulheres grávidas ou que usam pílula anticoncepcional, fumantes e obesos. Se você estiver num desses grupos, consulte seu médico antes de viajar.

Para minimizar o risco:

Beba água (e não bebida alcóolica).

Não fique imóvel por horas seguidas. Alongue-se e exercite as pernas periodicamente.

Use meias elásticas, que sustentam as veias e reduzem a chance de formação de um coágulo.

EXERCÍCIOS

Tornozelos
Levante o pé do chão. Desenhe círculos com os pés, movendo um no sentido horário e o outro no sentido anti-horário.

Panturrilhas
Mantenha o calcanhar no chão e levante a ponta do pé bem para cima. Depois erga o tornozelo, mantendo a ponta do pé no chão.

Joelhos
Levante a perna com o joelho dobrado, contraindo a coxa. Depois estique a perna, pressionando o pé esticado no chão.

Outros perigos à saúde são as doenças transmitidas pelo ar e os micro-organismos propagados pelo ar condicionado do avião. Se você tem alguma doença grave, aconselhe-se com seu médico antes da viagem.

INDICAÇÕES ÚTEIS

ELETRICIDADE

Em todo o Canadá, a voltagem é de 110 volts CA. Aparelhos de outra voltagem precisam de transformador e tomada com adaptador para dois pinos chatos (às vezes, três).

Laptops, barbeadores e secadores de cabelos modernos costumam ser bivolt (220 volts e/ou 110 volts), mas precisamdeadaptador.Vocêpodeadquiri-los na maioria dos aeroportos e lojas de artigos de viagem no Canadá, mas é melhor comprá-los antes de viajar.

LAVANDERIA

Há muitos locais que fazem serviço de lavanderia ou de lavagem a seco nas cidades canadenses. Seu hotel pode oferecê-lo ou fornecer alguns endereços; os centros de informação turística também dão essas informações.

Saiba que os serviços de lavanderia não costumam ser baratos. Se quiser lavar sua roupa e acha que a lavanderia do hotel não serve, não imagine que vai achar máquinas em qualquer canto do centro –procure uma região frequentada por estudantes, onde elas são mais comuns.

MEDIDAS

O Canadá usa o sistema métrico de pesos e medidas: os combustíveis são vendidos por litro, e a comida por quilo ou grama. Mas o tamanho de roupas e a quantidade de comida talvez ainda sejam fornecidos no sistema britânico.

BANHEIROS

As cidades canadenses não costumam ter banheiros públicos, acessados pelas ruas, como geralmente ocorre na Europa. O principal motivo disso é o problema da manutenção no inverno e de se garantir que eles não congelem.

Um dos melhores lugares para encontrar banheiros é nos escritórios de informação turística, onde são limpos. Terminais de ônibus e estações de trem também dispõem de banheiros, mas não estão sempre limpíssimos. Outros locais são os saguões dos grandes hotéis, lojas de departamentos, museus e outras atrações turísticas, restaurantes (mas só se você for comer ali) e postos de combustível. Em geral, os banheiros públicos são gratuitos e de alto padrão.

FUMO E ÁLCOOL

Fumar é um hábito cada vez mais rejeitado no Canadá, e se tornou proibido em escritórios, nos lugares públicos fechados e em ônibus e metrô. O fumo foi banido nos restaurantes de todas as províncias, mas as regras para fumar em bares e outros locais de diversão variam de uma província para outra. Embora a lei não obrigue, um número crescente de hotéis e a maioria dos bed and breakfasts não permite que os hóspedes fumem e multa quem infringe a regra (o dinheiro é usado para eliminar o odor de cigarro do quarto). Alguns hotéis ainda têm quartos para fumantes. É também proibido fumar em muitos locais ao ar livre e a uma distância específica de portas de entrada.

Em New Brunswick, Nova Escócia e Ontário é proibido fumar em carros particulares na presença de crianças e adolescentes; o limite etário varia entre 16 e 19 anos.

Cigarros são vendidos em bares, supermercados, quitandas e bancas de jornal, mas algumas províncias proíbem a exposição acintosa dos maços e de peças publicitárias.

A idade mínima para comprar e consumir bebida alcoólica é de 19 anos em todas as províncias, menos Alberta, Manitoba e Quebec, onde a idade legal é 18 anos. As leis referentes à venda de cerveja, vinho e outras bebidas alcoólicas dependem da província.

Na maioria das províncias, bebidas fortes só podem ser adquiridas em lojas do governo, ou em lojas especiais de Ontário. A exceção é Quebec, onde vinho e cerveja são vendidos em lojas de comidas.

IMPOSTOS

Muitos visitantes se surpreendem ao saber que os impostos não estão inclusos nos preços mostrados nas lojas, o que significa uma conta final mais alta do que o esperado. Um imposto federal de 5% incide na venda de todos os produtos e serviços, exceto em alimentos de quitandas e supermercados. São cobrados também impostos provinciais (exceto em Alberta, Territórios do Noroeste, Nunavut e Yukon), os quais variam: Saskatchewan 5%; Manitoba 7%; Quebec 7,5%; Ilha Prince Edward 10%, geralmente incidindo sobre o preço, incluindo o imposto federal. As demais províncias adotam um Imposto sobre Vendas Harmonizado (HST, em Inglês) que junta o imposto federal e o provincial em um só cálculo: Colúmbia Britânica 12%; New Brunswick, Terra Nova, Labrador e Ontário 13%; Nova Escócia 15%.

CRIANÇAS

Se levar crianças para o Canadá, elas devem ter documentos, como certi-

dão de nascimento e passaporte. Se, por exemplo, você for o pai e viajar sem a mãe da criança, ou se não for o responsável, precisa levar uma carta de permissão da mãe ou do responsável. Pais divorciados têm de levar os documentos legais que comprovem essa situação. Tais restrições são recentes e foram impostas por causa do número de pais divorciados que fugiam para o Canadá com os filhos, à revelia do outro genitor. Ao alugar um carro, peça uma cadeirinha no momento em que fizer a reserva. De avião, verifique o que pode ser bagagem de mão, em especial no caso de carrinhos; algumas empresas aéreas exigem que eles sejam embarcados como bagagem. E não se esqueça de solicitar com antecedência refeições para crianças.

A maioria dos hotéis do Canadá permitem que crianças muito pequenas fiquem no quarto dos pais gratuitamente. O limite de idade para isso varia conforme o estabelecimento, e alguns lugares tratam as crianças como mais um adulto e cobram de acordo. Verifique bem quando fizer a reserva.

Os restaurantes, em geral os que ficam em áreas turísticas, oferecem menu para crianças e dispõem de cadeirões ou assentos mais altos, mas vale a pena verificar antes. Alguns museus (a exemplo da National Gallery of Canada, ▷ 224-5) têm salões com atividades infantis, além de exposições dirigidas às crianças.

CULTURA E ETIQUETA

Embora os canadenses se assemelhem aos americanos para alguns estrangeiros, muitos canadenses não gostam disso. Isso é um assunto a ser evitado. Se você insistir nas semelhanças culturais, prepare-se para receber uma repreensão, mostrando como o Canadá se desenvolveu e como é diferente. Fora isso, os canadenses são muito informais e poucas coisas os deixam chocados.

O que vestir

O visitante pode usar roupas informais, jeans, camisetas, tênis, e se sentir à vontade na maioria dos lugares, principalmente de dia. Fora das grandes cidades, a exemplo de alguns resorts concorridos, talvez você descubra que os canadenses tendem a se vestir mais formalmente à noite.

Toronto, Ottawa, Montreal e Vancouver são importantes locais de negócios, e talvez por isso você prefira se vestir um pouco melhor, em especial em passeios de compras e ao visitar museus. Estas quatro cidades dispõem de restaurantes refinados, e apesar de eles não fazerem exigências quanto aos trajes, é provável que você não receba o melhor dos serviços ou uma boa mesa, se estiver com roupas muito informais.

Visita a igrejas

Como em qualquer outro lugar do mundo, você deve se vestir adequadamente ao visitar uma igreja ou outro local de culto religioso. A Basilique Notre-Dame de Montréal barra a entrada de pessoas com shorts muito curtos ou com blusas de alcinha, e o visitante tem de usar sapato.

Primeiras Nações

É importante respeitar o estilo de vida tradicional dos povos nativos do Canadá. Considera-se um insulto, por exemplo, chamar os povos do Norte de esquimós –palavra depreciativa que significa "comedores de carne crua". Do mesmo modo, a palavra "indians" (indianos) só deve ser empregada para se referir ao povo da Índia. Em geral, os povos aborígenes do Canadá são citados conforme sua afiliação tribal, como o povo cree do norte de Quebec, o ojibwa do norte de Ontário, e o assiniboine das Pradarias.

O Canadá francês

Saiba que em Quebec e em partes de New Brunswick, o francês é a primeira língua da população residente e, raramente, a única. Aprender algumas palavras em francês vai otimizar sua visita (▷ 381). Se tiver algum problema para se expressar, um sorriso simpático e um pedido de desculpa em

inglês por não falar a língua ajudam muito a conseguir auxílio e um bom serviço.

Gorjetas

Para questões de gorjeta, veja ▷ 370.

Locais de culto religioso

Os hotéis importantes nas grandes cidades costumam dispor de uma lista de locais de culto mais próximos. Caso não tenham, o centro local de informação turística poderá fornecê-la (▷ 378-9). Em geral, existe uma igreja católica, uma igreja anglicana (episcopal), uma igreja unida (metodista e presbiteriana), e às vezes uma igreja batista. E todas as grandes cidades possuem sinagogas, e a maioria tem uma mesquita e templos budista e hindu.

CONVERSÃO DE MEDIDAS

De	Para	Multiplique por
Polegadas	Centímetros	2,54
Centímetros	Polegadas	0,3937
Pés	Metros	0,3048
Metros	Pés	3,2810
Jardas	Metros	0,9144
Metros	Jardas	1,0940
Milhas	Quilômetros	1,6090
Quilômetros	Milhas	0,6214
Acres	Hectares	0,4047
Hectares	Acres	2,4710
Galões	Litros	4,5460
Litros	Galões	0,2200
Onças	Gramas	28,35
Gramas	Onças	0,0353
Libras	Gramas	453,6
Gramas	Libras	0,0022
Libras	Quilos	0,4536
Quilos	Libras	2,205
Toneladas	Ton.Métricas	1,0160
Ton.Métricas	Toneladas	0,9842

COMUNICAÇÕES

TELEFONES

Os diversos telefones públicos aceitam moedas, cartão de crédito telefônico e cartão telefônico pré-pago. Os cartões de crédito telefônico americanos são aceitos. O cartão telefônico pré-pago é vendido em lugares como a maioria das lojas de conveniência, centros de visitantes e alguns hotéis, e estão disponíveis em diferentes valores, a partir de $10. Trata-se, provavelmente, do meio mais prático de fazer uma ligação interurbana de um telefone público.

DICA

» Os hotéis cobram uma taxa adicional (que pode ser cara) pelas ligações feitas do quarto. Mas às vezes as chamadas locais são gratuitas.

LIGAÇÕES

Para ligações dentro do Canadá, digite 1 seguido do código da província ou da cidade (▷ veja quadro). Para fazer uma ligação local, basta digitar o número de sete dígitos, mas ligações para fora da localidade em si requerem a inclusão do código da província. Nas cidades principais é preciso usar o código da cidade e da província até em ligações locais. Mensagens gravadas alertam quem omite os códigos necessários.

Para fazer chamadas internacionais, disque 011 e o código do país (o do Brasil é 55) + código da operadora seguido do código de área local (sem o zero) e o número. Para ligar para os EUA, disque o código de área e o número.

Números gratuitos (com prefixos 800, 866, 877 etc.) devem ser sempre precedidos por 1.

DICAS

» As chamadas locais são gratuitas no Canadá; em geral, os hotéis adicionam um custo nominal, enquanto os telefones públicos cobram 25 cents.

» As taxas para ligações interurbanas são maiores no horário comercial –quase sempre, o horário mais barato vai das 24h às 6h.

CELULARES

Verifique com a sua operadora se o seu celular funcionará no Canadá –alguns funcionam, outros precisam contratar um acordo de roaming antes da viagem. Ligações feitas em roaming podem ficar caras.

CORREIOS

O Canadá não tem fama de rapidez na entrega de correspondência. E o preço dos selos tende a subir com frequência.

Há uma leva de entrega de cartas por dia, de segunda à sexta. Para saber mais sobre os correios canadenses, consulte o site www.canadapost.ca

Outra opção é usar o Priority Post, um serviço rápido e mais caro que promete "entregar no dia seguinte" no Canadá. Está disponível 24 horas, sete dias por semana.

SELOS

Em geral, os postos dos correios funcionam de segunda à sexta, das 8h30 às 17h30. Algumas lojas de conveniência pequenas têm licença para vender selos, e costuma haver lojas dos correios em lojas grandes e estações de trem –procure a placa "Canada Post". Estas lojas podem abrir no sábado pela manhã e ficam mais tempo abertas nos dias úteis do que os postos grandes. O balcão de recepção dos hotéis também pode ter selos à venda.

E-MAIL E ACESSO À INTERNET

Quase todos os canadenses usam computador; por isso, os e-mails constituem uma forma eficiente de comunicação. Muitos hotéis oferecem acesso à internet, por vezes incluído na diária, mas com mais frequência cobrado à parte, caso em que provavelmente vale mais a pena procurar o cibercafé mais próximo. Os centros de visitantes têm os endereços de cibercafés, ou talvez haja acesso à internet numa livraria grande ou numa universidade. Os cibercafés também estão nas Yellow Pages.

CÓDIGOS DE PAÍSES PARA LIGAR

Austrália	011 61
Alemanha	011 49
Brasil	011 55
Espanha	011 34
Estados Unidos	1
França	011 33
Grécia	011 30
Holanda	011 31
Irlanda	011 353
Itália	011 39
Nova Zelândia	011 64
Reino Unido	011 44
Suécia	011 46

CÓDIGO TELEFÔNICO DAS PROVÍNCIAS

Província	Região	Código
Alberta	Sul	403
	Norte	780
Col. Britânica	Vancouver	604 e 778
	restante da CB	250
Ilha Prince Edward		902
Manitoba		204
New Brunswick		506
Nova Escócia		902
Nunavut		867
Ontário	Toronto	416 e 647
	Região de Toronto	905 e 289
	Central e Norte	705
	Sudoeste	519 e 226
	Região de Ottawa	613
	Noroeste	807
Quebec	Montreal	514 e 438
	Região de Montreal	450
	Oeste e Norte	819
	Leste	418
Saskatchewan		306
Terra Nova e Labrador		709
Territórios do Noroeste		867
Yukon		867

TELEFONES ÚTEIS

» Para auxílio à lista digite 411.

» Para ligar a cobrar dentro da América do Norte ou para seu país de origem, digite 0 antes de fazer a ligação e ouça as opções. Fale com a telefonista, se houver algum problema.

AJUDA

SEGURANÇA PESSOAL

O Canadá é um país relativamente livre de crimes e você não deve exagerar nos cuidados com segurança. Contudo, é melhor evitar algumas áreas urbanas e ter cuidados básicos em qualquer lugar. Estas precauções prevenirão situações desagradáveis:

» nunca deixe malas ou outros itens de valor visíveis no carro –coloque tudo no porta-malas;

» é melhor levar seu passaporte e cartões de crédito numa bolsa de cintura, e só caminhar por ruas bem iluminadas à noite. Se você for roubado, informe imediatamente a polícia e/ou seu hotel.

EMERGÊNCIAS

Para ligar para a polícia, o corpo de bombeiros ou o serviço de ambulância na maioria dos lugares do Canadá, digite 911. Onde o serviço 911 não está em vigor (Ilha de Vancouver, Ilha Prince Edward, Nova Escócia, Yukon, Territórios do Noroeste e Nunavut) digite 0 para chamar a telefonista e diga que se trata de uma emergência. Essa é a melhor maneira de informar um crime ou outra emergência, e evita que você saia em busca de uma delegacia ou hospital.

POLÍCIA

A Royal Canadian Mounted Police é a polícia federal do Canadá. Os "Mounties" também atuam como polícia comum em todas as províncias, menos Ontário e Quebec, que têm suas próprias forças policiais. Em serviço, os membros da RCMP se parecem com quaisquer outros policiais e dirigem carros. (Os cavalos não são mais usados, e casacos vermelhos, chapéus de aba larga e botas com espora são usados apenas em cerimônias.) Todas as grandes cidades têm sua própria força policial além da RCMP e/ou da força provincial.

ACHADOS E PERDIDOS

Procurar a polícia é o melhor que você tem a fazer no caso de perder algo valioso. Não use o número de emergência 911 nesse caso, mas veja na lista ou peça à recepção do hotel o número local. Se você for requerer o pagamento do seguro por alguma perda, deverá obter um boletim de ocorrência (▷ 369 Seguro).

Perda de passaporte

No caso de perda ou roubo de passaporte, você terá de procurar sua embaixada ou consulado. Em geral, eles ficam em Ottawa, Montreal, Toronto e Vancouver, e ocasionalmente em outros locais (▷ abaixo).

EMBAIXADAS E CONSULADOS NO CANADÁ

Embaixada do Brasil em Ottawa
450 Wilbrod Street, Ottawa, Ontário, K1N 6M8
Tel 613/237-1090, 613/755-5160
www.brasembottawa.org
Além da embaixada, o Brasil mantém consulados em Toronto e Montreal:

Consulado-Geral do Brasil em Toronto
77 Bloor Street West , Suite 1109
Toronto, Ontário, M5S 1M2
Tel (416) 922-2503
www.consbrastoronto.org

Consulado-Geral do Brasil em Montreal
1, Westmount Square, Suite 1700
Montreal, Quebec, H3Z 2P9
Tel (514) 499-0968
www.consbrasmontreal.org

British High Commission
80 Elgin Street, Ottawa, Ontaário, K1P 5K7
Tel 613/237-1530
http://ukincanada.fco.gov.uk
Além da embaixada, o Reino Unido mantém consulados nas seguintes cidades:

Consulado-Geral Britânico em Montreal
Suite 4200, 1000 rue de la Gauchetière Ouest, Montreal, Quebec, H3B 4W5
Tel 514/866-5863

Consulado-Geral Britânico em Toronto
777 Bay Street, Suite 2800, Toronto, Ontário, M5G 2G2
Tel 416/593-1290

Consulado-geral Britânico em Vancouver
1111 Melville Street, Suite 800, Vancouver, Colúmbia Britânica, V6E 3V6
Tel 604/683-4421

Embaixada dos Estados Unidos
490 Sussex Drive, Ottawa, Ontário, K1N 1G8
Tel 613/688-5335
http://canada.usembassy.gov
Além da embaixada, os Estados Unidos mantêm consulados nas seguintes cidades:

US Consulate Calgary
615 Macleod Trail S.E., 10th Floor, Calgary, Alberta, T2G 4T8 Tel 403/266-8962

Consulado Americano em Halifax
Suite 904, Purdy's Wharf Tower II, 1969 Upper Water Street, Halifax, Nova Escócia, B3J 3R7
Tel 902/429-2480

Consulado Americano em Montreal
1155 rue St.-Alexandre, Montreal, Quebec, H2Z 1Z2
P.O. Box 65, Postal Station Desjardins, Montreal, Quebec, H5B 1G1 Tel 514/398-9695

Consulado Americano em Quebec
2 rue de la Terrasse-Dufferin, Québec City, Québec, G1R 4T9
Tel 418/692-2095

Consulado Americano em Toronto
360 University Avenue, Toronto, Ontário, M5G 1S4 Tel 416/595-1700

Consulado Americano em Vancouver
1095 West Pender Street, Vancouver, Colúmbia Britânica, V6E 2M6
Tel 604/685-4311

MEIOS DE COMUNICAÇÃO

JORNAIS E REVISTAS

Nacionais

No Canadá existem dois jornais considerados "nacionais": *The Globe and Mail* e *The National Post*. Ambos são vendidos em bancas de jornais e em lojas de conveniência.

No entanto, como eles são publicados em Toronto, alguns canadenses não os consideram de fato "nacionais".

A *Macleans Magazine* é uma revista semanal de notícias publicada em Toronto, e oferece boas indicações do que ocorre por todo o Canadá; em geral, ela é encontrada em bancas do país inteiro.

Para artigos sobre estilo de vida nas cidades importantes, veja a revista *Toronto Life*, famosa pela listagem de restaurantes, ou a *Vancouver*, que é uma publicação similar. Montreal não dispõe de uma revista comparável.

A revista *Where* publica uma dúzia de edições em todo o Canadá, incluindo as principais cidades e áreas como Rochosas canadenses, Alaska e Yukon. Elas trazem listas de restaurantes,diversão, hotéis e compras.

Jornais locais

As grandes cidades canadenses possuem seus próprios jornais, cuja circulação pode ser maior do que a dos nacionais. Entre os jornais de Toronto estão o *Toronto Star* e o *Toronto Sun*.

Em Montreal, o diário mais importante em inglês é a *Montréal Gazette*. Há diversos jornais em francês, e os mais populares são *La Presse* e o tabloide *Le Journal de Montréal*.

Os jornais mais importantes de Vancouver são o *Vancouver Province* e o *Vancouver Sun*.

Ottawa conta com dois grandes diários: o *Ottawa Citizen* e o *Ottawa Sun*.

Na Cidade de Quebec, o principal jornal é *Le Soleil*.

Entre outras publicações estão *Calgary Herald*, *Edmonton Journal* e *Winnipeg Free Press*. Há também muita variedade de publicações étnicas nas grandes cidades.

Todos os jornais já citados têm edição na internet.

O site www.broadcast-live.com/newspapers/canadian.html dá acesso a uma grande variedade de jornais, assim que eles são publicados.

Imprensa estrangeira

Em bancas das principais cidades são vendidos jornais americanos, como *New York Times*, *Financial Post*, *Wall Street Journal* e *USA Today*. Em outros lugares eles não são comuns.

Existem mais jornais estrangeiros em lojas especializadas de grandes cidades (os centros de informação turística podem fornecer o nome desses pontos de venda), a exemplo de *The Times* do Reino Unido, *Le Monde* da França e *Der Spiegel* da Alemanha.

TELEVISÃO E RÁDIO

A televisão é vista na maioria das casas canadenses, até no extremo Norte, que se vale da transmissão por satélite. A maior emissora de rádio e televisão em inglês e francês é a empresa pública Canadian Broadcasting Corporation, ou CBC (www.cbc.ca). A televisão da CBC tem comerciais, mas as emissoras de rádio não têm.

Na rede a cabo, a CBC conta com um canal de notícias 24 horas, o "CBC Newsworld," transmitido nas duas línguas oficiais. Entre as outras emissoras nacionais estão a CTV e a Global, em inglês, e a TVA, em francês.

CANAIS A CABO

Onde existe serviço de TV a cabo, há muitas opções de canais. Entre os mais populares estão Weather Network; Bravo!, um canal de artes; TSN, rede de esportes; MuchMusic, canal de rock do Canadá; Discovery Channel, com ciência canadense; Canadian History Channel; e Life Network, um canal sobre estilos de vida canadenses.

Muitas redes a cabo americanas também podem ser acessadas, a exemplo das CBS, ABC, NBC e PBS.

FILMES E LIVROS

LIVROS

O Canadá conta com diversos escritores de fama internacional. Nos últimos anos, três ganharam o prêmio Booker: Yann Martel (*A Vida de Pi*; 2002), Margaret Atwood (*O Assassino Cego*; 2000) e Michael Ondaatje (*O Paciente Inglês*; 1992), embora nenhuma destas histórias se passe no Canadá.

Considerado o grande nome da literatura canadense, Robertson Davies ambientou muitos de seus livros em sua nativa Ontário. A Trilogia de Deptford está entre suas obras mais conhecidas: *Fifth Business* (1970), *The Manticore* (1972) e *World of Wonders* (1975). Entre outros, ele também escreveu a Trilogia de Cornish: *The Rebel Angels* (1981), *What's Bred in the Bone* (1985) e *The Lyre of Orpheus* (1988).

Dois outros clássicos de Ontário são *Sunshine Sketches of a Little Town* (1912), de Stephen Leacock, e *The Man from Glengarry* (1901), de Ralph Connor.

Os contos de aventuras, de Farley Mowat se passam sobretudo no Norte do Canadá: *People of the Deer* (1952), *Lost in the Barrens* (1956), *Never Cry Wolf* (1963) e *The Snow Walker* (1975).

Página ao lado *A Chapters Bookshop e o cinema Paramount IMAX na Peter Street, no centro de Toronto*

E ele escreveu um livro fascinante mas meio polêmico sobre a Terra Nova: *Uma Baleia para Matar* (1972).

Dois excelentes romances históricos foram ambientados na Cidade de Quebec durante o domínio francês: *The Golden Dog* (1877), de William Kirby, e *Shadows on the Rock* (1931), de Willa Cather.

Para entender as tensões linguísticas, leia *Two Solitudes* (1945), de Hugh Maclennan ou *The Tin Flute*, de Gabrielle Roy –uma tradução de *Bonheur d'Occasion* (1945).

Duas visões distintas da vida em Montreal estão nas obras *Albertine in Five Times* (1986) e *Les Belles Soeurs* (1992), do dramaturgo Michel Tremblay, e nos contos de Mordecai Richler sobre os judeus de Montreal: *The Apprenticeship of Duddy Kravitz* (1959) e *St. Urbain's Horseman* (1971).

Um clássico das Pradarias é *Who has Seen the Wind* (1947), de W. O. Mitchell, enquanto o único apanhado sobre as Primeiras Nações da Colúmbia Britânica é *Klee Wyck* (1941), de Emily Carr. Os livros sobre a natureza de Archie Belaney (também conhecido como Grey Owl) incluem *Pilgrims of the Wild* (1934), *The Adventures of Sajo and her Beaver People* (1935) e *Tales of an Empty Cabin* (1936).

Pierre Berton escreveu diversos livros de história populares. Seus volumes sobre a construção da Canadian Pacific Railway –*The National Dream* (1970) e *The Last Spike* (1971)– são leituras recomendadas antes de pegar o trem que cruza o Canadá. Ele também escreveu dois livros sobre a Guerra de 1812: *The Invasion of Canada* (1980) e *Flames Across the Border* (1982).

Ao visitar a Ilha Prince Edward, leia antes o maravilhoso *Anne de Green Gables* (1908), de Lucy Maud Montgomery. Das diversas versões filmadas, a melhor foi a da série produzida pela CBC, na década de 1980.

Os livros de Thomas Raddall dão vida à Nova Escócia, principalmente *The Governor's Lady* (1960). O livro *The Shipping News* (1993) da escritora americana E. Annie Proulx ganhou o prêmio Pulitzer. Esse conto sobre a vida num posto avançado da Terra Nova foi transformado num filme estrelado por Kevin Spacey, em 2001.

FILMES

***Eu Confesso* (Alfred Hitchcock, 1953)**
Montgomery Clift interpreta um padre acusado de assassinato em Quebec.

***Kamouraska* (Claude Jutra, 1973)**
A francesa Anne Hébert ambientou essa história de amor na vila de Kamouraska, no baixo São Lourenço.

***O Grande Vigarista* (Ted Kotcheff, 1974)**
Romance de sucesso, se passa em Montreal e apresenta um jovem ambicioso (papel de Richard Dreyfuss) que cresce pobre num bairro judeu.

***Maria Chapdelaine* (Gilles Carle, 1985)**
História de Louis Hémon sobre uma jovem e três homens que a amam.

***Jesus de Montreal* (Denys Arcand, 1989)**
Lothaire Bluteau é o astro desta história ambientada em Montreal.

***Hábito Negro* (Bruce Beresford, 1991)**
Excelente filme histórico de Beresford, retrata a vida de um jovem padre jesuíta do século 17, onde hoje é Ontário.

***O Guerreiro da Paz* (Richard Attenborough, 1999)**
Esse filme dramático relata a vida do inglês Archie Belaney, que adquiriu um nome ameríndio, Grey Owl, e nova identidade étnica. Com Pierce Brosnan.

***Atanarjuat* (Zacharias Kunuk, 2001)**
Filme de produção inuit ambientado no passado remoto e baseado em uma lenda; 21 prêmios internacionais.

***As Invasões Bárbaras* (Denys Arcand, 2003)**
Ganhou um Oscar e mais 37 prêmios; um homem prestes a morrer se reúne com os amigos e a família.

***Juno* (Jason Reitman, 2007)**
Um Oscar e mais 53 prêmios; comédia sobre gravidez indesejada e a busca por um casal que adote a criança.

CENTROS DE INFORMAÇÃO TURÍSTICA

CENTROS PROVINCIAIS

Os melhores locais para conseguir informações sobre o Canadá ou alguma região específica são os departamentos de turismo provinciais. Cada província ou território canadense mantém um centro de informação turística, que você pode contatar para obter indicações gratuitas (quadro abaixo). Eles lhe enviarão um mapa da província ou território, opções de hospedagem, uma lista de atividades disponíveis e muitas outras informações. Contate-os por carta, telefone ou e-mail. Todos eles dispõem de site; alguns ajudam muito e são de navegação fácil, enquanto outros são mais comerciais e têm pouco interesse para o visitante.

CENTROS LOCAIS E NAS CIDADES

Vale a pena fazer uma parada no centro de informação turística local de cidades grandes ou pequenas que você visitar. Eles ajudam a encontrar hospedagem, fornecem mapas gratuitos, e indicam atrações turísticas e restaurantes. Os postos de combustível vendem mapas úteis, mas eles não são tão bons quanto os mapas grátis dos centros.

Montreal

www.tourism-montreal.org

O centro de informação turística de Montreal, o Centre Infotouriste, fica em 1255 rue Peel, bem no centro. Abre diariamente das 9h às 18h, e fecha mais tarde nos meses de verão. Mapas, guia de visitas e diversas informações grátis estão disponíveis para a província de Quebec e para a cidade. Os passeios de ônibus começam aqui (☎ 514/873-2015). Há também um centro de informação turística na Vieux-Montréal, em 174 rue Notre-Dame Est.

Vancouver

www.tourismvancouver.com

O TouristInfo Centre de Vancouver fica na 200 Burrard Street no Waterfront Centre. Oferece mapas e guia de visitas grátis e informações sobre as atrações locais. Os ônibus de turismo saem daqui. Abre diariamente das 8h30 às 18h, e fecha mais tarde nos meses de verão (☎ 604/683-2000).

Toronto

www.seetorontonow.com

Toronto não tem um bom centro de informação turística, mas há o Tourism Toronto, no nº 207 da Queens Quay West, que funciona apenas no horário comercial (☎ 416/203-2500, 1-800/499-2514). Pode-se também ir ao Metro Toronto Convention Centre, no nº 255 da Front Street West (aberto diariam), e à prefeitura de Toronto, no nº 100 da Queen Street West.

Ottawa

www.canadascapital.gc.ca

www.ottawatourism.ca

A National Capital Commission mantém um centro de informação turística na frente dos prédios do Parlamento (90 Wellington Street, ☎ 613/239-5000, 1-800/465-1867). Dispõe de mapas e guia de visitas grátis, e outras informações. Abre diariamente das 8h30 ou 9h-17h (até 20h no verão) e possui uma seleção de vídeos. O Ottawa Tourism tem escritório na 130 Albert Street, Suite 1800 (☎ 613/237-5150, 1-800/363-4465; www.ottawatourism.ca), e o visitante é bem atendido quando pede informações.

CENTROS DE INFORMAÇÃO TURÍSTICA

Alberta
Travel Alberta
P.O. Box 2500, Edmonton, Alberta, T5J 2Z4
Tel 780/427-4321, 800/252-3782
www.travelalberta.com

Colúmbia Britânica
Tourism British Columbia
Box 9830, 1803 Douglas Street, Suite 300, Victoria, Colúmbia Britânica, V8W 9W5
http://uk.britishcolumbia.travel

Ilha Prince Edward
Tourism PEI
P.O. Box 940Charlottetown, Ilha Prince Edward, C1A 7M5
Tel 902/368-4444, 800/463-4734
www.gov.pe.ca/visitorsguide/

Manitoba
Travel Manitoba
7º andar, 155 Carlton Street, Winnipeg, Manitoba, R3C 3H8
Tel 204/927-7800, 800/665-0040
www.travelmanitoba.com

New Brunswick
Tourism and Parks, P.O. Box 12345, Campbellton, New Brunswick, E3N 3T6
Tel 800/561-0123
www.tourismnewbrunswick-canada.com

Nova Escócia
Nova Scotia Tourism
P.O. Box 456, Halifax, Nova Escócia, B3J 2R5
Tel 800/565-0000, 902/425-5781
http://novascotia.com

Nunavut
Nunavut Tourism
P.O. Box 1450, Iqaluit, Nunavut, X0A 0H0
Tel 867/979-6551, 866/686-2888
www.nunavuttourism.com

Ontário
Ontario Tourism
Queen's Park, Toronto, Ontário, M7A 2E1
Tel 905/282-1721, 800/668-2746
www.ontariotravel.net

Quebec
Tourisme Québec
P.O. Box 979, Montreal, Quebec, H3C 2W3
Tel 877/266-5687, 514/873-2015
www.bonjourquebec.com

Saskatchewan
Tourism Saskatchewan
1922 Park Street, Regina, Saskatchewan, S4N 7M4
Tel 877/237-2273
www.sasktourism.com

Terra Nova e Labrador
Newfoundland and Labrador Department of Tourism, Culture and Recreation
P.O. Box 8700, St. John's, Terra Nova, A1B 4J6
Tel 800/563-6353
www.newfoundlandandlabrador.com

Territórios do Noroeste
Northwest Territories Tourism
P.O. Box 610, Yellowknife, Territórios do Noroeste, X1A 2N5
Tel 867/873-7200, 800/661-0788
www.explorenwt.com

Yukon
Department of Tourism and Culture
P.O. Box 2703, Whitehorse, Yukon, Y1A 2C6
Tel 800/661-0494
http://traveltouryukon.com

Cidade de Quebec
www.quebecregion.com
O centro de informação turística de Quebec fica na 835 avenue Wilfrid-Laurier, perto da ponta leste do Parc des Champs-de-Bataille. Oferece mapas, guia de visitas e informações grátis sobre todas as atrações na província. Abre diariamente das 10h às 16h, e fecha mais tarde no verão (☎ 418/641-6290, 1-877/783-1608).

Halifax
www.halifaxinfo.com
Os International Visitor Centres de Halifax se encontram no Scotia Square Mall da Duke Street, perto do cruzamento com a Barrington Street, e em Sackville Landing, na orla. Nesses centros você consegue mapas da cidade e da província, um guia de visitas para a cidade e para cada região da Nova Escócia, e grande variedade de outras informações turísticas, tudo grátis. Abrem diariamente (☎ 902/490-4000).

HORÁRIOS DE FUNCIONAMENTO

BANCOS

Os bancos funcionam de segunda a sexta, das 9h30 às 16h, embora isso possa variar conforme a filial (algumas abrem às 9h, outras fecham às 15h). Algumas filiais fecham mais tarde (às 17h ou 18h) em determinados dias, em geral quinta e sexta. Todos os bancos fecham nos feriados. Quanto ao serviço de troca de dinheiro, as casas de câmbio dispõem de horários mais amplos do que os dos bancos e costumam ter taxas de serviço mais baixas. Quase sempre seu horário vai de segunda a sexta, das 9h às 17h, e sábado, das 9h às 12h.

MÉDICOS E FARMÁCIAS

Cidades grandes ou pequenas têm uma farmácia que abre 24 horas; e em grandes centros urbanos as farmácias muitas vezes funcionam até as 23h. Os centros de informação turística ou as delegacias de polícia fornecem endereços, localização e o horário de clínicas médicas. As grandes cidades possuem clínicas que funcionam sete dias por semana, mas nem sempre a noite toda.

MUSEUS E GALERIAS

O horário de funcionamento de museus e principais galerias de arte varia muito. Em geral, os museus funcionam de terça a domingo das 10h às 17h; as galerias de arte abrem às 11h. Muitos museus fecham às segundas, principalmente fora da temporada. Grande parte dos museus mais importantes abre até mais tarde (cerca de 21h) uma noite por semana, geralmente grátis após as 17h30 nessa noite. Museus pequenos em lugares afastados talvez fechem na hora do almoço.

ESCRITÓRIOS

Os escritórios canadenses têm horário de trabalho cada vez mais flexível, e os funcionários chegam e saem em horários escalonados. Em geral, porém, há sempre alguém disponível de segunda a sexta, entre as 9h e as 17h (ou 16h nos escritórios do governo).

LOJAS

As lojas costumam abrir de segunda a sexta, das 9h às 18h, e fecham mais tarde (em geral, às 21h) nas noites de quinta e sexta. Em algumas cidades, as lojas do centro abrem de segunda a sexta às 10h. Os horários normais aos sábados são das 9h às 17h, e aos domingos, quando abrem, funcionam das 12h às 17h.

Os shopping centers tendem a ter horários mais amplos do que as lojas de rua e, em geral, fecham entre 19h30 e 21h. Em algumas áreas turísticas (a exemplo de Vieux-Montréal e Quebec), as lojas de suvenires

FERIADOS

Feriados nacionais:		
(escritórios do governo e bancos fecham; algumas lojas funcionam)		
Dia de Ano-Novo	1º de janeiro	
Sexta-feira Santa	Páscoa	
Segunda-feira após a	Páscoa	
Dia da Vitória	3ª segunda-feira de maio	
Dia Nacional do Aborígene	21 de junho	
Dia do Canadá	1º de julho	
Dia do Trabalho	1ª segunda-feira de setembro	
Ação de Graças	2ª segunda-feira de outubro	
Remembrance Day	11 de novembro (ou Dia do Armistício)	
Natal	25 de dezembro	
Boxing Day	26 de dezembro (é o dia de muitas liquidações)	
Feriados provinciais ou regionais:		
Dia da Família	3ª segunda-feira de fevereiro	Alberta, Ontário e Saskatchewan
Dia de S. Patrício	seg mais perto de 17 de março	Terra Nova e Labrador
Dia de S. Jorge	seg mais perto de 23 de abril	Terra Nova e Labrador
Dia Nacional	24 de junho	Quebec
Dia da Descoberta	seg mais perto de 24 de junho	Terra Nova e Labrador
Dia de Nunavut	9 de julho	Nunavut
Dia dos Orangistas	seg mais perto de 12 de julho	Terra Nova e Labrador
Feriado Cívico	1ª segunda-feira de agosto	Alberta
Dia da Colúmbia Britânica	1ª segunda-feira de agosto	Colúmbia Britânica
Dia de New Brunswick	1ª segunda-feira de agosto	New Brunswick
Feriado Cívico	1ª segunda-feira de agosto	Ontário, Manitoba, Saskatchewan, Territórios do Noroeste, Nunavut
Dia de Natal (feriado cívico)	1ª segunda-feira de agosto (varia em Halifax – geralmente julho ou agosto)	Nova Escócia
Dia de Natal (feriado cívico)	Em geral, 1ª segunda-feira de agosto (por proclamação)	Ilha Prince Edward
Dia da Regata (feriado cívico)	Em agosto (por ordem do conselho)	Terra Nova e Labrador
Dia da Descoberta	3ª segunda-feira de agosto	Yukon
Dia Nacional do Aborígene	21 de junho	Territórios do Noroeste

À esq. *Fique on-line num cibercafé*

e itens relacionados ao turismo ficam abertas até mais tarde, se houver clientela que as procure.

SUPERMERCADOS

Os supermercados nos subúrbios das grandes cidades ou cidades menores têm horário mais amplo que o das lojas, apesar de ficarem desfalcados de caixas nas horas mais tardias. Tais supermercados costumam abrir até 22h ou 23h todas as noites.

RESTAURANTES

Restaurantes que servem café da manhã obviamente abrem cedo: às 6h ou até antes. Os que abrem para o almoço funcionam a partir das 12h até as 15h, fecham à tarde e reabrem por volta das 18h ou 19h para o jantar. Na maioria das cidades de todos os portes há algum lugar aberto com refeições fora dos horários padrão. Todas as grandes cidades têm estabelecimentos que ficam abertos até tarde e atendem aos frequentadores de teatro e casas noturnas.

SITES

INFORMAÇÕES GERAIS SOBRE O CANADÁ

http://canada.gc.ca
http://canadainternational.gc.ca
Estes sites do governo do Canadá fornecem informações e serviços sobre cultura, imigração, turismo e muito mais.

www.canada.travel
Este é o site da Canadian Tourism Commission dedicado a viagens.

Alfândega

www.cbsa-asfc.gc.ca
Informe-se sobre o que você pode ou não importar ou retirar do país.

Clima

www.weatheroffice.gc.ca
Este site ajuda muito a planejar atividades conforme o clima canadense.

Comidas e vinhos

www.agr.gc.ca
O site da Agriculture Canada oferece muitas informações úteis.
www.canadianvintners.com
A Canadian Vintners Association tem este site com tudo sobre vinhos e áreas vinícolas.

Correios

www.canadapost.ca
Informações sobre os serviços postais e tarifas de postagem dentro do país.

Cultura e história

www.pch.gc.ca
Site do governo canadense sobre a cultura e o patrimônio do país.
www.histori.ca
Site educacional bilíngue da revista *Histórica*, que divulga a história e o patrimônio do Canadá.

Portadores de deficiência

www.ccdonline.ca
Council of Canadians with Disabilities 926–294 Portage Avenue, Winnipeg, Manitoba, R3C 0B9 Tel 204/947-0303 TTY/ATS: 204/943-4757
www.canparaplegic.org
Canadian Paraplegic Association 1101 Prince of Wales Drive, Suite 230, Ottawa, Ontário, K2C 3W7 Tel 613/723-1033
Tais instituições oferecem orientação para visitantes com problemas de mobilidade.

Esportes

www.pch.gc.ca/progs/sc/index-eng.cfm
Informações sobre esportes canadenses no Sport Canadá, site do governo.

Festivais

www.festivalseeker.com
Mecanismo de busca com detalhes sobre diversos festivais e outros eventos realizados pelo Canadá, principalmente nos meses de verão.

Moeda local

www.bank-banque-canada.ca
Para verificar questões do dinheiro canadense ou saber quantos dólares canadenses você pode comprar, veja o site do Bank of Canada.

Parques do Canadá

www.pc.gc.ca
Site com informações abrangentes sobre mais de 40 parques nacionais do Canadá e mais de 160 Sítios Históricos Nacionais.

Trens

www.viarail.ca
Para detalhes sobre viagens de trem e também reservas on-line.

Vistos

www.cic.gc.ca
O site do Canadian Government Citizenship and Immigration Service detalha as exigências para entrar no Canadá.

LÍNGUAS DO CANADÁ

Por motivos históricos, o Canadá possui dois idiomas oficiais: inglês e francês. A colonização francesa no vale do São Lourenço começou no início do século 17. Não chegou nenhum explorador que falasse inglês até a conquista britânica de 1760. No momento da Confederação Canadense, em 1867, as populações que falavam francês e inglês eram mais ou menos do mesmo tamanho. Atualmente, menos de um quarto dos canadenses fala francês como primeira língua (6,8 milhões em 32,6 milhões, no censo de 2006).

O país conta com grandes comunidades de povos de outras nacionalidades e idiomas diferentes, mas nenhum é reconhecido oficialmente.

COMUNIDADES DE FALA FRANCESA

Todas as províncias têm canadenses franceses, mas a maior concentração está na província de Quebec, onde somam mais de 85% da população. Essas pessoas são conhecidas como *québécois* (quebequenses).

Os francófonos formam mais de um terço da população de New Brunswick, e também são importantes na Nova Escócia e na Ilha Prince Edward (os acadianos). Ontário conta com uma população razoável de fala francesa em Toronto e na parte leste da província, conhecidos como *franco-ontariens*.

Em Manitoba, a diferenciada comunidade de fala francesa fica em St.-Boniface, e são os chamados Franco-Manitobins. Há também pequenas comunidades francófonas em Saskatchewan, Alberta e Colúmbia Britânica.

O IDIOMA FRANCÊS

Se você fala o francês da França, descobrirá que em Quebec o idioma tem um sotaque forte e reconhecível –tão próximo da língua-mãe quanto a inflexão dos gaúchos está para o português de Portugal.

O francês na Nova Escócia é diferente e tende a usar eventuais palavras em inglês, às vezes acrescentando "é" no final para que pareçam francesas (*je call(é) demain* –Eu ligo amanhã). Se tiver um bom ouvido, você vai detectar esse leve sotaque, que se parece mais com o francês antigo do que com o idioma dinâmico da Montreal francesa.

Entre as diferenças de vocabulário que podem provocar equívocos desastrosos estão palavras usadas nas refeições. Em Quebec, de manhã você toma o *déjeuner*, na hora do almoço faz seu *dîner*, e à noite é hora do *souper*. Na França, café da manhã é *petit-déjeuner*, almoço é *déjeuner*, e *dîner* se come à noite. Se você for convidado para *dîner* verifique a que horas terá de chegar ou poderá comparecer à refeição errada.

OUTROS IDIOMAS

O censo oficial do Canadá de 2006 registrou uma população de pouco mais de 31,6 milhões de indivíduos, dos quais mais de 17,8 milhões falam inglês como primeira língua e 6,8 milhões são de fala francesa. O terceiro maior grupo linguístico era o chinês, com mais de 1 milhão de pessoas, seguido pelo italiano e alemão, com pouco menos de 500 mil cada um.

Pessoas que falavam polonês, espanhol e tagalo (filipino), somavam cerca de 350 mil cada; português, punjabi e árabe eram a lingua-mãe de mais de 200 mil pessoas de cada grupo. Holandês, grego e vietnamita são falados por mais de 100 mil indivíduos.

Das línguas das Primeiras Nações, o cree é a mais falada, com 77 mil. O inuktitut é o idioma de cerca de 32 mil pessoas.

PALAVRAS E FRASES ÚTEIS EM FRANCÊS E INGLÊS

Português - Francês - Inglês

bom dia / boa tarde / boa noite - bonjour / bonsoir / bon nuit - good morning / good afternoon / good evening / good night
até logo - au revoir - goodbye
sim / não - oui / non - yes / no
obrigado (a) / de nada - merci / bienvenue - thank you / you're welcome
por favor - s'il vous plaît - please
Como vai? - Comment ça va? - How are you?
Como vai? (informal) - Ça va? - How's it going?
Muito bem, obrigado (a) - Très bien, merci - Very well, thank you
alfândega - douanes / frontière - customs / international border
rodovia / estrada / rua - autoroute / chemins / rue - highway / road / street
pare (sinalização de estrada) - arrêt - stop
aeroporto - aéroport - airport
metrô / ônibus / táxi - métro / autobus / taxi - subway / bus / taxi
estação / trem / bilhetes - gare / train / billets - station / train / tickets
entrada / saída - entrée / sortie - entrance / exit
direita / esquerda - droit / gauche - right / left
em frente - tout droit - straight ahead
norte / sul / leste / oeste - nord / sud / est / ouest - north / south / east / west
manhã / tarde - matin / après-midi - morning / afternoon
noite / noite (tarde) - soir / nuit - evening / night
Onde é o restaurante / hotel? - Où est le restaurant / hôtel? - Where's the restaurant / hotel?
A conta, por favor - L'addition / la facture, s'il vous plaît - The check (bill), please
Quanto custa? - Combien? - How much?
café da manhã / almoço / jantar / chá - déjeuner / dîner / souper / le thé - breakfast / lunch / dinner / tea
banco / banheiros - banque / toilettes - bank / washrooms (toilets)
catedral / igreja - cathédrale / église - cathedral / church
museu / galeria - musée / galerie d'art - museum / art gallery
shopping center / loja de suvenires - centre d'achat / boutique de souvenirs - shopping mall / souvenir store
prédio / praça - édifice / place - building / city square

ARTE, COMPRAS, DIVERSÃO E NOITE

COMPRAS

É um grande prazer fazer compras no Canadá, onde se tem a oportunidade de adquirir todos os tipos de artigos em diferentes tipos de lojas: produtos tecnológicos em pontos de venda modernos nos centros; moda diferenciada em butiques chiques de bairro; excelente artesanato nas galerias das Primeiras Nações; conservas e doces de outrora em assentamentos pioneiros reconstituídos; e uma série de lojas que oferecem praticamente tudo o que se possa imaginar.

Em geral, as lojas são bem decoradas, limpas e têm bom estoque, e há sempre algum lugar por perto para comer ou tomar um café. Além da variedade de mercadorias, a atividade de fazer compras é muito agradável, graças ao serviço extremamente simpático e prestativo dos funcionários –parece que eles realmente desejam que você tenha um ótimo dia.

SHOPPING CENTERS

Os shopping centers no Canadá são enormes e modernos –o West Edmonton Mall em Edmonton, Alberta, era o maior do mundo até recentemente; agora, está na quinta posição. Muitos contam com cinemas de muitas salas, alguns dispõem de casas noturnas e todos possuem praças de alimentação e restaurantes. Pode haver uma área de brinquedos para crianças, e descontos especiais para turistas (verifique no balcão de informações, ao entrar), além de eventos especiais.

Alguns shoppings urbanos ocupam prédios antigos e adaptados, como o sofisticado e caro Queen's Quay Terminal de Toronto, ou o Lonsdale Quay em Vancouver, cheio de personalidade e que possui uma movimentada área de mercado.

Embora os shoppings variem muito de tamanho, a maioria deles dispõe de quase as mesmas lojas de rede de âmbito nacional e internacional, as mesmas redes de fast-food nas praças de alimentação, o que significa que você pode confiar que vai encontrar o que procura. Isso não impede o prazer de espiar tudo, principalmente para os visitantes de fora da América do Norte, não familiarizados com as lojas, e também não significa que o turista vá encontrar os mesmos produtos em todas as lojas de rede.

SHOPPINGS DE DESCONTOS

Os consumidores de olho numa oferta vão adorar os shoppings de descontos, tipo de comércio que existe

Acima *Eaton Centre*
Pág. ao lado *Roupas de pele de foca na Rannva Designs, Nunavut*

em todo o país –até a Ilha Prince Edward tem um. Neles você encontra produtos de marca e lojas de fábrica com até 70% de desconto em relação ao preço normal de varejo, em especial para artigos fora de linha. Um dos maiores e mais conhecidos é o Dixie Mall, na saída de Toronto, que dispõe de mercadorias de preço baixo e de qualidade variável.

COMPRAS NO CENTRO

Fazer compras na Main Street pode ser cansativo. Mas, se você gosta de bater perna nas ruas do centro, encontrará uma enorme variedade de lojas e serviços, como moda, eletrônica, artigos esportivos e outras lojas especializadas, que se misturam a shoppings, bancos e restaurantes.

Contudo, as pequenas áreas que desenvolveram as próprias especialidades são muito mais interessantes. As mais famosas são as Chinatowns, as Little Italys e outros domínios marcados por uma nacionalidade. Algumas cidades são totalmente influenciadas por uma nacionalidade específica, como Kitchener, Ontário, com grande população alemã (e, consequentemente, com excelente Oktoberfest, ⊳ 241). E você vai descobrir que, nas grandes cidades, as butiques de estilistas independentes tendem a se reunir em bairros da moda; antiquários e galerias de arte fazem o mesmo, ou dividem uma ampla construção para criar uma ambientação de mercado; e sempre haverá feiras livres com muito barulho e personalidade. Os centros de informação turística indicam os endereços.

COMPRAS EM CIDADES PEQUENAS

Quase todas as províncias possuem cidadezinhas ou vilas famosas pela concentração de artesãos, artistas, livrarias e butiques exclusivas. Estes lugares são sossegados, despojados, simpáticos e maravilhosos para visitar. Você pode perambular pelas lojas lotadas de itens incomuns e interessantes. Com estilo de vida inalterado há um século, as cidades menonitas são fascinantes, e seus moradores se vestem à antiga e circulam de pônei ou em pequenas carruagens. As lojas de artesanato das Primeiras Nações merecem uma visita, mas nem todas as reservas estão voltadas aos turistas; por isso, peça informações no local.

SUVENIRES

Existem itens tipicamente canadenses que o farão se lembrar de sua visita durante muito tempo, a exemplo das esculturas de pedra-sabão e outros artesanatos das Primeiras Nações. Há muitas galerias que garantem autenticidade, além das dirigidas pelos próprios artistas e artesãos. No Yukon, existem diversos estilistas de joias que produzem peças de ouro e de pedras preciosas do local –ou você pode adquirir uma pepita bruta.

A maior parte das roupas comercializadas tem a marca inconfundível do Canadá: não apenas as camisetas com nomes de lugares ou folhas de bordo estampados no peito, mas também camisas de lenhador, mocassins, botas de vaqueiro e os tradicionais vestidos e camisas feitos de camurça e bordados com contas. Os fãs de esportes vão adorar a variedade de camisas e bonés de times famosos de hóquei e beisebol.

O xarope de bordo é uma compra imperdível, oferecido em supermercados e nas cabanas onde é produzido. E o Canadá também dispõe dos chocolates das marcas Ganong, de New Brunswick, e Laura Secord.

Não há nada como um texto para reavivar lembranças agradáveis, e entre as boas opções estão *The Spell of the Yukon*, uma coleção de baladas da fronteira de Robert Service; *The Shipping News*, de Annie Proulx, ambientado na Terra Nova; *The Apprenticeship of Duddy Kravitz*, que reflete as raízes do escritor Mordecai Richler em Montreal; ou o clássico da Ilha Prince Edward: *Anne de Green Gables*, de Lucy Maud Montgomery.

PELES

Alguns visitantes talvez se surpreendam ou fiquem chocados ao verem tantas lojas que vendem peles e roupas de pele de foca. Lembre-se, porém, de que o comércio desses itens é fundamental para a sobrevivência de muitas comunidades inuits

e das Primeiras Nações, e de que onde a demanda diminuiu esses povos tiveram de encontrar alternativas para o sustento, como ceder suas terras à exploração petrolífera ou à extração de madeira, o que teve um efeito devastador para a ecologia local.

IMPOSTOS

Uma coisa que pega o visitante desprevenido é o fato de as etiquetas de preço não incluírem os impostos. Quando você adquire um produto, serão acrescentados 5% de GTS (Goods and Service Tax; TPS em Quebec) mais PST (Provincial Sales Tax; TVQ em Quebec). O PST varia entre as províncias (e não é cobrado na rica em petróleo Alberta, nem nos outros três territórios do norte).

Agora, New Brunswick, Nova Escócia, Ontário, Colúmbia Britânica e Terra Nova e Labrador têm HST (Harmonized Sales Tax), combinação de GST e PST, mas não na mesma taxa.

HORÁRIO DE FUNCIONAMENTO

Em geral, as lojas funcionam das 9h ou 10h às 17h30 ou 18h, fechando mais tarde às quintas e sextas; muitas abrem aos domingos a partir do meio-dia. Mas os horários variam, e grandes cidades têm lojas que quase sempre ficam abertas à noite. Os shoppings também fecham mais tarde, entre 19h30 e 21h.

DIVERSÃO E VIDA NOTURNA

O Canadá produziu diversos artistas de fama internacional em todos os ramos das artes, e há uma enorme variedade de entretenimento. Toronto é o núcleo da diversão no país, o terceiro maior centro de produção de filmes e programas de TV da América do Norte (depois de Los Angeles e Nova York), com um dos três melhores distritos de teatros do mundo (junto com Londres e Nova York), e se destaca em teatro, concertos orquestrais, comédia e apresentações de música ao vivo, o ano todo. E todas as cidades importantes oferecem muitas atrações, desde música clássica até o som dos pubs. Em todo o país, festivais de arte expõem a cultura a intervalos regulares, e alguns encontros das Primeiras Nações são abertos ao público.

Os canadenses são conhecidos por gostarem da vida ao ar livre e adorarem o contato com a natureza. Mas também apreciam festas, e há muitas oportunidades para se divertir até tarde (ou até o amanhecer), ao menos nas grandes cidades. Como em qualquer lugar, tudo é mais sossegado no interior; e no Norte, as comemorações talvez se limitem a um brinde ao sol da meia-noite ou à aurora boreal, conforme a época do ano.

TEATRO

O país dispõe de uma produção teatral em expansão, que inclui musicais e peças que ficaram muito tempo em cartaz nas grande cidades e os clássicos, como os famosos Shakespeare Theatre em Stratford, Ontário, e Shaw Festival em Niagara-on-the-Lake. Peças modernas e obras experimentais de autores locais costumam ser encenadas. Há também apresentações de teatro a céu aberto em belos locais.

MÚSICA CLÁSSICA E BALÉ

Entre as instituições culturais do Canadá estão o National Ballet e a National Opera Company, além de famosos solistas e orquestras provinciais de alto nível. Todas as cidades importantes contam com ótimas salas de concertos, que atraem os melhores músicos, orquestras e companhias de ópera do mundo todo. As grandes cidades têm programação de concertos de música clássica.

CINEMA

A National Film Board do Canadá fez jus a um Oscar, na comemoração de seu 50º aniversário, pelo reconhecimento da excelente contribuição dada ao mundo do cinema.

O Canadá ganhou fama por produzir ótimos filmes de arte e animações, e suas cidades e paisagens se tornaram populares entre as empresas americanas de cinema e TV para trabalhos de locação: Vancouver foi cenário de muitos episódios de filmes e séries como *Arquivo X*, e Toronto conta com equipes cinematográficas para locações em qualquer dia do ano (e a cidade é muito usada como substituta de Nova York).

COMÉDIA

Existe uma lista muito longa de comediantes canadenses de fama internacional, a exemplo de Jim Carrey, Mike Myers, Dan Aykroyd, John Candy e Martin Short.

O internacional Juste Pour Rire, em Montreal (▷ 85), é transmitido por TV

Abaixo *Cena do temporal em , apresentada na temporada de 2003 em Bard on the Beach, Vancouver*

para o mundo todo, e as grandes cidades têm comedy clubs, como a Second City de Toronto, e a rede Yuk Yuk's.

MÚSICA POPULAR

Bryan Adams, Avril Lavigne, Alanis Morissette, Shania Twain, Neil Young e Céline Dion são apenas alguns nomes da música de consagração internacional. Todos os tipos de música são encontrados pelo país, e Toronto, Vancouver, Calgary e Montreal têm programação de turnês mundiais de grandes cantores e bandas.

Clubes de jazz de alto nível são fáceis de encontrar, assim como clubes de blues.

MÚSICA COUNTRY E FOLCLÓRICA

Cantores como Gordon Lightfoot e Anne Murray apresentaram a música folclórica canadense ao mundo, e há clubes folclóricos em todo o país, com muitos festivais de verão. As Províncias do Atlântico têm forte tradição de música com violino e canções celtas.

A música country é popular em qualquer lugar, mas em especial nas Pradarias, onde a cultura dos vaqueiros continua viva e vai bem.

CASAS NOTURNAS

Todas as grandes cidades oferecem muitos nightclubs. Há diversos clubes de dança high-tech, com DJs que tocam os últimos sucessos, videoclipes em telas grandes e, às vezes, mais de uma pista de dança; alguns contam com áreas para relaxar e servem comida. A maioria só começa a se animar depois das 23h ou 24h, e continua até as 2h ou até o sol raiar.

Existem, ainda, cabarés, bares de coquetel e piano bares, que atraem uma clientela mais madura.

CASSINOS

O jogo só foi legalizado no Canadá a partir de 1969, e você encontra muitas oportunidades de jogar, com cassinos notáveis nas grandes cidades ou perto delas –só Niagara Falls possui três. Além de todos os jogos de mesa mais procurados –roleta, 21, dados etc.–, os estabelecimentos dispõem de centenas de caça-níqueis, restaurantes e shows espetaculares. Alguns cassinos, como o Diamond Tooth Gertie's, foram inaugurados para levantar fundos para causas locais.

Há sempre um limite de idade –quase sempre 18 ou 19 anos–, e a entrada é grátis (embora alguns lugares cobrem ingresso para os shows).

LOCAIS DE MÚSICA AO VIVO

O vibrante ambiente musical do Canadá conta com grande número de locais onde se apresentam bandas nacionais e internacionais, ou que exibem números locais. Você pode ver uma banda ainda nova num clube modesto, mas mesmo que sejam conjuntos bem cotados apenas no local, os padrões são bem altos em qualquer lugar.

Muitas casas se especializaram num tipo específico de música. Assim, fica fácil encontrar um lugar de sua preferência. Outras apresentam estilos diferentes em cada noite da semana.

Alguns clubes cobram couvert e outros, não; às vezes depende do que está em cartaz ou da noite em que você vai. O ambiente começa a ficar animado por volta das 21h ou 22h e os bares que abrem o dia todo passam a cobrar entrada após determinado horário.

PUBS E BARES

Às vezes, tudo de que você precisa é uma boa companhia, e este é o momento de procurar um dos muitos pubs e bares de bairro. Os canadenses saem bastante e se interessam pelos visitantes; assim, a conversa flui fácil. No verão, pode-se encontrar lugares com mesas ao ar livre.

Os pubs são variados: por vezes copiam os pubs ingleses, os temas irlandeses e há até os americanizados.

Ao contrário dos pubs britânicos, aqui você tem serviço de mesa para bebidas e comidas. Espera-se que você dê gorjeta, mesmo que fique em pé no bar.

CLUBES GAY

O Canadá é muito positivo em relação aos gays. Toronto apresenta anualmente grandes eventos de Gay Pride and Aids Awareness, e Montreal é um famoso destino gay. Todas as grandes cidades têm ao menos um ou dois clubes gay (Montreal tem mais de cem), com dança e shows de palco. Muitos são concorridos entre a clientela heterossexual, que são bem recebidos.

FUMAR

Em todo o Canadá é proibido fumar em lugares públicos. Somente Terra Nova e Labrador ainda permitem fumar em salas ventiladas especiais. Nos demais lugares a proibição se aplica a todas as áreas internas e a muitas externas, como arenas ao ar livre. Diversas províncias também proíbem fumar a uma distância específica de portas, janelas e entradas de edifícios.

LOCAIS SEM ODORES

Alguns teatros e lugares de diversão "sem odores" pedem que os frequentadores não usem perfumes, colônias e loções pós-barba fortes, embora não haja lei impondo isso.

Abaixo *Yuk Yuk's Comedy Theatre, Toronto*

ESPORTES E ATIVIDADES

Seria possível escrever um livro inteiro sobre esportes e atividades no Canadá –principalmente atividades. Ao que parece, há possibilidades inesgotáveis, no verão e no inverno, em todas as partes do país. E há também torcedores fanáticos de alguns esportes coletivos. O hóquei é mania nacional, e os jogos de basquete e futebol canadense atraem multidões –a atmosfera desses eventos costuma ser contagiante. A violência (ao menos fora do campo) não é um problema, e mesmo que você não seja um fã, é muito divertido estar entre devoradores de cachorro-quente, ouvindo os gritos de torcedores.

BEISEBOL

http://mlb.mlb.com

O beisebol é muito popular, principalmente em Toronto –seu time Blue Jays joga na American League desde 1976 e ganhou a World Series em 1992 e em 1993. Toronto também foi a cidade em que o lendário Babe Ruth venceu sua primeira partida em casa.

A temporada vai de abril a setembro/outubro; por isso, os jogos ocorrem sob sol direto –use chapéu, óculos escuros e protetor solar, e traga binóculo, se puder: alguns lugares ficam longe do campo. Para uma experiência completa, compre muitos cachorros-quentes e refrigerantes, e acompanhe as "olas" e as atividades no intervalo.

BASQUETE

www.nba.com

Embora o jogo tenha sido inventado por um canadense, no país ele não se destaca muito no âmbito profissional, mas os Toronto Raptors, time fundado apenas em meados da década de 1990, já deixou sua marca na NBA. A temporada vai de outubro a junho.

FUTEBOL CANADENSE

www.cfl.ca

É semelhante ao futebol americano e, portanto, meio incompreensível para quem não é da região. Mas se você gostar do esporte poderá ver os jogos da CFL (Canadian Football League) em Montreal, Toronto, Hamilton, Calgary, Edmonton, Ottawa, Regina, Winnipeg e Vancouver. A temporada vai do fim de junho ao início de novembro.

Diferenças em relação ao futebol americano: bola maior, lançamento mais longo, zona final mais profunda, posição da baliza de gol no campo, 12 jogadores em vez de 11, três downs no lugar de quatro. Isso torna o jogo mais rápido, com mais passes e menos arremetidas contra os oponentes.

ESCALADA

Automaticamente, os montanhistas pensam nas montanhas Rochosas e nas Laurencianas, e essas cordilheiras de fato oferecem excelentes escaladas, apesar de não serem as únicas opções. Lojas especializadas oferecem cursos, equipamentos e montanhismo com guia. Se você vier no inverno pode escalar uma cachoeira congelada. É difícil imaginar como o inverno canadense pode ser severo; por isso, mesmo os montanhistas experientes devem pensar bem em que momento praticar o esporte.

PESCA

No verão e no inverno, há ótimas pescarias em rios e lagos, mas você precisará de licença, e os regulamentos são bem rígidos, com guardas que fazem patrulhas regulares até nas áreas mais remotas. Procure o centro de informação turística ou peça orientação numa loja de artigos para pesca.

Pescarias marítimas podem ser contratadas em diversos pontos do litoral atlântico e pacífico. Se por acidente você pegar uma lagosta na região leste, solte-a imediatamente. Ali, a pesca da lagosta é uma imensa indústria e requer licença rigorosa.

No inverno, a pesca no gelo é popular. Você vai a um lago congelado, abre um buraco circular no gelo grosso, passa a linhada por ele e espera a isca ser fisgada. Em alguns lugares, quando chega, o buraco já foi feito, e pode-se conseguir uma cabaninha de madeira sobre o gelo.

GOLFE

www.golfcanada.com

O golfe é muito concorrido no Canadá, onde há mais de 2 mil campos, em todos os tipos de terreno, desde as montanhas até o litoral e os parques. Diversos foram projetados por golfistas famosos. O Glen Abbey, em Oakville, Ontário, é um dos melhores; o Top of the World de Dawson City, Yukon (▷ 358), tem a posição mais setentrional, com 24 horas de luz solar em pleno verão. O torneio Canadian Open se realiza num lugar diferente a cada ano.

Há muitas opções, a exemplo de hotéis que dispõem de campos excelentes –Jasper se destaca entre eles. Muitos hotéis comuns oferecem pacotes com golfe e usam campos das redondezas. Em geral, o visitante é bem-vindo, mas aconselha-se fazer reserva para o jogo, principalmente no verão. A maioria dos campos aluga tacos e carrinhos. As taxas, chamadas green fees, variam.

A temporada de jogos depende muito das condições climáticas, mas o verão é bem confiável, e a primavera e o outono são excelentes.

CAMINHADAS

Os canadenses gostam muito de caminhar, e existe um grande número de trilhas ótimas, de extensão variada, por todo o país, principalmente nos parques nacionais e provinciais. Elas são bem traçadas e, às vezes, sinalizadas. Existem caminhadas com guias que são naturalistas. Se você pretende conviver com a natureza, verifique as condições do clima, veja se está bem equipado e usando roupas adequadas. Deixe alguma pessoa informada sobre aonde você vai e quando espera retornar, e não se esqueça de avisar quando chegar da viagem.

Há bons mapas disponíveis no centro de informação dos parques e em diversas livrarias especializadas.

HÓQUEI

www.hockeycanada.ca

www.nhl.com

Não chame o jogo de hóquei no gelo. Para os canadenses é apenas hóquei; o outro tipo é denominado hóquei de campo. A temporada vai de outubro ao início de abril, quando a empolgação atinge o auge, pois é o momento em que os melhores times do Canadá competem com os dos EUA no campeonato da NHL (National Hockey League). A seleção nacional é uma das melhores do mundo, e nas Olimpíadas de Inverno de 2010, a equipe masculina do Canadá ganhou a medalha de ouro.

O hóquei é rápido e agressivo (muitas vezes literalmente), com fama de violência no gelo. Uma piada conta o seguinte: "Fui a uma luta de boxe, ontem à noite, mas ocorreu uma partida de hóquei" –mas quando os times se controlam, é empolgante. Use roupas quentes, gorro e luvas, pois você passa muito frio sentado ao lado do gelo.

Pág. ao lado *Snowboard em Gray Rocks, Quebec* **Abaixo à esq.** *Salmon Arm, Colúmbia Britânica* **Abaixo** *Time de hóquei no gelo Manitoba Moose*

CORRIDA DE CAVALOS

www.jockeyclubcanada.com

Existem pistas de corrida nas proximidades de todos os grandes centros, mas a melhor é a de Woodbine, perto de Toronto, que realiza as principais corridas do país, com altos prêmios. Dois terços das corridas de cavalos do Canadá ocorrem em Ontário. As pistas costumam ter caça-níqueis semelhantes aos dos cassinos, e apresentam corridas de puros-sangues, ou cavalos para corridas de aranha ou charrete (por vezes, as três), e quando não há corridas ao vivo, são transmitidos eventos dos EUA, Hong Kong e Austrália.

CAVALGADA

As Pradarias constituem o domínio dos vaqueiros do Canadá, com boas cavalgadas. E há locais por todo o país onde você pode sair a cavalo, num passeio guiado ou por conta própria (desde que demonstre sua competência). Os estábulos oferecem cavalgadas por hora, por dia ou para uma viagem de diversos dias, ou você pode se hospedar num rancho e trabalhar na fazenda, reunir o gado e montar por prazer.

Se quiser apenas observar cavaleiros experientes, vá a algum dos muitos rodeios nas Pradarias, durante o verão.

CAÇA

A caça tem leis rigorosas no Canadá. Seja como for, nunca atire num alce. As penalidades por desrespeitar a legislação são severas e podem chegar à prisão. Os inuits e as Primeiras Nações não precisam cumprir essas leis.

Se quiser trazer sua própria arma para o Canadá, terá de procurar a embaixada canadense em seu país para verificar os controles legais e consultar a alfândega e as normas vigentes sobre a segurança nos aeroportos.

ESPORTES AQUÁTICOS

Uma imagem muito divulgada do Canadá mostra uma canoa em águas calmas, tendo ao fundo um belíssimo cenário montanhoso. Onde quer que exista água, é provável que haja um fornecedor de canoas e caiaques. Também são muito procurados os caiaques marítimos, que se prestam muito bem para explorar áreas remotas dos litorais do Atlântico e do Pacífico. E o melhor de tudo é que você pode andar de caiaque entre as baleias do Atlântico e da Colúmbia Britânica durante a temporada.

No interior, em rios caudalosos, você pode fazer rafting em corredeiras espumantes –especialmente divertido na primavera e no início do verão, quando as águas da neve derretida aumentam a correnteza. Nestes locais, existem diversas empresas especializadas que exibem excelente desempenho com segurança.

Os mergulhadores têm para explorar as águas límpidas nos litorais atlântico e pacífico. Além da vida marinha, eles podem conhecer navios naufragados.

OBSERVAÇÃO DA NATUREZA

Algumas das grandes atrações do Canadá consistem na oportunidade de avistar um urso ou uma manada de caribus na natureza, ou um bando de baleias que vêm à tona perto de seu barco. Existem diversas empresas que oferecem passeios organizados para isso, e é melhor pedir a ajuda de especialistas, pois eles sabem onde encontrar o que você está procurando e o que seria melhor para manter a segurança e não assustar a vida selvagem. Contudo, mesmo uma pequena caminhada em um dos parques nacionais ou provinciais pode propiciar a observação, e o centro de informações do parque pode indicar o que há para ver.

É comum encontrar alces nos acostamentos de estradas em determinadas áreas –dirija com cuidado. Além de não querer machucar o animal, o choque seria como bater numa parede, em termos de ferimentos e danos.

Os observadores de aves contam com muitas reservas e pontos de observação em rotas migratórias.

ESPORTES DE INVERNO

www.skitown.com

Sem dúvida existem excelentes oportunidades para praticar esportes de inverno no país. Por toda parte, a neve possibilita fazer cross-country/Nordic e esquiar pelas pistas nas montanhas, fazer snowboard, snowtubing, andar de snowmobile e de

Acima *Caminhada no arborizado Stanley Park, de Vancouver*

À dir. *A piscina de ondas do World Waterpark é muito procurada por famílias*

calçados de neve, passear de trenó puxado por cães e patinar.

O Oeste e o Escudo Laurenciano têm os melhores centros, especialmente Whistler, coanfitriã das Olimpíadas de Inverno de 2010, onde há competições de esqui e de esportes radicais. Entre outros locais relevantes estão Blackcomb, Banff e Lake Louise, Kicking Horse, perto de Calgary, e Tremblant, em Quebec. Em Ontário, vá para Collingwood e para o Blue Mountain Resort. Mesmo nas estações mais chiques, os passes de esqui tendem a custar menos do que na Europa, e em outros pontos são ainda mais baratos.

Há centenas de rinques de patinação no Canadá, mas é muito mais divertido patinar em lagos, rios e canais (verifique se o gelo está bem firme). As áreas mais concorridas têm holofotes para a patinação à noite, com música de fundo e barracas com bebidas quentes e lanches. Os rinques e alguns locais ao ar livre alugam patins.

SAÚDE E BELEZA

Depois de uma porção de atividades, nada melhor do que cuidar de você, e o Canadá oferece muitas opções prazerosas.

Há diversos spas com boa variedade de cuidados, desde tratamentos comuns até programas exclusivos para suas necessidades. Nas Rochosas, é possível você se banhar em fontes termais naturais.

PARA CRIANÇAS

O Canadá é bem divertido para as crianças, com parques temáticos, parques aquáticos, zoos e parques ecológicos, fazendas para visitantes e centros de ciências cheios de mostras interativas. As grandes cidades possuem um número maior de atrações próprias para crianças, do que, por exemplo, os centros urbanos europeus, e isso também ocorre em cidades de porte menor. Além das atrações específicas, as crianças aproveitam muitas atividades ao ar livre brincando com seus pais.

ATIVIDADES

É longa a lista de atividades que as crianças têm para fazer no Canadá, a exemplo de garimpar ouro no Yukon, andar a cavalo nas Pradarias, observar baleias ao largo da Colúmbia Britânica e no litoral atlântico, aprender a esquiar, ou andar de patins in line nos excelentes jardins urbanos do país.

PRAIAS

Talvez você nem pense em praia quando vai para o Canadá, mas existem alguns trechos de areia intocados na Costa Leste e na Oeste. Muitos lagos dispõem de praias arenosas onde se nada com segurança.

INGRESSOS

Sempre existem ingressos mais baratos para crianças e estudantes (cuja idade pode chegar até os 30 anos em alguns locais, se houver comprovante estudantil), exceto em parques temáticos e aquáticos, onde apenas crianças de colo e idosos conseguem preços mais baixos. Muitas atrações oferecem descontos para famílias. Não é permitida a entrada de crianças em bares, pubs, casas noturnas e cassinos.

MUSEUS

Os museus do país são muito simpáticos com os pequenos, e costumam ter áreas animadas projetadas especialmente para crianças, com mostras interativas, intérpretes para despertar o interesse delas e demonstrações divertidas. Winnipeg, Ottawa e London (Ontário) dispõem de museus para crianças dedicados inteiramente aos menores. Museus de ciências têm um apelo especial, e praticamente todas as capitais de província têm um deles.

Museus ao ar livre são ótimos para as crianças, pois elas podem ver atores representando em trajes históricos, e conhecer casas antigas, dar uma volta de carroção e provar algum doce tradicional.

PARQUES NACIONAIS E PROVINCIAIS

O Canadá possui 42 parques nacionais e centenas de parques provinciais. São ótimos locais para gastar energia e talvez avistar algum animal silvestre que só se veria no zoológico da sua cidade –e muitos têm eventos especiais para crianças. Os centros de informação dos parques nacionais têm mais detalhes, além de oferecer canoas ou caiaques e outras atividades.

ACAMPAMENTOS DE VERÃO

Se os seus filhos são independentes, você pode inscrevê-los num acampamento de verão (www.camppage.com/canada), onde farão novas amizades e viverão uma emocionante aventura. Existem acampamentos para todos os tipos de interesse, desde a vivência de aventuras na natureza até o aprendizado de habilidades circenses, e você tem a opção de acampamentos residenciais ou só para passar o dia.

PARQUES TEMÁTICOS E AQUÁTICOS

O país tem muitos parques de diversão, mas o Canada's Wonderland (▷ 240) em Ontário é o melhor; reserve um dia inteiro ou mais para experimentar a emoção dos brinquedos e shows. Eles costumam funcionar de maio ao fim de agosto ou setembro, quando o clima fica ótimo (alguns têm aquecimento). Para o inverno, alguns parques fecham.

ZOOS, PARQUES DE VIDA SELVAGEM E AQUÁRIOS

Excelentes opções para divertir os pequenos são o fantástico Toronto Zoo (▷ 193) e o Vancouver Aquarium (▷ 309).

ONDE COMER

Culinária canadense é um conceito meio nebuloso, pois se trata de um país jovem com muitas influências externas. Alguns dizem que ela não existe, e em alguns restaurantes isso significa que são usados os melhores ingredientes do Canadá. Porém, existem certos pratos tradicionais que você não encontra em nenhum outro lugar do mundo, e os grandes chefs em todas as grandes cidades produzem pratos criativos e saborosos que podem ser considerados verdadeiramente canadenses.

Fusão é uma palavra complicada no meio culinário, principalmente no Pacific Rim da Costa Oeste, que incorpora influências canadenses e orientais. Em outros lugares, as cozinhas francesa e britânica, em vigor há muito mais tempo, misturam-se com pratos de povos nativos canadenses, e ganham o realce das habilidades culinárias étnicas dos que chegaram mais recentemente. Isso criou receitas exóticas, como vieiras grelhadas sobre panqueca de batata, com molho de lagosta e capim-limão, ou carne de caça à Wellington recheada com cogumelos enoki. É claro que a cozinha original canadense é a das Primeiras Nações, e há oportunidades de mostrar isso, a exemplo de um dos muitos pow-wows tribais que ocorrem durante o ano. Os centros de informação turística têm os detalhes (▷ 378). A variedade de restaurantes cresceu muito nos últimos anos, já que a população imigrante trouxe uma revolução gastronômica. Agora, cidades como Toronto, Montreal e Vancouver são comparadas a Nova York em termos de qualidade e diversidade. A abundância de produtos frescos, carne de caça, carne de boi criado no país, e peixes e crustáceos frescos, junto com premiados vinhos e cervejas canadenses, fazem das refeições por todo o Canadá uma experiência deliciosa e memorável. Nas grandes cidades você acha restaurantes gregos, italianos, poloneses, ucranianos, chineses, vietnamitas, coreanos e tailandeses, só para citar alguns. Não é de surpreender que as redes de restaurantes americanas tenham presença marcante. Enquanto a carne e o peixe têm papel central em muitos pratos regionais, os vegetarianos e vegans podem encontrar atualmente muitas opções em boa parte do país, de preferência nas cidades maiores. Longe dos centros urbanos, as opções culinárias são mais limitadas, mas os pratos caseiros costumam ser excelentes e o serviço é atencioso.

ESPECIALIDADES REGIONAIS

As Províncias do Atlântico contam com tradições acadianas francesas, inglesas e escocesas, e orgulhosamente servem uma apetitosa variedade de frutos do mar, desde sopas-cre-

Acima *Faça uma refeição pitoresca no Cadero's Restaurant, na orla de Vancouver*

mes encorpadas até as deliciosas vieiras do mar profundo. Bacalhau, lagosta, camarão e mexilhão fresquíssimos também figuram em pratos tradicionais. As churrascarias são concorridas e servem carnes de alta qualidade, preparadas conforme o pedido, e muitos restaurantes oferecem carne de bisão e de caribu, que emprestam seus sabores e suas texturas tipicamente canadenses a diversas receitas. Os ricos sabores étnicos se refletem em sobremesas, como shoofly pie (torta com melado e recheio doce), musse de chocolate e cheesecake de morango. A diferente culinária da Terra Nova dispõe de brewis (pão duro umedecido e misturado com bacalhau salgado cozido, servido com torresmos). A língua e as bochechas do bacalhau, e a torta de nadadeira de foca são outras iguarias tradicionais.

Em Quebec, muitos restaurantes oferecem fina culinária francesa. A sopa de ervilhas laurenciana, feita com ervilhas amarelas, e a tourtière (uma torta de carne deliciosa) são especialidades locais que se chamam fiddleheads, em inglês, pois se parecem com a voluta no braço do violino); seu sabor é uma mistura de brócolis, aspargo e fundo de alcachofra. A tarte au sucre (torta de açúcar) é muito solicitada. Quem visita Montreal deve provar as carnes defumadas, em generosos sanduíches com pão de centeio. A maioria dos restaurantes dispõe de menu em inglês, mas talvez você tenha de pedi-lo. Nos restaurantes que não vendem bebidas alcoólicas, é comum a prática de levar seu próprio vinho, que será aberto e servido em taças do local sem problema.

Em Ontário, principalmente em Toronto, ocorrem excelentes fusões. Aqui, os chefs criam obras-primas com ótimos ingredientes, mesclados à inspiração da culinária mundial, em pratos como pato glaçado com xarope de bordo ou robalo defumado com folhas de chá. A população multiétnica de Toronto se reflete na variedade de restaurantes, desde os japoneses até os mexicanos. O saboroso queijo cheddar canadense é produzido em Ingersoll, Ontário, com leite cru. Milho, abóbora, feijão e pêssego são cultivados na região e inspiram delícias como a musse de abóbora. A tradicional shoofly pie é uma sobremesa com melado que agrada quem gosta de doce. Ottawa, como Toronto, oferece grande variedade de opções.

Nas Pradarias, a abundância de grãos e de carne de caça aparece nos menus, na forma de pão de massa com fermentação natural, bannocks (pão achatado feito de aveia ou cevada), arroz-selvagem de Manitoba, churrasco de costela, carne de boi das Pradarias, e carnes de caribu, de javali e de bisão. São muito procuradas as comidas tradicionais dos nativos americanos, como peru, broa de milho e torta de Saskatoon, feita de frutinhas locais. Nas Rochosas e na Colúmbia Britânica, os peixes do Pacífico e do Ártico, os caranguejos-gigantes do Alasca e as ostras de Fanny Bay, além da carne de caça, aparecem nos menus. Vancouver é famosa por ter alguns dos melhores chefs do país, que importam de Seattle (EUA), do outro lado da fronteira, as últimas tendências. Esta cidade também possui uma das maiores Chinatowns da América do Norte. No entanto, o pierogi (bolinho recheado) da Ucrânia é que faz grande sucesso aqui.

Com população escassa, o Norte é mais limitado se comparado às outras regiões, mas a qualidade, a quantidade e o frescor dos pratos caseiros são notáveis em pratos como o salmão defumado, as salsichas de alce, os pães e geleias, e garantem refeições saborosas e saudáveis.

Uma peculiaridade culinária nacional é colocar molho nas fritas, inclusive no peixe com fritas.

REFEIÇÕES

Café da manhã e brunch: O típico café da manhã canadense tem frutas frescas, iogurte, cereais, ovos com bacon, salsicha, salmão com defumação caseira, panquecas ou waffles com xarope de bordo, hash browns (batatas fritas), bannocks, forach (mingau de aveia, creme de leite e açúcar), torradas, bagels, compotas caseiras e muffins. Uma opção mais leve é o café continental, com croissant, pão, manteiga e geleia. Já o brunch é um banquete de café da manhã com pratos quentes, em geral oferecido apenas nos fins de semana, e quase sempre como bufê; pode ter coquetéis ou vinho de cortesia, e custa menos de $15 em alguns lugares (mas sem vinho).

Almoço: Os menus a preço fixo são opções excelentes nas grandes cidades, onde se come por $15 a $20.

Jantar: O jantar para dois num restaurante (sem bebidas) vai de $60 a $150. Nos restaurantes chiques a decoração costuma ser requintada, mas também são bons os pequenos restaurantes geridos por uma família e que oferecem as tradições locais. Da sua mesa, as vistas podem variar desde a aurora boreal até as Cataratas do Niágara.

ONDE COMER

Cafés e bistrôs: Em todas as cidades os cafés têm ambiente informal, com comida simples mas de boa qualidade a preços razoáveis. Os bistrôs são menos formais que os restaurantes e os pratos costumam ser de alto padrão.

Bares, cervejarias e pubs: Muitos bares têm happy hour, na qual você consome petiscos grátis junto com sua bebida com preço pela metade. As cervejarias oferecem ótima seleção de cervejas e comida padrão de pub, como peixe com fritas, nachos e hambúrgueres. Os pubs são informais, com hambúrgueres e massas baratos.

Restaurantes: Alguns restaurantes oferecem *table d'hôte* –menu a preço fixo, menos caro do que a escolha à la carte, embora as opções sejam limitadas.

O QUE BEBER

Café: Em muitos dos restaurantes e lanchonetes, você paga pela primeira xícara de café e o garçom ou a garçonete reabastece a xícara sempre que você pedir. Existe café normal ou descafeinado, preto ou com meio a meio (metade leite, metade creme de leite) ou só com creme de leite. Os cafés de calçada, como o Second Cup sediado em Toronto, oferecem boa seleção de excelentes café italianos, e também existe a rede americana Starbucks, apesar de se ver mais os cafés da rede Tim Horton's.

Chá: As casas de chá oferecem diversos chás, como os de ervas, servidos com leite ou limão. Se você quiser um chá preparado corretamente –água fervente vertida diretamente sobre as folhas ou o saquinho– terá de explicar com cuidado, senão é provável que lhe sirvam uma xícara de água quente com um saquinho de chá no pires.

Cerveja: As cervejas canadenses são leves e espumantes, sempre servidas bem geladas. Os canadenses adoram suas cervejas Molson e Labatts, a Moosehead, feita em New Brunswick, Alexander Keith de Nova Escócia e a Great Western Beer, de Saskatchewan. Há muita oferta de marcas estrangeiras, como a Heineken fabricada no Canadá. Para os apreciadores de cerveja ale, existe um número cada vez maior de microcervejarias que produzem uma variedade das verdadeiras ales britânicas, além de lagers, pilsners e bocks. Os pubs com cervejaria dispõem de cervejas produzidas no local (às vezes, pode-se visitar as instalações). Se você estiver num grupo, fica mais barato adquirir uma jarra para dividir.

Vinho: O consumo de vinho aumentou nas últimas décadas, e a maioria dos restaurantes oferece uma fina seleção de vinhos importados, mas prove os do Canadá. A partir da década de 1980, os vinhos tintos e brancos canadenses, com a garantia da VQA (Vintner's Quality Assurance) ganharam reconhecimento internacional. A península de Niagara, em Ontário, produz vinhos semelhantes aos da Borgonha e do vale do Loire. A região de Okanagan, na Colúmbia Britânica, e as ilhas do litoral de Vancouver produzem Chardonnay, Merlot e Pinot Noir muito bons, além de variedades alemãs, como Riesling e Gewürztraminer. E Ontário se tornou o maior produtor de ice wine, um caro vinho para sobremesa, feito com uvas congeladas na videira. Também existem vinhedos em Quebec e nas Províncias do Atlântico.

Bebidas alcoólicas: Há grande variedade de outras bebidas alcoólicas. O uísque da marca Canadian Club, conhecido no mundo todo, é produzido em Walkerville, Ontário, há quase 150 anos. O uísque de centeio VO é outro favorito nacional, e o rum "Screech", da Terra Nova, também tem certa notoriedade. Em geral, os coquetéis que usam gim, rum vodca e outras bebidas, custam de $8-$15, conforme o estabelecimento.

Bebidas sem álcool: Milkshakes, refrigerantes, floats (refrigerante com sorvete) e bebidas suaves são as opções. No Canadá, a cidra é uma bebida sem álcool feita de maçã, menos em Quebec.

CARDÁPIO

apple butter: compota de maçã, marrom e espessa
Arctic char: peixe da família do salmão
assiette anglaise: frios
bangbelly: bolo de arroz, carne de porco e passas
biscuit: bolinho saboroso
brewis: pão duro umedecido, com bacalhau salgado
butter tarts: tortinhas feitas com manteiga, açúcar mascavo, xarope de milho e passas ou pecãs
capelin: peixinho que lembra o salmão
chokeberry: frutinha arroxeada, chamada arônia
chowder: sopa-creme de frutos do mar encorpada, em geral feita com leite ou creme de leite
cipate chicken: caçarola de carne e legumes com cobertura de massa
cookie: biscoitos doces
cranberry: frutinha vermelha, rica em vitamina C
crème brûlée: pudim assado com cobertura caramelizada
cretons: patê condimentado de carne de porco
decaf: café descafeinado
dim sum: comida chinesa em pequenas porções
dulse: alga marinha seca comestível, roxa, da baía de Fundy
escargot: caracol na manteiga com alho
fat archie: biscoito de melado de Cape Breton
fiddleheads: brotos de samambaia-avestruz
finnan haddie: hadoque defumado
foie gras: fígado de ganso ou pato que ficou na engorda
fricot: sopa de frango substanciosa
grunt: compota de frutas e bolinhos
hash browns/home fries: batata frita em cubinhos
ice wine: vinho branco feito com uvas congeladas
Lunenburg sausage: salsicha apimentada da Nova Escócia
maple taffy: xarope de bordo quente, enrolado num palito e congelado na neve
molasses: xarope grosso escuro feito de açúcar refinado ou melado de sorgo
Nanaimo bars: barras de chocolate de Nanaimo, Ilha de Vancouver
partridgeberry: frutinhas vermelhas usadas em compotas e tortas
pemmican: carne seca conservada em cranberries e gordura (comida de montanhistas)
pierogi: bolinhos ucranianos recheados com queijo, batata, carne ou vegetais
Posole stew: ensopado de carne com hominy (grãos de milho especiais)
poutine: batata frita, queijo-coalho e molho
poutine rappé: bolinho de batata com recheio de carne de porco salgada
rapie pie: torta de carne coberta de batata
Saskatoon pie: torta de frutinhas famosa em Saskatchewan
scone: bolinho doce, redondo, feito na chapa
scrapple: carne de porco frita
scrunchions: torresmos
shoofly pie: torta com melado (ou mascavo) e recheio doce
snow crab: caranguejo de águas polares com pernas enormes
Solomon Grundy: arenque marinado
sourdough: pão feito com fermento natural
sugar pie/tarte au sucre: torta aberta com sabor de caramelo ou recheio de melado
tourtière: torta de carne e batata
toutons: pãozinho/panqueca com carne de porco
trempette: pão, creme de leite e xarope de bordo

ONDE FICAR

Os canadenses têm fama de serem educados e simpáticos, o que fica evidente na indústria hoteleira. De vez em quando, talvez você encontre um recepcionista indiferente ou um garçom mal-humorado, mas isso é incomum. Quase o tempo todo você se sente muito bem tratado, onde quer que vá –e isso vale para tudo, desde os hotéis elegantes no centro das cidades até os estabelecimentos mais econômicos.

O Canadá oferece todos os tipos de hospedagem: hotéis luxuosos e resorts de férias equivalentes a quaisquer outros de nível internacional; chiques hotéis-butiques de "designer" nas cidades; e belas propriedades históricas que servem como bed and breakfasts aconchegantes. Existem hotéis de rede de nível médio, ao estilo internacional, nas principais cidades e nas metrópoles, e motéis de beira de estrada que pontilham as principais rodovias. Além disso, há lugares que oferecem algo especial, como os ranchos onde você pode conhecer a vida dos vaqueiros, os chalés que permitem a pescaria em excelentes lagos e rios canadenses, hotéis em cuja propriedade há campo de golfe para campeonato, e estações de inverno com estacionamento para snowmobile e teleférico à mão. Existem todos os tipos de localização, quer você prefira ficar bem no meio da agitação no centro da cidade, quer deseje ir para tão longe que terá de pegar um hidroavião.

RESERVAS E CHEGADAS TARDIAS

Em geral, você pode viajar à vontade no Canadá e encontrará algum lugar para se hospedar sem muita dificuldade. Na maioria dos casos, a oferta atende à demanda, e todas as cidades grandes ou pequenas e os locais de férias são bem servidos de hotéis, motéis e restaurantes. No entanto, as áreas mais procuradas ficam cheias rapidamente na alta temporada; por isso, aconselha-se fazer reservas bem antecipadas. Isso também vale se suas exigências forem específicas, ou se houver um festival ou uma convenção que coincida com sua visita. Se você viajar para as áreas mais remotas do Norte, dê uma olhada num mapa, verifique se compreendeu bem a escala e preste atenção nas distâncias enormes que podem existir entre os povoados. Esse tipo de viagem requer um planejamento cuidadoso e você precisa ter certeza de que terá um quarto à sua espera, no fim de cada dia. Se você se atrasar na viagem, uma precaução sensata é ligar para o hotel e dizer o horário em que pretende chegar, para não perder o quarto. Se você chegar numa cidade sem reserva, o centro de informação turística talvez possa ajudá-lo.

CATEGORIAS DE HOSPEDAGEM

Hotéis – nas grandes cidades, vão desde estabelecimentos luxuosos e caros até locais sombrios no centro, e alguns hotéis com preço médio. Os hotéis de luxo cobram cerca de $250 por um quarto de casal, e com $350 você vai para um quarto luxuoso, com recursos como geladeira, micro-ondas, acesso à internet de banda larga, toca-CD e DVD player. Em alguns hotéis-butiques as diárias podem passar de $1.000. Para um hotel de preço médio (cerca de $130 por um quarto de casal), procure os estabelecimentos de rede, como

Acima *Aproveite a natureza no conforto de uma cabana de madeira, no meio da floresta do Wells Grey Provincial Park*

Best Western ou Holiday Inn, onde você tem conforto e limpeza, apenas. O ponto mais baixo da escala, com quartos de casal a cerca de $65 a $80, oferece hospedagem central, muitas vezes em cima de um bar –tudo limpo, mas deteriorado.

Motéis – geralmente situados em rodovias, fora das cidades, podem ser chamados motor hotels, lodges ou inns. As diárias variam de $70 a $120 (casal), e muitos oferecem camas grátis para crianças que fiquem com os pais. Os preços por semana podem reduzir o custo total; assim, não se esqueça de perguntar, se estiver interessado. Os motéis variam no que têm a oferecer, mas todos fornecem cama confortável, banheiro privativo, TV e telefone. Nem sempre há comida no local; por isso, não deixe de perguntar onde fica o restaurante mais próximo antes de se instalar. Há motéis que têm quartos com quitinete, o que aumenta um pouco o preço. Estacionamento grátis.

Chalés e cabanas – muitas regiões dispõem desse tipo de hospedagem, com um ou mais quartos, banheiro e cozinha, e que podem ser alugados por uma noite ou mais tempo. Quase sempre ficam em locais panorâmicos e podem ter varanda e churrasqueira, e recursos como lavanderia e playground. As diárias começam um pouco acima do que você pagaria por um quarto de motel. O aluguel para férias, em casas e apartamentos normais, costuma ser oferecido apenas por semana, e é muito mais caro.

Bed and breakfasts ou **gîtes du passant** – quartos confortáveis e bem decorados, com cama de casal e café da manhã por $80 ou mais. Em algumas cidades, fornecem transporte de ida e volta para o aeroporto. Pergunte se eles oferecem café da manhã completo ou apenas o café continental, para saber o que irá pagar. Os centros de informação turística ajudam muito a encontrar bed and breakfasts para você, e às vezes mostram fotos, o que facilita sua decisão (▷ 378). A localização é importante, pois alguns ficam bem fora da cidade.

Albergues – afiliados ao Hostelling International (HI), são classificados como básicos, simples, padrão e superior. Em geral, têm dormitórios coletivos masculinos ou femininos, que custam por volta de $25 para sócios. Muitos oferecem afiliação no local ou cobram uma sobretaxa para os não sócios. A maioria dos albergues aceita reserva com cartão de crédito –alguns com antecedência de mais de seis meses. Existem escritórios do HI no mundo todo, onde se pode conseguir o manual do Hostelling North America. No Canadá, contate o Hostelling International, Suite 400, 205 Catherine Street, Ottawa, Ontário, K2P 1C3 (tel 613/237-7884, www.hihostels.ca). Algumas residências em cidades universitárias são oferecidas nas férias de verão.

Campings – em geral, funcionam de maio ao fim de outubro e aceitam quem chegar primeiro; mas alguns começam a oferecer reserva antecipada. A alta temporada vai de julho a agosto, quando os campings em resorts ou perto deles enchem logo de manhã. Os campings municipais são baratos (quase sempre cerca de $10 por barraca e $20 para trailers ou motorhomes) mas são bem simples. Os particulares oferecem mais recursos, a exemplo de lojas, lavanderias, restaurantes, piscinas, quadras de tênis e outros equipamentos. Alguns dispõem de tepees de inverno para alugar, e organizam esportes de inverno, como caminhadas com sapatos de neve e trenós puxados por cães. Os preços variam. Os parques nacionais e provinciais oferecem campings entre maio e o fim de setembro, mas se você quiser acampar fora desse período, costuma ser permitido e providencia-se uma "caixa da honestidade" para coletar suas diárias. Os campings em áreas de acesso mais difícil não são para a maioria das pessoas, mas se você quiser conviver com a natureza, verifique se é permitido fazer fogueiras antes de começar uma, e use um buraco para fogueira, se houver. Se estiver em região de ursos, saiba quais são as precauções de segurança, principalmente quanto ao armazenamento de comida (os racuns também entram nas barracas à noite, à procura de alimentos).

Resorts – costumam ficar abertos o ano todo e a hospedagem vai desde hotéis luxuosos até aconchegantes cabanas de madeira nas montanhas e tepees nos lagos, com preços entre $100 e $500, conforme os recursos oferecidos. Os de montanhas têm belas vistas e esportes de inverno. Os que ficam à beira de lagos são agradáveis e repousantes, com barcos, esqui aquático e natação no verão, e patinação e esqui cross-country no inverno. Muitos resorts contam com ótimos restaurantes, e alguns têm piscina, recursos para fitness e saúde, atividades semanais e clubes infantis, e há os que dispõem até de campo de golfe.

Fazendas, ranchos e cabanas de pesca – oferecem uma verdadeira experiência canadense. Em fazendas e ranchos você pode dar uma mão nas tarefas e terá a oportunidade de cavalgar ou talvez ajudar a recolher o gado. Há sempre comida caseira, muito ar fresco e bastante exercício, se você gostar. As cabanas de pesca atendem aos verdadeiros fãs de pesca com anzol, e costumam se localizar na ponta de um lago panorâmico ou à beira-rio.

CLASSIFICAÇÃO

No Canadá, os padrões costumam ser altos, e existem duas organizações que ajudam a criar um sistema de classificação. A AAA (conhecida como Triple A), é uma organização americana tipo automóvel clube, que inspeciona e classifica muitos hotéis e restaurantes do Canadá, usando suas categorias de um a cinco diamantes. As informações são publicadas, em conjunto com a CAA (Canadian Automobile Association), em três guias regionais. Nem todas as acomodações canadenses estão cobertas, e a AAA tende a considerar as maiores –hotéis de rede e lugares mais luxuosos– mas sem excluir estabelecimentos independentes. Outro parâmetro é o Canada Select (www.canadaselect.com), que inspeciona e classifica hotéis, bed and breakfasts, casas de campo, hospedarias e motéis participantes segundo um sistema de um a cinco estrelas. Estabelecimentos que fazem parte desse esquema exibem o símbolo de uma folha de bordo com um telhado. A Canada Select também tem classificação para campings, chamada Camping Select (www.campingselect.ca).

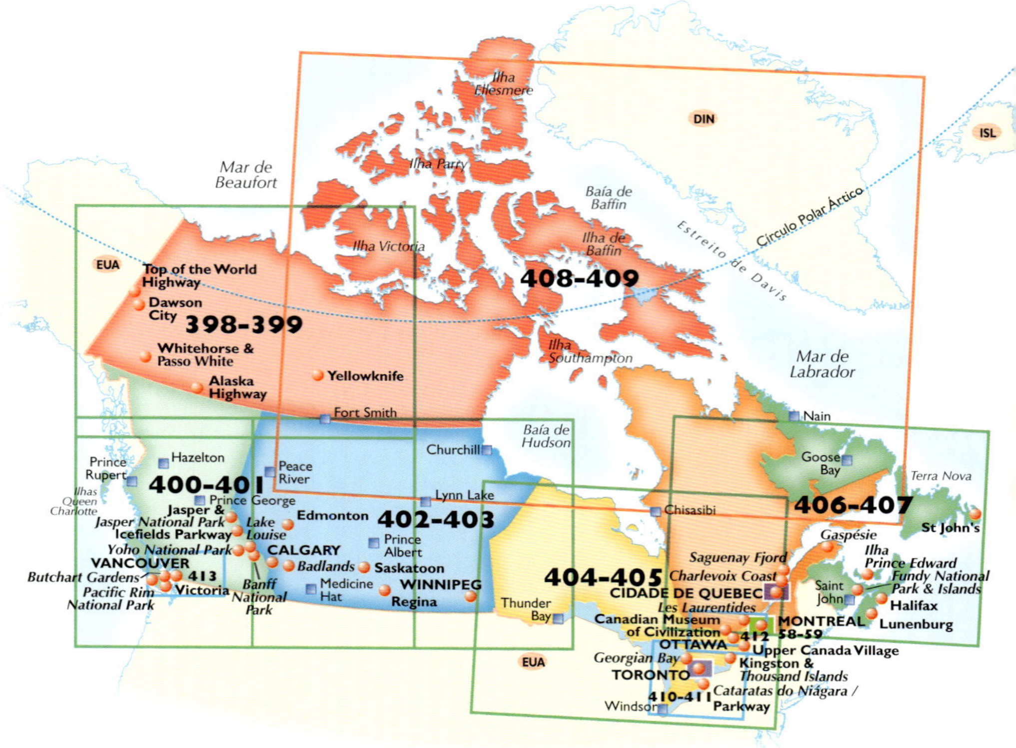

398-407 0 — 150 km

408-409 0 — 300 km

410-413 0 — 50 km

- Rodovia com pedágio
- Rodovia expressa
- Estrada nacional
- Outra estrada
- Fronteira Internacional
- Fronteira regional
- Parque nacional
- Local de interesse
- Aeroporto
- 15 Altura em metros
- Rota de ferryboat
- Passo de montanha
- Cidade

MAPAS

As referências dos mapas indicadas nas atrações turísticas remetem às páginas desta seção ou aos mapas de determinada cidade dentro de sua região. Por exemplo: Halifax tem a referência ✚ 407 X16, que indica a página em que o mapa se encontra (407) e as coordenadas de localização na cidade (X16).

B
C
D
E
7
8
9
10
11
12
ALASKA
USA
Fairbanks
Tanana
Tetlin Junction
Beaver Creek
Dawson Range
Yukon
Dawson City
Top of the World Highway
Ivvavik National Park
Vuntut National Park
Mackenzie Bay
Beaufort Sea
Tuktoyaktuk
Inuvik
Tukluk Nogait National Park
Richardson Mountains
Fort McPherson
Eagle Plains
Dempster Highway
Ogilvie Mountains
Peel
Fort Good Hope
Franklin Mountains
Mackenzie
Selwyn Mountains
Mackenzie Mountains
Stewart Crossing
Mayo
YUKON
Pelly Crossing
Carmacks
Klondike Highway
Campbell Highway
Ross River
St Elias Mountains
5959 Mount Logan
Kluane National Park
Haines Junction
Whitehorse
Carcross
Johnson's Crossing
Teslin Lake
White Pass
Skagway
Teslin
South Nahanni
Tungsten
Nahanni National Park
Alaska Highway
Atlin Lake
Watson Lake
Gulf of Alaska
Cassiar Mountains
Liard
Liard River
Dease Lake
Cassiar Highway
Spatsizi Plateau Wilderness Park
Prince Rupert
Summit Lake
Fort Nelson
ALASKA

400

Sachs Harbour
Banks Island
Amundsen Gulf
Cape Parry
Paulatuk
Uluqsaqtuuq (Holman)
Victoria Island
Coronation Gulf
Kugluktuk (Coppermine)
NUNAVUT
Great Bear Lake
Port Radium
Contwoyto Lake
408
NORTHWEST TERRITORIES
Wrigley
Fort Simpson
Rae-Edzo
Yellowknife
Yellowknife
Fort Providence
Great Slave Lake
Hay River
Fort Resolution
Enterprise
401
F
G
H
J
7
8
9
10
11
12

398
413
ALASKA
BRITISH COLUMBIA
WASHINGTON
USA
IDAHO
Spatsizi Plateau Wilderness Park
Cassiar Highway
Skeena Mountains
Coast Mountains
Rocky Mountains
Omineca Mountains
Columbia Mountains
Monashee Mountains
Purcell
Selkirk
Fraser Plateau
Summit Lake
Fort Nelson
Williston Lake
Wonowon
Fort St John
Dawson Creek
Chetwynd
Tumbler Ridge
Beaverlodge
MacKenzie
Fort McLeod
Fort St James
Vanderhoof
Prince George
Skagway
Graham Island
Naikoon Provincial Park
Masset
Queen Charlotte City
Skidegate
Queen Charlotte Islands
Moresby Island
Gwaii Haanas National Park Reserve
Prince Rupert
Skeena
Terrace
Skeena Valley
Kitimat
New Hazelton
Smithers
Babine Lake
Burns Lake
Fraser Lake
Banks Island
Pitt Island
Butedale
Princess Royal Island
Inside Passage
Bella Bella
Bella Coola
Eutsuk Lake
Tweedsmuir Provincial Park
Anahim Lake
Quesnel
Bowron Lake Provincial Park
Grande Cache
Mount Robson Provincial Park
3954 Mount Robson
Jasper
3363 Mount Edith Cavell
Williams Lake
Wells Gray Provincial Park
Clearwater Lake
Clearwater
One Hundred Mile House
Queen Charlotte Sound
Queen Charlotte Str.
Cape Scott
Port Hardy
Port McNeill
4017 Mount Waddington
Ts'yl-os Provincial Park
Kinabasket Lake
Vancouver Island
Gold River
Strathcona Provincial Park
Campbell River
Courtenay
Powell River
Clinton
Lillooet
Cache Creek
Pemberton
Kamloops
Chase
Glacier National Park
Mount Revelstoke National Park
Revelstoke
Whistler
Garibaldi Provincial Park
Fraser Canyon
Hell's Gate
Golden Ears Provincial Park
Okanagan Lake
Lumby
Tofino
Cathedral Grove
Squamish
Howe Sound
Port Alberni
Gibsons
Nanaimo
Vancouver International
VANCOUVER
Fort Langley
ABBOTSFORD
Vernon
Nakusp
KELOWNA
Bamfield
Pacific Rim National Park
Duncan
Chemainus
Port Renfrew
Victoria International
Chilliwack
Penticton
Butchart Gardens
Bellingham
Keremeos
Kootenay Bay
VICTORIA
Oak Bay
Rossland
Okanagan
Everett
Bellevue
SEATTLE
TACOMA
Seattle Tacoma International
Columbia
Wenatchee
SPOKANE
Spokane International
Longview
Yakima

F
G
H
J
399
12
13
14
15
16
17
18
402
Fort Smith
Wood Buffalo National Park
Caribou Mountains
Meander River
High Level
Fort Vermilion
Peace
Lake Claire
Uranium City
Stony Rapids
Lake Athabasca
Wollaston Lake
Manning
Birch Mountains
Cree Lake
Reindeer Lake
Fairview
Peace River
Spirit River
Falher
Sexsmith
Grande Prairie
High Prairie
Valleyview
Lesser Slave Lake
Slave Lake
Swan Hills
Fox Creek
Whitecourt
Mayerthorpe
Barrhead
Westlock
Athabasca
Athabasca
ALBERTA
Fort McMurray
La Loche
Frobisher Lake
Peter Pond Lake
Churchill Lake
SASKATCHEWAN
Southend
Lac la Ronge
La Ronge
Lac la Ronge Provincial Park
Lac la Biche
Smoky Lake
Bonnyville
Grand Centre
Redwater
Morinville
EDMONTON
Stony Plain
Edmonton International
Hinton
Edson
Jasper National Park
Maligne Lake
Icefields Parkway
Drayton Valley
Leduc
Millet
Camrose
Wetaskiwin
Vegreville
Vermilion
Elk Point
Meadow Lake
Prince Albert National Park
North
Yellowhead Highway
Lloydminster
Saskatchewan
Rimbey
Rocky Mountain House
Ponoka
Viking
Killam
Wainwright
Sylvan Lake
Penhold
Red Deer
Innisfail
Stettler
Provost
Banff National Park
Yoho National Park
Lake Louise
Moraine Lake
Sundre
Didsbury
Three Hills
Crossfield
Golden
Kicking Horse Pass
Kootenay National Park
Banff
Canmore
Hanna
Drumheller
CALGARY
Calgary International
Strathmore
Okotoks
Black Diamond
High River
Invermere
Badlands
Red Deer
Trans-Canada Highway
Brooks
Bow
Nanton
Vulcan
Claresholm
Kootenay
Mountains
Head-Smashed-In Buffalo Jump
Fort MacLeod
Lethbridge
Coaldale
Stirling
Bow Island
Medicine Hat
Pincher Creek
Magrath
Cardston
Waterton Lakes National Park
Elkwater
Cypress Hills Interprovincial Park
Fort Walsh National Historic Site
Kalispell
Havre
MONTANA
USA
Shellbrook
Prince Albert
Nipawin
Batoche National Historic Site
Tisdale
Melfort
Rosthern
Unity
Battleford
Fort Battleford Historic Site
Wilkie
Langham
Warman
Humboldt
SASKATOON
Quill Lakes
Kerrobert
Biggar
Lanigan
Kelvington
Preeceville
Rosetown
Watrous
Wynyard
Kindersley
Outlook
Foam Lake
Davidson
Eston
South Saskatchewan
Fort Qu'Appelle
Moose Jaw
Caronport
Balgonie
Indian Head
REGINA
Regina International
Gull Lake
Swift Current
Maple Creek
Loch Leven
Shaunavon
Gravelbourg
Assiniboia
Weyburn
Estevan

F
G
H
J
12
13
14
15
16
17
18
Fort Smith
Wood Buffalo National Park
Caribou Mountains
Meander River
High Level
Fort Vermilion
Peace
Lake Claire
Uranium City
Stony Rapids
Lake Athabasca
Wollaston Lake
Birch Mountains
Manning
Cree Lake
Reindeer Lake
Frobisher Lake
Peace River
Fort McMurray
ALBERTA
La Loche
Falher
Athabasca
Lesser Slave Lake
High Prairie
Valleyview
Slave Lake
Swan Hills
Peter Pond Lake
Churchill Lake
SASKATCHEWAN
Southend
Lac la Ronge
La Ronge
Lac la Ronge Provincial Park
401
Fox Creek
Athabasca
Lac la Biche
Whitecourt
Mayerthorpe
Barrhead
Westlock
Smoky Lake
Bonnyville
Grand Centre
Edson
Morinville
Redwater
Stony Plain
EDMONTON
Meadow Lake
Prince Albert National Park
Edmonton International
Drayton Valley
Elk Point
Vegreville
Vermilion
North Saskatchewan
Yellowhead Highway
Lloydminster
Leduc
Millet
Camrose
Viking
Wetaskiwin
Rimbey
Rocky Mountain House
Ponoka
Killam
Wainwright
Prince Albert
Shellbrook
Nipawin
Carrot River
Hudson Bay
Batoche National Historic Site
Tisdale
Melfort
Rosthern
Sylvan Lake
Penhold
Red Deer
Stettler
Provost
Unity
Battleford
Fort Battleford Historic Site
Banff National Park
Lake Louise
Moraine Lake
Innisfail
Sundre
Didsbury
Three Hills
Crossfield
Banff
Canmore
Hanna
Wilkie
Langham
Warman
Humboldt
Kelvington
Quill Lakes
Preeceville
Kerrobert
Biggar
SASKATOON
Lanigan
Calgary International
CALGARY
Drumheller
Strathmore
Badlands
Red Deer
Kindersley
Rosetown
Watrous
Wynyard
Canora
Foam Lake
Yorkton
Invermere
Okotoks
Black Diamond
High River
Kootenay
Nanton
Vulcan
Claresholm
Brooks
Trans-Canada Highway
Bow
Eston
Outlook
Davidson
South Saskatchewan
Moose Jaw
Fort Qu'Appelle
Indian Head
Melville
Balgonie
Caronport
REGINA
Regina International
Grenfell
Trans-Canada
Head-Smashed-In Buffalo Jump
Fort MacLeod
Lethbridge
Medicine Hat
Gull Lake
Swift Current
Pincher Creek
Magrath
Coaldale
Stirling
Bow Island
Maple Creek
Gravelbourg
Kipling
Waterton Lakes National Park
Cardston
Loch Leven
Shaunavon
Assiniboia
Weyburn
Carlyle
Elkwater
Cypress Hills Interprovincial Park
Fort Walsh National Historic Site
Estevan
Kalispell
Havre
USA
MONTANA

(Eskimo Point)
K
L
M
N
12
13
14
15
16
17
18
Ennadi Lake
Nueltin Lake
Hudson Bay
Cape Churchill
Churchill
408
Churchill
Southern Indian Lake
Lynn Lake
South Indian Lake
Leaf Rapids
Fort Severn
Gillam
Nelson
280
391
Thompson
MANITOBA
Winisk River Provincial Park
Winisk
Gods Lake
Grass River Provincial Park
Snow Lake
Flin Flon
39
Cross Lake
Severn
Big Trout Lake
Moose Lakes
10
The Pas
283
Cedar Lake
Opasquia Provincial Park
Island Lake
North Caribou Lake
Sandy Lake
404
Lake Winnipeg
Lake Winnipegosis
Mafeking
ONTARIO
Swan River
Albany
Lake St Joseph
Woodland Caribou Provincial Park
Kamsack
Duck Mountain Provincial Park
Dauphin
Roblin
Ste Rose du Lac
Red Lake
Lac Seul
Armstrong
Langenburg
Russell
Riding Mountain National Park
Gimli
Nopiming Provincial Park
Esterhazy
Lake Manitoba
Lac du Bonnet
Sioux Lookout
Lake Nipigon
Neepawa
Stonewall
Selkirk
Whiteshell Provincial Park
Vermillion Bay
Dryden
Minnedosa
Portage la Prairie
Beausejour
Carberry
Virden
Winnipeg International
WINNIPEG
Kenora
Ignace
Assiniboin
Brandon
Niverville
Steinbach
Souris
Carman
Morris
Lake of the Woods
Rainy Lake
Atikokan
Melita
Boissevain
Morden
Altona
Red
Oxbow
Cartwright
Fort Frances
THUNDER BAY
Quetico Provincial Park
NORTH DAKOTA
MINNESOTA

Gillam
M
N
P
Q
14
15
16
17
18
19
20
408
403
Polar Bear Provincial Park
James Bay
Winisk River Provincial Park
Winisk
Severn
Big Trout Lake
Attawapiskat
Opasquia Provincial Park
Winisk Lake
Albany
North Caribou Lake
Sandy Lake
Attawapiskat Lake
Albany
Abitibi
Lake St Joseph
ONTARIO
Woodland Caribou Provincial Park
Red Lake
Hearst
Kapuskasing
Armstrong
Lac Seul
Lake Nipigon
Geraldton
Longlac
Hornepayne
Sioux Lookout
Manitouwadge
Vermillion Bay
Dryden
Long Lake
Terrace Bay
Ignace
Marathon
Ouimet Canyon
Pukaskwa National Park
Chapleau
Wawa
Rainy Lake
Atikokan
THUNDER BAY
Agawa Canyon
Fort Frances
Quetico Provincial Park
Lake Superior Provincial Park
Lake Superior
Sault Ste Marie
Thessalon
Virginia
Marquette
Duluth
Cheboygan
Iron Wood
MINNESOTA
Escanaba
USA
Marinette
Traverse City
WISCONSIN
MICHIGAN
Coon Rapids
Wausau
Cadillac
MINNEAPOLIS
Green Bay
Austin Straubel International
Eau Claire
Appleton
ST PAUL
Stevens Point
Ludington
Minneapolis-St Paul International
Oshkosh
Lake Michigan
GRAND RAPIDS
Rochester
La Crosse
Wyoming
MILWAUKEE
Waukesha
MADISON
Kalamazoo
IOWA

QUÉBEC
Lac Plétipi
Radisson
Chisasibi
Manicouagan
Port-Cartier
Lac Manouane
Eastmain
Rupert
Lac Mistassini
Parc Provincial de Mistassini
Réservoir Pipmuacon
Péribonca
Godbout
Baie-Comeau
Chute-aux-Outardes
Mont-Joli
Forestville
Lac Mistassini
Parc Provincial d'Assinica
Mistissini
Lac Evans
Nottaway
Chibougamau
Parc Provincial de Chibougamau
Chapais
Saguenay Fjord
St-Joseph-de-la-Rive
Tadoussac
CHICOUTIMI
JONQUIÈRE
Lac St-Jean
Roberval
Desbiens
Val-Jalbert
La Baie
Port-au-Persil
Clermont
La Malbaie
Les Éboulements
Baie-St-Paul
Lac au Goeland
Matagami
Kesagami Lake
Parque National de la Mauricie
Parc Provencial des Laurentides
Beaupré
Charlevoix Coast
Montmagny
Ile d'Orléans
QUÉBEC CITY
Réservoir Gouin
La Tuque
Jean-Lesage International
St-Apollinaire
St-Raphaël
Lebel-sur-Quévillon
Amos
Senneterre
Ste-Thècle
Vallée-Jonction
Lake Abitibi
La Sarre
Cochrane
Iroquois Falls
Malartic
Val-d'Or
Rouyn-Noranda
Réservoir Cabonga
Bécancour
TROIS-RIVIÈRES
Victoriaville
Timmins
Kirkland Lake
Parc du Mont Tremblant
Pierreville
Drummondville
Sorel
Richmond
Trans-Canada Highway
St-Donat
Valcourt
Englehart
Parc Provincial de la Vérendrye
Ste-Julienne
Les Laurentides
Granby
Magog
Cantons-de-l'Est
Knowlton
New Liskeard
Ville-Marie
St-Jérôme
Laval
Montréal-Trudeau
MONTRÉAL
Lake Temagami
Hawkesbury
Salaberry-de-Valleyfield
VERMONT
Ottawa
Deep River
Canadian Museum of Civilzation
Gatineau
OTTAWA
North Bay
Mattawa
Pembroke
Kanata
Plattsburgh
Sturgeon Falls
MacDonald-Cartier International
Cornwall
Upper Canada Village
Onaping Falls
SUDBURY
Algonquin Provincial Park
Eganville
Renfrew
Walden
Lake Nipissing
South River
Barry's Bay
St Lawrence
Cardinal
Elliot Lake
Espanola
Perth
Brockville
Huntsville
Little Current
Blind River
Bedford
South Baymouth
Georgian Bay
Parry Sound
Kingston
Thousand Islands
Manitoulin Island
Gravenhurst
Midland
Orillia
Tobermory
Fenelon Falls
NEW YORK
Belleville
Bruce Peninsula
Cannington
Peterborough
Ste-Marie Among the Hurons
Lake Huron
Wiarton
Barrie
Lake Ontario
Alpena
Newcastle
Southampton
Utica
TORONTO
OSHAWA
Irondequoit
SYRACUSE
Kincardine
Kleinburg
McMichael Canadian Art Collection
Toronto Pearson International
ROCHESTER
GUELPH
ST CATHARINES
Niagara Parkway
KITCHENER
HAMILTON
Niagara Falls
Cheektowaga
Binghamton
Fort Erie
BUFFALO
Brantford
Midland
Saginaw
LONDON
Port Dover
Sarnia
Scranton
FLINT
St Thomas
USA
Bradford
Bishop International
Lake Erie
ERIE
Williamsport
LANSING
ALLENTOWN
DETROIT
PENNSYLVANIA
Reading
LIVONIA
WINDSOR
ANN ARBOR
Point Pelee National Park
Euclid
OHIO
Harrisburg
409
406
412
410
411
R
S
T
U
14
15
16
17
18
19
20

S
T
U
V
12
13
14
15
16
17
Labrador
Caniapiscau
Smallwood Reservoir
Schefferville
500
Churchill
Menihek Lake
409
Lac Caniapiscau
Lac Bienville
Labrador City
Fermont
Lac Joseph
QUÉBEC
Lac Nichicun
Lac Naococane
Moisie
Rivière-St-Jean
Rivière-au-Tonnerre
Monts Otish
Réservoir Manicouagan
138
Radisson
Sept-Îles
Moisie
Lac Plétipi
Gallix
St Lawrence
QUÉBEC
Manicouagan
Port-Cartier
Lac Manouane
Manicouagan
389
198
Ste-Anne-des-Monts
1268
Mont-Jacques Cartier
Lac Mistassini
Parc Provincial de Mistassini
Godbout
Baie-Comeau
Parc National de la Gaspésie
Eastmain
109
Rupert
Réservoir Pipmuacon
Chute-aux-Outardes
Matane
132
299
Lac Mistassini
Miguasha
Péribonca
Lac-au-Saumon
Parc Provincial d'Assinica
Mistissini
Mont-Joli
Lac Evans
Forestville
Luceville
Campbellton
Bic
Rimouski
167
St-Fabien
232
Kedgwick
17
Chibougamau
Nottaway
Parc Provincial de Chibougamau
St-Joseph-de-la-Rive
Saguenay Fjord
St-Quentin
Tadoussac
Chapais
CHICOUTIMI
Baie-Ste Catherine
Ste-Anne-de-Madawaska
Lac au Goeland
109
405
167
JONQUIÈRE
La Baie
170
Rivière-du-Loup
Edmundston
Lac St-Jean
Port-au-Persil
Grand Falls
113
Roberval
Desbiens
Clermont
La Malbaie
289
St-Joseph-de-la-Rive
Val-Jalbert
Les Éboulements
La Pocatière
20
Matagami
Parque National de la Mauricie
Baie-St-Paul
St-Jean-Port-Joli
Parc Provencial des Laurentides
Charlevoix Coast
Beaupré
Montmagny
Lebel-sur-Quévillon
Réservoir Gouin
155
QUÉBEC CITY
Ile d'Orléans
La Tuque
St-Raphaël
Jean-Lesage International
USA
Amos
St-Apollinaire
Senneterre
La Sarre
111
109
Ste-Thècle
Vallée-Jonction
Beauceville
Malartic
Inverness
St-Gédéon
101
Val-d'Or
Bécancour
MAINE
117
Trans-Canada Highway
Rouyn-Noranda
Réservoir Cabonga
TROIS-RIVIÈRES
Victoriaville
117
Pierreville
Lac-Mégantic
66
Parc du Mont Tremblant
Drummondville
Sorel
St-Donat
Richmond
Parc Provincial de la Vérendrye
412
Valcourt
SHERBROOKE
Ste-Julienne
New Liskeard
Ville-Marie
Les Laurentides
Magog
11
Granby
Laval
Augusta
101
St-Jérôme
Cantons-de-l'Est
105
Knowlton
Montréal-Trudeau
MONTRÉAL
NH
Hawkesbury
Ottawa
Deep River
301
Canadian Museum
Gatineau
Salaberry-de-Valleyfield
VERMONT
Auburn
North

W
X
Y
Z
12
13
14
15
16
17
NEWFOUNDLAND AND LABRADOR
Hamilton Inlet
Battle Harbour
L'Anse Aux Meadows
North West River
Lake Melville
Happy Valley-Goose Bay
Mealy Mountains
Red Bay
St Anthony
Main Brook
Blanc Sablon
Strait of Belle Isle
Long Range Mountains
Englee
Musgrave Harbour
Lumsden
Bonavista Bay
Bonavista
Hare Bay
Bonavista Peninsula
La Scie
Gander International
Campbellton
Terra Nova National Park
Gander
Gambo
Torbay
Wabana
St John's
Quidi Vidi
Trinity Bay
Conception Bay South
South River
Clarenville
Arnold's Cove
Petit Mécatina
Mutton Bay
Springdale
Botwood
Bishop's Falls
Grand Falls-Windsor
Western Brook Pond
806
Gros Morne Mount
Gros Morne National Park
430
Grand Lake
Island of Newfoundland
Bay du Nord Wilderness Reserve
Avalon Peninsula
St Marys
Placentia
Deer Lake
Pasadena
440
Corner Brook
Humber Arm South
St Albans
Burin Peninsula
Cape Race
Cape St Mary's
Marystown
Meelpaeg Lake
Harbour Breton
Grand Bank
Romaine
Natashquan
Stephenville Crossing
480
Miquelon
St-Pierre
F
Burgeo
Harve-Saint-Pierre
Détroit de J Cartier
Mingan
St George's Bay
Port Menier
Île d'Anticosti
Channel-Port aux Basques
Détroit d'Honguedo
Gulf of St Lawrence
Cabot Strait
Îles de la Madeleine
Gaspé
Cap-des-Rosiers
Percé
Cap-aux-Meules
Pleasant Bay
Cape Breton Highlands National Park
Glace Bay
Sydney
Murdochville
Gaspésie
Chandler
Chéticamp
Baddeck
Louisbourg Fortress
New Richmond
Bonaventure
Caraquet
Bras d'Or Lake
Cape Breton Island
Chaleur Bay
Carleton
Saumarez
Prince Edward Island National Park
Souris
Dalhousie
Village Historique Acadien
PRINCE EDWARD ISLAND
Port Hawkesbury
Bathurst
Kensington
Charlottetown
Guysborough
Wellington
Summerside
Pictou
Antigonish
Richibucto
Miramichi
Northumberland Strait
New Glasgow
NEW BRUNSWICK
Bouctouche
Shediac
Port Elgin
Oxford
Moncton
Truro
NOVA SCOTIA
Hopewell Rocks
Springhill
Plaster Rock
Havelock
Alma
Parrsboro
Halifax International
Sussex
Fundy National Park
Kentville
Fredericton
Windsor
HALIFAX
Nackawic
Springfield
Hampton
Bay of Fundy
Woodstock
Middleton
Chester
Saint John
Lunenburg
McAdam
Annapolis Royal
Bridgetown
Bridgewater
St George
Campobello Island
Digby
St Andrews-by-the-Sea
Fundy Islands
Liverpool
Grand Manan Island
Bangor International
Argyle
Shelburne
Yarmouth
Barrington
Bangor

F G H J K L M N
3 4 5 6 7 8 9 10 11 12 13 14
Axel Heiberg Island
Queen Elizabeth Islands
Melville Island
Parry Islands
Devon Island
Qausuittuq (Resolute)
Lancaster Sound
Banks Island
Victoria Melville Sound
Somerset Island
Pond Inlet
Ikpiarjuk (Arctic Bay)
Prince of Wales Island
Gulf of Boothia
Amundsen Gulf
Victoria Island
Boothia Peninsula
Igloolik
Taloyoak
NUNAVUT
King William Island
Ikaluktutiak (Cambridge Bay)
Kugluktuk (Coppermine)
Coronation Gulf
Ursuqtuq (Gjoa Haven)
Melville Peninsula
399
Naujat (Repulse Bay)
Great Bear Lake
Southampton Island
Garry Lake
Back
Salliq (Coral Harbour)
Qamanittuaq (Baker Lake)
Fisher Strait
Aylmer Lake
Coats Island
Rae-Edzo
Yellowknife
Thelon
Dubawnt Lake
NORTHWEST TERRITORIES
Yellowknife
Great Slave Lake
Hay River
Fort Resolution
Arviat (Eskimo Point)
Enterprise
Hudson Bay
Fort Smith
Nueltin Lake
Wood Buffalo National Park
Uranium City
High Level
Lake Athabasca
Stony Rapids
Wollaston Lake
Churchill
Cape Churchill
ALBERTA
402
Reindeer Lake
MANITOBA
Churchill
403
Manning
SASKATCHEWAN
Southern Indian Lake
Nelson
Fort McMurray
Fort Severn
La Loche
Lynn Lake
Leaf Rapids
Gillam
Ilford
ONTARIO
Slave Lake
3 6 5 35 697 88 63 280

GREENLAND
DK
Baffin Bay
Kangiqlugaapik (Clyde River)
Davis Strait
Baffin Island
Auyuittuq National Park
Nettilling Lake
Pangnirtung
Prince Charles Island
Cumberland Sound
Foxe Basin
Amadjuak Lake
Iqaluit
Labrador Sea
Frobisher Bay
Kingait (Cape Dorset)
Kimmirut
Hudson Strait
Cape Chidley
1729
Mount Caubvick
Quaqtaq
Ivujivik
Ungava Bay
Péninsule d'Ungava
Mansel Island
Kuujjuaq
Cartwright
Labrador
L'Anse Aux Meadows
Lake Melville
North West River
Caniapiscau
Inukjuak
Smallwood Reservoir
Happy Valley-Goose Bay
Blanc Sablon
QUÉBEC
Schefferville
500
Churchill
Lac Caniapiscau
NEWFOUNDLAND AND LABRADOR
406
407
Lac Bienville
Labrador City
Kuujjuarapik
Gulf of Saint Lawrence
Rivière-au-Tonnerre
Mingan
Polar Bear Provincial Park
Réservoir Manicouagan
Sept-Îles
138
Île d'Anticosti
Gallix
Chisasibi
P Q R S T U V W
3 4 5 6 7 8 9 10 11 12 13

Manitoulin Island
Little Current
South Baymouth
Georgian Bay
Point au Baril Station
Parry Sound
Huntsville
Bracebridge
Gravenhurst
Muskoka Lakes
Lake Huron
Fatham Five National Marine Park
Tobermory
Bruce Peninsula National Park
Penetanguishene
Ste-Marie Among the Hurons
Midland
Orillia
Lake Simcoe
BARRIE
Sutton
Wiarton
Meaford
Collingwood
Thornbury
Stayner
Owen Sound
Cookstown
New Tecumseth
Newmarket
Markdale
Southampton
Port Elgin
Dundalk
Shelburne
Durham
Kleinburg
McMichael Canadian Art Collection
Walkerton
Hanover
Orangeville
Kincardine
Mildmay
Mount Forest
Brampton
Teeswater
Harriston
Arthur
Georgetown
Palmerston
Fergus
Acton
Wingham
Lucknow
Listowel
GUELPH
Milton
Puslinch
ONTARIO
Waterloo
KITCHENER
Goderich
HAMILTON
Seaforth
Clinton
Mitchell
New Hamburg
Ancaster
Paris
Stratford
Brantford
Hensall
St Marys
Burford
Exeter
Woodstock
Grand Bend
Nanticoke
Ingersoll
Norwich
Lucan
Simcoe
Bosanquet
Port Dover
Delhi
Tillsonburg
LONDON
Forest
Aylmer
Warwick
Strathroy
Caradoc
Watford
St Thomas
Wyoming
Glencoe
Port Stanley
Sarnia
Port Huron
Dutton
West Lorne
Thames
Harbor Beach
Port Sanilac
Sandusky
USA
Imlay City
FLINT
Burton
Bishop International Airport
Rochester Hills
STERLING HEIGHTS
Pontiac
Wallaceburg
St Clair
Chatham
Blenheim
Lake St Claire
Southfield
DETROIT
Windsor
Tilbury
Oakland/Southwest Airport
LIVONIA
ANN ARBOR
Wheatley
Essex
Leamington
Point Pelee National Park
Lake Erie
Conneaut
Ashtabula
Mentor
Orwell
OHIO

412
Carnarvon
Kaladar
Gananoque
Thousand Islands
St. Lawrence
Apsley
Madoc
Tweed
Kingston
Marmora
Napanee
Watertown
Coboconk
Havelock
Norwood
Stirling
Henderson
Fenelon Falls
Lakefield
Campbellford
Frankford
Belleville
Picton
Beaverton
Lindsay
Omemee
Peterborough
Trenton
Mariposa
Cavan
Wellington
Brighton
Cannington
Millbrook
Colborne
Prince Edward Peninsula
Manvers
Cobourg
Oswego
Uxbridge
Port Perry
Orono
Port Hope
Newcastle
Oneida Lake
Fulton
Brooklin
Clarington
Whitchurch-Stouffville
Aurora
Whitby
OSHAWA
Lake Ontario
Richmond Hill
Ajax
Markham
SYRACUSE
Scarborough
North York
Auburn
Irondequoit
Newark
Skaneateles Lake
Toronto Pearson International
TORONTO
Lakeside
ROCHESTER
Brockport
Owasco Lake
Mississauga
Olcott
Monroe County International
Geneva
Cayuga Lake
Canandaigua
Oakville
Seneca Lake
Niagara-on-the-Lake
Lockpor
Burlington
ST CATHARINES
Niagara Parkway
Batavia
Penn Yan
Ithaca
North Tonawanda
Geneseo
Niagara Falls
Grimsby
Lincoln
Thorold
Cheektowaga
Dansville
Welland
Fort Erie
BUFFALO
East Aurora
Wainfleet
Port Colborne
Haldimand
Dunnville
Hamburg
NEW YORK
Corning
Elmira
Springville
Dunkirk
Wellsville
Fredonia
Knoxville
Salamanca
Olean
Long Point
Westfield
Chautauqua Lake
Allegheny
Bradford
Jamestown
Galeton
Port Allegany
ERIE
Warren
USA
Williamsport
Renovo
Kane
Union City
Lock Haven
Titusville
Ridgeway
PENNSYLVANIA
Meadville
Du Bois
Franklin
Jamestown
Brookville
State College
18
19
20
411

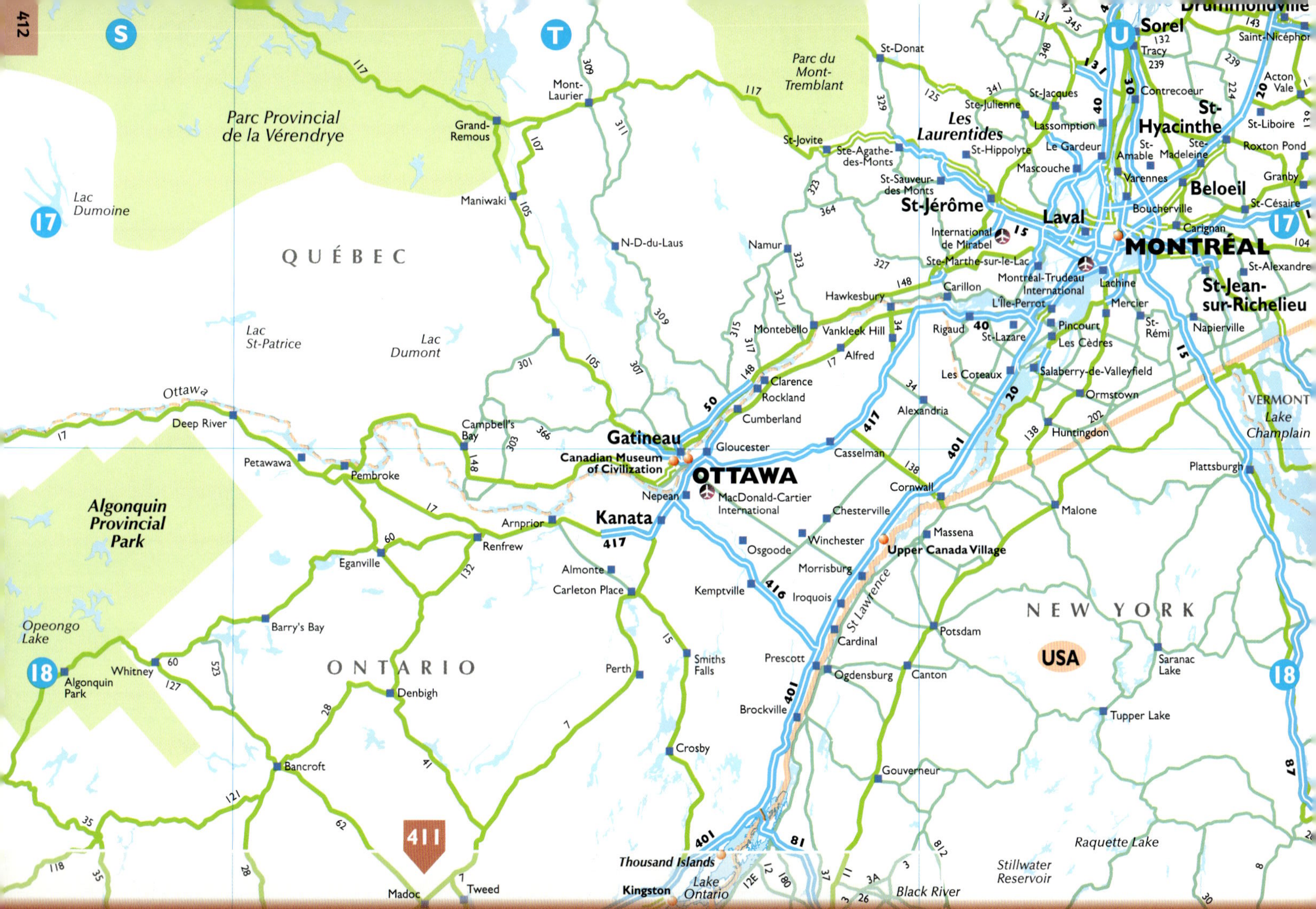

S
T
U
17
18
411
Parc Provincial de la Vérendrye
Parc du Mont-Tremblant
Algonquin Provincial Park
QUÉBEC
ONTARIO
NEW YORK
USA
VERMONT
Lac Dumoine
Lac St-Patrice
Lac Dumont
Opeongo Lake
Ottawa
St Lawrence
Lake Champlain
Lake Ontario
Thousand Islands
Raquette Lake
Stillwater Reservoir
Black River
Les Laurentides
Mont-Laurier
Grand-Remous
Maniwaki
N-D-du-Laus
Namur
St-Donat
St-Jovite
Ste-Agathe-des-Monts
St-Sauveur-des Monts
St-Jérôme
Ste-Julienne
St-Jacques
Lassomption
St-Hippolyte
Le Gardeur
Mascouche
Laval
International de Mirabel
Ste-Marthe-sur-le-Lac
Montréal-Trudeau International
MONTRÉAL
Lachine
L'Île-Perrot
Carillon
Hawkesbury
Montebello
Vankleek Hill
Alfred
Rigaud
St-Lazare
Pincourt
Les Cèdres
Mercier
St-Rémi
Napierville
St-Jean-sur-Richelieu
St-Alexandre
Les Coteaux
Salaberry-de-Valleyfield
Ormstown
Huntingdon
Sorel
Tracy
Contrecoeur
St-Hyacinthe
St-Amable
Ste-Madeleine
Varennes
Boucherville
Beloeil
Carignan
St-Césaire
Granby
Roxton Pond
St-Liboire
Acton Vale
Saint-Nicéphore
Drummondville
Clarence
Rockland
Cumberland
Alexandria
Casselman
Gatineau
Canadian Museum of Civilization
Gloucester
OTTAWA
MacDonald-Cartier International
Nepean
Kanata
Cornwall
Chesterville
Winchester
Osgoode
Morrisburg
Upper Canada Village
Massena
Malone
Plattsburgh
Iroquois
Kemptville
Cardinal
Prescott
Ogdensburg
Brockville
Potsdam
Canton
Gouverneur
Saranac Lake
Tupper Lake
Almonte
Carleton Place
Smiths Falls
Perth
Crosby
Kingston
Tweed
Madoc
Arnprior
Renfrew
Campbell's Bay
Pembroke
Petawawa
Deep River
Eganville
Barry's Bay
Denbigh
Bancroft
Whitney
Algonquin Park

BRITISH COLUMBIA
WASHINGTON
USA
VANCOUVER
Vancouver International
VICTORIA
Victoria International
ABBOTSFORD
KELOWNA
Kamloops
Vernon
Chilliwack
Surray
White Rock
Bellingham
Nanaimo
Courtenay
Campbell River
Vancouver Island
Strait of Georgia
Strait of Juan de Fuca
Garibaldi Provincial Park
Golden Ears Provincial Park
Manning Provincial Park
Cathedral Provincial Park
Okanagan Mountain Provincial Park
Strathcona Provincial Park
Pacific Rim National Park
Carmanah Walbran Provincial Park
Desolation Sound Marine Park
Birkenhead Lake Provincial Park
Whistler
Pemberton
Squamish
Garibaldi
Britannia Beach
Howe Sound
Lions Bay
West Vancouver
North Vancouver
Grouse Mountain
Burnaby
Coquitlam
Maple Ridge
Fort Langley
Langley
Aldergrove
Richmond
Tswwassen
Deroche
Harrison Hot Springs
Harrison Lake
Stave Lake
Rosedale
Hope
Yale
Fraser Canyon
Hell's Gate
Boston Bar
Trans-Canada Highway
Coquihalla Highway
Lytton
Spences Bridge
Lillooet
Pavilion
Clinton
Cache Creek
Ashcroft
Logan Lake
Lower Nicola
Merritt
Quilchena
Brookmere
Aspen Grove
Princetown
Hedley
Keremeos
Penticton
Peachland
Okanagan Lake
Coldstream
Falkland
Monte Creek
Chase
Louis Creek
Adams Lake
North Thompson
South Thompson
Thompson
Fraser
Okanagan
Rock Creek
Manning Park
Ross Lake
Diablo
Sedro Woolley
Skagit
Anacortes
Penn Cove
Port Angeles
Sidney
Saanich
View Royal
Oak Bay
Butchart Gardens
Langford
Jordan River
Port Renfrew
Duncan
Chemainus
Ladysmith
Saltspring Island
Lake Cowichan
Cowichan Lake
Bamfield
Barkley Sound
Port Alberni
Cathedral Grove
Parksville
Qualicum Beach
Buckley Bay
Comox
Little River
Cumberland
Great Central Lake
Buttle Lake
Campbell Lake
Redonda Islands
Lund
Powell River
Powell Lake
Blubber Bay
Texada Island
Saltery Bay
Egmont
Jervis Inlet
Madeira Park
Sechelt
Gibsons
Port Mellon
2606 Mount Tinniswood
2944 Skihist Mountain
2282 Stoyoma Mountain
Anderson Lake
Lillooet
Squamish
16
17
C
D

MAPAS ÍNDICE DOS MAPAS

D

E

J

K

L

M

Q

R

S

T

U

V

W

X

Y

Z

CRÉDITOS

A Automobile Association gostaria de agradecer aos seguintes fotógrafos, empresas e arquivos fotográficos pela ajuda na preparação deste guia. As abreviações para os créditos de imagens são as seguintes:

(a) alto;
(b) embaixo;
(e) esquerda;
(d) direita;
(c) centro;
(pd) página dupla;
(AA) AA World Travel Library

2 AA/P Bennett;
3a AA/P Bennett;
3ct AA/N Sumner;
3cb AA/N Sumner;
3b AA/N Sumner;
4 AA/P Bennett;
5 AA/C Sawyer;
6 AA/C Sawyer;
8e Courtesy of Newfoundland and Labrador Tourism/Michael Hockney;
8d AA/N Sumner;
9 AA/P Bennett;
10 AA/N Sumner;
11e Courtesy of Newfoundland and Labrador Tourism/Barrett and MacKay;
11d AA/P Bennett;
12 AA/N Sumner;
13 Tourisme Montréal/Festival International de Jazz de Montréal 2001, Jean-François LeBlanc;
14 Tourisme Montréal/Festival International de Jazz de Montréal 2001, Caroline Hayeur;
15a AA/P Bennett;
15b Ulf Andersen/Getty Images;
16 AA/J F Pin;
17e AA/J Davison;
17d Raymond Boyd/Michael Ochs Archives/Getty Images;
18 Gary M. Prior/Getty Images;
19a Calgary Stampede;
19b Tourism Saskatoon;
20 AA/N Sumner;
21e AA/N Sumner;
21d AA/P Bennett;
22 Jeff Vinnick/Getty Images;
23 AA/P Bennett;
24 AA/N Sumner;
25a AA/M Dent;
25b AA/J F Pin;
26 AA/J F Pin;
27e AA/P Bennett;
27d AA/N Sumner;
28 Hulton Archive/Getty Images;
29a AA/C Coe;
29b AA/N Sumner;
30 Kirby/Topical Press Agency/Getty Images;
31 AA/P Aithie;
31d Mary Evans Picture Library;
32 Paul Schutzer/Time Life Pictures/Getty Images;
33a AA/N Sumner;
33b Daniel Wiener/Time Life Pictures/Getty Images;
34 Ponopresse/Rex Features;
35e Timothy A Clary/AFP/Getty Images;
35d Richard Wareham Fotografie/Alamy;
36 Kevin Frayer/AFP/Getty Images;
37 VIA Rail;
38 Aéroports de Montréal;
40 AA/P Bennett;
41 Digital Vision;
42a AA/N Sumner;
42b AA/N Sumner;
45 AA/M Bonnet;
46a AA/P Bennett;
46b Norman Pogson/Alamy;
47 AA/P Bennett;
48a AA/P Bennett;
48b AA/P Bennett;
50 VIA Rail;
51a AA/J F Pin;
51b AA/P Bennett;
52a AA/C Coe;
52b AA/N Sumner;
53 AA/C Sawyer;
55 Alan Marsh/First Light/Getty Images;
56 Tourisme Montréal/© Canadian Tourism Commission, Pierre St-Jacques;
62 AA/J F Pin;
63 AA/J F Pin;
64 AA/J F Pin;
65 Tourisme Montréal/© Tourisme Montréal, Stéphan Poulin;
67 Tourisme Montréal/© Tourisme Montréal, Shutterstock;
68 Tourisme Montréal/© Tourisme Montréal, Stéphan Poulin;
70a Tourisme Montréal/© Tourisme Montréal, Rosalie Pépin;
70b AA/J F Pin;
71 Roderick Chen, Pointe-a-Callière, Montréal Museum of Archaeology and History;
72 Le 1000 de La Gauchetière;
73e Tourisme Montréal/© Tourisme Montréal, Pierre Luc Dufour;
73d AA/J F Pin;
74 Tourisme Montréal/© Quays of the Old Port of Montréal, Paul labelle Photographes;
75e Tourisme Montréal/© www.old.montreal.qc.ca, le photographe masqué;
75d Tourisme Montréal/© Tourisme Québec;
76 Tourisme Montréal/Donald Courchesne;
77 Tourisme Montréal/Marie-Reine Mattera;
78 Tourisme Montréal/Old Port of Montréal Corporation 5 – Benoit Chalifour;
80 Tourisme Montréal/Stéphan Poulin;
82 Tourisme Montréal/Anton Fercher;
86 Ingram;
88 Stockbyte Royalty Free;
89 Weinstein and Gavino's Pasta Bar Factory;
90 Auberge de la Fontaine;
92 AA/N Sumner;
96 AA/J F Pin;
97 AA/N Sumner;
98 AA/N Sumner;
99 AA/J F Pin;
100 © Hemis/Corbis;
101 © Hemis/Corbis;
102 AA/N Sumner;
103 AA/N Sumner;
104 AA/J F Pin;
105 AA/N Sumner;
106 AA/N Sumner;
108 Aux Anciens Canadiens;
110 Stockbyte Royalty Free;
112 AA/N Sumner;
114 Yves Marcoux/Getty Images;
115 AA/N Sumner;
116 Canadian Museum of Civilization, Harry Foster, MCC;
117 Canadian Museum of Civilization, photographer Stephen Alsford;
118 AA/N Sumner;
119e AA/J F Pin;
119d AA/N Sumner;
120 © Atlantide Phototravel/Corbis;
121 AA/J F Pin;
122 AA/J F Pin;

123 AA/N Sumner;
124 AA/N Sumner;
125 First Light/Alamy;
126 AA/N Sumner;
127a AA/N Sumner;
127b Courtesy of Newfoundland and Labrador Tourism/Barrett and Mackay;
128 AA/J F Pin;
129 AA/J F Pin;
130 Cosmo Condina/The Image Bank/Getty Images;
131a Marie LeBlanc;
131b Marie LeBlanc;
132 Corbis Royalty Free;
136 AA/J F Pin;
138 AA/S McBride;
139 Wakefield Mill;
140 AA/N Sumner;
142 AA/N Sumner;
143 AA/N Sumner;
144e AA/N Sumner;
144d AA/N Sumner;
145 AA/N Sumner;
146 AA/N Sumner;
147 AA/N Sumner;
148 AA/N Sumner;
149a AA/N Sumner;
149b AA/N Sumner;
150 AA/N Sumner;
151 AA/N Sumner;
152 Tourism Prince Edward Island/ John Sylvester;
153 AA/N Sumner;
154 AA/J F Pin;
155 First Light/Alamy;
156 AA/N Sumner;
158 AA/J F Pin;
159 AA/N Sumner;
160 AA/N Sumner;
161 AA;
162 © Wolfgang Kaehler/Corbis;
163e Kim Thomas;
163d AA/N Sumner;
164 AA/P Bennett;
170 AA/N Sumner;
172 AA/N Sumner;
173 Saks Photography/Alamy;
174 AA/N Sumner;
179 AA/N Sumner;
180 AA/N Sumner;
181 Bert Hoferichter/Alamy;
182 AA/N Sumner;
183 AA/N Sumner;
184 AA/N Sumner;
186a AA/N Sumner;
186b AA/N Sumner;
187e AA/N Sumner;
187d AA/N Sumner;
189 AA/J Davison;
190 Copyright Royal Ontario Museum, 2008. All rights reserved;
191 AA/J Davison;
192 AA/J Beazley;
193 AA/N Sumner;
194 AA/N Sumner;
196 AA/N Sumner; 202 360 The Restaurant at the CN Tower;
204 AA/J Davison;
205 Andrew Rubtsov/Alamy;
206 Renaissance Toronto Hotel at Skydome;
208 AA/N Sumner;
210 AA/N Sumner;
212a AA/J F Pin;
212b AA/N Sumner;
213 AA/N Sumner;
214 AA/N Sumner;
215e AA/N Sumner;
215d AA/N Sumner;
216e AA/N Sumner;
216d AA/N Sumner;
217a AA/N Sumner;
217b AA/N Sumner;
218a All Canada Photos/Alamy;
218b AA/N Sumner;
219e AA/N Sumner;
219d AA/N Sumner;
220 AA/N Sumner;
221 Jon Arnold Images Ltd/Alamy;
223 AA/N Sumner;
224 National Library of Canada;
225a AA/J F Pin;
225b Photolibrary Group;
227 Copyright Upper Canada Village;
228 AA/J F Pin;
230 AA/N Sumner;
231a AA/N Sumner;
231b AA/N Sumner;
232 African Lion Safari;
233 Thousand Island Playhouse;
235 Centrepoint Theatre;
236 AA/N Sumner;
239 AA/P Bennett;
241 AA/N Sumner;
242 Terrior la Cachette;
245 Imagestate Royalty Free;
246 AA/A Mockford and N Bonetti;
248 AA/P Bennett;
250 AA/P Bennett;
251 AA;
252 Tourism Calgary/ www.tourismcalgary.com;
253a AA/C Sawyer;
253be AA/P Bennett;
253bd AA/P Bennett;
254e AA/P Bennett;
254d AA/P Bennett;
255a AA/C Sawyer;
255c AA/P Bennett;
256 © Richard Cummins/Corbis;
257e AA/P Bennett;
257d Tourism Calgary/ www.tourismcalgary.com;
258e AA/P Bennett;
258d AA/C Sawyer;
259e AA/P Bennett;
259d Calgary Stampede;
260 AA/P Bennett;
261 All Canada Photos/Alamy;
262a AA/P Bennett;
262b AA/P Bennett;
263 John Perret/Stone/ Getty Images;
264 AA/P Bennett;
265e AA/P Bennett;
265d AA/P Bennett;
266e AA/P Bennett;
266d AA/P Bennett;
267e AA/P Bennett;
267d AA/P Bennett;
268a © Mike Grandmaison/Corbis;
268b Prince Albert National Park;
269 Prince Albert National Park;
270 AA/P Bennett;
271a AA/P Bennett;
271b AA/P Bennett;
272 Tibor Bognar/Alamy;
275 Epcor Centre for the Performing Arts;
278 West End Cultural Centre/Brock Hamilton;
279 The Forks North Portage Partnership CentreCourt;
280 Buchwakker Brewpub;
282 The Inns & Spa at Heartwood;
284 AA/C Sawyer;
286 Jon Arnold Images Ltd/Alamy;
288 AA/P Bennett;
289e AA/C Coe;
289d AA/P Bennett;
290e AA/P Bennett;
290d AA/P Bennett;
291 AA/C Sawyer;
292e AA/P Bennett;
292d AA/P Bennett;
293 AA/M Dent;
294 AA/P Bennett;
295a AA/P Bennett;
295be AA/P Bennett;
295bd AA/P Bennett;

296 AA/C Sawyer;
297be AA/C Sawyer;
297bd AA/C Sawyer;
298 AA/C Sawyer;
300e AA/P Bennett;
300d AA/P Bennett;
301e AA/C Coe;
301d AA/C Coe;
302 AA/P Bennett;
303e AA/P Bennett;
303d AA/P Bennett;
304 AA/J A Tims;
305e AA/J Tims;
305d AA/C Sawyer;
306 AA/C Coe;
307 AA/P Bennett;
308e AA/P Bennett;
308d AA/P Bennett;
309 Vancouver Aquarium;
310 AA/J Tims;
311 AA/J A Tims;
312 AA/P Bennett;
313e AA/P Bennett;
313d AA/P Bennett;
314e AA/C Sawyer;
314d All Canada Photos/Alamy;
315 AA/C Sawyer;
316 AA/P Bennett;
317 AA/P Bennett;
318 AA/P Bennett;
319 AA/P Bennett;
320 © Adam Burton/Alamy;
321 © Stephen Finn/Alamy;
322 AA/P Bennett;
323e AA/P Bennett;
323d AA/P Bennett;
324 AA/P Bennett;
325e AA/C Sawyer;
325d AA/P Timmermans;
326 AA/C Coe;
327e Parks Canada/Hikers Log Bridge rainforest & trail by A. Corneluer;
327d Parks Canada/Walks on Long Beach by W. McIntyre, 1975;
328 AA/P Timmermans;
331 Lonsdale Quay;
332 Banff Centre/Donald Lee;
336 AA/C Sawyer;
339 Sunset Verandah;
340 AA/P Bennett;
342 Paul Nicklen/National Geographic/Getty Images;
344 AA/C Coe;
345 Robert Harding Picture World Imagery;
346a AA/C Coe;
346b AA/P Bennett;
347e AA/P Bennett;
347d AA/P Bennett;
348 Gary Cook/Alamy;
349 AA/C Coe;
350 AA/C Coe;
351e AA/C Coe;
351d AA/P Bennett;
352 Photolibrary Group;
353 Robert Postma/First Light/Getty Images;
354 AA/C Coe;
355 AA/C Coe;
356 Parks Canada;
357 Parks Canada;
358 Blue Kennels & Dog Sled Trips;
362 Hawkins House Bed and Breakfast;
364 AA/J A Tims;
365 AA/J A Tims;
368 AA/P Bennett;
369 AA/C Coe;
370 AA/N Sumner;
372 AA/J Davison;
373 AA/N Sumner;
376 AA/N Sumner;
377 AA/N Sumner;
380 AA/N Sumner;
382 AA/N Sumner;
383 Rannva Designs;
384 Bard on the Beach/David Blue;
385 Yuk Yuk's Club, Toronto;
386 Grays Rocks;
387e AA/P Bennett;
387d Manitoba Mouse Hockey Club;
388 AA/P Timmermans;
389 AA/P Bennett;
390 AA/C Sawyer;
391 Photodisc;
392 Imagestate;
394 AA/C Sawyer;
397 AA/P Bennett

Foram feitos todos os esforços para localizar os detentores dos direitos autorais, porém, em caso de erros involuntários, teremos prazer em corrigi-los na próxima edição desta publicação.

© 2009, 2011 AA Media Limited
AA Publishing, uma companhia da AA Media Limited.
O "AA KeyGuide – Canada" foi publicado originalmente na Austrália em 2009 pela AA Publishing, Fanum House, Basing View, Basingstoke, RG21 4EA. Número de registro 06112600. A04852.

Os mapas deste guia foram produzidos com dados © Tele Atlas N.V. 2007 Tele Atlas
Mapas de transportes © Communicarta Ltd, UK

2ª edição brasileira: 2012

ISBN 978-85-7914-246-8

PUBLIFOLHA
Divisão de Publicações do Grupo Folha
Al. Barão de Limeira, 401, 6º andar
CEP 01202-900, São Paulo, SP
Tel.: (11) 3224-2186/2187/2197
www.publifolha.com.br

COORDENAÇÃO DO PROJETO
Publifolha
Editora-assistente Mell Brites
Coordenadora de produção gráfica Soraia Scarpa
Produtora gráfica Mariana Metidieri

PRODUÇÃO EDITORIAL
Editora Página Viva
Edição Mariana Zanini
Tradução Anna Maria Quirino
Revisão Cacilda Guerra, Maria Sylvia Corrêa e Francisco José Couto
Direção de arte Priscylla Cabral
Assistência de arte Bianca Galante

AA TRAVEL GUIDES
Editora Sheila Hawkins
Projeto gráfico Drew Jones, Pentacorbig, Nick Otway
Pesquisa iconográfica Vivien Little
Diagramação e retoque de imagens Sarah Montgomery
Mapas Departamento de Cartografia da AA Publishing
Colaboradores principais Terry Arsenault, Susi Bailey, Lindsay Bennett, Jenni Davis, Fiona Malins, Penny Phenix, Paul Waters
Atualizações Penny Phenix
Índice Marie Lorimer
Produção Lyn Kirby, Karen Gibson

Impressão e acabamento: Leo Paper Products Ltd, China.

Foi feito o possível para garantir que as informações deste livro fossem as mais atualizadas disponíveis até o momento da impressão. No entanto, alguns dados como telefones, preços, horários de funcionamento e informações de viagem estão sujeitos a mudanças. Os editores não podem se responsabilizar por qualquer consequência do uso deste guia, nem garantir a validade das informações contidas nos sites indicados.

Os leitores interessados em fazer sugestões ou comunicar eventuais correções podem escrever para a Publifolha, Al. Barão de Limeira, 401, 6º andar, CEP 01202-900, São Paulo, SP, enviar um fax para: (11) 3224-2163 ou um e-mail para: atendimento@publifolha.com.br

Dados internacionais de Catalogação na Publicação (CIP)
(Câmara Brasileira do Livro, SP, Brasil)

AA Keyguide : Canadá / AA Publishing ; [tradução Anna Maria Quirino].
2ª edição – São Paulo : Publifolha, 2012.

Título original: AA Keyguide : Canada
ISBN 978-85-7914-246-8

1. Canadá – Descrição e viagens – Guias.

10-10189 CDD-917.1

Índices para catálogo sistemático:
1. Canadá : Guias de viagem 917.1
2. Guias de viagem : Canadá 917.1

Este livro segue as regras do Acordo Ortográfico da Língua Portuguesa (1990), em vigor desde 1º de janeiro de 2009.

CRÉDITOS DAS IMAGENS DAS CAPAS
Capa: As Rochosas, Colúmbia Britânica; AA/A Coe
4ª capa: CN Tower, Toronto; Roy Rainford/Robert Harding/Getty Images
Lombada: Tombstone Mountains, Yukon; AA/C Coe

CONHEÇA TAMBÉM:

Bonde e Metrô de Toronto

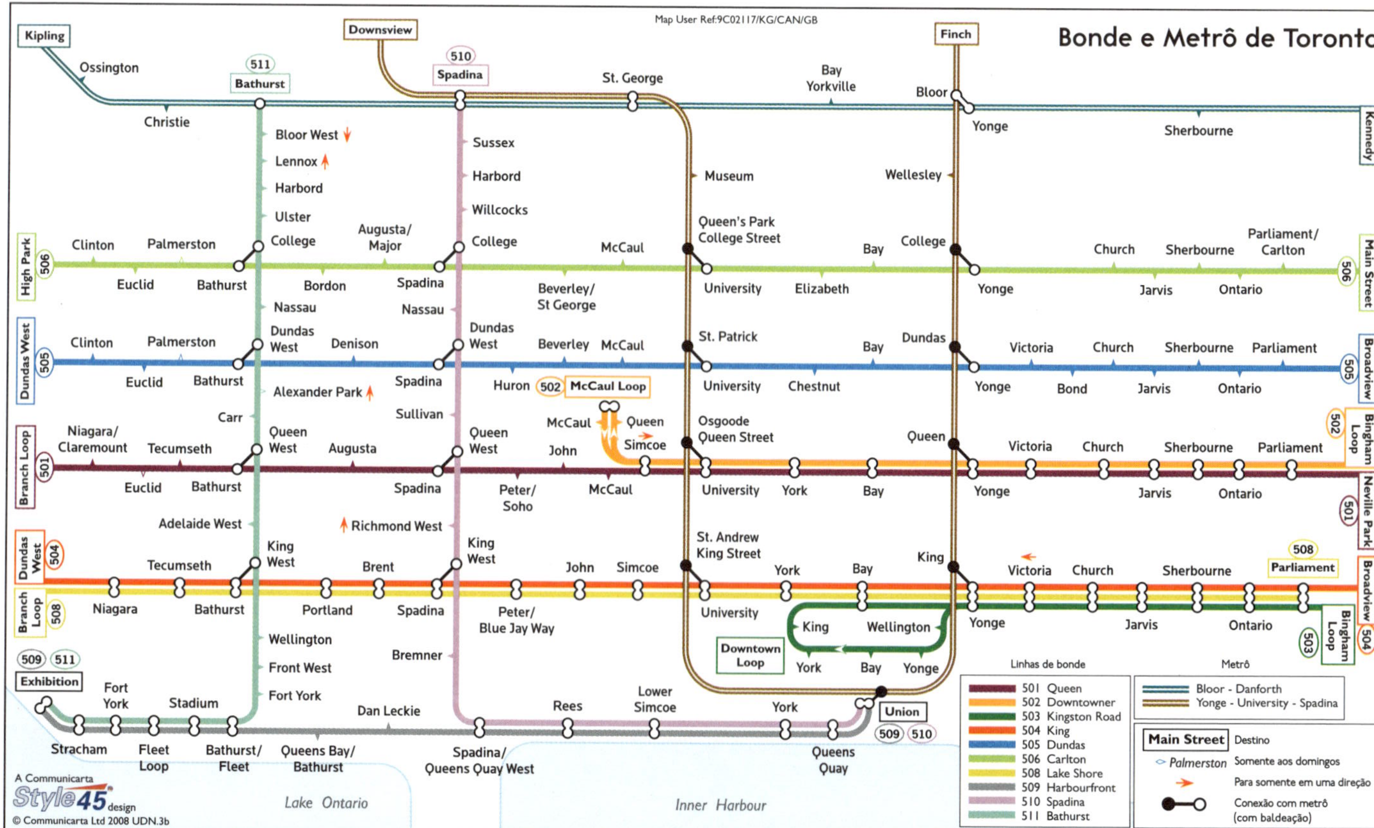